20世纪儒学研究大系

主编：傅永聚　韩钟文

儒家文化思想研究

本卷主编　杨春梅

中 华 书 局

20世纪儒学研究大系
编辑委员会

中国文化的基本精神（代序）

　　在现今时代，做一个中国人，最重要的是具有爱国意识。爱国意识有一定的思想基础。必须感到祖国的可爱，才能具有爱国意识。而要感到祖国的可爱，又必须对于中国文化的优秀传统有正确的理解。中国文化，从传说中的羲、农、黄帝以来，延续发展了四五千年，在15世纪以前一直居于世界文化的前列。15世纪，中国的四大发明传入欧洲，促进了西方近代文明的发展，于是西方文化突飞猛进，中国落后了。19世纪40年代之后，中国受到资本主义列强的侵略凌辱，中国各阶层的志士仁人，奋起抗争，努力寻求救国的道路，经过一百多年的艰苦斗争，终于取得了胜利，于1949年建立了新中国，"中国人民站起来了！"中国文化虽然一度落后，但又能奋发图强，大步前进。这不是偶然的，必有其内在的思想基础。中国文化长期延续发展，虽曾经走过曲折的道路，但仍能自我更新，继续前进。这种发展更新的思想基础，就是中国文化的基本精神。

　　何谓精神？精神即是思维运动发展的精微的内在动力。中国文化中的基本精神，在中国历史上确实起到了推动社会发展的作用，成为历史发展的内在思想源泉。当然，社会发展的基本原因在于生产力的发展，但是思想意识在一定条件下也有一定的积极作用。文化的基本精神必须具有两个特点：一是具有广泛的影响，为大多数人民所接受领会,对于广大人民起了熏陶作用;二是具有激励进步、促进发展的积极作用。必须具有这两方面的表现,才可以称为文化的基本精神。

我认为,中国几千年来文化传统的基本精神的主要内涵有四项基本观念,即(1)天人合一;(2)以人为本;(3)刚健有为;(4)以和为贵。

一　天人合一

天人合一即肯定人与自然的统一,亦即认为人与自然界不是敌对的,而具有不可割裂的关系。所谓合一指对立的统一,即两方面相互依存的关系。天人合一思想在春秋时即已有之。《左传·昭公二十五年》记载郑大夫子大叔述子产之言说:"夫礼,天之经也,地之义也,民之行也。天地之经,而民实则之。"又记子大叔之言说:"礼,上下之纪,天地之经纬也,民之所以生也,是以先王尚之。"这是认为礼是天经地义,即自然界的必然准则,"天经"与"民行"是统一的。应注意,这里天是对地而言,天地相连并称,显然是指自然之天。子产将天经地义与民则统一起来,但也重视天与人的区别,他曾断言:"天道远,人道迩,非所及也,何以知之?"(《左传·昭公十八年》)当时占星术利用所谓天道传播迷信,讲天象与人事祸福的联系,子产是予以否定的。孟子将天道与人性联系起来,他说:"尽其心者,知其性也。知其性,则知天矣。"(《孟子·尽心上》)孟子认为人性是天赋的,所以知性便能知天。但孟子没有做出明确的论证。《周易大传》提出"裁成辅相"之说,《象传》云:"天地交,泰。后以裁成天地之道,辅相天地之宜,以左右民。"《系辞》云:"范围天地之化而不过,曲成万物而不遗。"《文言》提出"与天地合德"的思想:"夫'大人'者,与天地合其德,与日月合其明,与四时合其序,与鬼神合其吉凶。先天而天弗违,后天而奉天时。"这里所谓先天指为天之前导,后天即从天而动。与天地合德即与自然界相互适应,相互调谐。

汉代董仲舒讲天人合一,宣扬"天副人数",陷于牵强附会。宋代张载明确提出"天人合一"的四字成语,在所著《西铭》中以形象语言宣示天人合一的原则。《西铭》云:"乾称父,坤称母,予兹藐焉,乃混然中处。故天地之塞,吾其体;天地之帅,吾其性。民吾同胞,物吾与也。"所谓天地之塞指气,所谓天地之帅指气之本性,就是说:"天地犹如父母,人与万物都是天地所生,人与万物都是气构成的,气的本性也就是人与万物的本性,人民都是我的兄弟,万物都是我的朋友。这充分肯定了人与自然界的统一。但张载也承认天与人的区别,他在《易说》中讲:"鼓万物而不与圣人同忧者,此直谓天也,天则无心……圣人所以有忧者,圣人之仁也。不可以忧言者天也。"天是没有思虑的,圣人则不能无忧,这是天人之别。所谓天人合一是指人与自然界既有区别,而又有统一的关系,人是自然界所产生的,是自然界的一部分,人可以认识自然并加以改变调整,但不应破坏自然。这"天人合一"的观念与西方所谓"克服自然"、"战胜自然"有很大区别。在历史上,中西不同的观点各有短长,西方近代的科学技术取得了改造自然的辉煌成绩,但也破坏了自然界的生态平衡。时至今日,重新认识人与自然的统一,确实是必要的了。

二　以人为本

以人为本是相对于宗教家以神为本而言的,可以称为人本思想。孔子虽然承认天命,却又怀疑鬼神。他说:"务民之义,敬鬼神而远之,可谓知矣。"(《论语·雍也》)认为人生最重要的是提高道德觉悟,而不必求助于鬼神。孔子更认为应重视生的问题,而不必考虑死后的问题。《论语》记载:"季路问事鬼神,子曰:'未能事人,焉能事鬼?'曰:'敢问死!'曰:'未知生,焉知死?'"(《先进》)孔子更不赞成祈祷,《论语》载:"子疾病,子路请祷。子曰:'有诸?'子路对曰:有之,诔曰:'祷尔于上下神祇。'子曰:'丘之祷久矣。'"(《述而》)孔子对于鬼神采取存疑的态度,既不否定,亦不肯定,但认为应该努力解决现实生活中的问题,而不必向鬼神祈祷。孔子这种思想观点可以说是非常深刻的。

这种以人为本的思想,后汉思想家仲长统讲得最为鲜明。仲长统说:"所贵乎用天之道者,则指星辰以授民事,顺四时而兴功业,其大略也,吉凶之祥,又何取焉? ……所取于天道者,谓四时之宜也;所壹于人事者,谓治乱之实也。……从此言之,人事为本,天道为末,不其然与?"(《全后汉文》卷八十九)这里提出"人事为本",可以说是儒家"人本"思想最明确的表述。所谓以人为本,不是说人是宇宙之本,而是说人是社会生活之本。

佛教东来,宣传灵魂不灭、三世轮回的观念,一般群众颇受其影响,但是儒家学者起而予以反驳。南北朝时何承天著《达性论》,宣扬人本观念。何承天说:"人非天地不生,天地非人不灵……安得与夫飞沈蠕蠕,并为众生哉? ……至于生必有死,形毙神散,犹春荣秋落,四时代换,奚有于更受形哉!"这完全否定了灵魂不灭、三世轮回的迷信。范缜著《神灭论》,提出形为质而神为用的学说,更彻底批驳了神不灭论。

宋明理学中,不论是气本论,或理本论,或心本论,都不承认灵魂不灭,不承认鬼神存在,而都高度肯定精神生活的价值。气本论以天地之间"气"的统一性来论证道德的根据,理本论断言道德原于宇宙本原之"理",心本论则认为道德伦理出于"本心"的要求。这些道德起源论未必正确,但是都摆脱了宗教信仰。受儒家影响的中国知识分子,宗教意识都比较淡薄,在中国文化中,有一个以道德教育代替宗教的传统。虽然道德也是有时代性的,但是这一道德传统仍有其积极的意义。

三　刚健自强

先秦儒家曾提出"刚健"、"自强"的人生准则。孔子重视"刚"的品德,他说:"刚毅木讷近仁。"(《论语·子路》)刚毅即是具有坚定性。孔子弟子曾子说:"可以托六尺之孤,可以寄百里之命,临大节而不可夺也。君子人与?君子人也。"(《论语·泰伯》)临大节而不可夺,即是刚毅的表现。《周易大传》提出"刚健"、"自强不息"的生活准则。《大有·象传》云:"大有,柔得尊位大中,而上下应之,曰大有。其德刚健而文明,应乎天而时行,是以元亨。"《乾·文言传》云:"大哉乾乎!刚健中正,纯粹精也。"《乾·象传》云:"天行健,君子以自强不息。"乾指天而言,天行即日月星辰的运行。日月星辰运行不已,从不间断,称之曰健,亦曰刚健。人应效法天之运行不已,而自强不息。自强即是努力向上、积极进取。《系辞下传》又论健云:"夫乾,天下之至健也,德行恒易以知险。"这是说,天下之至健在于能知险而克服之以达到恒易(险指艰险,易指平易)。所谓自强,含有克服艰险而不断前进之意。儒家重视"不息",《中庸》云:"故至诚无息。不息则久,久则征;征则悠远,悠远则博厚,博厚则高明。……《诗》云:'维天之命,於穆不已。'盖曰天之所以为天也。'於乎不显,文王之德之纯!'盖曰文王之所以为文也,纯亦不已。"儒家强调不懈的努力,这是有积极意义的。

在古代哲学中,与刚健自强有密切联系的是关于独立意志、独立人格和为坚持原则可以牺牲个人生命的思想。孔子肯定人人都有独立的意志,他说:"三军可夺帅也,匹夫不可夺志也。"(《论语·子罕》)又赞扬伯夷叔齐"不降其志,不辱其身"(《论语·微子》),即赞扬坚持独立的人格。孔子更认为,为了实行仁德可以牺牲个人的生命,他说:"志士仁人,无求生以害仁,有杀身以成仁。"(《论语·卫灵公》)孟子进而提出:"生亦我所欲也,义亦我所欲也,二者不可得兼,舍生而取义者也。生亦我所欲,所欲有甚于生者,故不为苟得也;死亦我所恶,所恶有甚于死者,故患有所不辟也。"(《孟子·告子上》)这里所谓"所欲有甚于生者"即义,其中包括人格的尊严。他举例说:"一箪食、一豆羹,得之则生,弗得则死。呼尔而与之,行道之人弗受;蹴尔而与之,乞人不屑也。"不受嗟来之食,即为了保持人格的尊严。坚持自己的人格尊严,这是则健自强的最基本的要求。

先秦时代,儒道两家曾有关于刚柔的论争。与儒家重刚相反,老子"贵柔"。老子提出"柔弱胜刚强"(《老子》三十六章),认为"天下之至柔,驰骋天下之至坚"(《老子》四十三章)。他以水为喻来证明柔能胜强:"天下柔弱莫过于水,而攻坚强,莫之能先,其无以易之。故弱胜强,柔胜刚,天下莫能知,莫能行。"(《老子》七十八章)老子贵柔,意在以柔克刚,柔只是一种手段,胜刚才是目的,贵柔乃是求胜之道。孔子重刚,老子贵柔,其实是相反相成的。

在中国古代哲学中,儒家宣扬"刚健自强",道家则崇尚"以柔克刚",这构成中国文化思想的两个方面。儒家学说的影响还是大于道家的,在文化思想中长期占有主导的地位。刚健自强的思想可以说是中国文化思想的主旋律。《周易大传》"天行健,君子以自强不息"的名言,在历史上,对于知识分子和广大人民,确实起了激励鼓舞的积极作用。

四　以和为贵

中国古代以"和"为最高的价值。孔子弟子有若说:"礼之用,和为贵。先王之道斯为美,小大由之。"(《论语·学而》)孔子亦说:"君子和而不同,小人同而不和。"(《论语·子路》)区别了"和"与"同"。按:和同之辨始见于西周末年周太史史伯的言论中。《国语》记述史伯之言说:"夫和实生物,同则不继。以他平他谓之和,故能丰长而物归之。若以同裨同,尽乃弃矣。"(《郑语》)这里解释和的意义最为明确。不同的事物相互为"他","以他平他"即聚集不同的事物而达到平衡,这叫做"和",这样才能产生新事物。如果以相同的事物相加,这是"同",是不能产生新事物的。春秋时齐晏子也强调"和"与"同"的区别,他以君臣关系为例说:"君所谓可而有否焉,臣献其否,以成其可。君所谓否而有可焉,臣献其可,以去其否。"这称为"和"。如果"君所谓可",臣亦曰可;"君所谓否",臣亦曰否,那就是"同",而不是"和"了。晏子说:"若以水济水,谁能食之?若琴瑟之专一,谁能听之?同之不可也如是。"(《左传·昭公二十年》)这是说,必须能容纳不同的意见,兼容不同的观点,才能使原来的思想"成其可"、"去其否",达到正确的结论。孔子所谓"和而不同"也就是能保留自己的意见而不人云亦云。"和"的观念,肯定多样性的统一,主张容纳不同的意见,对于文化的发展确有积极的促进作用。

老子亦讲"和",《老子》四十二章:"万物负阴而抱阳,冲气以为和。"又五十五章:"知和曰常,知常曰明。"这都肯定了"和"的重要。但是老子冲淡了"和"与"同"的区别,既重视"和",也肯定"同"。五十六章:"塞其兑,闭其门,挫其锐,解其忿,和其光,同其尘,是谓玄同。"这"和光同尘"之教把西周以来的和同之辨消除了。

墨子反对儒家,不承认和同之辨,而提出"尚同"之说。墨家有许多进步思想,但是尚同之说却是比和同之辨后退一步了。

儒家仍然宣扬和的观念,《周易大传》提出"大和"观念,《乾·象传》说:"乾道变化,各正性命,保合大和,乃利贞。"这里所谓大和指自然界万物并存共育的景况。儒家认为,包含人类在内的自然界基本上是和谐的。《中庸》云:"万物并育而不相害,道并行而不相悖。"这正是儒家所构想的"大和"景象。

孟子提出"人和",他说:"天时不如地利,地利不如人和。三里之城,七里之郭,环而攻之而不胜。夫环而攻之,必有得天时者矣;然而不胜者,是天时不如地利也。城非不高也,池非不深也,兵革非不坚利也,米粟非不多也;委而去之,是地利不如人和也。故曰:域民不以封疆之界,固国不以山溪之险,威天下不以兵革之利。得道者多助,失道者寡助。寡助之至,亲戚畔之;多助之至,天下顺之。"(《孟子·公孙丑下》)这里所谓人和是指人民的团结,人民的团结是胜利的决定性条件。"得道多助,失道寡助",这是今天仍然必须承认的真理。

儒家以和为贵的思想在历史上曾经起了促进民族团结、加强民族凝聚力,促进民族融合、加强民族文化同化力的积极作用。在历史上,得民心者得天下,失民心者失天下,已成为长期起作用的客观规律。在历史上,汉族本是由许多民族融合而成的;在近代,汉族又和五十几个少数民族融合而成中华民族。中华民族内部密切团结而成为一个统一的整体。中华民族是多元的统一体,中国文化也是多元的统一体。多元的统一,正是中国古代哲学家所谓"和"的体现。所谓"和",不是不承认矛盾对立,而是认为应该解决矛盾而达到更高的统一。

以上所谓"天人合一"、"以人为本"、"刚健自强"、"以和为贵",都是用的旧有名词。如果采用新的术语,"天人合一"应云"人与自然的统一",或者如恩格斯所说"人与自然的一致"(《自然辩证法》,人民出版社1971年版第159页)、"自然界与精神的统一"(同上第200页)。"以人为本",应云人本主义无神论。"刚健自强",应云发扬主体能动性。"以和为贵",即肯定多样性的统一。这些都是中国古代哲学中的精湛思想,亦即中国文化基本精神之所在。

以上,我们肯定"天人合一"、"以人为本"、"刚健自强"、"以和为贵"等思想观念在历史上曾经起了促进文化发展的积极作用。但是,历史的实际情况是非常复杂的,许多思想观念的含义也不是单纯的。正确的观念与荒谬的观念、进步的现象与反动的落后的现象,往往纠缠在一起。所谓天人合一,在历史上不同的思想家用来表示不同的含义。例如董仲舒所谓天人合一主要是指"人副天数"、"天人感应",那完全是穿凿附会之谈。程颐强调"天道人道只是一道",认为仁义礼智即是天道的基本内容,也是主观的偏见。在董仲舒以前,有一种天象人事相应的神学思想。认为天上星辰与人间官职是相互应合的,所以《史记》的天文卷称为"天官书",但这不是后来哲学家所谓的"天人合一"。如果将上古时代天象与人事相应的神学思想称为天人合一,那就把问题搞乱了。这是应该分别清楚的。儒家肯定"人事为本",表现了无神论的倾向,但是这并不意味着宗教迷信在中国社会并无较大的影响。事实上,中国旧社会中,多数人民是信仰佛教、道教以及原始的多神教的。但是这种情况也不降低儒家人本思想的价值。"以和为贵"是儒家所宣扬的,但是阶级斗争、集团之间的斗争、个人与个人的斗争也往往是很激烈的。我们肯定"和"和观念的价值,并不是宣扬调和论。

中国文化具有优秀传统。同时也具有陈陋传统。简单说来,中国文化的缺陷主要表现于四点:(1)等级观念;(2)浑沦思维;(3)近效取向;(4)家族本位。从殷周以来,区分上下贵贱的等级,是传统文化的一个最严重的痼疾,辛亥革命推翻了君主专制,但等级观念至今仍有待于彻底消除。中国哲学长于辩证思维,却不善于分析思维。事实上,科学的发展是离不开分析思维的。如何在发扬辩证思维的同时学会西方实验科学的分析方法,是一个严肃的课题。中国学术向来注重人伦日用,注重切近的效益,没有"为真理而求真理"的态度,表现为一种实用主义倾向,这也是中国没有产生自己近代实验科学的原因之一。中国近代以前的社会可以说是以家族为本位。西方近代社会可以说是"自我中心、个人本位",而中国近代以前则不重视个人的权益,这是一个严重的缺陷。五四运动以来,传统的家族本位已经打破了。在社会主义时代,应该是社会本位、兼顾个人权益。

我们现在的历史任务是创建社会主义的新文化,正确认识中国传统文化的长短得失,是完全必要的。

傅永聚、韩钟文同志主编的《20 世纪儒学研究大系》,循百年思想学术发展的脉络,以现代学术分类的原则,择选有学术价值、文献价值的代表文章,以"大系"的形式编纂而成,共有 21 卷,每卷附有专题研究的"导言"一篇。这部《20 世纪儒学研究大系》是由曲阜师范大学、孔子研究院、山东大学、复旦大学等单位的中青年学者合力编纂而成,说明了儒学研究事业后继有人。《大系》被列入国家社会科学基金规划项目,又由中华书局出版,这是在弘扬和培育中华民族精神方面做出了一件非常有意义的事情,我感到十分欣慰。编者征求我的意见,于是略陈关于中国文化的基本精神和儒家文化传统的一些感想,以之为序。

张岱年

前　言

傅永聚　韩钟文

儒学犹如一条源远流长的大河,导源于洙泗,经过二千五百多年生生不息的奔腾,从曲阜、邹城一带流向中原,形成波澜壮阔的江河,涉及整个中国,辐射东亚,流向全球,泽惠万方。儒学曾经是中华文化的主流,东亚文明的精神内核。但是进入 20 世纪后的儒学,遭遇到空前严峻的挑战,也面临着再生与复兴的历史机遇。一百多年来,儒学几经曲折,备受挫折,又有贞下起元、一阳来复之象,至 20、21 世纪之交成为参与"文明对话"的重要角色。

牟宗三先生说:"察业识莫若佛,观事变莫若道,而知性尽性,开价值之源,树价值之主体,莫若儒。"(《生命的学问》)儒、道、释及西方的哲学、耶教等都指示人的生命意义的方向,但就中国人特别是中国古代知识分子而言,儒学是安身立命之道。孔子、儒家追求的"内圣外王之道",一直是中国人的人格修养与经世事业的价值理想。"士不可以不弘毅,任重而道远。仁以为己任,不亦重乎?死而后已,不亦远乎?"(《论语·泰伯》)从孔子、曾子、子思、孟子至康有为、梁启超、梁漱溟、熊十力、牟宗三,中国的儒学代表人物就是怀抱志仁弘道的精神去实践自己的生命价值,开拓教化天下的事业与创建文化中国的理想的。中华文化历尽艰难,几经跌宕,却如黄河、长江一样流淌不息,且代有高潮,蔚成奇观,与孔子及其所创建的儒家学派所做的贡献是分不开的。

儒学一直对中华文化各个层面产生着巨大而又深远的影响。儒学统摄宗教、哲学、伦理、政治、教育、艺术等人文社会科学的学术品格及关怀现世人生的精神,使它成为一套全面安排人间秩序的思想体系,从一个人的生存方式,到家、国、天下的构成,都在儒学关怀与实践的范围之内。经过二千多年的传播、积淀,儒学一直影响着中华民族的民族性格、心理结构的形成。然而,进入20世纪,又出现类似唐宋之际"儒门淡泊,收拾不住"的危机,陷入困境之中。唐君毅以"花果飘零"、余英时以"游魂"形容儒学危机之严峻,张灏则称这是现代中国之"意义危机"、"思想危机"。

从19世纪中后期开始,中国社会、文化进入从传统农业社会向现代工业社会、从传统文化向现代文化转型的时代。1905年废除科举制度,1911年辛亥革命推翻了帝制,"五四"新文化运动的兴起,西方各种思潮、主义潮水般地涌入,风起云涌的政治革命、文化革命、社会转型、文化转型,导致了传统士阶层的解体与分化,新型知识分子的诞生与在文化思想领域倡导"新思潮"、"新学说",激进的反传统思潮的勃兴,现代化进程的启动和在动荡不安中急遽推进,使20世纪中国处于"三千年未有之大变局"的境遇之中,儒学的危机也由此而生。

一个世纪以来,儒学的命运与中国现代化的历史进程相消长,也与学术界、思想界及政治界对儒学与现代化的关系、儒学与西方文化的关系、儒学与全球的"文明对话"的关系所形成的认识有关。从19世纪末至21世纪初,一百多年来,中国的学术界、思想界与政治界围绕着孔子、儒家及儒学的命运、前景问题展开了广泛的、持久的争鸣,而这类争鸣又直接或间接地同传统文化与现代化、中学与西学、新学与旧学、科学主义与人文主义、全球化与中国化、文明冲突与文明对话、西方智慧与东方智慧等等论题交织在一起,使有关儒学的思想争鸣远远超出中国儒学史的范围,而成为20世纪中国思想史、学术史的有机组成部分。

百年儒学的历史大致沿着两个方向演进:一、儒学精神的新开展,使儒学于危机中、困境中得以延续、再生或创造性转化;二、儒家学术思想的研究,包括批判性研究、诠释性研究、创造性研究在内。由于20世纪中国是以"革命"为主潮的世纪,学术研究与政治革命的关系特别密切,故批判性研究常常烙上激进的政治革命的烙印,超出学术研究的范围,并形成批判儒学、否定儒学的思潮,酿成批判论者、诠释论者与复兴论者的百年大论争,并一直延续到21世纪。

回顾百年儒学精神新开展与儒学研究的历程,有一奇特现象值得重视。活跃于20世纪中国思想界、学术界、政治界、教育界的精英或代表人物,都不同程度地介入或参与了有关孔子、儒家思想的争鸣。如:早期马克思主义者陈独秀、李大钊、瞿秋白、李达、郭沫若、范文澜、侯外庐等,三民主义者蔡元培、陶希圣、戴季陶等,自由主义的代表人物严复、胡适、殷海光、林毓生等,无政府主义者吴稚晖、朱谦之等,现代新儒学的代表人物梁漱溟、熊十力、唐君毅、牟宗三、徐复观等,学衡派的代表人物梅光迪、吴宓、陈寅恪、汤用彤等,东方文化派的杜亚泉、钱智修等,新士林学派的罗光等,以及张申府、张岱年等,都参与了有关儒学的争鸣,并在争鸣中形成思想的分野,蔚成中国近代思想文化史上最壮观的一幕。

20世纪中国思想史的复杂性、丰富性远远超出了唐宋之际和明清之际,其思想争鸣具有现代性或现代精神的特色。美国学者列文森在《儒教中国及其现代命运》中以"博物馆化"象征儒学生命的终结,有些中国学者也说儒学已到"寿终正寝的时节"。但从百年儒学的精神开展与儒学研究的种种迹象看,儒学的生命仍然如古老的大树一样延续着。儒学曾经创造性地回应了印度佛教文化的挑战,儒学也正在忧患之中奋然挺立,回应西方文化的挑战。这是儒学传统现代创造性转换的契机。人们在展望"儒学第三期"或"儒学第四期"的来临。百年儒学的经历虽曲折艰难,时兴时衰,但仍是薪火相传,慧命接续,间有高潮,巨星璀璨,跨出本土,落根东亚,走向世界,成为一种国际性的思潮,在全球性的"文明对话"中扮演着重要角色,为人类重建文明秩序提供了可资汲取的智慧。儒学并没有"博物馆化",儒学的新生命正在开始。因此,对百年儒学作系统的全面的反思与总结,是一项具有历史意义与现实意义的学术课题。

纵观百年儒学的历程,大致经历了五个阶段,在这五个阶段中,儒学的命运、所遭遇的景况不尽相同,分述如下:

19 世纪末至 1911 年辛亥革命为第一阶段 洋务运动、戊戌变法导致儒家经世思想的重新崛起,晚清今文经学的复兴,特别是康有为《新学伪经考》、《孔子改制考》的出版,托古改制,以复古为解放,既开导儒学的新方向,又开启"西潮"的闸门,如思想"飓风",如"火山火喷"。章太炎标举古文经学的旗帜,与以康有为为代表的今文经学派展开经学论争,而这场思想学术争鸣又与政治上的革命与改良、反清与保皇、君主立宪与民主共和等论争交错在一起,显得格外严峻与深沉。诸子学的复兴,西学输入高潮的到来,政治革命的风暴席卷神州,社会解体与重建进程加速发展,传统士阶层的分化与新型知识分子的诞生,预示后经学时代的降临。思想界、学术界先觉之士以"诸子学"、"西学"为参照系,批判儒学或重新诠释儒学,传统儒学向现代儒学转型已初见端倪。

以辛亥革命至 1928 年南京政府成立为第二阶段 康有为、陈焕章等仿效董仲舒的"崇儒更化"运动创建孔教会,"五四"新文化运动兴起,吴虞、胡适等提倡"打孔家店",《新青年》派陈独秀、胡适与文化保守主义者梁启超、梁漱溟、杜亚泉等,学衡派梅光迪、吴宓等展开思想文化争鸣,以张君劢、梁启超等为代表的人文主义与以丁文江、胡适、王星拱等为代表的科学主义的论辩,马克思主义者李大钊、瞿秋白等也积极参与思想争鸣,各大思潮的冲突与互动,不论是批判儒学,还是重释儒学及复兴儒学,都有一个共同的特点,就是将儒学的研究纳入现代思想学术的领域之中,使思想争鸣具有了现代性,从而导致儒学向现代思想学术转型。20世纪中国人文社会科学的学科建制、研究方法深受"西学"的影响,有关孔子、儒学的论争已不同于经学时代,且与国际上各种思潮的论争息息相通。以现代西方哲学、科学、政治等学科的范畴、概念、方法去解读、分析、批判或重新诠释儒学,成为一时的学术风气,并出现了"援西学入儒学"的现象。有些思想家、哲学家试图摄纳西学、诸子学及佛学中有价值的东西重建儒学,如梁启超的《儒家哲学》及《欧游心影录》,梁漱溟的《东西文化及其哲学》,冯友兰的《人生哲学》,已透露出现代新儒学即将崛起的消息。

1928年至1949年中华人民共和国建立为第三阶段　30年代后,中国思想界、学术界出现"后五四建设性心态"。吸取西学的思想、方法,以反哺儒学传统,创造性地重建传统儒学,如张君劢、冯友兰、贺麟等;或者回归儒学传统,谋求儒学的重建,如熊十力、钱穆、马一浮等;即使是"五四"时期反传统的学者,在胡适提倡"研究问题,输入学理,整理国故,再造文明"之后,也将儒学作为"国故"的重要组成部分,作为学术史、思想史、文化史的思想资料加以系统的研究。胡适的《说儒》就是一篇以科学方法研究孔子、儒学的示范之作。"后五四建设性心态"的形成,对中国现代学术的建构起了积极的作用。一大批专家、学者参照西方人文社会科学学科建制的原则与方法,分哲学、宗教学、政治学、经济学、伦理学、社会学、法学、史学、美学、文学艺术、教育学、心理学等等,对儒学进行系统的研究,还对不同学科的发展史作深入的探讨。如中国哲学史、中国教育思想史、中国政治思想史、中国学术史、中国伦理学史、中国文化史、中国通史等等,儒学研究也纳入分门别类的学科及学科发展史的研究之中。钱穆在《现代中国学术论衡》中说:"民国以来,中国学术界分门别类,务为专家,与中国传统通人通儒之学大相违异。"将数千年经学、儒学作为学术思想的资源或资料,分门别类地纳入学科专题研究之中,虽然使儒家"内圣外王之道"的"道"变为"学术",由"专门之学"代替"通儒之学",但恰恰是这种转变,才促使了儒学由传统形态向现代形态转型。这一阶段是中国社会动荡不安的年代,令人惊异的是,在动荡的岁月中出现了一个学术繁荣期,学术研究的深度与广度并不亚于乾嘉时代,儒学研究也是如此。"专门之学"代替"通儒之学"乃大势所趋,是现代学术的进步。

抗日战争的爆发、救亡运动的高涨,把民族文化复兴运动推向高潮,为儒学精神的新开展或创造性重建提供了历史机缘。儒学在民族文化复兴的大潮中获得再生并走向现代。1937年沈有鼎在《中国哲学今后的开展》,1941年贺麟在《儒家思想之开展》,1948年牟宗三在《鹅湖书院缘起》中,都强调中国进入一个"民族复兴的时代"。民族复兴应该由民族文化复兴为先导,儒家文化是中华文化的主流,儒家文化的命运与民族文化的命运血脉相连、息息相关。他们认为,如果中华民族不能以儒家思想或民族精神为主体去儒化或汉化西洋文化,则中国将失掉文化上的自主权,而陷于文化上的殖民地。他们期望"儒学第三期"的出现,上接宋明儒学的血脉,对儒学作创造性的诠释,或者会通儒学与西学,使古典儒学向现代思想学术形态转换。以熊十力、贺麟、牟宗三等为代表的新心学,以冯友兰、金岳霖等为代表的新理学,是儒学获得现代性并走向成熟的重要标志。此外,王新命、何炳松等十教授发表

《中国本位的文化建设宣言》(1935 年 1 月 10 日)，新启蒙运动倡导者张申府、张岱年等提出"打倒孔家店，救出孔夫子"的口号及综合创造论，都体现了"后五四建设性心态"，都有利于儒学的学术研究之开展。

1949 年至 1976 年"文革"结束为第四阶段　余英时在《现代儒学论》序言中指出：20 世纪中国以 1949 年为分水岭，在前半个世纪与后半个世纪，中国的文化传统特别是儒家命运截然不同。1949 年以前，无论是反对或同情儒家的知识分子大部分曾是儒家文化的参与者，他们的生活经验中渗透了儒家价值。即使是激进的反传统者，他们并没有权力可以禁止不同的或相反的观点，故批判儒学或复兴儒学之争可以并存甚至互相影响。1949 年以后，儒家的中心价值在中国人的生活方式中已退居边缘，知识分子无论对儒学抱着肯定或否定的态度，已失去作为参与者的机会了，儒学和制度之间的联系中断，成为陷于困境的"游魂"。

就实际状况而言，这一阶段的儒学研究或者儒家思想之开展，比余英时分析的还要复杂。其中值得注意的是分化现象：大陆出现批判儒学的新趋向，50 年代至 60 年代中期，以批判性研究为主，除梁漱溟、熊十力、陈寅恪等少数学人外，像冯友兰、贺麟、金岳霖等新理学与新心学的代表人物，都在思想改造、脱胎换骨之后批判自己的学说，即使写研究孔子、儒学的文章，也离不开批判的框框。当时思想界、学术界的儒学研究，多以"苏联哲学"为范式，进行"唯心"或"唯物"二分式排列，批判与解构儒学成为当时的风潮。70 年代中期出现群众性的批孔批儒运动，真正的学术研究根本无法进行。儒学已经边缘化了。在港台地区和海外华人社群中，儒学却得到不同程度的认同，移居港台、海外的学者，如张君劢、钱穆、陈荣捷、唐君毅、牟宗三、徐复观、方东美等，继续以弘扬儒家人文精神为己任，立足于学术界、教育界，开拓儒学精神的新方向，成就了不少持之有据、言之成理的"一家之言"。

70年代后期至21世纪初为第五阶段　中国大陆的改革开放,思想解放运动,传统文化与现代化的论争,"文化热"的出现,以及日本、韩国、新加坡等国与香港、台湾地区经济腾飞所产生的影响,东亚现代化模式的兴起,全球化进程中形成的文化多元格局,文明对话,全球伦理,生态平衡,以及"文化中国"等等课题的讨论,使人们对孔子、儒学的研究逐渐复苏,重评孔子、儒学的论文、论著陆续出版,有关孔子、儒学、中国文化的学术会议频繁举行,中国孔子基金会、国际儒学联合会、中华孔子学会、中国文化书院、孔子研究院等学术团体和研究机构的建立,历代儒家著作及其注解、白话文翻译、解读本的大量出版,有关儒家的人物评传、思想研究、专题研究以及儒学与道、释、西方哲学及宗教的比较研究,成为学术界关注的课题。还有分门别类的人文社会科学及自然科学,也将儒学纳入其中作专门研究,如儒家哲学思想、儒家伦理思想、儒家美学思想、儒家史学思想、儒家政治思想、儒家教育思想、儒家宗教思想、儒家科学思想、儒家管理思想等等。专门史的研究也涉及儒学,如中国哲学史、中国经济思想史、中国教育思想史、中国伦理思想史等等,一旦抽掉孔子、儒家与儒学,就会显得十分单薄。此外,原来处于边缘化的港台、海外新儒家,乘改革开放的机遇,或者进入大陆进行学术交流,或者将其思想、学说传入大陆。至90年代,出现当代新儒家、自由主义与马克思主义重新论辩、对话与互动的格局,有关"儒学第三期"、"儒学第四期"的展望,儒学在国际思想界再度引起重视,说明儒学的确在展示着其"一阳来复"的态势。

纵观百年儒学的历程,不论在哪一个阶段,不论是儒家思想之新开展,或者是有关儒学的学术研究,都积有丰富的思想资源或文献资料,已经到了对百年儒学进行系统研究、全面总结的时候了。站在世纪之交的高度,我们组织编纂《20世纪儒学研究大系》,就是为了完成这一学术使命。

　　《20世纪儒学研究大系》是孔子研究院成立后确定的一项浩大的学术工程,现已列入2002年国家社会科学基金项目。《大系》的编纂与出版,实为孔子、儒学研究的一大盛事,必将对21世纪的儒学研究产生积极而又深远的影响。

编选原则及体例

《20世纪儒学研究大系》是一部大型的相对成套的专题分卷的儒学研究丛书,力求通过选编20世纪学术界研究儒学的代表性论文、论著,全面反映一百年来专家、学者研究儒学的学术成果及水平,为进一步研究儒学提供一部比较系统的学术文献。

一、将20世纪海内外专家、学者研究儒学的代表性论文、论著按研究专题汇集成册,共分21卷。所选以名家、名篇及具有代表性的观点为原则,不在多而在精,力求反映20世纪儒学研究的全貌。

二、所选以学术性讨论材料、思想流派性材料为主,兼收一些具有代表性并产生过重大影响的批判性文章。

三、每一卷包括导言、正文、论著目录索引三个主干部分。

四、每卷之始,撰写导言,综论20世纪该专题研究的大势及得失,阐发本专题研究的学术价值和意义,为阅读利用本卷提示门径。

五、一般作者原则上只入选一篇具有代表性的成果,重要代表人物可选2—3篇。

六、所收文章均加简要按语,介绍作者学术生平及本文内容。合作创作的论著,只介绍第一作者。

七、每卷所收文章,原则上按公开发表或正式出版的时间先后为序。

八、所收文章,尽量使用最初发表的版本,并详细注释文章出处、发表或写作时间。

九、入选文章、论著篇幅过长者,适当予以删节,并予以注明。

十、为统一体例,入选文章一律改用标准简化字,一律使用新式标点。

十一、所选文章的注释一律改为文中注和页末注,以保持丛书的整体风格。材料出处为文中注(楷体),解释性文字为页末注。

十二、每卷后均列论著目录索引,将未能入选但又有学术价值与参考价值的论著列出。论文和著作分门别类,并按公开发表和正式出版的时间先后为序。

目　录

20世纪儒学研究大系

20世纪儒学研究大系

导　言

杨春梅

一

在 20 世纪儒家思想研究过程中，究竟哪些可算作"儒家文化思想研究"？这是我一直考虑的问题。近代以来，学术按学科分划界定后，比起笼统混沌的传统学术来，似乎是眉目清楚，易于把握了，但实际上却未必如此。且不说人类生活原本是否像各个不同学科那样眉目清楚地分划着摆在那里，等着人们各个击破地去研究认识，单就以这种现代分科方式研究中国传统思想文化而言，其弊端重重也早已是众所周知的事实，不过这次因为做这一课题，对此更有较为深切的感受罢了。本丛书共有 21 卷，将本卷之外的其他 20 卷选题所涵盖的儒家诸种思想（政治、经济、宗教、哲学、伦理、教育、管理、文艺、美学、史学、实学）排除在外，再排除"新儒学"、"经典"、"学派"、"孔子"、"儒学与西方哲学"等卷所涉内容，还有什么可以划归到"儒家的文化思想"中呢？这确实是让人感到头疼的问题！幸承"丛书"主编指点，又斟酌再三，最后把本卷内容圈定在如下四个方面：

第一，儒家文化思想的本质特征；

第二，儒家文化思想在历史上的地位、作用和价值；

第三，儒家文化思想与现代化；

第四,儒家文化思想与世界文化。

选文即属与此类问题相关,具有一定代表性,且有较广泛影响者。无论如此界定是否恰当,总算有了一个取舍材料的标准,且能尽量避免与其他卷重复。通过汇辑在这里的数十篇作品,可以大致了解20世纪的学者、思想家对儒家文化思想的过去状态、现实处境、未来前景所作的宏观鸟瞰和总体性评价,了解不同文化派别的人对儒家文化思想的一般态度、观念及在此基础上形成的各具特色的研究取向、解释方法。如果能达到这个目的,即便是编选得文不对题,也不算白费力气了。至于这样编选是否合适,究竟应该怎样编选,则甚望得到广大读者的批评指正。

二

回顾百年来的儒家文化研究,实在令人感慨万千。百年中国的每一步几乎都与儒家文化有着解不开的纠结,其实这一现象本身已经说明,我们不可能简单地、轻易地把孔子和儒家从我们民族的生命和生活中抛出去,甚至我们也不可能采取偷懒省事的办法绕开去。对于现代生活来说,儒家文化无论是优是劣、适应不适应,我们只有正视它并且实事求是地研究它才是惟一正途、坦途,舍此而求任何简单省事的办法,企图快刀斩乱麻一夜之间解决问题,其结果都将使问题更加复杂难办,甚至遭受惨重的失败。可以说,百年以来,如何评判儒家文化的历史和现实价值已成为国人决断中国文化当前出路和未来发展方向的前提,因此,它成为百年思想文化史上的焦点,吸引着几乎所有学者、思想家、政治家及其他感时忧国之士的高度关注,也是理所当然、顺理成章的。人们以各自特殊的方式参与了这场深入持久波澜壮阔的评判活动,其成败得失、教训经验、忧乐悲喜,值得新世纪的国人"同情地了解"、审慎地思考、客观地评断，而其目的也不过仍是一句老话："前事不忘，后世之师。"郭沫若在七十多年前"风雨如晦"的时候即曾经说过这样一番话："对于未来社会的待望逼迫着我们不能不生出清算过往社会的要求。古人说：'前事不忘，后世之师。'认清过往的来程也正好决定我们未来的去向。"（《中国古代社会研究·自序》，见《郭沫若全集·历史编》第 1 卷，人民出版社 1982 年版）对于 21 世纪的中国人来说，在需要认清的"过往的来程"中，除了绵延数千年的"古代中国"外，还有百多年来的"近代中国"、"现代中国"，加强对近现代中国的认识和了解，必将有助于我们对古中国的认识和了解。因为这一时期的中国人因其特殊的遭遇和由此造成的特殊的忧患意识、振拔意识，对古中国做出了有特殊价值的解释，而这对我们显然是一笔极其宝贵的财富。百年来国人对儒家文化的研究即是这笔财富的重要组成部分。所以，对其进行比较全面的回顾总结显然是十分必要的。

　　阅读上一世纪有关儒家文化的各种著述，很容易感觉到其中弥漫着一种强烈的情感色彩，意气情绪之辞充斥在这些著述间，对儒家要么是愤激的挞伐，要么是固执的守护，论者彼此互相诅咒，敌对仇视，势不两立。殷海光曾对此有很精辟的评论。他在《中国文化的展望》中谈到近代以来国人对中西文化的优劣评判时说，近代以来的中国人在中西较量中经历了一连串的惨痛失败之后，自然而然逼到眼前的大问题是："中国文化到底行不行，站不站得住？是西方文化优于中国文化，还是中国文化毕竟优于西方文化？"殷海光说：

　　　　这类问题，自清末以来，常常被明显地或隐暗地提出，常常被直接或间接地触及。可是，直到目前为止，这类问题还没有得到真正的解决。为什么呢？之所以如此，原因很复杂，我们只能将其中最关紧要的几种指出：第一，与这类问题相干的知识太多,而且迄今太少人认真去作正式的研究。第二,对于这类问题,大多的人一接触时就像触了电似的带了情感作用,并且依之而作价值判断。但是各人对这类问题的情感联系不同,因此所作价值判断也不同。第三,带情感作用的价值判断弯曲或岔开了对这类问题之客观的认知。这么一来,和这类问题有关的言论和思想愈弄愈乱。有的人只发感慨;有的人把"作主张"当做"作认知";有的人乌托邦式地倾向西方文化;有的人比较严肃,但是却抓紧"人文""理性"这一两个空虚的玄学名词像孙悟空七十二变似地作概念游戏;有的人一开头有意无意抱着满腔"卫道"的心情来立论;另外有的人怀着"打偶像"的动机要扫荡一切。卫道之士忽略了一种情形,如果别人认为无道可卫而你说别人"未闻君子之大道",那么只有被人视作酸腐。如果别人本来就不承认那一套"圣人之教"而你据之以责备别人"叛道离经",那么只是搬出别人根本就不要戴的一顶价值大帽子来压人。反之,打偶像的人忽略了一种情形,如果别人对于其所卫的道有情感的联系而你要去"犁庭扫穴",那么可能回激起他借搬弄学问来建筑一套自我防护的体制。像这个样子的混乱论争,是不会有结果的。(见本书所选《中国文化的展望》第一章《天朝型模的世界观》)

殷海光是在60年代说这番话的,但其中所指陈的情形实际上直到今天也还在某种程度上存在着。从总体来看,情绪化的色彩可以说是愈后愈淡,但价值判断先于客观认知的情形却几乎是前后一贯,至今仍然如此。

殷海光所关注的问题是"中西文化之优劣评判",与我们这里所关注的问题尚有一定区别。我们所关注的儒家文化研究可以说属于他所说的"相干的知识"范畴:要对儒家文化的优劣作出正确的判断,当然首先需要了解儒家文化的真实状况,包括其思想主张、本质特征及其究竟是否与现代生活互不相容等等。在这里,认知活动应该尽量设法排除情感的纠缠和干扰,并且把价值判断问题暂时悬置,以冷静的心态、客观的方法实事求是地进行研究,如此,方能对研究对象有比较全面的认识和比较公正的评价。但是,殷海光显然没有做到这一点。他所关注的中西文化之优劣的评判首先即是一个价值判断问题,所以他设定的解决问题的方法也首先是价值标准的定立。他认为:"从最低限度来说,中国文化是否优秀过于西方这个问题,在'优秀'的标准没有定立以前,任何争论都没有意义。复次,如果我们尚未建立起公认的世界文化典范,那么说中国文化优于西方文化没有意义,说中国文化劣于西方文化也没有意义。同样,在这种条件下,我们说西方文化优于中国文化没有意义,说西方文化劣于中国文化也没有意义。不过,如果我们拿'适者生存'作标准来评判近代西方文化和在近代的中国文化,说谁优于谁,那么便不是无意义。"又说:"如果一个文化能够适应它内部的要求和外部的环境,那么我们就说整个文化是优秀的。如果一个文化既不能适应它内部的要求又不能适应它外部的环境,那么我们就说它是不优秀的。我们可以根据这条原则来观察并衡断古往今来的许多文化。"(同上)平心而论,如果用殷海光设定的原则来研究衡断中国文化或儒家文化,可能确实会摆脱情感的纠缠和干扰,但是却未必能实现所谓"客观的认知"。因为一种以是否"能够适应它内部的要求和外部的环境"为契入点的研究,其关注的焦点早已定格在对象的"适应性"或"不适应性"上,这就使研究的内容范围不可避免地局限在儒家文化中那些与现代适应或不适应的方面。主张革新和倾向于西方文化的人,因为旨在证成新文化确立的必要性,所以其心目所注便主要放在抉发和暴露儒家思想的种种不适应上;相反,反对激进改革和倾向保守儒家文化的人,因为旨在证成旧文化继续生存发展的合理性,所以其心目所注便主要放在挖掘和发现儒家思想的种种适应性上。双方都不可避免地忽略了与其各自关注相反的一面以及其他一些既不能简单地说适应也不能简单地说不适应的方面之复杂性质,这就使他们的研究不能不限于一偏。为今日学者所经常批评的那种"攻取一点、不及其余"的研究方式,实际就是由此造成的。可以说,包括殷海光在内,20世纪的主流学者——无论新派旧派——基本都没有逃脱此一偏颇。换言之,整个20世纪的儒家文化研究,就其主流而言,可以说离"客观的认知"的要求还相距甚远。大家都在不同程度上带着特定的价值判断契入研究对象,展开研究过程,结果各自所研究和发现的总是各自所期望的。研究的目的原本只是为了证明一种现实的主张,而不是弄清对象的真相,因此,对象的研究在这里便只起辅助的作用,而没有独立的价值,这也是20世纪儒家文化研究的一个不容否认的痼弊。

　　总之,由于近代国人对中国文化、对居于统治地位的儒家文化的反思和研究是在中西文化孰优孰劣这样一种残酷的自我拷问中开始的,因此,情感的纠缠干扰和价值判断先于客观认知的模式注定成为近代以来儒家文化研究的一个重要特征,由此所导致的一系列混乱和弊端值得我们认真反省。对此,我们也不应只是一味地指责批评那些前辈学者,因为如此这般的情形原不是哪个人不负责任地胡乱造成的,而是有值得予以"同情地了解"的社会背景。只有认清这个背景以及其中所涵蕴的问题,才能对近代以来的儒学研究做出客观公正的评价,而我们自己也才能找到现在所应该走的正确的路向。否则,愤激的批评刚刚结束,转过身自己迈开脚步时,早已又落入了歧途。这应是我们今天总结反思20世纪儒学研究,甚至总结反思其他学术领域的研究时所不可不特别注意的一点。

三

　　20 世纪儒学研究在各个不同阶段的背景、目的及其所关注的问题、运用的方法、拓展的广度、深入的程度也不同，不同派别在阶段性演进中，彼此也经历了一个由相互对立到相互渗透，再到交流对话、沟通整合的过程。以下以本卷选文为线索，对有关情况略作分析。应该说明的是，分段只为行文方便，并非对百年研究史的严格分期。

（一）20 世纪初三十年

　　如前所说，研究的情绪化色彩是愈后愈淡，这一点，从我们所选录的几十篇作品中即可看出。但也可以看到，在世纪初三十年间，情绪化色彩可以说是非常浓烈的。辛亥前十年，本卷空缺，辛亥后二十年，所选亦甚寥寥，主要原因即是因为此三十年间国人在面对儒家文化时情感作用太强，情绪化之辞太多，其著述多不类研究，而更像吵架。一动笔，就是决斗的架势，其间未尝没有精到敏锐之见，但是整个说来缺乏冷静客观的学理研究。不能说他们不想做从容的学理研究，只是社会危机和由此激成的急切浮躁心理使他们无法平静下来。如陈独秀原也赞成学术研究应该"平亭两造"，他曾很热情诚恳地支持《新青年》读者常乃德从积极的方面研究和阐发儒家的道德价值，尽管他并不认同常的看法，但却秉着研究和信仰自由的理念支持他。可是现实却逼迫陈独秀不得不对儒家与现代生活相冲突的一面急攻猛打，因为不如此就无法替他期望建立的、后来逐渐成为国人共识的科学和民主打开一条生路。当执政当局已把儒家学说作为国民修身大本写入《宪法草案》时，为了争取思想和信仰的自由，为了让科学和民主观念取代儒家思想观念而在国人心中生根，除了抓住儒家和现代生活相冲突、不适

应大做文章外,还能有什么更好的选择呢? 在这个时候,怎么能要
求他从容地、面面俱到地去研究儒家呢?"同情地了解"之所以必
要,原因在此。同样,反对陈独秀主张的人士也无法平静下来。特
别是对传统文化浸润极深的人,他们一方面对民族的危机抱有与
陈独秀等人同样急切忧虑的心理,另一方面又对在现实中失去应
付能力且已崩颓不可收拾的儒家文化抱有难以名状的困惑、矛盾、
不忍和痛苦心理,他们几乎是本能的生出一种抵抗。尤其在梁漱
溟之前,意欲保守儒家的人多是本能地、被动地抵挡新派的攻击,
或固执空泛地强调儒家思想之优越,以为先师所创,先贤所传,生
民所依,绝不能就此中断;或急切卤莽地拿中学比附西学,以为西
学所有,我固有之,反求诸己,不必外求。此时这一派有关儒家的
著述多不出此种类型,其中因由同样也不是他们自己所能完全主
宰的。他们的谬误不必隐讳,他们之所以如此的原因却也应该
了解。

　　应该强调的是,在大的情绪化氛围下,已经开出一些对现代学
术来说极有意义的端绪。陈独秀抓住孔子与现代生活的冲突立
论,虽然不免偏颇,但是我们平心阅读其文,便不难发现他固然对
自己所坚持的主张态度决绝,但也不像有些人夸张的那样不能容
人。他的决绝态度主要体现在两点上:一是孔子之道不能入宪法,
无论其是否与现代生活相适应。这涉及思想和信仰的自由问题,
是现代社会第一义,不容依违调和。二是孔子之道不适应现代生
活,应该以新思想、新道德来代替它。为了证成此论,他对儒家思
想的核心内容"三纲五常"作了一些富有启发意义的探讨(见所选
陈文:《宪法与孔教》、《孔子之道与现代生活》),对人们认识儒家的
思想缺陷和负面影响还是有很大价值的。而对于这点,陈独秀固
然也要求人们"勿依违,勿调和",但是却并不认为不可讨论。思想
信仰既然自由,则有人选择儒家思想自然也未尝不可。他并未强

迫人们接受他的主张，而是希望人们"细察孔子之道果为何物，现代生活果作何态，诉诸良心，下一是非善恶进化或退化的明白判断"（《孔子之道与现代生活》）。因此，在他心目中真正不容讨论商量的是第一义。只要不将孔子之道定入宪法，则作为现代理念体现和象征的宪法至少可以使新思想、新文化获得合法的地位，而孔子之道即使在社会上拥有信仰者，其辩护和倡导也只能限于舆论和学理的层面，而不再拥有强制人们的权力了。实际上，在孔教入宪法、帝制复辟等一系列事件没有发生前，陈独秀也是平等研究诸子百家——当然也包括儒家——的积极支持者，此前他的一系列论文、通信透露的态度是宽容平和的，后来所以变得偏激决绝，主要是现实刺激使然。由此我们也可以明白他与杜亚泉论战时态度之所以咄咄逼人，甚至有些强词夺理，恐怕就是他感到杜亚泉的文化"统整说"可能会取消思想自由，而杜亚泉对"名教纲常"、"固有文明"难以掩饰的留恋、崇仰更使他觉得是对现代生活原则的严重挑战。平心而论，他的这两点担心并非没有道理，这只要看一下杜亚泉的《迷乱之现代人心》即可明白。现在，杜亚泉的文化观及其在科学教育上的巨大贡献重新受到人们的关注，这是可喜的现象，但应该注意不要走入另一极端。在陈杜论战中，前者关注的焦点之一是"文化统整"对思想自由的威胁。思想自由是现代社会，也是现代学术文化健康发展的前提。杜亚泉也明确主张思想自由和多元，但"统整"和"自由多元"是什么关系，如何协调，他似乎并没有令人信服的解释。而我的未必正确的印象是"自由多元"对他来说只是手段，"统整"才是其根本目的。

　　自由多元在儒家文化从正统和强势地位跌落下来并且遭到猛烈批判后，似乎已成为保守人士争取生存权的极为有效的手段，特别是稍后的新儒家，在现代诸多理念中，几乎所有的人都对思想和信仰自由理念情有独钟，可能也与其生存处境有关。这一点实已开后来他们和自由派联合之端,同时也使我们今天在重新整合他们的观念时有了一个可以把握的契入点。但是,一个必须正视的问题是:思想自由乃是现代理念之一,它与其他现代理念构成不可分割的有机整体,因此,思想自由必须在现代精神和与此相应的一系列制度整体确立的前提下才能真正实现并得到保障。换言之,涵蕴着思想自由理念的现代社会能够容纳儒家的存续和发展,儒家支配下的传统社会却容不下思想自由,包括对儒家思想研究的自由。不能对儒家思想自由研究,儒家在现代的存续还指望什么?所以,即便从儒家研究自由开展、创新转化这一点上来说,保守儒家文化的人也注定要逐渐向陈独秀、李大钊、胡适等人指向的现代目标趋近,并自觉地在现代化文化的整体框架下考虑儒家的发展问题。当然,这种自觉经历了一个较为漫长的过程。

　　李大钊最早尝试用唯物史观研究中国近代思想变动的原因,一方面否定了孔子思想在现代生活中的地位和价值,另一方面也肯定了其历史上的地位和价值,这在当时是一个卓识,他的《从经济上解释中国近代思想变动的原因》因此成为中国马克思主义史学开端的标志。就对孔子的历史评价而言,后来的马克思主义史学流派基本都以此为基调而展开发挥。梁漱溟抱着为释迦、孔子辩护发挥的宗旨来研究东西方文化,其宗旨已先入性地限制了他研究和解释的客观性,但是在当时来说,他的研究确是罕见的系统和深刻,他关于儒家文化本质特征的独特阐释以及对儒家文化前景的预测,对后来新儒家思想影响极大,成为新儒家的开山宗师。他的《东西文化及其哲学》是他一生学问的大本营,我们节录片段,聊窥一斑。

　　胡适用"科学的方法"创立了中国哲学史研究的新典范,《中国哲学史大纲》上卷对孔子及儒家的研究也新颖独到,别具一格。鉴于这是丛书"哲学卷"必选之作,所以本卷不予选录,但节选了胡适弟子顾颉刚的两篇文章,由此我们可以看出胡适所开出的"科学派"在开始其客观的以考证见长的研究路数之前,在价值观念方面的破与立,其间也包含了他们对儒家文化思想的基本认识和评判。惟有经过如此一番破与立的工作,那些构成现代学术基础的惟真求实、不盲从古人、不崇拜权威、不论有用无用、凡求真之学皆有独立之价值等等理念才得以确立,这对后来的儒家文化研究,乃至整个历史研究都是极其重要的一步。顾颉刚研究的兴趣原本是"上古史观念在中古时代之演变",其志向是做一个中古思想史专家,古书辨伪是其研究的起步,不是终点。然而,后来在外界的误解批评和自己无奈的辩解和退守中,他逐渐将自己工作的性质确定为"古史辨",别人也因此主要把他看成是文献考证家。在文献考辨方面,他固然取得了很多成绩,但也留下了不少错谬。今日在"走出疑古"的氛围下,人们紧盯着这类错谬不放,而惟独忽略了他原初的志向及因此而开出的思想史研究新路径,以至于《五德终始说下的政治与历史》这部探讨儒家文化思想变迁及其与社会政治需要之复杂关系的思想史名著,其特殊的价值也未能引起广泛重视。与此相应,人们也早已淡漠了他当年提出的研究儒家经典时所应该具备的那些现代学术理念(即打破"四个观念"、推倒"四个偶像",见所选顾文),这也是我们所以选录顾文的一个原因。

　　辜鸿铭是这一时期极为独特的人物。他对西方文化了解的深度和广度恐怕至今尚未被多数人所知晓,他一直被视为顽固守旧的典型,但是,细读本卷节录的他的经典名著《中国人的精神》,便不难发现他思想的另一面。他对儒家文化的保守并非不分青红皂白的固执,而是有值得关注的理由。这些理由是他对中西社会情形长期观察的结果,其间某些议论对我们仍有警醒作用和启发价值。特别是他在儒家诸经典中独标《春秋》,并且以"名分"为其大义,将其视为儒家的纲维所在,可以说抓住了儒家学说的根本。我们可以不赞同他对"名分"所持的肯定和赞美态度,但是我们不能不佩服他对儒家学说体会和把握的深刻。与那些比附西学或者竭力回避或虚化儒家名分大义的保守者比较,辜鸿铭的态度反显得忠诚老实,因为不管是否合乎时宜,他宣言保守的至少是儒家一脉相传的旧物,而不像那些人拿一个牵强附会出来的儒家来保守。直到现在还有人大谈儒家讲独立、讲自由、讲民主、讲平等,以此证明儒家合乎时宜,但这些观念和儒家名分大义何曾相容!所以,要了解儒家大义所在,辜鸿铭不能不读。

(二)30、40 年代

30、40 年代是本卷关注的重点时期。此时,情绪化的争论依然经常发生,有时甚至非常激烈,但是各不同派别中的中坚人物和不属于任何派别的一些自由人士已经开始从不同角度、运用不同理论和方法对儒家进行比较深入系统的学理性研究,并且取得了令人注目的成就。本卷选录了郭沫若、胡适、陈序经、张君劢、沈有鼎、冯友兰、钱穆、朱光潜、费孝通等学者的作品,大致可以反映此一时期人们对儒家思想文化的一般理解。

郭沫若是马克思主义学派的代表。在这个阵营中,尚有范文澜、侯外庐等也对儒家思想文化作出过很有价值的研究。这一派的贡献主要是向人们揭示出儒家思想文化的社会经济基础,揭示出儒家文化不容否认的时代性。胡适、陈序经是西化派代表。胡适的西化观始终没有根本变化,但是他对儒家文化的态度和研究方法在 30 年代发生了一些改变。从本卷节录的《说儒》一文来看,他对孔子在把原始儒家改造成新儒家、把"小人儒"改造成"君子儒"的过程中所表现出来的"调和三代文化"的博大精神、"仁以为己任"的弘毅人格竟充满由衷的欣赏。像这样的孔子、这样的儒家却还要打倒,就不免让人感到困惑。胡适温和的性格和对传统学术的爱好使他在激烈的态度背后总免不了有些犹豫,言论有时难免自相矛盾。与他不同,陈序经是彻底的西化派,对儒家思想的批判也非常尖锐深刻,他关于儒家复古思想的研究和批评迄今仍有不可抹杀的价值。

沈有鼎、朱光潜、费孝通属于自由知识分子,他们在学术上各有所专,沈是逻辑学家,朱是美学家,费是社会学家,他们依靠自己独特的理论学养,从各自不同的角度对儒家文化作出了非常精彩甚至是卓越的解释。沈有鼎一生著述不多,所著则皆精深独到。他的《中国哲学今后的开展》一文不长,但影响深远,其中对中国哲学分期及其对儒家发展前景的预测,深受新儒家推重。朱光潜拈出"乐的精神与礼的精神"来作为儒家文化的精神所向,并以"秩序"、"和谐"来阐释二者,认为礼乐兼备、和谐有序是儒家社会理想的完美体现,也应该是今日人类的理想。他对儒家礼乐精神的肯定和赞赏是十分明显的。费孝通的研究特别值得注意。其《乡土中国》虽然是一本社会学著作,但研究中国文化和儒家文化的人却不能不读。费孝通在其中提出的那些至今仍富有解释力的概念、论断不是单纯从书本上得来的,而是对基层社会和身边事物留心观察研究的结果,是他社会学和文化人类学理论方法涵养出的结晶。对中国社会和儒家文化的研究来说,这本薄薄的小册子里含有许多值得开掘的东西,如"差序格局"及其由此造成的特殊的人际关系和道德的性质等,即是可以继续研究的课题。特别是对于习惯于在书斋里从书本上研究、认识儒家和中国的人来说,《乡土中国》独特的理论和观察方法很值得人们借鉴。

新儒家在30、40年代获得了巨大的发展,张君劢、冯友兰、马一浮、熊十力、钱穆、贺麟等都提出了独具特色的理论,有的还创立了自己的新儒学思想体系。此时的梁漱溟注意力虽然转移到乡村建设上面,但因此对中国社会结构特点和中国文化的本质特征有了更为具体切实的观察,对儒家文化的未来前景更加乐观。因为篇幅所限,他的《中国文化要义》我们没有选录,但是其重要性不亚于《东西文化及其哲学》,他自己甚至更看重前者。书中关于中国传统社会是"伦理本位,职业分殊"的论断影响很大。马一浮、熊十力、贺麟的论著亦皆未选录,但他们在儒家文化的研究阐释和儒学创新方面也都是一代宗师。

　　冯友兰在新儒家中比较特殊,其他新儒家诸子对他的"新理学"体系、观点和方法多有批评。他在30年代先后出版的《中国哲学史》上、下卷,用"西洋哲学"拆解分析"中国义理之学",继胡适之后创中国哲学史研究又一新典范,但其流弊也很大。它使我们看到的只是中国历史上的西洋哲学,而中国义理之学的真相却因此支离破碎、晦暗难明。抗战时期,他倾心尽力撰成"贞元六书",对儒学的阐释和创新同步进行,由此确立了他在新儒学发展史上的重要地位。他从社会经济形态出发对传统儒家思想所作的解释今日仍有可取之处,由所选《原忠孝》片段即可体会到。

　　张君劢、钱穆对儒家文化抱有的"温情"与"敬意",在所选录的论文里十分明显地体现出来。在这种"温情"和"敬意"中,对历史文化的解释便有意无意地倾向于"往好里说",这也是十分明显的。如钱穆关于中国古代无专制政治、唐宋时代是平等社会的观点,即是这种往好里说的明证。不过在这些或多或少有些饰美的阐释中,也有一些很有启发价值的见解。如他们都对中国历史之所以"悠久广大"的解释以及对儒家文化在其中所发挥的作用的评判就很值得重视。还有他们关于中国文化分期的意见,也有广泛的影响。

　　在遭遇到近代以来一连串的挫折失败和新文化运动以来国人的猛烈批判之后,儒家的保守者在此一时期终于定下神来,在"学"的层面上迈开坚实的步伐。他们对儒家都抱有一种"同情"和"敬意",但是与此前的保守主义者相比,他们的学术素养、眼光胸襟以及对儒家与现代社会关系的判断都已大大不同。他们都试图以儒家为本来融摄西学精华，从而既能保住儒家文化的主流地位，又可以适应现代社会的需要。为了实现这一目的，他们用现代理念和现代方法对儒家文化重新阐释，并且以积极主动的姿态契入到现代文化的大洪流中，就现代社会和文化的发展问题提出建设性的主张。由此，一个面目全新的儒家群体出现在世人面前。此时，他们对反对传统的西化派虽然仍抱反感的态度，但他们的研究却已自觉地落在西化派竭力开拓搭建的"现代"平台上，并且以此作为他们改造和重建儒学体系的现实基础。他们对民主、科学两大思想的肯定和认同即是一个明证。尽管他们对传统儒家是否拥有民主和科学思想有不同意见，但是他们都认为儒学在现代的新开展必须以认肯二者为前提，而不能排拒它们。他们从不同角度为儒家学说与民主、科学的调和沟通作出努力，其成败得失固然一言难尽，但他们的探索为后来新儒家的发展奠定了可贵的基础，作为现代文化框架中的一翼，他们也为现代学术文化的建设作出了重要贡献。

(三)50—70 年代

　　50—70 年代，儒家文化研究在大陆出现批判儒学的新趋向。50 年代至 60 年代中期，以批判性研究为主，当时学术界、思想界的儒学研究，多以"苏联哲学"为范式，进行"唯心"或"唯物"的机械式的二分式排列，多数学者刻意套用唯物史观，特别是简单化、教条化了的阶级分析方法，结果这些论著都难免给人一种僵硬和不自然之感。文化意义上的研究则几乎中断，连一般的文化史都十分罕见。进入"文革"时期，需要学者们做的只是为现实政治"做注脚"、"备顾问"而已。对儒家思想文化除了粗暴蛮横的"大批判"之外，几乎没有其他声音。从儒家文化研究的角度来看这一时期的学术成果，几乎成为大陆儒学研究链条中的一段空白，因此，本卷对此段大陆部分空缺不录。

与大陆情况不同,一些解放前夕到港台和海外的新儒家以无限悲悯的心情开始承当起儒学存续发展的艰苦使命。他们抱着强烈的忧患意识和执着的道统观念积极研究和传播儒学。针对世人有关儒学和中国文化的种种误解和研究方法上的错误,张君劢、牟宗三、唐君毅、徐复观四人于1958年联名发表《为中国文化敬告世界人士宣言——我们对中国学术研究及中国文化与世界文化前途之共同认识》,其中所陈述的理念和方法奠定了港台和海外新儒家发展的方向。以四人为核心的第二代新儒家对儒学研究的深度和广度超过了他们的前辈,他们深厚的西学素养及其在运用西学研究和阐释儒学方面,更非其前辈学者所能及,但他们对儒学"温情"、"敬意"的态度却前后一脉相传。毫无疑问,这种态度使他们研究的客观性有着先天的局限,但此时的新儒家已把对传统儒学本身之不足的反省和对儒学积极价值的阐扬放在同等重要的位置,批判反省的姿态加强。他们对世界范围内现代化大趋势的认识更加清楚,在现代化潮流中,儒家自身的不足和缺陷也暴露得更加明显,与其无可避免地遭受他人攻击,不如采取主动,坦然承认和正视自己的不足,借此掌握解释的主动权,把不足的原因转嫁给社会和帝王,而否认儒家文化自身不完美。这是他们的文化策略之一。他们比前一代新儒家更坚定地认同民主和科学二义,并竭力设法将其与传统儒学接榫,把"本儒家内圣之学以开出新外王"视为儒家第三期发展的目标,认为新儒家能否开出民主和科学的新外王是儒家文化生死存亡的关键。当他们试图以儒家文化统摄现代化时,为了融摄成功,便不能不对儒家文化和现代化两方面予以改造重铸,但却不像前辈学者那样牵强比附,而是竭力从"文化生命"和"义理大端"处挖掘、疏导、会通。因此,他们对儒家义理及其历史流变的研究和阐释下了很多苦工夫,其学理价值已是世所公认。新儒家著述繁多，我们选录了徐复观、唐君毅、牟宗三等人的作品，可以窥见此辈学者努力的方向。可以说，这一代新儒家比前一代更主动、更自觉地认同了现代化这个大目标。作为新文化格局中的一派，他们固然保守儒家文化为目标，但同时他们也以儒家文化为依托对现代社会的种种弊端加以剔抉纠正，通过展现儒家文化对现代社会补偏救弊的作用和价值，为儒家文化的生存和发展寻求正当性、合理性。

此一时期，对儒家文化持批评态度的自由主义学者在港台也很活跃。胡适之外，还有殷海光、韦政通等人。后两人对儒家思想缺陷及其消极影响的研究和批评曾引起巨大反响，我们各选一篇，以与新儒家对照参看。

（四）1979 年以后

1979 年以后，大陆进入改革开放的新时期，儒学研究也开始复苏。此时，港台和海外的新儒学反哺大陆，开始进入所谓"一阳来复"的新阶段。大陆和港台、海外学者之间越来越频繁的交流对话和沟通互动是这一时期令人注目的一个特点。

大陆学者的研究虽然受到港台和海外学者的影响，但仍然有自己的鲜明特色。马克思主义仍然居主导地位，教条化的阶级分析虽逐渐被抛弃，但是擅长从经济和社会角度进行历史的研究和分析仍然是大陆学者的一大特色，在这方面大陆学者显示出他们深厚的功力。另外，在历史考证、文献梳理、文化特征、儒学与现代化的关系及其前景预测等方面，大陆学者也都有出色的研究，提出很多独到的观点，甚至创建出自己的研究和理论体系。本卷所选张岱年、李泽厚、余敦康、庞朴、杨向奎、汤一介、刘蔚华等七位学者的作品，可以大致反映出大陆学者的上述特色。特别在文化特征的研究方面，在借鉴、批评港台和海外新儒家观点的过程中，大陆学者提出了一些非常独到的看法。如李泽厚针对徐复观的"忧患意识"说提出"乐感文化"说,庞朴则在分析点评两说之后又提出"忧乐圆融"说,这都是非常有解释力和非常有魅力的概括。不管他们的概括在多大程度上合乎历史实际,这些概括都让我们从不同角度体会到中国文化、儒家文化中那些依然散发着魅力的生命元素。随着改革开放的不断发展及其视野胸襟的逐渐开阔,大陆学者也开始尝试对儒家文化的现代价值和未来前景作出自己的观察,汤一介的《"太和"观念对当今人类社会可有之贡献》、刘蔚华的《儒学、传统文明与现代文明》即是其中比较有代表性的作品。

此一时期,港台和海外的新儒学继续蓬勃发展,老一代的牟宗三等人继续著书立说,新一代的新儒家传人杜维明、刘述先等已开始挑起重担,成为新时期的中坚。紧随其后,更年轻一代的传人也在前辈的精心培养和引导下迅速成长起来,如今也已成为一支极其活跃的新锐力量。杜维明等新儒家学者与大陆学者之间逐渐展开频繁密切的交流互动,推动了儒学研究在大陆的复兴和发展。本卷所选杜维明、刘述先、成中英、余英时等人的作品,在大陆均曾引起广泛关注。

新儒家到杜维明这一代,其生活的环境、所受的教育以及所面对的世界与前两代新儒家都已大不相同,所以他们的研究和主张也呈现出一些新的特点。如前所说,牟宗三这一代已经自觉地把儒家文化的研究和重建置于世界现代化的大背景中进行,杜维明他们则进一步强化了这种意识,更加强调"世界眼光"和人类整体关怀。在全球一体化和世界文化多元冲突的情势下,他们以更加积极和主动的姿态参与全球对话,注重在涉及人类整体和全球利益的问题上发挥儒家的文化智慧。与牟宗三那一代人不同,道统意识和悲怆情绪在杜维明这一代身上已经淡化,上一代那种武断、偏执的态度已经不见,代之而起的是冷静、理智、温和、宽容。对牟宗三等人视为命根的儒家文化的主位性问题,他们已很少提及,也不再把儒家文化解释成无所不包的玄妙体系以统摄全世界文化，而是注重挖掘儒家文化中那些具体的有价值的资源，对其进行创造性的解释和转化，为解决现代社会面临的各种问题提供切实的解决之道，并且与世界其他类型的文化广泛交流和沟通，积极为不同文化的和谐相处、共同发展谋求办法。他们仍然关注儒家文化的出路和前途，但也更加强烈地关注着人类整体的命运和前途，儒家的价值是被放在这样一种更深切博大的关怀中去体察、观照、发现和肯定的。他们也仍期望重建儒学，但不再幻想一统天下，一种多元包容的文化心态已经确立起来。在他们心目中，儒家传统已经不单纯是一个保守的对象和目标，而是一个观察和批评现代社会的价值资源，与世界其他民族所拥有的文化传统站在同一现代平台上，共同为人类的和谐发展作出贡献。因此，将此时的新儒家视为一个具有传统视角的现代文化流派或许比将他们视为文化保守主义更加恰当。

四

　　最后，对方法论问题略赘数语。在整个 20 世纪，研究儒家文化的态度和方法问题始终受到广泛的关注。从保守派对国人文化上"舍己从人"现象的批评，到各时期体用问题的争论，均包含着对方法论问题的关注。不同派别间的学术分别与其态度、方法上的不同有极大的关系，甚至蔡元培"思想自由，兼容并包"的八字方针，也不过是一种对待学问的态度和方法。可见态度方法问题在近代思想文化史上的重要意义。对新儒家来说，态度和方法在其发展的每一个阶段上更是至关重要的问题。方法由态度决定，态度据价值判断确立，价值先行，态度第一，这几乎可以说是新儒家自立立人的第一教义，这在 1958 年新儒家四巨头所发表的《宣言》

中表露得最为明显。陈寅恪为冯友兰《中国哲学史》上、下卷写的两篇简短的审查报告所以在今日又备受推崇,原因也主要是其中所表述的态度和方法引起大家的共鸣。这个问题值得专门予以总结研究。本卷仅将甘阳、张灏两位学者的文章附录于后,他们对方法论问题的总结反省以及所提出的主张,可供我们进一步研究的参考。

　　以上是我在阅读和整理材料的过程中得到的一些肤浅的印象,拉杂写来,错谬一定很多,敬请读者见谅和指教。

中国人的精神[①]（节选）

（在北京东方学会上所宣讲的论文）

辜鸿铭

……

我所指的中国人的精神,是中国人赖以生存之物,是本民族固有的心态、性情和情操。这种民族精神使之有别于其他任何民族,特别是有别于现代的欧美人。将我们的论题定为中国式的人（Chinese type of humanity）,或简明扼要地称之为"真正的中国人",这样或许能更准确地表达我所说的含义。

那么,何为真正的中国人? 我相信诸位一定会同意这是个很有意思的问题。特别是目前我们已经看到,典型的中国人——即真正的中国人正在消亡,取而代之的是一种新的类型的中国人——即进步了的或者说是现代的中国人。事实上在我看来,往日那种典型的中国人在世界各地正趋于消亡。所以,我们应该仔细地看上最后一眼,看看究竟是何物使真正的中国人本质地区别于其他民族,并且区别于正在形成的新型中国人。

首先,我想诸位感触最深的,一定是在旧式的典型的中国人身

---

① 该文曾于1914年6月发表在英文报纸《中国评论》上,在美国留学的胡适看到此文,并在日记中略有评论。

上,没有丝毫的蛮横、粗野或残暴。借用一个动物学的术语来说,我们或许可以将真正的中国人称之为被驯化了的动物。我认为一位最下层的中国人与一个同阶层的欧洲人相比,他身上的动物性(即德国人所说的蛮性)也要少得多。事实上在我看来,用一个词可以把典型的中国人所给你们留下的印象归纳出来,这就是"温良"(gentle,温文尔雅之意)。我所谓的温良,绝不意味着懦弱或是软弱的服从。正如前不久麦嘉温博士所言:中国人的温良,不是精神颓废的、被阉割的驯良。这种温良意味着没有冷酷、过激、粗野和暴力,即没有任何使诸位感到不快的东西。在真正的中国式的人之中,你能发现一种温和平静、庄重老成的神态,正如你在一块冶炼适度的金属制品中所能看到的那样。尽管真正的中国人在物质和精神上有这样那样的不足,但其不足都受到了温良之性的消弭和补救。真正的中国人或不免于粗鲁,但不至于粗俗下流;或不免于难看,但不至于丑陋骇人;或不免于粗率鄙陋,但不至于放肆狂妄;或不免于迟钝,但不至于愚蠢可笑;或不免于圆滑乖巧,但不至于邪恶害人。实际上,我想说的是,就其身心品行的缺点和瑕疵而言,真正的中国人没有使你感到厌恶的东西。在中国旧式学校里,你很难找到一个完全令你讨厌的人,即使在社会最下层亦然。

　　我曾提到典型的中国人给诸位留下的总体印象是温良,是他那种难以言表的温良。当你分析一下这种温良的特性时,就会发现,这种温良乃是同情与智能(intelligence)这两样东西相结合的产物。我曾把典型的中国人比作已被驯化的动物,那么是什么使得驯化的动物如此不同于野生动物的呢? 我们都承认驯化的动物已经具有某些人的属性。但是人与动物的区别何在? 就在于智能。一个驯化的动物的智能不是一种思考的智能,它不是由推理而来,也不是来源于它的本能——就像狐狸那种狡猾的本能、知道在何处可以找到美味的小鸡。来源于本能的智能不仅狐狸,甚至所有的动物都有。但我们所说的驯化的动物所具有的某些人类的智能，与狐狸或其他任何动物的智能是有完全不同的。它既不源于推理，也不生自本能，而是起自人类的同情心和一种依恋之情。一匹纯种的阿拉伯骏马之所以能够明白其英国主人的意图，既不是因为它学过英语语法，也不是因为它对英语有本能的反应，而是因为它热爱并依恋它的主人。这就是我所说的区别于狐狸或其他动物的、人类的智能。人的这种智能使其有别于动物。同样，我认为正是这种同情的智能造就了中国式的人之类型，从而形成了真正的中国人那难以言表的温良。

……

中国人之所以有这种力量、这种强大的同情的力量，是因为他们完全地或几乎完全地过着一种心灵的生活。中国人的全部生活是一种情感的生活——这种情感既不是来源于感官直觉意义上的那种情感，也不是来源于你们所说的神经系统奔流的情欲那种意义上的情感，而是一种产生于我们人性的深处——心灵的激情或人类之爱那种意义上的情感。实际上，正是由于真正的中国人太过注重心灵或情感的生活，以致于可以说他有时是过多地忽视了生活在这个由肉体和灵魂组成的世界上，人所应该的、甚至是一些必不可少的需要。中国人之所以对缺乏优美和不甚清洁的生活环境毫不在意，其原因正在于此。这是惟一正确的解释。当然这是题外话。

……

正是因为中国人过着一种心灵的生活，一种像孩子一样的生活，所以使得他们在许多方面还显得那样幼稚。这是一个很明显的事实，即作为一个有着那么悠久历史的伟大民族，中国人竟然在许多方面至今仍表现得那样幼稚。这使得一些浅薄的中国留学生认为中国人民未能使文明得到任何发展，中国文明是一个停滞的文明。必须承认，就中国人的智力发展而言，在一定程度上被人为地限制了。众所周知,在有些领域中国人只取得很少甚至根本没有什么进步。这不仅有自然方面的,也有纯粹抽象科学方面的,诸如数学、逻辑学、形而上学。实际上欧洲语言中"科学"与"逻辑"二字,是无法在中文里找到完全对等的词加以表达的。像孩童一样过着心灵生活的中国人,对抽象的科学没有丝毫兴趣,因为在这方面心灵与情感无计可施。事实上,每一件无需心灵与情感参与的事,诸如统计表一类的工作,都会引起中国人的反感。如果说统计图表和抽象科学只是引起了中国人的反感,那么欧洲人现在所从事的所谓科学研究,那种为了证明一种科学理论而不惜去摧残、肢解生物的所谓科学,则使中国人感到恐怖,并遭到了他们的抵制。

　　我承认单就中国人的智力发展而言,是在一定程度上受到人为的限制。今天的中国人仍然过着孩童的生活、心灵的生活。就此而言,中华民族这一古老的民族,在目前仍是一个带有幼稚之像的民族。但有一点诸位务必牢记,这个幼稚的民族,虽然过着一种心灵的生活,虽然在许多方面尚显幼稚,但他却有着一种思想和理性的力量,而这是一般处于初级阶段的民族所不具备的。这种思想和理性的力量,使得中国人成功地解决了社会生活、政府以及文明中许多复杂而困难的问题。我敢断言,无论是古代还是现代的欧洲民族,都未能取得像中国人这样辉煌的成绩,他们不仅将亚洲大陆上的大部分人口置于一个庞大帝国的统治之下,而且维持了它的和平。

　　实际上,我在这里要指出的是:中国人最美妙的特质并非他们过着一种心灵的生活。所有处于初级阶段的民族都过着一种心灵的生活。正如我们大家都知道的一样,欧洲中世纪的基督徒们也同样都过着一种心灵的生活。马太·阿诺德就说过:"中世纪的基督教诗人是靠心灵和想象来生活的。"中国人最优秀的特质是当他们过着心灵的生活、像孩子一样生活时,却同时具有为中世纪基督徒或其他任何处于初级阶段的民族所没有的思想与理性的力量。换句话说,中国人最美妙的特质是:作为一个有着悠久历史的民族,它既有着成年人的智慧,又能够过着孩子般的生活———一种心灵的生活。

因此,我们与其说中国人的发展受到了阻碍,不如说它是一个永不衰老的民族。简言之,作为一个民族,中国人最美妙的特质就在于他们拥有了永葆青春的秘密。

现在我们可以回答最初提出的问题了——什么是真正的中国人?我们现在已经知道,真正的中国人就是有着赤子之心和成年人的智慧、过着心灵生活的这样一种人。简言之,真正的中国人有着童子之心和成年人的智慧。中国人的精神是一种永葆青春的精神,是不朽的民族魂。那么,这种使民族不朽,永远年轻的秘密又何在呢?诸位一定还记得在篇首我曾说过:是同情的或真正的人类的智能造就了中国式的人之类型,从而形成了真正的中国人那种难以言表的温良。这种真正的人类的智能,是同情与智能的有机结合。它使人的心与脑得以调和。总之,它是心灵与理智的和谐。如果说中华民族之精神是一种青春永葆的精神,是不朽的民族魂,那么,民族不朽的秘密就是中国人心灵与理智的完美谐和。

现在诸位或许会问:中国人是从何处、又是怎样得到了这种使民族永远年轻、让心灵与理智得以和谐的秘密的呢?答案只能从他们的文明中去寻找。诸位不可指望我在这短短的时间里做一个关于中国文明的报告。然而,我还是将试着告诉诸位一些涉及目前论题的有关中国文明的一些情况。

首先,我要告诉诸位,中国文明与现代欧洲文明有着根本的不同。著名的艺术评论家勃纳德·贝伦森① 先生在比较欧洲与东方

---

① 　勃纳德·贝伦森(Bernard Berenson,1865—?):美国最有影响的艺术评论家和历史学家。在鉴赏绘画,特别是意大利艺术品的真伪方面,尤其擅长。著有《美学、伦理学和历史》等书。

艺术时曾说过："我们欧洲人的艺术有着一个致命的、向着科学发展的趋向。而且每幅杰作几乎都有着让人无法忍受的、为瓜分利益而斗争的战场的印记。"正如贝伦森先生对欧洲的艺术评价一样，我认为欧洲的文明也是为瓜分利益而斗争的战场。在这种为瓜分利益而进行的连续不断的战争中，一方面是科学与艺术的对垒，另一方面则是宗教与哲学的对立。事实上，这一可怕的战场存在于人们的头脑和心灵中——存在于心灵与理智之间——造成了永恒的冲突和混乱。然而在中国文明中，至少在过去的二千四百年里，是没有这种冲突与混乱的。中国文明与欧洲现代文明的根本区别就在于此。

　　换句话说，在现代欧洲，宗教拯救人的心却忽略了人的脑；哲学满足了人头脑的需要但又忽视了人心灵的渴望。我们再来看看中国。有人说中国没有宗教。诚然，在中国即使是一般大众也并不太看重宗教，我指的是欧洲人心目中的宗教。对中国人而言，佛寺道观以及佛教、道教的仪式，其消遣娱乐的作用要远远超过了道德说教的作用。在此，中国人的玩赏意识超过了他们的道德或宗教意识。事实上，他们往往更多地求助于想象力而不是求助于心灵。因此，与其说中国没有宗教，还不如说中国人不需要——没有感觉到宗教的必要更确切。

　　中国人，即使是一般大众也没有宗教需要，这个如此奇特的现象应该做何解释呢？对此，伦敦大学的汉学家道格拉斯① 先生在其儒学研究中曾有过如下论述："已有四十多代的中国人完全服从

_____

　　① 　道格拉斯(Robert Kennaway Douglas，1838—1913)：英国近代著名汉学家。曾来华任英国领事官。1903—1908 年任伦敦大学汉文教授。著有《中国的语言和文学》、《非基督教的宗教体系：儒教和道教》、《中国的社会》等书。

于一个人的格言。中国人所受到的孔子之教特别适合中国人的本性。中国人是蒙古人种，其粘液质头脑不善思辨穷理。这就自然会排斥对其经验范围之外的事物进行探究。未来世界的生活是不可知的，孔子所阐述的那些简明易懂的道德规范，已全然满足了中国人的需要。"

这位博学的英国教授说中国人不需要宗教，是因为他们已经受教于儒学，这个观点是正确的。但他认为中国人之所以不需要宗教是由蒙古人种的粘液质头脑及不善思辨所造成的，他就完全错了。宗教最初并非产生于思辨，宗教是一种感情、一种激情的东西，它与人的灵魂相联系。甚至非洲的野蛮人在刚一脱离动物般的生活时，他身上那种称之为心灵的东西刚刚觉醒时，就立刻有了对宗教的需要。因此，虽然蒙古人种的头脑或许是粘液质和不善思辨的，但我们必须承认，作为蒙古人种的中国人与非洲野人相比，毕竟属于更高层次的一种类型。既然非洲野人都有心灵，那么中国人就更不必说了。有心灵就需要宗教，除非有别的什么东西能够取代了宗教。

实质上，中国人之所以没有对于宗教的需要，是因为他们拥有一套儒家的哲学和伦理体系，是这种人类社会与文明的综合体儒学取代了宗教。人们说儒学不是宗教，的确，儒学不是欧洲人通常所指的那种宗教。但是，我认为儒学的伟大之处也就在于此。儒学不是宗教却能取代宗教，使人们不再需要宗教。

……

我认为宗教给人以安全感和永恒感。在自然力的恫吓下，在冷酷无情的同胞面前，在令人恐怖的大自然的神秘感的驱使下，普通百姓们转而求助于宗教——在这个避难所里他们找到了安全感。他们确信有一个超自然之物以绝对权力控制着那些给予他们打击的力量。此外，现实中那永恒的变换、人生的变故——从出生,经儿童、青年、老年直至死亡,这些神秘的、不确定的现象,同样使人们需要一个避风港——在那里他们得到了永恒感,确定对于来世的信念。在这个意义上,我认为宗教使那些既非诗人、艺术家,也非哲学家和科学家的百姓们得到了安全感和永恒感,从而减轻了这个世界给他们造成的压力。耶稣说过:"我赐给你安宁,这种安宁,世界不能给予你,也无法将它从你身上剥夺。"这就是我所说的宗教给予众生的安全感和永恒感。因此,除非你能找到像宗教那样能给众生以同样的安全感和永恒感的东西,否则芸芸众生将永远需要宗教。

但是我曾说过,儒学不是宗教却能取代宗教。因此,在儒学中必定存在像宗教那样能给众生以安全感和永恒感的东西。现在,我们就来探寻一下,儒学中这种能给众生以安全感和永恒感的东西究竟是什么。

常常有人问我:孔子对中华民族的贡献何在? 我本可以告诉你们许多关于孔子的贡献,但今天由于时间的关系,我只能将孔子最重要也是最主要的一个贡献告诉诸位。孔子自己曾说:"知我者其为《春秋》乎?"当我对此加以解释之后,诸位就会明白儒学何以能像宗教那样给人安全感和永恒感。为了将这个问题解释清楚,请允许我先对孔子及其生平做一简要说明。

正如在座诸位中不少人所知道的那样,孔子生活在中国历史上的春秋时期——那时封建时代已进入末期。半宗法式的社会秩序和统治方式必须扩展和重建。这种巨大的变化不仅必然带来了世界的无序,而且造成了人们思想的混乱。我曾说在中国二千五百年的文明史中,没有心灵与头脑的冲突。但我现在必须告诉诸位,在孔子生活的时代里,中国也同现在的欧洲一样,人们的心灵与头脑曾发生过可怕的冲突。生活在孔子时代的中国人拥有一套庞大的制度体系。确立的事物、公认的教义风俗和法律——事实上,拥有一套他们从祖先那里继承下来的社会制度和文明。然而,他们的生活却不得不发生变化。他们开始感到这种制度不是他们的创造,它与他们的实际生活决不相应,只是惯例的沿袭而非理性的选择。中国人在二千五百年前的觉醒,探寻事件的因果,这无异于欧洲所谓的现代精神——自由主义精神,追寻事物因果的探索精神。有着这种现代精神的中国人,认识到传统的社会秩序和文明与现实生活已不甚相符,他们不仅要建立新的社会秩序和文明,而且还要为之寻找一个基础。但是在中国,为这个新秩序和文明寻找基础的尝试均告失败。有的满足了人的头脑——满足了中国人理性的需要,但未能使人的心灵得到抚慰。有的满足了心灵的渴望,却又忽略了头脑的需求。与今日的欧洲相同,在重建秩序和文明的过程中,二千五百年前的中国人也发生了心灵与头脑的冲突。这种冲突使中国人对一切文明感到了厌倦,在极度痛苦与绝望中产生了对文明的不满,他们试图灭绝一切文明。比如中国的老子就仿佛今天欧洲的托尔斯泰,他看到了心脑冲突给人类造成的不幸后果,认为所有的社会制度与文明均有根本性的错误。于是,老子和庄子(后者为老子的得意门生)就告诉中国人应该抛弃所有文明。老子对中国人说:"放弃你所有的一切,跟随我到山中去当隐士,过一种真正的生活——一种心灵的生活、不朽的生活。"

　　然而,同样是看到了社会与文明造成的苦难和牺牲,孔子却认为错误不在于社会与文明本身,而在于这个社会与文明的发展方向上,在于人们为这个社会与文明打下了错误的基础。孔子告诉中国人不要抛弃他们的文明——在一个有着真实基础的社会与文明中,人们同样能够过上真正的生活,过着心灵的生活。实际上孔子毕生都致力于为社会和文明规定一个正确的发展方向,给它一个真实的基础,并阻止文明的毁灭。但在他的晚年,当他已经意识到无法阻止文明毁灭的时候——他还能够干些什么呢?作为一个建筑师,看到他的房子起火了,屋子在燃烧、坍塌,他已明白无法保住房子了。那么他能够做的一件事就是抢救出房子的设计图。这样就有可能日后重建房屋。因此,当孔子看到中国文明这一建筑已不可避免地趋于毁灭时,他自认只能抢救出一些图纸。这些被抢救出来的东西现在被保存在中国古老的经书中——即著名的五经之中。因此我认为孔子对中华民族的一大贡献,在于他抢救出了中国文明的蓝图。

孔子抢救出中国文明的蓝图是对中华民族的一大贡献,但这还不是最大的贡献。孔子的最大贡献是按照文明的蓝图做了新的综合与阐发。经过他的阐发,中国人民拥有了一个真正的国家观念——为国家奠定了一个真实的、合理的、永久的、绝对的基础。

然而,古代的柏拉图、亚里士多德和近代的卢梭、斯宾塞同样对文明做过新的综合,并试图给予人们一个真正的国家观念。那么这些欧洲大哲学家们的理论体系与儒家的文化哲学、道德规范有何不同呢?我认为不同之处就在于,欧洲哲人们未能将其学说变为宗教或等同于宗教,其哲学并没有被普通民众所接受。相反,儒学在中国则为整个民族所接受,它成了宗教或准宗教。我这里是就广义而言,而非欧洲人所指的狭义宗教。歌德说过:"Nur Saemtliche Menschen erkennen die Natur; Nur Saemtliche Menschen Leben das Menschliche。"(惟有民众懂得什么是真正的生活,惟有民众过着真正的人的生活。)就广义而言,我们所说的宗教是指带有行为规范的教育系统,它是被许多人所接受并遵守的准则,或者说至少是为一个民族中的大多数人所接受并遵守的准则。就此而言,基督教、佛教是宗教,儒学也是宗教。因为正如你们所知,儒学在中国已得到了全民的信仰,它的规范为全民族所遵从。相反,哲学家柏拉图、亚里士多德、卢梭、斯宾塞的学说即使是在广义上说也未能成为宗教。这就是欧洲哲学与儒学最大的不同——一个是仅为学者所研究的哲学,另一个则不仅是学者所研究的哲学,而且得到中华民族的信仰,成为宗教或相当于宗教的东西。

就广义而言,我认为儒学、基督教、佛教同为宗教。但诸位也许还记得,我曾说儒学并非欧洲人所谓的宗教。那么二者之间有何区别呢?显然,从起源上看,一个有超自然的因素,另一个则没有。但除此之外,儒学与欧洲人心目中的宗教如基督教、佛教仍有不同。这不同之处就在于,欧洲意义上的宗教是教导人们做一个善良的(个)人,儒教则更进一步,教导人们去做一个善良的公民。基督教的教义这样发问:人的主要目的是什么?而儒教教义却是这般提醒:公民的主要目的是什么?儒教认为没有个人的生活,作为个人,他的生活与他人及国家密切相关。关于人生的目的,基督教的答案是"给上帝增光",儒教则认为人生的主要目的,是做一个孝顺的儿子和善良的公民。在《论语》这样一部记述孔子言行的著作中,孔子的弟子有若曾引述孔子的论述,说道:"君子务本,本立而道生。孝悌也者,其为仁之本欤!"① 总之,欧洲人心目中的宗教,企图使每一个人都变成一个完人,一个圣者,一个佛陀和一个天使。相反,儒教却仅仅限于使人成为一个好的百姓,一个孝子良民而已。换言之,欧洲人的宗教会这么说——"如果你要信教,你就一定要成为一个圣徒,一个佛陀和天使。"而儒教则言道——"如果你能够像孝顺的儿子和善良的臣民那样生活,你就入了教。"

实际上,儒教与欧洲人心目中的宗教如基督教、佛教之间真正的不同在于:一个是个人的宗教或称教堂宗教,另一个则是社会的

---

① 关于这句话,辜鸿铭的译文与原文略有出入,他译成:"君子务本——把人生的基础打好了,智慧信仰也就会随之产生。像一个孝子良民那样生活,难道不正是人生的基础吗?这难道不是一个君子最主要的人生目的吗?"辜氏将"悌"一贯译成"做一个良民"。

宗教或称国教。我说孔子对中华民族最大的贡献,是给予了人们真正的国家观念。孔子正是为了赋予人们真正的国家观念而创立了儒教。在欧洲,政治成了一门科学,而在中国,自孔子以来,政治则成为一种宗教。简言之,孔子对中华民族最大的贡献,即在于他给了人们一个社会宗教或称为国教。孔子的宗教思想反映在他晚年的一部著作中,书名为《春秋》。之所以如此取名,是因为该书揭示了国家治乱的根源——道德。国家的兴衰就仿佛季节中春与秋的变化。和卡莱尔所撰的小册子一样,《春秋》也可以被视为中国的编年史。在这部书中,孔子描述了腐败的国家、衰落的文明所带来的苦难与不幸,指出问题的根源在于人们没有一个正确的国家观念,对自己的责任没有正确的认识——他们不懂得个人应该服从国家、忠于君主。在某种意义上说,孔子在书中宣传的是君权神授的主张。我知道在座诸位绝大多数是相信君权神授的。我并不想就这个问题与诸位展开讨论。我只希望诸位等我把话讲完后再下结论不迟。同时请允许我在此引述一句卡莱尔的名言:“君权对于我们来说,若不是神圣的权力,就是魔鬼般的罪恶。”在我们讨论君权神授这个问题时,我请诸位牢记并深思这句名言。

在《春秋》这部书里,孔子教导人们,人类社会的所有关系之中,除了利害这种基本动机外,还有一种更为高尚的动机影响着人们的行为,这就是责任。在人类社会所有关系中,最重要的就是责任。一个国家或民族的民与君之间也存在这种高尚的责任动机,并使他们的行为受到了影响和激励。然而,这种责任的合理的基础又是什么呢?在孔子以前的封建时代,是一种宗法的社会秩序和统治的形式,当时的国家就是或大或小的宗族。人民无需去弄清并确定他们对国家的责任,因为他们的所有成员都属于一个氏族或宗族。血缘关系或天伦已足使他们服从国王,而国王也就是氏族或宗族中的长辈。但是到了孔子的时代,封建时代已经到了末期,国家已经超出了宗族的范围,臣民也不再仅仅限于氏族或宗族的成员。因此民对君的责任关系就需要有一个新的、明确的、合理的、坚实的基础。那么,孔子又为这种责任找到了一个怎样的新基础呢?这个新基础便是名分。

去年我在日本时,日本前文部大臣菊池男爵(译名参照了鱼返善雄的日译本)从《春秋》一书中找出四个字让我翻译,这四个字就是"名分大义"。我将其译为有关名誉与责任的重大原则。儒教与其他宗教的本质区别也正在于此。在中文里,"教"也常用来指代别的宗教,如佛教、伊斯兰教和基督教。但是儒学则称为名教——名誉的宗教。孔子教诲中的另一个词是"君子之道",理雅各将其译为"上等人的行为方式"。它最接近于欧洲人语言中的道德法则——照字面直译为君子法。实际上,孔子全部的哲学体系和道德教诲可以归纳为一句,即"君子之道"。孔子将这一思想编纂成典并使之成为宗教——国教。国教中最重要的思想就是"名分大义"——关于名誉与责任的原则——或许可以称之为"名誉大法典"。

孔子在国教中教导人们,君子之道、人的廉耻感不仅是一个国家,而且是所有社会和文明的合理的、永久的、绝对的基础,除此之外,别无其他。我想诸位,甚至那些认为政治毫无道德可言的人也会承认,廉耻感对于人类社会是多么的重要。但我不知诸位是否都知道,为了使社会的每一部分都得以运转,廉耻感不仅是重要的,而且是绝对必需的。正如谚语所说:"窃贼亦有廉耻之心。"人丧失了廉耻,所有的社会与文明就会在顷刻间崩溃。……

我认为如果一个社会没有廉耻感,那么它最终是无法维持下去的。因为正如我们所看到的那样,在社会生活中,即使是赌博、经商这一类的小事,廉耻感都是如此重要和必不可少,那么对于人类已经建立起来的两个最基本的制度:家庭与国家来说,廉耻感更

是何等的重要和不可或缺。众所周知,所有民族的文明史总是始
于婚姻制度的确立,在欧洲,教堂宗教使婚姻成了圣事,即成为宗
教的、神圣的事物。对这种神圣婚姻的约束是来自教会、来自上帝
的权威。但这只是一个表面现象,换句话说,这只是外在的法律约
束。对这种神圣婚姻真正的、内在的约束——正如我们在那些没
有教堂宗教的国家所见到的那样,是廉耻感和君子之道。孔子说
过:"君子之道,造端乎夫妇。"换言之,在所有的文明国度里,有了
廉耻感和君子之道才有了婚姻,有了婚姻制度方才有了家庭。

　　我曾说孔子所传的国教是一部名誉法典,而且指出它来源于
君子之道。但现在我还必须告诉诸位,在距孔子很遥远的时代里,
就已经有了尚不十分明确、未诉诸文字的君子法,也就是大家所知
道的有关于礼节、礼貌得体的行为方式的礼教。后来,中国出现了
一个伟大的政治家,中国法律的缔造者,即人们通常所说的周公。
他制订并确立了形成文字的君子法,即关于得体的行为方式的法
律。这部由周公制订的第一部形成文字的君子法为著名的《周
礼》——周公之礼。它或许可以被视为中国的前儒教(Preconfu-
cian religion),或者,像前基督教被称之为犹太民族的摩西法律(它
在《圣经·旧约全书》前五卷中)一样,可以将这种前儒教称之为中
华民族的旧制宗教(Religion of the old Dispensation)。正是《周礼》
这中国人的旧制宗教——这一部首次形成文字的君子法,第一次
给予了中国人的婚姻以神圣的、不可动摇的约束。中国人从此将
神圣的婚姻称之为周公之礼——周公制订的关于良好的行为方式
的法律。这种神圣的婚姻制度,这个前儒教,使中国人建立了家庭
制度,并令中国人的家庭得到了巩固和持久地维系。或许可以将
这个前儒教、周公的君子法称为家庭宗教,以区别于孔子后来所传
的国教。

　　相对于家庭宗教而言,孔子在其所传的国教中创立了一个新

的制度。换言之,孔子在其国教中,对君子之道的内容有了更广泛、更丰富的阐发。他创立的新的神圣制度不再被称之为礼——关于良好行为方式的法律,而是称之为名分大义。我将其翻译为有关名誉与责任的重要法则或名誉法。孔子所创的以名分大义为主旨的国教,取代了从前的家庭宗教,成为了中国人的信仰。

在旧的制度下,家庭宗教使妻子和丈夫受到神圣婚誓的约束——遵守他们神圣的婚约。同样,在孔子所创的新的国教制度下,中国人民和他们的帝王都要受到新的圣物即名分大义的约束——这部有关名誉和责任的重大法则或称为名誉法典,是由君臣共同遵守、神圣而不可侵犯的契约。简言之,昔日周公是严婚姻之礼,孔子的名分或名誉法典所确立的则是忠诚之道。因此我认为孔子给予人们一个新的、内容更广泛、更丰富的君子法。相对于我说过的家庭宗教而言,孔子在中国建立了一个新的制度,并使之成为国家宗教。

换句话说,正像在从前的家庭宗教里订下了对婚姻的誓约一样,在孔子的国教中则订下了关于忠诚的神圣誓约。家庭宗教中婚姻誓约的确立,使得妻子绝对地忠诚于丈夫。同样,孔子传授的国教对忠诚的誓约即名分大义的确立,使得中国人民绝对地效忠于皇帝。国教的这种关于忠诚的誓约,或许可以称之为忠诚之道。你们也许还记得,我曾说过孔子在某种程度上是主张君权神授的。其实,与其说孔子主张君权神授,不如更确切地说孔子强调的是忠诚的神圣性。欧洲的君权神授理论,以超自然的上帝或深奥的哲学来解释君权的神圣。然而在中国,孔子教育人民绝对地效忠于皇帝,其约束力却是来源于君子之道——来源于人的廉耻感,在所有的国家里,正是这种廉耻感使得妻子忠实于自己的丈夫。事实上,孔子关于对君王绝对忠诚的理论,仅来源于简单的廉耻感,这种廉耻感使商人信守诺言、履行合同,使赌徒按规则行赌,并偿还他的债务。

我在谈到家庭宗教时曾经指出:中国这种旧的宗教制度和所有国家中的教堂宗教,规定了婚约的神圣和不可侵犯,从而使家庭制度得以确立。同样,我所说的孔子所传授的国教,则规定了忠诚的神圣性,进而确立了国家制度。在这个世界上,如果说首创家庭宗教、确立神圣的婚姻制度,可以被认为是对人类和文明事业的伟大贡献,那么,我认为你就会理解,孔子创立国家宗教、确立忠诚之道是一项多么伟大的工作。神圣的婚姻巩固了家庭,使之得到长久的维系,没有了它,人类便将会灭绝。忠诚之道则巩固了国家,使之长存不朽,没有了它,人类社会和文明都将遭到毁灭,人类自身也将退化成野蛮人或是动物。因此,我说孔子对中国人民最伟大的贡献是给予中国人一个真正的国家观念——一个有着真实的、合理的、不朽的、完善基础的国家观念,并且给中国人创立了一个宗教——国家宗教。

正如我曾经说过的那样,孔子是在他晚年所著的一部书中传授了这一宗教。他将这部书取名为《春秋》。在这部书中,孔子首次确立了忠诚之道,称之为春秋名分大义,或简称为春秋大义。孔子的这部传授忠诚之道的著作,就是中华民族的大宪章。它使全中国人民和整个国家绝对地效忠于皇帝。这种神圣的契约,这部名誉法典,不仅是中国和政府,而且中国文明的惟一一部真实的宪法。孔子说过,后人将通过这部书来了解他(知我者其为《春秋》乎?)——了解他曾为这个世界做过些什么。

我恐怕谈得太多,已经有些离题了。现在让我们言归正传。记得我曾说过,芸芸众生之所以总是感到需要宗教——我指的是欧洲意义上的宗教——是因为宗教可以为他们提供一个避难所。通过对一个全能之物即上帝的信仰,他们可以为自己找到一种安全感和永恒感。但是我也曾说过,孔子的哲学体系和道德学说,即著名的儒教,能够取代宗教,能够使人们甚至使大众不再需要宗教。那么在儒教之中,必定有一种东西同宗教一样,能够给人们以安全感和永恒感。这就是孔子在其国教中给予中华民族的忠诚之道——对于皇帝的绝对忠诚。

由于这种忠诚之道的影响,在中华帝国的每个男人、妇女和儿童的心目中,皇帝被赋予了绝对的、超自然和全能的力量。而正是这种对绝对的、超自然的、全能的皇权信仰,给予了中国人民一种安全感,就像其他国家的大众从信奉上帝而得到的安全感一样。对绝对的、超自然的、全能的皇权的信仰,也使得中国人民形成了国家是绝对牢固和永恒的思想。这种国家是绝对牢固和永恒的认识,又使人们体会到社会发展无限的连续性和持久性。并由此最终使中国人民感受到了族类的不朽。族类不朽的意识起源于对全能皇权的信仰,对全能皇权的信仰产生了忠诚之道。因此,在其他国家中,是信仰来世的宗教给予了大众以永恒感,而在中国,这种永恒感则来自忠诚之道。

进一步说,正如孔子所传授的忠诚之道,使人们在国家方面感受到民族的永生,同样,儒教所宣传的祖先崇拜,又使人们在家庭中体认到族类的不朽。事实上,中国的祖先崇拜与其说是建立在对来世的信仰之上,不如说是建立在对族类不朽的信仰之上。当一个中国人临死的时候,他并不是靠相信还有来生而得到安慰,而是相信他的子子孙孙都将记住他、思念他、热爱他,直到永远。在中国人的想象中,死亡就仿佛是将要开始的一次极漫长的旅行,在幽冥之中或许还有与亲人重逢的可能。因此,儒教中的祖先崇拜和忠诚之道,使中国人民在活着的时候得到了生存的永恒感,而当他们面临死亡时,又由此得到了慰藉。在其他国家中,这种对大众的慰藉则是来自信仰来世的宗教。中国人民对祖先的崇拜与对皇帝的效忠具有同等重要的意义,原因正在于此。孟子说:"不孝有三,无后为大。"因此,反映在国教之中的孔子的教育体系,其实只包含了两项内容:对皇帝尽忠、对父母尽孝——即中国人的忠孝。事实上,在中国的儒教或国教之中,有三项最基本的信仰,在中国被称之为三纲。按照重要性其排列的顺序是:首先,绝对效忠于皇帝;其次,孝顺父母、崇拜祖先;第三,婚姻神圣、妻子绝对服从丈夫。三纲中的后两项,在我说过的家庭宗教,或称之为孔子之前的旧的宗教制度中,就已经具有相同的内容。但是三纲之首——绝对效忠于皇帝,则是由孔子首次阐发,并规定于他创立的国教即新的宗教制度之中的。这儒教中的第一信条——绝对效忠于皇帝——取代了并且等同于其他任何宗教中的第一信条——对上帝的信仰。正因为儒教之中有了这种相当于信仰上帝的内容,所以它能够取代宗教,使中国人民,甚至是普通群众也没有感到有宗教的需要。

······

我曾经告诉过你们,在欧洲语言中,与孔子的君子之道意义最相近的是道德法。但是孔子的君子之道与道德法还是有区别的——我指的是哲学家、伦理学家们的道德法与宗教家的道德法之间的差别。为了弄懂孔子的君子之道与哲学家、伦理学家的道德法有何不同,让我们首先找出后者与宗教家道德法之间的差异。

哲学家的道德法告诉我们,我们必须服从称之为"理性"的人之性。但是,理性通常被理解为一种思维推理的力量,它是人头脑中的一个缓慢的思维过程,可以使我们区分和认知事物外形可定义的特征。因此,在道德关系方面,理性即我们的思维能力,只能帮助我们认识是非或公正的那些可以名状的特征,诸如习俗惯例、德行,它们被正确地称之为外在的行为方式和僵死的形式,即躯壳;至于是非或公正的那些无法名状的、活生生的绝对的本质,或者说公正的生命与灵魂,单是理性,我们的思维能力是无能为力的。因此,老子说:"道可道,非常道;名可名,非常名。"伦理学家告诉我们:我们必须服从人之性,即服从我们的良心。然而正如希伯来圣经中的圣人所言:"人心充满着各种欲念。"因此,当我们把良心视作人之性而加以服从时,我们易于服从的往往并非我称之为"公正"的灵魂、公正那无法名状的绝对本质,而恰恰是充满欲念的人心。

换言之,宗教教我们服从的人之性,是我们必须服从的人之真性。这种本性既不是圣·保罗所说的世俗或肉体之性,亦非奥古斯特·孔德的著名弟子利特(Littre)先生所说的人类自我保护和繁衍的本性。这种人之真性是圣·保罗所说的灵魂之性,也就是孔子所言的君子之道。简言之,宗教告诉我们必须服从自己的真正本性,这个本性就是基督所说的我们心中的上帝。于是我们就可以理解,正如孔子所言的,宗教是一种精神化的东西,是比哲学家和伦理学家的道德法则远为深刻的法则。基督也曾说过:"除非你比法律学家和法利赛人(即哲学家和伦理学家)更为正直(或道德),否则你根本进不了天堂。"

同宗教一样,孔子的君子之道也是一种比哲学家和伦理学家的道德法则远为深刻的法则。哲学家和伦理学家的道德法则要求我们必须服从自己的理性和良心。然而,孔子的君子之道则同宗教一样,要求我们服从自己真正的本性。这种本性绝非庸众身上的粗俗、卑劣之性。它是爱默生所说的一种至诚之性。事实上,要懂得何为君子之道,我们就必须首先成为一个君子,具备爱默生所说的至诚之性,并且进一步发挥自身这一天性。因此孔子曰:"人能弘道,非道弘人。"

然而孔子还说过:如果我们学习并试图拥有君子之道的优美情趣和得体的举止,那么我们就可以理解何为君子之道。中国人的"礼"在孔子的学说中有着各式各样的含义。它可以是礼仪、礼节和礼貌等,但这个字最好的译法还是"good taste"(文雅、得体、有礼)。当它被运用于道德行为的时候,礼指的就是欧洲语言里的廉耻感。事实上,孔子的君子之道不是别的,正是一种廉耻感。它不像哲学家和伦理学家的道德律令,是关于正确与谬误的形式或程式之枯燥的、没有生命力的死知识,而是像基督教圣经中的正直一样,是对是非或公正,对称作廉耻的公正之生命与灵魂,对那种无法名状的绝对本质之一种本能的、活生生的洞察与把握。

　　……

　　儒教是中国的国教,相当于其他国家的教堂宗教。儒教也利用一种相当于教堂的组织来使人服从道德规范。在中国的儒教里,这个组织就是学校。在中国,学校就是孔子国家宗教里的教堂。正如你们所知,在中文里,宗教与教育所用的是同一个"教"字。事实上,正如教堂在中国就是学校一样,中国的宗教也就意味着教育。与现代欧美的学校不同,中国学校的教育目的和目标不是教人如何谋生、赚钱,而是像教堂宗教那样,传授一些诸如弗劳德先生所说的古老的诫律,如"不要说谎"、"不要偷窃"。实质上,中国的学校是以教人明辨是非为目标的。约翰逊博士说:"我们为人处世最重要的是要有道、明是非,其次才是知识的学习和运用。"

　　然而,我们已经知道,教堂宗教能够使人们服从道德行为规范,靠的是激发人们的热情,即教徒对教主狂热的、无限的个人崇拜。这里,中国的学校——孔子国家宗教里的教堂,与其他国家宗教中的教堂相比,是有所不同的。学校——中国国教里的教堂,同其他宗教里的教堂一样,也是通过唤醒、激发人们的热情,使之服从道德行为规范。但是,中国的学校所唤醒的那份感情,与宗教的教堂所激发出那种激情相比,是有所不同的。在中国,学校——孔子国教的教堂,它不是靠鼓励、煽动对孔子狂热的、无限的个人崇拜来激发人们的热情。事实上,孔子在世之时,并没有鼓励弟子对他进行狂热的、无限的个人崇拜。直到他死后,才被人们尊奉为至圣先师,并为世人所熟知。然而,无论是生前还是死后,孔子都没有像教主那样,受到过狂热的、无限的个人崇拜。中国大众对孔子的尊奉,不同于伊斯兰国家的百姓对默罕默德的崇拜,不同于欧洲的群众对耶稣的崇拜。就此而言,孔子不属于宗教创始者那一类人。要成为欧洲意义上的宗教创始者,一个人就必须有着强烈的、变态的个性特征。孔子的确是中国商王朝贵族的后裔。商族人有着富于激情的特性,就像希伯来民族一样。但是,孔子又生活在周王朝时期,周人如同古希腊人,富于完美的智力。这样的孔子,如果可以打个比方,他是生在希伯来,具有希伯来民族激情充沛的特性,又在最完美的古希腊智识文化中受到训育,拥有了这一完美文化所能给予的东西。事实上,正如现代欧洲伟大的歌德终将被欧洲人民视为完美的人格楷模,视为欧洲文明所孕育出的"真正的欧洲人"一样,中国人已经公认孔子为一个有着最完美人格的典型,一个诞生于中国文明的"真正的中国人"。因为孔子具有太高的文化素养,所以他不属于宗教创始者那一类人。实际上,孔子生前除了最亲密的弟子之外,他是鲜为人知的。

我认为,学校——中国国教中的教堂,它并不是通过激发人们对孔子的崇拜,来使人服从道德行为规范。那么,中国的学校又是如何激发人们的热情、使之服从道德规范的呢?孔子说:"在教育过程中,是以《诗》进行情感教育,以《礼》进行是非教育,以《乐》完善人的品性。"(兴于诗,立于礼,成于乐。)学校——中国国教中的教堂,教人以诗文,培养人美好的感情,使之服从道德行为规范。事实上,正如我曾说过的那样,所有伟大的文学作品都能像宗教一样使人受到感动。马太·阿诺德在谈及荷马及其《史诗》时说:"《史诗》那高尚的思想内容,可以令读者变换气质、受到陶冶。"实质上,在学校——中国国教的教堂里,一切文雅、有价值的美好东西都得到了传授。学校让学生不断想着这些美好的事物,自然激发出人之向善的情感,从而自觉地遵守道德规范。

然而,我曾告诉过诸位,像《荷马史诗》这样伟大的文学作品,其影响力并不能达及普通民众。因为这些文学作品所用的文雅的语言,是大众无法理解的。既然如此,儒教——中国的国教,又是如何激发起大众善良的情感而使之服从道德的呢?我曾说过,在中国国教中,学校相当于其他国家宗教里的教堂。但是更准确地说,在中国的国教里,相当于其他国家宗教的教堂是——家庭。在中国,孔子国家宗教的真正教堂是家庭,学校只是它的附属之物。有着祖先牌位的家庭,在每个村庄或城镇散布着的有祖先祠堂或庙宇的家庭,才是国教的真正教堂。我曾经指出:世界上所有伟大的宗教之所以能够使人服从道德规范,是因为它能够煽动起人们对教主狂热、无限的爱戴和崇拜。而教堂则又不断激发着这种崇拜,使之世代延续下来。然而在中国则有所不同。孔子的国家宗教能够使人服从道德规范,但这一宗教的真正力量,其感染力的源泉,则是来自于人们对父母的爱。基督教的教堂教导人们:"要热爱上帝。"中国国教的教堂——供着祖先牌位的家庭则教导人们:"要热爱你们的父母。"圣·保罗说:"让每个人以基督的名义起誓:永离罪恶。"而写成于汉代、几乎成为中国的《圣经》——即《孝经》的作者却说:"让每一位热爱自己父母的人远离罪恶。"一言以蔽之,基督教、教堂宗教真正的力量,其感染力的源泉,实质是对上帝的爱。然而儒教,中国的国家宗教,它的感染力来自对父母的爱——来自孝顺、来自对祖先的崇拜。

孔子说:"践其位,行其礼,奏其乐,敬其所尊,爱其所亲,事死如事生,事亡如事存,孝之至也。"又说:"慎终追远,民德归厚矣。"儒教,中国的国教,之所以能够打动人心,使人服从它的规范,原因就在于此。在儒教的各种规范之中,最重要的、最高的规范,就是对君王的绝对的效忠,就像世界上所有宗教均以敬畏上帝为最重要、最高的规范一样。换言之,教堂宗教、基督教说:"敬畏上帝并服从它。"孔子的国教、儒教却说:"尊崇君王并效忠他。"基督教说:"如果你想要敬畏上帝并服从它,你就必须先爱基督。"儒教则说:"如果你想要尊敬君王并忠于他,你就必须先爱父母。"

现在我已经说明了为什么自孔子以来的二千五百年的时间里,中国人没有发生心灵与头脑的冲突,这原因就在于中国的普通百姓感到不需要宗教——我指的是欧洲意义上的宗教。中国人不需要宗教,是因为儒教之中的某些内容可以取代宗教。这就是孔子在其国教中所传授的绝对的忠君原则,即名誉法典,又称之为名分大义。所以我曾这样说过:孔子对中国人民最伟大的贡献,就是在国教中宣传并给予了中国人这个绝对的忠君原则。

我认为有必要就孔子及其对中华民族的贡献再谈一些看法,因为这与我们现在讨论的问题——中国人的精神,是密切相关的。我希望通过这次演说能够使诸位懂得,一个中国人,特别是一个受过教育的中国人,如果背叛了名誉法典,抛弃了忠君之道,即孔子国教中的名分大义,那么,这样一个丧失了民族精神、种族精神的中国人,就不再是一个真正的中国人了。

最后,让我再简要地概括一下我们所讨论的主题——中国人的精神或什么是真正的中国人。我已经向诸位阐明,真正的中国人有着成年人的智能和纯真的赤子之心;中国人的精神是心灵与理智完美结合的产物。如果你研究一下中国的文学艺术作品,那么你就会发现,心灵与理智的和谐,使中国人感到多么的愉悦和满足。马太·阿诺德对《荷马史诗》的一番评价,也极适合于中国文学。他说:"它不仅具有一种能够深深打动人类自然心灵的力量——这正是伏尔泰的作品所难以企及的东西,而且还能用一切伏尔泰所具有的令人钦佩的质朴和理性来表述思想。"

马太·阿诺德把古希腊最优秀诗人的诗歌称为富于想象理性的女祭司。而中国人民的精神,正如在最优秀的中国文艺作品中所见到的那样,正体现了马太·阿诺德所说的富于想象的理性。马太·阿诺德说:"后期异教徒的诗歌来自于知觉和理性,中世纪基督徒的诗歌出自心灵与想象。而现代欧洲精神生活的主要成分、现代的欧洲精神,则既不是知觉和理性,也不是心灵与想象,它是一种富于想象的理性(imaginative reason)。"

今日欧洲人民现代精神的核心是一种富于想象的理性,如果马太·阿诺德的这种说法属实的话,那么你就可以懂得,中国人的精神——即马太·阿诺德所说的富于想象的理性,对于欧洲人民来说是何等的可贵! 它是何等的可贵、何等的重要,你们应该研究它,并试着去理解它、热爱它,而不应该忽视它、蔑视它,并试图毁灭它。

在我结束讲演之前,我想给诸位一个忠告。我要告诫诸位,当你们思考我所试图解释的中国人的精神这一问题时,你们应该记住,它不是科学、哲学、神学或任何一种"主义",诸如勃拉瓦茨基夫人① 或贝赞特夫人② 的理论或"主义"。中国人的精神甚至也不

----

① 勃拉瓦茨基夫人(E. P. Blavatsky, 1831—1891):俄国人。1875 年 11 月 17 日在纽约创立了接神论协会。1877 年发表了《司殖女神的真面目》,其中包括关于人类和宗教发展的惊人理论。它立即引起了广泛的注意和评论。1891 年,她在世界各地已拥有近十万信徒。同年 5 月 8 日,她死的日子被信徒定义为白莲节。

② 贝赞特夫人(Annie Besant, 1847—1933):英国接神论者。曾经是一个热诚的自由思想者,后来思想日渐趋向于社会主义。1889 年,她又突然加入了接神论协会,变成勃拉瓦茨基夫人的忠实信徒,完全地投身于印度的事业。1907 年当选为接神论协会主席。又创立了印度自治联盟,1916 年任该联盟主席。1917 年,她还当选为印度国大党的主席。

是你们所说的大脑活动的产物。我要告诉你们,中国人的精神是一种心灵状态,一种灵魂趋向,你无法像学习速记或世界语那样去把握它——简而言之,它是一种心境,或用诗的语句来说,一种恬静如沐天恩的心境。

最后,请允许我在这里引用几句最具中国味道的英国诗人华兹华斯(Wordsworth)的诗句,它在描述中国人精神中恬静如沐天恩的心境方面,比我已经说过的或所能说的都要贴切。这几行诗句所展示给你们的是中国式人之类型那心灵与理性的绝妙结合,是那种恬静如沐天恩的心境赋予真正的中国人的难以言状的温良。华兹华斯在他关于廷腾(Tintern)修道院的那首诗中写道:

我同样深信,是这些自然景物
给了我一份更其崇高的厚礼——
一种欣幸的、如沐天恩的心境;
在此心境里,人生之谜的重负,
幽晦难明的世界的如磐重压,
都趋于轻缓;在此安恬心境里,
慈爱与温情为我们循循引路,——
直到这皮囊仿佛中止了呼吸,
周身的血液仿佛不再流转,
躯壳已昏昏入睡,我们成了
翩跹的灵魂;万象的和谐与愉悦
以其深厚力量,赋予我们
安详静穆的眼光,凭此,才得以
洞察物象的生命。(译诗采自杨德豫译《华兹华斯诗选·廷滕寺》,另可参见王佐良译《英国诗选·丁登寺旁》)

这种能使我们洞悉物象内在生命的安详恬静如沐天恩的心境(the serene and blessed mood,王佐良先生译为:"恬静的幸福的心情"），便是富于想象力的理性，便是中国人的精神。

（选自《辜鸿铭文集》〔上〕，黄兴涛等
译，海南出版社，1996 年 8 月第 1 版）

辜鸿铭（1857—1928），名汤生，以字行。1857 年出生于马来亚槟榔屿的一个华侨世家，祖籍福建同安。少时曾游学欧洲十余载，受过系统的西方教育，通晓英、德、法、意、希腊、拉丁等多种语言。后归国入张之洞幕府，开始深研并服膺儒家文化。民初任北京大学教授，主讲英国文学和拉丁语。晚年赴日本讲学三年。1928 年在北京去世。清末民初，面对西方的民族歧视、文化偏见和国内日益强烈的反传统倾向，辜鸿铭以其渊博深厚的西方学识和他对儒家文化的独特解悟，出而发言，竭力维护传统中国的尊严，鼓吹儒家文化的价值。其著作多以英文发表，代表作为《中国人的精神》（又名《春秋大义》），1915 年初版，后被译为德、法、日等多种文字，在西方受到广泛重视。

此处所选即出自本书。篇中指出，"温良"是"真正的中国人"的性格，其产生源自中国人拥有的一种"最美妙的特质"，即"心灵与理智的完美和谐"，这是特有的"中国人的精神"，它源于不是宗教却能取代宗教陶养、安慰人的心灵的儒学。本篇对儒学的基本精神、社会功能做了独特的阐释，并与西方文化比较，颇有启发价值。

宪法与孔教

陈独秀

"孔教"本失灵之偶像,过去之化石,应于民主国宪法,不生问题。只以袁皇帝干涉宪法之恶果,天坛草案,遂于第十九条,附以尊孔之文,敷衍民贼,致遗今日无谓之纷争。然既有纷争矣,则必演为吾国极重大之问题。其故何哉?盖孔教问题不独关系宪法,且为吾人实际生活及伦理思想之根本问题也。

余尝谓:"自西洋文明输入吾国,最初促吾人之觉悟者为学术,相形见绌,举国所知矣。其次为政治。年来政象所证明,已有不克守缺抱残之势。继今以往,国人所怀疑莫决者,当为伦理问题。此而不能觉悟,则前此之所谓觉悟者,非彻底之觉悟,盖犹在惝恍迷离之境。"(见《吾人最后之觉悟》)盖伦理问题不解决,则政治学术,皆枝叶问题。纵一时舍旧谋新,而根本思想,未尝变更,不旋踵而仍复旧观者,此自然必然之事也。

孔教之精华曰礼教,为吾国伦理政治之根本。其存废为吾国早当解决之问题,应在国体宪法问题解决之先。今日讨论及此,已觉甚晚。吾国人既已纷纷讨论,予亦不得不附以赘言。

增进自然界之知识,为今日益世觉民之正轨。一切宗教,无裨治化,等诸偶像,吾人可大胆宣言者也。今让一步言之,即云浅化之民,宗教在所不废。然通行吾国各宗教,若佛教教律之精严,教理之高深,岂不可贵?又若基督教尊奉一神,宗教意识之明了,信徒制行之清洁,往往远胜于推尊孔教之士大夫。今蔑视他宗,独尊一孔,岂非侵害宗教信仰之自由乎?所谓宗教信仰自由者,任人信仰何教,自由选择,皆得享受国家同等之待遇,而无所歧视。今有议员王谢家建议,以为倘废祀孔,乃侵害人民信教之自由,其言实不可解。国家未尝祀佛,未尝祀耶,今亦不祀孔,平等待遇,正所谓尊重信教自由,何云侵害?盖王君目无佛、耶,只知有孔,未尝梦见信教自由之为何物也。

今再让一步言之。或云佛、耶二教,非吾人固有之精神,孔教乃中华之国粹。然旧教九流,儒居其一耳。阴阳家明历象,法家非人治,名家辨名实,墨家有兼爱节葬非命诸说、制器敢战之风,农家之并耕食力:此皆国粹之优于儒家孔子者也。今效汉武之术,罢黜百家,独尊孔氏,则学术思想之专制,其堙塞人智,为祸之烈,远在政界帝王之上。

今再让一步言之。或谓儒教包举百家,独尊其说,乃足以化民善俗。夫非人是己,宗风所同。使孔教会仅以私人团体,立教于社会,国家固应予以与各教同等之自由。使仅以“孔学会”号召于国中,尤吾人所赞许。西人于前代大哲,率有学会以祀之。今乃专横跋扈,竟欲以四万万人各教信徒共有之国家,独尊祀孔氏,竟欲以四万万人各教信徒共有之宪法,独规定以孔子之道为修身大本。呜呼!以国家之力强迫信教,欧洲宗教战争,殷鉴不远。即谓吾民酷爱和平,不至激成战斗,而实际生活,必发生种种撞扰不宁之现象,例如假令定孔教为国教,则总统选举法,及官吏任用法,必增加异教徒不获当选一条。否则异教徒之为总统官吏者,不祀孔则违法,祀孔则叛教,无一是处。又如学校生徒之信奉佛道耶回各教者,不祀孔则违背校规,祀孔则毁坏其信仰,亦无一是处。去化民善俗之效也远矣。

以何者为教育大本,万国宪法,无此武断专横之规定。而孔子之道适宜于民国教育精神与否,犹属第二问题。盖宪法者,全国人民权利之保证书也,决不可杂以优待一族一教一党一派人之作用。以今世学术思想之发达,无论集硕学若干辈,设会讨论教育大本,究应以何人学说为宗,吾知其未敢轻决而著书宣告于众。况挟堂堂国宪,强全国之从同,以阻思想信仰之自由,其无理取闹,宁非奇谈!

凡兹理由,俱至明浅,稍有识者皆知之,此时贤之尊孔者,所以不以孔教为宗教者有之;以为宗教而不主张假宪法以强人信从者有之。此派之尊孔者,虽无强人同己之恶习,其根本见解,予亦不敢盲从。故今所讨论者,非孔教是否宗教问题,且非但孔教可否定入宪法问题,乃孔教是否适宜于民国教育精神之根本问题也。此根本问题,贯彻于吾国之伦理政治社会制度日常生活者,至深且广,不得不急图解决者也。欲解决此问题,宜单刀直入,肉薄问题之中心。

其中心谓何? 即民国教育精神果为何物,孔子之道又果为何物,二者是否可以相容是也。

西洋所谓法治国者,其最大精神,乃为法律之前,人人平等,绝无尊卑贵贱之殊。虽君主国亦以此为主宪之正轨,民主共和,益无论矣。然则共和国民之教育,其应发挥人权平等之精神,毫无疑义。复次欲知孔子之道,果为何物。此主张尊孔与废孔者,皆应有明了之概念,非可笼统其词以为褒贬也。

今之尊孔者,率分甲乙二派:甲派以三纲五常,为名教之大防,中外古今,莫可逾越,西洋物质文明,固可尊贵,独至孔门礼教,固彼所未逮。此中国特有之文明,不可妄议废弃者也。乙派则以三纲五常之说,出于纬书,宋儒盛倡之,遂酿成君权万能之末弊,原始孔教,不如是也。持此说之最有条理者,莫如顾实君,谓宋以后之孔教,为君权化之伪孔教;原始孔教,为民间化之真孔教。三纲五常,属于伪孔教范畴,取司马迁之说,以四教,文,行,忠,信;四绝,毋意,毋必,毋固,毋我;三慎,齐,战,疾,为原始之真孔教范畴。以上皆顾实君之说,详见第二号民彝杂志《社会教育及共和国魂之孔教论》。愚则宁是甲而非乙也。

　　三纲五常之名词,虽不见于经,而其学说之实质,非起自两汉、唐、宋以后,则不可争之事实也。教忠,忠有二义:一对一切人,一对于君。与孝并言者,必为对君之忠可知。教孝,吴稚晖先生,谓孝为古人用爱最挚之一名词,非如南宋以后人之脑子,合忠孝为一谈,一若言孝,而有家庭服从之组织,隐隐寓之于中;又云孝之名即不存,以博爱代之:父与父言博爱,慈矣;子与子言博爱,孝矣(以上见十月九日《中华新报》《说孝》)。倘认人类秉有相爱性,何独无情于骨肉?吴先生以爱代孝之说尚矣。惟儒教之言孝,与墨教之言爱,有亲疏等差之不同,此儒墨之鸿沟,孟氏所以斥墨为无父也。吴先生之言,必为墨家所欢迎,而为孔孟所不许。父母死三年,尚无改其道,何论生存时家庭服从之组织? 儒教莫要于礼,礼莫重于祭,祭则推本于孝。(《祭统》云:"凡治人之道,莫急于礼。礼有五经,莫重于祭。"又云:"祭者,所以追养继孝也。")儒以孝为人类治化之大原,何只与忠并列?《祭统》云:"忠臣以事其君,孝子以事其亲,其本一也。"《孝经》云:"资于事父以事君而敬同。"又云:"孝莫大于严父。"又云:"父母之道,天性也,君臣之义也。"又云:"要君者无上,非圣人者无法,非孝者无亲,此大乱之道也。"审是,忠孝并为一谈,非始于南宋,乃孔门立教之大则也。吴先生所云,毋乃犹避腐儒非古侮圣之讥也欤? 教从,《郊特牲》曰:"妇人,从人者也:幼则父兄,嫁则从夫,夫死从子。"非皆片面之义务,不平等之道德,阶级尊卑之制度,三纲之实质也耶?"不仕无义,长幼之节,不可废也,君臣之义,如之何其废之?""挞之流血,起敬起孝。""妇人者,伏于人者也。""夫不在,敛枕箧簟席襡,器而藏之。"此岂宋以后人尊君尊父尊男尊夫之语耶？纬书，古史也，可以翼经，岂宋后之著作？董仲舒，马融，班固，皆两汉大儒。董造《春秋繁露》，马注《论语》，班辑《白虎通》，皆采用三纲之说。朱子不过沿用旧义，岂可独罪宋儒？

　　愚以为三纲说不徒非宋儒所伪造，且应为孔教之根本教义。何以言之？儒教之精华曰礼。礼者何？《坊记》曰："夫礼者，所以章疑别微，以为民坊者也，故贵贱有等，衣服有别。"又曰："天无二日，土无二王，家无二主，尊无二上，示民有君臣之别也。"《哀公问》曰："民之所由生，礼为大：非礼无以节事天地之神也，非礼无以辨君臣上下长幼之位也。"《曲礼》曰："夫礼者，所以定亲疏，决嫌疑，别同异，明是非也。"又曰："君臣上下，父子兄弟，非礼不定。"《礼运》曰："礼者，君之大柄也。"《礼器》曰："礼之近人情者，非其至者也。"《冠义》曰："责成人礼焉者，将责为人子，为人弟，为人臣，为人少者之礼行焉。"是皆礼之精义。晏婴所讥盛容繁饰，登降之礼，趋翔之节，累世不能殚其学，当年不能究其礼，此犹属仪文之末。尊卑贵贱之所由分，即三纲之说之所由起也。三纲之义，乃起于礼别尊卑，始于夫妇，终于君臣，共贯同条，不可偏废者也。今人欲偏废君臣，根本已摧，其余二纲，焉能存在？浏阳李女士，主张夫妻平等，以为无伤于君父二纲（见本年第五号《妇女杂志》社说），是皆不明三纲一贯之根本精神之出于礼教也。

　　此等别尊卑明贵贱之阶级制度，乃宗法社会封建时代所同然，正不必以此为儒家之罪，更不必讳为原始孔教之所无。愚且以为儒教经汉、宋两代之进化，明定纲常之条目，始成一有完全统系之伦理学说。斯乃孔教之特色，中国独有之文明也。若夫温良恭俭让信义廉耻诸德，乃为世界实践道德家所同遵，未可自矜特异，独标一宗者也。

　　使今犹在闭关时代，而无西洋独立平等之人权说以相较，必无人能议孔教之非。即今或谓吾华贱族,与哲人殊化,未可强效西鞮,愚亦心以为非而口不能辩。惟明明以共和国民自居,以输入西洋文明自励者,亦于与共和政体西洋文明绝对相反之别尊卑明贵贱之孔教,不欲吐弃,此愚之所大惑也。以议员而尊孔子之道,则其所处之地位,殊欠斟酌;盖律以庶人不议,则代议政体,民选议院,岂孔教之所许?《礼运》所谓天下为公,选贤与能,乃指唐虞之世,君主私相禅授而言。略类袁氏《金匮石室》制度。与今世人民之有选举权,绝不同也。以宪法而有尊孔条文,则其余条文,无不可废;盖今之宪法,无非采用欧制,而欧洲法制之精神,无不以平等人权为基础。吾见民国宪法草案百余条,其不与孔子之道相抵触者,盖几希矣,其将何以并存之?

吾人倘以为中国之法,孔子之道,足以组织吾之国家,支配吾之社会,使适于今日竞争世界之生存,则不徒共和宪法为可废,凡十余年来之变法维新,流血革命,设国会,改法律,民国以前所行之大清律,无一条非孔子之道。及一切新政治,新教育,无一非多事,且无一非谬误,应悉废罢,仍守旧法,以免滥费吾人之财力。万一不安本分,妄欲建设西洋式之新国家,组织西洋式之新社会,以求适今世之生存,则根本问题,不可不首先输入西洋式社会国家之基础,所谓平等人权之新信仰,对于与此新社会新国家新信仰不可相容之孔教,不可不有彻底之觉悟,猛勇之决心;否则不塞不流,不止不行!

(选自任建树、张统模、吴信忠编:《陈独秀著作选》第一卷,上海人民出版社1993年版)

陈独秀(1880—1942),现代思想家、政治家。字仲甫,号实庵,安徽怀宁人。1915年在上海创办《青年》杂志,后改名

《新青年》。1917年受聘为北京大学文科学长。在此期间,发表《敬告青年》、《驳康有为致总统总理书》、《孔子之道与现代生活》、《文学革命论》,高举科学与民主两面大旗,反对专制政治,反对复古尊孔,提倡思想和文学革命,成为新文化运动的倡始者和领袖。1920年创建上海共产党支部,1921年,被中共"一大"选为中央局书记。后组织托派。1942年5月在四川江津病逝。

　　《宪法与孔教》发表于1916年11月,主要阐明两点主张:一是主张孔教不可入宪法,因为宪法是全国各教信徒所共有,而独规定以孔子之道为"修身大本",必阻碍"思想信仰之自由",导致社会混乱;二是认为以"三纲五常"为核心的孔教与平等人权之新信仰在在抵触,绝不适宜于做国民"修身之大本"。他呼吁人们以"勇猛之决心"与孔教决绝,以新思想、新信仰建设新国家。

孔子之道与现代生活

陈独秀

甲午之役,兵破国削,朝野惟外国之坚甲利兵是羡,独康门诸贤,洞察积弱之原,为贵古贱今之政制学风所致,以时务知新主义,号召国中。尊古守旧者,觉不与其旧式思想,旧式生活状态相容,遂群起哗然非之,詈为离经畔道,名教罪人。湖南叶德辉所著《翼教丛编》,当时反康派言论之代表也。吾辈后生小子,愤不能平,恒于广座为康先生辩护,乡里瞀儒,以此指吾辈为康党,为孔教罪人,侧目而远之。

戊戌庚子之际,社会之视康党为异端,为匪徒也,其时张勋等心目中之康有为,必较今日之唐绍仪尤为仇恶也。与辛亥前之视革命党相等。张之洞之《劝学篇》,即为康党而发也。张氏亦只知歆羡坚甲利兵之一人,而于西洋文明大原之自由平等民权诸说,反复申驳,谓持此说者为"自堕污泥"(《劝学篇》中语)。意在指斥康梁,而以息邪说正人心之韩愈、孟轲自命也。未开化时代之人物之思想,今日思之,抑何可笑,一至于斯!

不图当日所谓离经畔道之名教罪人康有为,今亦变而与夫未开化时代之人物之思想同一臭味。其或自以为韩愈、孟轲,他人读其文章,竟可杂诸《翼教丛编》、《劝学篇》中,而莫辨真伪。康先生欲为韩愈、孟轲乎?然此荣誉当让诸当代卫道功臣叶德辉先生。叶先生见道甚早,今犹日夜太息痛恨邪说之兴,兴于康有为,而莫可息;人心之坏,坏于康有为,而莫可正;居恒欲手刃其人,以为畔道离经者戒。康先生闻之,能勿汗流浃背沾衣耶?

或谓"叶康皆圣人之徒,能予人以自新;康既悔过自首,叶必嘉其今是而赦其昨非"。此说然否,吾无所容心焉。盖康先生今日应否悔过尊从孔教问题,乃其个人信仰之自由,吾人可置之不论不议之列。吾人所欲议论者,乃律以现代生活状态,孔子之道,是否尚有尊从之价值是也。

自古圣哲之立说,宗教属出世法,其根本教义,不易随世间差别相而变迁,故其支配人心也较久。其他世法诸宗,则不得不以社会组织生活状态之变迁为兴废。一种学说,可产生一种社会,一种社会,亦产生一种学说。影响复杂,随时变迁。其变迁愈复杂而期间愈速者,其进化之程度乃愈高。其欲独尊一说,以为空间上人人必由之道,时间上万代不易之宗,此于理论上决为必不可能之妄想,而事实惟于较长期间不进化之社会见之耳。若夫文明进化之社会,其学说之兴废,恒时时视其社会之生活状态为变迁。故欧美今日之人心,不但不为其古代圣人亚里斯多德所拘囚,且并不为其近代圣人康德所支配。以其生活状态有异于前也。

即以不进化之社会言之,其间亦不无微变。例如吾辈不满于康先生,而康先生亦曾不满于张之洞与李鸿章,而张之洞、李鸿章亦曾不满于清廷反对铁路与海军之诸顽固也。宇宙间精神物质,无时不在变迁即进化之途。道德彝伦,又焉能外?"顺之者昌,逆之者亡",史例具在,不可谓诬。此亦可以阿斯特瓦尔特之说证之:一种学说,一种生活状态,用之既久,其精力低行至于水平,非举其机械改善而更新之,未有不失其效力也。此"道与世更"之原理,非稽之古今中外而莫能破者乎?

试更以演绎之法,推论孔子之道,实证其适用于现代与否,其断论可得而知之矣。康先生前致总统总理书,以孔教与婆、佛、耶、回并论，且主张以"孔子为大教，编入宪法"，是明明以孔教为宗教之教，而欲尊为国教矣。今观其与教育范总长书（见《国是报》），乃曰："孔子之经，与佛耶之经有异：佛经皆出世清净之谈，耶经只尊天养魂之说，其于人道举动云为，人伦日用，家国天下，多不涉及，故学校之不读经无损也。若孔子之经，则于人身之举动云为，人伦日用，家国天下，无不纤悉周匝；故读其经者，则于人伦日用，举动云为，家国天下，皆有德有礼，可持可循：故孔子之教，乃为人之道。故曰：'道不远人。人之为道而远人，不可以为道。'若不读经，则于人之一身，举动云为，人伦日用，家国天下，皆不知所持循。"是又明明不以孔教为出世养魂之宗教而谓为人伦日用之世法矣。

　　余以康先生此说诚得儒教之真，不似前之宗教说厚诬孔子也。惟是依道与世更之原理，世法道德必随社会之变迁为兴废，反不若出世远人之宗教，不随人事变迁之较垂久远（康先生与范书，极称西洋尊教诵经之盛，不知正以其为出世远人之宗教则尔也，今亦已稍稍杀矣）。康先生意在尊孔以为日用人伦之道，必较宗教之迂远，足以动国人之信心，而不知效果将适得其反。盖孔教不适现代日用生活之缺点，因此完全暴露，较以孔教为宗教者尤为失败也。

　　现代生活，以经济为之命脉，而个人独立主义，乃为经济学生产之大则，其影响遂及于伦理学。故现代伦理学上之个人人格独立，与经济学上之个人财产独立，互相证明，其说遂至不可摇动；而社会风纪，物质文明，因此大进。中土儒者，以纲常立教。为人子为人妻者，既失个人独立之人格，复无个人独立之财产。父兄畜其子弟（父兄养成年之子弟，伤为父兄者之财产也小，伤为子弟者之独立人格及经济能力也大。儒教慈孝悌并称，当然终身相养而不以为怪异），子弟养其父兄（人类相爱互助之谊，何独忍情于父兄？况养亲报恩，乃情理之常。惟以伦理见解，不论父兄之善恶，子弟之贫富，一概强以孝养之义务不可也）。《坊记》曰："父母在，不敢有其身,不敢私其财。"此甚非个人独立之道也。康先生与范书,引"鳏寡孤独有所养","我不欲人之加诸我也,吾亦欲无加诸人"等语,谓为个人独立之义,孔子早已有之。此言真如梦呓! 夫不欲人我相加,虽为群己间平等自由之精义,然有孝悌之说以相消,则自由平等只用之社会,而不能行之于家庭。人格之个人独立既不完全,财产之个人独立更不相涉。鳏寡孤独有所养之说,适与个人独立之义相违。西洋个人独立主义,乃兼伦理经济二者而言,尤以经济上个人独立主义为之根本也。

现代立宪国家,无论君主共和,皆有政党。其投身政党生活者,莫不发挥个人独立信仰之精神,各行其是:子不必同于父,妻不必同于夫。律以儒家教孝教从之义,——父死三年,尚不改其道;妇人从父与夫,并从其子。——岂能自择其党,以为左右祖耶?

妇人参政运动,亦现代文明妇人生活之一端。律以孔教,"妇人者,伏于人者也"、"内言不出于阃"、"女不言外"之义,妇人参政,岂非奇谈? 西人孀居生活,或以笃念旧好,或尚独身清洁之生涯,无所谓守节也。妇人再醮,决不为社会所轻(美国今大总统威尔逊之夫人,即再醮者。夫妇学行,皆为国人所称)。中国礼教,有"夫死不嫁"(见《郊特牲》)之义。男子之事二主,女子之事二夫,遂共目为失节,为奇辱。礼又于寡妇夜哭有戒(见《坊记》)。友寡妇之子有戒(见《坊记》及《曲礼》)。国人遂以家庭名誉之故,强制其子媳孀居。不自由之名节,至凄惨之生涯,年年岁岁,使许多年富有为之妇女,身体精神俱呈异态者,乃孔子礼教之赐也!

今日文明社会,男女交际,率以为常。论者犹以为女性温和,有以制男性粗暴,而为公私宴聚所必需。即素不相知之男女,一经主人介绍,接席并舞,不以为非。孔子之道则曰"男女不杂坐";曰"嫂叔不通问";曰"已嫁而反,兄弟弗与同席而坐,弗与同器而食";曰"男女非有行媒,不相知名;非受币,不交不亲"(均见《曲礼》);曰

"女子出门,必拥蔽其面";曰"七年(即七岁)男女不同席,不共食"(均见《内则》);曰"男女无媒不交,无币不相见";曰"礼非祭,男女不交爵"(均见《坊记》)。是等礼法,非独与西洋社会生活状态绝殊,又焉能行于今日之中国?

西洋妇女独立自营之生活,自律师医生以至店员女工,无不有之。而孔子之道则曰"男女授受不亲"(见《坊记》);"男不言内,女不言外,非祭,非丧,不相授器"(见《内则》);"妇人,从人者也"。是盖以夫为妇纲,为妇者当然被养于夫,不必有独立生活也。

妇于夫之父母,素不相知,只有情而无义。西洋亲之与子,多不同居;其媳更无孝养翁姑之义务。而孔子之道则曰"戒之敬之,夙夜毋违命"(见《士昏礼》);"妇顺者,顺于舅姑"(见《昏义》);"妇事舅姑,如事父母";"父母舅姑之命,勿逆勿怠";"子甚宜其妻,父母不悦,出"(古人夫妻情好甚笃,若不悦于其亲而出之,致遗终身之憾者甚多。例如陆游即是也);"凡妇,不命适私室,不敢退;妇将有事,大小必请于舅姑"(均见《内则》)。此恶姑虐媳之悲剧所以不绝于中国之社会也!

西俗于成年之子,不甚责善,一任诸国法与社会之制裁。而孔子之道则曰:"父母怒不悦,而挞之流血,不敢疾怨,起敬起孝。"此中国所以有"父要子死,不得不死;君要臣亡,不得不亡"之谚也。

西洋丧葬之仪甚简,略类中国墨子之道。儒家主张厚葬。丧礼之繁,尤害时废业,不可为训。例如"寝苦枕块,非丧事不言"之礼,试问今之尊孔诸公居丧时,除以"苦块昏迷"妄语欺人外,曾有一实行者乎?

以上所举孔子之道,吾愿尊孔诸公叩之良心:自身能否遵行;征之事实能否行之社会;即能行之,是否增进社会福利国家实力,而免于野蛮黑暗之讥评耶?吾人为现代尚推求理性之文明人类,非古代盲从传说之野蛮人类,乌可以耳代脑,徒以儿时震惊孔夫子之大名,遂真以为万世师表,而莫可议其非也!

孔子生长封建时代,所提倡之道德,封建时代之道德也;所垂示之礼教,即生活状态,封建时代之礼教,封建时代之生活状态也;所主张之政治,封建时代之政治也。封建时代之道德,礼教,生活,政治,所心营目注,其范围不越少数君主贵族之权利与名誉,于多数国民之幸福无与焉。何以明之?儒家之言:社会道德与生活,莫大于礼;古代政治,莫重于刑。而《曲礼》曰:"礼不下庶人,刑不上大夫。"此非孔子之道及封建时代精神之铁证也耶?

康先生所谓孔子之经,于人身之举动云为,人伦日用,家国天下,无不纤悉周匝;吾知其纤悉周匝者,即在数千年前宗法时代封建时代,亦只行于公卿士大夫之人伦日用,而不行之于庶人,更何能行于数千年后之今日共和时代国家时代乎?立国于今日民政民权发张之世界,而惟注意于少数贵族之举动云为,人伦日用,可乎不可?稍有知识之尊孔诸公,其下一良心之判断!

康先生与范书曰:"中国人,上者或博极群书,下者或手执一业,要其所以心造自得,以为持身涉世修己治人之道,盖无不从少年读《论》《孟》来也。"斯言也,吾大承认之。惟正以社会上下之人,均自少至老,莫不受孔教之陶熔,乃所以有今日之现象。今欲一仍其旧乎?抑或欲改进以求适现代之争存乎?稍有知识之尊孔诸公,其下一良心之判断!

康先生与范书曰:"夫同此中国人,昔年风俗人心,何以不坏?今者风俗人心,何以大坏?盖由尊孔与不尊孔故也。"是直瞽说而已!吾国民德之不隆,乃以比较欧美而言。若以古代风俗人心,善于今日,则妄言也。风俗人心之坏,莫大于淫杀。此二者古今皆不免,而古甚于今。黄巢、张献忠之惨杀,今未闻也。有稍与近似者,亦惟反对新党赞成帝制孔教之汤芗铭、龙济光、张勋、倪嗣冲而已。古之宫庭秽乱,史不绝书。防范之策,至用腐刑。此等惨无人道之事,今日尚有之乎?古之防范妇人,乃至出必蔽面,入不共食;今之朝夕晤对者,未必即乱。古之显人,往往声妓自随,清季公卿,尚公然蓄昵男宠,今皆无之。溺女蛮风,今亦渐息。此非人心风俗较厚于古乎?

共和思想流入以来,民德尤为大进。黄花岗七十二士,同日为国就义,扶老助弱,举止从容。至今思之,令人垂泪!中国前史,有此美谈乎?袁氏称帝,冯段诸公,竟不以私交废公义;唐、蔡、岑、陆,均功成不居。此事在欧美日本为寻常,而为中国古代军人所罕有。国民党人,苦战余生,以尊重约法之故,首先主张癸丑年与为政敌之黎元洪继任为天下倡。此非共和范为民德之效耶?

浅人所目为今日风俗人心之最坏者,莫过于臣不忠,子不孝,男不尊经,女不守节。然是等谓之不尊孔则可,谓之为风俗人心之大坏,盖未知道德之为物,与真理殊,其必以社会组织生活状态为变迁,非所谓一成而万世不易者也。吾愿世之尊孔者勿盲目耳食,随声附和,试揩尔目,用尔脑,细察孔子之道果为何物,现代生活果作何态,诉诸良心,下一是非善恶进化或退化之明白判断,勿依违,勿调和——依违调和为真理发见之最大障碍!

(选自《陈独秀著作选》第一卷)

本文主旨是从"现代生活状态"出发,评判"孔子之道是否尚有尊从之价值"。文中例举"孔子之道"在父兄、父子、夫妇等方面之伦理规定,一一与现代生活需要相比较,认为"孔子之道"乃"封建时代精神",与现代社会生活需要不相适应,中国人在思想文化上必须"改进以求适现代之争存"。

孔子与中国

陈独秀

　　尼采说得对:"经评定价值始有价值;不评定价值,则此生存之有壳果,将空无所有。"所有绝对的或相当的崇拜孔子的人们,倘若不愿孔子成为空无所有的东西,便不应该反对我们对孔子重新评定价值。

　　在现代知识的评定之下,孔子有没有价值? 我敢肯定的说有。

　　孔子的第一价值是非宗教迷信的态度:自上古以至东周,先民宗教神话之传说,见之战国诸子及纬书者,多至不可殚述,孔子一概摈弃之,其设教惟德行、言语、政事、文学四科(见《论语·先进》),又"子以四教,文、行、忠、信"(见《论语·述而》)。其对于天道鬼神的态度,见诸《论语》者:

　　子贡曰:夫子之文章,可得而闻也;夫子之言性与天道,不可得而闻也已矣。(《公冶长》)

　　子疾病,子路请祷。子曰:有诸? 子路对曰:有之,诔曰:祷尔于上下神祇,子曰:丘之祷久矣。(《述而》)

　　季路问事鬼神,子曰:未能事人,焉能事鬼? 曰:敢问死,曰:未知生,焉知死!(《先进》)

　　子不语怪力乱神。(《述而》)

　　非其鬼而祭之,谄也。(《为政》)

　　祭如在,祭神如神在。(《八佾》)

获罪于天,无所祷也。(《八佾》)

务民之义,敬鬼神而远之,可谓知矣。(《雍也》)

重人事而远鬼神,此孔墨之不同也,孔子之言鬼神,义在以祭享,为治天下之本,故《祭义》说:"建国之神位,右社稷而左宗庙。"《祭统》说:"凡治人之道,莫急于礼;礼有五经,莫重于祭。"至于鬼神之果有或无,则视为不可知之事,而非所深究;孔子之言天命,乃悬拟一道德上至高无上之鹄的,以制躬行,至于天地之始万物之母,则非所容心,此孔子之异于道家也。不但孔子如此,在儒道未混合以前,孔子的嫡派大儒如孟子如荀子,亦力唱仁义礼乐而不言天鬼,至战国之末,不如何人,糅合儒道二家之说,作《中庸》(《中庸》言华岳,又说:"生乎今之世,反古之道,如此者灾及其身者也。"又说:"今天下车同轨,书同文。"这明明是和李斯辈同时代人的口气,决非孟子之前东鲁子思所作),始盛称鬼神之德与天道,于是孔子之面目一变;汉初传《周易》者,取阴阳家《系辞》归之孔子,大谈其阴阳不测之谓神,大谈其幽明之故、死生之说,大谈其精气游魂鬼神之情状,大谈其极数知来,极深研几,探赜索隐,钩深致远(《中庸》犹说"素隐行怪,后世有述焉,吾弗为之矣";犹说"道不远人,人之为道而远人,不可以为道"),大谈其河出图、洛出书(《论语》"凤鸟不至,河不出图"之说,大约亦此时窜入,崔述已辨此非孔子之言。《春秋纬》有"龙负河图,龟具洛书"之说,可证为阴阳家言),于是孔子之面目乃再变;董仲舒号为西汉大儒,实是方士,成、哀以后,谶纬大兴,刘氏父子著书,皆兼采儒与阴阳二家之说,班固、许慎承其谬,于是孔子之面目乃三变;东汉诸帝,笃信谶纬,无耻儒生,靡然从之,白虎观讲议诸人,都是桓谭、王充所讥的俗儒,班固所纂集的《白虎通德论》,广引纬书,侈言三纲、六纪、五行、灾变,可说是集儒道糟粕之大成,然而桓谭还公言反谶,几以非圣无法的罪名见诛于光武,郑兴亦不善谶,乃以逊辞仅免,王充著《论衡》力辟神怪,贱儒贾逵以附和谶纬取媚民贼,亦尚言"五经家皆无证图谶明刘氏为尧后者",到郑玄,他早年师事第五元,本是习京氏《易》、公羊《春秋》的,故晚年笃信谶纬,博采纬书神怪之言以注《毛诗》、《周礼》、《论语》、《孝经》、《礼记》、《尚书大传》等,至此孔子之面目乃四变,而与阴阳家正式联宗矣。从此贾逵、郑玄之学日显,桓谭、王充之说日微,影响于中国之学术思想不为小也。

　　孔子的第二价值是建立君、父、夫三权一体的礼教。这一价值,在二千年后的今天固然一文不值,并且在历史上造过无穷的罪恶,然而在孔子立教的当时,也有它相当的价值。中国的社会到了春秋时代,君权、父权、夫权虽早已确定,但并不像孔子特别提倡礼教以后的后世那样尊严,特别是君权更不像后世那样神圣不可侵犯,而三权一体的礼教,虽有它的连环性,尊君却是主要目的;这是因为自周平王东迁以后,王室渐陵夷,各诸侯国中的商业都日渐发达,景王之前,已行用金属货币(见《周语》及《汉书·食货志》)。郑桓公东迁新郑,与商人立"无强贾"、"毋丐夺"的盟誓(见昭十六年《左传》)。齐擅鱼盐之利,"人物归之,襁至而辐凑,故齐冠带衣履天下"(见《史记·货殖传》)。"管仲相桓公,通轻重之权,曰:岁有凶穰,故谷有贵贱,令有缓急,故物有轻重。人君不理,则畜贾游于市,乘民之不给,百倍其本矣。故万乘之国必有万金之贾,千乘之国必有千金之贾者,利有所并也"(见《汉书·食货志》)。"桓公曰:四郊之民贫,商贾之民富,寡人欲杀商贾之民以益四郊之民,为之奈何"(见《管子·轻重篇》)。"及周室衰,……士庶人莫不离制而弃本,稼穑之民少,商旅之民多,谷不足而货有余"(见《汉书·货殖传》)。由此可见当时的商业,已经动摇了闭关自给的封建农业经济之基础,由经济的兼并,开始了政治的兼并,为封建制度掘下了坟墓,为统一政权开辟了道路,同时也产生了孔子的政治思想。春秋之末,商旅之势益盛,即孔门的子贡亦"废著(《汉书》作"发贮")

鬻财于曹鲁之间,……结驷连骑,束帛之币以聘享诸侯。所至国君无不分庭与之抗礼"(见《史记·货殖传》)。是为战国白圭、计然、猗顿之先驱,这便是司马迁所谓"无秩禄之奉爵邑之入,而乐与之比者,命曰'素封'","素封"势力愈盛,封建制度愈动摇,遂至诸侯亦日渐陵夷,大夫陪臣挟"素封"之势力,政权乃以次下移。孔子生当此时,已预见封建颓势将无可挽救,当时的社会又无由封建走向民主之可能(欧洲的中世纪之末,封建陵夷以后,亦非直接走向民主,中间曾经过王政复兴君主专制的时代,Machiavelli 的君主大权主义,正是这一时代的产物),于是乃在封建的躯壳中抽出它的精髓,即所谓尊卑长幼之节,以为君臣之义,父子之恩,夫妇之别普遍而简单的礼教,来代替那"王臣公、公臣大夫、大夫臣士、士臣皂、皂臣舆、舆臣隶、隶臣僚、僚臣仆、仆臣台"(见昭七年《左传》)的十等制,冀图在"礼"的大帽子之下,不但在朝廷有君臣之礼,并且在整个社会复父子、夫妻等尊卑之礼,拿这样的连环法宝,来束缚压倒那封建诸侯大夫以至陪臣,使他们认识到君臣之义,无所逃于天地之间,以维持那日就离析分崩的社会。所以孔门的礼教即孔门的政治思想,其内容是:

孔子曰:天下有道,则礼乐征伐自天子出;天下无道,则礼乐征伐自诸侯出。自诸侯出,盖十世希不失矣;自大夫出,五世希不失矣;陪臣执国命,三世希不失矣。天下有道,则政不在大夫;天下有道,则庶人不议。(《论语·季氏》)

孔子曰:如有用我者,吾其为东周乎。(《论语·阳货》)

齐景公问政于孔子,孔子对曰:君君、臣臣、父父、子子。(《论语·颜渊》)

子曰:《书》云:孝乎惟孝,友于兄弟,施于有政,是亦为政也。奚其为为政?(《论语·为政》)

有子曰:其为人也孝悌而好犯上者鲜矣;不好犯上而好作乱

未之有也。（《论语·学而》）

子路曰：不仕无义，长幼之节不可废也，君臣之义如之何其可废也，欲洁其身而乱大伦，君子之仕也，行其义也。（《论语·微子》）

孔子曰：安土治民，莫善于礼。故朝觐之礼所以明君臣之义也，聘问之礼所以使诸侯相尊敬也，丧祭之礼所以明臣子之恩也，乡饮酒之礼所以明长幼之序也，婚姻之礼所以明男女之别也，夫礼禁乱之所由生，犹防止水之所自来也。……故婚姻之礼废，则夫妇之道苦而淫辟之罪多矣，……聘觐之礼废，则君臣之位失，诸侯之行恶，而倍畔侵陵之败起矣。（《礼记·经解》）

子云：天无二日，土无二王，家无二主，尊无二上，示民有君臣之别也。（《礼记·坊记》）

君臣上下父子兄弟，非礼不定。（《礼记·曲礼》）

是故礼者，君之大柄也，……所以治政安君也，故政不正则君位危，君位危则大臣倍，小臣窃，刑肃而俗敝。……故惟圣人为知礼之不可以已也，故坏国、丧家、亡人，必先去其礼。（《礼记·礼运》）

哀公问于孔子曰：大礼何如，君子之言礼何其尊也。孔子曰：丘闻之，民之所由生，礼为大，非礼无以节事天地之神也，非礼无以辨君臣上下长幼之位也，非礼无以别男女父子兄弟之亲婚姻疏数之交也。（《礼记·哀公问》）

公曰：敢问为政如之何。孔子对曰：夫妇别，父子亲，君臣严，三者正则庶物从之矣。（《礼记·哀公问》。《大戴礼·哀公问》"庶物"作"庶民"）

是故君子之教也，外则教之以尊其君长，内则教之以孝于其亲，是故明君在上则诸臣服从，崇事宗庙社稷则子孙顺孝，尽其道，端其义，而教生焉。（《礼记·祭统》）

曾子曰：忠者，其孝之本与。（《大戴礼·曾子本孝》）

曾子曰:君子立孝,其忠之用,礼之贵。……君子之孝也,忠爱以敬,反是乱也。(《大戴礼·曾子立孝》)

天无二日,国无二君,家无二尊,以治之也。(《大戴礼·本命》)

女子者,言如男子之教而长其义理者也,故谓之妇人,妇人伏于人也,是故无专制之义,有三从之道,在家从父,适人从夫,夫死从子,无所敢自遂也。(《大戴礼·本命》)

出乎大门而先,男帅女,女从男,夫妇之义由此始也;妇人,从人者也,幼从父兄,嫁从夫,夫死从子。(《礼记·郊特牲》)

男先于女,刚柔之义也,天先乎地,君先乎臣,其义一也。(《礼记·郊特牲》)

仲尼曰:……父子君臣长幼之道得而国治。……父子君臣长幼之道合,德音之致,礼之大者也。(《礼记·文王世子》)

不但孔子自己及他的及门弟子是这样,孔子之后,孔子的嫡派大儒孟子、荀子,他们的思想,无论对于天鬼,对于礼教,都是孔子的继承者。

齐宣王问曰:齐桓、晋文之事可得闻乎。孟子对曰:仲尼之徒无道桓文之事者,是以后世无传焉,臣未之闻也,无已则王乎。(《孟子·梁惠王》)

学则三代共之,皆所以明人伦也。人伦明于上,小民亲于下,有王者起,必来取法,是为王者师也。(《孟子·滕文公》)

当尧之时,……使契为司徒,教以人伦,父子有亲,君臣有义,夫妇有别,长幼有序,朋友有信。(《孟子·滕文公》)

子未学礼乎,丈夫之冠也,父命之,女子之嫁也,母命之,往送之门,戒之曰:往之女家,必敬必戒,无违夫子,以顺为正者,妾妇之道也。(《孟子·滕文公》)

世衰道微,邪说暴行有作,臣弑其君者有之,子弑其父者有之,孔子惧,作《春秋》。《春秋》,天子之事也。……杨氏为我,是无君也，墨氏兼爱，是无父也。无父无君，是禽兽也。……昔者禹抑洪水而天下平，周公兼夷狄驱猛兽而百姓宁，孔子成《春秋》而乱臣贼子惧。（《孟子·滕文公》）

君仁莫不仁，君义莫不义，君正莫不正，一正君而国定矣。（《孟子·离娄》）

礼有三本：天地者生之本也，先祖者类之本也，君师者治之本也。无天地恶生，无先祖恶出，无君师恶治，三者偏亡焉无安人。（《荀子·礼论篇》。《大戴礼·礼三本》"生之本"作"性之本"，"恶"作"焉"，"无安人"作"无安之人"。后世天地君亲师并祀，即始于此。）

君之丧，所以取三年，何也。曰：君者，治辨之主也。……彼君者（依俞樾说"君"下删"子"字），固有为民父母之说焉，父能生之，不能养之；母能养之，不能教诲之；君者已能食之矣，又善教诲之者也。三年毕矣哉。（《荀子·礼论篇》）

上无君师，下无父子，夫是之谓至乱，君臣父子兄弟夫妇，始则终，终则始，与天地同理，与万世同久，夫是之谓大本。（《荀子·王制篇》）

故人道莫不有辨，辨莫大于分，分莫大于礼，礼莫大于圣王，……欲观圣王之迹，则于其粲然者矣，后王是也。彼后王者，天下之君也。舍后王而道上古，譬之是犹舍己之君而事人之君也。（《荀子·非相篇》）

故古者圣人，以人之性恶，似为偏险而不正，悖乱而不治，故为之立君上之执以临之，明礼义以化之，起法正以治之，重刑罚以禁之，使天下皆出于治，合于善也；……今当试去君上之执，无礼义之化，去法正之治，无刑罚之禁，倚而观天下民人之相与也；若是，则夫强者害弱而夺之，众者暴寡而哗之，天下之悖乱而相亡，不待顷矣。（《荀子·性恶篇》）

天子无妻,告人无匹也。(杨注云:告,言也;妻者,齐也;天子尊无与二,故无匹也。)四海之内无客礼,告无適也。(杨注云:適读为敌。《礼记》曰:天子无客礼,莫敢为主焉。)……圣王在上,分义行乎下,则士大夫无流淫之行,百官吏人无怠慢之事,众庶百姓无奸怪之俗,无盗贼之罪,莫敢犯上之禁。(《荀子·君子篇》)

这一君尊臣卑、父尊子卑、男尊女卑三权一体的礼教,创始者是孔子,实行者是韩非、李斯(韩非、李斯都是荀子的及门弟子,法家本是儒家的支流,法家的法即儒家的礼,名虽不同,其君尊臣卑、父尊子卑、男尊女卑之义则同,故荀子说:"礼者,法之大分,类之纲纪也。"司马迁谓韩非"归本于黄老",真是牛头不对马嘴的胡说,这是由于他不懂得尊礼法与反礼法乃是儒法与黄老根本不同的中心点)。孔子是中国的 Machiavelli,也就是韩非、李斯的先驱,世人尊孔子而薄韩非、李斯,真是二千年来一大冤案。历代民贼每每轻视儒者(例如汉朝的高祖和宣帝),然而仍旧要尊奉孔子,正是因为孔子尊君的礼教是有利于他们的东西,孔子之所以称为万世师表,其原因亦正在此。近世有人见尊君尊父尊夫之弊,而欲为孔子回护者,妄谓"三纲"之说盛倡于宋儒,非孔子之教,而不知董仲舒造《春秋繁露》,班固纂《白虎通德论》,马融注《论语》,都有"三纲"之说,岂可独罪宋儒,孔子、孟子、荀子虽然未说"三纲"这一句词,而其立教的实质不是"三纲"是什么呢?在孔子积极的教义中,若除去"三纲"的礼教,剩下来的只是些仁、恕、忠、信等美德,那末,孔子和历代一班笃行好学的君子,有什么不同呢?他积极建立起来他所独有的伦理政治学说之体系是什么呢?周末封建动摇,社会的飓风将至,故百家立说,于治世之术都有积极的独特主张,小国寡民,无为而治,这是黄老的主张;兼爱、非攻、明鬼、非命,这是墨家的主张;尚法、好作,这是慎到、田骈的主张;不法先王,不是礼义,这是惠施、邓析的主张;并耕、尽地力,这是农家的主张;儒家的独特主张是什么呢？除去三纲的礼教,他没有任何主张,孔子只不过是一个笃行好学的君子而已,人们凭什么奉他为万世师表呢？我向来反对拿二千年前孔子的礼教,来支配现代人的思想行为,却从来不曾认为孔子的伦理政治学说在他的时代也没有价值;人们倘若因为孔子的学说在现代无价值,遂极力掩蔽孔子的本来面目,力将孔子的教义现代化,甚至称孔教为"共和国魂",这种诬罔孔子的孔子之徒,较之康有为更糊涂百倍。

《周礼·天官·大宰》:师以贤得民,儒以道得民,吏以治得民。郑玄注云:师,诸侯师氏,有德行以教民者;儒,诸侯保氏,有六艺以教民者;吏,小吏在乡邑者;《地官·大司徒》:联师儒。郑玄注云:师儒,乡里教以道艺者;是周之儒者,其地位与乡邑小吏同,其专职是礼、乐、射、御、书、数的六艺。贤属师,治属吏,非儒者之事,儒者所教的礼,当然说不上吉、凶、宾、军、嘉全部的礼,不过士民所需凶礼中的丧吊,嘉礼中的昏冠之礼节仪文而已,更说不上治术;若有人把孔门的礼教和孔子以前儒者所教六艺的礼并为一谈,便是天大的错误。孔子说:"礼云礼云,玉帛云乎哉。"礼之所尊,尊其义也,失其义,陈其数,祝史之事也(《礼记·郊特牲》)。孔子对子夏说:"汝为君子儒,毋为小人儒。"(此所谓君子小人,与"小人哉樊须也"之小人同义,彼谓稼圃为小道末艺,非治国平天下的大道,此谓小人儒为习于礼、乐、射、御、书、数的小儒,非以礼教治国安民的君子儒。)这正是说礼之义不在礼节仪文之末,君子儒不以六艺多能为贵,所以孔子以后的礼和儒,都有特殊的意义,儒是以礼治国的人,礼是君权、父权、夫权三纲一体的治国之道,而不是礼节仪文之末。不懂得这个,便不懂得孔子。

科学与民主,是人类社会进步之两大主要动力,孔子不言神怪,是近于科学的。孔子的礼教,是反民主的,人们把不言神怪的孔子打入了冷宫,把建立礼教的孔子尊为万世师表,中国人活该倒霉！

请看近数十年的历史，每逢民主运动失败一次，反动潮流便高涨一次；同时孔子便被人高抬一次，这是何等自然的逻辑！帝制虽然两次倒台，然而袁世凯和徐世昌的走狗，却先后昌言民国的大总统就是君，忠于大总统就是忠于君；善哉，善哉！原来中国的共和，是实君共和，还没有做到虚君共和！民国初年，女权运动的人们，竟认为夫妻平等，无伤于君父二纲；美哉，美哉！原来孔子三纲一体的礼教，是可以肢解的！这些新发明，真是中国人特有的天才。

孔子的礼教，真能够支配现代人的思想行为吗？就是一班主张尊孔的人们，也未必能作肯定的答复吧！礼教明明告诉我们：君臣大伦不可废，无君便是禽兽。然而许多主张尊孔的人，居然两次推翻帝制，把皇帝赶出金宫，律以礼教，这当然是犯上作乱；一面犯上作乱，一面又力倡祀孔，这是何等滑稽的事！礼教明明告诉我们：天下有道则庶人不议。然而许多主张尊孔的人，居然身为议员，在国会中大议而特议！礼教明明告诉我们："妇人，从人者也，幼从父兄，嫁从夫，夫死从子。"然而许多主张尊孔的人，居然大倡其女权，大倡其男女平等。这不是反了吗！礼教明明告诉我们："信，妇德也，一与之齐，终身不改，故夫死不嫁。"（《礼记·郊特牲》）然而有些主张尊孔的人，自己竟和寡妇结婚。礼教明明告诉我们："生事之以礼，死葬之以礼，祭之以礼。"（《论语·为政》）"父母在，朝夕恒食，子妇佐馂，既食恒馂。""非馂莫之敢饮食。""子事父母，鸡初鸣，……妇事舅姑，如事父母，鸡初鸣，……以适父母舅姑之所，下气怡声，问衣、燠、寒、疾、痛、苛、痒，而敬抑搔之，……枣栗饴蜜以甘之，菫、荁、枌、榆、免、薧，瀡瀡以滑之，脂膏以膏之，父母舅姑必尝之而后退。"（《礼记·内则》）然而主张尊孔的人，都这样孝敬父母吗？非父母舅姑之馂余不敢饮食吗？有些还要离开父母舅姑组织小家庭哩。礼教明明告诉我们："男不言内，女不言外。""内言不出，外言不入。""女子出门，必拥蔽其面。""七年，男女不同席，不共食。"(《内则》)"男女非有行媒不相知名。""男女不杂坐。"(《曲礼》)然而尊孔的人，能够愿意千百万女工一齐离开工厂，回到家庭，使之内言不出吗？能禁止男女同学吗？他们宴会时不邀请女客同席杂坐共食吗？他们岂不常常和女朋友互换名片，社交公开吗？不但女子出门不蔽面，大家还要恭维学习美人鱼哩。礼教明明告诉我们："男女授受不亲。"(《孟子》、《礼记》)"非祭非丧，不相授器，其相授，则女受以筐，其无筐，则皆坐奠之而后取之。"(《礼记·内则》)然而尊孔的人，不但男女授受可亲，而且以握手为礼，搂腰跳舞，而且男子生病会请女医诊脉，女子产儿会请男医收生，孔子若活到现在，看见这些现象，岂不要气炸了肺吗？这班尊孔的人们，大约嘴里虽不说，心里却也明白二千年前的孔子礼教，已经不能支配现代人的思想行为了，所以只好通融办理；独至一件与他们权威有碍的事，还是不能通融，还得仰仗孔子的威灵，来压服一班犯上作乱的禽兽，至于他们自己曾否犯上作乱，这本糊涂账，一时也就难算了。孔子的三纲礼教所教训我们的三件事：一是"事君，可贵、可贱、可富、可贫、可生、可杀，而不可使为乱"(《礼记·表记》)；一是"父母怒，不悦而挞之流血，不敢疾怨，起敬起孝"(《礼记·内则》)；一是"寡妇不夜哭(郑注云：嫌思人道)，妇人疾，问之不问其疾(郑注云：嫌媚，略之也，问增损而已)"；"寡妇之子，不有见焉，则弗友也"(均见《礼记·坊记》)。今之尊孔者，对于第二第三教训，未必接受，对于第一个教训，到有点正合孤意了，他们之所以尊孔，中心问题即在此；汉之高帝宣帝以及历朝民贼，并不重视儒生，而祀孔典礼，则历久而愈隆，其中心问题亦即在此；孔子立教之本身，其中心问题亦即在此，此孔子之所以被尊为万世师表也。如果孔子永久是万世师表，中国民族将不免万世倒霉，将一直倒霉到孔子之徒都公认外国统监就是君，忠于统监就是忠于君，那时万世师表的孔子，仍旧是万世师表,"三月无君则皇皇如也"的孔子之徒,只要能过事君的瘾,盗贼夷狄都无所择,冯道、姚枢、许衡、李光地、曾国藩、郑孝胥、罗振玉等,正是他们的典型人物。

人类社会之进步,虽不幸而有一时的曲折,甚至于一时的倒退,然而只要不是过于近视的人,便不能否认历史的大流,终于是沿着人权民主运动的总方向前进的。如果我们不甘永远落后,便不应该乘着法西斯特的一时逆流,大开其倒车,使中国的进步再延迟数十年呀!不幸的很,中国经过了两次民主革命,而进步党人所号召的"贤人政治","东方文化",袁世凯、徐世昌所提倡的"特别国情","固有道德",还成为有力的主张;所谓"贤人政治",所谓"东方文化",所谓"特别国情",所谓"固有道德",哪一样不是孔子的礼教在作祟呢?哪一样不是和人权民主背道而驰呢?

人们如果定要尊孔,也应该在孔子不言神怪的方面加以发挥,不可再提倡阻害人权民主运动,助长官僚气焰的礼教了!

不塞不流,不止不行,孔子的礼教不废,人权民主自然不能不是犯上作乱的邪说;人权民主运动不高涨,束手束足意气销沉安分守己的奴才,哪会有万众一心反抗强邻的朝气?在这样的政治环境之下,只能够产生冯道、姚枢、许衡、李光地、曾国藩、郑孝胥、罗振玉,而不能够产生马拉、但顿、罗伯士比尔。幸运的是万世师表的孔子,倒霉的是全中国人民!

（选自《陈独秀著作选》第三卷）

本文旨在"对孔子重新评定价值"。文中指出,"在现代知识的评定之下",孔子至少有两点可以肯定的价值:一是"非宗教迷信的态度",二是"建立君、父、夫三权一体的礼教"。孔子的礼教虽然不能拿来"支配现代人的思想行为",但在孔子立教的时代却有它"相当的价值"。孔子"非宗教迷信的态度""近于科学",可以加以发扬,但孔子的礼教"阻害人权民主运动,助长官僚气焰",绝不可再提倡。

迷乱之现代人心

伧　父

> 国是之丧失……精神界之破产……政治界之强有力主
> 义……教育界之实用主义……迷途中之救济

国是之丧失。……为国家致亡之由。吾人读刘向《新序》所记孙叔敖对楚庄王之言，若不啻为今日发者。国是之本义，吾人就文字诠释之，即全国之人皆以为是者之谓。盖论利害，则因地位阶级之不同，未易趋于一致；若论是非，则人同此心，心同此理，自可出于一途也。然至于今日，理不一理，即心不一心。试就国家之立法行政上，或个人之立身处世上，任标举一种主义主张，则必有反对之主义主张，可以与之相抗。甲持此说以收揽人心，乙即援彼说以破坏之，丙揭此义以引起讨论，丁复申彼义以抵制之，遂成一可是可非无是无非之世局。吾人在西洋学说尚未输入之时，读圣贤之书，审事物之理，出而论世，则君道若何，臣节若何，仁暴贤奸，了如指掌；退而修己，则所以处伦常者如何，所以励品学者如何，亦若有规矩之可循。虽论事者有经常权变之殊，讲学者有门户异同之辨，而关于名教纲常诸大端，则吾人所以为是者，国人亦皆以为是，虽有智者不能以为非也，虽有强者不敢以为非也。故其时有所谓清议，有所谓舆论，清议与舆论皆基本于国是，不待议不待论而自然成立者也。论者谓国是之存在实泥古时代束缚思想自由之结果，而为进步停滞之原因，然进化之规范，由分化与统整二者互相调剂，而成现代思想。因发展而失其统一，就分化言可谓之进步，就统整言则为退步。无疑我国先民于思想之统整，一方面最为精神所集注，周公之兼三王，孔子之集大成，孟子之拒邪说，皆致力于统整者。后世大儒亦大都绍述前闻，未闻独创异说，即或耽黄老之学，究释氏之典，亦皆吸收其精义与儒术醇化。故我国之有国是，乃经无数先民之经营缔造而成。此实先民精神上之产物，为吾国文化之结晶体。吾国所以致同文同伦之盛，而为东洋文明之中心者，盖由于此。夫先民精神上之产物，留遗于吾人，吾人固当发挥而光大之，不宜仅以保守为能事。故西洋学说之输入，夙为吾人所欢迎。然西洋在中古以前，宗教上之战争与虐杀，史不绝书，其纷杂而不能统一，自古已然。文艺复兴以后思想益复自由，持独到之见以风靡一世者，如卢骚、达尔文等，代有其人，而集众说之长，立群伦之鹄者，则绝少概见。吾人得其一时一家之学说，信以为是，弃其向所以为是者而从之；继更得其一家一时之学说，信以为是，复弃其适所以为是者而从之。卒之，固有之是既破弃无遗，而输入之是则又恍焉惚焉，而无所守。于是吾人之精神界中种种庞杂之思想，互相反拨，互相抵销，而无复有一物之存在。如斯现状，可谓之——

精神界之破产。……譬有一人，其始以祖宗之产业，易他人之证券，既而所持证券忽失其价值，而祖宗之产业已不能回复矣。吾人精神界破产之情状，盖亦犹是。破产而后，吾人之精神的生活既无所凭依，仅余此块然之躯体、蠢然之生命，以求物质的生活，故除竞争权利、寻求奢侈以外，无复有生活的意义。大多数之人其精神全埋没于物质的生活中，不遑他顾，本无主义主张之可言。其少数之有主义主张者，亦无非为竞争权利与寻求奢侈之手段方便上偶然假托。如现时占势力于国会者，则主张议会政治；有为高等官吏之希望或资格者，则主张官僚政治；投机获利拥有资产者，则主张资本制度；其或失败侘傺无聊者，则主张社会制度。纵肉欲者，则以食色为卫生；急功利者，则以奋斗为进步。甚至盗贼之事，禽兽之行，亦或援哲理以护其非，借学说以文其过，支离谬妄，不可究诘。然使宗一家之言，守之终身，虽不见信于人，犹可自以为是。乃时异势殊，则又出彼而入此，昨为民党，今作官僚；早护共和，夕拥帝制。倡男女平权之说者，忽徇多妻之俗，蓄置婢妾；负开通风气之责者，忽习巫瞽之术，眩惑世人。改节变论而不以为羞，下乔入谷而自以为智。昔俾斯麦对奥使曰："奥人欲问吾以开战之理由耶，然则我可于十二小时以内，寻得以答之。"彼等之意固以谓一切主义主张皆可于十二小时以内寻得者也。夫彼等本为无主义主张之人，原不能以对于主义主张之不忠实无节操责备之。惟彼等不自认为无主义主张而必假托于有主义主张者，无非借此以欺惑其他之无主义主张之人，使为其利用耳。然此等伎俩遂为其他无主义主张之人所窥破，则亦仿而效之，假托于主义主张者日多。假托者既多，则虽假托亦复无效，若辈乃益无忌惮，并此假托之主义主张而亦去之，于是发生——

政治界之强有力主义。……强有力主义者，一切是非，置之不论，而以兵力与财力之强弱决之，即以强力压倒一切主义主张之谓。当是非淆乱之时，快刀斩乱麻，亦不失为痛快之举，此盖无法之法，无主义主张中之主义主张，时势所趋，不至于此不止，古之人有行之者，秦始皇是也。百家竞起，异说争鸣，战国时代之情状，殆与今无异，焚书坑儒之暴举，虽非今日所能重演，而如此极端之强有力主义，实令后世之人有望尘勿及之叹。今日之欧洲又与我之战国相似，乃有德意志主义出现。彼等谓国家之正义，惟强有力者得贯彻之。质言之，即无所谓正，无所谓义，惟以强力贯彻者，斯为正义。其毅然决然破坏比利时之条约，击沉中立国之船舰，亦吾国之强有力者所闻而却步者也。总之，秦始皇主义，德意志主义，与我国现时政治界中一部分之强有力主义,实先后同揆。东西对照,皆为是非淆乱时代之生产物。秦始皇主义,在我国已经实验,虽获成功,不旋踵而殁,卒酿陈涉吴广之乱,项羽刘季之争。然中国统一之局,汉室四百年之治,亦未始非始皇开之。德意志主义,正在试验时代,成败尚不能预料。吾人就历史上推测,强力主义之效果,则当文治疲敝是非淆乱之时,强力主义出而纠纷自解。然强弱之势亦非一定,兴者为王,败者为贼,此起彼仆之间,其淆乱乃更甚,则又不得不更兴文治,以解武力之纠纷。故文治与武力相为倚伏。孟子曰:"天下有道,小德役大德,小贤役大贤;天下无道,小役大,弱役强。"此二者之中间尚有一时期,即有道之衰也,贤德无定位,则不得不论强大;无道之极也,强大无定位,则不得不更论贤德。周而复始,为一循环。惟此循环之周期长短不一,其至短缩者,则方论贤德,即因贤德无定而论强大;方论强大,复因强大无定而论贤德。周期愈短,振动愈甚。故我国之强有力主义,果能压倒一切主义主张,以暂定一时之局,则吾人亦未始不欢迎之。特恐其转辗于极短缩之周期中,愈陷吾人于兀臬彷徨之境耳。吾人今日即愿将一切是非听诸强力者之判断,而此种强力亦尚不可得,则惟有将是非置之度外,不判断而回避之。多数之人对于无论何种主义主张,皆若罔闻知,不表赞否,盖由于此。此种回避是非之态度,其代表之者为现今——

教育界之实用主义。……古代教育,皆注重于精神生活,故贤哲之士,其所以诏告吾人者,务在守其己之所信,行其心之所安,而置死生穷达于度外。今之教育,则埋没于物质生活之中。所谓实用主义者,即其教育之目的,在实际应用于生活之谓,夫学校之中,授人以知识技能,使其得应用此知识技能,以自营生活,诚为教育中所应有之事。但吾人既获得生活,则决非于生活以外别无意义者。吾人生而为人,固不能不谋衣食以图饱暖,然饱食暖衣不过借以维持生活,试问吾人具此生活,而又维持之者,固何为?若谓人之为人仅在求得饱食暖衣而止,是无异谓生活之意义在生活也。故以实用为教育之主义,犹之以生活为生活之主义,亦为无主义之主义而已。近阅日本杂志,言有中国人胡某,在德国刊行二书,大致劝告欧人,当弃其误谬之世界观,而采用中国之世界观。德人对于此二书,表赞否之意见者颇多。胡氏书中有曰:"欧人之学校,一则曰智识,再则曰智识,三则曰智识,而中国学校中所学者为君子之道。"吾等对于胡氏之言不觉汗颜无地,吾人今日之所学者,岂复有君子之道,乃乞食之道而已。德人台里乌司氏,于胡氏二书,颇表同情,其批评中有数语曰:"中国三岁之儿童,学中国大思想家之思想,洞彻其精神,德人在学校中于己国高等之文化绝不得闻。德国之大思想家如群鹤高翔于天际,地上之人不得闻其羽搏之微音。"吾等对于此德人之言,益觉惊惶无措,盖吾国之鹤已毙于物质的弹丸之下矣!吾述此言,吾固望今日之提倡教育上之实用主义者,加以注意。惟吾人今日,对于此实用主义仍不能不尽力赞成,盖今日提倡此无主义之主义以回避是非,使教育事业超然离立于各种主义主张之外,一方面得使教育界中不受风波之激荡,以保持其安静之位置,一方面又得使现时之播弄是非者减缩其鼓动之范围也。设使以今日相反相抵之各种主义主张,加入于学校教育之中,如清季学生之干涉政治,如俄国大学生之加入虚无党者,则今日之纷扰必将益甚。且使青年学生与此等不忠实无节操之主义主张者相接触,濡染其恶习,其为害于教育何可胜言!教育家之责任在指导社会,然人当深入迷途莫能自拔之时,则其指导之方法,莫如暂时安静停止进行,然后审定方向,以求出此迷途。吾人今日在——

迷途中之救济。……决不能希望于自外输入之西洋文明,而当希望于己国固有之文明,此为吾人所深信不疑者。盖产生西洋文明之西洋人,方自陷于混乱矛盾之中,而呱呱有待于救济,吾人乃希望借西洋文明以救济吾人,斯真问道于盲矣!西洋人之思想,为希腊思想与希伯来(犹太)思想之杂合而成。希腊思想本不统一,斯笃克派与伊壁鸠鲁派,互相反对,其后为希伯来思想所压倒。文艺复兴以后,希伯来思想又被希腊思想破坏,而此等哲学思想,又被近世之科学思想所破坏。今日种种杂多之主义主张,皆为破坏以后之断片,不能得其贯串联络之法;乃各各持其断片,欲借以贯彻全体,因而生出无数之障碍。故西洋人于物质上虽获成功,得致富强之效,而其精神上之烦闷殊甚。正如富翁衣锦食肉持筹握算,而愁眉百结,家室不安,身心交病。齐景公曰:"虽有粟,吾得而食诸?"此之谓也。夫精神文明之优劣,不能以富强与否为标准,犹之人之心地安乐与否,不能以贫富贵贱为衡。吾人往时羡慕西洋人之富强,乃谓彼之主义主张取其一,即足以救济吾人,于是拾其一二断片,以击破己国固有之文明,此等主义主张之输入,直与猩红热、梅毒等之输入无异。惟此等病毒之发生,一由于自己元气之虚弱;一由于从前未曾经验此病毒,体内未有抗毒素之故。故仅仅效从前顽固党之所为,竭力防遏西洋学说之输入,不但势有所不能,抑亦无济于事焉!救济之道,在统整吾固有之文明,其本有系统者则明了之,其间有错出者则修整之。一面尽力输入西洋学说,使其融合于吾固有文明之中。西洋之断片的文明如满地散钱,以吾固有文明为绳索,一以贯之。今日西洋之种种主义主张,骤闻之似有与吾固有文明绝相凿枘者,然会而通之,则其主义主张往往为吾固有文明之一局部扩大而精详之者也。吾固有文明之特长,即在于统整,且经数千年之久未受若何之摧毁,已示世人以文明统整之可以成功。今后果能融合西洋思想以统整世界之文明,则非特吾人之自身得赖以救济,全世界之救济亦在于是。今日之主义主张者,盖苦于固有文明之统整,不能肆其竞争权利,寻求奢侈之伎俩,乃假托于西洋思想以扰乱之。此即孙叔敖之所谓群非不利于国是之存在,而陷吾人于迷乱者。吾人若望救济于此等主义主张,是犹望魔鬼之接引以入天堂也。魔鬼乎,魔鬼乎,汝其速灭。

（选自陈崧编:《五四前后东西方文化问题论战文选》〔增订本〕,中国社会科学出版社1989年3月增订第2版)

伧父(1873—1933),即杜亚泉原名炜孙,字秋帆,号亚泉,伧父是其笔名。浙江绍兴人。清末,曾在上海开设亚泉学馆,创办《亚泉杂志》,宣传提倡科学。民国后,曾任上海商务印书馆编辑、理化部主任。1912—1920年间任《东方杂志》主编。一·二八事变,避难返乡,1933年去世。曾编撰《植物学大辞典》、《动物学大辞典》等,是中国现代著名的科学教育家。"五四"前后,参与中西文化问题论战,提出"调和"与"统整"的文化观,是启蒙时期重要的思想家。曾长期遭受冷落,近年渐受重视,其著述被汇成《杜亚泉文选》、《杜亚泉文存》出版。

《迷乱之现代人心》发表于1918年,文中表达了杜亚泉对文化问题的根本主张。杜亚泉认为,西洋学术的输入,破坏了我国固有的以"名教纲常诸大端"为根基的文化统一局面,造成国是丧失、精神破产、人心迷乱。要结束这种局面,"救济之道,在统整吾固有之文明",并"尽力输入西洋学说,使其融合于吾固有文明之中"。此论一出,立即引起陈独秀的批评。陈撰《质问〈东方杂志〉记者》发难,杜撰文作答,陈再质,争论激烈,影响巨大。今将二人辩论文章节录附后,以见大概。

质问《东方杂志》记者

——《东方杂志》与复辟问题(节选)

陈独秀

（前略）

(9)伧父君《迷乱之现代人心》文中,大意谓:中国周孔以来,儒家统一,思想界未闻独创异说者,此我国之文明,即我国之国基。乃自西洋学说输入,思想自由,吾人之精神界中,种种庞杂之思想,互相反拨,遂至国基丧失,可谓之精神界之破产;于是发生政治界之强有力主义,此主义即以强力压倒一切主义主张。当是非淆乱之时,快刀斩乱麻,亦不失为痛快之举;古人有行之者,秦始皇是也;今人有行之者,德意志是也;惟此种强力,吾国此时尚不可得,乃发生教育界回避是非之实用主义;此主义为免思想界各种主义相反相抵之纷扰,亦自可取;惟其注重物质生活,而弃置精神生活,其弊也,中国胡氏,德人台里乌司言之颇中肯。吾人今日迷途中之救济,决不希望陷于混乱矛盾之西洋文明,而当希望于己国固有之文明云云。余今有请教于伧父君者:(一)中国学术文化之发达,果以儒家统一以后之汉魏唐宋为盛乎?抑以儒家统一以前之晚周为盛乎?(二)儒家不过学术之一种,倘以儒术统一为国是为文明,在逻辑上学术与儒术之内包外延何以定之?倘以未有独创异说为国是为文明,将以附和雷同为文明为国是乎?则人间思想界与留声机器有何区别?(三)欧洲中世,史家所称黑暗时代也,此时代中耶教思想统一全欧千有余年,大与中土秦汉以来儒家统一相类;文艺复兴后之文明,诚混乱矛盾,然比之中土,比之欧洲中世,优劣如何?(四)近代中国之思想学术,即无欧化输入,精神界已否破产?假定即未破产,伧父君所谓我国固有之文明与国基,是否有存在之价值？倘力排异说，以保存此固有之文明与国基，能否使吾族适应于20世纪之生存而不削灭？（五）伧父君谓："吾人在西洋学说尚未输入之时，读圣贤之书，审事物之理，出而论世，则君道若何，臣节若何，……关于名教纲常诸大端，则吾人所以为是者，国人亦皆以为是，虽有智者不能以为非也，虽有强者不能以为非也。"伧父君所谓我国固有之文明与国基，如此如此。请问此种文明此种国基，倘忧其丧失忧其破产而力图保存之，则共和政体之下，所谓君道臣节名教纲常，当作何解？谓之迷乱，谓之谋叛共和民国，不亦宜乎？（六）伧父君之意，颇以中国此时无强有力者以强力压倒一切主义主张为憾，然则洪宪时代，颇有此等景象，伧父君曾称快否？（七）伧父君谓：古代教育，皆注重于精神生活；今之教育，则埋没于物质生活之中。又云：吾人今日在迷途中之救济，决不能希望于自外输入之西洋文明，而当希望于固有之文明。请问伧父君，古代之精神生活，是否即君道臣节及名教纲常诸大义？或即种种恶臭之生活？（伧父君所称赏之胡氏著作中曾谓，中国人不洁之癖，即中国人重精神不重物质之证。）西洋文明，于物质生活以外，是否亦有精神文明？我中国除儒家之君道臣节名教纲常以外，是否绝无他种文明？除强以儒教统一外，吾国固有之文明是否免于混乱矛盾？以希望思想界统一故，独尊儒家而黜百学，是否发挥固有文明之道？伧父君既以为非己国固有文明周公孔子之道，决不足以救济中国，而何以于《工艺杂志》序文中（见第十五卷第四号《东方杂志》），又云："国家社会之进行，道德之向上，皆与经济有密切之关系。而经济之充裕，其由于工艺之发达。十余年以来，有运动改革政治者，有主张提倡道德者；鄙人以为工艺苟兴，政治道德诸问题，皆迎刃而解。非然者，虽周孔复生，亦将无所措手。"是岂非薄视周公孔子而提倡物质万能主义乎？今后果不采用西洋文明，而以固有之文明与国基治理中国，他事之进化与否且不论，即此现行无君之共和国体，如何处置？由斯以谈，孰为魔鬼？孰为陷吾人于迷乱者？孰为谋叛国宪之罪犯？敢问。

　　（后略）

　　　　　　　　　　　　　　　　（《新青年》第5卷第3号，1918年9月）

　　　　　　　　　　　　　　　（选自《五四时期东西方文化问题论战选》）

答《新青年》杂志记者之质问（节选）

伧 父

（前略）

（6）《新青年》记者对于《东方杂志》《迷乱之现代人心》文中，为种种之质问，谓："中国学术文化，以儒家统一以后之汉魏唐宋为盛乎，抑以儒家统一以前之晚周为盛乎？欧洲文艺复兴以后之文明，比之中土，比之欧洲中世，优劣如何？"《东方》原文，曾言："进化之规范，由分化与统整，互相调剂而成。"有分化而无统整，自不能谓之进步。中国晚周时代，及欧洲文艺复兴以后之文明，分化虽盛，而失其统整，遂现混乱矛盾之象。以晚周与汉魏唐宋，以欧洲与中土，比较其文明，以记者之见解言之，殊不能谓其彼善于此。但此种问题，各人各具见解，不易论定。《新青年》记者苟有所见，尽可自抒伟论，无烦下问。至文明之统整、思想之统一云云，决非如欧洲黑暗时代之禁遏学术阻碍文化之谓，亦非附和雷同之谓，亦非儒术即学术之谓，亦非不翻译欧洲书、不输入欧洲文化之谓，凡此皆《新青年》记者自己推想之误。《东方》原文明言："吾人不宜仅以保守为能事"；又言："西洋学说之输入，夙为吾人所欢迎"；又言："尽力输入西洋学说，使其融合于吾固有文明之中"；又言："西洋之种种主义主张，骤闻之似有与吾固有文明绝相凿枘者，然会而通之，则其主义主张，往往为吾固有文明之一局部扩大而精详之者"。此等论旨，原文中再三申说，《新青年》记者如将原文全阅一过，想亦不至有"人间思想界与留声机器有何区别"及"商务印书馆何以译欧洲书"之疑问。至原文所谓"君道臣节及名教纲常诸大端"，记者确认为我国固有文明之基础。《新青年》记者谓共和政体之下，君道臣节名教纲常作何解，谓之叛逆，谓之谋叛共和民国，谓之谋叛国宪之罪犯。记者以为共和政体，决非与固有文明不相容者，民视民听，民贵君轻,伊古以来之政治原理,本以民主主义为基础,政体虽改,而政治原理不变,故以君道臣节名教纲常为基础之固有文明,与现时之国体,融合而会通之,乃为统整文明之所有事。若谓共和政体之下,不许人言固有文明中有君道臣节名教纲常诸大端,则非用焚书坑儒之法,将吾国固有之历史、文学、政治诸书,及曾读其书之人,一律焚之坑之不可?盖固有文明中有君道臣节名教纲常诸大端,乃已往之事实,非《新青年》记者所得而取消。已往之事实,既不能取消,则不能禁人之记忆之称述之,苟不用坑焚之法,虽加以谋叛之罪名,亦不能使之钳口而结舌。前清专制官吏,动辄以大逆不道谋为不轨之罪名,压迫言论,初未有效,《新青年》记者可以不必步其后尘矣。

　　(7)《新青年》记者谓:"《东方》记者之意,颇以中国此时,无强有力者以强力压倒一切主义主张为憾"。又谓:《东方》记者"既以为非己国固有文明,不足以救济中国,何以《工艺杂志》序文中,复有虽周孔复生无所措手之言"。按《东方》原文,明言强有力主义之不能压倒一切,反足酿乱。又《工艺杂志》序中所云周孔复生无所措手,乃反面文字,非正面文字。《新青年》记者如将原文及《工艺杂志》序文全阅一过,当不至作此疑问。

　　(后略)

(《东方杂志》第 15 卷第 12 号,1918 年 12 月)

(选自《五四时期东西方文化问题论战文选》)

再质问《东方杂志》记者（节选）

陈独秀

（前略）

（6）学术之发展，固有分析与综合二种方向，互嬗递变，以赴进化之途。此二种方向，前者多属于科学方面，后者属于哲学方面，皆得谓之进步，不得以孰为进步孰为退步也。此综合的发展，乃综合众学以成一家之言；与学术思想之统一，决非一物。所谓学术思想之统一者，乃黜百家而独尊一说，如中国汉后独尊儒术罢黜百家，欧洲中世独扬教宗遏抑学术是也。易词言之，即独尊一家言，视为文明之中心，视为文化之结晶体，视为天经地义，视为国粹，视为国是；有与之立异者，即目为异端邪说，即目为非圣无法，即目为破坏学术思想之统一，即目为混乱矛盾庞杂纠纷，即目为国是之丧失，即目为精神界之破产，即目为人心迷乱。此种学术思想之统一，其为恶异好同之专制，其为学术思想自由发展之障碍，乃现代稍有常识者之公言，非余一人独得之见解也。《东方》记者之所谓分化，当指异说争鸣之学风，而非谓分析的发展；所谓统整，当指学术思想之统一，而非谓综合的发展；使此观察为不误，则征诸历史，诉之常识，但见分析与综合，在学术发展上有相互促进之功；而不见分化与统整，在进化规范上有调剂相成之事。倘强曰有之，而不能告人以例证，则亦无征不信而已。反之统整（即学术思想之统一）之为害于进化也，可于中土汉后独尊儒术，欧洲中世独扬教宗征之。乃《东方》记者反称有分化而无统整，不能谓之进步；且征引"中国晚周时代，及欧洲文艺复兴以后之文明，分化虽盛而失其统整，遂现混乱矛盾之象"以为例证。夫晚周为吾国文明史上最盛时代，与欧洲近代文明之超越前世，当非余一人之私言。不图《东方》记者因其学术思想不统一也，竟以"混乱矛盾"四字抹杀之；且明言以晚周与汉魏唐宋比较其文明，不能谓其彼善于此；诚石破天惊，出人意表矣。即以汉魏唐宋而论，一切宗教思想文学美术，莫不带佛道二家之彩色；否则纯粹儒家统一，更无特殊之文化可言。盖文化之为物，每以立异复杂分化而兴隆，以尚同单纯统整而衰退；征之中外历史，莫不同然。《东方》记者之所见，奈何正与历史之事实相反耶？《东方》记者又云："至于文明之统整，思想之统一，决非如欧洲黑暗时代之禁遏学术阻碍文化之谓，亦非附和雷同之谓。"按欧洲中世所以称为黑暗者无他，以其禁遏学术阻碍文化故。其所以禁遏学术阻碍文化者亦无他，乃以求文明之统整思想之统一故。夫统一与黑暗，皆比较之词；黑暗之处，乃以统一之度为正比例；一云统一，即与黑暗为邻，欧洲中世特其最甚者耳。《东方》记者倘不以欧洲黑暗时代之禁遏学术阻碍文化为然，亦当深思其故也。《东方》记者以"孔子之集大成，孟子之拒邪说，皆致力于统整者"为高；复以"后世大儒亦大都绍述前闻，未闻独创异说"为贵，此非附和雷同而何？此非以人间思想界为留声机器而何？《东方》记者意谓：吾人在西洋学说尚未输入之时，本有圣经贤传名教纲常之统一的国是；今以西洋学说之输入，乃陷于混乱矛盾，乃至国是丧失，乃至精神界破产；遂至希此"强有力主义，果能压倒一切主义主张，以暂定一时之局"。此非禁遏学术阻碍文化而何？《东方》记者一面言："吾人不宜仅以保守为能事"，"西洋学说之输入，夙为吾人所欢迎"，"尽力输入西洋学说"。一面乃谓："西洋在中古以前，宗教上之战争与虐杀，史不绝书；其纷杂而不能统一，自古已然。文艺复兴以后，思想益复自由；持独到之见以风靡一世者，如卢骚、达尔文等，代有其人；而集众说之长，立群伦之鹄者，则绝少概见。"（记者按，西洋学者，若康德、孔特、卢骚、达尔文、斯宾塞之流，莫不集众说以成一家言，为世宗仰，只以其族尊疑尚异，贵自由独到，不欲独定一尊，以阻碍学术思想之自由发展，故其新陈代起，日益美备。《东方》记者乃以其不独定一尊谓为立群伦之鹄者绝少概见。其病在不细察文化之实质如何，妄以思想统一与否定优劣，不知适得其反也。）又谓："吾人今日在迷途中之救济，决不能希望于自外输入之西洋文明，而当希望于己国固有之文明，此为吾人所深信不疑者。盖产生西洋文明之西洋人，方自陷于混乱矛盾之中，而亟亟有待于救济，吾人乃希望借西洋文明以救济吾人，斯真问道于盲矣！西洋人之思想，为希腊思想与希伯来（犹太）思想之杂合而成。希腊思想，本不统一，斯笃克派与伊壁鸠鲁派，互相反对，其后为希伯来思想所压倒。文艺复兴以后，希伯来思想又被希腊思想破坏，而此等哲学思想，又被近世之科学思想所破坏。今日种种杂多之主义主张，皆为破坏以后之断片，不能得其贯串联络之法；乃各各持其断片，欲借以贯彻全体，因而生出无数之障碍。故西洋人于物质上虽获成功，得致富强之效，而其精神上之烦闷殊甚"。(按《东方》记者所非难之西洋文明，皆在中古以前及文艺复兴以后，殆以其思想不统一之故乎。独思想统一之中古时代，则未及之。不知《东方》记者之所谓宗教上之战争与虐杀，正以正教统一，力排自由思想之异端，造成中古黑暗时代耳，此非中古以前文艺复兴以后之所有也。)似此一迎一拒，即油滑官僚应付请托者之言，亦未必有此巧妙也。若此等"战争与虐杀"之文明，"自陷于混乱矛盾"之文明，"破坏以后之断片"之文明，致"精神上烦闷"之文明，《东方》记者明知其不足为"吾人今日在迷途中之救济"，乃偏欲尽力输入而欢迎之；是直引虎自杀耳，岂止"问道于盲"已耶？《东方》记者其狂易耶？不然，明知"此等主义主张之输入，直与猩红热梅毒等之输入无异"，何苦又主张尽力输入而欢迎之，不更使吾思想界混乱矛盾不能统一，使吾精神界破产，使吾国是丧失耶？是则愚不能明也。

若云"西洋之种种主义主张，骤闻之，似有与吾固有文明绝相凿枘者；然会而通之，则其主义主张，往往为吾固有文明之一局部，扩大而精详之者"耶？若假定此等"丙种自大派"(见本志 5 卷第 5 号 516 页第 13 行)之附会穿凿为不谬，则《东方》记者所诅咒西洋文明之恶名词，皆可加诸吾固有文明之上矣。既认定其为吾固有文明之一部，且扩大而精详之，又何独以其在西洋而诅咒之耶？若云"尽力输入西洋学说，使其融合于吾固有文明之中"耶？将输入其同者而融合之乎？使其所谓同者为非同，则附会穿凿耳；使其所谓同者为真同，则尽力输入为骈枝，为多事。将输入其异者而融合之乎？则异者终不能合，适足以使吾人思想界增其混乱矛盾之度，非所以挽回国是之丧失，精神界之破产，而为吾人迷途中救济之道。无已，惟有仍遵《东方》记者"不希望于自外输入西洋文明"之本怀，且用"强力压倒一切主义主张"之方法，使吾国数千年统整之文明不至摇动；则《东方》记者之主张，方为盛水不漏也。

《东方》记者又谓："民视民听，民贵君轻，伊古以来之政治原理，本以民主主义为基础。政体虽改而政治原理不变,故以君道臣节名教纲常为基础之固有文明,与现时之国体,融合而会通之,乃为统整文明之所有事。"呜呼!是何言耶?夫西洋之民主主义(democracy)乃以人民为主体,林肯所谓由民(by people)而非为民(for people)者,是也。所谓民视民听、民贵君轻,所谓民为邦本,皆以君主之社稷——即君主祖遗之家产——为本位。此等仁民爱民为民之民本主义(民本主义,乃日本人用以影射民主主义者也。其或径用西文democracy,而未敢公言民主者,回避其政府之干涉耳),皆自根本上取消国民之人格,而与以人民为主体由民主主义之民主政治,绝非一物。倘由《东方》记者之说,政体虽改而政治原理不变,则仍以古时之民本主义为现代之民主主义,是所谓蒙马以虎皮耳,换汤不换药耳。毋怪乎今日之中国,名为共和而实不至也。即以今日名共和而实不至之国体而论,亦与君道臣节名教纲常,绝无融合会通之余地。盖国体既改共和,无君矣,何谓君道? 无臣矣,何谓臣节? 无君臣矣,何谓君为臣纲? 如何融合,如何会通,敢请《东方》记者进而教之,毋再以笼统含混之言以自遁也。若帝制派严复"大总统即君"之谬说,乃为袁氏谋叛之先声;今无欲自称帝之人,《东方》记者谅不至袭用严说,重为天下笑欤。

就历史上评论中国之文明,固属世界文明之一部分,而非其全体。儒家又属中国文明之一部分,而非其全体。所谓君道臣节名教纲常,不过儒家之主要部分而亦非其全体。此种过去之事实,无论何人,均难加以否定也。至若《东方》记者所谓:《新青年》"于共和政体之下,不许人言固有文明中有君道臣节名教纲常诸大端"。又云:"固有文明中有君道臣节名教纲常诸大端,乃已往之事实,非《新青年》记者所得而取消。已往之事实既不能取消,则不能禁人之记忆之称述之。"斯可谓支吾之遁词也矣。吾人不满于古之文明者,乃以其不足支配今之社会耳,不能谓其在古代无相当之价值;更不能谓古代竟无其事,背事实而否认之也。不但共和政体之下,即将来宽至无政府时代,亦不能取消过去历史中有君道臣节名教纲常及其他种种黑暗之事实。若《东方》记者之所云,匪独前次质问中无此言,即全部《新青年》亦未尝有此谬说。前次质问中所谓:共和政体之下,君道臣节名教纲常,当作何解者;乃以《东方》记者力言非统整己国固有君道臣节名教纲常之文明,不足以救济精神界之破产,不足以救济国是之丧失,不足以救济国家之灭亡。然若实行以强力压倒一切主义主张,恢复君道臣节名教纲常,以图思想之统整,以救国家之灭亡;则无君臣之现行制度,不知将以何法处之? 疑不能明,是以为问。非谓吾固有文明中无君道臣节名教纲常,而欲取消历史上已行之事实,禁人记忆之称述之也。《东方》记者所谓焚书坑儒;所谓前清专制官吏动辄以大逆不道谋为不轨之罪名,压迫言论;此正君道臣节名教纲常时代以强力压倒一切主义主张者之所为;而混乱矛盾之共和时代,或不至此。公等倘欲享言论自由,主权利而恶压迫,慎毋反对混乱矛盾之西洋文明,慎毋梦想思想统整,而欲以强力压倒一切主义主张以自缚束也。

(7)《东方》记者所谓"原文明言强有力主义之不能压倒一切,反足酿乱"。今细检原文,未见有此。有之则所谓"特恐其转辗于极短缩之周期中,愈陷吾人于兀臬彷徨之境耳"。于表示欢迎之下,紧接此词;盖惟恐其寿命不长,未能压倒一切为憾;固非根本反对强力主义,谓为足以酿乱也。其他极力赞扬之词则曰:"强有力主义者,……即以强力压倒一切主义主张之谓。当是非淆乱之时,快刀斩乱麻,亦不失为痛快之举。……古之人有行之者,秦始皇是也。百家竞起,异说争鸣,战国时代之情状,殆与今无异;焚书坑儒之暴举,虽非今日所能重演,而如此极端之强有力主义,实令后世之人,有望尘勿及之叹。今日之欧洲,又与我之战国相似,乃有德意志主义出现。……无所谓正,无所谓义,惟以强力贯彻者,斯为正义。……秦始皇主义,德意志主义,与我国现实政治界中一部分之强有力(当指段内阁而言)主义,实先后同揆。……秦始皇主义,在我国已经实验,虽获成功,不旋踵而殁;……然中国统一之局,汉室四百年之治,亦未始非始皇开之。德意志主义,正在试验时代,成败尚不能预料。吾人就历史上推测,强力主义之效果,则当文治疲敝是非淆乱之时,强力主义出而纠纷自解。……故我国之强有力主义,果能压倒一切主义主张,以暂定一时之局,则吾人亦未始不欢迎之。"

《东方》记者眼中之战国时代及欧洲现代之文明,皆百家竞起,异说争鸣,是非淆乱之文明也。颇希望强有力者,出其快刀断麻之手段,压倒一切主义主张,以定于一。此言但《东方》记者固笔之于书,谅非《新青年》记者推想之误;其是非可否,请读者加以论断,余则不欲多言矣。若余之所惑者,乃《东方》记者所崇拜,所梦想,所称为"痛快之举""望尘勿及""纷纷自解""吾人未始不欢迎之"之三种强力主义:其一秦始皇主义,固可以开汉室四百年统一之江山,颂其功德;其他二种强力主义,均已成败昭然,效果共睹。坐令是非淆乱之今日,无有能快刀断麻,压倒一切,以定时局,以解纠纷者,吾知《东方》记者对于德帝威廉及段内阁,当挥无限同情之热泪也软。

《工艺杂志》序文中所云"虽周孔复生亦将无所措手",固属述其当年之感想;而后文对于自给自足之工艺,则仍谓亟宜提倡,未见取消前说;谓为反面文字,亦未得当。

(后略)

(《新青年》第6卷第2号,1919年2月)

(选自《五四时期东西方文化问题论战文选》)

孔子与宪法

李大钊

　　孔子与宪法，渺不相涉者也。吾今以此标题，宁非怪诞之尤。然于怪诞标题之前，久已有怪诞事实之发见。本报之功用，颇重写实。此怪诞之标题，盖因怪诞之事实而生也，岂得已哉？

　　怪诞之事实者，何也？则宪法草案中规定"国民教育以孔子之道为修身大本"之事是也。云何以此为怪诞？最宜以孔子与宪法为物之性质两相比证，则知以怪诞之名加之者，为不妄矣。

　　孔子者，数千年前之残骸枯骨也。宪法者，现代国民之血气精神也。以数千年前之残骸枯骨，入于现代国民之血气精神所结晶之宪法，则其宪法将为陈腐死人之宪法，非我辈生人之宪法也；荒陵古墓中之宪法，非光天化日中之宪法也；护持偶像权威之宪法，非保障生民利益之宪法也。此孔子之纪念碑也。此孔子之墓志铭也。宪法云乎哉！宪法云乎哉！

　　孔子者，历代帝王专制之护符也。宪法者，现代国民自由之证券也。专制不能容于自由，即孔子不当存于宪法。今以专制护符之孔子，入于自由证券之宪法，则其宪法将为萌芽专制之宪法，非为孕育自由之宪法也；将为束制民彝之宪法，非为解放人权之宪法也；将为野心家利用之宪法，非为平民百姓日常享用之宪法也。此专制复活之先声也。此乡愿政治之见端也。宪法云乎哉！宪法云乎哉！

孔子者，国民中一部分所谓孔子之徒者之圣人也。宪法者，中华民国国民全体无问其信仰之为佛为耶，无问其种族之为蒙为回，所资以生存乐利之信条。以一部分人尊崇之圣人，入于全国所托命之宪法，则其宪法将为一部分人之宪法，非国民全体之宪法也；所谓孔教徒之宪法，非汉、满、蒙、藏、回、释、道、耶诸族诸教共同遵守之宪法也；乃一小社会之宪法，非一国家之宪法也。此挑动教争之呼声也。此离析蒙藏之口令也。宪法云乎哉！宪法云乎哉！

孔子之道者，含混无界之辞也。宪法者，一文一字均有极确之意义，极强之效力者也。今以含混无界之辞，入于辞严力强之宪法，无论实施之效力，不克普及于全国，即此小部分之人，将欲遵此条文，亦苦于无确切之域以资循守。何者为孔子之道？何者为非孔子之道？必如何始为以孔子之道为修身之大本？必如何则否？此质之主张规定此条之议宪诸君，亦将瞠目而莫知所应。须知一部之失效宪法，全体之尊严随之，此宪法之自杀也，此宪法自取消其效力之告白也。然则辛苦经营，绞诸公数月之脑血，耗国家数月之金钱以从事于制定宪法之劳者，不几为无意义乎？

总之宪法与孔子发生关系，为最背于其性质之事实。吾人甚希望于二读会时，删去此项，以全宪法之效力。此一部尊崇孔子之人，尽可听其自由以事传播。国家并无法律以禁止之，社会并可另设方法以奖助之，何必定欲以宪法之权威，为孔子壮其声势，俾他种宗教、他种学派不得其相当之分于宪法而后快于心欤？

（选自《李大钊选集》，人民出版社 1979 年版）

李大钊（1889—1927），现代思想家、马克思主义史学家。字守常，河北乐亭人。早年曾留学日本，后回国任《晨报》总编辑、《甲寅日刊》编辑。1918 年,受聘为北京大学图书馆馆长,兼经济学教授。积极投入新文化运动,是《新青年》主要编辑之一。曾在北京先后组织少年中国学会、马克思学说研究会、共产主义小组等,是中共主要创始人之一。1927 年遭奉军逮捕,英勇就义。有《守常文集》、《李大钊选集》、《李大钊文集》等传世。

《孔子与宪法》发表于 1917 年,时北洋政府于宪法草案中规定"国民教育以孔子之道为修身大本",引起全国哗然。李大钊则通过将宪法与孔子之性质的比较,认为如此规定实在"怪诞"之极。他在文中提出两个影响极其广泛的论断,即"孔子者,数千年前之残骸枯骨也,宪法者,现代国民之血气精神也";"孔子者,历代帝王专制之护符也,宪法者,现代国民自由之证券也"。以如此之孔子,绝不能入如此之宪法。

由经济上解释中国近代思想变动的原因

李大钊

　　凡一时代，经济上若发生了变动，思想上也必发生变动。换句话说，就是经济的变动是思想变动的重要原因。现在只把中国现代思想变动的原因由经济上解释解释。

　　人类生活的开幕，实以欧罗细亚为演奏的舞台。欧罗细亚就是欧亚两大陆的总称。在欧罗细亚的中央有一凸地，叫做 Table-land。此地的山脉不是南北纵延的，乃是东西横亘的。因为有东西横亘的山脉，南北交通遂以阻隔，人类祖先的分布移动，遂分为南道和北道两条进路，人类的文明遂分为南道文明——东洋文明和北道文明——西洋文明两大系统。中国本部、日本、印度支那、马来半岛诸国、俾露麻、印度、阿富汗尼士坦、俾而齐士坦、波斯、土尔其、埃及等，是南道文明的要路；蒙古、满洲、西伯利亚、俄罗斯、德意志、荷兰、比利时、丹麦、士坎迭拿威亚、英吉利、法兰西、瑞士、西班牙、葡萄牙、意大利、奥士地利亚、巴尔干半岛等，是北道文明的要路。南道的民族，因为太阳的恩惠厚，自然的供给丰，故以农业为本位，而为定住的；北道的民族，因为太阳的恩惠薄，自然的供给啬，故以工商为本位，而为移住的。农业本位的民族，因为常定住于一处，所以家族繁衍，而成大家族制度——家族主义；工商本位的民族，因为常转徙于各地，所以家族简单，而成小家族制度——个人主义。前者因聚族而居，易有妇女过庶的倾向，所以成重男轻女一夫多妻的风俗；后者因转徙无定，恒有妇女缺乏的忧虑，所以成尊重妇女一夫一妻的习惯。前者因为富于自然，所以与自然调和，与同类调和；后者因为乏于自然，所以与自然竞争，与同类竞争。简单一句话，东洋文明是静的文明，西洋文明是动的文明。

中国以农业立国，在东洋诸农业本位国中，占很重要的位置，所以大家族制度在中国特别发达。原来家族团体一面是血统的结合，一面又是经济的结合。在古代原人社会，经济上男女分业互助的要求，恐怕比性欲要求强些，所以家族团体所含经济的结合之性质，恐怕比血统的结合之性质多些。中国的大家族制度，就是中国的农业经济组织，就是中国二千年来社会的基础构造。一切政治、法度、伦理、道德、学术、思想、风俗、习惯，都建筑在大家族制度上作他的表层构造。看那二千余年来支配中国人精神的孔门伦理，所谓纲常，所谓名教，所谓道德，所谓礼义，哪一样不是损卑下以奉尊长？哪一样不是牺牲被治者的个性以事治者？哪一样不是本着大家族制下子弟对于亲长的精神？所以孔子的政治哲学，修身齐家治国平天下，"一以贯之"，全是"以修身为本"；又是孔子所谓修身，不是使人完成他的个性，乃是使人牺牲他的个性。牺牲个性的第一步就是尽"孝"。君臣关系的"忠"，完全是父子关系的"孝"的放大体，因为君主专制制度完全是父权中心的大家族制度的发达体。至于夫妇关系，更把女性完全浸却：女子要守贞操，而男子可以多妻蓄妾；女子要从一而终，而男子可以细故出妻；女子要为已死的丈夫守节，而男子可以再娶。就是亲子关系的"孝"，母的一方还不能完全享受，因为伊是隶属于父权之下的；所以女德重"三从"，"在家从父，出嫁从夫，夫死从子"。总观孔门的伦理道德，于君臣关系，只用一个"忠"字，使臣的一方完全牺牲于君；于父子关系，只用一个"孝"字，使子的一方完全牺牲于父；于夫妇关系，只用几个"顺"、"从"、"贞节"的名辞，使妻的一方完全牺牲于夫，女子的一方完全牺牲于男子。孔门的伦理是使子弟完全牺牲他自己以奉其尊上的伦理;孔门的道德是与治者以绝对的权力,责被治者以片面的义务的道德。孔子的学说所以能支配中国人心有二千余年的原故,不是他的学说本身有绝大的权威,永久不变的真理,配作中国人的"万世师表",因他是适应中国二千余年来未曾变动的农业经济组织反映出来的产物,因他是中国大家族制度上的表层构造,因为经济上有他的基础。这样相沿下来,中国的学术思想都与那静沉沉的农村生活相照映,停滞在静止的状态中,呈出一种死寂的现象。不但中国,就是日本、高丽、越南等国,因为他们的农业经济组织和中国大体相似,也受了孔门伦理的影响不少。

时代变了!西洋动的文明打进来了!西洋的工业经济来压迫东洋的农业经济了!孔门伦理的基础就根本动摇了!因为西洋文明是建立在工商经济上的构造,具有一种动的精神,常求以人为克制自然,时时进步,时时创造。到了近世,科学日见昌明,机械发明的结果促起了工业革命。交通机关日益发达,产业规模日益宏大,他们一方不能不扩张市场,一方不能不搜求原料,这种经济上的需要,驱着西洋的商人,来叩东洋沉静的大门。1635 年顷,已竟有荷兰的商人到了日本,以后 Perry Harris 与 Lord Elgin 诸人相继东来,以其商业上的使命开拓东洋的门径,而日本,而中国,东洋农业本位的各国,都受了西洋工业经济的压迫。日本国小地薄,人口又多,担不住这种压迫,首先起了变动,促成明治维新,采用了西洋的物质文明,产业上起了革命——如今还正在革命中——由农业国一变而为工业国,不但可以自保,近来且有与欧美各国并驾齐驱的势力了。日本的农业经济组织既经有了变动,欧洲的文明、思想又随着他的经济势力以俱来,思想界也就起了绝大的变动。近来 Democracy 的声音震荡全国,日本人夸为"国粹"之万世一系的皇统,也有动摇的势子,从前由中国传入的孔子伦理现在全失了效力了。

中国地大物博,农业经济的基础较深,虽然受了西洋工业经济上的压迫,经济上的变动却不能骤然表现出来。但中国人于有意无意间也似乎了解这工商经济的势力加于中国人生活上的压迫实在是厉害,所以极端仇视他们,排斥他们,不但排斥他们的人,并且排斥他们的器物。但看东西交通的初期,中国只是拒绝和他们通商,说他们科学上的发明是"奇技淫巧",痛恨他们造的铁轨,把他投弃海中。义和团虽发于仇教的心理,而于西洋人的一切器物一概烧毁,这都含着经济上的意味,都有几分是工业经济压迫的反动,不全是政治上、宗教上、人种上、文化上的冲突。

欧洲各国的资本制度一天盛似一天,中国所受他们经济上的压迫也就一天甚似一天。中国虽曾用政治上的势力抗拒过几回,结果都是败辱。把全国沿海的重要通商口岸都租借给人,割让给人了,关税铁路等等权力也都归了人家的掌握。这时的日本崛然兴起,资本制度发达的结果,不但西洋的经济力不能侵入,且要把他的势力扩张到别国。但日本以新兴的工业国,骤起而与西洋各国为敌,终是不可能;中国是他的近邻,产物又极丰富,他的势力自然也要压到中国上。中国既受西洋各国和近邻日本的二重压迫,经济上发生的现象,就是过庶人口不能自由移动,海外华侨到处受人排斥虐待,国内居民的生活本据渐为外人所侵入——台湾、满蒙、山东、福建等尤甚——关税权为条约所束缚,适成一种"反保护制"。外来的货物和出口的原料,课税极轻,而内地的货物反不能自由移动,这里一厘,那里一卡,几乎步步都是关税。于是国内产出的原料品以极低的税输出国外,而在国外制成的精制品以极低的税输入国内。国内的工业都是手工工业和家庭工业,哪能和国外的机械工业、工厂工业竞争呢? 结果就是中国的农业经济挡不住国外的工业经济的压迫,中国的家庭产业挡不住国外的工厂产业的压迫,中国的手工产业挡不住国外的机械产业的压迫。国内的产业多被压倒,输入超过输出,全国民渐渐变成世界的无产阶级,一切生活都露出困迫不安的现象。在一国的资本制下被压迫而生的社会的无产阶级,还有机会用资本家的生产机关;在世界的资本制下被压迫而生的世界的无产阶级,没有机会用资本国的生产机关。在国内的就为兵为匪,跑到国外的就作穷苦的华工,辗转迁徙,贱卖他的筋力,又受人家劳动阶级的疾视。欧战期内,一时赴法赴俄的华工人数甚众,战后又用不着他们了,他们只得转回故土。这就是世界的资本阶级压迫世界的无产阶级的现象,这就是世界的无产阶级寻不着工作的现象。欧美各国的经济变动,都是由于内部自然的发展;中国的经济变动,乃是由于外力压迫的结果,所以中国人所受的苦痛更多,牺牲更大。

中国的农业经济,既因受了重大的压迫而生动摇,那么首先崩颓粉碎的就是大家族制度了。中国一切的风俗、礼教、政法、伦理都以大家族制度为基础,而以孔子主义为其全结晶体。大家族制度既入了崩颓粉碎的运命,孔子主义也不能不跟着崩颓粉碎了。

试看中国今日种种思潮运动,解放运动,哪一样不是打破大家族制度的运动? 哪一样不是打破孔子主义的运动?

第一,政治上民主主义(Democracy)的运动,乃是推翻父权的君主专制政治之运动,也就是推翻孔子的忠君主义之运动。这个运动形式上已算有了一部分的成功。联治主义和自治主义也都是民主主义精神的表现,是打破随着君主专制发生的中央集权制的运动。这种运动的发动,一方因为经济上受了外来的压迫,国民的生活极感不安,因而归咎于政治的不良、政治当局的无能,而力谋改造。一方因为欧美各国 Democracy 的思潮随着经济的势力传入东方,政治思想上也起了一种响应。

第二,社会上种种解放的运动是打破大家族制度的运动,是打破父权(家长)专制的运动,是打破夫权(家长)专制的运动,是打破男子专制社会的运动,也就是推翻孔子的孝父主义、顺夫主义、贱女主义的运动。如家庭问题中的亲子关系问题、短丧问题,社会问题中的私生子问题、儿童公育问题,妇女问题中的贞操问题、节烈问题、女子教育问题、女子职业问题、女子参政问题,法律上男女权利平等问题(如承继遗产权利问题等)、婚姻问题——自由结婚、离婚、再嫁、一夫一妻制,乃至自由恋爱、婚姻废止——都是属于这一类的,都是从前大家族制下断断不许发生、现在断断不能不发生的问题。原来中国的社会只是一群家族的集团,个人的个性、权利、自由都束缚禁锢在家族之中,断不许他有表现的机会,所以从前的中国,可以说是没有国家、没有个人、只有家族的社会。现在因为经济上的压迫,大家族制的本身已竟不能维持。而随着新经济势力输入的自由主义、个性主义,又复冲入家庭的领土。他的崩颓破灭也是不能逃避的运数。不但子弟向亲长要求解放,便是亲长也渐要解放子弟了;不但妇女向男子要求解放,便是男子也渐要解放妇女了。因为经济上困难的结果,家长也要为减轻他自己的担负,听他们去自己活动,自立生活了。从前农业经济时代,把他们包容在一个大家族里,于经济上很有益处,现在不但无益,抑且视为重累了。至于妇女,因为近代工业进步的结果,添出了很多宜于妇女的工作,也是助他们解放运动的一个原因。

　　欧洲中世也曾经过大家族制度的阶级,后来因为国家主义和基督教的势力勃兴,受了痛切的打击;又加上经济情形发生变动,工商勃兴,分业及交通机关发达的结果,大家族制度遂立就瓦解。新起的小家族制度,其中只包含一夫一妻及未成年的子女,如今因为产业进步、妇女劳动、儿童公育种种关系,崩解的气运将来也必然不远了。

　　中国的劳动运动也是打破孔子阶级主义的运动。孔派的学说,对于劳动的阶级,总是把他们放在被治者的地位,作治者阶级的牺牲。"无君子莫治野人,无野人莫养君子。""劳心者治人,劳力者治于人。"这些话可以代表孔门贱视劳工的心理。现代的经济组织,促起劳工阶级的自觉,应合社会的新要求,就发生了"劳工神圣"的新伦理,这也是新经济组织上必然发生的构造。

总结以上的论点:第一,我们可以晓得孔子主义(就是中国人所谓纲常名教)并不是永久不变的真理。孔子或其他古人,只是一代哲人,决不是"万世师表"。他的学说所以能在中国行了二千余年,全是因为中国的农业经济没有很大的变动,他的学说适宜于那样经济状况的原故。现在经济上生了变动,他的学说,就根本动摇,因为他不能适应中国现代的生活,现代的社会。就有几个尊孔的信徒天天到曲阜去巡礼,天天戴上洪宪衣冠去祭孔,到处建筑些孔教堂,到处传布"子曰"的福音,也断断不能抵住经济变动的势力来维持他那"万世师表"、"至圣先师"的威灵了。第二,我们可以晓得中国的纲常、名教、伦理、道德都是建立在大家族制上的东西。中国思想的变动就是家族制度崩坏的征候。第三,我们可以晓得中国今日在世界经济上实立于将为世界的无产阶级的地位。我们应该研究如何使世界的生产手段和生产机关同中国劳工发生关系。第四,我们可以正告那些钳制新思想的人,你们若是能够把现代的世界经济关系完全打破,再复古代闭关自守的生活,把欧洲的物质文明、动的文明完全扫除,再复古代静止的生活,新思想自然不会发生。你们若是无奈何这新经济势力,那么只有听新思想自由流行,因为新思想是应经济的新状态、社会的新要求发生的,不是几个青年凭空造出来的。

(选自《李大钊史学论集》,河北人民出版社 1984 年版)

　　本文发表于1920年《新青年》第七卷第二号,是李大钊尝试用唯物史观分析中国近代思想变动原因的重要文章。文中指出,特定的社会道德观念以特定的经济生活为基础,孔子学说所以能支配中国人心二千余年,是因为它适应中国二千余年来未曾变动的农业经济组织及其在此基础上产生的大家族制度。近代以来,中国的农业经济受西洋工业经济的压迫而动摇,大家族制度也行将崩溃,作为其结晶体的孔子学说也必将跟着失去效力。新思想的发生和流行是社会新生活的必然要求,不是几个青年凭空造出来的。

东西文化及其哲学（节选）

梁漱溟

孔子之宗教

孔子的道理大概是这样了，我们看他怎样作法可以使社会上人都得一个仁的生活呢？在这个地方孔子差不多有他的一副宗教。我们不要把宗教看成古怪东西，他只是一种情志生活。人类生活的三方面，精神一面总算很重，而精神生活中情志又重于知识；情志所表现的两种生活就是宗教与艺术，而宗教力量又常大于艺术。不过一般宗教所有的一二条件，在孔子又不具有，本不宜唤作宗教；因为我们见他与其他大宗教对于人生有同样伟大作用，所以姑且这样说。我们可以把他分作两条：一是孝弟的提倡，一是礼乐的实施；二者合起来就是他的宗教。孝弟实在是孔教惟一重要的提倡。他这也没有别的意思，不过他要让人作他那种富情感的生活，自然要从情感发端的地方下手罢了。人当孩提时最初有情自然是对他父母，和他的哥哥姊姊；这时候的一点情，是长大以后一切用情的源泉；绝不能对于他父母家人无情而反先同旁的人有情。《论语》上"孝弟也者其为仁之本欤"一句话，已把孔家的意思说出。只须培养得这一点孝弟的本能，则其对于社会、世界、人类，都不必教他什么规矩，自然没有不好的了。要想使社会没有那种暴慢乖戾之气，人人有一种温情的态度，自不能不先从家庭做起，所以说："君子笃于亲，则民兴于仁。"《孝经》那书虽然不像真的，却是"夫孝，德之本也，教之所由生也"则固不错。儒家对于丧葬的注重，在墨子看去，以为对于死人何必瞎费许多事，不知这都大有道理，所谓"慎终追远，民德归厚矣"。节葬短丧所省者都是看得见的利益，而人情一薄，其害不可计量，墨子固不见也。父母在可以尽孝，父母死则送死为大事；既死之后则又有祭祀，使这种宗教的作用还是不断；于是有祭礼，为礼之最重大者。那么，我们其次来说礼乐。礼乐是孔教惟一重要的作法，礼乐一亡，就没有孔教了。墨子两眼只看外面物质，孔子两眼只看人的情感。因为孔子着重之点完全在此，他不得不就这上头想法子。虽然提倡孝弟亦其一端，而只是这样提倡，是没有效的。我们人原是受本能、直觉的支配，你只同他絮絮聒聒说许多好话，对他的情感冲动没给一种根本的变化，不但无益，恐怕生厌，更不得了。那惟一奇效的神方就是礼乐。礼乐不是别的，是专门作用于情感的；他从"直觉"作用于我们的真生命。要晓得感觉与我们内里的生命是无干的，相干的是附于感觉的直觉；理智与我们内里的生命是无干的，相干的是附于理智的直觉。我们内里的生命与外面通气的，只是这直觉的窗户。一切色、声、香、味、触、法，所附直觉皆能有大力量作用于我们。譬如我们闻某一种香味，即刻可以使浮动之心，入于静谧；又换某一种香味，又即刻可以使人心荡；乃至饮食滋味，也可有很多影响，平和的是一样，刺激的又是一样；而声觉变化之多，作用之大，尤为其最。一切宗教家都晓得利用直觉施设他的宗教，即不妨说各教皆有其礼乐。但孔子的礼乐，却是特异于一切他人之礼乐，因为他有其特殊的形而上学为之张本。他不但使人富于情感，尤特别使人情感调和得中。你看《乐记》上说的多么好，教你读了心里都是和乐悦美的！有如："夫民有血气心知之性，而无哀乐之常，应感起物而动，然后心术形焉。是故微声噍杀之音作，而民思忧；啴谐慢易繁文简节之音作,而民康乐;粗厉猛起奋末广贲之音作,而民刚毅;廉直劲正庄诚之音作,而民肃敬;宽裕肉好顺成和动之音作,而民慈爱;流辟邪散狄成涤滥之音作,而民淫乱;是故先生本之情性,稽之度数,制之礼义,合生气之和,道五常之行;使之阳而不散,阴而不密,刚气不怒,柔气不慑,四畅交于中而发作于外,皆安其位而不相夺也。"又:"……故乐行而伦清,耳目聪明,血气和平,移风易俗,天下皆宁。"又:"礼乐不可斯须去身;致乐以治心,则易直子谅之心油然生矣;易直子谅之心生,则乐;乐则安;安则久;久则天;天则神。天则不言而信,神则不怒而威,致乐以治心者也。致礼以治躬,则庄敬;庄敬则严威。心中斯须不和不乐,而鄙诈之心入之矣;外貌斯须不庄不敬,而易慢之心入之矣。……故曰致礼乐之道,举而错之,天下无难矣。"这几段话皆其最美的,而到了那没有斯须不和不乐的地步,便是孔子的"中"与"仁"了。若在别人的礼乐,盖未有不陷于偏激者矣。而在礼之中又特别着重于祭礼,亦其特异之点;所谓"治人之道莫急于礼,礼有五经,莫重于祭";"君子之教也必由其本,顺之至也,祭其是欤? 故曰祭者教之本也已";是也。大约情欲要分界限是没有的,然大概可以说情感是对已过与现在;欲望是对现在与未来。所以启诱情感,要在追念往事;提倡欲望,便在希慕未来。祭礼之所以重,无非永人念旧之情。《祭统》篇:"夫祭者非物自外至者也,自中出于心也。"表示启诱情感,何等真切!《祭义》篇:"斋之日,思其居处,思其笑语,思其志意,思其所乐,思其所嗜。斋三日,乃见其所为斋者。祭之日,入室,优然必有见乎其位;周还出户,肃然必有闻乎其容声;出户而听,忾然必有闻乎其叹息之声。"又表示念旧何等真切! 他把别的宗教之拜神变成祭祖,这样郑重的做去,使轻浮虚飘的人生,凭空添了千钧的重量,意味绵绵,维系得十分牢韧! 凡宗教效用,他无不具有,而一般宗教荒谬不通种种毛病,他都没有,此其高明过人远矣。

我曾以孔家是否宗教问屠孝实先生——他是讲宗教哲学的；他说似乎不算宗教。我的意见也是如此，并且还须知道孔子实在是很反对宗教的。宗教多少必带出世意味，由此倾向总要有许多古怪神秘；而孔子由他的道理非反对这出世意味、古怪地方不可。孔子第一不要人胡思乱想，而一般宗教皆是胡思乱想。宗教总要问什么人生以前怎样，人死以后怎样，世界以外怎样……思前虑后，在孔子通通谓之出位之思；与孔子那仁的生活——只认当下的直觉生活，大大不合。所以子路以鬼神生死为问，孔子说"未能事人焉能事鬼……未知生焉知死"；这是孔子的态度，不可不注意。人必情志不宁而后计虑及此；情志不宁总由私欲，而殷殷计虑又是私欲（惟佛教不然，参看前叙佛教动机便知）；种种荒渺之谈由是而兴，虽有所信奉，赖以即安，则又态度倾欹不得其正。《论语》说"子不语怪力乱神"，《中庸》说"子曰：索隐行怪后世有述焉，吾弗为之矣"，其排斥之情，不既明耶？其实还不但如此，大约孔子是极平实的一个人，于高深玄远之理似都不肯说的。所以《论语》上一则曰"子罕言利与命与仁"，再则曰"夫子之言性与天道不可得而闻也"。罕言利是不肯言利；罕言命与仁，以及性与天道不可得闻，不是不去说，只是平实切近的说法——如对于诸弟子所说的仁——而不及其幽玄处。荀子去孔子未远，而言性恶，又说"惟圣人不求知天"，似皆可为孔子不甚谈的证据。后来宋明人竞言性命之学不为无失，而世人更有扯入神秘古怪一团者，则尤为乖谬！

与此相连有中庸之一义，我们略加说明以为讲孔家之结束。这与开头所叙不认定的态度也是相连的，因为都是对外面看的一个回省。我们在以前专发挥孔子尚直觉之一义。这也应有一个补订——非常重要的补订。譬如纯任直觉则——所得俱是表示，初无无表示之义；无表示之义，盖离开当下之表示，有一回省而后得之者；此离开当下而回省者，是有意识的，理智的活动。孔子差不多常常如此,不直接任一个直觉,而为一往一返的两个直觉;此一返为回省时附于理智的直觉。又如好恶皆为一个直觉,若直接任这一个直觉而走下去,很容易偏,有时且非常危险,于是最好自己有一个回省,回省时仍不外诉之直觉,这样便有个救济。《大学》所谓"毋自欺",实为孔家方法所在,但此处不及细讲;又如孔子之作礼乐,其非任听情感,而为回省的用理智调理情感,既甚明了。然孔子尚有最著明说出用理智之处,则此中庸之说是也。你看他说"道之不行也,我知之矣,贤者过之,不肖者不及也;道之不明也,我知之矣,智者过之,愚者不及也";又说舜执其两端而用中;又说"极高明而道中庸";这明明于直觉的自然求中之外,更以理智有一种拣择的求中。双、调和、平衡、中,都是孔家的根本思想;所以他的办法始终着眼在这上头,他不走单的路,而走双的路;单就怕偏了,双则得一调和平衡。这双的路可以表示如下:

(一)似可说是由乎内的,一任直觉的,直对前境的,自然流行而求中的,只是一往的;

(二)似可说是兼顾外的,兼用理智的,离开前境的,有所拣择而求中的,一往一返的。

像墨家的兼爱,佛家的慈悲,殆皆任情所至,不知自返,都是所谓贤者过之;而不肖者的纵欲不返,也都是一任直觉的。所以必不可只走前一路,致因性之所偏而益偏;而要以"格物"、"慎独"、"毋自欺"为之先为之本,即是第二路;《中庸》上说过慎独,才说到中和者此也。更须时时有一个执两用中,极高明而道中庸的意思,照看外边以自省,免致为"贤者之过"。《中庸》之说,实专对贤者与高明人而发者也。此走第二路之尤为显著者矣。亦惟如此走双路而后合乎他的根本道理;看似与前冲突而其实不然。胡适之先生以为孔子不见得不言利,这我们也有相当的承认;盖孔子虽一面有其根本态度而作起事来固无所不可,所谓中行是也。"不认定"与"道中庸"皆为照看外边时所持的态度,宋明大儒似均不分清此双条的路,而尤忽于照看外边,于是种种流弊毛病,遂由此生;容到后面去说。

以上都是叙孔子的人生哲学;此可为中国文明最重要之一部,却非即中国人所适用之文化。中国人所适用之文化,就历史上看来,数千年间,盖鲜能采用孔子意思者。所谓礼乐不兴,则孔子的人生固已无从安措,而况并出来提倡孔子人生者亦不数见乎!然即由其所遗的糟粕形式与呆板训条以成之文化,维系数千年以迄于今,加赐于吾人者,固已大矣。我们试来看中国的文化。

中国文化自很古时候到后来,自然也有几个重要的变动——如封建郡县之变,然而总可以说自始至终没有大变。这前后差不多的文化,似乎中间以孔子作个枢纽:孔子以前的中国文化差不多都收在孔子手里,孔子以后的中国文化又差不多都由孔子那里出来。孔子的六艺:诗、书、易、礼、乐、春秋——后谓之六经——都是古帝王经世出治之迹。原来古代设官,官各有史,天子也是一官,也有其史,就是太史;张孟劢先生在他所作的《史微》上说,中国一切文化学术都出于这些史,如孔子六艺和诸子百家道术,便是由太史,和其他各官之史而来的;我颇相信。学术总先是经验积起来的,各官分掌各事,各有其经验,其史便是保存经验所得的地方。据张先生说:孔子本是儒家,出于司徒之官,却是把太史的东西又都拿了过来,于是前圣的遗文都归孔氏了。诸子百家都是六艺之支与流裔,六艺在孔子,则孔子不是与诸子平列的,而是孔子为全为主,诸子为分为宾。周秦之际,诸子争鸣,各思以其道易天下;这时候中国文化也许开一不因袭古代的新局面。却是汉兴而孔家定于一尊,诸子的思想仍都没有打动中国人的心而变更局面。这因为诸子都只各就一事去讲,并没有全整的人生思想;其中道家虽有的,却又与孔家同一个源头——太史——不大扞格;墨家虽有的,又过偏而站不住；所以结果还弄成儒家的天下。这似乎孔家的文化要实施了，但其实不然。一则我们认定的孔家在其人生思想方面；六经并非孔子创作，皆古代传留下来之陈迹，若用孔子之精神贯注起来便通是活的，否则都是死物；而当时传经者实不得孔子精神。他们汉人治经只算研究古物，于孔子的人生生活并不着意，只有外面的研究而没有内心的研究。据汪容甫考订汉时所传之经，其来路几乎都出于荀卿。荀卿虽为儒家，但得于外面者多，得于内心者少。他之说性恶，于儒家为独异，此固由孔子不谈性与天道，所以他不妨与孟子两样；但实由其未得孔子根本意思，而其所传在礼——外面——所致也。所谓"礼主其减，乐主其盈"，大概礼是起于肃静收敛人的暴慢浮动种种不好脾气；而乐则主于启发导诱人的美善心理；传礼的自容易看人的不好一面。你看荀卿说性恶的原故，不外举些好利之心，耳目之欲，若不以礼去节制，就不能好，即可见矣。其实我们看好利之心，耳目之欲，并不足为成立性恶论之根据；好利之心，耳目之欲，是我们本来生活，无所谓善，无所谓恶；待好礼以自节乃为善，其不好礼以自节者乃为恶；今吾人固好礼，而能制礼以自节矣，则何由断其为恶乎？从孔子那形而上学而来之人生观察，彻头彻尾有性善的意思在内；纵然孔子不言，而荀卿苟得孔子之意者，亦必不为性恶之言矣。汉人传荀卿之经，孔子人生思想之不发达固宜；而所谓通经者所得悉糟粕而已。即此糟粕形式，在那时也不能都用。其政治非王非霸，而思想中又见黄老之活动；实在是一个混合的文化。当时的人生与其谓为孔家的，宁谓多黄老之意味，此不但两汉为然，中国数千年以儒家治天下，而实际上人生一般态度皆有黄老气。本来孔家道家其最后根本皆在易理，不过孔家则讲《周易》，道家则远本《归藏》，都是相仿佛的一套形而上学。其所差似只在一个阴柔为坤静之道，一个阳刚为乾动之道；而中国人总是偏阴这一面的。两汉孔家思想既未实现，再往下到三国魏晋，愈看见其时人思想之浅薄而无着落。却是这时与孔家不同的人生态度，也得公然显著的表示出来；不像以前蒙着孔家面目沉闷不动。我们看魏晋人所发表的文艺著作都是看得出来的；其思想之烦闷已极，人生问题大为活动，如《列子·杨朱篇》的放纵思想可以代表一斑。(好多人考订《列子》是此时人假作的，大约不错。)似乎一面是老庄与输入的佛家启发打动他们的影响很大；一面是形式的儒家愈到后来愈干干净净剩一点形式，他们人人心里空漠无主；所以才现出这样。假使这时有个懂得孔子思想的人，一定出来讲话，然而我们看简直没有人提及。但此思想烦乱实为好现象，盖此烦乱都是要求人生思想得一个解决的表现，从此乃能产生后来的宋人之学。此魏晋迄南北朝都可以说是孔子思想不但不实现，并且将其形式冲破了的时代，到唐时佛家甚盛，禅宗遍天下。以佛家态度与孔子如彼其异，而不见生一种抵抗，可见孔家思想，渐灭殆绝。虽有一个韩退之，略事争持，而自以为可以上继孔孟，其实直不算数的。他的人生思想实并未得一解决，看他文集里读墨子一篇，有什么"孔子必用墨子，墨子必用孔子"的话，可见他心里毫无所得。而诗集中有七古一篇云：

> 忽忽乎余未知生之为乐也，愿脱去而无因。安得长翮大翼如云生我身，乘风振奋出六合，绝浮尘。死生哀乐两相弃，是非得失付闲人。

这哪里有点儒家的样子！若稍能得力于儒家何至说这种话！然自退之而外更无人矣。以拥护孔子之人尚且如此，可见其时孔家的精神，简直没有人理会了。五代乱世更无可说，经过此非常沉寂时代，到了宋朝慢慢产生所谓宋学。宋学虽不必为孔学，然我们总可以说，宋人对于孔家的人生确是想法去寻的，所寻得者且不论他是与不是，即此想法去寻，也已经是千年来未有的创举了！况且我们看去，他们对于孔子的人生生活，还颇能寻得出几分呢！在旁人从形迹上看他们,总喜说不是孔子本来的东西,而参取道家佛家的思想为多。例如宋学要以周濂溪开头,而周濂溪之太极图,据他们考证,即受自释老者。《宋元学案》黄晦木《太极图辨》云:"考河上公本图名无极图,魏伯阳得之以著《参同契》;钟离权得之以授吕洞宾;洞宾后与陈图南同隐华山,而以授陈,陈刻之华山石壁;陈又得先天图于麻衣道者,皆以授种放;种放以授穆修,与僧寿涯;修以先天图授李挺之;挺之以授邵天叟;天叟以授子尧夫;修以无极图授周子;周子又得先天地之偈于寿涯。"这似乎证据确凿,很难为讳,其实我看即使如此也不甚要紧。因为孔子的人生出于那一套形而上学是很明的;此种形而上学原不可以呆讲,且与道家的形而上学本就相似相通,在道家或孔家均不得独自据为己有;即使其果受自道家,正亦不妨由是而生出孔家的人生思想。不但受自与孔家一个源头之道家不足为异;即使与孔老俱不相干而能有见于此道——此种形而上学——也未尝不可产出孔子的人生。此种形而上学的道理与此种人生的道理,是天下之公物。岂能禁人之探讨,又岂能不许人之探讨有得者与古人有合耶!如西洋古希腊之黑列克立塔斯(Heraclitus)其道理颇有与孔家接近处,我们试考所以能如此者,不外由其讲变化的形而上学与此相通故耳。若实际果同,断不容以东西形迹之隔而不许其同。大家不于实际上——生活上——求宋学孔学之差异,而只沾沾于其形迹,何其浅薄错谬!宋初诸家殆莫不先有其讲变化的形而上学者,周濂溪、邵康节,固然;而前乎此者范魏公人称其泛通六经,尤长于《易》;司马温公则作《潜虚》,人各有其学,殊未必同:但所研究对象——变化——同,即为此种人生哲学开辟出来之机矣。又或批评他们与佛家有关系,陆象山、杨慈湖被嫌尤重,这也是拘泥形迹的看法。当时受佛的影响只是引起反动,并非正面有所承受。其语录的话甚似禅家者,亦只是社会风气使然。所说内容仍不相干。然亦竟有徘徊儒释者，此则又有别的原故在。盖佛教为印度民族之产物，与中国之民族性甚多不合；故佛教入中国之后殆无不经过中国人之变化。除唯识为印度之旧，余若禅宗、净土、华严、天台，殆悉为中国产。禅宗号称不立语言文字，机锋话头无所凭准，故形迹上与他家更少扞格；又则宋学虽慕孔家，却是所走亦复入偏，于是竟使绝相反对之孔子释迦于后来流裔上迷混难辨；此当时徘徊儒释者所以纷纷也。故宋学即使有近禅学，不必执为参和佛家；而况宋学禅学真实内容初非一事，所近似者仍在外面一点形式耳。但宋学虽未参取佛老，却是亦不甚得孔家之旨。据我所见，其失似在忽于照看外边而专从事于内里生活；而其从事内里生活，又取途穷理于外，于是乃更失矣。将来作孔家哲学时将专论之，此不多说。元代似只宋人之遗，无甚特色。及明代而阳明先生兴，始祛穷理于外之弊，而归本直觉——他叫良知。然犹忽于照看外边；所谓格物者实属于照看外边一面，如阳明所说，虽救朱子之失，自己亦未为得。阳明之门尽多高明之士，而泰州一派尤觉气象非凡；孔家的人生态度，颇可见矣。如我之意，诚于此一派补其照看外边一路，其庶几乎！明末出了不少大人物如梨洲、船山……诸先生乃至其他殉难抗清的许多志士，其精神无论如何不能说不是由于此种人生态度的提倡。到清代实只有讲经的一派，这未始于孔学无好处，然孔家的人生无人讲究，则不能否认。讲经家两眼都是向外，又只就着书本作古物看，内里生活原自抛却，书上思想便也不管。惟一戴东原乃谈人生——人说他谈性理。我不喜欢用性理的名词，在孔子只有所谓人生无所谓性理，性理乃宋人之言，孔子所不甚谈者。戴氏之思想对于宋人为反抗，我们承认确是纠正宋人支离偏激之失。其以仁、义、礼、智不离乎血气心知，于孔孟之怀盖无不欣合。自宋以来，种种偏激之思想，固执之教条，辗转相传而益厉，所加于社会人生的无理压迫，盖已多矣；有此反动，实为好现象。所以我们对于

戴氏亦认为一种孔家人生的萌动,惜乎其竟不引起影响也。此后
讲经家中有所谓今文家者出,到康长素、梁任公益呈特彩。盖于治
经家向无人生态度可见者,而到了他们却表出一种人生态度。他
们这种人生态度自己也很模糊,不知其不合孔子;而假借孔经,将
孔子精神丧失干净,欢迎了反乎孔子的人生态度思想进来。他们
把孔子、墨子、释迦、耶稣、西洋道理,乱讲一气;结果始终没有认清
哪个是哪个! 然非其杂引搅扰之功,亦不能使中国人数千年来成
了人生态度混乱的时代,不有此活动混乱的时代,亦不能开此后之
新局——如我所测,或者中国人三数年间其不能不求得一新人生
路向耶!

世界文化三期重现说

　　质而言之,世界未来文化就是中国文化的复兴,有似希腊文化
在近世的复兴那样。人类生活只有三大根本态度,如我在第三章
中所说:由三大根本态度演为各别不同的三大系文化,世界的三大
系文化实出于此。论起来,这三态度都因人类生活中的三大项问
题而各有其必要与不适用,如我前面历段所说,最妙是随问题的转
移而变其态度——问题问到哪里,就持哪种态度;却人类自己在未
尝试经验过时,无从看得这般清楚而警醒自己留心这个分际。于
是古希腊人、古中国人、古印度人,各以其种种关系因缘凑合不觉
就单自走上了一路,以其聪明才力成功三大派的文明——迥然不
同的三样成绩。这自其成绩论,无所谓谁家的好坏,都是对人类有
很伟大的贡献。却其态度论,则有个合宜不合宜;希腊人态度要
对些,因为人类原处在第一项问题之下;中国人态度和印度人态度
就嫌拿出的太早了些,因为问题还不到。不过希腊人也并非看清
必要而为适当之应付,所以西洋中世纪折入第三路一千多年。到

文艺复兴乃始拣择批评的重新去走第一路,把希腊人的态度又拿出来。他这一次当真来走这条路,便逼直的走下去不放手,于是人类文化上所应有的成功如征服自然、科学、德谟克拉西都由此成就出来,即所谓近世的西洋文化。西洋文化的胜利,只在其适应人类目前的问题,而中国文化印度文化在今日的失败,也非其本身有什么好坏可言,不过就在不合时宜罢了。人类文化之初,都不能不走第一路,中国人自也这样,却他不待把这条路走完,便中途拐弯到第二路上来;把以后方要走到的提前走了,成为人类文化的早熟。但是明明还处在第一问题未了之下,第一路不能不走,哪里能容你顺当去走第二路?所以就只能委委曲曲表出一种暧昧不明的文化——不如西洋化那样鲜明;并且耽误了第一路的路程,在第一问题之下的世界现出很大的失败。不料虽然以前为不合时宜而此刻则机运到来。盖第一路走到今日,病痛百出,今世人都想抛弃他,而走这第二路,大有往者中世纪人要抛弃他所走的路而走第一路的神情。尤其是第一路走完,第二问题移进,不合时宜的中国态度遂达其真必要之会,于是照样也拣择批评的重新把中国人态度拿出来。印度文化也是所谓人类文化的早熟;他是不待第一路第二路走完而径直拐到第三路上去的。他的行径过于奇怪,所以其文化之价值始终不能为世人所认识(无识的人之恭维不算数);既看不出有什么好,却又不敢菲薄。一种文化都没有价值,除非到了他的必要时;即有价值也不为人所认识,除非晓得了他所以必要的问题。他的问题是第三问题,前曾略说。而最近未来文化之兴,实足以引进了第三问题,所以中国化复兴之后将继之以印度化复兴。于是古文明之希腊、中国、印度三派竟于三期间次第重现一遭。我并非有意把他们弄得这般整齐好玩,无奈人类生活中的问题实有这么三层次,其文化的路径就有这么三转折,而古人又恰好把这三路都已各别走过,所以事实上没法要他不重现一遭。吾自有见而为此说，今人或未必见谅，然吾亦岂求谅于今人者。

在最近未来第二态度复兴；以后顺着走下去，怎样便引进了第三问题，这还要说一两句。我们已经看清现在将以直觉的情趣解救理智的严酷，乃至处处可以见出理智与直觉的消长，都是不得不然的。这样，就从理智的计虑移入直觉的真情，未来人心理上实在比现在人逼紧了一步，如果没有问题则已，如有问题，那么，这个问题就对他压迫的非常之紧。从孔家的路子更是引人到真实的心理，那么，就是紧辖。当初借以解救痛苦的是他，后来贻人以痛苦的亦即是他；前人之于理智，后人之于直觉，都是这样。在人类是时时那里自救，也果然得救，却是皆适以自杀，第三问题是天天接触今人的眼睑而今人若无所见的，到那情感益臻真实之后，就成了满怀惟一问题。而这问题本是不得解决的，一边非要求不可，一边绝对不予满足，弄得左右无丝毫回旋余地！此其痛苦为何如？第三期的文化也就于是产生；所谓印度人的路是也。从孔子的路原是扫空一切问题的，因为一切问题总皆私欲；却是出乎真情实感的则不能。出乎这真情实感的问题在今日也能扫空，却是在那将来则不能。像这类出乎真情实感的第三问题在今日则随感而应，过而不留，很可以不成为问题；如果执着不舍必是私欲，绝非天理之自然。在将来那时别无可成为问题的，不必你去认定一个问题而念念不忘，他早已自然而然的把这一个问题摆在你的眼前，所以就没有法子扫空了。关于第三期文化的开发，可说的话还很多；但我不必多说了，就此为止。本来印度人的那种特别生活差不多是一种贵族的生活，非可遍及于平民，只能让社会上少数居优越地位、生计有安顿的人，把他心思才力用在这个上边。惟有在以后的世界，大家的生计都有安顿，才得容人人来作，于自己于社会均没妨碍。这也是印度文化在人类以前文化中为不自然的，而要在某文化步段以后才顺理之证。

我们现在应持的态度

我们推测的世界未来文化既如上说,那么我们中国人现在应持的态度是怎样才对呢? 对于这三态度何取何舍呢? 我可以说:

第一,要排斥印度的态度,丝毫不能容留;

第二,对于西方文化是全盘承受,而根本改过,就是对其态度要改一改;

第三,批评的把中国原来态度重新拿出来。

（选自梁漱溟著《东西文化及其哲学》,商务印书馆 2000 年版）

梁漱溟(1893—1988),中国现代著名思想家、社会活动家,现代新儒家的开创人。原名焕鼎,字寿铭,1893 年生于北京,祖籍广西桂林。早年信奉佛教,所撰《究元决疑论》受到蔡元培赏识,1917 年被聘为北京大学哲学系教员。因不满当时西化倾向,立志替释迦、孔子发挥,先后在北京、济南等地讲演《东西文化及其哲学》。20 年代末,积极倡导和主持“乡村建设运动”,并在山东邹平实地试验,后因抗战爆发而中断。抗战胜利后,加入民盟,参与调停国共和谈。和谈破裂,退出民盟,专心著述,出版《中国文化要义》。解放后任政协委员,晚年撰写出版《人心与人生》等著作。1988 年病逝于北京。

《东西文化及其哲学》是梁漱溟 1921 年 8 月在济南所做讲演记录,同年 10 月由山东首次印行,后多次再版。书中评判东西文化各家哲学,发挥孔子思想,提出世界文化的三路向说,预测世界文化的未来方向是儒家文化和印度文化的次第复兴。梁以此书奠定其一生思想，并因此成为现代新儒家的开山人物。此处所选为本书第四章《西洋中国印度三方哲学之比较》中论"孔子之宗教"一节、第五章《世界未来之文化与我们今日应持的态度》中之"世界文化三期重现说"一节及"我们现在应持的态度"一节中之片段。梁漱溟对儒家文化精神特征之观察及其在过去、当前、未来世界文化中之地位、价值之判断，可由此见出大概。

答刘胡两先生书(节选)

顾颉刚

掞藜、堇人先生：

……

在推翻非信史方面，我以为应具下列诸项标准：

(一)打破民族出于一元的观念。在现在公认的古史上，一统的世系已经笼罩了百代帝王，四方种族，民族一元论可谓建设得十分巩固了。但我们一读古书，商出于玄鸟，周出于姜嫄，任、宿、须句出于太皞，郯出于少皞，陈出于颛顼，六、蓼出于皋陶、庭坚，楚、夔出于祝融、鬻熊(恐是一人)，他们原是各有各的始祖，何尝要求统一！自从春秋以来，大国攻灭小国多了，疆界日益大，民族日益并合，种族观念渐淡而一统观念渐强，于是许多民族的始祖的传说亦渐渐归到一条线上，有了先后君臣的关系，《尧典》、《五帝德》、《世本》诸书就因此出来。中国民族的出于一元，俟将来的地质学及人类学上有确实的发现后，我们自可承认它，但现在所有的牵合混缠的传说我们决不能胡乱承认。我们对于古史，应当依了民族的分合为分合，寻出他们的系统异同的状况。

(二)打破地域向来一统的观念。我们读了《史记》上黄帝的"东至于海，西至于空桐，南至于江，北逐荤粥"，以为中国的疆域的四至已在此时规定了；又读了《禹贡》、《尧典》等篇，地域一统的观念更确定了。不知道《禹贡》的九州、《尧典》的四罪、《史记》的黄帝四至乃是战国时七国的疆域,而《尧典》的羲、和四宅以交阯入版图更是秦、汉的疆域。中国的统一始于秦,中国人民的希望统一始于战国;若战国以前则只有种族观念,并无一统观念。看龟甲文中的地名都是小地名而无邦国种族的名目,可见商朝天下自限于"邦畿千里"之内。周有天下,用了封建制以镇压四国——四方之国,——已比商朝进了一步,然而始终未曾没收了蛮貊的土地人民以为统一寰宇之计。我们看,楚国的若敖、蚡冒还是西周末东迁初的人,楚国地方还在今河南、湖北,但他们竟是"筚路蓝缕以启山林"。郑国是西周末年封的,地在今河南新郑,但竟是"艾杀此地,斩之蓬蒿藜藋而共处之"。那时的土地荒芜如此,哪里是一统时的样子! 自从楚国疆域日大,始立县制;晋国继起立县,又有郡;到战国时郡县制度普及,到秦并六国而始一统。若说黄帝以来即是如此,这步骤就乱了。所以我们对于古史,应当以各时代的地域为地域,不能以战国的七国和秦的四十郡算做古代早就定局的地域。

(三)打破古史人化的观念。古人对于人和神原没有界限,所谓历史差不多完全是神话。人与神混的,如后土原是地神,却也是共工氏之子;实沈原是星名,却也是高辛氏之子。人与兽混的,如夔本是九鼎上的罔两,又是做乐正的官;饕餮本是鼎上图案画中的兽,又是缙云氏的不才子。兽与神混的,如秦文公梦见了一条黄蛇,就作祠祭白帝;鲧化为黄熊而为夏郊。此类之事,举不胜举。他们所说的史固决不是信史,但他们有如是的想象,有如是的祭祀,却不能不说为有信史的可能。自春秋末期以后,诸子奋兴,人性发达,于是把神话中的古神古人都"人化"了。人化固是好事,但在历史上又多了一层的作伪,而反淆乱前人的想象祭祀之实,这是不容掩饰的。所以我们对于古史,应当依了那时人的想象和祭祀的史为史,考出一部那时的宗教史,而不要希望考出那时以前的政治史,因为宗教是本有的事实,是真的,政治是后出的附会,是假的。

　　(四)打破古代为黄金世界的观念。古代的神话中人物"人化"之极,于是古代成了黄金世界。其实古代很快乐的观念为春秋以前的人所没有;所谓"王",只有贵的意思,并无好的意思。自从战国时一班政治家出来,要依托了古王去压服今王,极力把"王功"与"圣道"合在一起,于是大家看古王的道德功业真实高到极顶,好到极处。于是异于征诛的禅让之说出来了,"其仁如天,其知如神"的人也出来了,《尧典》《皋陶谟》等极盛的人治和德化也出来了。从后世看唐、虞,真是何等的美善快乐!但我们返看古书,不必说《风》《雅》中怨苦流离的诗尽多,即官撰的《盘庚》《大诰》之类,所谓商、周的贤王亦不过依天托祖的压迫着人民就他们的规范;要行一件事情,说不出理由,只会说我们的占卜上是如此说的,你们若不照做,先王就要"大罚殛汝"了,我就要"致天之罚于尔躬"了!试问上天和先王能有什么表示?况且你既可以自居为天之元子,他亦可以自说新受天命,改天之元子;所谓"受命""革命",比了现在的伪造民意还要胡闹。又那时的田亩都是贵族的私产,人民只是奴隶,终年服劳不必说,加以不歇的征战,死亡的恐怖永远笼罩着。试问古代的快乐究在哪里?我们要懂得五帝、三王的黄金世界原是战国后的学者造出来给君王看样的,庶不可受他们的欺骗。

　　以上四条为从杂乱的古史中分出信史与非信史的基本观念,我自以为甚不误。惜本期篇幅甚短,不能畅说。

　　　　　　　　　　颉刚敬上　十二,六,二十。

　　　　　　　(原载 1923 年 7 月 1 日《读书杂志》第
　　　　　　　11 期,选自《古史辨》第一册,顾颉刚
　　　　　　　编著,上海古籍出版社 1982 年影印)

20世纪儒学研究大系

　　顾颉刚（1893—1981），名诵坤，字铭坚，号颉刚。江苏苏州人，1923 年发表《与钱玄同先生论古史书》，提出"层累地造成的中国古史"说，掀起一场古史大辩论，在学术文化界引起巨大震荡，成为古史辨学派的创始人。曾先后任北京大学、燕京大学、厦门大学、中山大学、齐鲁大学等校教授，1948 年当选为中央研究院第一届院士。建国后任中国科学院历史研究所研究员。1934 年主持编辑《禹贡》半月刊、组织禹贡学会，开创"中国地理沿革史"研究。又编《古史辨》，著《五德终始说下的政治和历史》、《秦汉的方士与儒生》、《当代中国史学》、《浪口村随笔》等。晚年致力于《尚书》译证，并主持校点中华书局版二十四史，对中国历史文化的整理和研究做出巨大贡献。1981 年在北京逝世。

　　《答刘胡两先生书》发表于 1923 年 7 月 1 日《读书杂志》第 11 期，后收入《古史辨》第一册。顾氏发表《与钱玄同先生论古史书》后，刘掞藜作《读顾颉刚君〈与钱玄同先生论古史书〉的疑问》、胡堇人作《读顾颉刚先生论古史书以后》，对顾氏怀疑古史的观点提出批评质疑，顾氏此书即专为答复两人而作。其中除对预备讨论的具体问题和研究步骤拟订计划、概述其"对于古史的大旨"外，主要提出了在推翻非信史方面应具的四项标准：即"打破民族出于一元的观念"、"打破地域向来一统的观念"、"打破古史人化的观念"、"打破古代为黄金世界的观念"。此四大观念的提出对当时人们的思想起到巨大的解放作用，促使人们用历史的眼光、客观的态度去研究和了解中国历史文化的真相，迄今仍有不可磨灭的价值。

《古史辨》第四册序

顾颉刚

……

　　我的研究古史的经历甚简单。幼年读过几部经书；那时适值思想解放的运动，使得我感到经书中有不少可疑的地方。其后又值整理国故的运动，使得我感到这方面尽有工作可做。因为年轻喜事，所以一部分的材料尚未整理完工，而议论已先发表。遭逢时会，我所发表的议论想不到竟激起了很多人的注意，盗取了超过实际的称誉。在友朋的督促之下，编印了《古史辨》第一册。我向来对于学问的嗜好是很广漠的，到这时，社会迫着我专向古史方面走去；我呢，因为已出了书，自己应当负起这个责任来，所以也把它看作我的毕生工作的对象。

　　自从发表了几篇古史论文之后，人家以为我是专研古史的，就有几个大学邀我去任"中国上古史"的课；我惟有逊谢。这不是客气，只因担任学校的功课必须具有系统的知识，而我仅作了些零碎的研究：自问图样未打，模型未制，就造起渠渠的夏屋来，岂不危险。若说不妨遵用从前人的系统，那是违背了我的素志，更属不可。可是受着生计的驱策，使我不得不向大学里去讨生活。民国十六年的秋天，我到广州中山大学。到的时候已开课了，功课表上已排上了我的"中国上古史"了，而且学生的选课也选定了。这一急真把我急得非同小可：这事怎么办呢？没有办法，只得不编讲义

而专印材料,把许多零碎文字抄集一编,约略组成一个系统。那时所印的材料分作五种:

甲种——上古史的旧系统(以《史记》秦以前的本纪世家为代表)。

乙种——甲种的比较材料(一,《史记》本纪、世家所根据的材料;二,其他真实的古史材料。现在看来,这两类不应合在一起)。

丙种——(一)虚伪的古史材料;(二)古代的神话传说与宗教活动的记载。

丁种——古史材料的评论。

戊种——预备建立上古史的新系统的研究文字。

那时搜集到的材料约有二百万言,在一个学校的功课里已不能算少,但自问把这些材料系统化的能力还差得远;而且范围太大,一个人也不能同时注意到许多方面。因此,我觉得有分类编辑《古史材料集》的需要。但这是一个学术团体的事,或是一个人的长期工作,决不是教书办事终日乱忙的我所能担负的。

为了北平的环境适宜于研究,所以十八年就回到这旧游之地来,进了燕京大学。来的时候,"中国上古史研究"的课目也早公布了。幸而我有了两年来的预备,不致像那时般发慌。但年前编的是些零碎材料,没有贯穿的,现在则不该如此了。计划的结果,拟就旧稿改为较有系统的叙述,凡分三编:

甲编——旧系统的古史。

乙编——新旧史料的评论。

丙编——新系统的古史。

可是不幸得很,编了一年,甲编尚未编完,更说不到乙丙两编。所以然者何?只因旧系统方面,我想编四个考:(一)辨古代帝王的系统及年历、事迹,称之为《帝系考》。(二)辨三代的文物制度的由来与其异同,称之为《王制考》。(三)辨帝王的心传及圣贤的学派,称之为《道统考》。(四)辨经书的构成及经学的演变,称之为《经学考》。这四种,我深信为旧系统下的伪史的中心;倘能作好,我们所要破坏的伪史已再不能支持其寿命。我很想作成之后合为《古史考》,与载零碎文字的《古史辨》相辅而行。可是一件事情,计划容易,实做甚难。《帝系》、《道统》两考比较还简单;而《王制》和《经学》的内涵则复杂万状,非隐居十载简直无从下手。因此,在燕大所编的《上古史讲义》只成了《帝系考》的一部分;《五德终始说下的政治和历史》(《清华学报》六卷一期)即是这一部分中的一部分。此后为了预备作《王制考》,改开了《尚书研究》一课,一篇篇地教读,借它作中心而去吸收别方面的材料。工作的情况,诚有如某君所云:"愈疑愈多,更碰更繁,越深入越不见底。"不过,我不像他那样急性,决不以"黑漆一团"而灰心。我总希望以长时间的努力,得到一部分的"断然的结论",来告无罪于读者。

这一个计划,蓄在我的心头已三年多了。我自信这是力之所及,只要肯忍耐便有成就之望的。所以没有发表之故,只因怕惹起了急性的读者们的盼望和责备。现在强邻逞暴,国土日蹙,我们正如釜中之鱼,生死悬于人手,不知更能读几天书,再得研究几个题目。就算苟全了性命,也不知道时势逼着我跑到什么地方,热情逼着我改变了什么职业。如果不幸而被牺牲了,那在民族与国家的大损失中也算不了一回事。但中国不亡,将来这方面的研究是一定有本国的同志起而继续之的,我很愿他参考我的计划。所以现在略略写出我对于这四种的意见:

我们的古史里藏着许多偶像,而帝系所代表的是种族的偶像。所谓华夏民族究竟从哪里来,它和许多邻境的小民族有无统属的关系,此问题须待人类学家与考古学家的努力,非现有的材料所可讨论。但我们从古书里看,在周代时原是各个民族各有其始祖,而与他族不相统属。如《诗经》中记载商人的祖先是"天命玄鸟"降下来的,周人的祖先是姜嫄"履帝武"而得来的,都以为自己的民族出于上帝。这固然不可信,但当时商、周两族自己不以为同出于一系,则是一个极清楚的事实。《左传》上说:"任、宿、须句、颛臾、风,姓也,实司太皞与有济之祀。"则太皞与有济是任、宿诸国的祖先。又说:"陈,颛顼之族也。"则颛顼是陈国的祖先。至于奉祀的神,各民族亦各有其特殊的。如《左传》上说鲧为夏郊。又如《史记·封禅书》上说秦灵公于吴阳作上畤,祭黄帝;作下畤,祭炎帝。这原是各说各的,不是一条线上的人物。到了战国时,许多小国并吞的结果,成了几个极大的国;后来秦始皇又成了统一的事业。但各民族间的种族观念是向来极深的,只有黄河下流的民族唤做华夏,其余的都唤做蛮夷。疆域的统一虽可使用武力,而消弭民族间的恶感,使其能安居于一国之中,则武力便无所施其技。于是有几个聪明人起来,把祖先和神灵的"横的系统"改成了"纵的系统",把甲国的祖算做了乙国的祖的父亲,又把丙国的神算做了甲国的祖的父亲。他们起来喊道:"咱们都是黄帝的子孙,分散得远了,所以情谊疏了,风俗也不同了。如今又合为一国,咱们应当化除畛域的成见!"这是谎话,却很可以匡济时艰,使各民族间发生了同气连枝的信仰。本来楚国人的鴃舌之音,中原人是不屑听的,到这时知道楚国是帝高阳的后人,而帝高阳是黄帝的孙儿了。本来越国人的文身雕题,中原人是不屑看的,到这时知道越国是禹的后人,而禹是黄帝的玄孙了(《国语》中记史伯之言,越本芈姓;但到这时,也只得随了禹而改为姒姓了)。最显著的,当时所谓华夏民族是商和周,而周祖后稷是帝喾元妃之子,商祖契是帝喾次妃之子,帝喾则是黄帝的曾孙,可见华夏的商、周和蛮夷的楚、越本属一家。借了这种帝王系统的谎话来收拾人心,号召统一,确是一种极有力的政治作用。但这种说法传到了后世,便成了历史上不易消释的"三皇五帝"的症痕,永远做真史实的障碍(如有人说:中国人求团结还来不及,怎可使其分散。照你所说,汉族本非一家,岂不是又成了分离之兆。我将答说:这不须过虑。不但楚、越、商、周已混合得分不开,即五胡、辽、金诸族也无法在汉族里分析出去了。要使中国人民团结,还是举出过去的同化事实,积极移民边陲,鼓励其杂居与合作。至于历史上的真相,我们研究学问的,在现在科学昌明之世,决不该再替古人圆谎了)。除了种族的混合之外,阴阳五行的信仰也是构成帝系说的一个重大原因。

王制为政治的偶像,亦始创于战国而大行于汉。古代对于先朝文献本不注意保存,执政者又因其不便于自己的行事,加以毁坏。所以孔子欲观夏、殷之礼,而杞、宋已不足征;北宫锜问周室班爵禄事,而孟子曰:“其详不可得闻也,诸侯恶其害己也而皆去其籍。”但战国的诸子同抱救世之心,对于时王之制常思斟酌损益;而儒家好言礼,所改造的制度尤多。又虑其说之创而不见信,则托为古代所已有。《淮南子·修务训》所谓“世俗之人多尊古而贱今,故为道者必托之于神农、黄帝而后能入说。乱世暗主高远其所从来,因而贵之。为学者蔽于论而尊其所闻,相与危坐而称之,正领而诵之”,直是说尽了这班造伪和信伪的人的心理。所以三年之丧厕之于《尧典》,五等之爵著之于《春秋》,而人遂无有疑者。同时出了一个邹衍,他杜撰五德终始说,以为“五德转移,治各有宜”,政治制度应由五德而排成五种。他们说,黄帝为土德,夏为木德,商为金德,周为火德,秦为水德,汉又为土德;这各代的制度遂各不相同,惟汉与黄帝以同德而相同。稍后又出了一种三统说,截取了五德说的五分之三而亦循环之,于是政治制度又分为三种。他们说,夏是黑统,商是白统,周是赤统,继周者(春秋与汉)又为黑统。有了这样的编排,而古代制度不必到古国去寻,也不必向古籍里找,只须画一五德三统的表格,便自会循次地出现。例如《礼记·檀弓》中说:“夏后氏尚黑,大事敛用昏,戎事乘骊(黑马),牲用玄。殷人尚白,大事敛用日中,戎事乘翰(白马),牲用白。周人尚赤,大事敛用日出,戎事乘骝(赤马),牲用骍。"懂得了三统说的方式,就知道这一个礼制单是这样地推出来的。如《月令》十二纪,则是五德说支配下的礼制。其中所谓五时,五方,五帝,五神,五祀,五虫,五畜,五数,五音,五色,五味,五臭,……莫不是从五行上推出来的。人事哪能这样整齐,又哪能这样单调!董仲舒所作的《三代改制质文篇》,写的推求的方式尤为显明。照他所说,自神农至《春秋》十代的礼制俱可一目了然;不但如此,推上推下可至无穷,真是"虽百世可知也"!照他所说,古代帝王尽不必有遗文留与后人,只要把他们的代次传了下来,即可显示其一切。以我们今日的理智,来看他们的古史,不禁咋舌。但是都假了吗?那也不然,他们总有一些儿的依傍。如上所举,周人尚赤,牲用骍,乃由《洛诰》"文王骍牛一,武王骍牛一"及《论语》"犁牛之子骍且角,虽欲勿用,山川其舍诸"来。是则《檀弓》所言,别的均假,惟此不假。推想其他单子,亦当如此。即如明堂,《月令》中说得轰轰烈烈的当然是假,后儒把许多不相干的什么文祖、太庙、衢室、总街……都说成明堂也当然是附会,但《孟子》里的齐宣王欲毁明堂一事则不假。究竟"三礼"中有多少是真的,多少是假的,这是一件极难断定的事情。这种的分析,将来必须有人费了大功夫去做。其术,应当从甲骨文中归纳出真商礼,从金文、《诗》、《书》、《春秋》、《左传》、《国语》中归纳出真周礼,《史记》、《汉书》中归纳出汉礼,而更之与儒家及诸子所传的礼书礼说相比较,庶几可得有比较近真的结论。

　　道统是伦理的偶像。有了道统说,使得最有名的古人都成了一个模型里制出来的人物;而且成为一个集团,彼此有互相维护的局势。他们以为"天不变,道亦不变",凡是圣人都得到这不变之道的全体。圣与圣之间,或直接传授,或久绝之余,以天晋聪明而绍其传。最早的道统说,似乎是《论语》的末篇:"尧曰:'咨尔舜,天之历数在尔躬！允执其中！四海困穷！天禄永终！'舜亦以命禹。"见得尧传舜，舜传禹，圣圣传心，都在"执中"一言。下面记汤告天之词，记武王大赉之事，见得汤与武王虽不能亲接尧、舜、禹，而心事则同，足以继其道统。但《论语》末数篇本有问题，此所谓"天之历数"颇有五德转移的意味，"允执其中"亦是儒家中庸之义，疑出后儒羼入，非《论语》本有。推测原始，当在《孟子》。《尽心篇》的末章说，尧、舜后五百余岁，汤闻而知之；汤后五百余岁，文王闻而知之；文王后五百余岁，孔子闻而知之：见得孔子的道即是尧、舜的道，相去千五百余年没有变过。孔子以后，他以为没有闻道的了，所以以一叹结之。然孟子常说"私淑诸人"，"乃所愿则学孔子"，可见他是闻孔子之道的，也就是直接尧、舜之传的。他说这番话，不过为自己占地位。后人读到这一章，辄不自期地发生思古之幽情，有志远绍圣绪。如司马迁说："自周公卒，五百岁而有孔子；孔子卒后，至于今五百岁，有能绍明世，正《易传》，继《春秋》，本《诗》、《书》、《礼》、《乐》之际，意在斯乎！意在斯乎！小子何敢让焉！"（《史记·自序》)这就可见孟子的话发生了有力的影响。其后扬雄、王通、韩愈等各欲负荷这道统，不幸没有得到世人的公认。到宋代理学兴起，要想把自己一派直接孟子，以徒党鼓吹之盛，竟得成功，而濂、洛、关、闽诸家就成了儒教的正统，至今一个个牌位配享在孔庙。这个统，自尧、舜至禹、汤，至文、武、周公，至孔、孟，又至周、程们，把古代与近代紧紧联起。究竟尧、舜的道是什么？翻开经书和子书，面目各各不同，教我们如何去确定它？再说，孔、孟之道是相同吗？何以孔子称美管、晏而孟子羞道之；何以孔子崇霸业而孟子崇王道？即此可见孔、孟之间相去虽仅百余年，而社会背景已绝异，其道已不能不变，何况隔了数千百年的。至于宋之周、程们，其道何尝得之于孔、孟。周敦颐的学问受于陈抟，他是一个华山道士。《太极图》是他们的哲学基础，而这图乃是从仙人魏伯阳的《参同契》里脱化出来的。所以要是寻理学的前绪,这条线也不能挂在孔、孟的脚下。他们又从《伪大禹谟》中取出"人心惟危,道心惟微;惟精惟一,允执厥中"十六字算做尧、舜以来圣人相传的心法;但这是从荀子所引的《道经》加上《尧曰》杂凑起来的,《道经》是道家的东西,依然不是尧、舜之言,儒家之语。至于尧、舜以前,他们又要推上去,于是取材于《易·系辞传》的观象制器之章,而加上伏羲、神农、黄帝。只是这章文字非用互体说和卦变说不能解释,而这两种学说乃西汉的《易》家所创造,不是真的古代纪载。道统说的材料如此的一无可取,然而道统说的影响竟使后人感到古圣贤有一贯的思想,永远不变的学说,密密地维护,高高地镇压,既不许疑,亦不敢疑,成为各种革新的阻碍,这真是始作俑的孟子所想不到的成功。

经学是学术的偶像。本来古代的知识为贵族所独占,知识分子只是贵族的寄生者。贵族有乐官,他们收聚了许多乐歌,所以有《诗经》。贵族有史官,他们纪载了许多事件,所以有《尚书》和《春秋》。贵族有卜官,他们管着许多卜筮的繇辞,所以有《周易》。贵族有礼官,他们保存许多礼节单,所以有《仪礼》。实在说来,几部真的经书都是国君及卿大夫士们的日常应用的东西,意义简单,有何神秘。《诗》、《书》、《礼》、《乐》,是各国都有的。《易》和《春秋》,是鲁国特有的(《左传》上记韩宣子聘鲁,见《易象》与《鲁春秋》,曰:"周礼尽在鲁矣。"这句话大概可信。《孟子》上说:"晋之乘,楚之《梼杌》,鲁之《春秋》,一也:其事则齐桓晋文,其文则史。"可见同样的纪载春秋时代的史书,在晋的叫做《乘》,在楚的叫做《梼杌》,在鲁的叫做《春秋》)。孔子生在鲁国,收了许多弟子,把鲁国所有的书籍当作教科书,这原是平常的事。他死了之后,弟子们造成一个极大的学派,很占势力,就把鲁国的书加以润饰(如《仪礼》的《丧服》,《春秋》的名号和褒贬诸端),算作本学派的经典,这也是平常的事。战国时,平民取得了政治上的地位,都要吸收知识,而当时实无多书可读,只有读儒家的经。孔子之所以特别伟大,"六经"之所以有广远的流传,其原因恐即在此。到了汉代,孔子定为一尊,大家替他装点,于是更添出了许多微言大义。他们把不完全的经算是孔子所删,把完全的算做孔子所作。于是经书遂与孔子发生了不可分解的关系,几乎每一个字里都透进了他的深意。这还不管;尊孔之极,把经师们所作的笔记杂说也算做经,把儒家的学说也算做经,把新出现的伪书也算做经,而有"十三经"的组织。"十三经",何尝连贯得起,只是从西周之初至西汉之末一千一百年中慢慢地叠起来的(若加《伪古文尚书》则历一千三百余年)。一般人不知道,以为"十三经"便是孔子,也便是道德,只要提倡读经,国民的道德就会提高,这真是白日做梦。讲起一班西汉的经师,会占卦,会求雨,开口是祯祥,闭口是灾异,结果造成了许多谶纬,把平凡的人物都讲成了不平凡的妖怪。东汉的经师讲训诂,当然好得多,可是穿凿附会的工夫也到了绝顶。例如郑玄,他是一个极博的学者,却有一个毛病,最喜欢把不一致的材料讲成一致。这类的事极多,试举其一。《礼记·王制》说:"公侯田方百里,伯七十里,子男五十里。"是一种封国说。《周官·职方氏》则谓公方五百里,侯方四百里,伯方三百里,子方二百里,男方百里,又是一种封国说。这两种说广狭悬殊(前说的公国只一万方里,后说的便有二十五万方里),决合不在一起。但他想,《周官》出于周公已无疑,《王制》虽未标明时代,既在《礼记》中则亦必出周人,于是为调和之说曰:"周武王初定天下,……犹因殷之地(指《王制》),以九州之界尚狭也。周公摄政致太平,斥大九州之界(指《周官》),制礼成武王之意。"(《王制注》)照他所说,是武王时的疆域计广九百万方里(《王制》,"四海之内九州,州方千里"),而周公时的疆域则广一万万方里(《职方氏》,王畿方千里,外九服各方五百里)。何以周公时的国土会大于武王时十一倍余？要是作史的人照他所说的写在书上，岂不成了周初历史的一件奇迹。然而学者相传，"宁道周孔误，讳言服郑非"，郑玄在经学上的威权直维持到清末。所以经学里面不知道包含了多少违背人性和事实的说话，只是大家不敢去疑它。既不能把它推翻，而为了叙述历史的需要去使用它时又只能从这里面去抽取材料，这几何而不上他们的当。所以为要了解经书的真相和经师的功罪，使古史不纠绊于经学，我们就不得不起来作严正的批评，推倒这个偶像。

这四种偶像都建立在不自然的一元论上；本来语言风俗不同，祖先氏姓有别的民族，归于黄帝的一元论；本来随时改易的礼制，归于五德或三统的一元论；本来救世蔽、应世变的纷纷之说，归于尧、舜传心的一元论；本来性质思想不一致的典籍，归于孔子编撰的一元论。这四种一元论又归于一，就是拿道统说来统一一切，使古代的帝王莫不传此道统，古代的礼制莫非古帝王的道的表现，而孔子的经更是这个道的记载。有了这样坚实的一元论，于是我们的历史一切被其搅乱，我们的思想一切受其统治。无论哪个有本领的人，总被这一朵黑云遮住了头顶，想不出有什么方法可以跳出这个自古相传的道。你若打破它的一点，就牵及于全体，而卫道的大反动也就跟着起来。既打不破，惟有顺从了它。古代不必说；就是革命潮流高涨的今日，试看所谓革命的中心人物还想上绍尧、舜、孔子的道统而建立其哲学基础，就知道这势力是怎样的顽强呢。然而，我们的民族所以堕在沉沉的暮气之中，丧失了创造力和自信力，不能反应刺戟，抵抗强权，我敢说，这种思想的毒害是其重要的原因之一。大家以为蓄大德、成大功的是圣人，而自己感到渺小，以为不足以预于此，就甘心把能力暴弃了。大家以为黄金时代在古人之世，就觉得前途是没有什么大希望的了。下半世的太衰颓，正由于上半世的太繁盛。要是这繁盛是真的，其消极还值得，无奈只是些想象呵！所以我们无论为求真的学术计，或为求生存的民族计，既已发见了这些主题，就当拆去其伪造的体系和装点的形态而回复其多元的真面目，使人晓然于古代真相不过如此，民族的光荣不在过去而在将来。我们要使古人只成为古人而不成为现代的领导者；要使古史只成为古史而不成为现代的伦理教条；要使古书只成为古书而不成为现代的煌煌法典。这固是一个大破坏，但非有此破坏，我们的民族不能得到一条生路。我们的破坏，并不是一种残酷的行为，只是使它们各各回复其历史上的地位：真的商周回复其商周的地位，假的唐虞夏商周回复其先秦或汉魏的地位。总之，送它们到博物院去。至于古人的道德、学术、制度，可保存于今日的，当然应该依了现代的需要而保存之，或加以斟酌损益，这正如博物院中的东西未尝不可供给现代人的使用。但这是另一事，应由另一批人去干；我们的工作只是博物院中的分类陈列的工作而已。

我自己的工作虽偏于破坏伪史方面，但我知道古史范围之大，决不能以我所治的赅括全部，我必当和他人分工合作。数年以来，我常想把《古史辨》的编辑公开，由各方面的专家辑录天文、历法、地理、民族、社会史、考古学……诸论文为专集。就是破坏伪史方面，也不是我一个人的力量所能完成；逐部的经书和子书，都得有人专治并注意到历来的讨论。能够这样，我便可不做"古史辨"的中心人物，而只做"古史辨"的分工中的一员。我的能力之小，正无碍于学问的领域之大。能够这样，古史的研究自然日趋于系统化，人们的责望也自然会得对于古史学界而发，不对于某一个人而发。一般人如能有此分工合作的正确的学问观念，学者们始可安心地从事其专门的工作而得到其应有的收获，不给非分的责望所压死，也不至发生"惟我独尊"的骄心了。

罗雨亭先生（根泽）是努力研究诸子学的一人。他著有《管子探源》、《孟子评传》诸书,对于《墨子》、《老子》、《庄子》、《荀子》、《战国策》、《尹文子》、《邓析子》、《燕丹子》、《慎子》、《孔丛子》、《新书》、《新语》、《新序》、《说苑》等书又都有考证。去年一月,他把编辑的《诸子丛考》给我看:起自唐代,讫于今日,凡辨论诸子书的年代和真伪的文字都搜罗于一集,计二百余篇。把异时异地的考辨,甚至站在两极端的主张,放在一起,读者们比较之下,当然容易获得客观的真实,于以解决旧问题,发生新问题。我见了,触动了我的宿愿,就请求他编列为《古史辨》的第四册。承他的厚意,给我以如愿的答复。惟篇幅太多,非一册所可容纳;于是先把清以上的文字删掉,继把名家和阴阳家等问题留下。然而仅仅这儒、墨、道、法四家,十余年来讨论的文字已着实可观。这些文字散在各处,大家乍尔一想,似乎没有多少,问题也没有几个。现在集合了起来,马上见得近年的文籍考订学是怎样的进步了。这可欣幸的进步,其由来有二:第一,学问上的束缚解除了,大家可以作自由的批判,精神既活泼,成绩自丰富。第二,文籍考订学的方法,大家已得到了;方法既差不多趋于一致,而观点颇有不同,因此易起辩论。"知出于争",愈辩论则其真相亦遂愈明白。虽是有许多问题不能遽得结论,但在这条长途上,只要征人们肯告奋勇,不开倒车,必然可以达到目的地。所不幸者,时势的纷扰,生计的压迫,使人不能不分心,有的竟至退了下来。如果我们的祖国在受尽磨难之后,一旦得到了新生命,这种研究一定比现在更兴盛,因为这一重久闭的门已经打开了,可工作的题目早放在人们的眼前了,许多发展的条件是具备了。

中国的古籍,经和子占两大部分。普泛的说来,经是官书,子是一家之言。或者说,经是政治史的材料,子是思想史的材料。但这几句话,在战国以前说则可,在汉以下说则必不可。经书本不限于儒家所诵习,但现在传下来的经书确已经过了战国和汉的儒家的修改了；倘使不把他们所增加的删去，又不把他们所删去的寻出一个大概，我们便不能径视为官书和古代的政治史料，我们只能认为儒家的经典。因此，经竟变成了子的附庸；如不明白诸子的背景及其成就，即无以明白儒家的地位，也就不能化验这几部经书的成分，测量这几部经书的全体。因此，研究中国的古学和古籍，不得不从诸子入手，俾在诸子方面得到了真确的观念之后再去治经。子书地位的重要，于此可见。

不幸自汉武帝尊儒学而黜百家之后，子的地位骤形低落。儒家的几部子书，升做经了。剩下来的，以儒者的蔑视和功令的弃置，便没有人去读；偶有去读的也不过为了文章的欣赏。子书的若存若亡，凡历二千年。犹幸重要的几种尚未失传。到了清代，因为研究经学须赖他种古籍作辅佐，而子书为其大宗，故有毕沅、谢墉、孙星衍、卢文弨等的校刻，严可均、汪继培、马国翰等的辑录，汪中、王念孙、俞樾、孙诒让等的研究，而沉霾已久的东西复显现其光辉。到清末，康有为作《孔子改制考》，以为周末诸子并起创教，托古改制，争教互攻。孔子亦诸子之一，创儒教，作"六经"，托之于尧舜文王。以其托古而非真古，故弟子时人常据旧制相问难。他的话，现在由我们看来，也不能完全同意。因为儒教的创造，"六经"的编集，托古的盛行，都是孔子以后的事。孔子当年对于自己的工作并没有很大的计划，只是随着弟子们的性格指导以人生的任务。又"六经"中的思想制度，错杂而不单纯，必不能定为一时一人所作。但儒教发源于孔子，"六经"中的尧舜之王有若干出于儒教所赝托，这是无疑的。明白了这一点，则周末诸子并起创教，托古改制，儒家的宗旨与诸家异，儒家的方式与诸家同：康氏所发现的事实确已捉得了子学和经学的中心。只因他的见解是超时代的，故《孔子改制考》出版之后，发生不出什么影响。我自己，虽在《不忍杂志》里见到《改制考》的目录，惟以没见全文（未登完），也不甚注意。

自从刘歆在《七略》中规定了诸子有九家,每家都出于一个官守,学者信为真事,频加援引。郑樵的《校雠略》,章学诚的《校雠通义》,尤为宣传的中坚。诸子既是同出王官,原在一个系统之下,如何会得互相攻击? 儒、墨固常见于战国书中,何以其他的家派之名竟无所见,而始见于汉代,甚至到了《七略》才露脸? 这些问题,不知从前人为什么提不出来。民国六年四月,适之先生在国外作了一篇《诸子不出于王官论》。就是这年的秋天,他到北京大学授课,在课堂上亦曾提起此文;但送去印了,我们都未得见。延至年底,《太平洋杂志》把它登出,有几位同学相约到图书馆抄写,我始得一读。我那几年中颇喜治子,但别人和自己的解说总觉得有些不对,虽则说不出所以然来。自读此篇,仿佛把我的头脑洗刷了一下,使我认到了一条光明之路。从此我不信有九流,更不信九流之出于王官,而承认诸子的兴起各有其背景,其立说在各求其所需要。诸子的先天的关联既失了存在,后天的攻击又出于其立场的不同,以前所不得消释的纠缠和牴牾都消释了。再与《孔子改制考》合读,整部的诸子的历史似乎已被我鸟瞰过了。可是这种不自然的关系,家派方面虽已解除,而个人方面尚有存在,例如道家的老子为儒家的孔子之师的故事。到民国十一年的春天,梁任公先生发表其《老子》书作于战国之末的意见,始把我的头脑又洗了一下。凡古人所喷着的厚雾,所建着的障壁,得此两回提示,觉得渐有肃清的可能了。这真是学术史上应当纪念的大事! 现在罗先生把这两篇文字放在本册两编的开头,使我回忆前事,生出无限的欢喜。我敢说,一个人发现的真理是大家可以承认的,一个人感受的影响也是大家直接间接,有意无意间所受到的;本册中容纳的四十余万言的讨论恐怕大部分都是从这两篇引起。如果没有这两篇,时代的飓风固然也终于吹散这堆浮云,但总要慢一些了,民国二十一年的罗先生是编不出这一册的。等到这一册书出来之后,研究诸子学的风气又推进一层了,将来他再编第二、第三册《诸子丛考》时,当然讨论得更深密了。子书方面,既无西周文字,不如经书的考订之劳,又不曾经过经学家的穿凿附会,不必多费删芟葛藤的功夫,其得到结论必较经学为速。罗先生研究诸子早定有详细的计划,我敢鼓舞赞叹以预祝他的将来的成功!

……

(选自《古史辨》第四册,罗根泽编著,上海古籍出版社 1982 年影印)

在这篇序文中,顾颉刚详细道出了自己研究古史的计划及其在整理和研究"旧系统的古史"方面所关注的问题、努力的目标等。关于"旧系统的古史",顾氏拟作四个考:《帝系考》、《王制考》、《道统考》、《经学考》,合为《古史考》。他认为,古史中有很多偶像,"帝系所代表的是种族的偶像","王制为政治的偶像","道统是伦理的偶像","经学是学术的偶像"。这些偶像都建立在不自然的一元论上,把一切历史和思想搅乱,不惟蒙蔽了历史的真相,而且使我们的民族堕在沉沉的暮气中,丧失了创造力和自信力。必须破除这些偶像,历史的真面目才能显现,民族才能得到生路。这篇序文在中国现代学术思想史上影响深远,有极其重要的意义和价值。

20世纪儒学研究大系

《易传》中辩证的观念之展开

郭沫若

《易传》便是"十翼"：(一)《彖上传》，(二)《彖下传》，(三)《象上传》，(四)《象下传》，(五)《系辞上传》，(六)《系辞下传》，(七)《文言》，(八)《说卦传》，(九)《序卦传》，(十)《杂卦传》。历来相传是孔子做的。

《史记·孔子世家》："孔子晚而喜《易》，序《彖》、《系》、《象》、《说卦》、《文言》。"

《汉书·儒林传》："孔子……晚而好《易》，读之韦编三绝而为之传。"

此外还有《易乾凿度》也在这样说："仲尼五十究《易》作《十翼》。"

但这些可靠与否实在还是问题。不过孔子研究过《易经》是实在的，对于《易经》发过些议论也是实在的。

《论语》："假我数年，五十以学《易》，可以无大过矣。"(《述而》)——一切晚年好《易》的话怕就是从这"五十"两个字钻出来的，但这五十两个字也有人分解成五与十，就是或五年或十年。当时读书很不容易，既没有纸又没有墨，要靠韦编竹简来自己刻画，或者用漆来涂写，他要费那么长久的时间，我们是用不着惊叹的。

《庄子·天道篇》："孔子……往见老聃，而老聃不许，于是翻十二经以说。老聃中其说曰：'太谩，愿闻其要。'孔子曰：'要在仁义。'"——十二经有人说是《诗》、《书》、《礼》、《乐》、《易》、《春秋》六经加上六纬为十二，有人说是《易》上下经并"十翼"为十二，又有人说是《春秋》十二公经。我们来采取多数决罢——虽然有点滑稽——《易》是占着两票的，大约十二经中总有《易》在里面。

又《天运篇》："孔子行年五十有一而不闻道，乃南之沛见老聃。……老子曰：'子恶乎求之哉？'曰：'吾求之于度数五年而未得也。'老子曰：'子又恶乎求之哉？'曰：'吾求之于阴阳十有二年而未得。'"这度数阴阳大约就是指的易理了？ 妙在五年十二年的数目与五年十年学《易》的豫定，相差并不多远。

又同篇中有"孔子谓老聃曰：'丘治《诗》、《书》、《礼》、《乐》、《易》、《春秋》六经……'老子曰：'……夫六经先王之陈迹也。'"这是明明包含有《易经》在里面。

总之孔子是研究过《易经》的，他对于易理当然发过些议论，我们在《易传》中可以看出不少的"子曰"云云的话，这便是证据。大约《易传》的产生至少是如像《论语》一样，是出于孔门弟子的笔录罢①。

就这样我们可以规定出《易传》的时代性。

《易经》的时代性在上篇我们已经约略地规定了，它是由原始公社社会变成奴隶制时的社会的产物。

《易传》是产在春秋、战国的时候，这个时代是由奴隶制确切地

---

① 这是错误。孔子并不曾读过《易经》。"假我数年，五十以学《易》，可以无大过矣"那句话，《鲁论》"易"字作"亦"，经古文家窜改，故造出孔子晚年读《易》的传说。《庄子》外篇那些话也不是庄子的话。实则《易经》出于扞臂子弓。《易传》多出于荀子门人之手。《易传》中的"子曰"的"子"，可能就是荀子。请参阅《周易之制作时代》。——作者补注

变成封建制度的时代。

所以《易经》的产生是在革命的时代，《易传》的产生也是在革命的时代。不过《易经》的时代是无差别的社会中产生出阶级的时候；《易传》的时代是贵族的臣仆革贵族的命的时候。所以《易传》的作者对于革命的事实用着激越的口调赞美着说：

> 天地革而四时成，汤、武革命，顺乎天而应乎人，革之时〔义〕大矣哉！(《彖下传·革》)

这可以见得当时的时代精神了。事实上春秋、战国时代的学者多是一些革命家——如老子，如杨子，如庄子，如韩非子，他们的思想多少都是带着革命性的。此外如墨子算是保守派，孔子算是折衷派。

大凡在一个社会变革时代，随着社会制度的改变总要起一番理论上的斗争，即是方兴的文化与旧有的文化相对抗。中国在事实上只经过三次的社会革命。所以我们在文化史上也可以看出三个激越的时期——真真正正是划时代的时期：

第一，《易》、《诗》、《书》所代表的一个文化的集团；

第二，周、秦诸子(孔子一门包含在里面)的一个文化的集团；

第三，近百年来科学与中学的混战。

由上篇的讨核，我们知道《易》的宇宙观结果是把辩证法毁灭了，把原来是动的世界弄成为定的世界，并且使世界双重化——鬼神的世界与人类的世界，使前者优越于后者，以巩固人间世之支配阶级的优越。

春秋、战国时代的革命思想家，他们起来要革这种旧思想的命，那必然的倾向是：(一)辩证观的复活，(二)排斥鬼神迷信而力求合理的理论——主张理性的优越，(三)因为支配阶级仍然存在，世界仍然保存着双重化的形式，在现实世界里士族代替了贵族，在超现实世界里本体便代替了鬼神——由宗教的变而为形而上学的。结果是一样把辩证观倒置了。

墨家的思想刚好和这反对。他的宇宙观根本是固定的、非辩证的、宗教的,他根本是迷信鬼神。他这一派在当时完全是反革命派。结果他是敌不过进化的攻势,尽管他和他的弟子们有"摩顶放踵"、"赴火蹈刃"的精神,死力撑持着自己的存在,然而终竟消灭了。这正是社会的进展是取辩证式的证明。

孔子的一个集团呢?是在这两者之间游移。他一方面认定了辩证法的存在,然而终竟只求折衷。他一方面认定理性的优越,然而却迷恋着鬼神。他一方面摄取了形而上的宇宙观,然而他立地把它神化了起来。

我们现在专就这《易传》来考核罢。

第一节　辩证的宇宙观

《易传》本来是传《易》的,《易》的出发点原是一种辩证观,《易传》把这一点看得很详细。

譬如《序卦传》一篇。

第一段进化:

> 有天地然后万物生焉。盈天地之间者唯万物,故受之以《屯》,屯者盈也,屯者物之始生也。
>
> 物生必蒙,故受之以《蒙》,蒙者蒙也,物之稚也。物稚不可不养也,故受之以《需》,需者饮食之道也。
>
> 饮食必有讼,故受之以《讼》。讼必有众起,故受之以《师》,师者众也。众必有所比,故受之以《比》,比者比也。比必有所畜,故受之以《小畜》。
>
> 物畜然后有礼,故受之以《履》。履而泰,然后安,故受之以《泰》。

第二段进化：

泰者通也，物不可以终通，故受之以《否》。物不可以终否，故受之以《同人》。

与人同者物必归焉，故受之以《大有》。有大者不可以盈，故受之以《谦》。有大而能谦必豫，故受之以《豫》。豫必有随，故受之以《随》。以喜随人者必有事，故受之以《蛊》，蛊者事也。

有事而后可大，故受之以《临》，临者大也。物大然后可观，故受之以《观》，可观而后有所合，故受之以《噬嗑》，嗑者合也。

物不可以苟合而已，故受之以《贲》，贲者饰也。致饰然后亨则尽矣，故受之以《剥》。

第三段进化：

剥者剥也，物不可以终尽，剥穷上反下，故受之以《复》。复则不妄矣，故受之以《无妄》。有无妄，然后可畜，故受之以《大畜》。

物畜然后可养，故受之以《颐》，颐者养也。不养则不可动，故受之以《大过》。

物不可以终过，故受之以《坎》，坎者陷也。陷必有所丽，故受之以《离》，离者丽也。

以上是序述《易》上经三十卦的次第的理由，《易经》的卦名究竟是谁定的，这儿所推测的次序理由究竟是不是作《易》的人的原旨，实在很难判定。

杜鹃的叫声本没有意义，在好事者听来可以成为"不如归去"。由这"不如归去"的牵强更可生出"望帝春心托杜鹃"的传说。这种牵强附会在不懂中国话的外国人，乃至不懂中国文言的中国人都会不懂，不消说完全与鸟无涉。

　　但是这儿总是一个意见,一个不失为诗人的意见。

　　《易经》的卦名次第,那简单的程度也不过如像杜鹃的叫声一样。然而在推测者的心中可以生出那样一篇议论来。我们可以说《易传》的观念是传《易》的人自己的观念,他以自己的观念输入那卦序里面,就如像诗人以自己的感情输入杜鹃的叫声里面一样。

　　不过这个观念毕竟是一个很有趣味的观念。这是一个唯物的社会进化观,虽然很含糊,虽然很幼稚,但总是一个很有趣味的观念。

　　我们看他把万物的生成归于天地的对立,把国家的成立归于人众因食物的斗争,这已经和"天造草昧"、"天生蒸民,作之君"的见解是完全不同的。师众之所比集,大概就是原始公社社会——国家的雏形;物立然后有礼,大概就是国家的刑政的开始。由国家与国家的对立,暂时虽然得着小康,结果终归于互相兼并,于是由小国而集成大国。到这时候才有种种分工易事的经营,产业上大有可观,所以才渐渐生出文化的装饰出来。这是由野蛮进入文明的畛域,天下太平了。但是太平的时期终竟有穷尽的时候。为什么终竟有穷尽的时候呢?大约就是因为社会的内部是含着矛盾。因为有大有便必定有小有,有上人便必定有下人;大小终必至于相衡,上下终必至于交争;所以终竟是穷于上者必反于下,天子倒了,王公代之;王公倒了,士大夫代之了。一切事物就是这样,泰必否,否必泰,亨必剥,剥必复,一切都有个尽头,一切都在画着连环扣,但这连环是愈画愈大的。

　　这就是从《序卦传》的前一切中我们可以看出的意义。我们再看它的后一节罢:

　　　　有天地然后有万物。有万物然后有男女。有男女然后有夫妇。有夫妇然后有父子。有父子然后有君臣。有君臣然后有上下。有上下然后礼义有所错。

这几句话是总结上文而开起下节的关键。上文系叙述人类社会的进化。人类社会的进化就是由这样相反相成的两对立物先先后后产生出来的。在母系社会,只有夫妇,没有父子的关系。在父系社会,国家未成立以前,只有父子,没有君臣的关系。所以国家是逐渐产生出来的,礼仪也是逐渐产生出来的。所谓国家,所谓礼仪,也不过是建设在上下的对立上,阶级的对立上。这是总结上文。下文再申述穷上反下的意思,指示一切的进化是一个二个的连环。

第一个连环:

夫妇之道不可以不久也,故受之以《恒》。恒者久也。物不可以久居其所,故受之以《遁》,遁者退也。

第二个连环:

物不可以终遁,故受之以《大壮》。物不可以终壮,故受之以《晋》,晋者进也。进必有所伤,故受之以《明夷》,夷者伤也。

第三个连环:

伤于外者必反其家,故受之以《家人》。家道穷必乖,故受之以《睽》,睽者乖也。乖必有难,故受之以《蹇》,蹇者难也。

第四个连环:

物不可以终难,故受之以《解》,解者缓也。缓必有所失,故受之以《损》。

第五个连环:

损而不已必益,故受之以《益》。益而不已必决,故受之以《夬》,夬者决也。

第六个连环:

决必有所遇,故受之以《姤》,姤者遇也。物相遇而后聚,故受之以《萃》,萃者聚也。聚而上者谓之升,故受之以《升》。

升而不已必困，故受之以《困》。困乎上者必反下，故受之以
《井》。

第七个连环：

井道不可不革，故受之以《革》。革物者莫若鼎，故受之以
《鼎》。主器者莫若长子，故受之以《震》，震者动也。物不可以
终动，止之，故受之以《艮》，艮者止也。

第八个连环：

物不可以终止，故受之以《渐》，渐者进也。进必有所归，
故受之以《归妹》。得其所归者必大，故受之以《丰》，丰者大
也。穷大者必失其居，故受之以《旅》。旅而无所容，故受之以
《巽》，巽者入也。

第九个连环：

入而后说（悦）之，故受之以《兑》，兑者说也。说而后散
之，故受之以《涣》，涣者离也。

第十个无穷的连环：

物不可以终离，故受之以《节》。节而后信之，故受之
以《中孚》。有其信者必行之，故受之以《小过》。有过物者
必济，故受之以《既济》。物不可穷也，故受之以《未济》，终
焉。

这些连环若有关系若无关系地衔接着。连环中的各个关系在
当时是认为必然性，但在我们现在看来多不免有些滑稽。这是认
识自然的程度有深浅的不同。我们须要晓得那是两千年前的思
想，他们把世界看成进化，而且进化的痕迹是取的连环形式，这是
值得我们注意的。一切都有个尽头，一切都没有绝对的尽头；一切
都是相对，一切都不是绝对的相对；相生相克，相反相成地，这样进
展起来，这是多么有趣味的一个宇宙观呢？

像这样于事物中看出矛盾，于矛盾中看出变化，于变化中看出

整个的世界,这种很正确的辩证观念还散见于《易传》的各篇:

> 天地睽而其事同也,男女睽而其志通也,万物睽而其事类也。睽之时用大矣哉!(《彖下传·睽》)

> 天地革而四时成。(《彖下传·革》)

> 日中则昃,月盈则食,天地盈虚,与时消息。(《彖下传·丰》)

> 阖户谓之坤,辟户谓之乾,一阖一辟谓之变,往来不穷谓之通。(《系辞上传》)

> 日往则月来,月往则日来,日月相推而明生焉。寒往则暑来,暑往则寒来,寒暑相推而岁成焉。往者屈也,来者信(伸)也,屈信相感而利生焉。尺蠖之屈以求信也。龙蛇之蛰以存身也。(《系辞下传》)

> 善不积不足以成名。恶不积不足以灭身。小人以小善为无益而弗为也,以小恶为无伤而弗去也。故恶积而不可掩,罪大而不可解。(《系辞下传》)

> 天地绸缊,万物化醇。男女构精,万物化生。(《系辞下传》)

此外《杂卦传》一篇全部都是对立的错综。

综合上面的思辨,可以归纳成三个定式:

第一个:

> 天下同归而殊途,一致而百虑。(《系辞下传》)

第二个:

> 阴疑于阳必战。(《文言上传·坤》)

第三个:

> 刚柔相推而生变化。(《系辞上传》)

第二节　辩证观的转化

《易传》的作者把《易》的辩证观展开了,他是约略探寻着自然的理法。假使他向前更进一步,他可以导引出一个必然的革命的实践,就是顺着自然的理法,扶植弱者、被支配者,促进战斗,促进变化。然而他没有走到这一步,他却把方向转换了。

> 天地之道恒久而不已也。利有攸往终则有始也。日月得天而能久照。四时变化而能久成。圣人久于其道而天下化成。观其所恒而天地万物之情可见矣。(《彖下传·恒》)

他在不已之中看出恒久来,变化尽管变化,但是变化总要变化。变化的形象是相对的,变化这个道理是绝对的。这个绝对的道理是恒久不变。只走到这一步,还不算错误,因为变化本来是绝对的。但这绝对与相对依然相对,就是变化的意义随时在变化。所以变化只能看成相对的绝对,然而他却把它看成绝对的绝对了。

这个要求,根本是站在支配阶级的立场,想保持支配权的恒久。

更进一步他把这绝对的恒久化成本体,依然把世界双重化了起来。

> 乾坤其易之蕴耶? 乾坤成列而易立乎其中矣。乾坤毁则无以见易,易不可见则乾坤或几乎息矣。是故形而上者谓之道,形而下者谓之器,化而裁之谓之变,推而行之谓之通,举而措诸天下之民谓之事业。(《系辞上传》)

道,本来是老子的本体观,这儿输入来变成绝对恒久的至高理性。于是辩证观倒立起来了。本来是从天地万物看出来的道理,却一变而为产生天地万物至高的存在。这个存在是"变动不居,周流六虚,上下无常,刚柔相易"(《系辞下传》)的;空间也不能范围它,时间也不能范围它,它是无处不在,无时不存;它"范围天地之化而不过,曲成万物而不遗,通乎昼夜之道而知"。万事万物万理万化都是它所裁成的,它是"知周乎万物而道济天下"(《系辞上传》)的全能全智。

这样的一个存在当然就是神。

故神无方而易无体。

一阴一阳之谓道,继之者善也,成之者性也。……显诸仁藏诸用,鼓万物而不与圣人同忧,盛德大业至矣哉! 富有之谓大业,日新之谓盛德,生生之谓易,……阴阳不测之谓神。(《系辞上传》)

道即是易,易即是神。

就这样辩证法一变而与形而上学妥协,再变而与宗教妥协。绝对的愈见绝对化了,相对的只是由他的仁义的性情表示出来的盛德大业。

只是这一着——肯定宗教——还看不出儒家的苦心,还要更进一步。

宗教肯定下去了,有了宗教便不能不有教主——其实是有了教主然后才有宗教。这教主是怎么样的人呢? 就是"与天地合其德,与日月合其明,与四时合其序,与鬼神合其吉凶,先天而天弗违,后天而奉天时。天且弗违而况于人乎,况于鬼神乎?"(《乾》九五)的"大人"了。这样的大人便是圣人,是应该奄有天下的。

观天之神道而四时不忒,圣人以神道设教而天下服。(《彖上传·观》)

崇高莫大乎富贵;备物致用,立成器以为天下利,莫大乎圣人。(《系辞上传》)

圣人之大宝曰位。(《系辞下传》)

这位诞登大宝的圣人——大人,与《易经》上的大人稍微不同,

《易经》上的大人是物质上的贵族,这儿的大人是精神上的贵族,这样的贵族才配做人主与教主。在这儿政教合一的原始政体才合理化了,这正是士大夫阶级的哲学。更明白地说,就是因为士大夫阶级做了统治者,所以不能不找出这一番道理来做自己的根据。

一切都得着根据了,一切都合理化了。

但这个秘密是"民可使由之,不可使知之"①的。这应该把他神化起来,圣化起来。古人的迷信尽管是迷信,然而有用是多么有用。所以:

(一)神道设教

　　　天生神物,圣人则之。(《系辞上传》)

(二)鬼神的肯定

　　　精气为物,游魂为变。(《系辞上传》)

(三)享祀的肯定

　　　显道神德行,是故可与酬酢,可与祐神。(《系辞上传》)

(四)卜筮的肯定

　　　探赜索隐,钩深致远,以定天下之吉凶,成天下之亹亹者,莫大乎蓍龟。(《系辞上传》)

就这样在原始人是自然发生的宗教的骗局,到这儿竟成为有意识的愚民政策。

---

　　① 孔子这两句话,我引用得不很妥帖。原来的意思是民智未开,能照样做而不明其理由。孔子是重视开发民智的,他不是愚民主义者。先秦儒家,发展到战国末年,才走上愚民的偏向,《易传》的时代性于此可见。——作者补注

第三节　折衷主义的伦理

相对的绝对成为绝对的绝对,所以相对的相对也成为绝对的相对。相对物间的推移转变完全停止了。

> 天尊地卑,乾坤定矣。卑高以陈,贵贱位矣。动静有常,刚柔定矣。(《系辞上传》)

> 女正位乎内,男正位乎外,男女正,天地之大义也。(《彖下传·家人》)

> 负且乘,致寇至。负也者小人之事也。乘也者君子之器也。小人而乘君子之器,盗思夺之矣。(《系辞上传》)

就这样阶级便固定下去了。但是你怎样能够把它固定下去呢?自然是变动着的,人事也是变动着的,你就要想它固定,单是一片的祈愿是不能够成功的。

在这儿《易经》的中行之道便不能不强调起来了。就是一切的事情都要无过无不及。在上的不妨迁就一下,在下的应该顺从。多的不妨施舍一点,少的应该安分守己。

> 天道下济而光明,地道卑而上行。天道亏盈而益谦,地道变盈而流谦,鬼神害盈而福谦,人道恶盈而好谦。谦尊而光,卑而不可逾,君子之终(踪)也。(《彖上传·谦》)

自然现象的盈亏是无意识的,自然法则的或亏或益也是无意识的。人道的盈谦是有意识的,人的好恶也是有意识的。假使人道真真是顺着自然的法则,那当然只有使盈者早亏,而谦者(不足者)早益。然而《易传》作者的意思不是这样。他晓得盈者是要亏的,但他叫他提防,要客气,要谦虚,虽然是盈,要装出一个不盈的样子,以免遭人忌恶而受自然淘汰。

> 危者安其位者也。亡者保其存者也。乱者有其治者也。

是故君子安而不忘危,存而不忘亡,治而不忘乱。是以身安而国家可保也。(《系辞下传》)

不错,危者的确有安的时候,亡者的确有存的时候,乱者的确有治的时候;就是被否定的一面,的确有否定其否定的时候;同时也就是被肯定的一面,的确也有否定其肯定的时候。这是天道——自然法则。假使顺着自然法则,那是只好叫肯定者早被否定,而被否定者早否定其否定。就是使一时的平衡状态早早打破,使社会发展到更高的一个阶段,达到一个更高的平衡。然而《易传》作者的理想不然,他想一平不陂,永远到底。他教人在和平的时候要不忘记你的敌人,就是在治安的时候要不忘记扰乱平衡的乱党。这再进一步当然就是屠杀主义了。一个人为要安身,为要保全地位,什么事情不可以做呢?

当位以节,中正以通。天地节而四时成。节以制度,不伤财,不害民。(《彖下传·节》)

不错,自然界是有节度,是按部就班的前进的。但它的节度并不是走到半途不走。它不曾叫寒天少走几天,或者暑天少起几度,树木少吸些肥料,雷火少烧些山林。然在《易传》作者看起来,自然的节度却变成无原则的节省。结果是产业不能发达,不仅伤了财,而且害了民。

总之儒家的实践伦理由一个中字可以包括,所谓"执其两端用其中于民",所谓"允执厥中",除在《易传》以外要找证明实在举不胜举。

《中庸》一篇全部都是这个道理:

道之不行也我知之矣,知者过之,愚者不及也;道之不明也我知之矣,贤者过之,不肖者不及也。

天下国家可均也,爵禄可辞也,白刃可蹈也,中庸不可能也。

　　　庸德之行,庸言之谨,有所不足,不敢不勉;有余,不敢尽。
　　　在上位不陵下,在下位不援上,正己而不求于人。

　　无过无不及,无不足无有余,得过且过,平平凡凡,这就是所谓
中庸之道了。

　　《大学》的絜矩之道也就是这个样子:

　　　所恶于上,毋以使下;所恶于下,毋以事上;所恶于前,毋
　　以先后;所恶于后,毋以从前;所恶于右,毋以交于左;所恶于
　　左,毋以交于右:此之谓絜矩之道。

　　这是多么完善的一个折衷主义、改良主义、机会主义的标本
哟!

　　这在《易传》上表现成几个公式:

　　(一)折衷主义

　　　各正性命,保合太和。(《彖上传·乾》)

　　(二)改良主义

　　　裒多益寡,称物平施。(《彖上传·谦》)

　　(三)机会主义

　　　损益盈虚,与时偕行。(《彖上传·损》)

　　这三个主义结果只是一个。要使刚柔相应,当然不能不加以
人力的裁成。但是裁成的标准是没有一定的,当然只好看机会
说话。

第四节　《大学》、《中庸》与《易传》的参证

　　上段我把《大学》、《中庸》的话引用了来证明《易传》中的儒家
的折衷主义。我现在率性把这三部书的一贯的主张再来详论
一下:

　　《大学》、《中庸》与《易传》是同性质的书,当然不是孔子做的,

但也不敢说就是曾子、子思。不过它们总可以算是儒家的一部分重要典籍。特别是《中庸》，那简直把孔仲尼当成了通天教主，在极端赞扬，可见儒家在当时的确是成了一个宗教。

《中庸》的理论差不多是一个完整的宗教体系，《大学》只是实践伦理的一部分。《中庸》是包含了一个形而上学在里面的：

（一）本体即诚

诚者天之道也。……诚者物之终始，不诚无物。

（二）本体自因

诚者自成也，而道自道也。

（三）本体自变

诚者非自成己而已也，所以成物也。……不见而章，不动而变，无为而成。

本体不期然而然地发育万物，万物有终有始而它自己不动不变，悠久无疆。这就是"易者不易"的道理了。

圣人就是要学它这种诚，就是要达到这种不动不变悠久无疆的目的。要达到这目的，那是只好采取中道。所以说："诚者不勉而中，不思而得，从容中道，圣人也。"

"从容中道"这就是《中庸》的本旨。《大学》的"知止而后有定，定而后能静"，也就是这个意思。因为你要得着重心才能够静止，才能够不动不变，才能够永恒。但是你要采取中道。你要求得重心，那是非有知识不可，非知道自然的变化的轨迹不可，所以根本要看重理智，而出发便在研究自然（"格物致知"）。自然的变化知道了，晓得物盛而衰，事极必反，所以才能够执中乘时，而自己的意志才有把握（"意诚"），而自己的心理才有权衡（"心正"）。就把这样的把握、权衡来齐家、治国、平天下，那是无往而不适用的（注意"齐"字和"平"字），就这样便与天地的化育工夫相参赞，甚至于超过天地而与本体合一了。

用图式表现出来就是这样：

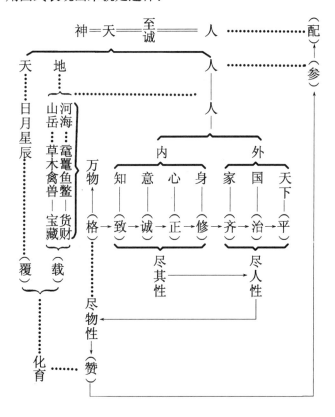

就这图表看来好像是很严整无缺的一个系统，但是我们要晓得它是包藏着几个骗局的。

第一个是神的骗局：

我们知道，这个系统的出发点是在格物致知，就是肯定了客观的存在，由这客观的存在而生出自己的知识。知识本是从客观来的，但是渐渐渐渐把它升华起来，化成了神明。回头再由这神明来创化天地万物。这是世界的倒置。世界是立在头脑上了。

第二个是尽性的骗局：

我们知道，这个系统所致的知，只是在知道执中，知道乘时，就是在知道妥协，知道把捉机会，知道零碎的改良。那末它所说的尽性是什么呢？尽其性就是发挥自己妥协的个性。尽人性就是叫人要妥协。尽物性或者就是爱惜，就是节用罢？物是所谓宝藏货财。

何以守位？曰仁。何以聚人？曰财。理财正辞，禁民为非曰义。（《易传》）

生财有大道。生之者众，食之者寡；为之者急，用之者舒；则财恒足矣。仁者以财发身，不仁者以身发财。（《大学》）

来百工则财用足。……日省月试，既禀称事，所以劝百工也。（《中庸》）

大约这些款项就是所谓尽物性罢？

生众食寡，为急用舒，在从前的人视为天经地义的大道理，其实只是榨取阶级的心理罢了。它根本是注重在财上而不注重在人上。以财发身就是散财聚民，就是多用些钱去招些百工来，当一个大大的榨取家。以身发财，就是聚财散民，就是只是自己动手而当一个小小的守财奴。

第三个是阶级的骗局：

这个系统根本是支配阶级的心理。新兴的支配阶级要使自己的支配权合理化，要使自己的支配权恒久不变，所以创造出一个合理的至上神出来，使他统治万物，回头又使自己和这至尊的统治者相等。至上神是一成不变的，所以自己的统治权也就一成不变。所以神就是他自己的化身，就是他自己支配欲望的化身，就是他自己了。他自己"开物成务，见几而作，知微知彰，知柔知刚，损益盈虚，与时偕行"，既元亨而且利贞了。

儒家理论的系统，全体就是这样的一个骗局。它是封建制度的极完整的支配理论。我们中国人受它的支配两千多年，把中国的国民性差不多完全养成了一个折衷改良的机会主义的国民性。一直到现在都还有人改头换面地表彰着儒家的理想,想来革新中国的社会,有意识地执行着它的"絜矩之道",有意识地在"执其两端用其中于民"。本来在阶级对立着的社会,一切立在支配阶级上的理论,在每个进展的阶段上多少都是可以适用的。在每个阶段推移的时候,新旧虽然略有冲突,但到支配权的转移对象一固定,在旧的里面所发现的昔日的桎梏,会发着很庄严的辉光而成为今日的武器。所谓"昔日之事子为政,今日之事我为政","易地则皆然"了。昨天敌人准备下来斫我头颅的青龙偃月刀,今天我不可以利用来斫敌人的头颅吗?所以原始公社社会的犹太教,一经耶稣的改革便成为奴隶社会的信仰,再经烦琐哲学家的沟通便为封建时代的护符,三经马丁·路德的个人主义的改革便成为今日的资本社会的武器。《易经》的道理不也就是一样吗?本来是奴隶社会的中行之道,一变而为封建思想的儒家中庸,再变而为现行资产阶级革命的所谓"中正主义"了。

折衷主义根本是立在支配阶级上了。所以名目虽折衷,而实际是偏袒一个阶级。我们回头还是来讨论《易传》罢。我们看《易传》上说:

> 小往大来吉亨,则是天地交而万物通也,上下交而其志同也,内阳而外阴,内健而外顺,内君子而外小人:君子道长小人道消也。(《彖上传·泰》)

> 大往小来,则是天地不交而万物不通也,上下不交而天下无邦也,内阴而外阳,内柔而外刚,内小人而外君子:小人道长君子道消也。(《彖上传·否》)

本来小的往了大的来,与大再相对立的新的小的也一定会来。这正是必然的道理。然而《易传》的作者立在大的地位,立在君子的地位上,只肯定自己来的一方面而把去的一方面打消了。这是必然的要露出马脚的。

折衷主义根本只是折半面的衷。单是一片理论究竟不能保持永久的平衡，一定要有实际的行动来维系。礼乐刑政便是立足于折衷主义的维系支配权的武器。

> 知崇礼卑，崇效天，卑法地。（《系辞上传》）

这是说法制（礼）是从理智产生出来的，便是实现折衷主义的工具。

> 圣人有以见天下之动，而观其会通，以行其典礼。（《系辞上传》）

典礼就是用来掣动的，会通便是折衷，在变化中看出可以不变化的中道来，便根据这个理论，叫一边来迁就，而禁止一边的超越。叫一边把头埋下，而禁止一边不准抬头。

在上的把头埋下去保全自己的生命财产，这是自由意志，这是很容易办到的。在下的要不准抬起头来让别人剥削自己的生命财产，这是违背自然的本性，这是不容易办到的。

不容易办到，偏要强人办到，那是非用严刑峻法不可了。

> 雷电噬嗑，先王以明罚饬法。（《象上传·噬嗑》）
> 雷电皆丰，君子以折狱致刑。（《象下传·丰》）

不消说他也有他的温情主义，所谓"君子以明慎用刑而不留狱"；所谓"君子以议狱缓死"。但他的温情是有权衡的，权衡是操在他的手里的啦。

折衷主义对于工贼的收买是诉于温情，对于乱党的惩治是利用恐怖，所谓"君子怀德小人怀刑"，就是这个把戏了。

折衷主义根本是披着一件羊皮的虐杀主义。

（选自《郭沫若全集·历史编》第
1卷，人民出版社1982年版）

郭沫若（1892—1978），马克思主义史学家。原名郭开贞，笔名沫若，又名鼎堂，四川乐山人。曾留学、旅居日本多年。20世纪20—30年代，综合古史新证、古史辨等学派的研究成果，以唯物史观为指导，以传世文献和新出甲骨、金文材料为根据，揭示中国古代社会真相，为中国古代社会研究别开新径。1930年出版《中国古代社会研究》，曾震动当时学术界，成为马克思主义史学流派的开山之作。此后陆续出版《甲骨文研究》、《卜辞通纂》、《两周金文辞大系考释》、《古代铭刻汇考》等。抗战时期，又出版《青铜器时代》、《十批判书》等重要著作。1948年，当选为中央研究院第一届院士。建国后任中国科学院院长兼历史研究所第一所所长，出版《奴隶制时代》，主持编纂《甲骨文合集》、《中国史稿》等。1978年在北京逝世。其著述汇为《郭沫若全集》数十卷。

《〈易传〉中辩证的观念之展开》是《〈周易〉时代的社会生活》中的第二章。《〈周易〉时代的社会生活》最初发表在1928年《东方杂志》第25卷第21号、22号上，后被收入《中国古代社会研究》。其第二章集中揭示《易传》中蕴涵的"辩证的宇宙观"以及《易传》作者、后世儒家将此观念倒置并最终与宗教、形而上学妥协，走向折衷主义的过程，认为以折衷主义为根本的儒家理论系统全体是"一个骗局"，是封建制度的极完整的支配理论。

说　　儒(节选)

胡　　适

……

"儒"的名称,最初见于《论语》孔子说的:

> 女为君子儒,毋为小人儒。

我在上文已说过,这句话使我们明白当孔子时已有很多的儒,有君子,有小人,流品已很杂了。我们要研究这些儒是什么样的人。

我们先看看"儒"字的古义。《说文》:

> 儒,柔也,术士之称。从人,需声。

术士是有方术的人;但为什么"儒"字有"柔"的意义呢?"需"字古与"耎"相通;《广雅·释诂》:"耎,弱也。"耎即是今"輭"字,也写作"软"字。"需"字也有柔软之意;《考工记》:"革,欲其荼白而疾浣之,则坚;欲其柔滑而腜脂之,则需。"郑注云:"故书,需作毳。郑司农云:'毳读为柔需之需,谓厚脂之韦革柔需。'"《考工记》又云:"厚其帤则木坚,薄其帤则需。"此两处,"需"皆与"坚"对举,需即是柔耎之耎。柔软之需,引申又有迟缓濡滞之意。《周易》彖传:"需,须也。"《杂卦传》:"需,不进也。"《周易》"泽上于天"(☱☰)为夬,而"云上于天"(☵☰)为需;夬是已下雨了,故为决断之象,而需是密云未雨,故为迟待凝滞之象。《左传》哀公六年:"需,事之下也。"又哀公十四年:"需,事之贼也。"

20世纪儒学研究大系

凡从需之字,大都有柔弱或濡滞之义。"嬬,弱也。""孺,乳子也。""懦,驽弱者也。"(皆见《说文》)《孟子》有"是何濡滞也"。凡从耎之字,皆有弱义。"偄,弱也"(《说文》);段玉裁说偄即是懦字。稻之软而黏者为"稬",即今糯米的糯字。《广雅·释诂》:"媆,弱也。"大概古时"需"与"耎"是同一个字,古音同读如驽,或如糯。朱骏声把从耎之字归入"乾"韵,从"需"之字归入"需"韵,似是后起的区别。

"儒"字从需而训柔,似非无故。《墨子·公孟篇》说:

> 公孟子戴章甫,搢忽,儒服而以见子墨子。

又说:

> 公孟子曰,君子必古言服,然后仁。

又《非儒篇》说:

> 儒者曰,君子必古言服,然后仁。

《荀子·儒效篇》说:

> 逢衣浅带(《韩诗外传》作"博带"),解果其冠,……是俗儒者也。

大概最古的儒,有特别的衣冠,其制度出于古代(说详下),而其形式——逢衣,博带,高冠,搢笏——表出一种文弱迂缓的神气,故有"儒"之名。

所以"儒"的第一义是一种穿戴古衣冠,外貌表示文弱迂缓的人。

从古书所记的儒的衣冠上,我们又可以推测到儒的历史的来历。《墨子》书中说当时的"儒"自称他们的衣冠为"古服"。周时所谓"古",当然是指那被征服的殷朝了。试以"章甫之冠"证之。《士冠礼记》云:

> 章甫,殷道也。

《礼记·儒行篇》记孔子对鲁哀公说:

丘少居鲁，衣逢掖之衣；长居宋，冠章甫之冠。丘闻之也：君子之学也博，其服也乡。丘不知儒服。

孔子的祖先是宋人，是殷王室的后裔，所以他临死时还自称为"殷人"（见《檀弓》）。他生在鲁国，生于殷人的家庭，长大时还回到他的故国去住过一个时期（《史记·孔子世家》不记他早年居宋的事。但《儒行篇》所说无作伪之动机，似可信）。他是有历史眼光的人，他懂得当时所谓"儒服"其实不过是他的民族和他的故国的服制。儒服只是殷服，所以他只承认那是他的"乡"服，而不是什么特别的儒服。

从儒服是殷服的线索上，我们可以大胆的推想：最初的儒都是殷人，都是殷的遗民，他们穿戴殷的古衣冠，习行殷的古礼。这是儒的第二个古义。

我们必须明白，殷商的文化的中心虽在今之河南，——周之宋卫（卫即殷字，古读殷如衣，郼韦古音皆如衣，即殷字）——而东部的齐鲁皆是殷文化所被，殷民族所居。《左传》（《晏子春秋》外篇同）昭公二十年，晏婴对齐侯说："昔爽鸠氏始居此地，季萴因之，有逢伯陵因之，蒲姑氏因之。而后太公因之。"依《汉书·地理志》及杜预《左传注》，有逢伯陵是殷初诸侯，蒲姑氏（《汉书》作薄姑氏）是殷周之间的诸侯。鲁也是殷人旧地。《左传》昭公九年，周王使詹桓伯辞于晋曰："……及武王克商，蒲故商奄，吾东土也。"孔颖达《正义》引服虔曰："蒲姑，齐也；商奄，鲁也。"又定公四年，卫侯使祝佗私于苌弘曰："……昔武王克商，成王定之。……分鲁公以大路、大旂，夏后氏之璜，封父之繁弱（大弓名），殷民六族——条氏，徐氏，萧氏，索氏，长勺氏，尾勺氏，——使帅其宗氏，辑其分族，将其类丑（丑，众也），以法则周公，用即命于周；是使之职事于鲁，以昭周公之明德；分之土田陪敦，祝宗卜史，备物典策，官司彝器，因商奄之民，命以伯禽，而封于少皞之虚。"这可见鲁的地是商奄旧地，而又有新徙来的殷民六族。所以鲁有许多殷人遗俗,如"亳社"之祀,屡见于《春秋》。傅斯年先生前几年作"周东封与殷遗民"(附录)一文,证明鲁"为殷遗民之国"。他说:

> 《春秋》及《左传》有所谓"亳社"者,是一件很重要的事。"亳社"屡见于《春秋经》。以那样一个简略的二百四十年间之"断烂朝报",所记皆是戎祀会盟之大事,而亳社独占一位置,则亳社在鲁之重要可知。且《春秋》记"亳社(《公羊》作《蒲社》)灾"在哀公四年,去殷商之亡已六百余年(姑据《通鉴外纪》),……亳社犹有作用,是甚可注意之事实。且《左传》所记亳社,有两事尤关重要。哀七年,"以邾子益来,献于亳社"。……邾于殷为东夷,此等献俘,当与宋襄公"用鄫鄫子于次睢之社,欲以属东夷"一样,周人诏殷鬼而已。又定六年,"阳虎又盟公及三桓于周社,盟国人于亳社"。这真清清楚楚指示我们:鲁之统治者是周人,而鲁之国民是殷人。殷亡六七百年后之情形尚如此!

傅先生此论,我认为是最有见地的论断。

从周初到春秋时代,都是殷文化与周文化对峙而没有完全同化的时代。最初是殷民族仇视那新平定殷朝的西来民族,所以有武庚的事件,在那事件之中,东部的薄姑与商奄都加入合作。《汉书·地理志》说:

> 齐地,……汤时有逢公柏陵,殷末有薄姑氏,皆为诸侯,国此地。至周成王时,薄姑氏与四国共作乱,成王灭之,以封师尚父,是为太公。(《史记·周本纪》也说:"东伐淮夷,残奄,迁其君薄姑。"《书序》云:"成王既践奄,将迁其君于薄姑。周公告召公,作《将薄姑》。"但皆无灭蒲姑以封太公的事。)

《史记》的《周本纪》与《齐太公世家》都说太公封于齐是武王时的事。《汉书》明白的抛弃那种旧说,另说太公封齐是在成王时四国乱平之后。现在看来,《汉书》所说,似近于事实。不但太公封齐在四国乱后;伯禽封鲁也应该在周公东征四国之后。"四国"之说,向来不一致:《诗》毛传以管、蔡、商、奄为四国;孔颖达《左传正义》说杜注的"四国"为管、蔡、禄父(武庚)、商奄。《尚书·多方》开端即云:

> 惟五月丁亥,王来自奄,至于宗周。周公曰:"王若曰:猷告尔四国多方:惟尔殷侯尹民……"

此时武庚管蔡已灭,然而还用"四国"之名,可见管、蔡、武庚不在"四国"之内。"四国"似是指东方的四个殷旧部,其一为殷本部,其二为商奄(奄有大义,"商奄"犹言"大商",犹如说"大罗马"、"大希腊"),其三为薄姑,其四不能确定,也许即是"徐方"。此皆殷文化所被之地。薄姑灭,始有齐国;商奄灭,始有鲁国。而殷本部分为二:其一为宋,承殷之后,为殷文化的直接继承者;其一为卫,封给康叔,是新朝用来监视那残存的宋国的。此外周公还在洛建立了一个成周重镇。

我们现在读《大诰》、《多士》、《多方》、《康诰》、《酒诰》、《费誓》等篇,我们不能不感觉到当时的最大问题是镇抚殷民的问题。在今文《尚书》二十九篇中,这个问题要占三分之一的篇幅(《书序》百篇之中,有《将薄姑》,又有《亳姑》)。其问题之严重,可以想见。看现在的零碎材料,我们可以看出两个步骤:第一步是倒殷之后,还立武庚,又承认东部之殷旧国。第二步是武庚四国叛乱之后,周室的领袖决心用武力东征,灭殷四国,建立了太公的齐国,周公的鲁国。同时又在殷虚建立了卫国,在洛建立了新洛邑。然而周室终不能不保留一个宋国,大概还是承认那个殷民问题的严重性,所以不能不在周室宗亲(卫与鲁)外戚(齐)的包围监视之下保存一个殷民族文化的故国。

所以在周初几百年之间,东部中国的社会形势是一个周民族成了统治阶级,镇压着一个下层被征服被统治的殷民族。傅斯年先生说"鲁之统治者是周人,而鲁之国民是殷人"(引见上文),这个论断可以适用于东土全部。这形势颇像后世东胡民族征服了中国,也颇像北欧的民族征服了罗马帝国。以文化论,那新起的周民族自然比不上那东方文化久远的殷民族,所以周室的领袖在那开国的时候也不能不尊重那殷商文化。《康诰》最能表示这个态度:

> 王曰,呜呼,封,汝念哉!……往敷求于殷先哲王,用保乂民。汝丕远惟商耇成人,宅心知训。……

同时为政治上谋安定,也不能不随顺着当地人民的文化习惯。《康诰》说:

> 汝陈时臬司,师兹殷罚有伦。……

> 汝陈时臬事,罚蔽殷彝,用其义刑义杀。……

此可证《左传》定公四年祝佗说的话是合于历史事实的。祝佗说成王分封鲁与卫,"皆启以商政,疆以周索";而他封唐叔于夏虚,则"启以夏政,疆以戎索"。(杜注:"皆,鲁卫也。启,开也。居殷故地,因其风俗,开用其政。疆理土地以周法。索,法也。")但统治者终是统治者,他们自有他们的文化习惯,不屑模仿那被征服的民族的文化。况且新兴的民族看见那老民族的灭亡往往由于文化上有某种不适于生存的坏习惯,所以他们往往看不起被征服民族的风俗。《酒诰》一篇便是好例:

> 王曰,封,我西土……尚克用文王教,不腆于酒,故我至于今,克受殷之命。

这是明白的自夸西土民族的胜利是因为没有堕落的习惯。再看他说:

> 古人有言曰:"人无于水监,当于民监。"今惟殷堕厥命,我其可不大监抚于时。

这就是说:我们不要学那亡国民族的坏榜样!但最可注意的是《酒

诰》的末段对于周的官吏,有犯酒禁的,须用严刑:

> 汝勿佚,尽执拘以归于周,予其杀。

但殷之旧人可以不必如此严厉办理:

> 又惟殷之迪诸臣惟工,乃湎于酒,勿庸杀之,姑惟教之。

在这处罚的歧异里,我们可以窥见那统治民族一面轻视又一面放任那被征服民族的心理。

但殷民族在东土有了好几百年的历史,人数是很多的;虽没有政治势力,他们的文化的潜势力是不可侮视的。孔子说过:

> 周因于殷礼,所损益可知也。

这是几百年后一个有历史眼光的人的估计,可见周朝的统治者虽有"所损益",大体上也还是因袭了殷商的制度文物。这就是说,"殪戎殷"之后,几百年之中,殷商民族文化终久逐渐征服了那人数较少的西土民族。

殷周两民族的逐渐同化,其中自然有自觉的方式,也有不自觉的方式。不自觉的同化是两种民族文化长期接触的自然结果,一切民族都难逃免,我们不用说他。那自觉的同化,依我们看来,与"儒"的一个阶级或职业很有重大的关系。

在那个天翻地覆的亡国大变之后,昔日的统治阶级沦落作了俘虏,作了奴隶,作了受治的平民。《左传》里祝佗说:

> 分鲁公以……殷民六族——条氏,徐氏,萧氏,索氏,长勺氏,尾勺氏,——使帅其宗氏,辑其分族,将其类丑,以法则周公,用即命于周;是使之职事于鲁,以昭周公之明德。分之土田陪敦,祝宗卜史,备物典策,官司彝器。……分康叔以……殷民七族——陶氏,施氏,繁氏,锜氏,樊氏,饥氏,终葵氏。……

这是殷商亡国时的惨状的追述。这十几族都有宗氏,都有分族类丑,自然是胜国的贵族了;如今他们都被分给那些新诸侯去"职事"

于鲁卫，——这就是去做臣仆。那些分封的彝器是战胜者的俘获品，那些"祝宗卜史"是亡国的俘虏。那战胜的统治者吩咐他们道：

> 多士，昔朕来自奄，予大降尔四国民命。我乃明致天罚，移尔遐逖，比事臣我宗，多逊！……今予惟不尔杀。……亦惟尔多士攸服奔走臣我多逊，尔乃尚有尔土，尔乃尚宁干止。尔克敬，天惟畀矜尔。尔不克敬，尔不啻不有尔土，予亦致天之罚于尔躬！(《多士》；参看《多方》)

这是何等严厉的告诫奴虏的训词！这种奴虏的生活是可以想见的了。

但我们知道，希腊的知识分子做了罗马战胜者的奴隶，往往从奴隶里爬出来做他们的主人的书记或家庭教师。北欧的野蛮民族打倒了罗马帝国之后，终于被罗马天主教的长袍教士征服了，倒过来做了他们的徒弟。殷商的知识分子，——王朝的贞人，太祝，太史以及贵族的多士，——在那新得政的西周民族之下，过的生活虽然是惨痛的奴虏生活，然而有一件事是殷民族的团结力的中心，也就是他们后来终久征服那战胜者的武器，——那就是殷人的宗教。

我们看殷虚(安阳)出土的遗物与文字，可以明白殷人的文化是一种宗教的文化。这个宗教根本上是一种祖先教。祖先的祭祀在他们的宗教里占一个很重要的地位。丧礼也是一个重要部分(详下)。此外，他们似乎极端相信占卜：大事小事都用卜来决定。如果《洪范》是一部可信的书，那么，占卜之法到了殷商的末期已起了大改变，用龟卜和用兽骨卜之法之外，还有用蓍草的筮法，与卜并用。

这种宗教需用一批有特别训练的人，卜筮需用"卜筮人"；祭祀需用祝官；丧礼需用相礼的专家。在殷商盛时，祝宗卜史自有专家。亡国之后，这些有专门知识的人往往沦为奴虏，或散在民间。因为他们是有专门的知识技能的，故往往能靠他们的专长换得衣食之资。他们在殷人社会里,仍旧受人民的崇敬;而统治的阶级,为了要安定民众,也许还为了他们自己也需要这种有知识技能的人,所以只须那些"多士攸服奔走臣我多逊",也就不去过分摧残他们。这一些人和他们的子孙,就在那几百年之中,自成了一个特殊阶级。他们不是那新朝的"士";"士"是一种能执干戈以卫社稷的武士阶级,是新朝统治阶级的下层。他们只是"儒"。他们负背着保存故国文化的遗风,故在那几百年社会骤变,民族混合同化的形势之中,他们独能继续保存殷商的古衣冠,——也许还继续保存了殷商的古文字言语(上文引的《墨子》《公孟篇》与《非儒篇》,都有"古言服"的话。我们现在还不明白殷周民族在语言文字上有多大的区别)。在他们自己民族的眼里,他们是"殷礼"(殷的宗教文化)的保存者与宣教师。在西周民族的眼里,他们是社会上多材艺的人,是贵族阶级的有用的清客顾问,是多数民众的安慰者。他们虽然不是新朝的"士",但在那成周宋卫齐鲁诸国的绝大多数的民众之中,他们要算是最高等的一个阶级了。所以他们和"士"阶级最接近,西周统治阶级也就往往用"士"的名称来泛称他们。《多士篇》开端就说:

惟三月,周公初于新邑洛,用告商王士。

王若曰:尔殷遗多士!

下文又说:

王若曰:尔殷多士!……

王曰:告尔殷多士!

《多方篇》有一处竟是把"殷多士"特别分开来了:

王曰:呜呼,猷告尔有方多士,暨殷多士。

《大雅·文王》之诗更可以注意。此诗先说周士:

陈锡哉周,侯(维)文王孙子。文王孙子,本支百世。凡周之士,不显亦世。世之不显,厥犹翼翼。思皇多士,生此王国。

　　王国克生,维周之桢。济济多士,文王以宁。

次说殷士:

> 　　商之孙子,其丽不亿。上帝既命,侯(维)于周服。侯服于
> 周,天命靡常。殷士肤敏,祼将于京。厥作祼将,常服黼冔。
> 王之荩臣,无念尔祖。

前面说的是新朝的士,是"文王孙子,本支百世"。后面说的是亡国
的士,是臣服于周的殷士。看那些漂亮的,手腕敏捷的殷士,在那
王朝大祭礼里,穿戴着殷人的黼冔(《士冠礼记》:"周弁,殷冔,夏
收"),捧着鬯酒,替主人送酒灌尸。这真是一幕"青衣行酒"的亡国
惨剧了(毛传以"殷士"为"殷侯",殊无根据。《士冠礼记》所谓"殷
冔",自是士冠)!

　　大概周士是统治阶级的最下层,而殷士是受治遗民的最上层。
一般普通殷民,自然仍旧过他们的农工商的生活,如《多方》说的
"宅尔宅,畋尔田"。《左传》昭公十六年郑国子产说:"昔我先君桓
公与商人皆出自周,庸次比耦,以艾杀此地,斩之蓬蒿藜藋,而共处
之。世有盟誓,以相信也,曰:'尔无我叛,我无强贾,毋或丐夺;尔
有利市宝贿,我勿与知。'恃此质誓,故能相保,以至于今。"徐中舒
先生曾根据此段文字,说:"此'商人'即殷人之后而为商贾者。"又
说:"商贾之名,疑即由殷人而起。"(《国学论丛》1卷1号,页111)
此说似甚有理。"商"之名起于殷贾,正如"儒"之名起于殷士。此
种遗民的士,古服古言,自成一个特殊阶级;他们那种长袍大帽的
酸样子,又都是彬彬知礼的亡国遗民,习惯了"犯而不校"的不抵抗
主义,所以得着了"儒"的浑名。儒是柔懦之人,不但指那逢衣博带
的文绉绉的样子,还指那亡国遗民忍辱负重的柔道人生观(傅斯年
先生疑心"儒"是古代一个阶级的类名,亡国之后始沦为寒士,渐渐
得着柔懦的意义。此说亦有理,但此时尚未有历史证据可以证明
"儒"为古阶级)。

柔逊为殷人在亡国状态下养成的一种遗风,与基督教不抵抗的训条出于亡国的犹太民族的哲人耶稣,似有同样的历史原因。《左传》昭公七年所记孔子的远祖正考父的鼎铭,虽然是宋国的三朝佐命大臣的话,已是很可惊异的柔道的人生观了。正考父曾"佐戴武宣"三朝;据《史记·十二诸侯年表》,宋戴公元年当周宣王二十九年(前 799),武公元年当平王六年(前 765),宣公元年当平王二十四年(前 747)。他是西历前八世纪前半的人,离周初已有三百多年了。他的鼎铭说:

> 一命而偻,再命而伛,三命而俯,循墙而走,亦莫余敢侮。
> 饘于是,鬻于是,以餬余口。

这是殷民族的一个伟大领袖的教训。儒之古训为柔,岂是偶然的吗?

不但柔道的人生观是殷士的遗风,儒的宗教也全是"殷礼"。试举三年之丧的制度作一个重要的例证。十几年前,我曾说三年之丧是儒家所创,并非古礼;当时我曾举三证:

(1)《墨子·非儒篇》说儒者之礼曰:"丧父母三年。"……此明说三年之丧是儒者之礼。

(2)《论语》记宰我说三年之丧太久了,一年已够了。孔子弟子中尚有人不认此制合礼,可见此非当时通行之俗。

(3)孟子劝滕世子行三年之丧,滕国的父兄百官皆不愿意,说道:"吾宗国鲁先君莫之行,吾先君亦莫之行也。"鲁为周公之国,尚不曾行过三年之丧。(《中国哲学史大纲》上,页132)

我在五六年前还信此说,所以在"三年丧服的逐渐推行"(《武汉大学文哲季刊》1 卷 2 号)一篇里,我还说"三年之丧只是儒家的创制"。我那个看法,有一个大漏洞,就是不能解释孔子对宰我说的:

> 夫三年之丧,天下之通丧也。

如果孔子不说诳，那就是滕国父兄百官扯谎了。如果"鲁先君莫之行"，如果滕国"先君亦莫之行"，那么，孔子如何可说这是"天下之通丧"呢？难道是孔子扯了谎来传教吗？

傅斯年先生前几年作"周东封与殷遗民"，他替我解决了这个矛盾。他说：

> 孔子之"天下"，大约即是齐鲁宋卫，不能甚大。……三年之丧，在东国，在民间，有相当之通行性，盖殷之遗礼，而非周之制度。当时的"君子（即统治者）三年不为礼，礼必坏；三年不为乐，乐必崩"，而士及其相近之阶级则渊源有自，"齐以殷政"者也。试看关于大孝，三年之丧，及丧后三年不做事之代表人物，如太甲，高宗，孝己，皆是殷人。而"君薨，百官总己以听于冢宰者三年"，全不见于周人之记载。

傅先生的说法，我完全可以接受，因为他的确解答了我的困难。我从前说的话，有一部分是不错的，因为三年之丧确是"儒"的礼；但我因为滕鲁先君不行三年丧制，就不信"天下之通丧"之说，就以为是儒家的创制，而不是古礼，那就错了。傅先生之说，一面可以相信滕鲁的统治阶级不曾行此礼，一面又可以说明此制行于那绝大多数的民众之中，说它是"天下之通丧"也不算是过分的宣传。

我可以替傅先生添一些证据。鲁僖公死在他的三十三年十一月乙巳（十二日），次年（文公元年）夏四月葬僖公，又次年（文公二年）冬"公子遂如齐纳币"，为文公聘妇。《左传》说："礼也。"《公羊传》说："讥丧娶也。娶在三年之外，则何讥乎丧娶？三年之内不图昏。"此可证鲁侯不行三年丧。此一事，《左传》认为"礼也"，杜预解说道："僖公丧终此年十一月，则纳币在十二月也。"然而文公死于十八年二月，次年正月"公子遂如齐逆女；三月，遂以夫人妇姜至自齐"。杜预注云："不讥丧娶者，不待贬责而自明也！"此更是鲁侯不行三年丧的铁证了。《左传》昭公十五年：

六月乙丑，王太子寿卒。

秋八月戊寅，王穆后崩。

十二月，晋荀跞如周葬穆后。籍谈为介。既葬，除丧，以文伯（荀跞）宴，樽以鲁壶。王曰："伯氏，诸侯皆有以镇抚王室，晋独无有，何也？"……籍谈归，以告叔向，叔向曰："王其不终乎？吾闻之，所乐必卒焉。今王乐忧。……王一岁而有三年之丧二焉。（杜注："天子绝期，唯服三年，故后虽期，通谓之三年。"）于是乎以丧宾宴，又求彝器，乐忧甚矣。……三年之丧，虽贵遂服，礼也。王虽弗遂，宴乐以早，亦非礼也。……"

这可证周王朝也不行三年丧制。《孟子》所记滕国父兄百官的话可算是已证实了。

周王朝不行此礼，鲁滕诸国也不行此礼，而孔子偏大胆的说："三年之丧，天下之通丧也。"《论语》记子张问："书云：'高宗谅阴，三年不言。'何谓也？"孔子直对他说："何必高宗？古之人皆然。君薨，百官总己以听于冢宰，三年。"《檀弓》有这样一段：

子张之丧，公明仪为志焉：褚幕丹质，蚁结于四隅，殷士也。

孔子、子张都是殷人，在他们的眼里嘴里，"天下"只是那大多数的殷商民众，"古之人"也只是殷商的先王。这是他们的民族心理的自然表现，其中自然也不免带一点殷人自尊其宗教礼法的宣传意味。到了孟子，他竟说三年丧是"自天子达于庶人，三代共之"的了。到《礼记·三年问》的作者，他竟说三年丧"是百王之所同，古今之所一也，未有知其所由来者也"！果然，越到了后来，越"未有知其所由来者也"，直到傅斯年先生方才揭破了这一个历史的谜！

三年之丧是"儒"的丧礼，但不是他们的创制，只是殷民族的丧礼，——正如儒衣儒冠不是他们的创制，只是殷民族的乡服。《孟子》记滕国的父兄百官反对三年之丧时，他们说：

且志曰："丧祭从先祖,曰,吾有所受之也。"

这句话当然是古政治家息事宁人的绝好原则,最可以解释当时殷周民族各自有其丧祭制度的政治背景。统治阶级自有其周社,一般"国人"自有其亳社;前者自行其"既葬除服"的丧制,后者自行其"天下之通丧"。

……

孔子所以能中兴那五六百年来受人轻视的"儒",是因为他认清了那六百年殷周民族杂居,文化逐渐混合的趋势,他知道那个富有部落性的殷遗民的"儒"是无法能拒绝那六百年来统治中国的周文化的了,所以他大胆的冲破那民族的界限,大胆的宣言:"吾从周!"他说:

夏礼,吾能言之,杞不足征也。殷礼,吾能言之,宋不足征也。文献不足故也。足,则吾能征之矣。

这就是说,夏殷两个故国的文化虽然都还有部分的保存,——例如《士丧礼》里的夏祝商祝,——然而民族杂居太长久了,后起的统治势力的文化渐渐湮没了亡国民族的老文化,甚至于连那两个老文化的政治中心,杞与宋,都不能继续保存他们的文献了。杞国的史料现在已无可考。就拿宋国来看,宋国在那姬周诸国包围之中,早就显出被周文化同化的倾向来了。最明显的例子是谥法的采用。殷人无谥法,《檀弓》说:

幼名,冠字,五十以伯仲,死谥,周道也。

今考《宋世家》,微子启传其弟微仲,微仲传子稽,稽传丁公申,丁公申传湣公共,共传弟炀公熙,湣公子鲋弑炀公而自立,是为厉公。这样看来微子之后,到第四代已用周道,死后称谥了。——举此一端,可见同化的速度。在五六百年中,文献的丧失,大概是由于同化久了,虽有那些保存古服古体的"儒",也只能做到一点抱残守缺的工夫,而不能挽救那自然的趋势。可是那西周民族却在那五六百年中充分吸收东方古国的文化;西周王室虽然渐渐不振了,那些新建立的国家,如在殷商旧地的齐鲁卫郑,如在夏后氏旧地的晋,都继续发展,成为几个很重要的文化中心。所谓"周礼",其实是这五六百年中造成的殷周混合文化。旧文化里灌入了新民族的新血液,旧基础上筑起了新国家的新制度,很自然的呈显出一种"粲然大备"的气象。《檀弓》有两段最可玩味的记载:

> 有虞氏瓦棺,夏后氏堲周,殷人棺椁,周人墙置翣。周人以殷人之棺椁葬长殇,以夏后氏之堲周葬中殇下殇,以有虞氏之瓦棺葬无服之殇。

> 仲宪言于曾子曰:"夏后氏用明器,……殷人用祭器,……周人兼用之。……"

这都是最自然的现象。我们今日看北方的出殡,其中有披麻带孝的孝子,有和尚,有道士,有喇嘛,有军乐队,有纸扎的汽车马车,和《檀弓》记的同时有四种葬法,是一样的文化混合。孔子是个有历史眼光的人,他认清了那个所谓"周礼"并不是西周人带来的,乃是几千年的古文化逐渐积聚演变的总成绩,这里面含有绝大的因袭夏殷古文化的成分。他说:

> 殷因于夏礼,所损益,可知也。周因于殷礼,所损益,可知也。

这是很透辟的"历史的看法"。有了这种历史见解,孔子自然能看破,并且敢放弃那传统的"儒"的保守主义。所以他大胆的说:

> 周监于二代,郁郁乎文哉! 吾从周。

在这句"吾从周"的口号之下,孔子扩大了旧"儒"的范围,把那个做殷民族的祝人的"儒"变做全国人的师儒了。"儒"的中兴,其实是"儒"的放大。

　　孔子所谓"从周",我在上文说过,其实是接受那个因袭夏殷文化而演变出来的现代文化。所以孔子的"从周"不是绝对的,只是

选择的,只是"择其善者而从之,其不善者而改之"。《论语》里说:

> 颜渊问为邦,子曰:"行夏之时,乘殷之辂,服周之冕。乐
> 则韶舞。放郑声,远佞人;郑声淫,佞人殆。

这是很明显的折衷主义。《论语》又记孔子说:

> 麻冕,礼也;今也纯。俭,吾从众。拜下,礼也;今拜乎上,
> 泰也。虽违众,吾从下。

这里的选择去取的标准更明显了。《檀弓》里也有同类的记载:

> 孔子曰:"拜而后稽颡,颓乎其顺也。(郑注:此殷之丧拜
> 也。)稽颡而后拜,顾乎其至也。(郑注:此周之丧拜也。)三年
> 之丧,吾从其至者。"

> 殷既封而吊,周反哭而吊。孔子曰:"殷已悫,吾从周。"

> 殷练而祔,周卒哭而祔。孔子善殷。

这都是选择折衷的态度。《檀弓》又记:

> 孔子之丧,公西赤为志焉:饰棺墙,置翣,设披,周也。设
> 崇,殷也。绸练设旐,夏也。

> 子张之丧,公明仪为志焉:褚幕丹质,蚁结于四隅,殷士
> 也。

这两家的送葬的礼式不同,更可以使我们明了孔子和殷儒的关系。
子张是"殷士",所以他的送葬完全沿用殷礼。孔子虽然也是殷人,
但他的教义早已超过那保守的殷儒的遗风了,早已明白宣示他的
"从周"的态度了,早已表示他的选择三代礼文的立场了,所以他的
送葬也含有这个调和三代文化的象征意义。

孔子的伟大贡献正在这种博大的"择善"的新精神。他是没有
那狭义的畛域观念的。他说:

> 君子周而不比。

又说:

> 君子群而不党。

他的眼光注射在那整个的人群,所以他说:

　　君子之于天下也,无适也,无莫也,义之与比。

他认定了教育可以打破一切阶级的界限,所以曾有这样最大胆的
宣言:

　　有教无类。

这四个字在今日好像很平常;但在二千五百年前,这样平等的教育
观必定是很震动社会的一个革命学说。因为"有教无类",所以孔
子说:"自行束脩以上,吾未尝无诲焉。"所以他的门下有鲁国的公
孙,有货殖的商人,有极贫的原宪,有在缧绁之中的公冶长。因为
孔子深信教育可以摧破一切阶级的畛域,所以他终身"为之不厌,
诲人不倦"。

　　孔子时时提出一个"仁"字的理想境界。"仁者人也",这是最
妥帖的古训。"井有仁焉"就是"井有人焉"。"仁"就是那用整个人
类为对象的教义。最浅的说法是:

　　樊迟问仁,子曰:"爱人。"

进一步的说法,"仁"就是要尽人道,做到一个理想的人样子,这个
理想的人样子也有浅深不同的说法:

　　樊迟问仁,子曰:"居处恭,执事敬,与人忠。虽之夷狄,不
　可弃也。"

这是最低限度的说法了。此外还有许多种说法:

　　樊迟问仁,子曰:"仁者先难而后获,可谓仁矣。"(比较孔
　子在别处对樊迟说的"先事后得"。)

　　司马牛问仁,子曰:"仁者其言也讱,为之难,言之得无讱
　乎?"

　　颜渊问仁,子曰:"克己复礼为仁。"

　　仲弓问仁,子曰:"出门如见大宾,使民如承大祭。己所不
　欲,勿施于人。在邦无怨,在家无怨。"

其实这都是"居处恭,执事敬,与人忠"引申的意义。仁就是做人。用那理想境界的人做人生的目标,这就是孔子的最博大又最平实的教义。我们看他的大弟子曾参说的话:

> 士不可以不弘毅:任重而道远。仁以为己任,不亦重乎?死而后已,不亦远乎?

"仁以为己任",就是把整个人类看作自己的责任。耶稣在山上,看见民众纷纷而来,他很感动,说道:"收成是好的,可惜做工的人太少了。"曾子说的"任重而道远",正是同样的感慨。

从一个亡国民族的教士阶级,变到调和三代文化的师儒;用"吾从周"的博大精神,担起了"仁以为己任"的绝大使命,——这是孔子的新儒教。

"儒"本来是亡国遗民的宗教,所以富有亡国遗民柔顺以取容的人生观,所以"儒"的古训为柔懦。到了孔子,他对自己有绝大信心,对他领导的文化教育运动也有绝大信心,他又认清了那六百年殷周民族同化的历史实在是东部古文化同化了西周新民族的历史,——西周民族的新建设也都建立在那"周因于殷礼"的基础之上——所以他自己没有那种亡国遗民的柔逊取容的心理。"士不可以不弘毅:任重而道远",这是这个新运动的新精神,不是那个"一命而偻,再命而伛,三命而俯"的柔道所能包涵的了。孔子说:

> 志士仁人,无求生以害仁,有杀身以成仁。

他的弟子子贡问他:伯夷叔齐饿死在首阳山下,怨不怨呢? 孔子答道:

> 求仁而得仁,又何怨?

这都不是柔道的人生哲学了。这里所谓"仁",无疑的,就是做人之道。孟子引孔子的话道:

> 志士不忘在沟壑,勇士不忘丧其元。

我颇疑心孔子受了那几百年来封建社会中的武士风气的影响,所

以他把那柔懦的儒和杀身成仁的武士合并在一块,造成了一种新的"儒行"。《论语》说:

> 子路问成人,子曰:"若臧武仲之知,公绰之不欲,卞庄子之勇,冉求之艺,文之以礼乐,亦可以为成人矣。"曰:"今之成人者何必然。见利思义,见危授命,久要不忘平生之言,亦可以为成人矣。"

"成人"就是"成仁",就是"仁"。综合当时社会上的理想人物的各种美德,合成一个理想的人格,这就是"君子儒",这就是"仁"。但他又让一步,说"今之成人者"的最低标准,这个最低标准正是当时的"武士道"的信条。他的弟子子张也说:

> 士见危致命,见得思义,祭思敬,丧思哀,其可已矣。

曾子说:

> 可以托六尺之孤,可以寄百里之命,临大节而不可夺也。
> 君子人欤? 君子人也。

这就是"见危致命"的武士道的君子。子张又说:

> 执德不弘,信道不笃,焉能为有? 焉能为亡?

子张是"殷士",而他的见解已是如此,可见孔子的新教义已能改变那传统的儒,形成一种弘毅的新儒了。孔子曾说:

> 刚毅木讷近仁。

又说:

> 巧言令色,鲜矣仁。

他提倡的新儒行只是那刚毅勇敢,担负得起天下重任的人格。所以说:

> 仁者己欲立而立人,己欲达而达人。

又说:

> 君子……修己以敬,……修己以安人……修己以安百姓。

这是一个新的理想境界,绝不是那治丧相礼以为衣食之端的柔懦的儒的境界了。

孔子自己的人格就是这种弘毅的人格。《论语》说：

> 子曰："君子道者三，我无能焉：仁者不忧，知者不惑，勇者不惧。"子贡曰："夫子自道也。"

> 子曰："不怨天，不尤人，下学而上达。知我者其天乎！"

> 叶公问孔子于子路，子路不对。子曰："汝奚不曰：'其为人也，发愤忘食，乐以忘忧，不知老之将至云尔？'"

《论语》又记着一条有风趣的故事：

> 子路宿于石门，晨门曰："奚自？"子路曰："自孔氏。"曰："是知其不可而为之者欤？"

这是当时人对于孔子的观察。"知其不可而为之"，是孔子的新精神。这是古来柔道的儒所不曾梦见的新境界。

但柔道的人生观，在孔门也不是完全没有相当地位的。曾子说：

> 以能问于不能，以多问于寡；有若无，实若虚；犯而不校：昔者吾友尝从事于斯矣。

这一段的描写，原文只说"吾友"，东汉的马融硬说"友谓颜渊"，从此以后，注家也都说是颜渊了（现在竟有人说道家出于颜回了）。其实"吾友"只是我的朋友，或我的朋友们，二千五百年后人只可以"阙疑"，不必费心去猜测。如果这些话可以指颜渊，那么，我们也可以证明这些话是说孔子。《论语》不说过吗：

> 子入太庙，每事问。或曰："孰谓鄹人之子知礼乎？入太庙，每事问！"子闻之曰："是礼也。"

这不是有意的"以能问于不能，以多问于寡"吗？这不是"有若无，实若虚"吗？

> 子曰："吾有知乎哉？无知也。有鄙夫问于我，空空如也。我叩其两端而竭焉。"

这不是"以能问于不能,以多问于寡;有若无,实若虚"吗?《论语》又记孔子赞叹"伯夷叔齐不念旧恶,怨是用希",这不是"犯而不校"吗?为什么我们不可以说"吾友"是指孔子呢?为什么我们不可以说"吾友"只是泛指曾子"昔者"接近的某些师友呢?为什么我们不可以说这是孔门某一个时期("昔者")所"尝从事"的学风呢?

大概这种谦卑的态度,虚心的气象,柔逊的处世方法,本来是几百年来的儒者遗风,孔子本来不曾抹煞这一套,他不过不承认这一套是最后的境界,也不觉得这是惟一的境界罢了(曾子的这一段话的下面,即是"可以托六尺之孤"一段;再下面,就是"士不可以不弘毅"一段。这三段话,写出三种境界,最可供我们作比较)。在那个标举"成人""成仁"为理想境界的新学风里,柔逊谦卑不过是其一端而已。孔子说得好:

> 恭而无礼则劳,慎而无礼则葸,勇而无礼则乱,直而无礼则绞。

恭与慎都是柔道的美德,——孟僖子称正考父的鼎铭为"共",(恭)——可是过当的恭慎就不是"成人"的气象了。《乡党》一篇写孔子的行为何等恭慎谦卑!《乡党》开端就说:

> 孔子于乡党,恂恂如也,似不能言者。其在宗庙朝廷,便便言,唯谨尔。(郑注:便便,辩也。)

《论语》里记他和当时的国君权臣的问答,语气总是最恭慎的,道理总是守正不阿的。最好的例子是鲁定公问一言可以兴邦的两段:

> 定公问:"一言而可以兴邦,有诸?"
>
> 孔子对曰:"言不可以若是其几也。人之言曰:'为君难,为臣不易。'如知为君之难也,不几乎一言而兴邦乎?"
>
> 曰:"一言而丧邦,有诸?"
>
> 孔子对曰:"言不可以若是其几也。人之言曰:'予无乐乎为君,唯其言而莫予违也。'如其善而莫之违也,不亦善乎?如

不善而莫之违也,不几乎一言而丧邦乎?"

他用这样婉转的辞令,对他的国君发表这样独立的见解,这最可以代表孔子的"温而厉"、"与人恭而有礼"的人格。

《中庸》虽是晚出的书,其中有子路问强一节,可以用来做参考资料:

> 子路问强。子曰:"南方之强欤? 北方之强欤? 抑而强欤? 宽柔以教,不报无道,南方之强也,君子居之。衽金革,死而不厌,北方之强也,而强者居之。故君子和而不流,强哉矫! 中立而不倚,强哉矫! 国有道,不变塞焉,强哉矫! 国无道,至死不变,强哉矫!"

这里说的话,无论是不是孔子的话,至少可以表示孔门学者认清了当时有两种不同的人生观,又可以表示他们并不菲薄那"宽柔以教,不报无道"(即是"犯而不校")的柔道。他们看准了这种柔道也正是一种"强"道。当时所谓"南人",与后世所谓"南人"不同。春秋时代的楚与吴,虽然更南了,但他们在北方人的眼里还都是"南蛮",够不上那柔道的文化。古代人所谓"南人"似乎都是指大河以南的宋国鲁国,其人多是殷商遗民,传染了儒柔的风气,文化高了,世故也深了,所以有这种宽柔的"不报无道"的教义。

这种柔道本来也是一种"强",正如《周易·象传》说的"谦尊而光,卑而不可逾"。一个人自信甚坚强,自然可以不计较外来的侮辱;或者他有很强的宗教信心,深信"鬼神害盈而福谦",他也可以不计较偶然的横暴。谦卑柔逊之中含有一种坚忍的信心,所以可说是一种君子之强。但他也有流弊。过度的柔逊恭顺,就成了懦弱者的百依百顺,没有独立的是非好恶之心了。这种人就成了孔子最痛恨的"乡原";"原"是谨愿,乡原是一乡都称为谨愿好人的人。《论语》说:

> 子曰:"乡原,德之贼也。"

《孟子》末篇对这个意思有很详细的说明：

> 孟子曰："……孔子曰：'过我门而不入我室，我不憾焉者，其惟乡原乎？乡原，德之贼也。'"
>
> 万章曰："何如斯可谓之乡原矣？"
>
> 曰："何以是嘐嘐也！言不顾行，行不顾言，则曰：'古之人！古之人！行何为踽踽凉凉？生斯世也，为斯世也，善斯可矣。'阉然媚于世也者，是乡原也。"
>
> 万章曰："一乡皆称原人焉，无所往而不为原人，孔子以为德之贼，何哉？"
>
> 曰："非之，无举也；刺之，无刺也。同乎流俗，合乎污世。居之似忠信，行之似廉洁。众皆悦之，自以为是，而不可与入尧舜之道。故曰德之贼也。孔子曰：'恶似而非者。恶莠，恐其乱苗也。恶佞，恐其乱义也。恶利口，恐其乱信也。恶郑声，恐其乱乐也。恶紫，恐其乱朱也。恶乡原，恐其乱德也。'"

这样的人的大病在于只能柔而不能刚；只能"同乎流俗，合乎污世"，"阉然媚于世"，而不能有踽踽凉凉的特立独行。

孔子从柔道的儒风里出来，要人"柔而能刚"，"恭而有礼"。他说：

> 众好之，必察焉。众恶之，必察焉。

乡原决不会有"众恶之"的情况的。凡"众好之"的人，大概是"同乎流俗，合乎污世"的人。《论语》另有一条说此意最好：

> 子贡问曰："乡人皆好之，何如？"
>
> 子曰："未可也"。
>
> "乡人皆恶之，何如？"
>
> 子曰："未可也。不如乡人之善者好之，其不善者恶之。"

这就是《论语》说的"君子和而不同"；也就是《中庸》说的"君子和而不流，中立而不倚"。这才是孔子要提倡的那种弘毅的新儒行。

《礼记》里有《儒行》一篇,记孔子答鲁哀公问"儒行"的话,其著作年代已不可考,但其中说儒服是鲁宋的乡服,可知作者去古尚未远,大概是战国早期的儒家著作的一种。此篇列举"儒行"十六节,其中有一节云:

> 儒有衣冠中,动作慎;其大让如慢,小让如伪;大则如威(畏),小则如愧;其难进而易退也,粥粥若无能也。

这还是儒柔的本色。又一节云:

> 儒有博学而不穷,笃行而不倦,……礼之以和为贵,……举贤而容众,毁方而瓦合,其宽裕有如此者。

这也还近于儒柔之义。但此外十几节,如云:

> 爱其死以有待也,养其身以有为也。
>
> 非时不见,非义不合。
>
> 见利不亏其义,见死不更其守。其特立有如此者。
>
> 儒有可亲而不可劫也,可近而不可迫也,可杀而不可辱也。其过失可微辨而不可面数也。其刚毅有如此者。
>
> 身可危也,而志不可夺也。虽危,起居竟信(伸)其志,犹将不忘百姓之病也。其忧思有如此者。
>
> 患难相死也,久相待也,远相致也。
>
> 儒有澡身而浴德,陈言而伏。……世治不轻,世乱不沮。同弗与,异弗非也。其特立独行有如此者。
>
> 儒有上不臣天子,下不事诸侯,慎静而尚宽,强毅以与人,……砥厉廉隅。虽分国,如锱铢。……其规为有如此者。

这就都是超过那柔顺的儒风,建立那刚毅威严、特立独行的新儒行了。

以上述孔子改造的新儒行:他把那有部落性的殷儒扩大到那"仁以为己任"的新儒;他把那亡国遗民的柔顺取容的殷儒抬高到那弘毅进取的新儒。这真是"振衰而起儒"的大事业。

......

（选自《胡适论学近著》，山东人民出版社1998年版）

胡适（1891—1962），中国现代著名学者、思想家。原名嗣穈，学名洪骍，后改名适，字适之，安徽绩溪人。早年留学美国，从实用主义哲学家杜威学习哲学，1917年回国任北京大学哲学教授，1919年出版《中国哲学史大纲》上卷，是用现代学术方法系统研究中国哲学史的开山之作。提倡白话诗文，主张文学改良，是新文化运动的倡导者之一。20—30年代，发起"整理国故"运动，提倡用科学方法研究国故。抗战期间任中国驻美大使，胜利后归国任北京大学校长。50年代寓居美国，晚年定居台湾，任"中央研究院"院长，1962年病逝。一生著述宏富，有《胡适文存》、《胡适论学近著》、《白话文学史》、《中国中古思想史长编》、《戴东原的哲学》、《藏晖室札记》等。

《说儒》写于1934年，初发表于《历史语言研究所集刊》第四本第三分，后收入《论学近著》。文中追溯了儒的起源和孔门儒家的形成过程，认为儒原本是亡国殷民柔顺宗教的传承者，到孔子才"改成刚毅进取的儒"。孔子是中兴儒教的教主，其所以能成就如此伟业，在其能打破狭隘的民族畛域，以博大的"择善"的新精神，调和三代文化；又能打破阶级的界限，"有教无类"、"仁以为己任"，把整个人类看作自己的责任。这种博大的胸襟和弘毅进取的精神，是孔子最伟大的贡献。此文曾引起巨大反响。

复古办法的观察

陈序经

复古是中国人的传统思想,而且是中国思想上一个特点。这是读过中国历史的人,总要承认的。这种思想的承上起下的关键人物,当然要算孔夫子。孔夫子在他的言论里,处处都露出复古的色彩,这是读过孔夫子的书的人,总要承认的。我们现在把下面数段话来证明:

子曰:周监于二代,郁郁乎文哉!吾从周。

子曰:吾学周礼,今用之,吾从周。

颜渊问为邦。子曰:行夏之时,乘殷之辂,服周之冕。

子曰:大哉!尧之为君也。巍巍乎,唯天为大,唯尧则之。

子曰:我非生而知之者,好古敏以求之也。

子曰:述而不作,信而好古,窃比于我老彭。

子曰:甚矣,吾衰也。久矣,我不复梦见周公。

上面数段话,不过从《论语》中举其显明者,然孔子的复古思想,已可概见。不但是唐、虞、夏、商、周一切的政治礼法风俗及其他的社会制度是好,就是一切的古学都要"学而时习之"。连在梦里也要想见周公。这样的极端的复古,放大起来就是一切的文化,都要依法前人。而依法前人,是愈古愈好。他特别地尊崇帝尧就为这个原故。因为孔子本身是这么崇古,所以崇拜孔子的人总是崇拜皇古,而崇拜皇古的人也必崇拜孔子。我们试看孟子,他的民贵君轻固然是从老子的"圣人无常心，以百姓心为心"推衍而来（廉江江瑔《读子卮言》云：孟子唾骂杨墨而无一言及老子者，盖老子乃其师也），然因为他崇拜尧舜的文化，所以他一则曰："乃所原则学孔子也。"再则曰："自有生民以来，未有孔子也。"三则曰："自生民以来，未有夫子也。"四则曰："自生民以来，未有盛于孔子也。"其实，我们也许要说因为他这么崇拜孔子，所以特别主张复古。比方他说：

> 规矩，方员之至也。圣人，人伦之至也。欲为君，尽君道；欲为臣，尽臣道；二者皆法尧舜而已矣。不以舜之所以事尧事君，不敬其君者；不以尧之所以治民治民，贼其民者也。

其最显明的是：

> 由尧舜至于汤，五百有余岁。若禹若皋陶，则见而知之；若汤，则闻而知之。由汤至于文王，五百有余岁。若伊尹、莱朱，则见而知之；若文王，则闻而知之。由文王至于孔子，五百有余岁。若太公望、散宜生，则见而知之；若孔子，则闻而知之。由孔子而来至于今，百有余岁。去圣人之世，若此其未远也；近圣人之居，若此其甚也。然而无有乎尔，则亦无有乎尔！

又说：

> 尧舜，性之也。汤武，身之也。五霸，假之也。久假而不归，恶知其非有也。

> 尧舜，性者也。汤武，反之也。

> 尽其心者，知其性也；知其性，则知天矣。

孟子因为以知性则知天，所以性就是天。尧舜是性者也，所以舜尧就是天。这与孔子所谓"唯天为大，唯尧则之"，不但只有相同，且进一步，把尧舜来作天看待，其尊崇尧舜可以想见。舜尧以后，若禹若皋陶，则只见得舜尧的黄金世界而知之；他们却不能因见而行之。再沿到汤则只能闻而知之；所以说：舜尧，性之也，汤武,身之也。从此以后,五霸则愈趋愈下,至于孔子也不过闻而知之。闻而知之,虽不能行,也不失其为圣;但是孔子以后,能够"闻而知之"也不可多得,可为慨叹,孰过于此?

总而言之,孔孟的意思是:历史事实上的变更,是退步的,而不是进步的。它从尧舜的黄金时代,而退至汤武的升平时代;更由汤武的升平时代,而退至五霸的混乱时代。这种日趋日下的境况,不只是在政治方面,而是包括了道德以及社会一切的制度和动作。其实,是文化的全部。因为皇古是胜于过去,而过去又胜于近代,所以补救之方,就是能够效法愈古则愈好,这可以说是孔孟复古的根本理论。

但是劝人去复返皇古,就是劝人不要反古。同时自己既自命自己为独一无二的闻知皇古的人,就是告诉人们不要反对我自己所说的古道。这样推衍而来,结果是否认一切与己不同的言论和动作,所以排除异己的成见最深,而容纳他人的意见,成为论理上所不许。其原因是因为把过去的法则来做目标,总是绝对的,因为这种法则是决没有可变为较好的法则。是要它变,只有变坏。愈变坏,则愈要复古。回头是岸,就是他们的劝告。一个不晓游水的人,若是走下大海去,则愈下愈深;愈深则愈危险。说来说去,总是要速点转头向岸走,才有生机。本来岸上也许是很危险的,而且在岸上也许有性命之虞,不过这种已成陈迹的岸,还有谁能够去证明在岸上是不好呢?只是有"我"知道,这是孔子和孟子的回答。跟着"我"罢!这是孔子和孟子的劝告。要是不跟着"我"呢,则攻乎异端,斯害也已。

这个信条,一经宣布,则无论是谁,都要信仰"我"的道。不信我,就是攻乎异端:"攻乎异端,斯害也已。"结果是孔家一切的伙伴,都不能相信孔子以外的道。要是它又得了政治或他种实力去保护,那么反倒成为自身不能保的事情。万一因不能自持而为异道所惑,则不是含默不言,必极力辩护,借以遮掩天下。孟子,像吾们上面所说之于老子,已有这种趋势;而其最显明的例,还是像宋代的陆象山。

陆象山开口就自命为儒家。比方,他和侄孙浚书中说:"吾儒之道,乃天下之常道,岂是别有妙道。"然平心来说,陆氏自己的学说,受过佛老的影响,处处流露。然他在致曹立之的书里却说:"佛老遍天下,其说皆足以动人,士大夫鲜有不溺焉。"又说:"……武帝之事四夷,非之何必日与胡和亲为哉?此等皆黄老言之误也。"但是在与王顺之书里又说:"大抵学术有说有实,儒者有儒者之说,老氏有老氏之说,释氏有释氏之说,天下之学术多矣,而大门则此三家也。"又与曹立之书云:"杨朱、墨翟、老、庄、申、韩虽不正,其说自分明。"所谓各家有各家之说,以及其说自分明,就是承认佛老之价值。他又说:"我无事只好似一个全无知无能的人,及事到方出来,又却似个无所不知无所不能。"这正是老子"为无为而无不为"的意旨。又如:"道非争竞者可知,惟静退者可入。"这又是佛老的清净之旨。佛老的重要意旨是清净无为,陆氏已身体而力行,那么佛老的魂已上了他身,他还是要扬言斥佛老!

从这种的门户偏见,再推衍去,就是乘在汽车上去提倡东方的精神文化,建起洋楼式的孔教会,穿着百数十元的洋布衣服,戴起罗斯福式的洋眼镜……而去讲说"贤哉,回也;一箪食,一瓢饮,在陋巷,人不堪其忧,回也不改其乐"的遗教。

所谓排斥异己,就是排外。排外应用在某一种学派上,是排斥于这学派以外的学派。若应用到一个国家或民族上,就成为排斥这国家或民族以外的一切国家及民族。排外不但是由排斥异己的学说推衍而来,而且是孔家一种信条。孔子说:

> 夷狄之有君,不如诸夏之亡也。

除了皇朝的中国以外,一切的民族国家不是南蛮北狄,必是东夷西戎。他们是没有开化的,他们没有君君、臣臣、父父、子子的礼教,他们也配不上来说这种的关系。万一他们也有了君,有了臣,还不若我们皇朝大国之没有,因为惟有大国皇朝像我们这样,才能够有这名能副实的东西!

这样的排外趋赴极端,则一切的外来的东西,都是不好,不值得仿效。而且为皇朝的面子起见,是不应当仿效的。我们试看《战国策·赵二》里所载君臣之劝赵武灵王勿采胡服的言论,便能知道。武灵王本来是一个很有振作的人,采用胡服本来不算做什么重要的事,而君臣中竟把来做一件不得了的事,大加反对,他们的理由是:

> 服奇者志淫,俗辟者乱民。是以莅国者不袭奇辟之服,中国不近蛮夷之行,非所以教民而成礼也。

又如:

> 当世辅俗,古之道也;衣服有常,礼之制也;修法无愆,民之职也,三者先圣之所以教。今君释此而袭远方之服,变古之教,易古之道,逆人之心,畔学者,离中国。

这一类的言论,是在中国的历史上司空见惯的,而犹是东西文化接触以后,排外来的文化的偏见,特别厉害。比方,康熙的时代,杨光先上书反对依西洋的新历,而恢复旧法,到了他自己做钦天监正,却又不明推算之理数。结果是不免于舛误而入狱,到了遇赦以后,他还是不自悔,而著《不得已》书。今略摘一段,以示其排斥外来的东西之大概:

> 是以西洋邪教为中国不可无之人,而欲招徕之,援引之,自贻伊戚。无论其交食不准之甚,即准矣,而大清国卧榻之旁,岂容若辈鼾睡耶?盖从古至今,有不奉彼国差来朝贡,而可越吾疆界者否?有入贡陪臣不回本国,而呼朋引类煽惑吾人民者否?江统《徙戎论》盖蚤烛于几先,以为羽毛既丰,不至

破坏人之天下不已。兹著书显言东西万国及我伏羲与中国之初人，尽是邪教子孙，其辱我天下之人，至不可言喻，而人直受之而不辞。异日者，设有蠢动，还是子弟拒父兄乎？还是子弟卫父兄乎？卫之义既不可，拒之力又不能，请问天下之人何居焉？光先之愚见，宁可使中国无好历法，不可使中国有西洋人。无好历法，不过如汉家不知合朔之法，日食多在晦日，而犹享四百年之国祚；有西洋人，吾惧其挥金以收拾我天下之人心，如抱火于积薪，而祸至之无日也。……世或以其制器之精奇而喜之，或以其不婚不宦而重之。不知其仪器精者，兵械亦精，适足为我隐患也；不婚不宦者，其志不在小，乃在诱吾民而去之。如图日本、取吕宋之已事可鉴也。《诗》曰："如彼雨雪，先集维霰。"又《传》曰："鹰化为鸠，君子犹恶其眼。"今者海氛未靖，讥察当严，揖盗开门，后患宜毖。宁使今日晋予为妒口，毋使异日神予为前知，是则中国之厚幸也。

光先还知道西洋的历法、仪器、兵械之精于中国，而足以为中国之隐忧。然因为传统的排外思想太深，弄到他忘记了我们若不虚心去学人的好处，就使我们不准西洋人在国内居住，而西洋人则随时都可到中国，侵夺我们土地。此外又像艾儒略（Julins Aleni）所著的《职方外纪》及南怀仁（Veliriert）的《坤舆图说》，本来是地理学上很大的贡献，而可以帮助于中国智识眼界；然所谓当代硕学的纪昀在《四库全书提要》竟把他们当做古代小说看，而其原因，胡礼垣说得颇详，略录于下：

> 纪公曾于内庭管理《四库全书》，阮公曾建设学海堂于广东、江西、江南各省。南北学士，莫不资法于二公。二公博览群书，不愧一代之文宗。今者艾儒略、南怀仁等重涉重洋，来诣吾邦，二公表面勉为敬崇，而不用其说。其意以为我中华《一统志》，卷帙五百，至详且尽，安用此浅近之《地球说略》、

《坤舆地图说》等为？又以为尧舜之时，已创历法，垂四千年而不变，彼琐琐之说，恶足以易之。(《康说书后》，看《胡翼南文集》卷十三)

然其最妙的，还是天下闻名的王壬秋的《陈夷务疏》反对设立同文馆。今摘录于下：

> 言御夷者，皆以识其文字，通其言语，得其情伪，知其山川、厄塞、君臣治乱之迹，及其国内虚实之由；其最善者，取其军食以济我师，得其器械以为我利。今设同文，意亦在此。而臣独以为无益。……火轮船者，至拙之船也；洋炮者，至蠢之器也。船以轻捷为能，械以巧便为利。今夷船煤火未发，则莫能使行；炮须人运，而重不可举。若敢决之士，血刃临之，骤失所恃，束手待死而已。(《湘绮楼全集》卷二)

义和团可以说是这种思想的结晶品。他们的肚子能够抵抗枪炮的自信，不外是以这种思想来做他们的护身符。无奈肚子终是为枪炮所征服。义和团的自信，应该给中国人一个最好的教训，但是抱着皇古像抱着佛脚的中国人，委实是不易教训的。他们之信仰孔子，正如孔子之信仰皇古。复古是孔子的精神所在，也许是性命所托，信孔也是他们的精神和性命所在。因此我们见得满清推倒以后，复古的运动，还是继续不断的发生。复古的运动，总是与尊孔的运动相连带而来；所以尊孔就为复古，而复古也就是尊孔。民国以来的向后转的口号和言论，是随处可听见的，而特别是欧战以后。我们为篇幅所限，现在再举出一二个例来看看罢：

> 西洋之教人为善，不畏之以上帝，则畏之以法律；离此二者，虽兄弟比邻，不能安处也。逮夫僧侣日多，食之者众，民不堪其重负，遂因三十年之战倾覆僧侣之势力，而以法律代上帝之权威。于是继僧侣而兴者，则为军警焉。军警之坐食累民，其害且过于僧侣，结果又以酿成今日之战。经此大战之后，欧

人必谋所以弃此军警亦如昔之摒弃僧侣者焉。顾摒弃军警之后，其所赖以维持人间之平和秩序者，将复迎前曾摒弃之僧侣乎？抑将更他求乎？为欧人计，惟有欢迎吾中国人之精神，惟有欢迎孔子之道。

我们特地的抄出这段话，因为它是学贯中西的辜鸿铭先生在他的大著德文本（也有英文本）《中国国民之精神及战争之血路》里的言论。我留德时，在柏林及莱比锡的旧书店里，还能容易找得，而对于东方文化的研究，兴趣较浓的比较年岁较深的学者，还能道及辜先生的著作，并且听说因为受了欧战刺激过深，而发生点神经变态的人，在好几年前，也给了辜先生以相当的同情。不过他们说：欧战不过是欧洲历史上一种变态，现在已逐渐返复常态了，所以变态心理的相信辜先生的人，也许是没有了！

其实辜先生以为西洋的文化，不外是宗教法律的代替，是我们不敢赞同的。难道西洋人没有道德吗？三十年的战争，既不是中世纪的僧侣倾覆的主因，而1914年到1918年的大战，也不见得能够打倒辜先生所谓继续僧侣而起的军警。

辜先生的音乐本来是为西洋人而奏的。西洋人之听辜先生的音乐的人，固然不多；中国人之能知道辜先生的音乐的人，更是寥寥无几。十余年来，中国人所谓有系统的东西文化的研究而发行为专书的，恐怕还是一位梁漱溟先生。梁先生对于这个问题的研究，据他自己说，是在民国六、七年间。经过了三四年后，他遂将其研究所得，在民国九、十年间在北京大学及山东济南教育会会场讲演，由这些讲演而编成他的《东西文化及其哲学》。梁先生把世界的文化分为三种：一为中国的文化，二为印度的文化，三为欧洲的文化。这三种文化的差异据梁先生说是：

（1）西方文化是以意欲向前要求为其根本精神的。

（2）中国文化是以意欲自为调和持中为其根本精神的。

(3)印度文化是以意欲反身向后要求为其根本精神的。

世界文化只有这三种,也许文化本身只有这三种。这是梁先生告诉我们的。并且不只是世界的文化只有这三种,而且文化的发展的时期,也是必经过这三种文化。照梁先生的意见,人类文化之初,都不能不走第一条路——西洋文化的路。这是文化发展的第一时期。第二的时期是中国文化的路,而特别是指明孔子之道。第三的时期,是印度文化的时期,而特别是佛教化的文化。梁先生以为这三个时期是人类文化发展所必经的途径,文化的趋势也是这样朝向的。

人类文化的发展的趋向途径,固然是这样的,但是现在中国人对于文化上所应持的态度,据梁先生说,是有下面数条的途径:

第一,排斥印度的态度,丝毫不能容留。

第二,对于西方文化是全盘承受,而根本改过,就是对其态度要改一改。

第三,批评的把中国原来态度,重新拿出来!

梁先生说:"这三条,是我这些年来研究这个问题之最后结论,几经审慎,而后决定,并非偶然的感想。"梁先生固然是这样说,然阅者看了上面的文化发展的途径由西洋而中国,由中国而印度,阅者总会问道:为什么梁先生又极端反对印度的路径呢? 梁先生的回答是:文化发展的程度,固然这样,然而要达到印度文化的地位,必先走完了中国文化的态度中所应走的途径。梁先生说:

> 本来印度人那种特别生活差不多是一种贵族的生活,非可遍及于平民,只能让社会上少数居优越地位、生计有安顿的人,把他心思才力用在这个上边。唯有在以后的世界,大家的生计,都有安顿,才得容人人来作,于自己于社会均没妨碍。这也是印度文化在人类以前文化中为不自然的,而要在某种文化步段以后才顺理之证。

　　简单来说:印度化的程度太高了!现在第二条路还走不到,还讲什么第三条路。所以把印度化来解决我们现在的困难,是不合时宜的。不合时宜,所以要丝毫不容留地去排斥它。

　　梁先生承认这三种——西洋、中国、印度——文化的最初发生,都是顺装的——就是跟着第一条路。不过这三个地方的文化,在他们慢慢地走的历程中,都走了错路,或是走了曲路。西洋和印度二者都折入第三条路——印度化或是宗教化的路,而中国却跑入第二条路——中国化的路。梁先生说:他们总走错路,或曲路,因为他们不待走完了第一条所应走的路,所以不但是西洋的中世纪和印度,跳得太远;就是中国也因第一条路尚未走完,而躐等的进入第二条路。这样的不循文化发展上所应当经过的途径而躐等跳级的文化,梁先生叫做“文化早熟”。早熟是一件不好的东西,所以无论是在中世纪的欧洲也好,在中国在印度也好,他们总是早熟,他们总是走了歧途,走入暗路。

　　不过在欧洲,到了文艺复兴的时代,乃始拣择批评的重新走第一条路,把希腊人的态度又拿出来。他这次当真走这条路,便笔直的走下去不放手,于是人类文化所应有的成功,如征服自然、科学、德莫克立西,都由此成就出来,即所谓近世的西洋文化。西洋文化的胜利,只在其适应人类目前的问题,而中国文化,印度文化,在今日的失败,也非其本身有什么好坏可言,不过就在不合时宜罢。

　　梁先生以为西洋人现在已走了正路,而且就走完了第一条路。走完了第一条路,便转入第二条路——中国化的路——再转而入第三条路。这样的一路走,“就无中国或印度文明输去给西洋人,西洋人自己也能开辟他们出来”。“若中国则绝不能,因为他态度殆无由生变动,别样文化既无由发生也,从此简直没有办法,不痛不痒真是一个无可指名的大病。”所以惟一的办法,照梁先生的意见,是对于西方文化全盘承受。设使梁先生说到这里而停止,我们也许赞成,不过梁先生的全盘接受,是带着两个条件:一是根本地改过西方文化,就是对其态度要改一改。二是批评地把中国原来态度,重新拿出来。完全采纳西洋文化的带着这二个条件的原因,据梁先生说:

> 西洋人也从他的文化而受莫大之痛苦。若远若近将有影响于世界的大变革,而开辟了第二路文化。从前我们有亡国灭种的忧虑,此刻似乎情势不是那样,而旧时富强的思想,也可不作。那么如何要鉴于西洋弊害而知所戒,并预备促进世界第二路文化之实现。

所谓西洋文化受莫大之痛苦,根本上的改过,梁先生没有充分的解释。但是所谓把中国原来态度重新拿出来,梁先生却特别是指着孔子的道。梁先生在自序里说:

> 我又看着西洋人可怜,他们当此物质的疲敝,要想得精神的恢复,而他们所谓精神,又不过是希伯来那点东西,左冲右突,不出此圈,真是所谓未闻大道。我不应当导他们于孔子这条路来吗?……然而西洋人无从寻得孔子是不必论的,乃至今天的中国,西学有人提倡,佛学有人提倡,只有谈至孔子,羞涩不能出口,也是一样无从为人晓得孔子之真,若非我出头倡导,可有哪个出头?这是迫得我自己来作孔家生活的缘故。

这是梁先生的复返孔子的生活的自白。然而梁先生又告诉我们道:

> 我们可以把孔子的路,放得极宽泛,极通常,简直去容纳不合孔子之点都不要紧。

我们为了明白梁先生的思想大概起见,所以上面除了将梁先生自己的主张指出外,并没有加以批评。其实梁先生的意旨是很不容易找出的,怪不得张君劢先生说,他对于梁先生的学说,"苦索难明"。为了篇幅关系起见,我们不能详细地将梁先生的学说来批评,我们现在只能提出下面数点来,指明梁先生的思想不清楚,及其错误。

梁先生以为西洋、中国、印度的文化的差异,是由于一者是以意欲向前,一者持中,一者向后。这是完全错解了意欲的真谛。意欲是无论何时何处,都是向前直赴的。它并没有持中,也没有向后。意欲是像炉中的火,有了一点火,则热度总是向上升;只有没有火的时候,才没有热。同样,意欲之所以成为意欲,就是因为它是向前的,活动的;惟有完全没有了意欲,才没有向前的动作。同样,一切的文化所走的途径,都是向前的,决没有向后的。前人创造了一点东西,后人于学了前人所做的东西以外,又添了多少上去。这样的累进不已,后人不但不像复古一般人所说,不如古人,其实是常常胜过古人,而且应当胜过古人。在某种文化圈围之内,其文化重心也许偏于某一方面,结果他方面的演进,也许比较的不及这方面,也许其演进比较缓点,然他们决不会不过去。所以一切文化的差异,只有程度或量上的简单和复杂的差别,却没有质上的差异。

梁先生以为文化的发展时期,是由西洋化而中国化,由中国化而印度化。又以为文化的种类,只有这三种。梁先生既预知将来到这么准确,我们要问于印度化之后,又有什么化? 还有没有第四的时期? 抑或文化是循环的? 梁先生最含混的地方是,他的“文化早熟学说”。他承认印度,也许包括中国化是未来的文化,然他又没有法子去说明为什么印度化的文化,及中国化的文化,能够在几千年前已经发生,于是不得不说他们是早熟。因为早熟,所以不合乎现世的需要。为中国文化的目前计,不得不采纳西洋文化。然在西洋文化还未完全采纳之时,就是第一条路还未走完之前,又要采纳中国固有的文化,这岂不是错上加错吗? 梁先生也许说:我们可以放宽孔子的路,去容纳不合孔子之点。但这样的返复孔子的文化,并非孔子的真面目,而是一种中西调和的办法。这就是说:我们要保留孔子,同时我们又要全盘接受西化。然而梁先生已告诉我们:西化是第一条路,第一个时期,孔化是第二条路,是第二个时期,"道不同不相为谋",难道提倡孔子化的梁先生,没有听过吗?其实,像吾们上边所举出孔子排外的态度,是决不能容纳外来的东西,何况要和孔子之点不合的东西呢? 总之在文化发展的路程中,梁先生既承认我们是因为走入孔子之路,而有今日之错,梁先生于我们于未学完西化以前,又要我们复古,自相矛盾,孰甚于此!

照梁先生的文化发展的三时期——由西洋化而中国化,由中国化而印度化——是一切文化发展所必经的时期,所以西洋人现在已走完了第一时期,则假使没有中国文化之输去西洋,西洋人也会自己进到第二时期,再转到第三时期。这样看起来,西洋人之学中国化或是采纳孔教化是非必要的。反之中国人之全盘西化是必要的,因为中国的文化,若"没有外力进门,环境不变,他会长此终古",而没有法子去进到第三条路,或是复返第一条路(西化的路)。其实事实上,中国千余年来,并非没有趋赴第三条路(印度化的路)。梁先生也说过,现在还有不少人去提倡佛教,所以梁先生所谓中国折入第二条路,而没有法子走上第三条路,是事实上所否认。同样,梁先生已说过最初的人类文化,都是循着第一条路,西洋、印度、中国均如此。西洋人在中世纪折入第三条路,而和印度一样;惟有中国人折入了第二条路。然西洋人既能因文艺复兴而拣择批评地重新复返第一条路,而逐渐地走完了第一条路;为什么中国又不能从第二条路而复回第一条路呢? 就使梁先生以为中国人因为折入第二条路,不上不下,她既离第一条路所已经走了多少的地位不远,结果是停顿不变,然为什么同西洋一样的折入第三条路的印度,也不像西洋的能够有所变动,而再复返第一条路呢? 其实,梁先生所谓文化早熟而折入第三及第二条路,以及西洋经过了千余年后，又复回第一条路的弯弯曲曲的转折，正是引导吾们入于非非的地位。

我们上面曾说过：梁先生愿意放宽孔子的路来容纳西洋文化，同时梁先生又见得可怜的西洋人，当此物质疲敝，要想得精神的恢复，应当走上孔子的道。这种的论调，本来是东西文化融合的折衷论调。然这种折衷办法，根本上像我们前章所论，是不能行的。梁先生自己也不承认折衷办法之可能（看原书 292—293 页）。梁先生且郑重声明，"世界未来文化，就是中国文化的复兴"。这就是说继续着走完第一条路的西洋文化，就是孔子的文化。梁先生老实是根本上打破了他所划定的文化发展的时期的秩序；根本上把未来的时间的需要，和目前的需要，分开不清楚；把西洋人的需要和中国人的需要的不同处，分不出来。

上面不过将梁先生自己的话，去驳他自己的话，其实梁先生的文化发展的三个时期，根本上是否妥当，还是疑问。西洋文化里的物质的进步，是否有止境，是否能有止境，也是疑问。梁先生的自序里说：他自己从二十岁后，折入佛家一路——就是梁先生心目中最高的路。到了民国九年，殆改变上孔家路——就是梁先生心目中目前中国人所需要的生活。梁先生自己说没有出过国门一步，我们以为设使梁先生而到了外国住过几年，恐怕梁先生也许放弃了孔子的生活，而做西洋人的生活，而跑上西洋的路。

预知是很难的。时间上的西洋化的末路和孔子化的复兴固不易预告，就使而能预告，梁先生劝中国人去做孔子的生活是与全盘采纳西洋文化不能同时并行的；而况根本上孔教化，像我们上面所说，是不能和西化相容的。

梁先生把文化来分做三方面：一为物质的文化，二为社会的文化，三为宗教的文化。这三方面正暗合他所谓世界三种文化——西洋文化（现代的），中国文化及印度文化（包括欧洲中世纪的文

化)。他的意见是:物质文化应当最先发生,而且要发展至一定的
程度,然后再进而解决社会文化。到了社会文化弄成熟后,再进而
做宗教的生活,及宗教的文化。他的文化发展三个时期,也是根据
于此。正如东方的圣人说:仓廪足而知礼义,梁先生再加一句话:
知礼义而后知鬼神。然而他却忘记了所谓文化本身上,是包括这
三方面以及一切的言语种种。在每一种文化,都可寻出这各方面,
而各方都有密切连带的关系。每一方面的波动,都要影响到他方
面。比方:我们若要保存孔子的文化,则不能不保存他的家庭制
度、君主专制,以及一切与这种有关系的制度。我们若以为民治是
好过君主专制而采纳,则对于孔子的尊君不得不加以反对。因为
西洋化是向前直往的,而孔子却要我们去做皇古的生活。这种向
后转的口号和劝告,不但是不能容于向前演进不已的西洋文化之
下,就是证之中国本身的文化的发展,我们也觉得它是不对的。
《礼记》里岂不是告诉我们吗?

昔者先王未有宫室,冬则居营窟,夏则居橧巢;未有火化,
食草木之实,鸟兽之肉,饮其血,茹其毛;未有麻丝,衣其羽皮。
后圣有作,然后修火之利。

《易·系辞》里又岂不是记载过吗?

上古结绳而治,后世圣人易之以书契,百官以治,万民以
察。

这些的记载,都是证明文化是向前演进的,都是证明后人因前
人之创造而改变之、增加之,遂使文化累进无已。孔子却要我们去
返复皇古,这岂不是要我们做原始人的生活吗?

中国文化的发展是向前的,这不但是在孔家学说未发达以前
是这样,就是在孔家至尊一统以后,也是这样。不过因为孔家的生
活是返复皇古的生活,而且因为它和政治的势力互相携手,结果是
中国受了孔家化的支配。孔家既要他们去做皇古的生活,他们处

于孔家淫威之下,相信中国以外的东西既是为孔家所不许,就是相信在本国内的别种学说,也为孔家所禁忌,结果是中国文化的发展,不能逃出孔子所划的圈子。外人以为吾人之文化,自始至终,总若停而不进,就因此故。其实我们若详细去研究,则唐宋的文化,若谓比之秦汉而不及,这是无论何人,都不承认的。所以孔教在中国固然能借政治之势力,使中国的文化就其所指止之范围,然复古的生活,终不外是与孔子的梦见周公一样。质言之:孔教在中国的成功是在其消极方面,而非其积极方面。然而消极方面的阻止新的文化的创造,及外来文化的输入,已使吾人今日陷于这么危险的地位,假使吾人而真去实行其积极方面的皇古生活,那么吾人恐怕老早已处于沦亡的地位。

　　总而言之,折衷的办法既是办不到,复古的途径也走不通。他们的最大缺点是:前者昧于文化的一致与和谐的真义,而后者昧于文化发展变换的道理。前者以为文化的全部,好像一间旧屋子,我们可以毁拆它,看看哪几块石或是木料可以留用;他们忘记了文化的各方面的分析,不外是我们自己的假定,而文化本身上,并没有这回事。后者以为环境时代是不变的,所以圣人立法,可以施诸万世而用于四海;他们却忘记了圣人之所以为圣人,都不过是这种时代和环境的出产品!

　　　　　　　　　　(选自《陈序经学术论著》,邱志华
　　　　　　　　　　编,浙江人民出版社 1998 年版)

　　陈序经(1903—1967),广东文昌(今属海南)人。幼年随父侨居新加坡,后归国接受中学、大学教育,1925 年毕业于复旦大学社会学系。同年赴美留学,1928 年获美国伊利诺斯大学博士学位。又曾留学德国。归国后,曾先后在岭南大学、南开大学、西南联合大学任教授,并担任过岭南大学校长等职。解放后,历任岭南大学校长,中山大学教授、副校长,暨南大学校长,南开大学副校长等职。"文革"时遭受诬陷迫害,1967年含冤去世。30年代提出"全盘西化论",是中西文化论战中的焦点人物。其《东西文化观》、《中国文化的出路》等论著曾轰动一时,在中国现代思想文化史上占有重要地位。

《复古办法的观察》是陈序经《中国文化的出路》一书的第四章。此书1934年1月由上海商务印书馆初版发行。书中陈序经阐述了他关于文化的基本理论,并运用这个理论分析解决东西文化问题。他批评了近代以来两个重要的文化流派复古派和折衷派的主张,认为他们的文化观在根本上存在着缺陷,并主张中国文化发展的惟一方向就是全盘西化。本章即是对复古派的批评。他认为复古是中国传统思想的一个特点,而孔孟是造成这一思想的关键人物,辜鸿铭和梁漱溟则是这一思想在现代的代表。主张复古必禁止反古,排斥异端,终至于盲目排外。他认为复古思想"昧于文化发展变换的道理",阻止外来文化的输入和新文化的创造,已使中国处于十分危险的境地,中国若要生存发展,复古的路绝对走不通。

中华民族文化之过去与今后之发展

张君劢

世界历史书籍中,所以称道古今民族者,每举其遗留于人间之成绩。曰太阴历本,曰金字塔,曰象形字,此埃及人之成绩也;曰日食月食之推算,曰十二星宿之分,曰以第七日为休息日,此巴比伦之成绩也;曰保存古代之记载,曰信仰一神教,此希伯来之成绩也;曰市府国家,曰泰利司欧里几之数学,曰柏拉图与亚历斯大德之哲学科学,曰意克梯努(Ictinus)之建筑,曰苏福克尔司之戏剧,此希腊之成绩也;曰开疆拓土,曰传播希腊文化,曰大筑城邑与沟渠,曰编制法典,此罗马之成绩也;曰喀斯德,曰婆罗门教,曰佛教,此印度之成绩也。凡此民族之有成绩者,人谓之曰文化民族,占世界历史中之若干页。

吾中华民族在文化史中之地位如何乎?吾族足与埃及、希腊、罗马、印度等并肩而立,欧美学者所公认者也。乃近年之国人激于环球大通后所受之惩创,反而自鄙夷其文化,若已不足自存于今世者,甚至怀疑于其民族之本身若不足与白人相抗衡者,此乃目眩于一世纪之短促,而往忘千万年之久远矣。事物之成败得失,以历久不坏为准。彼白种之兴也,始自欧洲文化复兴以降,人智大开,学术大进,探险殖民,远及各洲。及英、法革命后,政局大定,于是欧洲之学术、法制、工商,无往而不为人所取法。然以时考之,不过五百余年,他人五百年之成效,安能与吾族历四千余年之久者,相提并论乎？吾族之特色，自古代迄于今日，犹能保持其生命，视埃及、巴比伦之长埋地下，视希腊、罗马之主已再易，视印度之为人奴隶者，大有天壤之别，此必吾族之自处，有以胜于其他各族者无疑义矣。更自今日推及将来，白皙人种入罗马占领全欧以来，尚无有势均力敌者与之度长絜短，自其欧战后之精疲力竭观之，安知白人之在今后定有胜算之可操？视吾族之沦于五胡辽金元清，而犹能恢复其故我者，适与不适，亦正未易逆睹矣。如是，自时间久暂言之，正不必以百年来之失意，而遽怀疑于吾族之前途也。

一、中华文化之来源

　　吾族之文化何自来乎？吾国人之所深信者，曰由于文武周孔之制作；换言之，乃吾祖若宗之所精心结构。然欧人之研究文化者，鉴于埃及、巴比伦与希腊等文化之互相影响，乃创为华文西元之说，所引以为证者，曰十二星宿之分，曰分周天为三百六十度，曰以六十为一甲子。凡此诸事，无一不与巴比伦之旧说相吻合，遂有法人拉克伯里氏（Laconferie）中国文化来自西亚洲之说，与哥比诺伯爵（Count Gobinau）导源于印度之说。夫秦汉以后，亚欧交通之迹象已甚显著，佛像来自印度，天马产于阿拉伯，则华夏文物得自西方者，固可以按图而索，若夫历史记载以前，人种之往还，文化之互易，有谁得而考证之者，何能据天文学上一二端与巴比伦之相似，据以之断定全部文化之来源乎？美国支那学者洛佛尔（Dr. Berthold Laufer）氏自衣食方法之异同，以定文化之是否同源，其论较为精审。洛氏曰：自农具、耕牛、车乘诸端言之，中国文化与古代之西亚诸族如巴比伦等有极相类处，然自牛乳之使用言之，则东亚民族如中国、日本、高丽、安南、马来半岛与中亚之土耳其、蒙古、西藏及古代之大夏绝异，以其一以牛乳为饮料而一则否也。中国自古时早知饲羊，然不以羊毛为衣，与中亚之游牧民族异。洛氏自此衣食之异，乃从而断之曰：各民族之初期，其资生之法大概相同。可凭之以推定其出于同一祖先，然自其相异之点言之，则中国文化即在有史以前，固已离西方影响而为自身之发展。《世界史大纲》之作者威尔斯亦有言曰："中国人之造成其文化，似乎出于自发，无外界援助。近来作家有创为中国文化得之古代色木族（Sumer）（即巴比伦文化之初祖）之说者，据河南出土之有色陶器，与中亚细亚东欧早期之陶器有相似处，以见在邃古时两方已有文化上之接触。然中国与色木族之兴也，同以新石器时代之文化为基础，一起于塔里木河，一起于佛兰梯司河下流，既有峻岭之障，又有沙漠之隔，两地人民虽欲往还移居而势有所不可得。"由此洛氏与威氏言观之，可以坚吾人之所信，曰中华文化乃吾民族自己造成者也。

呜呼，凿井耕田之具，生聚教养之制，祖宗经之营之者，自史后言之，为四千余年，自史前言之，为万年，为十万年。为之子孙者衣食于斯，教养于斯，尝借祖宗之庇荫，自居于神明贵胄，何图以百年来之失败，并祖宗艰辛缔造而尽忘之，甚至有昌言打倒之者，何其轻举妄动至于如是。以一家一族言之，子孙于父祖之遗泽，常展玩不忍释手，其诗文书牍之稿，令后人想见其下笔之勤，若夫尝建大功立大业者，尤同族所引为门楣之光。呜呼，民族后辈之于其先人之制作，不当如是耶？

二、中华文化之特产

文化史之记载，详于各国之所独，而略于各国之所共，盖重其所异而忽其所同，人之心理然也。下自日用饮食之微，上达制作之精，此之所有，彼之所无，最易唤起史家之注意，或记载焉，或比较焉。指南针与火药之发明，所以为欧人所称道者，以其为中国之所独;丝茶之由来,欧洲学者颇有研究之者,以其为中国之所独。所以称埃及,必举金字塔者,以其为埃及之所独;所以称希腊,必举美术与哲学者,以其为希腊之所独;英国为宪法政治之祖,而他国则否,此为英国之所独;以革命改变欧洲政局,以法国革命之力为最大,此为法国之所独。明乎此理则史家之于文化史,所以必举各国之特有成绩者,从可知矣。因其所特有,以推定民族创作力之有无。

欧洲人于吾国人之发明品,津津乐道者,曰指南针,曰火药,曰花炮,曰纸,曰钞票,曰丝,曰茶,曰磁器,曰金鱼。次为游戏之具,曰风筝,曰键子,曰纸牌,曰围棋,曰象棋,曰走马灯。兹者为有益于人生日用之物,其中如指南针,如火药,如纸,如磁,足与欧洲理化学上之发现相提并论,至于博弈之具,曾何足道,然小智小慧,亦为欧洲人之所不弃。盖吾国人平日之眼光,重其大者,曰经史子集,曰典章制度,曰有关风化升降之孝悌忠信,其为微物而左右人生者则忽视之。指南针之利便航海者何如,火药之影响于战术者何如,在吾之不重视物质之国,未尝以此自夸,必待欧人称道之后,而后自知其重要,此则两方观点之不同实为之也。

虽然,吾族文化之成绩,奚止如上所云,盖更有其大且远者,则宗教、社会、学术、美术是已。

第一,孔子之教,宗教乎? 非宗教乎? 世人辨之者众矣。谓为宗教乎? 则孔子不语神怪,且无教会宗门之制,其异于一般宗教之神秘也可知。谓为非宗教乎? 则孔子尝有畏天命、事鬼神之说,敬天尊祖,自为孔子所许可。我以为自其学说言之,孔子之教决与宗教殊科,自社会敬天尊祖之习惯言之,自有宗教元素存乎其中,盖孔子之道以人事为本位,而上及乎至隐之天道,二者一以贯之者也。《中庸》之言曰:

　　子曰:素隐行怪,后世有述焉,吾弗为之矣。君子语大,天下莫能载焉,语小,天下莫能破焉。君子之道,造端乎夫妇,及其至也,察乎天地。

惟孔子之道,造端乎夫妇,而致极于天地,故与耶稣以人间为地狱者迥然异辙,与佛教之超脱生死轮回者亦自不可同日而语。西哲杜里舒尝游北京之雍和宫与大成殿,既出而告我曰,一则富于幻想与鬼怪(指欢喜佛言之),一则光明易简。此言也,可谓道中孔道之真相矣。孔教博大而无所不包,故鲜与他教发生冲突,佛教之来也迎之,耶教之来也迎之,乃至西方哲学之来也,科学之来也,无一而不迎之。佛教入中国后,尝有三武一宗之难,然皆起于佛道之间,而不起于儒释之间,则孔教之博大宽宏也可知。至于西洋史上历时三十年之宗教战争,尤为吾国之所绝无。一言以蔽之,是皆孔子之厚赐于吾民族者也。

第二,孔子关于社会组织之说,汉儒尝引申其义,而为白虎通之三纲说,曰君为臣纲,父为子纲,夫为妻纲。自西方民主之说入中国,君臣之义与君主之制大为世所非笑。自西方小家庭之说入中国,昔日子孝弟恭与夫对伯叔或从兄弟之礼让,概视为大家庭之流毒而非之。至于夫纲之说,亦以其背于男女平等之学说而视为不足道。我以为孔子生当春秋封建之世,臣杀其君之祸,史不绝书,其所谓尊君,亦犹法儒布丁氏言主权之贵乎统一,英儒霍布斯之言专制,言各有当,何能以今日之学说评二千年前之先哲乎?父为子纲之说,犹之各民族史父权之制,为社会学中所常见。大家庭乃各国农业时代合族聚居之通例,非我国所独有,及乎子弟众多,应析产而分居,宋儒张栻且尝言之,奚待西欧人而始发现之乎?至于夫纲之说,自其今日言之,谓其背乎男女平等,然西人家庭与社会之间,除礼节上尊崇妇女之外,以家庭实权言之,何尝操于女而不操于男,对于既婚之妇许其有独立财产,斯为西方近世特有之制;以社会地位言之,多数职业,何尝操于妇而不操于男,所谓男女平等者,视为女子权利之增长则可,何尝有两性间真平等之可言哉?凡此孔子之三大原则,自社会进化之阶段言之,本无可非,其所以为此言者,乃时代实使之然,何能执二千年后之是非,定二千年前之人之功罪哉?况乎舍社会进化之标准而就理之是非言之,则孔子之言,自有其至当不易之价值。凡社会必有别上下、定民志之秩序,今日所谓铁的纪律,所谓领袖制度,皆久乱后求有新秩序之呼声之表现。君为臣纲之说,作为治者与被治者之关系以观之,父为子纲、夫为妻纲之说,作为家庭间负责人之关系以观之,安在此等学说可以一概抹杀哉?西人劳佛尔赞扬吾国社会之说曰:

> 中国文化于史后时代大进步之关键,在乎其社会的与民事的德性之健全发展,此种学说之造极,成为孔圣所定之政治伦理系统,以祀祖结合同族也,家庭生活之神圣与纯洁也,子孙之孝敬也,以个人纳入家与国中而为其一员也,皆为中华人之种族的与国家的历久长存之大因,中华文化与其制度所以具有不可破坏之活力者在此。

异哉!旧社会制度之优点,惟外人稍窥见之,至于二千年后之子孙惟知毁谤而已。

第三,以吾国闭关时代之学术,较今日欧西分科发达之哲学科学,其为望尘莫及,自无待论。盖思想不同、环境不同、物质设备不同有以致之,非吾祖宗心思才力之不如人也。处二千年帝政之下,思想言论,绝无自由,所凭之以为研究之对象者曰圣经、贤传,莘莘学子又埋首于科举帖括之业,以得一第为荣,则吾国学术之销沉,何足怪乎?以三二千年之经过言之,战国时代,百家争鸣,儒、墨、道、名、法各家,各立门户,以张己说,比诸古代希腊,殆无逊色。秦汉以后,国家一统,汉武罢黜百家,表彰六艺,学者所致力者收遗书、存师说、明训诂而已。魏晋以清谈相尚,庄老风行,佛教又入中土,聪明才智之士,尽集于宗门之中,佛教骎骎夺儒席而代之。自唐韩退之作《原道篇》，宋孙明复作《儒辱论》，中华民族渐复其自觉之性，而濂、洛、关、闽之理学以兴。明代承象山之余绪而发挥之者，是为阳明，支配有明一代之思想者，亦惟阳明。清代惩明末讲学之猖狂，而返乎朴实，于是汉代考据之学又昌，胡、阎开其先，惠、戴继其后；至于咸同之间，曾文正虽有义理、考据、词章三者并重之论，而欧化已东，非复吾国旧日智力所能抵抗矣。近百年以来，东西方学术之优胜，所以影响于我者如何，容俟后论。但就两千年来汉宋两家之成绩言之，自有其历劫不磨之价值。宋学之所以照示吾人者，曰存心养性，曰修齐治平，曰出处进退，其目的在乎收敛身心，故于体验方面特别用力，明道之所谓主静，阳明之所谓良知，要不外乎去人欲之私就天下之公。虽西方人亦有以哲学之名名吾国之理学者，然一则以内心生活为主，一则以外界认识为主，二者之内容，迥乎不同。自孔孟迄于宋元明清学者知身心之省察克治，且力求义理之标准以范围人心，更本其平日之修养以效忠乎社会，故穷而在下，则聚徒讲学，达而在上，则致国于治平。如宋之二程朱陆、明之王阳明、清之曾文正皆其尤显者，而世乃以"道学先生"讥之，更见其浅陋而已。至于汉学家之工作，在收拾遗经于灰烬之后，更以文字之义久而尤晦，非经训诂注释，后人难于诵习，自汉之马、郑，迄于唐之孔氏，皆尝以此为毕生事业者也。清儒惩明末之空谈，返而求诸六经，所以辨诸经之真伪与文字之嬗变者，其方法益精确，立言益谨慎，故近人如梁任公等以"科学方法"称之。斯二派在旧日学术史上，彼此互相排斥，然而平心论之，非有义理，何以范围国民思想；非有训诂，何以阐明文字变迁，曾文正并重之论，自学术之多方面言之，最为平允矣。

汉宋二家之学，自其辅翼圣道言之，可谓属于经之范围；自其阐发思想言之，可谓属于子之范围；此外所当论者为史部集部，然集部为诗文之总汇，沿革如何，派流如何，盛衰如何，为文学以内之事,与普通学术异,姑存而不论。但就史部言之,则吾国史籍浩繁,为世界其他国所罕见,篇目之多,内容之富,颇类于各国之百科全书。至其短长得失,梁任公于其《历史研究法》中,已尝论列,而西人对于"二十四史"赞赏之辞,吾国人所不可不知焉。洛佛尔氏曰:

> 方古代印度欢欣鼓舞于神话,而忘其历史记载之日,中国人对于一切事物,不论其属于内政与外族交通,皆本极正确、极细致、极公平之心从而记载之,中国人之传统,详载于"二十四史"中,可谓世界诸大奇迹之一,此艰辛之工作,即中国所自造之最永久之纪念碑。

简而言之,学术方面除论理学及亚历斯大德所手创之其他科学,吾华族不如希腊外,视其他诸族,吾国皆有过之而无不及焉。

第四,西方哲学之中,真、善、美三者并重,吾国哲学之中,重善而少言真、美。惟三者之并重也,除政法、伦理之属于善,科学、哲学之属于真者外,尤注重美术。文学也、绘画也、雕塑也、建筑也,西人视为构成国民生活之重要部分,而为政府所不敢忽视。视吾国人之于诗词、绘画、雕刻等或为文人学士游戏笔墨,或属于欧阳文忠所谓足吾所好玩而老焉者,二者之相去,不可同日语矣。西人本此眼光以求吾国之美术品,屈原《楚辞》,杜甫、李白之诗,欧西久有译本,即《牡丹亭》、《西厢记》,西人既译其剧本,且组织剧团而演之于西欧,其重视之也如此。西人又收罗吾国名画,乾隆时内府所藏晋代顾恺之画,因拳乱而流传于英,大英博物馆中视为希世之宝矣。西人于吾国之画,最倾心于唐宋以来之所谓南派,以其笔简而气壮,景少而意多。尝以米元晖、倪云林、石涛之作示西方画家,彼欣喜欲狂,不自知其手舞足蹈,诚以吾国之选题布景有方非西方画家所能及者矣。西人于吾国雕塑,始以为我受佛教美术之影响,如云岗,如龙门石窟,皆北魏之佛龛也。1907年有山东嘉祥县武氏祠前汉代石狮子之发现,1911年法人又查获霍去病墓道之石马,

乃知佛教东来之前，吾国之雕塑固已臻上乘矣。至于吾国建筑之
朴实、坚固、优美三者具备，梁思成已预其清代营造法式中，著《吾
国建筑沿革》一文以疏通证明之。近来吾国校舍已渐不模仿欧式
而复归于吾国之宫殿式矣。凡此西人之好恶，原不足以定吾族文
化之高下，然吾国之美术，彼既视为神品，吾等为子孙者，奈何反不
知爱重乎？

以上宗教、社会、学术、美术四端之简单写叙中，可以知吾民族
文化特点之所在，此特点中，即足以见我之所有与彼之所无，而吾
祖若宗之对本国，对世界宁有愧色乎？

三、中华文化所以历久长存之故

中华文化内容之特点，既如前述，然更有其特点之特点，即中
华文化之生命，较他族为独长。与吾族先后继起之其他文化民族
已墓木高拱矣，而吾华族犹巍然独存，其所以然之故，不可不深考
焉。兹举古代文化民族生存年龄如下：

甲、埃及

（一）旧帝国当西纪前 4000 年

（二）中帝国当西纪前 2100 年

（三）新帝国当西纪前 1700 年

　　　　西纪前 527 年灭于波斯

　　　　西纪前 332 年灭于亚历山大

乙、巴比伦

（一）色木时代当西纪前 3000 年

　　　　西纪前 2750 年灭于萨贡

（二）萨贡时代当西纪前 2750 年

　　　　西纪前 2100 年灭于哈木勒比

(三)哈木勒比时代约为一百年(是为巴比伦之始)

　　　　西纪前 2000 年灭于喀西族

丙、亚西里亚

　　　　强盛之期始于西纪前 1100 年

　　　　灭于西纪前 606 年

丁、希伯来

　　　　移居巴勒斯丁在西纪前 1400 年

　　　　西纪前 1050 年诸族统一选举沙尔为王

　　　　西纪前 722 年灭于亚西里亚

戊、波斯

　　　　强盛之期始于西纪前 650 年至前 625 年间

　　　　西纪前 330 年降于亚历山大

己、希腊

　　　　建国之始西纪前 1000 年

　　　　西纪前 146 年灭于罗马

庚、罗马

　　　　建国之始西纪前 753 年

　　　　西纪后 476 年西罗马亡

　　　　西纪后 1453 年东罗马亡

辛、印度

　　　　吠陀时代始于西纪前 2000 年

　　　　西纪后 1001 年灭于回教徒

　　　　西纪后 1526 年蒙古子孙拔勃氏建莫卧儿帝国

　　　　西纪后 1774 年为大英帝国所统治

　　吾华民族之年岁何如乎,中华历史之开始,除盘古等之神话外,计有二说:第一说,司马迁主之;第二说,则以龟甲文为实物证据,而托始于殷朝。

（一）据《尚书·尧典》始于西纪前 2400 年

　　迄于今日共约四千三百年

（二）若以殷朝为有实证之期则始于西纪前 1766 年

　　迄于今日为三千七百年

更以吾族之年岁与他族相较：

一、埃及独立生存年龄三千五百年

二、亚西里亚独立生存年龄五百年

三、希伯来独立生存年龄二百余年

四、波斯独立生存年龄三百年

五、希腊独立生存年龄八百余年

六、罗马独立生存年龄至东罗马灭亡为止二千二百余年

七、印度总年龄三千九百余年，独立时代为两千年，余则失其
　　独立

　　以七族之年龄与吾族之四千三百或三千七百年相比，则吾族
为全球第一老大哥显然矣。自有历史以来，绵延不绝者，除吾中华
外，世间已无第二国。日本尝以万世一系之皇位自夸于世，吾人宁
不能以"万寿无疆之民族"自傲于全球乎？

　　以上诸族之中，如巴比伦，如亚西里亚，如希伯来，如波斯，皆
不出乎同一西亚洲之地点，其享国岁月之短，殆如齐之灭宋，楚之
灭越，或汉唐宋元明之相代，不得视为一族之兴亡。其可与吾国度
长絜短者，当推埃及、希腊、罗马、印度四族。埃及之特长，在建筑，
在宗教，自西纪前 1000 年，已不复能维持其独立，相继而为希腊、
罗马、阿拉伯、土耳其之隶属，今则为英之保护国矣。其西纪前
2000—3000 年之政治得失，以年湮代远之故，即西方专家，亦罕能
论定，故本论中暂付阙如。但就余三族与吾国比较而言之。

　　第一，印度之与吾国，地为同洲，且以佛教来自彼方，吾人心中
与之最为莫逆，然以国势言之，印度最不能自立，且为未尝统一之

国。其三千七百余年之历史中,上古时代,有诸明之学,有四姓之制,有佛教之兴起(西纪前485年),是为印度文化之发源。当西纪前334年以至前327年间,亚历山大尝由西北印度侵入中印度,幸亚氏早死而印度得免为人隶属。中古时代,自西纪前200年迄于西纪后1000年,所以统治印度者,为本国之诸王,在文艺上、宗教上能发挥印度本色。而吾西行求法之高僧如法显,如玄奘,当笈多王朝超日王与戒日王之世,正印度之盛时也。至于近古期中,自西纪1001年以降,为回教徒之侵入,历时五百余年之久。又继为帖木儿子孙拔勃氏莫卧儿帝国(1526年始)之统治,约一百五十余年。至1764年以降,受东印度公司之支配,而为英之属国矣。如是,印度民族于文化上虽有独到处,而政治则非其所长,至于对外之抵抗力尤为薄弱,而近二千年竟完全丧失其独立。此印度之所以亡也。

第二,希腊为地中海东端之岛国,地势支离破碎,区民各据一方而立为小国,后人称其政制为市府国家,最著者曰雅典,曰斯巴达。地小而人稀,由人民直接主政,故世界之民主政治于此产生。波斯尝遣远征军以图希腊,连战十三年之久,卒为希腊所败,盖民主国之军队能应付外敌,且战胜东方君主国,实以此为嚆矢。自是后二百年间(西纪前499年至前300年)为希腊文化全盛期,文学、美术、哲学、数学无一不蓬勃以兴,至今令西欧各国奉之为文化之祖。然其国内小邦间,甲乙丙丁各不相下,因此演成内争。其学者意苏克勒氏(Isocrates)叹曰:"苟有外人入吾国而察吾之现状,于吾之因细故而相残,而自毁其国,必目为世间之大愚,否则,吾人攻取亚洲有何难乎?"其后希腊降于马基顿,西纪146年夷为罗马之行省矣。如是希腊之民主政治与其科学哲学之工作,为有史以来之大贡献,独其不脱小国之观念,内部相残以自杀其国力,此希腊之所以亡也。

　　世界历史中拓地之广，享国之长，差堪与中国相伯仲者，当推罗马。罗马于西纪前3世纪之末，征服南意大利后，因争地中海商业，与卡西治开战，历百年之久，卡人始为罗马之属。罗马犹不自足，复平埃及、小亚西亚、西班牙、法国，至该撒时代，威力远及英伦，盖地中海之四国无非罗马之属，与吾秦汉盛时，约略相类矣。该撒声威既远及异域，自任为迭克推多，自此以后，罗马由共和而改为帝政，其建筑与文艺之发展，亦以此时为盛。自君士但丁时起，罗马帝国裂为东西二部，一以罗马为都，治欧西；一以君士但丁堡为都，治欧东。及西纪476年西罗马帝为日耳曼人被迫去位，于是欧洲非复罗马人之欧洲而为日耳曼人之欧洲。东罗马帝为希腊文化所支配，至1453年为土耳其所灭。罗马晚年之失败或曰由于政治之紊乱，或曰由于民俗之骄奢，或曰由于罗马人对于日耳曼种之来漫无准备，要其所处之境，类于晋之于五胡，宋之于辽、金、元，猝遇强暴之敌而莫之能御。此罗马所以亡也。

　　吾国三四千年之历史如何乎？我无喀斯德，故无严格之阶级高下之别；人种语文之纯一，远在印度上；统一之局大定，非印度小国众建之比；中心文化早立，故佛教之来也，有增益而无变更；各宗教间之不两立，不如印度之甚；其为外族并吞之时至暂，非久即恢复其独立。此我之所以异于印度也。希腊为岛国，我为大陆国；希腊为民主，我为君主；希腊重理智，我重力行；一则如水之轻灵透澈，一则如山之稳重凝固。此我之所以异于希腊也。至于我与罗马之相类处，较以上印、希两国为多。罗马人祀祖，我亦然；罗马人生长于父权之家庭，而我亦然；罗马人好远略，而我汉、唐之人民亦然；罗马人注意于统一全国之行政，而我亦然；罗马人之理智，逊于希腊，注重实行，而我亦然。然外敌之来也如匈奴，我能拒之，而罗马不能；至于入主吾土之外族如五胡，如蒙古，我能同化之，而罗马不能，是我之异于罗马矣。合此种种而计之，人种语言之纯一，文事武功之双方发展(印度为单方),文化根据之深厚,均有独到之处。虽云理智稍逊于希腊,然亦非全不发达,其性情又宽厚而能持久,且善于蕴蓄实力,以图卷土重来,此殆吾族所以四千余年之久而犹存欤?

四、今后之发展

凡上所论,皆古代民族也,吾族与之相形,不特无逊,且时有过之者。乃近百年以内,与欧洲之白人相处,我无往而不败。此白人即日耳曼人种,露头角于西纪5世纪中(其入罗马为410年),历千余年,始而接受耶稣教,继而稍具政治规模。及15世纪,大振起学术,改革宗教,发现新地,广兴工商,所谓民族的国家,于以产生。民族文学也,民族政治也,次第兴于各国,至19世纪法国革命后,而民意政治遍于全欧。以言学术,则科学方法之正确,非我之所能及;以言政治,则国民主权为基础,非我之所及;以言教育,则国无不识字之人民,非我之所及;以言军事,则坚甲利兵,通国皆服军役,非我之所及;以言工艺,则发明之品,日新月异,非我之所及;以言财政、经济,则收入之富,支出之繁,又非我之所及焉。此自15世纪以降日耳曼族之新文化,有为前代各族所不及者矣。

吾族之与欧人相遇也,始视为夷狄而轻之,继则被迫而开港通商,鸦片烟之战也,英法联军也,犹因通商而启衅。安南、台澎之失地,旅大、九龙之租借,则进于领土之争。数十年来所以因应之者,有曾李之军事工业政策,有张之洞、张百熙之教育政策,有康有为之百日维新,有辛亥之革命,更有关于家庭者曰家庭解放,关于社会者曰社会改造,关于智识者曰提高科学。最近数年,忽而心慕俄之共产主义,忽而力追意之法西斯主义,凡外国之轩然大波,吾之老辈与青年无不心中怦然欲动,欲移植之于东方,直如病危之际,医药乱投,而病尤不可救矣。

窃以为文化之改造,非易事也,舍己而求人,是为忘其本根,采他人之方而不问其于己之宜否,是为药不对症;心目中但欣羡他国之制,而忘其本身之地位,是为我丧其我。虽欲建树而安从建树乎? 吾人不敏,敢贡二义:

第一,自内外关系言之,不可舍己循人。

第二,自古今通变言之,应知因时制宜。

文化之建立,犹之种树,不先考本国之地宜,则树无由滋长,且国民习性与制度相表里,习性不改,则新制无从运用,此己之不可离者一。日日瞪眼以静待世界之变,因他人之变而效颦,抑知己之不能自立,即失其所以为己,虽学而不得其似,此己之不可离者二。抑所谓己焉者,非独限于现代之人,当推本于过去之己,则祖宗是矣。国中少数学者不特不能窥见前人制作之精意,专毁谤先人以自炫其新奇,冥冥之中,使国人丧失其自信力,实即所以摧毁其自己。古人之立言,必有其所以然之故,孔子之尊王,所以裁抑封建诸侯,而非以压倒民众;古人提倡德化,言乎德礼之重要,非菲薄近代之法治;古人尊德性之说,言乎身心当修养,非谓物质科学之不当注重。乃至古今制度学说中,有为历史上之尘垢秕糠所蒙者,应为之分别洗涤。孔子自孔子,不因秦汉后君主专制之政而损其价值。阳明自阳明,不得以明末之心性空谈而抹杀之。今人读古书,当求古人之真面目,不可合其相连以起者而排之。要而言之,从善意方面加以解释,自能于四千年之历史中求得其精义,以范围国民心志。若徒加以谩骂,甚且以宦官、外戚、缠足、科举、娶妾等事,概以归罪于孔子之教育,直丧心病狂而已。

抑近人之中,非不知注意历史,然社会上提倡汉人治学方法,相率趋于考据一途,夫文字事实之考订,非不重要,然立国教民,必有其大经大法,此即曾文正所谓义理也。求义理于四千年之文化史中,择其行于古而适于今者以为圭臬,则本位文化以立,而与现世亦无扞格不入之弊矣。

且惟此推本于古代文化之政策中,然后求得吾族之真正自我,不独其源流贯通,且于新文化中自能发挥吾族之特点。英有英之经验哲学,德有德之先验主义,英有英之宪法政治,德有菲希德、黑格尔之国家观,彼等不以模仿他人为能,惟务发挥一己之特长,乃其文化之所由立也。所谓不可舍己循人者其意如是。

欧洲15世纪以来之文化,与吾国中古以降欧洲中古以降,有绝然不同者:第一,中古所以统一全欧者,曰神圣罗马帝国,曰教皇,是为天下而非民族国家,与吾国之自秦以降等焉。及乎近代,民族国家,代之以兴,文字也、制度也、工商也、军事也、教育也,皆以本国为本位,全欧之中,有英俄德法等国,要皆不忘其本族之利害。其教民也,务使人人识字,人人通晓爱国大义,惟分子之健全也,而后国家赖之以维护;其理财也,务使人各有衣食,且能有积贮;其练兵也,有通国皆兵之制,人尽其卫国之责。质而言之,民族国家之中心,人民是矣。第二,民族国家养成健全国民之方法,除文字、智识之教育外,以人格发展为第一义。父母之于儿童也,导之以义方,更许以随时表示其好恶,以养成其独立判断之能力。其人于社会也,赋以言论结社之自由,盖个性发展之结果,惟有许以各行其是,非古代"道一风同"之教所得而范围之矣。个人之与个人,团体之与团体,其相待也,有公平竞争之原则,各人于比赛之中,可以表示其所长,然比赛有两造共守之规则,则虽争而不至于相残相害,以损社会之元气,与孔子所谓御射时君子之争,其用意正同。质而言之,人格之自由发展,乃现代道德教育之要素焉。第三,自15世纪以降,人类智识之对象,曰自然界,曰人事,大地之间,无一不入于科学哲学研究之范围,惟知识之无穷极,因而真理日在变迁之中,有牛顿学说而有牛顿之时空,有相对论而有相对论之时空,因达尔文而有物种微变之说,因田佛利而有突变之说,学说之变也不已,而人之所以接之者,亦日不暇给,盖现代生活之第一特点曰变曰动,与中古之墨守故常者,不可同日语矣。凡此三者,皆现代欧洲文化之特点,吾族既为现世界之一员,不能不采他人之长,以补一己之短,然因此外来元素之增益,吾之政治、学术、风俗、人情,将大异乎昔日,其间之相去,不仅如秦汉之异乎周代,唐宋之异乎秦汉,或明清之异乎唐宋。其为划分时代之新文化无疑焉。所谓应知因时制宜者,其意如是。

五、结　　论

尝统观四千年之历史,吾祖若宗所以建立吾族文化者,根基若是其深厚,所拓疆土之广,所含人种之多,与夫成绩之彪炳,享国之长久,求之各国,鲜有匹敌之者。吾侪之为子孙者,不应托庇先人宇下而自满,不应坐享前人之成而自逸,盖东西诸国张目伸手,眈眈逐逐于吾旁,由通商之要求,而进于藩篱之撤尽,由藩篱之撤尽,将进而为本部之分割,吾民族亡而文化随之以亡矣。吾同胞乎,其深信历史之过去,以增高其自信力,其毋忘环球大势之注意,以谋所以因应,庶几上无愧于先人,下为来者树悠久无疆之业乎!

吾先人当外来文化之侵入,而谋所以处之者,固有术矣。晋室不纲,五胡窃发,北方诸省,陷于鲜卑、氐、羌诸族者数百载,斯时佛教直取孔教而代之。历隋、唐之后,吾族之自觉性恢复,而孔子之精神,赖佛家明心见性说之触发,而复活于宋人理学之中矣。今日东西之外患,视五胡如何? 或曰东西人之智力,非五胡所能比拟,或曰东西洋人之入寇,不至如五胡之甚。乃至欧洲文化之优胜,视佛教又如何? 或曰科学之力只及于思想与技术,不及于伦理;或曰科学能影响于吾人之全部人生。凡此双方之是非,诚未易得一定论,然吾族今日政治上、思想上犹能维持其主权,则为人所共见,或者由沉睡而觉醒之期,不必如由五胡、南北朝而达于隋唐之历时久远。征诸往史,吾族之能消化外来元素以成为我之所固有,本已的然无疑,其亦继战国、唐、宋之后,而另成一文化大振之新时期乎?此由既往推将来而有以知其必然者也。

（选自《明日之中国文化》,张君劢
著,上海商务印书馆 1936 年初版）

　　张君劢（1887—1969）,原名嘉森,字士林,号立斋,别署世界室主人。江苏宝山（今属上海市）人。现代著名学者、思想家、政治家,新儒家代表之一。曾留学日、德、法等国,师从倭铿,与柏格森、杜里舒等交游。1923 年发表《人生观》讲演,引起"科学与玄学论战",为玄学派主将。1936 年出版《明日之中国文化》一书,主张精神自由,倡导儒学复兴。1958 年联合唐君毅、牟宗三、徐复观等,共同发表《为中国文化敬告世界人士宣言——我们对中国学术及世界文化前途之共同认识》,将当代新儒学运动推向高潮。晚年定居美国,致力于儒学研究和阐扬,出版《新儒家思想史》、《中西印哲学文集》等。

　　《中华民族文化之过去与今后之发展》是《明日之中国文化》一书的附录。文中对中华文化之来源、特点及其所以历久长存之故、未来发展前途等问题予以论述,认为新文化之建立,一方面"不可舍己徇人",忘记本位文化;另一方面则"应知因时制宜",采他人之长,以补己之短。征诸往史,他认为中华民族最能消化外来元素以成我所固有,也必能继战国、唐、宋之后,创成一文化大振的新时期。

中国哲学今后的开展

沈有鼎

引论 哲学的非历史性与历史性

哲学的真理是超历史的。

哲学的基本了悟是不可增益的,非发展的。了悟的程度有浅深,有究竟,有不究竟,但了悟的内容是最后的,非发展的。

一般真理的认识——包括一大部分哲学的知识——却是渐进的,历史的,发展的。

哲学的内容观点是多方面的,也有浅深程度不同的诸阶段。

就人生哲学说,到真理的路途是随着各个人各社会的性格、生活、环境、历史而有无量的差异的,但殊途而同归。

本论第一节 中国民族性与哲学

一般对于中国民族性与哲学的关系,有两个相反的见解。一方面有人说:中国人既看重现实,不喜欢冥想,也没有为真理而求真理的精神,所以在哲学上的成就也就很小,远逊于印度与西洋。一方面有好些西洋学者对中国文化非常钦慕,就是因为中国有它那种透辟的、深厚精微的哲学。印度佛家向来也有"东土多大乘根器"的传说。这样看来,中国人的哲学天才似乎比印度人还高,简直为全世界冠了。

分析中国民族性与哲学的关系,可以归结到两个基本点:(一)中国人往往是悟性很强的,他那种直觉的本领,当下契悟的机性,远过于西洋人与印度人。这不但从中国古代大哲学家的著作与禅宗的语录里可以看出来,就在日常生活中也有时可以感觉到。(二)一般的中国人在性格上习惯上大都看重现实生活,对于现实生活以外的问题是一概不理会的;因此既不尚冥想,也没有超现实的理念境界。

因为悟性强,所以中国人对于事物持一种不分析的态度。他那与天地万物为一体的精神,使他看轻一切割裂的、分析的思想活动。实际上过度的分析活动也是有碍于悟性的明彻的。

因为看重现实生活,所以中国人有他那种特殊的心平气和的客观态度。中国人崇尚理性,蔑视强权,差不多个个人都有不同和平的人类生活理想在脑中。

中国人因为看重现实生活的缘故,所以讲究中庸,讲究调和,不走极端。在学术方面,便是尽量吸收各种不同的思想,冶为一炉。

因为取的是不分析态度,又因为爱好调和,同时却没有一种积极的综合的方术,所以一大部分的中国人,陷入思想笼统的浅薄,不喜欢抽象的、彻底清晰的思想活动。一方面也因为不分析的缘故,没有组织思想的能力。有些人就是有很清楚的见解,也不肯系统地、由浅入深地把它写出来,使人人可以得益。

照这样看,构成中国民族性的各成分——有先天的,有一半先天,一半由于习惯的——其中一部分呈现着极度的哲学才能,一部分又暴露了中国人对于哲学问题不理会,对于哲学系统不努力种种弱点。

这几个弱点虽然与中国人先天的性格有关系,却不是完全为性格所决定了的。就拿不分析态度来说,中国人不是不能分析,乃是不愿意分析;因为听了几个绝顶天才的话,觉得分析没有多大价值,所以不屑去作分析的工作。现在中国人受了西洋文化的影响,已经改变了态度,而且正在那里尽量作分析工作,一点也不输于西洋人。就说中国人的数学天才,也要胜过英美人好几倍。从这条路走,中国人会渐渐改去了思想笼统不彻底,缺乏抽象概念等等的弱点的。慢慢地中国人会有一天觉悟,现实生活以外的问题,与超现实的理想,处处都与现实生活的幸福有重大的不可分离的关系,不过眼光短浅的人看不出来罢了。至于思想的组织能力,也是随着逻辑的精神而增长的,这在以后还要说到。

一方面中国人也自然会保持着他那种明彻的悟性,理性的尊崇,客观的态度,调和的综合的精神,因为这些都是对于哲学、对于文化的发展有莫大的益处的。

总结一句,中国民族从先天的性格、已往的成就、将来的可能三方面看来,不愧是一个"哲学的民族"。

本论第二节　过去中国文化的两大分期
与哲学的血脉

中国虽然在已往的历史没有多少系统的哲学思想,但中国文化在过去的光荣里,处处充满了哲学的精神。

过去中国的文化,可以分作两大时期:尧舜三代秦汉的文化,是刚动的、思想的、社会性的、政治的、道德的、唯心的文化;魏晋六朝隋唐以至宋元明清的文化,是静观的、玄悟的、唯物的、非社会性的、艺术的、出世的文化。

这两期文化的发展与转变,由下表可以得到一个粗疏的大概:

第一期文化开始	第一期文化 全盛	第一期文化 消灭	外拓的文明 过渡期开始
★	★		★
唐虞夏商周结束	————————————————————		秦汉

过渡期亦衰落期 第二期文化孕育	第二期文化 全盛	复古文化 运动	衰落	回光 返照
★	★	★		★
魏晋六朝隋	唐五代	宋元	明	清　结束

　　第一期文化,是以儒家的穷理尽性的哲学为主脉的,它是充满着慎思明辨的逻辑精神的。这一期的思想是刚动的、创造的、健康的、开拓的、理想的、积极的、政治道德的、入世的。

　　周代是第一期文化全盛的时候。这期文化最高的表现,就是周代的礼乐。周代的礼乐是建筑的、数理的、反映着封建意识的、象征的、宇宙的、充满着伟大的理想的。

　　能深深地抓住这一种伟大的精神而加以理论化的,是孔子。

　　在儒家的正统思想以外,道家的返朴思想与玄悟的精神也在周代找到伟大的代表者:老子与庄子。

　　秦灭六国的时候,施行全盘的大屠杀,中国民族顿然回到野蛮的黑暗的状态。这是中国文化的第一次浩劫。

　　汉代承继着秦的政治改革,与周代残余的文化糟粕,一边参用黄老的权术,一边提倡忠义质直的气节,发展为一种外拓的文明。自然主义在这时候渐渐兴起,这是过渡到第二期文化的一种表示。

　　魏晋六朝,是政治的衰落期。佛老思想兴盛,艺术发展到了最后的阶段——柔媚细腻的阶段。这时第二期文化已经孕育了。

　　第二期文化,是以道家的归真返朴的玄学为主脉的。中国人二千年来精神生活的托命处,也就在静观默契的玄悟。这一期的文化思想,是唯物的、非理想的、恬退的。中国人在这一期内所诵的格言,就是"大事化为小事,小事化为无事",不是"富有之谓大业,日新之谓盛德"了。

艺术的发展,在这一期内竟达到了一种特殊的、不可超越的神韵境界。

我们叙述第二期文化,是以禅宗的造诣为极峰的。在这里可以看出当时一部分的中国人那种不可几及的明彻的悟性,真是单刀直入、透辟、究竟、不糊涂、不笼统、有体有用;中国人的精神与绝对真理契合,到了绝顶的光明境界,自古所未有的。后来虽然有很多笼统糊涂的人模仿他们的皮相,毕竟这里有个天壤之别,是不可同年而语的。

唐代是第二期文化全盛的时候。唐代的艺术一反六朝的萎靡,以诗人的天才为最高原则,发展到空前绝后的阶段。唐代的艺术不只像六朝的艺术那样要求"典雅",它要求的是"神奇",是浪漫。光烁千古的盛唐诗人,是中国文化的永久的夸耀。

就表面上看,第二期文化在政治道德礼俗各方面,挂着的是儒家的牌子。其实在这一时期的中国人,已经不能够了解古代儒家那种伟大的积极的创造的精神了,只是在利用着儒家的糟粕来收一点维系人心的功效罢了。不但礼乐不兴,中国没有像古代儒家所要求的那种社会性的文化,就是在道德一方面,也变成消极的、女性的、私人感情的关系了。中国人的最高理想,确是元代山水画中所表现的一种离言说的悟悦境界——老庄的境界,不是孔孟的道德。

宋学的兴起,是对外来的佛教反动,是复古的中国本位文化运动。宋学的贡献,在重新积极地提出中国的圣人为人格的最高理想,在重新提出穷理尽性的唯心哲学,继续孟子与《中庸》、《易传》作者的未竟之业。宋学的失败,在缺乏慎思明辨的逻辑,在不能摆脱几百年来的唯物思想与虚无思想,不能达到古代儒家那一种创造的、能制礼作乐的多方面充实的直觉。没有那开展的建设的能力，而只作到了虚静一味的保守，以迷糊空洞的观念为满足。宋儒轻视艺术，对文化也有一种消极的影响。结果只是教人保守着一个空洞的不创造的"良心"，在中国人的生活上加起重重的束缚，间接地招致了中国文化的衰落。

到了明代，中国人的不健康的精神，道德的腐败，完全暴露无遗，中国文化已到了衰落的时期，每况愈下，不可收拾了。

清代的皇帝提倡宋学，躬行儒家的政治，使中国文化有一度最后的"回光返照"，一个总算账，一个结束。经学到了清代，走上了科学的道路，同时哲学思想差不多完全消灭。清代文化，是一个没有哲学的文化。清代的艺术，是模仿的功夫到了家的、讲究得不能再讲究了的、学者的艺术。第二期文化到这时候也不能再不结束了。

清代后期的艺术，已经到了柔弱粗俗的阶段，再没有东西了。生活方面政府既腐败，人民也是腐败。这时候中国真可以说是一个没有文化的国家了。于是加上外交的失败，西洋科学文明的模仿，非人文的新式学校的设立，革命军的兴起，五四运动的爆发，新文学的尝试，线装书的入茅厕，学风的浅薄浮夸，文化的破产，政治的混乱，经济的贫困，左派的猖獗，同时没有一个有力量的守旧学者能作中流砥柱，你想一个没有哲学没有思想的文化，在这种环境之下，哪能不倒呢？可是旧文化是倒了，同时并没有一个新文化能出来代替它，于是到处表现着的是浅薄，是模仿、抄袭、猖狂、茫然无措。这是中国文化的第二次浩劫。

本论第三节　历史的节律性与中国哲学今后的开展

古语说："祸兮福之所倚。"在这个大酝酿的时期以内，中国人在物质与思想各方面,虽然没有能赶上西洋,已经有了显著的进步。这一个大混乱、大酝酿的时期,很显明地是一个过渡,它极度地呈现了过渡时代的浅薄。这个浅薄的时代,真乃是一个伟大的时代,因为它是过渡到未来的第三期的中国文化,那将发希有的光彩的。这是进向大时代的酝酿,有预感的人,都可以预感到。

不幸的中国人在这时期以内,受了浅薄的唯用主义的影响,轻视哲学,以为哲学问题都可以不了了之;他决不想一想中国民族的堕落,完全是精神的堕落,并不是经济的失败。政界的人大都认为理论是没有多大用处的,中国目前所需要的,是踏实的工作;理论不但无益,反而有害,因为它是足以引起意见的纷歧,招致政党的分裂的。至于哲学理论,更是无用中之无用,中国目前所需要的,是物质生活的改善,什么哲学,什么精神文明,中国人已讲了几千年,还怕将来不如西洋么? 这个在目前是完全用不着的。不过也有人渐渐觉到思想的力量是不容忽视的,因此提出"中国现在需要什么哲学?"的问题,好像哲学只是一个奴隶,可以给人卖出买进的。这真是唯用主义、现在主义的口吻,充分地暴露了中国人的没有思想,没有哲学。

无论如何,我们现在已经可以知道:哲学在中国将有空前的复兴,中国民族将从哲学的根基找到一个中心思想,足以扶植中国民族的更生。这是必然的现象。

因为历史是有它的波动的节律的。我们说中国第二期文化已经结束,就等于说中国第三期文化将要产生。而且我们知道:第三期文化一定重新回到第一期的精神,那社会的、健康的、积极创造的精神。思想的活动,是第三期文化的特征。贯串着这一期文化的,是慎思明辨的态度,逻辑的精神,综合的能力,理想的建立与实现。

何以知道是如此? 因为这些刚才所说的特征,已经在中国露出了很微细的萌芽,这是到处可以看见,可以感到的,不过离着自觉的程度还很远就是。

何以知道必然要如此?因为中国文化——同其他文化一样——有它特殊的波动方式,一往一复的节律。上面所说的儒道两种精神,乃是相成而又相反,是一起一伏而互为消长的。每一个起伏的大波,在中国文化史里是要占几百年几千年的时间的。可是在每一次新的文化产生增长的时候,就是整个中国文化在进化的历程上跨了一大步。因为每一次新的文化产生,是对旧的文化的反动,是革命,同时是回到前一期的文化精神,是复古。只有革命是真正的复古,也只有复古是真正的革命。每一次新的文化产生,是综合着正反两方面的精神,而达到一个新的,自古未有的形式的。因此是前进,不是退后,是创新,不是因袭,是成熟,不是返旧;也只有创新才是真正的复古。

将来中国是否还有第四期的文化呢?大概是有的。第四期的文化必然又回到第二期的精神。这或许在将来大同社会实现以后才会产生。不过这是在较远的将来,现在可以不必说他。

第三期文化的产生,是要以儒家哲学的自觉为动因的。

第三期动的文化,是处处与第二期静的文化相对映,而与第一期动的文化暗中符合的。

科学与哲学,一定要由刚动的精神才能产生。由静的态度只能产生默悟的玄学,不能产生思辨的哲学。

新的文化要从新的哲学流出。

第三期文化是富有组织能力的。不论社会的组织,思想的组织,都是以刚动的逻辑精神为条件的。

因此中国今后的哲学是系统性的,不再是散漫的。它是要把第一期哲学的潜在的系统性,变为显在的。这一个系统,就是穷理尽性的唯心论大系统。

积极的政治,积极的自由的道德,也在第三期文化里才有可能。在这一期内,中国人将以精神主宰一切,不像在第二期的中国人完全生活在物质里头,为物质所克服了的——除了少数的艺术家与宗教家。

第三期文化的政治与经济,是民族自觉的、民族文化的、工商业的、社会主义的、民本民主的、自由的。

此外,在第三期内艺术的发展必然改变了方向:诗性的、神理的艺术或将转变为理念性的、戏剧性的、深刻性的、社会性的艺术。音乐将复兴。积极的宗教,亦将兴起而有它的地位。

说起来奇怪,我觉得在第三期文化成熟以前,在儒家哲学自觉之先,还应当有一度老庄哲学的复兴。儒家哲学的自觉,是要以老庄思想的复兴为条件的。因为道家哲学之于儒家哲学,等于老子之于孔子,告子之于孟子,佛老之于宋儒,卢梭之于康德,谢林之于黑格尔,没有前者的启发,后者是不可能的。试看没有受过佛老影响的儒者,都是比较平凡庸俗,没有哲学思想的。老庄的思想具有一种解放的力量:若是不先有老庄思想的复兴,就来提倡儒家哲学,那就不免于顽固守旧,足以阻止中国民族的前进,使它不能从旧礼教的枷锁解放出来,这就譬如提倡读经而没有能阐扬经义精华的人,结果只是自害害人,只是阻碍中国文化的发展。至如佛家的思想,因为出世的气味很重,不能影响到多数人;它也没有老庄那种艺术意味,因此缺乏滋长生命的功用,并不能应付中国人的需要。中国人现在所需要的就是生命。老庄的哲学,可以给中国人生命。向来在大乱之后,老庄的思想总是有复兴的趋势的。

这复兴的老庄思想,与第二期文化内的老庄思想是不同其面目的。复兴的老庄,是经过解释后的老庄,是积极化了的老庄,正如中国将来提倡孔子,已不是封建思想的孔子一样。本来第二期的中国,有所谓儒释道三教。三教之中,道教是最没有思想的。提倡道教的人,离开了老庄的精神生活,专门来弄那一套秘密的养生炼丹之术,总是莫明其妙。倒是山水画里,保存得一点老庄的真精神。至于思想方面,道家的东西已全给佛家吸收去了。到现在,却才是原始的真老庄复兴的机会。中国人现在所要取于老庄的精神的,乃是他那绝对自由的灵魂,他那理性的生活,他那艺术的人生态度,他那自然科学的兴趣。中国人要投在大自然的怀里,要从大自然的生命中发现自己的生命。发现了自己的生命,才说得上理想的建立。

（选自《沈有鼎文集》,人民出版社1992年版）

　　沈有鼎(1908—1989),字公武,中国现代著名逻辑学家、哲学家。祖籍江苏嘉定,1908年生于上海。毕业于清华大学哲学系,曾先后赴美、德、英等国留学深造,历任清华大学哲学系、西南联合大学哲学系教授。解放后任北京大学哲学系教授,旋调至中国科学院哲学研究所任研究员。一生主要从事数理逻辑、中国逻辑史和哲学的教学、科研工作,对一阶逻辑、悖论、公孙龙、《墨经》、《易经》、康德哲学都有精深独到的研究。其著述大部收入《沈有鼎文集》。

　　《中国哲学今后的开展》发表于1937年《哲学评论》第七卷第三期。文中指出,中国就其民族性而言,"不愧是一个'哲学的民族'",充满了"哲学的精神"的中国文化在过去的发展可以分为两期:第一期"是以儒家的穷理尽性的哲学为主脉的",周代是它的全盛期;第二期"是以道家的归真返朴的玄学为主脉","以禅宗的造诣为极峰",唐代是它的全盛期。"宋学的兴起,是对外来的佛教的反动,是复古的中国本位文化的运动"。明代文化开始衰落,清代文化则已是"一个没有哲学的文化"，终于抵不住西化的冲击而倒塌了。现在中国正处于向第三期文化的过渡阶段。第三期文化"是要以儒家哲学的自觉为动因的"，是"一定重新回到第一期的精神，那社会的、健康的、积极创造的精神"。沈氏在这里所提出的中国文化三期说及其以儒家哲学的复兴为第三期文化之根基的观点，不仅在当时影响很大，而且是后来牟宗三儒家文化第三期发展说之滥觞。

原 忠 孝

冯友兰

在旧日对于男子说,忠孝是为人的大节;对于女子说,节孝是为人的大节。对于男子说,最大的道德是忠孝;对于女子说,最大的道德是节孝。最有道德的男子是忠臣孝子;最有道德的女子是节妇孝妇。男子之作忠臣,女子之作节妇,同是一种最道德的行为,而且同是"一种"道德的行为。所以臣殉君、妇殉夫,皆谓之尽节。我们可以说,忠之与节,其义一也。必须了解忠节之义一,然后可了解旧日所谓忠之意义。

我们于上篇《说家国》中,说旧日所谓国,即是皇帝之家,所谓家天下者,是也。一个男子在皇家做官,正如一个女子到夫家为妇。"忠臣不事二君,烈女不事二夫。"此虽是一句俗语,但对于忠节之义一,则颇能有所说明。未受聘之女,谓之处女;不做官之士,谓之处士。此二"处"字,意义完全相同。历史中有些处士,必待皇帝安车蒲轮往聘请他,他方"出山",为皇家做事。这并不是他故意拿臭架子,而实是处士出仕之正规。此正如一女子必待夫家"明媒正娶","用花轿接来",方是处女出嫁之正规,所谓"娶则为妇,奔则为妾"是也。

一处女若不受聘,则只是一处女,无为妇之义务。一处士若不受聘,则只是一处士,无为臣之义务。譬如诸葛亮"本是卧龙冈散淡底人",所谓"臣本布衣,躬耕南阳,苟全性命于乱世,不求闻达于诸侯"。但是"先帝爷御驾三请",他即在先主"驾前为臣",所谓"先帝不以臣卑鄙,猥自枉屈,三顾臣于草庐之中,咨臣以当世之事,由是感激,遂许先帝以驱驰"。既"许以驱驰",则即不得不"鞠躬尽瘁,死而后已"了。"或为《出师表》,鬼神泣壮烈。"这都是他"为臣"以后的事。若使他终不"为臣",则曹刘无论如何地龙争虎斗,都不妨碍他的隆中高卧,抱膝长吟。

旧日亦常说:"普天之下,莫非王土;率土之滨,莫非王臣。"由此说,则不必受皇家的爵禄者,方是王臣。不过此所谓臣,乃是泛说,如泛说,则凡受皇家的统制者,男则为臣,女则为妾。此臣与皇帝朝中之臣不同,犹之此妾与皇帝宫中之妾有异。

许衡亦是在文庙中吃冷猪肉者。他以汉人而在元朝做官。当时人及后人,并无非议之者。清末人以为黄梨洲系知民族主义者,然许衡亦高高地列在黄梨洲的《宋元学案》中。其理由即是因为许衡并没受过宋朝的聘,没有做过姓赵的官,所以他不必生为赵家臣,死为赵家鬼。他是一个处士,出处有完全的自由。所以他之仕元,以当时的道德标准说,是无可非议的。

又如顾亭林亦是清末人所谓知民族主义者,他说:"有亡国,有亡天下。"亡国是做官的人的责任,亡天下则"匹夫有责焉"。此话大为清末人所称道。但他的外甥徐乾学在清朝做了大官,顾亭林常在他的外甥家里为上客。他不能学陈仲子不食不义之食,不居不义之居。此点当时及后世亦无非议之者。其理由亦是徐乾学并未做过明朝的官。顾亭林亦未做过明朝的官,不过他的母亲,因为受过明朝的封赠,所以于明亡时绝食而死,遗嘱子孙不得仕清,所以顾亭林亦不仕清。他虽不仕清,但他不以为徐乾学之仕清是不道德的,所以不以其食为不义之食,其居为不义之居。

在中国历史中,于"改朝换帝"之时,亦有未尝做官之人,而为前朝死难殉节者。此等人历史中称为义民。臣之死难殉节者称为忠臣,而民之死难殉节者则称为义民。这种区别,是不是随便立的? 我们以为不是随便立的,照旧日忠义二字的意义,忠臣必不可称为义臣,义民必不可称为忠民。旧日正史及地方志书中多有忠义传。有为君死难殉节之责而死难殉节者谓之忠,无为君死难殉节之责而死难殉节者谓之义。

在旧日,一般的庶民百姓,皆未受过皇帝的"聘请",未吃过皇家的俸禄,在道德上他并没有为皇家死难殉节的义务;若有为皇家死难殉节者,其行为可以说是超道德的。所以是超道德的者,即其行为所取之标准,比一社会之道德所规定者更高。所谓义有许多意义,就其一意义说,凡此种超道德的行为,均谓之义。例如,一女人的夫死而不再嫁者谓之节妇,但一男人的妇死而不再娶者,不称为"节夫",而称为义夫。所以称为义夫者,即妇死夫不再娶并非其社会的道德所规定,而此行为所取之标准,比其社会的道德所规定者更高也。又如有些动物,其行为有合乎道德的标准者,旧日亦称之为义,如"义犬"、"义猫"等。有犬因其主人死而亦死者,此犬本可称为忠犬,但一社会之道德的规定,本非为犬设,人亦不希望犬的行为,能合乎道德的规定,如竟有能之者,则其行为之价值,超过于人所希望于犬之标准,所以亦称之为义。

侠义之义,亦是用义的此意义。所谓"行侠作义"的人,所取的行为标准,在有些地方,都比其社会的道德所规定者高。如《儿女英雄传》中,十三妹施恩拒报,安老爷向她讲了一篇圣贤的中道,正可说明此点。安老爷说,凡是侠义一流人,都有"一团至性,一副奇才,作事要比圣贤还高一层"。圣贤"从容中道",照着一社会的道德所规定者而行。比圣贤高一层者,正此所谓超道德的也。施恩不望报是道德的行为,施恩拒报则即是超道德的行为了。十三妹施恩拒报,所以安老爷以为其行为不合乎中道。然惟其如此,所以十三妹方是侠义。宋江的大堂称为忠义堂,此义亦是用义的此意义。

话说得离题了，再转回到忠上。我们于上面所说忠的意义，于忠孝有冲突时，更可以看出。忠孝同是最大的道德，所以引起忠孝冲突的事，是最难处的事。不过在普通的所谓"忠孝不能两全"之事例中，忠孝冲突，不过是"王事靡盬，不遑将父"之类。一个人为"王事"奔走，不能在家侍奉父母，如《琵琶记》所说"文章误我，我误爹娘"者，此亦是忠孝不能两全。于此时应"移孝作忠"，这是没有什么问题的。又如一个人因"王事"而要牺牲自己，自己如果牺牲，父母即没有了或少了一个儿子。如《宁武关》周遇吉在《别母》中所唱一段，表示他心中的"意彷徨"。他明知出战必败，败必死，他不怕死，但舍不了他的母亲。这亦是忠孝不能两全。不过这种忠孝不能两全，已比上面所说者冲突大得多。因为在上面所说之忠孝不能两全中，其所不能全之孝，不过是关于日常侍奉的问题。而此所不能全之孝，则是关于毁伤父母遗体，大伤父母的心的问题。不过于此时应"移孝作忠"，亦是没有问题的。

以上所说的情形，还不算最困难的。因为在这种情形中，一个人若尽了忠，不过是不能尽孝而已。其不能尽孝是消极的。但在有一种情形中，一个人若尽了忠，不但在消极方面不能尽孝，而且在积极方面为他的父母招了"杀身之祸"。在这种忠孝不能两全的事例中，忠孝的冲突，达于极点。在这种情形中，一个人若尽了忠，他可有"我虽不杀父母，父母由我而死"之感。在这种情形中，一个人是否应忍视父母之死而仍尽他的忠，即成了问题。

历史中此类的事很多，最有名的是关于赵苞的事。赵苞在后汉作辽西太守。适鲜卑万余人入塞，路上拿着了赵苞的母亲及妻子。遂"质载以击郡。苞率步骑二万，与贼对阵。贼出母以示苞。苞悲号谓母曰：'为子无状，欲以微禄，奉养朝夕，不图为母作祸。昔为母子，今为王臣，义不得顾私恩，毁忠节，唯当万死，无以塞罪。'母遥谓曰:'威豪(苞字),人各有命,何得相顾,以亏忠义?昔王陵母对汉使伏剑,以固其志,尔其勉之。'苞即时进战,贼悉摧破。母妻皆为所害。苞殡殓母毕,……葬讫,谓乡人曰:'食禄而避难,非忠也。杀母以全义,非孝也。如是,有何面目立于天下?'遂呕血而死"(《后汉书·独行传》)。最近报载行政院议案:左云县常县长守土不退,"最近其父不幸,困于敌中,被敌劫持,强其作书招致。该县长忍痛效忠,坚不屈服。由院特令嘉奖"。此是我们眼前所见,忠孝冲突的实例。

赵苞母以王陵母为法。王陵在汉为将,"项羽取陵母置军中,陵使至,则东向坐陵母,欲以招陵。陵母既私送使者,泣曰:'愿为老妾语陵,善事汉王,汉王长者,毋以老妾故,持二心。妾以死送使者。'遂伏剑而死"(《汉书·王陵传》)。王陵的忠孝冲突的困难,他的母亲如是替他解决了。这位贤母,不惜牺牲自己的生命,以完成其子的事业。在以家为本位的社会中,女人以相夫教子,为她的最大的职务。王陵母以死尽她的职务,真所谓舍生取义,杀身成仁,不愧为母性的典型。赵苞母以王陵母为法,亦不愧为母性的典型。赵苞先破贼以为忠臣,后殉母以为孝子,按一方面说,他的行为,真可算是面面顾到,丝毫无可非议的了。

然而《后汉书》入赵苞于《独行传》。《独行传叙》说:"孔子曰:'与其不得中庸,必也狂狷乎。'又云:'狂者进取,狷者有所不为也。'此盖失于周全之道,而取诸偏至之端者也。……中世偏行,一介之夫,能成名立方者,盖亦众也。……虽事非通圆,良其风规,有足怀者。"照这种看法,赵苞的行为,只是"偏至",尚非中道。所谓"偏至",即上文所谓超道德的、所谓义。说赵苞的行为是"偏至",即是说他的行为所取的标准,比其社会的道德所规定者高,所谓"贤者过之"是也。

于此可见,赵苞的行为虽是很壮烈的,但以以家为本位的社会的道德标准说,他的如此行为尚不是最得当的,即不合乎中道。程伊川说,在此情形下,赵苞若应鲜卑的要求,献城投降,则为不忠;不献城投降,亲眼见其母之死而不救,亦未免太忍。伊川认为在此种情形下,最得当的办法,是赵苞马上辞辽西太守之职,把军队及城池交与别的汉将。然后他自己以个人资格,往赎其母。伊川这种办法,仿佛是取自《孟子》。《孟子》上有一段话,说:有人问孟子:"舜有天下,皋陶为士,瞽瞍杀人,则若之何?"孟子说:"窃负而逃,遵海滨而处,终身欣然乐,而忘天下。"这亦是说,一个人的事亲,如与其所任家以外的职务有最严重的冲突的时候,则可以辞去其职务,而顾全其亲。《孟子》中所假设的事,比赵苞所遇到的,尤为难处。因为如果瞽瞍杀人,而皋陶为士,则皋陶必是"铁面无私",把瞽瞍定成死罪。舜不但不能救,而并且须于判决书画上"准"字、"阅"字、"行"字之类。这实在是舜所难办的。

孟子及伊川所想的办法,从以家为本位的社会的道德的标准看,是不错的。因为照以家为本位的社会制度,一个人是他的家的人,他在他的家外担任职务,是替别家办事。在朝做官,是替皇家办事,皇家亦是别家也。所以若在平常情形下,人固然须先国后家,移孝作忠,但如因替别人作事,而致其父母于死地,则仍以急流勇退,谢绝别人之约,还其自由之身,而顾全其父母。在以家为本位的社会中,这是说得通的。在此类的社会中,人本是以家为本位的。

伊川的说法,若不从以家为本位的社会的观点看,是很难说得通的。即在实行上亦大有困难。赵苞马上辞辽西太守之职,如何辞法? 当时既无电报电话之类,从他辞职到皇帝批准,即使羽书往还,亦须经相当时日,鲜卑军事急迫,岂能相待? 如使不得诏旨,自行弃官,必使军事上大受影响,当非忠臣所应为。不过从伊川的话,我们可知,从以家为本位的社会的观点看,至少在理论上,孝是在忠先的。

在普通的情形中，须要"移孝作忠"。因为"移孝作忠"，亦是道德的事，凡是道德的事，一个孝子都须作，因为这些事都是可以使父母得美名者，可以使"国人称愿然曰：幸哉！有子若此"。凡不道德的事，一个孝子都不可作，因为这些事都是可以使父母得恶名者。所以"居处不庄，非孝也；事君不忠，非孝也；莅官不敬，非孝也；朋友不信，非孝也；战阵无勇，非孝也"。如是一切道德，都归总于孝。凡是孝子，必行一切道德，所以说"求忠臣必于孝子之门"。不过这都是就普通的情形说。若有一事，危及父母之生存，则当以保全父母为主。

《诗经》说："鲂鱼赪尾，王事如毁。虽则如毁，父母孔迩。"此即说一个男人，努力王事，因为父母在此。他把王事办得好了，可以"光祖耀宗"，"扬名声，显父母，光于前，裕于后"。他把王事办得坏了，可以"替父母招骂名"，替父母惹祸。《诗经》又说："乃生女子，载之弄瓦，惟酒食是议，毋父母贻罹。"此即是说，一个女子，在夫家必须"必敬必戒，毋违夫子"，不要"替父母招骂名"，替父母惹祸。男为父母而忠于君，女为父母而顺于夫，其理是一样的。

在上篇《说家国》中，我们说在以家为本位的社会中，家是经济单位，是社会组织的基本。家既是社会组织的基本，所以在以家为本位的社会中之人，必以巩固家的组织为其第一义务。所以在此种社会中，"孝为百行先"，是"天之经，地之义"。这并不是某某几个人专凭他们的空想，所随意定下的规矩。照以家为本位的社会的组织，其中之人当然是如此的。

在以社会为本位的社会中，以社会为本位的生产方法冲破家的壁垒。在此等社会中，虽仍有所谓家者，但此所谓家，已不是经济单位，所以其社会的意义，与以家为本位的社会中所谓家，大不相同。在以社会为本位的社会中，人在经济上，与社会融为一体，其全部的生活,亦是与社会融为一体。在此等社会中,家已不是社会组织的基本,所以在此等社会中,人亦不以巩固家的组织为其第一义务。或亦可说,在此等社会中,作为经济单位的家的组织,已不存在,所以亦无可巩固了。在此等社会中,人自然不以孝为百行先。这并不是说,在此等社会中,人可以"打爹骂娘"。这不过是说,在此等社会中,孝虽亦是一种道德,而只是一种道德,并不是一切道德的中心及根本。

但我们亦不能说,在以社会为本位的社会中,忠是百行先,如所谓忠者,是以家为本位的社会中所谓忠,即我们旧日所谓忠孝之忠。所谓忠者,有为人之意,如《论语》说:"为人谋而不忠乎?""与人忠。""臣事君以忠。"臣事君所以亦"以忠"者,因臣之替君作事,亦是替人家作事也。替君作事,亦为替人家作事,并不是替自己作事,所以如尽心力而为之,亦称为忠。事君是替人家作事,所以人可以事君,可以不事君。臣如与君不合,可以"乞骸骨",可以"告老还乡"。但事亲则不能如此。子对于亲,不能"乞骸骨",亦不能"告老还乡"。为什么呢? 因为事亲是自己的事,并不是别人的事也。别人的事,我可以管,可以不管;我愿管则管,不愿管则不管。但我自己的事,则不能不管也。晋献公要杀太子申生。申生的左右劝他逃到别国,申生说:"天下有无父之国乎?"父的事即是自己的事,而君的事则只是君的事。所以在当时虽有许多人逃于君,而申生则以为不可以逃于父。

在以社会为本位的社会中,人替社会作事,并不是替人家作事,而是替自己作事;不是"为人谋",而是为己谋。所以在此等社会中,人如尽心竭力替社会作事,并不是忠。如此可称为忠,则此所谓忠,与以家为本位的社会中所谓忠,意义不同。照以家为本位的社会中所谓忠孝的意义说,在以社会为本位的社会中之人,替社会作事之尽心竭力,应该称为孝,不应该称为忠。

　　所谓忠君与爱国的分别，即在于此。我们于上篇《说家国》中，说在以社会为本位的社会中，如其社会是以国为范围，则此国中之人，与其国融为一体。所以在以家为本位的社会中，忠君是为人，而在以社会为本位的社会中，爱国是为己。在此等社会中，人替社会或国作事，并不是替人作事，而是替自己作事。必须此点确实为人感觉以后，爱国方是我们于上篇所说之有血有肉底活的道德。在中国今日，对于有些人，爱国尚未是活的道德者，因有些人尚未确实感觉此点也。其所以有些人尚未确实感觉此点者，因中国尚未完全变为以社会为本位的社会也。许多人说中国人没有西洋人爱国，此亦可说。不过说此话时，他们应该知道，西洋人之所以很爱国者，并不是因为他们是西洋人，而是因为他们是以社会为本位的社会中的人。中国人之所以尚未能完全如此者，并不是因为中国人是中国人，而是因为中国人尚不是完全以社会为本位的社会中的人。

　　上文所说的赵苞的行为，在以家为本位的社会中，所以是“独行”而不是中道者，因为在此等社会中，替君作事是替人家作事。在平常的情形中，“食人之食者忠人之事”，“食王的爵禄报王的恩”，“临难苟免”是最不道德的事；但如因替人作事而直接危及其亲之生命，则其行为所取的标准，已比其社会的道德所规定者高。所以于此等情形中，保全其亲为适当的办法。对于一种事之最适当的办法，即所谓中道也。左云县常县长（照旧日的称呼法，我们应称这位县长为常左云）的父亲不知以后是否遇害。照我们现在的看法，左云的行为，并不是独行，而是中道。因为左云的行为，并不是忠君而是爱国。对于君可以“乞骸骨”，可以说“我现在不干了”，但对于国则不能如此说。既不能如此说，则自然须直干下去。直干下去是中道，不是独行。

　　说至此，我们又不能不对于民初人的见解有所批评。民初人要打倒孔家店，打倒"吃人的礼教"，对于孝特别攻击。有人将"万恶淫为首"改为万恶孝为首。他们以为，孔家店的人，大概都是特别愚昧的。他们不知道，人是社会的分子，而只将人作为家的分子。孔家店的人又大概都是特别残酷，不讲人道的。他们随意定出了许多规矩，叫人照行，以至许多人为这些规矩牺牲。此即所谓"吃人的礼教"。当成一种社会现象看，民初人这种见解，是中国社会转变在某一阶段内，所应有的现象。但若当成一种思想看，民初人此种见解，是极错误的。

我们于第三篇《辨城乡》中，曾说清末人注重实业，民初人注重玄谈。民初人之注重玄谈，使清末人的实业计划，晚行了二十年。此即是说，使中国的工业化，延迟了二十年。但中国之必需工业化的趋势，是客观的情势所已决定，人在此方向的努力或不努力，可以使此趋势加速或放慢，但不能使之改变。自清末以来，几条铁路，慢慢地修着；几处工厂，慢慢地开着。慢固然是慢，但在无形之中，新的生产方法、新的经济组织，已渐渐地冲破了原来以家为本位的社会组织。人是不能常在家里了。家已渐不成为经济单位，不成为社会组织的基本了。如果家渐不成为经济单位，不成为社会组织的基本，则孝自然亦不是一切道德的中心及根本了。在新的生产方法、新的经济制度，正在冲破家的壁垒的时候，家的壁垒不复是人的保障，而变成了人的障碍。正如在新式战争工具之下，城墙已不复是人在战争时候的保障，而变成了人在和平时候的障碍。孝是所以巩固家的组织的道德，家的壁垒既成了人的障碍，所以孝，在许多方面，亦成了人的障碍。所以在有些人看起来，教孝成了孔家店的罪恶，"吃人的礼教"。他们高呼："万恶孝为首。"他们这种呼声，虽是偏激之辞，但是社会转变在某一阶段中客观情势的反映。所以若当作一种社会现象看，民初人这种呼声，这种见解，是中国社会转变在某一阶段中所应有的现象。

　　但若当成一种思想看,民初人这种见解,是极错误的。照民初人的看法,旧日的一套制度、一套道德,所谓礼教者,都是几个愚昧无知的人,如孔子、朱子等,凭着他们的空想,或偏见,坐在书桌前,所用笔写下,叫人遵行者。他们已经是错误了,往日大多数的人,偏偏又都是愚昧无知,冥顽不灵,都跟着孔子、朱子,一直错误下去,虽自己受苦受罪,以至于为此等"礼教"所"吃"而不悔。直到民初,人方才"觉悟"了,人方才反抗了,人方才知孔家店之必须打倒,"吃人的礼教"之必须废除。民初人自以为是了不得的聪明,但他们的自以为了不得的聪明,实在是他们的了不得的愚昧。他们不知,人若只有某种生产工具,人只能用某种生产方法;用某种生产方法,只能有某种社会制度;有某种社会制度,只能有某种道德。在以家为本位的社会中,孝当然是一切道德的中心及根本。这都是不得不然,而并不是某某几个人所能随意规定者。若讥笑孔子、朱子,问他们为什么讲他们的一套礼教,而不讲民初人所讲者,正如讥笑孔子、朱子,问他们为什么走路坐马车轿子,而不知坐飞机。孔子、朱子为什么不知坐飞机? 最简单的答案是:因为那时候没有飞机。晋惠帝听说乡下人没有饭吃,他问:"何不食肉糜?"民初人对于历史的看法,正是此类。

　　民初人以为孔子、朱子等特别残酷,不讲人道。程伊川说:"饿死事小,失节事大。"民初人对于这一类的话,都觉得异常地不合他们的口味。他们以为,说寡妇必须守节,已经是错误的了,而又说,一个寡妇宁可饿死,亦不可失节,这是更错误的。他们以为,自有伊川此话以来,不知有许多人因此而死,不知有许多人为此种礼教所"吃"。他们以为,人的大欲是求生,而所谓"吃人的礼教",却束缚着人,让他不能舒舒服服,痛痛快快地生。在有些情形下,"吃人的礼教"不但不叫人生,而且只叫人死。他们很喜欢戴东原的一句话:"以法杀人,尚有惜之者,以理杀人,人孰惜之?"他们以为孔子、朱子等,都是以礼杀人、以理杀人者。所以他们以为孔子、朱子等,都是特别残酷,不讲人道者。

在以家为本位的社会中,"节"是女人最大的道德,此点我们于下篇《谈儿女》中,另有详论。现在我们只问:如果节是以家为本位的社会中的女人的最大的道德,则以家为本位的社会中的人,是不是可说"饿死事小,失节事大"? 我们以为,此话是可以说的。我们现在看见有许多人当了汉奸。有些人当汉奸,一天得几角钱;有些人当汉奸,一天得几十元、几百元钱。他们为他们自己辩解,大概都是以"生活所迫"为辞。对于这些人,我们当然可以说:"饿死事小,失节事大。"

说人宁可饿死,不可失节,照民初人的简单的看法,此话不但迂腐得可怜,而且残酷得可恨。他们不知,若果某一道德是某种社会的最大的道德,则某种社会中的人,当然以为,此道德是虽死亦须守的。如一社会中的人,因怕饿死而随便行为,则此社会马上即不能存在;此社会中的人,亦大家不能生存,所谓:"虽有粟,吾得而食诸?"结果还是非大家都饿死不可。民初人不知,亦不问,孔子、朱子等何以叫人牺牲,而只见其叫人牺牲,即以为他们残酷不讲人道。此是民初人的错误。

民初人另外还有一种错误的见解。凡旧日人的道德行为,不合乎民初人所想象的道德标准者,民初人即认为没有道德的价值,或其道德的价值必须打折扣。例如民初人以为旧日的忠臣节妇,皆是为一姓奴隶,为一人牺牲,所以其行为没有多大的道德价值。民初人这种见解,是完全错误的。一种社会中的人的行为,只可以其社会的道德标准批评之。如其行为,照其社会的道德标准,是道德的,则即永远是道德的。此犹如下象棋者,其棋之高低,只可以象棋的规矩批评之,不可以围棋的规矩批评之。依象棋的规矩,批评一个人的象棋,如其是高棋,他即是高棋,不能因其不合围棋的规矩,而说他是低棋。此点我们于《新理学》中,已另有详论。

(选自《贞元六书》上册,华东师
范大学1996年12月第1版)

　　冯友兰(1895—1900),字芝生,河南唐河人,中国现代著名哲学家,新儒家重要代表。1918年毕业于北京大学哲学门,1919—1924年赴美留学,获哥伦比亚大学哲学博士学位。归国后历任河南大学、清华大学等校教授、西南联合大学文学院长,曾两度以校务会议主席身份主持清华校务。解放后,调任北京大学教授。一生致力于哲学和哲学史研究,建树颇多。30年代完成两卷本《中国哲学史》,继胡适《中国哲学史大纲》上卷之后,为中国哲学史研究创一新范型;晚年出版七卷本《中国哲学史新编》,别开生面,进入新境界。在哲学理论方面,接着程朱讲,建构"新理学"体系,完成于抗战时期的"贞元六书"(《新理学》、《新事论》、《新世训》、《新原人》、《新原道》、《新知言》),是其理论体系及其运用的结晶体。

　　《原忠孝》是《新事论》第五篇。其中解释了旧时忠、孝的意义及其在发生冲突时儒家的态度。冯友兰指出,在"以家为本位的社会"里,"孝为百行先"是自然而然的事,要废除教孝的礼教,也只有变"以家为本位的社会"为"以社会为本位的社会"才可做到。

中国文化传统之演进

钱 穆

一

我们先问一句,什么叫"文化"?这两个字,本来很难下一个清楚的定义。普通我们说文化,是指人类的生活;人类各方面各种样的生活汇合起来,就叫它做文化。但此所谓各方面各种样的生活,并不专指一时性的平铺面而言,必将长时间的绵延性加进去。譬如一人的生活,加进长时间的绵延,那就是生命。一国家一民族各种样的生活,加进绵延不断的时间演进,历史演讲,便成所谓"文化"。因此文化也就是此国家民族的"生命"。如果一个国家民族没有了文化,那就等于没有了生命。因此凡所谓文化,必定有一个时间上的绵延精神。换言之,凡文化,必有它的传统的历史意义。故我们说文化,并不是平面,而是立体的。在这平面的、大的空间,各方面各种样的生活,再经历史时间的绵延性,那就是民族整个的生命,也就是那个民族的文化。所以讲到文化,我们总应该根据历史来讲。

什么是中国文化?要解答这问题,不单要用哲学的眼光,而且要用历史的眼光。中国文化,更是长时期传统一线而下的,已经有了五千年的历史演进。这就是说,我们国家民族的生命已经绵延了五千年。但是这五千年生命的意义在哪里?价值在哪里呢?这好像说，一个人活了五十岁，他这五十年的生命意义何在？价值何在？要答复这问题，自该回看他过去五十年中做了些什么事，他对于社会、国家、人类曾有些什么贡献，他将来还有没有前途。我们同样用这种方法来看中国民族，这五千年来它究竟做了什么，它在向哪一条路跑。如我们日常起居生活，都有他的目的和意义；如是一年两年，三年五年，天天老是这样操作着，他定有一个计划。如果他的计划感到满足完成了，那他又将生出另外一个想象。中国近百年来所遭遇的环境，受人压迫，任人蹂躏，可谓痛苦已极。假如有一时候，中国人又处在独立自由、国势兴隆、幸福康乐的环境下，再让他舒服痛快的过日子；那么这时候，它又将怎样地打算呢？他会又想做些什么呢？要解答这问题，我们就要看中国文化本来是在向哪一条路走。这就说到了一个国家民族文化内在的性格。中国人现在不自由，不平等，国势衰弱，遭人压迫，事事都跟着人家后面跑，那是暂时事；难道中国人五千年来都在跟着人家脚后跟的吗？就算是如此，难道它心中就没有一条路线、一个向往吗？一个人在他的生命中，定有他自己所抱的希望与目的。如果没有了，那么他的生命就毫无意义与价值了。国家民族也如此。我们中国已经了五千年历史，他到底在向着哪一条路跑的呢？这是我们要明了的第一点。第二点，它究竟跑了多少路？曾跑到了它的目的没有？还是半途停止了？这就如我们常说的中国文化衰老了吗？已经死了吗？我现在就想用历史观点来讲明这一些问题。

中国文化传统，是有它的希望和目的的。我们现在只要看它在哪条路上跑，到底跑了多少远，是继续在进步呢？还是停住不再向前了？还是转了方向，拐了弯？我们讲中国文化传统演进，就该注重在这些问题上。因此我此刻所讲，虽是已往的历史，但可以使我们了解中国现在的地位，和它将来的前途。

再换一方面说，我们如果是要写一本"中国文化史"，究竟应该分几期来写呢？历史本不能分期,好像一条水流不能切断,也像人的生命般不能分割。但我们往往说,某人的一生,可以分成几个时期;像说某人第一时期是幼年在家期,第二是青年求学期,第三或是从事革命期,第四第五是什么期等。我们若将他这样的分成几个时期了,我们自可知道他曾希望做些什么,又完成了些什么。我也想将中国文化史分成几期,来看它循着哪一条路走。但分期实在很难。我们先得要看准它所走的路线,才能决定怎样去分程。我个人想,把中国文化从有史起到现在止,分为三期:秦以前为第一期,秦以后到唐为第二期,唐以下到晚清为第三期,现在则是第四期开始。这样分法,我想诸位无论是学历史的或不是的,都会感到这是很自然的一种普通一般的分法。我们普通谈中国史,大都说秦以前的学术思想最发达、最好,秦以后就衰落不兴了。又有些人说,汉唐时代的政治和社会都很富强隆盛,有成绩,唐以下宋、元、明、清各代就都不成了。由这里,可见普通一般人,大都也将中国史分成这几段。

二

说到中国文化,如果我们想把世界上任何民族的另一种文化作比,尽不妨是很粗浅,很简单,但相互比较之后,便更容易明白彼此之真相。我想最好是把欧洲文化来作比。因为如巴比伦、埃及等,现在都已消失;他们的生活,似乎没有什么力量,因此也没有绵延着很长的历史,只在某一时间之内曾飞黄腾达过,但不久即消失,犹如昙花一现,不能久远。若论能长时间奋斗前进的,从目前说,只有两个文化,一是中国,一是欧洲。我们若把此双方互做比较,便可见许多不同的地方。

欧洲历史,从希腊开始,接着是罗马,接着北方蛮族入侵,辗转变更,直到今天。他们好像在唱一台戏,戏本是一本到底的,而在台上主演的角色,却不断在更换,不是从头到尾由一个戏班来扮演。而中国呢? 直从远古以来,尧、舜、禹、汤、文、武、周、孔,连台演唱的都是中国人,秦、汉、隋、唐也都是中国人,宋、元、明、清各代上台演唱的还是中国人,现在仍然是中国人。这一层便显然双方不同了。

再说一个譬喻,中国文化和欧洲文化的比较,好像两种赛跑。中国是一个人在作长时间长距离的跑。欧洲则像是一种接力跑,一面旗从某一个人手里依次传递到另一个人,如是不断替换。那面旗,在先由希腊人传递给罗马,再由罗马人传递给北方蛮族,现在是在拉丁、条顿民族手里。而有人却说,说不定那面旗又会由斯拉夫民族接去的。而且他们这面旗,也并不是自己原有的,乃是由埃及人手里接来的。

所以中国文化和欧洲文化相比,有两点不同。第一,就时间绵延上讲,中国是由一个人自始至终老在作长距离的跑,而欧洲是由多人接力跑。第二,就空间来说,欧洲文化,起自希腊雅典,由这个文化中心向四周发散。后来希腊衰微,罗马代兴,文化中心便由希腊搬到罗马,由罗马再向四周发散。因此他们在历史演进中的文化中心,也从一个地方另搬到别一个地方,依次的搬。到近代列强并立,文化中心也就分散在巴黎、伦敦、柏林等地方,再由这几个中心各自向四周发散。所以西方文化,常有由一个中心向各方发散的形态。而且这些文化中心,又常是由这一处传到那一处。这种情形,连带会发生一种现象,就是常有文化中断的现象;在这里告了一个段落,然后在别处再来重演。中国文化则很难说是由这一处传到那一处。我们很难说中国文化是由山东传到河南,再由河南传到陕西,由陕西传到江西,由江西传到江苏,如是这般的传递。中国文化一摆开就在一个大地面上,那就是所谓中国,亦即是所谓中国的"体"了。关于这一点，在古代历史上，似乎已难加详说。但到了春秋时代，中国文化已经很明显平摆在中国的大地上了。有"体"便有"用"。试看当时齐、晋、秦、楚各国散居四方，而一般文化水准都很高，而且可说是大体上一色的。这就可见中国文化水准在那时早已在一个大地面上平铺放着了。我们不能说汉都长安，汉代文化就以长安为中心，再向四周发散。当时的长安，不过是汉代中央政府所在地，人物比较集中，却不是说文化就以那里为中心，而再向四周发散。所以中国文化乃是整个的，它一发生就满布大地，充实四围。而欧洲文化则系由一个中心传到另一个中心，像希腊传到罗马，再传到东罗马。因此西方文化可以由几个中心变换存在，而中国文化则极难说它有一个中心。我们很难说某一地点是中国文化的中心。因此西方文化可说它有"地域性"，而中国文化则决没有地域性存在。许多地方，在历史中，根本没有作过政治中心，但始终在文化大体之内有其相等极高的地位。

　　这种比较，是从双方外面看，很简单很粗浅的相比较，而约略作为如此说。为什么我们要把西方文化来和中国文化如此相比呢？因为这一比，就可以看清楚我们自己的文化发展，到底是什么一个样子。

<h1 style="text-align:center">三</h1>

　　我现在想由外面形态转进一步，来讲中国文化的意义究竟在哪里。上面说过，中国文化开始就摆在一个大局面上，而经历绵延了很长时期。这里便包蕴了中国文化一种至高至深的大意义。在中国一部古经典《易经》说："可大可久。"这是中国人脑子里对于一般生活的理想，也就是中国文化价值之特征。以现在眼光看，中国是世界之一国，中国人是世界人种中的一种。我们用现代眼光去

看秦以前中国古人的生活,有些人喜欢说中国古人闭关自守,和外国人老死不相往来。这种论调,我们若真用历史眼光看,便知其不是。我们也很容易知道中国几千年前的古人,对于几千年后中国近人这样的责备,他们是不肯接受的。在古代的中国人,一般感觉上,他们对于中国这一块大地,并不认为是一个国,而认为它已可称为"天下",就已是整个世界了。中国人所谓"天下",乃一大同的。封建诸侯,以及下面的郡县,乃属分别的。

不要轻看当时那些封建的国,在它们都曾有很长的历史。像卫国,国土虽小,即是最后才亡于秦国的,它已有九百年历史。现在世界各国,除中国外,哪一个国家传有九百年历史呢? 其余像齐、楚诸国,也都有八百年左右的历史。在现在人脑子里,一个国有八百年历史,实已够长了。中国当时的四境,东南临大海,西隔高山,北接大漠;这些地方,都不是中国农业文化所能到达。《中庸》上说:"天之所覆,地之所载,日月所照,霜露所坠,舟车所至,人力所通,凡有血气,莫不尊亲。"这像是秦代统一前后人的话。在当时,实在认为中国已是一个天下了。当时人认为整个中国版图以内的一切地方,就同是一天下,就同在整个世界之内了。在这整个世界之内,文化已臻于大同。至于在中国版图以外的地方,因为那时中国人的文化能力一时难及,只好暂摆一旁,慢慢再说。好像近代欧洲人,对非洲、澳洲和南美洲等有些地方,岂不也因为他们一时力量有限,远未能充分到达,便也暂搁一旁,慢慢再说吗? 可见古代中国人心理,和近代西洋人心理,何尝不相似? 只是当时交通情形比较现在差得稍远而已。

在那时,中国已经成为一个大单位,那时只有中国人和中国。所谓中国,就是包括整个中国人的文化区域,他们以为这就已经达到了世界和天下的境界。"世界大同","天下太平",这是中国古人理想中的一种人类社会。所谓"凡有血气,莫不尊亲",这就是中国文化所希望达到的理想了。因此我们可以说,中国文化是"人类主义"即"人文主义"的,亦即"世界主义"的。它并不只想求一国的发展,也不在想一步步的向外扩张它的势力,像罗马,像现在一般压迫主义、侵略主义者的西方帝国一般。惟其如此,所以使中国文化为可大。

以上只就中国文化观点笼统地来说。若要具体一点讲,可以举几个例。像孔子,他的祖先,是商朝之后宋国的贵族,后来逃往鲁国。但孔子一生,就并不抱有狭义的民族观念,他从没有想过灭周复商的念头。也不抱狭义的国家观,他并不曾对宋国或鲁国特别地忠心。他更没有狭义的社会阶级观念,他只想行道于天下,行道于全人类。所以孔子实在是一个人类主义者,世界主义者。又像墨子,我们不能详细知道他的国籍和出身,只知他一样是没有狭义的国家观和阶级观的。至于庄子、老子,那就更没有所谓国家观、阶级观了。

我常说,在战国时,学者抱有狭义国家观念的,总共只有一个半:一个是楚国的贵族屈原。当时很多人劝他,楚王既然不听你的话,你大可离楚他去。但他是一个楚国的贵族,无论如何不肯离开楚国。楚王不能用他,他便投江自尽。这可以说是一个抱有强烈民族观念、国家观念的人。另外半个是韩非。他是韩国贵族。他在先也有很强烈的国家观念,但他到秦国以后,意志就不坚定了,所以只能说他是半个。但我现在仔细想来,屈原是一个文学家,富于情感,他想尽忠楚王,被谗受屈,再往别处去也未必不再受谗受屈,因此他愤懑自杀了。我们该从他文学家的性格情感上来看,他也未见定是一位狭义的国家主义者。

如此说来,先秦诸子,实在没有一个人抱着狭义的国家主义的。当时一般学术思想,都抱有一种"天下观",所以说:"身修而后家齐,家齐而后国治,国治而后天下平。"修身、齐家、治国,最后还是要平天下。这个理想,到秦始皇时代,居然实现,真成天下一家了。所以中国文化,开始就普遍的摆在一个大地面上,希望只要交通所达,彼此都相亲相爱,结合在一起。他们的最高理想,就是奠定一个世界大同、天下太平的,全人类和平幸福的社会。

这种世界观,又和西方耶稣教只讲未来天国,而不注重现实世界的,有不同。中国孔孟诸子,深细来说,他们并非没有宗教信仰。只他们所信仰者,在现实人生界,而不在求未来和出世。而春秋战国时代一般的想望,到秦朝时,已经算到达了。至于当时在四周的一些外族,一时不能接受我们文化熏陶,我们暂且不理会。待他们能和我们处得来的时候,我们再欢迎他们进到我们疆界里面来,和我们一起过生活。因此那时虽还有化外蛮族,但因中国那时的农业文化,还没有方法推进到沙漠、草原、高山等地带去,因于和他们生活不同,而于是文化不能勉强相同;没有方法来教他们也接受中国人所理想的生活和文化,则暂且求能和平相处便算了。

以上所说,只在说明中国在秦以前,是中国文化的第一期,中国人已经确实实现了他们很崇高的理想。已经有了世界大同、天下太平的大观念,而且也已相当地有成绩。

四

到了第二期,秦、汉、隋、唐时代,政治武功,社会经济,都有很好的设施。秦朝统一天下,造成了一个国家民族的局面。这便已是现世所谓的"民族国家"了。换言之,秦时的中国,早已是相当于近代人所谓的现代国家了。秦以后,两汉、隋、唐,中国文化的最大成就,便是在政治和社会的组织方面。大一统的政治和平等的社会之达成,这便是汉唐时期的成绩。我们总觉得,中国到现在为止,学术思想方面还超不出先秦,政治社会方面还超不出汉唐。汉唐这一段历史，很难简单讲。如今不得已，姑且简说一些。

　　一般人往往说，中国过去是一个"君主专制"的国家。我认为称它是"君主"则诚然的，称它为"专制"，那就未免有一点冤枉。中国社会，自秦以下，便没有所谓特权阶级之存在。政府里面的做官人，并不是社会上享有特权的贵族。那么秦汉以下，什么样的人，才可以做官呢？用一句现在时兴的话来说，什么人才可以参与政治呢？中国从汉以下，国民参政，均有一种特定的制度。汉制先入学校受教育，毕业后进入政府历练办事，做事务官，当时称做"吏"。待他练习实际行政有经验，有相当成绩，便得推举到朝廷，再经一度考试，才正式做政务官。至于官阶高低，则由其服官后成绩来升降。魏晋南北朝以下，此制有变动，但大体总有一制度。唐以后直到清代，便是有名的科举制。所以中国自汉以后，固然有皇帝，但并没有封建贵族。又并没有由资本家变相而来的财阀贵族。做官人都由民众里面挑选受教育有能力的人来充当，并在全国各地平均分配。东汉时，大概二十万户口中，可以有一人参政。直到清代，各省应科举的人，都规定录取名额，仍是照地域平均分配。单由这一点看，中国传统政治，早不是君主专制。因全国人民参政，都由政府法律规定，皇帝也不能任意修改。即如清代考试制度所规定的考试时日，两百几十年来也未曾更改过。所以中国的传统政治，实在不能说它是君主专制。

　　在这样一种政治情形下，便产生了中国特有的社会情况。春秋战国时，中国还是封建社会，分有公、卿、大夫、士、庶人等阶级，而且分得很清楚。秦以后，封建社会早没有了，那时本可有渐渐走上资本主义社会的趋势。求贵的路走不通，大家都朝着求富的路走，这本是极自然的。中国地大物博，也很适宜于经商发财。但一到汉武帝时，定出新法规，规定读书受教育的人才能做官，做了官的人就不能再经商做生意。而且规定有专利的大商业都由政府经管,人民经商所得税又抽得很重。在这种情形下,中国便走上了似乎近代人所谓的"统制经济"那一条路。这时候,封建制度推翻,私人经济又不能无限发展,而政府又定下考试制度来,规定国民有受教育经选拔得参政做官的权益。这种情形,在当时中国人心下,大家觉得很合理,因此封建社会去了,资本主义的社会没有来,大家在教育文化上着意努力,来实现修身、齐家、治国、平天下的理想;因此也不想再要求另一种出世的宗教,来求安慰;换言之,他们就可在现实生活中安身立命了。

但这样说来,诸位定会问,汉代制度既然如此好,当时生活又是这样合理,为什么汉代又会衰亡的呢? 这问题急切不能详细答。这等于问,你今天身体健康,很强壮,为什么后来又会生病的呢?又好像问,你现在已经吃的很饱,为什么等一下还要饿,还要再吃的呢? 这些问题,本可以不问,问了便牵涉得太远。但是我们总不免要问,汉唐时代的政治社会,既然这么合理,为什么如今却弄得这样糟? 这问题,我再往下是要说明的。我们都知道,自汉末大乱以后,那时的中国人,便觉得这世界现实没有意义,政治不清明,社会不公道,一般人心都很消极悲观,便转而信宗教,信出世,希望来生;那便是当时新从印度传入中国的佛教。但为什么今天的中国人,环境生活如此坏,但又不像魏晋南北朝那样消极呢? 这因现在人觉得有外国人可靠,还像有办法。从前希望在来世,现今希望在国外。因此现在中国人崇拜了洋人,却不易信宗教。如果我们有一时真觉毫无办法,那就只有信宗教求出世了。所以魏晋南北朝以下,信佛教的人特别多;直到唐代统一盛运再临,才又恢复过来,再走上现实人生的大道。

汉唐两代的情形,现在不能详说。大概宋代以下中国的社会与政治,都逃不出汉唐成规。因此我们普通多说,宋代以下的政治和社会,好像没有什么长进了。但我们并不能因为汉唐的学术思想超不出先秦,便说汉唐没有长进。因为在先秦时代,孔子孟子一辈圣贤,都已将人生理想讲得很高深,以后实在很难再超出。问题只在如何去求实现。汉唐的成绩,在能依着先秦人理想,逐渐做去,把那些理想逐步表现出来。那实在也是了不得。中国古人的理想,像先秦百家所提出的,本来已很高,很完美。直到今天,依然未能超过它们。这不能因此便说中国不长进。我们现在所谓汉唐不如先秦,大概是指的学术思想方面言,说汉唐时代依然跑不出先秦学术思想的范畴。但我们要是进一步来说,先秦人的思想虽高,可是只存空言。而秦以后汉唐诸代,却确在依着它实干,使先秦人的思想逐渐在社会上实现。直到宋以下,政治社会,一切规模,都逃不出汉唐成规。这便不好不说是汉唐时代的进步了。在这里,我敢大胆说一句,今后中国的政治社会,恐怕依然逃不掉汉唐规模。如政治的一统性,社会的平等性,便是汉唐的大规模。

五

现在我们再说,汉唐诸代,建下了平等社会和统一政治的大规模,那时候的社会政治,比较先秦是很有进步了。政治清明,社会公道,国家富强,人生康乐。在这种环境下,一般人又将想些什么呢?出世的宗教追求,打不进他们的心坎。这时候,中国人对人生最高理想,便把来放在如何发展各自的个性这一问题上。中国社会自始便懂得顾全大体,最注意大群生活。但顾全大体,侧重大群生活,并不一定要牺牲个人的。而所谓个人幸福,在中国人心中,主要是在各个人个性的发展上。上面说过,中国文化,自始就在一个大范围之下平铺着。待这一个大范围安排妥帖了,便想进一步,在此大范围之内,来要求各个人的个性之如何而可以尽量发展。中国人并不嗜好武力,也不贪求财富。因中国人也懂得,武力与财富,尽是外皮的,并不即是人生的真内容真幸福。因此中国的政治社会发展到某一阶段,便再进一步来期求各人内在个性的发展。个性发展的真实表现,一般来说,最主要的是在文学和艺术。其实文学亦即是艺术之一端。那时天下太平了,人的精神便用到生活享受和生活体味上。这就是文学和艺术的任务了。

两汉时代,中国经过了四百年长治久安的时期,那时已渐渐开始讲究到文学和艺术。但后来国运中衰,遇到魏晋南北朝时代的混乱,局面未能安定;于是把当时人要走的路,临时又中断了。一到唐朝,社会又渐渐安定,于是文学艺术再度发展。所以说,学术思想最灿烂的时期,是在秦以前。政治社会最理想安定的时期,莫过于汉唐。而文学艺术的普遍发达,则在唐代开国以后。这是中国文化史演进三大历程,值得我们郑重提出,来加以证明与阐述。

唐以前的文学,大体说,可分两大类:一类可说是"贵族的",另一类则可说是"宗教的"。艺术也是一样,那时也只有"贵族艺术"和"宗教艺术"之两大类。姑举实例言之。如图画在唐以前,大概多使用在王宫或庙宇。建筑亦然,大建筑也只是王宫或庙宇了。这都只可算是贵族的和宗教的。又如汉代文学,像司马相如《上林赋》《子虚赋》之类,那便是我所谓贵族文学之好例。而像屈原《九歌》之类,则是宗教文学之好例。到唐代开国以后,中国的文学艺术,才逐渐由贵族的、宗教的普遍解放而转化为日常平民的。我们以整个中国文学史来说,唐兴以来才是平民文学的时代。以整个中国艺术史来说,唐初才有平民艺术之生长。我觉得唐代文学艺术境界,像杜工部的诗,韩昌黎的散文,颜真卿的字,吴道子的画,这都是和先秦孔、孟诸子的学术思想一样,同是达到了一种超前绝后至高无上的境界。若说秦汉以下,中国不再出孔、孟、庄、老,便认为是中国历史不进步;则试问如杜、韩、颜、吴,他们的诗文字画,以前何曾有过?这不该说中国历史仍在进步吗?当知中国文化之特别伟大处,并不在推翻了旧的,再来一套新的。而是在一番新的之后,又增添出另一番新的。以前的新的,不仅不须推翻,而且也不能推翻;而以后仍可有另一番新的兴起。而以后的另一番新的,仍然有价值,仍然是不可能推翻的。那才见中国文化之真实伟大处。

现在要问,为什么中国的文学艺术,要到唐以后才普遍发展呢?这因汉唐时代,政治社会虽都有很显著的成就,但是在那时,还是有变相的贵族之存在;须到宋以后,连变相的贵族也根本没有了。说到大门第,宋代只有韩、吕两大姓,但也不好说他们是贵族。其他著名人物,都是道地的从平民社会出身。宋、明两代,中国社会上,始终不再有贵族,不再有特殊阶级。只有元、清两代的部族政权,我们不妨说,那时的蒙古人和满族人,是中国社会里的特殊阶级。但这并不是中国传统文化之向前演进所希望到达、应该到达的。换言之,那是一种外力压迫而强之使然的。

若论社会经济,宋以后,却一天天的继续发展。唐朝还用布帛做货币,宋代则已经用钞票。可见唐以前社会经济还不很活泼,宋以后就更见活泼了。但这里有一更值得我们注意的问题。在唐以前,中国社会还不免有贫富悬殊;而宋以后的社会经济,却反而更趋向于平等了。经济更活泼,而财富更平等,这不是一件极可注意研讨的事吗?这里便可见中国文化演进之大趋向及其大意义所在。可惜我们此刻,对此问题,不能细论。姑从浅处说。

中国社会本来从事农业的家庭多,但他们对于子弟,总希望能读书,求仕进。无论哪一个家庭,如果只有一个儿子,那么他自然要操作生产,没话说。但如果有两个儿子,便可想办法,哥哥多做些事,让弟弟空些时间来读书。如果有三个儿子,他们便设法让小弟弟空出整个时间来读书。因为读书接受了高等教育,便可参加政府考试,希望进入政府做大官,于是扬名声,显父母,光大门楣。

这也是中国人喜欢多生儿子的一原因。只要家庭里有受教育的读书人,就有出身做大官的希望。但是做大官人的家庭,往往三四代后便中落。这因做了大官,获得高俸厚禄,就可以不虑衣食,子弟们都可读书,不必再从事生产劳作,像是很理想。但中国的考试制度,是永远开放,永远允许着尽量竞争意味的。于是那家庭,经历几代后,如果考试不如人,不能进去,也就无路可退,只有重转入贫落的行伍中。所以宋以后的社会,许多达官贵显,不过三四代,家境便中落了。这一现象,永远地存在,直到晚清。如曾国藩家书中,还是常常劝子弟一面读书,一面仍要不忘耕作。因为惟有如此,才是可进可退的良策。于是宋以后的中国人,才始终维持着一种务农为主的经济,常使社会平等,不再有阶级悬殊。而读书人则愈推愈广,数量也愈增愈多,学术风气也益形发展。试问哪样的一个社会,不在武力财富上无限向前,而只在教育上文学艺术上不断进步,是不是可说为一种比较更合人性、更近理想的一个社会呢?

此外还有一情形,这就是宋以后,宗教信仰渐次淡薄了,那又是什么原因呢?

第一,宋以后的中国,已真有了平民教育。而魏晋南北朝时代,则教育限于门第,未能普遍到民间。因此当时只有达官贵人的子弟,才受到教育。普通百姓人家,如要读书,往往到寺院或庙宇里。待他们走进寺院庙宇,自然易于接受宗教信仰。宋以后,教育普及,书院极普遍,读书再不必跑进寺院庙宇,因此宗教的魔力也就自然减少了。

第二,中国的艺术文学,在其本质上,就可以替代宗教功用。这一层说来极微妙,很难说,但仍不妨姑且浅略地说。上面说过,宋以后的文学艺术,都已平民化了,每一个平民家庭的厅堂墙壁上,总会挂有几幅字画,上面写着几句诗,或画上几根竹子,几只小鸟之类,幽雅淡泊。当你去沉默欣赏的时候,你心中自然会感觉到轻松愉快。这时候，一切富贵功名，都像化为乌有，也就没有所谓人生苦痛和不得意。甚至家庭日常使用的一只茶杯或一把茶壶，一边总有几笔画，另一边总有几句诗。甚至你晚上卧床的枕头上，也往往会绣有诗画。令人日常接触到的，尽是艺术，尽是文学，而尽已平民化了。单纯，淡泊，和平，安静，让你沉默体味，教你怡然自得。再说到房屋建筑。只要经济上稍稍过得去的家庭，他们在院子里，往往留有一块空地，栽几根竹子，凿一个小池，池里栽几株荷花，或者养几条金鱼。这种设置，看来极平常，但使你身处其间，可以自遣自适。这里要特别提醒大家的，如我上面所说，日常家庭生活之文学艺术化，在宋以后，已不是贵族生活才如此，而是一般的平民生活，大体都能向此上进。这不能不说是宋以后，中国社会宗教要求冲淡之另一个原因。

在中国人的文化传统下，道德观念一向很看重。它要负修身、齐家、治国、平天下一番大责任，它要讲忠孝、仁义、廉耻、节操一番大道理。这好像一条条的道德绳子，把每个人缚得紧紧，转身不得似的。在西方则并没有这么多的一大套。他们只说自由、平等、独立，何等干脆痛快。中国人则像被种种道德观念重重束缚了。中国人生可说是道德的人生。你若做了官，便有做官的责任，又不许你兼做生意谋发财。做官生活，照理论，也全是道德的、责任的。正因中国社会偏重这一面，因此不得不有另一面来期求其平衡。中国人的诗文字画，一般文学艺术，则正尽了此职能，使你能暂时抛开一切责任，重回到悠闲的心情、自然的欣赏上。好像"采菊东篱下，悠然见南山"这种情景，倘使你真能领略欣赏的话，似乎在那时，你一切责任都放下，安安闲闲地在那里欣赏着大自然。中国的艺术文学，和中国的道德人生调和起来，便代替了宗教的作用。

我们把此看法来看西方文学和艺术，便觉得不然了。你若感觉到生活烦闷不舒服，试去看一场外国电影吧。你的目的本在消遣解闷,可是结果反而会更增加了你的烦闷和不舒服。因为西方的文学与艺术,都是富刺激性的,都像是在鞭策你向前走,指示你一个该向前争取的目标;在批评你的当下生活,批驳得你体无完肤。西方的文学艺术因比较富刺激性、鼓励性、鞭策性,它要你拼命向前走;待你碰到壁,闯到了一鼻子灰,那你只有进教堂,哀告上帝,上帝会安慰你。这是中西双方文学艺术内在性格与其社会使命之不同。可惜此处不能再详说。

总之,中国在宋以后,一般人都走上了生活享受和生活体味的路子,在日常生活上寻求一种富于人生哲理的幸福与安慰。而中国的文学艺术,在那时代,则尽了它的大责任大贡献。因此在唐以前,文学艺术尚是贵族的、宗教的,而唐以来则逐渐流向大众民间,成为日常人生的。因此,中国文化在秦以前,造成了人生远大的理想。汉唐时代,先把政治社会奠定了一个大规模。宋以后,人们便在这规模下享受和发展。这就是文学和艺术到那时才特别发达的缘故。

六

如果没有外来侵略,我们如上述的这一种富于哲理的日常生活的享受和体味,当然是很舒服。中国人的理想人生实在并不错,错的只在他的世界主义上,要真实表现出中国人的理想人生,则非真达到世界主义的路程上不可。但中国人自始就自认为中国已是一个大世界。中国文化在此一点上走过了头,使它和现实的世界脱节,不接头。宋明以下的毛病,就出在这上面。倘若外面没有蒙古人,没有满洲人,那么宋以下中国人的生活,自然可以说安排得很有意味了。可惜那一番安恬的美梦,给蒙古满洲阵阵暴风烈雨打破了。但为什么魏晋南北朝时代,外人入侵,我们可以抵抗;而宋明两代外人入侵，我们就没有办法呢？这因为魏晋时代，中国社会上还是有变相贵族之存在；他们在地方上拥有大产业，属下有大群民众，他们一号召，总可有几千几万人跟从附和，这样就可独自成为一个力量了。我们现在则称他们是"封建势力"，似乎封建势力总是要不得。但社会上有一个一个的封建势力摆布着，外族人自然吃不消。宋明两代的社会，则没有这种特殊势力了。那么外族一来，只击败了你的上层中央政府，下面地方就没有办法可以再抗拒。正因这时候，中国社会上的封建势力早已消失，而像近代西方社会的资本主义新兴势力并未在中国社会上兴起。那么那时的中国民众，就没有方法组织成力量。人民既然毫无力量，那只有依靠政府。政府倒台，人民自然就没有办法了。

顾亭林先生在明亡后，想从事革命，走遍全国。有一次，他到山西西南部的闻喜县，看见一个很大的村落，名叫裴村，里面几千人家都姓裴。他们直从唐代遗传下来，还是聚族而居的。因此亭林先生便回想到唐朝时的宗法社会还是有力量的，此下这力量便逐渐没有了。那时中国的文学和艺术，也只是平民的，只是日常人生的，只是人生的享受和体味。从另一意味讲，那都走上了消极的路，只可供人生安慰消遣。而中国社会，一般说来，又是一个真实平等的社会，便不易发挥出力量来。宋以后，中国国势的一蹶不振，毛病就在此。

到现在，中国文化史的第四期正在开始，我们应该再努力鞭策向前。怎样鞭策呢？

第一，要恢复中国固有的道德。这就是上述的修身、齐家、治国、平天下，忠孝、仁义、廉耻、节操那一番大道理。

第二，应使中国社会发挥出现代力量来。如今既不能回头再恢复封建制度，又不能迈进如资本主义的商业社会，究竟应该怎样团结来发挥出力量呢？我们若没有力量，便不能对付当前世界的其他民族。

　　第三，中国自古即以农工并重，商业亦随而鼎足称盛，只不许有如西方商业资本主义之产生。像蒙古、西藏、南洋这一些地方，只要他们不是农工社会，我们的文化力量就难运使；则我们所理想的世界主义，便永难达到。中国应该走进一步，还要加强工业。这样一来，中国的文化，庶可再进一步达到他原先所理想的境界。

　　《中庸》上说："能尽其性，则能尽人之性。能尽人之性，则能尽物之性。尽物之性，则可以赞天地之化育。"西方的现代文明，可谓在工业上比中国更走进了一步，主要则在其科学上。但他们的科学只求"尽物性"。中国自春秋战国到汉、唐、宋、明各代，可说是注重在求"尽人之性"。若要进一步"尽物性"，就得学西洋，在他们的科学上努力。但不能求尽物之性而忽略了尽人性，又如近代西洋般走上了另一偏径。则试问如何能在中国固有的理想之下，采用西方的科学，像我上面所说，又在以前的新上再加一番新？这个问题，很难用几句话来解答，而真问题则便在这上面。

　　中国的社会，只要西方科学加进来，一切自会变。但问题在如何不推翻中国固有的传统。有人说，若中国人不推翻以往旧的社会旧传统，便加不进西方新科学。这话是真的吗？中国人想学西方人新科学，历时已将超百年外，为什么总是学不上？这究竟是什么原因呢？还是中国文化已经老了，不再有上进的希望？还是中国文化不宜于加进西方的新科学？就逼得它非全部推翻旧传统不可吗？其实问题都不在这上面，只因为中国目前的政治社会一切情形太腐化。普遍讲中国史的人，往往说自鸦片战争、五口通商以后，西方势力东渐，中国的国势便每下愈况了。其实这种看法也是错误的。要是英国人不来中国贩鸦片，不引起鸦片战争，没有五口通商，难道清代政权还可以永远维持下去，中国还会永远太平吗？实际上中国社会，自乾隆末年以后，状况已极坏。就是外国人不来,中国内部的腐化,也逐渐会暴露。自从乾隆末年到嘉庆一朝,已经不断有内乱,从此爆发出太平天国。其主要原因,实在内不在外。不在五口通商,而在朝政有病。这已告诉我们,那时中国的政治和社会,根本已经彻底败坏,非经一番改革不可了。中国社会既已在极度动荡之下,外力入侵,我们自然不能对付。若我们在最近这一次抗日战争胜利后,中国能够获得一和平休养的机会,那么十年二十年后,中国也许可以有办法。我们并不能因为中国接受西洋科学文明已经有百年以上的历史,至今无所成就,就对中国的传统文化表示笼统的悲观。

吾尝谓中国文化乃是"艺术性"的,而西方则是"科学性"的。但中国亦非无科学。即如数学与医学,中国皆远古即有传统。惟中国医学亦偏艺术性,及从人身生理上发明演进。而西方医学,则从人体物理学上发明演进。彼此大不同,但究竟同是一科学。又如枪炮火药,亦最先发明于中国。但中国人不愿在此上继续有发展,乃改为爆竹与烟火;而枪炮则由西方人传去,不断继续发明,以有今日之核子武器,所以今日中国要学习西方近代科学,亦得深具中国自己传统之艺术化,把中国传统文化来参加在学习中,为人生艺术增添进新的一番现代中国化才是。换言之,并不能说中国添进了西方科学化,只应说中国复兴了原有科学化,如此则更不易有病。

中国今后出路,只要政治有办法,社会有秩序。要政治清明,社会公道,把人生安定下来,则西方科学文明并不是不可能接受。而说到政治清明和社会公道的本身,那就是我们自己内部的事,这些却不能专去向外国人学。好像花盆里的花,要从根生起。不像花瓶里的花,可以随便插进就得。我们的文化前途,要用我们自己内部的力量来补救。西方新科学固然要学,可不要妨害了我们自己原有的生机,不要折损了我们自己原有的活力。能这样,中国数千年文化演进的大目的,大理想,仍然可以继续求前进求实现。

　　本文为民国三十年冬,作者在重庆中央训练团的讲演稿,曾收载《国史新论》中。作者生前自言本文为《中国文化史导论》的总纲领,特于本书再版时,秉其初衷,将之移归本书,以求完整。

台湾商务印书馆谨志

(选自《中国文化史导论》〔修订本〕,钱穆
著,北京商务印书馆1994年6月版)

　　钱穆(1895—1990),字宾四,江苏无锡人。现代著名历史学家、思想家。中学肄业,自学成家。历任小学、中学教师及北京大学、西南联合大学教授等职。50年代在香港创办新亚书院,晚年定居台北,选任中央研究院院士。1990年在台北逝世。1930年发表《刘向歆父子年谱》,震动当时学界。后陆续发表《先秦诸子系年》、《中国近三百年学术史》、《国史大纲》、《中国文化史导论》等。主张"根据历史来讲文化",倡导对国史抱"温情"和"敬意"的态度,治学注重会通和民族文化精神的疏导阐发,在历史文化研究领域独树一帜。一生心系儒学,撰写了大量儒学论著,《朱子新学案》是其晚年力作。

　　《中国传统文化之演进》系1941年冬钱穆在重庆中央训练团的讲演稿,曾收入《国史新论》。作者生前自言本文为《中国文化史导论》的总纲领,可见其重要。文中指出,文化是一个民族的历史,也是那个民族的生命,讲文化"应该根据历史来讲"。钱穆据此对中国文化的特征、优点和前途予以历史的分析,并与西方文化进行比较。他认为,中国文化悠久博大,五千年来已经历了三个时期的发展,现正进入第四期。他坚信第四期文化既要"恢复中国固有的道德",即儒家历来所讲"修齐治平"那一套大道理,又要学习西洋,在科学上努力。他认为中国数千年传统文化有着至高至合理的大目的、大理想,我们不应悲观失望,只要肯努力,就仍然可以继续求前进、求实现。这些观点皆与现代新儒家诸贤一致,这也是他被某些学者归入新儒家之列的原因。

附:

中国文化对人类未来可有的贡献

钱　穆

前　言

中国文化中,"天人合一"观,虽是我早年已屡次讲到,惟到最近始彻悟此一观念实是整个中国传统文化思想之归宿处。去年九月,我赴港参加新亚书院创校四十周年庆典,因行动不便,在港数日,常留旅社中,因有所感而思及此。数日中,专一玩味此一观念,而有彻悟,心中快慰,难以言述。我深信中国文化对世界人类未来求生存之贡献,主要亦即在此。惜余已年老体衰,思维迟顿,无力对此大体悟再作阐发,惟待后来者之继起努力。今逢中华书局建立八十周年庆,索稿于余,姑将此感写出,以为祝贺。

中国文化过去最伟大的贡献,在于对"天""人"关系的研究。中国人喜欢把"天"与"人"配合着讲。我曾说"天人合一"论,是中国文化对人类最大的贡献。

从来世界人类最初碰到的困难问题,便是有关天的问题。我曾读过几本西方欧洲古人所讲有关"天"的学术性的书,真不知从何讲起。西方人喜欢把"天"与"人"离开分别来讲。换句话说,他们是离开了人来讲天。这一观念的发展,在今天,科学愈发达,愈易显出它对人类生存的不良影响。

中国人是把"天"与"人"和合起来看。中国人认为"天命"就表露在"人生"上。离开"人生",也就无从来讲"天命"。离开"天命",也就无从来讲"人生"。所以中国古人认为"人生"与"天命"最高贵最伟大处,便在能把他们两者和合为一。离开了人,又从何处来证明有天。所以中国古人,认为一切人文演进都顺从天道来。违背了天命,即无人文可言。"天命""人生"和合为一，这一观念，中国古人早有认识。我以为"天人合一"观，是中国古代文化最古老最有贡献的一种主张。

西方人常把"天命"与"人生"划分为二，他们认为人生之外别有天命，显然是把"天命"与"人生"分作两个层次，两次场面来讲。如此乃是天命，如此乃是人生。"天命"与"人生"分别各有所归。此一观念影响所及，则天命不知其所命，人生亦不知其所生，两截分开，便各失却其本义。决不如古代中国人之"天人合一"论，能得宇宙人生会通合一之真相。

所以西方文化显然需要另有天命的宗教信仰，来作他们讨论人生的前提。而中国文化，既认为"天命""人生"同归一贯，并不再有分别，所以中国古代文化起源，亦不再需有像西方古代人的宗教信仰。在中国思想中，"天""人"两者间，并无"隐""现"分别。除却"人生"，你又何处来讲"天命"。这种观念，除中国古人外，亦为全世界其他人类所少有。

我常想，现代人如果要想写一部讨论中国古代文化思想的书，莫如先写一本中国古代人的天文观，或写一部中国古代人的天文学，或人文学。总之，中国古代人，可称为抱有一种"天即是人，人即是天，一切人生尽是天命的天人合一观"。这一观念，亦可说即是古代中国人生的一种宗教信仰，这同时也即是古代中国人主要的人文观，亦即是其天文观。如果我们今天亦要效法西方人，强要把"天文"与"人生"分别来看，那就无从去了解中国古代人的思想了。

即如孔子的一生，便全由天命，细读《论语》便知。子曰："五十而知天命。""天生德于予。"又曰："知我者，其天乎！""获罪于天，无所祷也。"倘孔子一生全可由孔子自己一人作主宰，不关天命，则孔子的天命和他的人生便分为二。离开天命，专论孔子个人的私生活，则孔子一生的意义与价值就减少了。就此而言，孔子的人生即是天命，天命也即是人生，双方意义价值无穷。换言之，亦可说，人生离去了天命，便全无意义价值可言。但孔子的私生活可以这样讲，别人不能。这一观念，在中国乃由孔子以后战国时代的诸子百家所阐扬。

读《庄子·齐物论》，便知天之所生谓之物。人生亦为万物之一。人生之所以异于万物者，即在其能独近于天命，能与天命最相合一，所以说"天人合一"。此义宏深，又岂是人生于天命相离远者所能知。果使人生离于天命远，则人生亦同于万物与万物无大相异，亦无足贵矣。故就人生论之，人生最大目标、最高宗旨，即在能发明天命。孔子为儒家所奉称最知天命者，其他自颜渊以下，其人品德性之高下，即各以其离于天命远近为分别。这是中国古代论人生之最高宗旨，后代人亦与此不远。这可说是我中华民族论学分别之大体所在。

近百年来，世界人类文化所宗，可说全在欧洲。最近五十年，欧洲文化近于衰落，此下不能再为世界人类文化向往之宗主。所以可说，最近乃是人类文化之衰落期。此下世界文化又将何所归往？这是今天我们人类最值得重视的现实问题。

以过去世界文化之兴衰大略言之，西方文化一衰则不易再兴，而中国文化则屡仆屡起，故能绵延数千年不断。这可说，因于中国传统文化精神，自古以来即能注意到不违背天，不违背自然，且又能与天命自然融合一体。我以为此下世界文化之归趋，恐必将以中国传统文化为宗主。此事涵义广大，非本篇短文所能及，暂不深论。

今仅举"天下"二字来说，中国人最喜言"天下"。"天下"二字，包容广大，其涵义即有：使全世界人类文化融合为一，各民族和平并存，人文自然相互调适之义。其他亦可据此推想。

五月端午节钱穆在迁出素书楼之前三日完成于外双溪之素书楼时年九十六岁。

（原刊台北《联合报》1990 年 9 月 26 日）

（选自《钱穆纪念文集》，中国人民政治协商会议
江苏省无锡县委员会编，1992 年 4 月第 1 版）

乐的精神与礼的精神

——儒家思想系统的基础

朱光潜

儒家论学问,素重"知类通达","豁然贯通",用流行语来说,他们很注重学术思想要有一贯的系统。他们讨探的范围极广,从心理学,伦理学,教育学,政治学,以至于宇宙哲学与宗教哲学,群经群子都常约略涉及。他们所常提到的观念很多,如忠恕,中庸,智仁勇,仁义礼智信,忠孝慈悌友敬等等;他们设教有德行,言语,政事,文学四科;他们的经典有《诗》,《书》,《易》,《礼》,《春秋》。从表面看,头绪似很纷繁,名谓也不一致。但是儒家究竟有没有一两个基本观念把他们的哲学思想维系成一个一贯的系统呢? 本篇的用意就在给这个问题以一个肯定的答复,说明乐与礼两个观念如何是基本的,儒家如何从这两个观念的基础上建筑起一套伦理学,一套教育学与政治学,甚至于一套宇宙哲学与宗教哲学。作者的意旨重解说不重评判。

一

一般人对于礼乐有一个肤浅而错误的见解,以为礼只是一些客套仪式,而乐也只是弦管歌唱。孔子早见到这个普通的误解,曾郑重地申明说:"礼云礼云,玉帛云乎哉? 乐云乐云,钟鼓云乎哉?"在《礼记·孔子闲居》篇里,他特标"无声之乐"与"无礼之礼"。儒家论礼乐,并不沾着迹象,而着重礼乐所表现的精神。礼乐的精神是什么呢?《乐记》里有几段话说得最好:

> 礼节民心,乐和民声。
>
> 大乐与天地同和,大礼与天地同节。
>
> 乐者天地之和也,礼者天地之序也。
>
> 乐自中出,礼自外作。乐自中出故静,礼自外作故文。
>
> 礼者殊事合敬者也,乐者异文合爱者也。
>
> 仁近于乐,义近于礼。
>
> 乐者乐也,君子乐得其道,小人乐得其欲。
>
> 乐也者情之不可变者也,礼也者理之不可易者也。

《礼记》他篇论礼乐的话尚有几条可引来补充:

> 夫礼所以制中也。——《仲尼燕居》
>
> 言而履之礼也,行而乐之乐也。——《仲尼燕居》
>
> 先王之制礼也以节事,修乐以道志。——《礼器》

统观上引诸语,乐的精神是和,静,乐,仁,爱,道志,情之不可变;礼的精神是序,节,中,文,理,义,敬,节事,理之不可易。乐的许多属性都可以"和"字统摄,礼的许多属性都可以"序"字统摄。程伊川也说:"礼只是一个序,乐只是一个和,只此两字含蓄多少义理。"

这"和"与"序"两个观念真是伟大。先说和。欧洲第一位写伦理学专书的亚理斯多德就以为人生最高目的是幸福,而幸福是"不受阻挠的活动"。他所谓"活动"意指人性的生发,所谓"不受阻挠"可以解作"自由",也可以解作"和谐"。从来欧洲人谈人生幸福,多偏重"自由"一个观念,其实与其说自由,不如说和谐,因为彼此自由可互相冲突,而和谐是化除冲突后的自由。和谐是个人修养的胜境。人生来有理智,情感,意志,欲念。这些心理机能性质各异,趋向不同,在普通生活中常起冲突。不特情理可以失调,志欲虽趋一致,就是同一心理机构,未到豁然贯通的境界,理与理可以冲突;未到清明在躬的境界,情与情可以冲突;至于意志纷歧,欲念驳杂,尤其是常有之事。一个人内部自行分家吵闹,愁苦由此起,心理变态由此起,罪恶行为也由此起。所以无论从心理卫生的观点看,或是从伦理学的观点看,一个人都需要内心和谐;内心和谐,他才可以是健康的人,才可以是善人,也才可以是幸福的人。社会也是如此。一部人类历史自头至尾是一部战争史,原因是在人类生来有一副自私的恶根性。人与人相等,利害有冲突,意见有分歧,于是欺诈凌虐纷争攘夺种种乱象就因之而起。人与人斗争,阶级与阶级斗争,国与国斗争,闹得一团怨气,彼此不泰平。有些思想家因为社会中有冲突,根本反对社会的存在,也有些思想家为现实辩护,说社会需要冲突才能生展。但是社会已存在,为不可灭的事实,而社会所需要的冲突也必终以和谐为目的。一个有幸福的社会必然是一个无争无怨相安和谐群策群力的社会,因为如此社会才有他的生存理由,才能有最合理的发展。

　　"和"是个人修养与社会生展的一种胜境,而达到这个胜境的路径是"序"。和的意义原于音乐,就拿音乐来说,"声成文,谓之音",一曲乐调本是许多不同的甚至相反的声音配合起来的,音乐和谐与不和谐,就看这配合有无条理秩序。音乐是一种最高的艺术,像其他艺术一样,他的成就在形式,而形式之所以为形式,可因其具有条理秩序,即中国语所谓"文"。就一个人的内心说,思想要成一个融贯的系统,他必定有条理秩序,人格要成一个完美的有机体,知情意各种活动必须各安其位,各守其分。就一个社会说,分子与分子要和而无争,他也必有制度法律,使每个人都遵照。世间决没有一个无"序"而能"和"的现象。

"和"是乐的精神,"序"是礼的精神。"序"是"和"的条件,所以乐之中有礼。《乐记》说得好:"乐者通伦理者也","知乐则几于礼矣"。先秦儒家中,荀子最精于诗礼,也见到这个道理,他说:"凡礼始乎棁(从卢校,棁训敛),成乎文,终乎悦恔。"(从卢校,恔训快乐)"文"者条理秩序,是礼的精神;"悦恔"即快乐,是乐的精神,礼之至必达于乐。周子在《通书》里也说道:"礼,理也;乐,和也,阴阳和而后理。君君,臣臣,父父,子子,兄兄,弟弟,夫夫,妇妇,万物各得其理而后和,故礼先而乐后。"

乐之中有礼,礼之中也必有乐。"乐自内出,礼自外作。"乐主和,礼主敬,内能和而后外能敬。乐是情之不可变。礼是理之不可易,合乎情然后当于理。乐是内涵,礼是外现,和顺积中,而英华发外,"乐不可以为伪",礼也不可以为伪。内不和而外敬,其敬为乡愿;内不合乎情而外求当于理,其礼为残酷寡恩;内无乐而外守礼,其礼必为拘板的仪式,枯渴而无生命。礼不可以无乐,犹如人体躯壳不可无灵魂,艺术形式不可无实质。《礼器》里有一段说:"先王之立礼也,有本有文。忠信,礼之本也;义理,礼之文也。无本不立,无文不行。"忠信仍是"和"的表现,仍是乐的精神。《论语》记有子的话:"礼之用,和为贵。""和"是儒家素来认为乐的精神,而有子拿来说礼,也是见到礼中不可无乐。《论语》又记孔子与子夏谈诗,孔子说到"绘事后素",子夏就说:"礼后乎!"孔子称赞他说:"启予者商也。"乐是素,礼是绘。乐是质,礼是文。绘必后于素,文必后于质。

就偏向说,虽是"仁近于乐,义近于礼",而就本原说,乐与礼同出于仁——儒家所公认的最高美德。孔子说得很明白:"人而不仁如礼何? 人而不仁如乐何?"仁则内和而外敬,内静而外文。就其诚于中者说,仁是乐,就其形于外者说,仁是礼。所以礼乐是内外相应的,不可偏废。儒家常并举礼乐,如单说一项,也常隐含另一

项。"《关雎》乐而不淫,哀而不伤",是说乐兼及礼;"丧礼,与其哀
不足而礼有余也,不若礼不足而哀有余也","拜下礼也,今拜乎上,
泰也,虽违众,吾从下",是说礼兼及乐。

礼乐本是内外相应,但就另一观点说,也可以说是相反相成,
其义有三。第一,乐是情感的流露,意志的表现,用处在发扬宣泄,
使人尽量地任其生气洋溢;礼是行为仪表的纪律,制度文为的条理,
用处在调整节制,使人于发扬生气之中不至泛滥横流。乐使人活
跃,礼使人敛肃;乐使人任其自然,礼使人控制自然;乐是浪漫的精
神,礼是古典的精神;乐是《易》所谓"阳","元亨","乾天下之至
健","其动也辟",礼是《易》所谓"阴","利贞","坤天下之至顺",
"其静也翕"。《乐记》以"春作夏长"喻乐,以"秋敛冬藏"喻礼,又说
"礼主其减,乐主其盈",都是这个道理。其次乐是在冲突中求和
谐,礼是在混乱中求秩序;论功用,乐易起同情共鸣,礼易显出等差
分际;乐使异者趋于同,礼使同者现其异;乐者综合,礼者分析;乐
之用在"化",礼之用在"别"。在宗教大典中,作乐时,无论尊卑长
幼,听到乐声,心里都起同样反应,一哀都哀,一乐都乐,大家都化
除一切分别想,同感觉到彼此属于一个和气周流的人群;行礼时,
则尊卑长幼,各就其位,升降揖让,各守其序,奠祭荐彻,各依其成
规,丝毫错乱不得,错乱因为失礼,这时候每人都觉得置身于一个
条理井然纪律森然的团体里,而自己站在一个特殊的岗位,做自己
所应做的特殊的事。但这是一个浅例,小而家庭,大而国家社会,
礼乐在功用上都有这个分别,《乐记》论这个分别最详,最精深的话
是:"乐者为同,礼者为异;同则相亲,异则相敬;乐胜则流,礼胜则
离","乐者天地之和也,礼者天地之序也;和故百物皆化,序故群物
皆别"。第三,乐的精神是和,乐,仁,爱,是自然,或是修养成自然;
礼的精神是序,节,文,制,是人为,是修养所下的功夫。乐本乎情,
而礼则求情当于理。原始社会即有乐,礼(包含制度典章)则为文

化既具的征兆。就个人说,有礼才能有修养;就社会说,有礼才能有文化。《乐记》中"乐著大始而礼居成物"一句话的意义,就是如此(应与《易·系辞》"乾知大始,坤作成物"二语参看)。荀子也说吉凶忧愉之情人所因有,而"文礼隆盛"则为"伪"(荀子所谓"伪"即人为)。

　　总观以上所述,礼乐相遇相应,亦相友相成。就这两种看法说,礼乐都不能相离。"乐胜则流,礼胜则离","达于乐而不达于礼,谓之素;达于礼而不达于乐,谓之偏"。礼经一再警戒人只顾一端的危险。一个理想的人,或是一个理想的社会,必须具备乐的精神和礼的精神,才算完美。

<h2 style="text-align:center">二</h2>

　　乐与礼的性质、分别和关系如上所述。儒家的全部哲学思想大半从乐与礼两个观念出发,现在分头来说明。我们在开始即说过,儒家特别看重个人的修养,修身是一切成就的出发点,所以伦理学为儒家哲学的基础。儒家的伦理学又根据他们的心理学。依他们看,生而有性,性是潜能,一切德行都必由此生发,"率性之谓道",道只是潜能的实现。依现代心理学者看,性既为潜能,本身自无善恶可言,它可以为善,也可以为恶。但儒家以为性的全体是倾向于善的,尽性即可以达道,例如恻隐之心为性所固有,发挥恻隐之心即为仁。至于恶的起源儒家则归之于习。性是静的,感于物而动,于是有情有欲。情欲得其正,可以帮助性向善的方向发展;情欲不得其正,于是真性梏没,习染于恶。所以修养的功夫就在调节情欲,使归于正,使复于性的本来善的倾向。乐与礼就是调节情欲使归于正的两大工具。《乐记》有一段说这道理最透辟:

　　　　先王之制礼乐也,……将以教民平好恶而反人道之正也。

人生而静,天之性也;感于物而动,性之欲也。物至知知,然后好恶形焉;原恶无节于内,知诱于外,不能反躬,天理灭矣。夫物之感人无穷,而人之于恶无节,则是物至而人化物也。人化物也者,灭天理而穷人欲者也。于是有悖逆诈伪之心,有淫佚作乱之事……是故先王之制礼乐,人为之节。……礼节民心,乐和民声。

礼乐的功用都在"平好恶而反人道之正",不至"灭天理,穷人欲",宋儒的"以天理之公胜人欲之私"一套理论,都从此出发。在礼与乐之中,儒家本来特别看重乐,因为乐与仁是一体,仁为儒家所认为最高的美德。乐在古代与诗相连。《尧典》中载夔典乐,而教胄子以"诗言志"。周官太师本掌乐,而所教者是"六诗"。儒家说诗的话都可以应用于乐。孔子说诗可以兴观群怨,诗教为温柔敦厚,温柔敦厚者乐之体,兴观群怨者乐之用。孔子论德行最重仁,论教化最重诗乐。道理是一贯的,因为诗的用在感,而感便是仁的发动。(马一浮先生论《论语》中凡答问仁者皆诗教义,甚详且精。惟别诗于乐,合乐于礼,谓礼乐教主孝,书教主政,与本篇立论精神稍异。从本篇的立场说,孝为仁之施于亲,仍是一种和,仍是乐的精神;书以道政事,仍是秩序条理之事,仍是礼的精神。)

诗教有二义,就主者说,"诗言志","乐以道志","道"即"达","言"即"表现";就受者言,诗可以兴,乐感人深,"兴"与"感"都有"移动"的意思。这两个意义都很重要。就"道"的意义说,人的情欲需要发散,生机需要宣泄,一切文艺都起于这种需要。需要发散而不能发散,需要宣泄而不能宣泄,则抑郁烦闷;情欲不得其正,酿成心理的变态与行为的邪僻。亚理斯多德论音乐与悲剧对于情感有宣泄与净化(katharsis)的功用,为近代弗洛伊德派心理学所本。儒家论诗乐特标"道"的功用,实与亚理斯多德的见解不谋而合,道则畅,畅则和,所谓"平好恶而反人道之正"。儒家并不主张"戕贼"

情欲,于此也可见。其次,就感的意义说,心感于物而后动,动而后"心术形",动为善或动为恶,"是故先王慎所以感之者"。乐感人最深,所以乐对于人的品德影响最大。《乐记》"志微噍杀之音作而民思忧……顺成和动之音作而民慈爱,流辟邪散狄成涤滥之音作而民淫乱"一段说得最详尽。《孝经》谓"移风易俗莫善于乐"。孔子在齐闻韶,三月不知肉味,所以他深感觉到乐的影响之大。颜渊问为邦,他开口就答"乐则韶舞,放郑声",至于"远佞人"还在其次。音乐感人最深,音乐中和,人心也就受他感动而达于中和。乐之中有礼仍有"节"的功用。《关雎》乐而不淫,哀而不伤;"国风好色而不淫,小雅怨悱而不乱",也正因其有"节",节故能"平好恶而反人道之正"。

儒家本来特别看重乐,后来立论,则于礼言之特详,原因大概在乐与其特殊精神"和"为修养的胜境,而礼为达到这胜境的修养功夫,为一般人说法,对于修养工夫的指导较为切实,也犹如孟子继承孔子而特别重"义"的观念,是同一道理。

礼有三义。第一义是"节",节所以有"序",如上所述。道家任自然,倡无为;儒家则求胜自然,主有为;"为"的功夫就在对于自然的利导与控制。颜渊问为仁,孔子答以"克己复礼"。这句话的意思就是:就自然在己的情欲加以节制使其得其中,得中便是复礼。《檀弓》记子思语:"先王之制礼也,过之者俯而就之,不至焉者跂而及之。"《礼器》记孔子语:"先王之制礼也,不可多也,不可寡也,惟其称也。""中"与"称"就是有序有理,恰到好处。从这点我们可以看见礼与儒家所称道的"中庸"关系甚密切。中者不偏,庸者不易,"礼以制中",为"理之不可易者",所以中庸仍是礼的精神。亚理斯多德在《伦理学》中也特别着重"中"的观念,是一切德行都看成过与不及之"中",与儒家学说可谓不谋而合。

其次礼有"养"义。这个意义《礼记》和《论语》都未曾提出,孟子曾屡提"养性"，苟得其养，无物不长，"养其大礼为大人"，却未曾明白说养的工夫就是礼。首先著"礼者养也"的是荀子。他说"制礼义……以养人之欲"，"理义文理之所以养情"。这个养的意思极好，他明白说情欲是应该"养"而不应该戕贼的。礼的功用不但使情欲适乎中，而且使他得其养。"适乎中"便是使他"得其养"的惟一方法。中国人把在道德学问方面做工夫叫做"修养"，是从荀孟来的，其意义大可玩味。从"养"的方面想，品格的善与心理的健康是一致的。

第三，礼有"文"义。"文"是"节"与"养"的结果，含"序""理""义"诸义在内。"义者事之宜"，正因其有"理"有"序"，自旁人观之，则为"焕乎有文"。文为诚于中形于外，内和而外敬，和为质，敬仍是文。从"序"与"理"说，礼的精神是科学的；从"义"与"敬"说，礼的精神是道德的；从含四者而为"文"说，礼的精神也是艺术的。孟子有一句很精深的话："始条理者智之事也，终条理者圣之事也。"朱子解为"知得彻然后行得彻"，甚为妥当，其意思与苏格拉底所说"知识即德行"一句名言暗相吻合。其实还不仅此，文艺也始终是条理之事。所以礼融贯真善美为一体。儒家因为透懂礼的性质与功用，所以把伦理学、哲学、美学打成一气，真善美不像在西方思想中成为三种若不相谋的事。

总观以上乐礼诸义，我们可以看出儒家的伦理思想是很康健的，平易近人的。他们只求调节情欲而达于中和，并不主张禁止或摧残。在西方思想中，灵与肉，理智与情欲，往往被看成对敌的天使与魔鬼，一个人于是分成两橛。西方人感觉这两方面的冲突似乎特别锐敏，他们的解决方法，如同在两敌国中谋和平，必由甲国消灭乙国。大哲学家如柏拉图，宗教家如中世纪的耶教徒，都把情欲本身看成恶的，以为只有理智是善的，人如果想为善人，必须用理智把情欲压制下去甚至铲除净尽，于是有所谓苦行主义与禁欲主义。佛家似也有这样主张,末流儒家也有误解克己复礼之"克"与"以天理胜人欲"之"胜"为消除的。这实在是一个不健全的人生理想,因为他要戕贼一部分人性去发展另一部分人性。从文艺复兴以后,西方人也逐渐觉悟到这是错误,于是提倡所谓"全人"理想。近代心理学家更明白指出压抑情欲的流弊。英儒理查兹(Richards)在他的《文学批评原理》里有一章说得很中肯。他以为人类生来有许多生机(impulses),如食欲性欲哀怜恐惧欢欣愁苦之类。通常某一种生机可自由活动时,相反的生机便须受压抑或消灭。但是压抑消灭是一种可惜的损耗。道德的问题就在如何使相反的生机调和融洽,并行不悖。这需要适宜的组织(organization)。活动愈多方,愈自由,愈调和,则生命亦愈丰富。儒家所提倡的礼乐就是求"对于人类生机损耗最少的组织"。孟子看这道理尤其明白。他主张"尽性",意思就指人应该发展人类所有的可能性。他反对告子的"性犹杞柳,义犹桮棬"的比喻:"如将戕贼杞柳而以为桮棬,则亦将戕贼人以为仁义与?"禁欲主义在儒家看来是"戕贼",儒家的办法是"节"而不是"禁"。这是人生理想中一个极康健的观念,值得特别表出。

三

礼乐的功用这样伟大,所以儒家论教育,大半从礼乐入手。孔子常向弟子们叮咛嘱咐道:"小子何莫学夫诗?"考问他的儿子伯鱼说:"汝为周南召南矣乎?"陈亢疑惑孔子教育自己的儿子有一套秘诀,问伯鱼说:"子亦有异闻乎?"伯鱼答道:"未也。尝独立,鲤趋而过庭,曰:'学诗乎?'对曰:'未也。''不学诗,无以言。'鲤退而学诗。他日又独立,鲤趋而过庭,曰:'学礼乎?'对曰:'未也。''不学礼,无以立。'鲤退而学礼。闻斯二者。"礼乐在孔门教育中是基本学科,于此可见。孔子自己是最深于诗礼的人,我们读《论语》,听他的声音笑貌,看他的举止动静,就可以想象到他内心和谐而生活有纪律,恬然自得,蔼然可亲。他在老年的境界尤其是能混化乐与礼的精神,所谓"从心所欲,不逾矩","从心所欲"是乐,"不逾矩"是礼。宋儒谈修养理想有两句话说得很好:"廓然大公,物来顺应。"非深于乐者不能廓然大公,非深于礼者不能物来顺应。

《孝经》里说:"移风易俗,莫善于乐;安上治民,莫善于礼。"礼乐的最大功用,不在个人修养而在教化。教化是兼政与教而言。普通师徒授受的教育,对象为个人,教化的对象则为全国民众;前者目的在养成有德有学的人,后者目的则在化行俗美,政治修明。"群"的观念,不如一般人所想象的,在中国实在发达得很早,而中国先儒所讲的治群与化群的方法也极彻底。他们早就把社会看成个人的扩充。所以论个人修养,他们主张用礼乐;论社会教化,他们仍是主张用礼乐。内仁而外义,内心和谐而生活有秩序纪律,这是个人的伦理的理想,也是社会的政治的理想。实现这个理想,致和以乐,致序以礼,这是个人的修养方法,也是社会的教化方法,所以儒家的教育就是政治,他们的教育学与政治学又都从伦理学出发。《周礼》司徒掌邦教,职务在"敷五典,扰兆民","佐王安,扰邦国",不但要"明七教",还要"齐八政"。教化兼政与教,但着重点在教而不在政,因为教隆自然政举。儒家论修身治国,都从最根本处着眼。

就政与教言,基本在教,就礼与乐言,基本在乐。乐是最原始的艺术,感人不但最深,也最普遍。上文已说到乐有"表现""感动"二义。就表现言,国民的性格与文化状况如何,所表现的音乐也就如何。"是故治世之音安以乐,其政和;乱世之音怨以怒,其政乖;亡国之音哀以思,其民困。"就感动言,音乐的性质如何,所感化成的国民性格与文化状况也就如何。"是故志微噍杀之音作而民思

忧,啴谐慢易繁文简节之音作而民康乐,粗厉猛起奋末广贲之音作
而民刚毅,廉直劲正庄诚之音作而民肃敬,宽裕肉好顺成和动之音
作而民慈爱,流僻邪散狄成涤滥之音作而民淫乱。"音乐关系政教
如此其大,所以周官乐有专司,孔子要教化鲁,第一件大事是"正
乐",颜渊问为仁,孔子不说别的,光说"乐则韶舞,放郑声"。古代
中国人要明白一国的政教风化,必从研究他的歌乐入手,在自己的
国里常采风,在别人的国里必观乐。他们要从音乐窥透一国民的
内心生活秘奥,来推断这一国的政教风化好坏,犹如医生看病,不
问症,先按脉。现代人到一国观光,只问政教制度,比起来真是肤
浅多了。

　　乐较礼为基本,因为"乐者为同,礼者为异;同则相亲,异则相
敬",相亲而后能相敬;"乐至则无怨,礼至则不争",无怨而后能不
争。因此儒家论治国,重德化而轻政刑。孔子说:"道之以政,齐之
以刑,民免而无耻;道之以德,齐之以礼,有耻且格。""道之以德"是
乐教中事,政刑仍属于礼,不过是礼之中比较下乘的节目。

　　礼的大用在使异者有别,纷者有序。有别有序就是"治",否则
为"乱"。治国在致治去乱,所以不能无礼。《礼记》对于这个道理
曾反复陈说:"礼者所以定亲疏,决嫌疑,别异同,明是非";"道德仁
义,非礼不成;教训正俗,非礼不备;分争辨讼,非礼不决;君臣上下
父子兄弟,非礼不定"。此外类似的话还很多。

　　礼的范围极广。个人的言行仪表,人与人的伦常关系,人与人
交接的仪式和道理,政府的组织与职权,国家的制度与典章,社会
的风俗习惯等等都包含在内。所以近代社会科学所讲的几无一不
在礼的范围以内,我们读三礼,特别是周礼,更会明白儒家所谓
"礼"是一切文化现象的总称。儒家虽特重德化,却亦不废政刑,因
为政刑的功用在维持社会的秩序纪律,与礼本是一致。荀子说得
很明白:"礼者法之大分,类之纲纪也。"《乐记》也说:"礼以道其志,

乐以和其声，政以一其行，刑以防其奸。礼乐政刑，其极一也，所以同民心而出治道也。"儒家所忌讳的不是政刑而是专任政刑。政刑必先之以礼乐。礼乐的功夫到，政刑可以不用；如果没有礼乐而只有政刑，政刑必流于偏枯烦琐残酷，反足以生事滋乱。近代所谓"法的精神"似过于偏重政刑，未免失之狭隘。礼虽是"法之大分"而却不仅是法，有"法的精神"不必有"礼的精神"，有"礼的精神"却必有"法的精神"，因为礼全而法偏。现在我们中国人以缺乏"法的精神"为世所诟病，其原因仍在缺乏"礼的精神"。所以礼也是救时弊的一剂良药。知道礼，我们才会要求而且努力在紊乱中建设秩序。

<h2 style="text-align:center">四</h2>

儒家看宇宙，也犹如看个人和社会一样，事物尽管繁复，中间却有一个"序"；变化尽管无穷，中间却有一个"和"，这就是说，宇宙也有他的礼乐。《乐记》中有一段话最为朱子所叹赏："天高地下，万物散殊，而礼制行矣；流而不息，合同而化，而乐兴焉。"这几句话很简单，意义却很深广。宇宙中一切现象，静心想起来，真令人起奇异之感，也令人起雄伟之感。每一事每一物都有它的特殊性与特殊的生命史，有一定的状态，一定的活动，一定的方位，不与任何其他事物全同或相混；所以万事万物杂处在一起，却井井有条，让科学家能把它们区分类别，纳于原理，这便是所谓"天高地下，万物散殊，而礼制行"。事物彼此虽相殊，却并非彼此不相谋；宇宙间充满着的并非无数零星孤立的事物常落在静止状态；任何事物都与其他一切事物有或多或少的关系，每事物虽有一定的状态与方位，而却都在变化无穷，生生不息，事与事相因相续，物与物相生相养，形成柏格荪所说的"创化"，这便是所谓"流而不息，合同而化，而乐

兴"。所以这两句话说尽宇宙的妙谛。看到繁复中的"序"只有科学的精神就行；看到变动中的"和"却不止是科学的事，必须有一番体验，或则说，有一股宗教的精神。在宇宙中同时看到序与和，是思想与情感的一个极大的成就。《易经》所以重要，道理就在此。《易经》全书要义可以说都包含在上引《乐记》中几句话里面，他所穷究的也就是宇宙中乐与礼。太极生两仪，一阳一阴，一刚一柔，一动一静，于是有乾坤。"刚柔相推而生变化"，于是有"天下之赜"，与"天下之动"。"一阖一辟，往来不穷"；"变动不居，周流六虚"，于是宇宙的生命就这样绵延下去。《易经》以卦与象象征阴阳相推所生的各种变化，带有宗教神秘色彩，似无可疑；但是它的企图是哲学的与科学的；要了解"天下之赜"与"天下之动"，结果它在"天下之赜"中见出"序"(宇宙之礼)，在"天下之动"中见出"和"(宇宙之乐)。《易经》未明言礼乐之分，但是《乐记》的"天高地下"一段实本于《易·系辞》(注：《乐记》后于《系辞》是假定，尚待考证)。我们不妨引来比较：

> 天高地卑，乾坤定矣；卑高以陈，贵贱位矣；动静有常，刚柔断矣；方以类聚，物以群分，吉凶生矣；在天成象，在地成形，变化见矣。是故刚柔相摩，八卦相荡，鼓之以雷霆，润之以风雨，日月运行，一寒一暑，乾道成男，坤道成女。
>
> ——《易·系辞》

> 天尊地卑，君臣定矣；卑高已陈，贵贱位矣；动静有常，大小殊矣；方以类聚，物以群分，则性命不同矣。在天成象，在地成形，如此则礼者天地之别也。地气上齐，天气下降，阴阳相摩，天地相荡，鼓之以雷霆，奋之以风雨，动之以四时，暖之以日月，而百化兴焉，如此则乐者天地之和也。
>
> ——《礼记·乐记》

先秦儒家以礼乐释《易》，这是一个最早的例。孔子对于宇宙运行所表现的礼乐意味,尝在观赏赞叹。《论语》中"子在川上曰,逝者如斯夫,不舍昼夜"以及"天何言哉,四时行焉,百物生焉,天何言哉"两段话都是"学易"有得的话,都是证明宇宙的序与和在他的脑里留下的印象很深。

儒家有一个重要的观念,叫做"法天",或是"与天地合德"。人是天生的,一切应该以天为法。人要居仁由义,因为天地有生长敛藏;人要有礼有乐,因为天地有和有序。《乐记》一再说:"大乐与天地同和,大礼与天地同节";"乐由天作,礼以地制";"明于天地然后能兴礼乐"。乐者致和,率神而从天;礼者别宜,居鬼而从地。故圣人作乐以应天,制礼以配地。人天一致,原来仍有"和"的意味在内,但这种"和"比一般"和"更为基本的,人对于天的"和"是一种"孝敬",是要酬谢生的大惠。孝天敬天,因为天予我以生命;仁民爱物,因为民物同是天所予的生命。在此看来,人的德行都由孝天出发。张子《西铭》发挥这个意思最精当。他说:"乾称父,坤称母,予兹藐焉;乃混然中处。故天地之塞吾其体,天地之帅吾其性,民吾同胞,物吾与也。大君者吾父母宗子,其大臣,宗子之家相也。"儒家尊天的宗教就根据这个孝天的哲学,与耶稣教在精神上根本实一致。

天地是人类的父母,父母是个人的天地,无天地,人类生命无自来,无父母,个人生命无自来。我们应孝敬父母,与应孝敬天地,理由只是一个,礼所谓"报本反始"。《孝经》一再说:"人之行莫大于孝,孝莫大于严父,严父莫大于配天";"昔者明王事父孝,故事天明;事母孝,故事地察"。在儒家看来,这对于所生的孝敬是一切德行之本,敬长慈幼,忠君尊贤,仁民爱物,以至于谨言慎行,都从这一点孝敬出发。拿礼乐来说,乐之和从孝亲起,礼之序从敬亲起。《孝经》说:"爱亲者不敢恶于人,敬亲者不敢慢于人";"不爱其亲而爱他人者,谓之悖德,不敬其亲而敬他人者,谓之悖礼"。

孝敬天地与祖先所以成为一种宗教者,因为它不仅是一种伦理思想而有一套宗教仪式。曾子说:"慎终追远,民德归厚矣",这是伦理思想;"生则敬养,死则敬享",一部《礼记》大半都谈丧祭典礼,这是宗教仪式。祭礼以祭天地之郊社禘尝为最隆重。孔子说:"明乎郊社之礼,禘尝之义,治国其如示诸掌乎!"这话初看来像很奇怪,实在含有至理。知道孝敬所生,仁爱才能周流,民德才能归厚。《乐记》甚至以为礼乐的本原就在此:"乐也者施也,礼也者报也;乐乐其所自生,而礼反其所始。乐章德,礼报情,反始也。"

"报德反始"意在尊生,一切比较进化的宗教都由这个道理出发,不独儒家的敬天孝亲为然。希腊的酒神教,波斯的拜火教,用意都在尊敬生的来源。佛家戒杀生,以慈悲教世,也还是孝敬所生。耶教徒到中国传教,劝人放弃崇拜祖先,他们似误解耶稣的"弃父母兄弟妻子去求天国"一句话。其实耶教徒之崇拜耶稣,是因为耶稣本是天父爱子,能体贴天父的意思,降世受刑,替天父所造的人类赎"原始罪恶",免他们陷于永劫;这就是因为他对于天父的孝敬和对于天父的儿女们的仁慈。耶稣是孝慈的象征,耶稣教仍是含有"报本反始"的意味,这一点西方人似不甚注意到。

现在把以上所述的作一个总束。乐的精神在和,礼的精神在序。从伦理学的观点说具有和与序为仁义;从教育学的观点说,礼乐的修养最易使人具有和与序;从政治学的观点说,国的治乱视有无和与序,礼乐是治国的最好工具。人所以应有和与序,因为宇宙有和有序。在天为本然,在人为当然。和与序都必有一个出发点,和始于孝天孝亲,序始于敬天敬亲。能孝才能仁,才能敬,才能孝天孝亲,序始于敬天敬亲。能孝才能仁,才能敬,才能有礼乐,教孝所以"报本反始","慎终追远"。这是宗教哲学的基础。儒家最主要的经典是五经,五经所言者非乐即礼。《诗》属于乐,《书》道政事,《春秋》道名分,都属于礼。《易》融贯礼乐为一体,就其论"天下之赜”言,是礼;就其论“天下之动”言,是乐。礼乐兼备是理想,实际上无论个人与国家,礼胜乐胜以至于礼失乐失的现象都尝发现。我们可以用这个标准评论一个人的修养,一派学术的成就,一种艺术的风格,以至一个文化的类型,但是这里不能详说,读者可以举一反三。

(《朱光潜全集》第九卷,安徽教育
出版社,1993年2月第1版)

朱光潜(1897—1986),笔名孟实,安徽桐城人。中国现代著名美学家、诗人。曾赴英、法等国留学,获斯特拉斯堡大学文学博士学位。历任北京大学、四川大学、武汉大学等校教授。著有《悲剧心理学》、《文艺心理学》、《克罗齐哲学述评》、《西方美学史》等。

《乐的精神与礼的精神》发表于《思想与时代》1942年第7期,文中指出,乐和礼是儒家思想中的两个基础性观念,整个儒家学说,包括伦理学、教育学、政治学,甚至于宇宙学与宗教哲学,都建筑在这两个基本观念之上。乐的精神是“和”,礼的精神是“序”,一个理想的人,或是一个理想的社会,必须礼乐兼备,和谐有序,才算完美。儒家以此教人,以此为政,以此修养健全人格。朱光潜虽然声明“重解说不重评判”,但实际上他对儒家礼乐精神的欣赏和肯定态度是显而易见的。

乡 土 中 国(节选)

费孝通

差序格局

在乡村工作者看来,中国乡下老最大的毛病是"私"。说起私,我们就会想到"各人自扫门前雪,莫管他人屋上霜"的俗语。谁也不敢否认这俗语多少是中国人的信条。其实抱有这种态度的并不只是乡下人,就是所谓城里人,何尝不是如此。扫清自己门前雪的还算是了不起的有公德的人,普通人家把垃圾在门口的街道上一倒,就完事了。苏州人家后门常通一条河,听来是最美丽也没有了,文人笔墨里是中国的威尼斯,可是我想天下没有比苏州城里的水道更脏的了。什么东西可以向这种出路本来不太畅通的小河沟里一倒,有不少人家根本就不必有厕所。明知人家在这河里洗衣洗菜,毫不觉得有什么需要自制的地方。为什么呢? ——这种小河是公家的。

一说是公家的,差不多就是说大家可以占一点便宜的意思,有权利而没有义务了。小到两三家合住的院子,公共的走廊上照例是尘灰堆积,满院生了荒草,谁也不想去拔拔清楚,更难以插足的自然是厕所。没有一家愿意去管"闲事",谁看不惯,谁就得白服侍人,半声谢意都得不到。于是像格兰亨姆的公律,坏钱驱逐好钱一般,公德心就在这里被自私心驱走。

　　从这些事上来说,私的毛病在中国实在比了愚和病更普遍得多,从上到下似乎没有不害这毛病的。现在已成了外国舆论一致攻击我们的把柄了。所谓贪污无能,并不是每个人绝对的能力问题,而是相对的,是从个人对公家的服务和责任上说的。中国人并不是不善经营,只要看南洋那些华侨在商业上的成就,西洋人谁不侧目? 中国人更不是无能,对于自家的事,抓起钱来,拍起马来,比哪一个国家的人能力都大。因之这里所谓"私"的问题却是个群己、人我的界限怎样划法的问题。我们传统的划法,显然是和西洋的划法不同。因之,如果我们要讨论私的问题就得把整个社会结构的格局提出来考虑一下了。

　　西洋的社会有些像我们在田里捆柴,几根稻草束成一把,几把束成一扎,几扎束成一捆,几捆束成一挑。每一根柴在整个挑里都属于一定的捆、扎、把。每一根柴也可以找到同把、同扎、同捆的柴,分扎得清楚不会乱的。在社会,这些单位就是团体。我说西洋社会组织像捆柴就是想指明:他们常常由若干人组成一个个的团体。团体是有一定界限的,谁是团体里的人,谁是团体外的人,不能模糊,一定分得清楚。在团体里的人是一伙,对于团体的关系是相同的,如果同一团体中有组别或等级的分别,那也是先规定的。我用捆柴来比拟,有一点不太合,就是一个人可以参加好几个团体,而好几扎柴里都有某一根柴当然是不可能的,这是人和柴不同的地方。我用这譬喻是在想具体一些使我们看到社会生活中人和人的关系的一种格局。我们不妨称之作团体格局。

　　家庭在西洋是一种界限分明的团体。如果有一位朋友写信给你说他将要"带了他的家庭"一起来看你,他很知道要和他一同来的是哪几个人。在中国,这句话是含糊得很。在英美,家庭包括他和他的妻以及未成年的孩子。如果他只和他太太一起来,就不会用"家庭"。在我们中国"阖第光临"虽则常见,但是很少人能说得出这个"第"字究竟应当包括些什么人。

提到了我们的用字,这个"家"字可以说最能伸缩自如了。"家里的"可以指自己的太太一个人,"家门"可以指伯叔侄子一大批,"自家人"可以包罗任何要拉入自己的圈子,表示亲热的人物。自家人的范围是因时因地可伸缩的,大到数不清,真是天下可成一家。

为什么我们这个最基本的社会单位的名词会这样不清不楚呢?在我看来却表示了我们的社会结构本身和西洋的格局不相同的,我们的格局不是一捆一捆扎清楚的柴,而是好像把一块石头丢在水面上所发生的一圈圈推出去的波纹。每个人都是他社会影响所推出去的圈子的中心。被圈子的波纹所推及的就发生联系。每个人在某一时间某一地点所动用的圈子是不一定相同的。

我们社会中最重要的亲属关系就是这种丢石头形成同心圆波纹的性质。亲属关系是根据生育和婚姻事实所发生的社会关系。从生育和婚姻所结成的网络,可以一直推出去包括无穷的人,过去的、现在的和未来的人物。我们俗语里有"一表三千里",就是这个意思,其实三千里者也不过指其广袤的意思而已。这个网络像个蜘蛛的网,有一个中心,就是自己。我们每个人都有这么一个以亲属关系布出去的网,但是没有一个网所罩住的人是相同的。在一个社会里的人可以用同一个体系来记认他们的亲属,所同的只是这体系罢了。体系是抽象的格局,或是范畴性的有关概念。当我们用这体系来认取具体的亲亲戚戚时,各人所认的就不同了。我们在亲属体系里都有父母,可是我的父母却不是你的父母。再进一步说,天下没有两个人所认取的亲属可以完全相同的。兄弟两人固然有相同的父母了,但是各人有各人的妻子儿女。因之,以亲属关系所联系成的社会关系的网络来说,是个别的。每一个网络有个"己"作为中心,各个网络的中心都不同。

在我们乡土社会里,不但亲属关系如此,地缘关系也是如此。现代的保甲制度是团体格局性的,但是这和传统的结构却格格不相入。在传统结构中,每一家以自己的地位做中心,周围划出一个圈子,这个圈子是"街坊"。有喜事要请酒,生了孩子要送红蛋,有丧事要出来助殓,抬棺材,是生活上的互助机构。可是这不是一个固定的团体,而是一个范围。范围的大小也要依着中心的势力厚薄而定。有势力的人家的街坊可以遍及全村,穷苦人家的街坊只是比邻的两三家。这和我们的亲属圈子一般的。像贾家的大观园里,可以住着姑表林黛玉,姨表薛宝钗,后来更多了,什么宝琴,岫云,凡是拉得上亲戚的,都包容得下。可是势力一变,树倒猢狲散,缩成一小团。到极端时,可以像苏秦潦倒归来,"妻不以为夫,嫂不以为叔"。中国传统结构中的差序格局具有这种伸缩能力。在乡下,家庭可以很小,而一到有钱的地主和官僚阶层,可以大到像个小国。中国人也特别对世态炎凉有感触,正因为这富于伸缩的社会圈子会因中心势力的变化而大小。

在孩子成年了住在家里都得给父母膳宿费的西洋社会里,大家承认团体的界限。在团体里的有一定的资格。资格取消了就得走出这个团体。在他们不是人情冷热的问题,而是权利问题。在西洋社会里争的是权利,而在我们却是攀关系、讲交情。

以"己"为中心。像石子一般投入水中,和别人所联系成的社会关系,不像团体中的分子一般大家立在一个平面上的,而是像水的波纹一般,一圈圈推出去,愈推愈远,也愈推愈薄。在这里我们遇到了中国社会结构的基本特性了。我们儒家最考究的是人伦,伦是什么呢?我的解释就是从自己推出去的和自己发生社会关系的那一群人里所发生的一轮轮波纹的差序。《释名》于沦字下也说"伦也,水文相次有伦理也"。潘光旦先生曾说:凡是有"仑"作公分母的意义都相通,"共同表示的是条理,类别,秩序的一番意思"(见潘光旦《说伦字》,《社会研究》第19期)。

伦重在分别,在《礼记·祭统》里所讲的十伦,鬼神、君臣、父子、贵贱、亲疏、爵赏、夫妇、政事、长幼、上下,都是指差事。"不失其伦"是在别父子、远近、亲疏。伦是有差等的次序。在我们现在读来,鬼神、君臣、父子、夫妇等具体的社会关系,怎能和贵贱、亲疏、远近、上下等抽象的相对地位相提并论?其实在我们传统的社会结构里最基本的概念,这个人和人往来所构成的网络中的纲纪,就是一个差序,也就是伦。《礼记·大传》里说:"亲亲也、尊尊也、长长也、男女有别,此其不可得与民变革者也。"意思是这个社会结构的架格是不能变的,变的只是利用这架格所做的事。

孔子最注重的就是水纹波浪向外扩张的推字。他先承认一个己,推己及人的己,对于这己,得加以克服于礼,克己就是修身。顺着这同心圆的伦常,就可向外推了。"本立而道生"。"其为人也孝弟,而好犯上者鲜矣。不好犯上而好作乱者,未之有也"。从己到家,由家到国,由国到天下,是一条通路。《中庸》里把五伦作为天下之达道。因为在这种社会结构里,从己到天下是一圈一圈推出去的,所以孟子说他"善推而已矣"。

在这种富于伸缩性的网络里,随时随地是有一个"己"作中心的。这并不是个人主义,而是自我主义。个人是对团体而说的,是分子对全体。在个人主义下,一方面是平等观念,指在同一团体中各分子的地位相等,个人不能侵犯大家的权利;一方面是宪法观念,指团体不能抹煞个人,只能在个人们所愿意交出的一分权利上控制个人。这些观念必须先假定了团体的存在。在我们中国传统思想里是没有这一套的,因为我们所有的是自我主义,一切价值是以"己"作为中心的主义。

自我主义并不限于拔一毛而利天下不为的杨朱,连儒家都该包括在内。杨朱和孔子不同的是杨朱忽略了自我主义的相对性和伸缩性。他太死心眼儿一口咬了一个自己不放;孔子是会推己及人的,可是尽管放之于四海,中心还是在自己。子曰:"为政以德,譬如北辰,居是所,而众星拱之。"这是很好一个差序格局的譬喻,自己总是中心,像四季不移的北斗星,所有其他的人,随着他转动。孔子并不像耶稣,耶稣是有超于个人的团体的,他有他的天国,所以他可以牺牲自己去成全天国。孔子呢? 不然。

> 子贡曰:"如有博施于民,而能济众何如? 可谓仁乎?"子曰:"何事于仁,必也圣乎! 尧舜其犹病诸? 夫仁者,己欲立而立人,己欲达而达人,能近取譬,可谓仁之方也已。"

孔子的道德系统里绝不肯离开差序格局的中心,"君子求诸己,小人求诸人。"因之,他不能像耶稣一样普爱天下,甚至而爱他的仇敌,还要为杀死他的人求上帝的饶赦——这些不是从自我中心出发的。孔子呢? 或曰:"以德报怨,何如?"子曰:"何以报德? 以直报怨,以德报德。"这是差序层次,孔子是决不放松的。孔子并不像杨朱一般以小己来应付一切情境,他把这道德范围依着需要而推广或缩小。他不像耶稣或中国的墨翟,一放不能收。

我们一旦明白这个能放能收,能伸能缩的社会范围,我们可以明白中国传统社会中的私的问题了。我常常觉得:"中国传统社会里一个人为了自己可以牺牲家,为了家可以牺牲党,为了党可以牺牲国,为了国可以牺牲天下。"这和《大学》的:

> 古之欲明明德于天下者,先治其国,欲治其国者,先齐其家,欲齐其家者,先修其身……身修而后家齐,家齐而后国治,国治而后天下平。

在条理上是相通的,不同的只是内向和外向的路线,正面和反面的说法,这是种差序的推浪形式,把群己的界限弄成了相对性,也可以说是模糊两可了。这和西洋把权利和义务分得清清楚楚的社会,大异其趣。

　　为自己可以牺牲家,为家可以牺牲族……这是一个事实上的公式。在这种公式里,你如果说他私么? 他是不能承认的,因为当他牺牲族时,他可以为了家,家在他看来是公的。当他牺牲国家为他小团体谋利益,争权利时,他也是为公,为了小团体的公。在差序格局里,公和私是相对而言的,站在任何一圈里,向内看也可以说是公的。其实当西洋的外交家在国际会议里为了自己国家争利益,不惜牺牲世界和平和别国合法利益时,也是这样的。所不同的,他们把国家看成了一个超过一切小组织的团体,为这个团体,上下双方都可以牺牲,但不能牺牲它来成全别种团体。这是现代国家观念,乡土社会中是没有的。

　　在西洋社会里,国家这个团体是一个明显的也是惟一特出的群己界限。在国家里做人民的无所逃于这团体之外,像一根柴捆在一束里,他们不能不把国家弄成个为每个分子谋利益的机构,于是他们有革命、有宪法、有法律、有国会等等。在我们传统里群的极限是模糊不清的“天下”,国是皇帝之家,界限从来就是不清不楚的,不过是从自己这个中心里推出去的社会势力里的一圈而已。所以可以着手的,具体的只有己,克己就成了社会生活中最重要的德性,他们不会去克群,使群不致侵略个人的权利。在这种差序格局中,不发生这问题的。

　　在差序格局中,社会关系是逐渐从一个一个人推出去的,是私人联系的增加,社会范围是一根根私人联系所构成的网络。因之,我们传统社会里所有的社会道德也只在私人联系中发生意义。——这一点,我将留在下篇里再提出来讨论了。

系维着私人的道德

　　中国乡土社会的基层结构是一种我所谓“差序格局”,是一个

"一根根私人联系所构成的网络"。这种格局和现代西洋的"团体格局"是不同的。在团体格局里个人间的联系靠着一个共同的架子;先有了这架子,每个人结上这架子,而互相发生关联。"公民"的观念不能不先有个"国家"。这种结构很可能是从初民民族的"部落"形态中传下来的。部落形态在游牧经济中很显著的是"团体格局"的。生活相倚赖的一群人不能单独地、零散的在山林里求生。在他们,"团体"是生活的前提。可是在一个安居的乡土社会,每个人可以在土地上自食其力的生活时,只在偶然的和临时的非常状态中才感觉到伙伴的需要。在他们,和别人发生关系是后起和次要的,而且他们在不同的场合下需要着不同程度的结合,并不显著的需要一个经常的和广被的团体。因之他们的社会采取了"差序格局"。

社会结构格局的差别引起了不同的道德观念。道德观念是在社会里生活的人自觉应当遵守社会行为规范的信念。它包括着行为规范,行为者的信念和社会的制裁。它的内容是人和人关系的行为规范,是依着该社会的格局而决定的。从社会观点说,道德是社会对个人行为的制裁力,使他们合于规定下的形式行事,用以维持该社会的生存和绵续。

在"团体格局"中,道德的基本观念建筑在团体和个人的关系上。团体是个超于个人的"实在",不是有形的东西。我们不能具体的拿出一个有形体的东西来说这是团体。它是一束人和人的关系,是一个控制各个人行为的力量,是一种组成分子生活所倚赖的对象,是先于任何个人而又不能脱离个人的共同意志……这种"实在"只能用有形的东西去象征它、表示它。在"团体格局"的社会中才发生笼罩万有的神的观念。团体对个人的关系就象征在神对于信徒的关系中,是个有赏罚的裁判者,是个公正的维持者,是个全能的保护者。

我们如果要了解西洋的"团体格局"社会中的道德体系,决不能离开他们的宗教观念的。宗教的虔诚和信赖不但是他们道德观念的来源,而且是支持行为规范的力量,是团体的象征。在象征着团体的神的观念下,有着两个重要的派生观念:一是每个个人在神前的平等;一是神对每个个人的公道。

耶稣称神是父亲,是个和每一个人共同的父亲,他甚至当着众人的面否认了生育他的父母。为了要贯彻这"平等",基督教的神话中,耶稣是童贞女所生的。亲子间个别的和私人的联系在这里被否定了。其实这并不是"无稽之谈",而是有力的象征,象征着"公有"的团体,团体的代表——神,必须是无私的。每个"人子",耶稣所象征的"团体构成分子",在私有的父亲外必须有一个更重要的与人相共的"天父",就是团体。——这样每个个人人格上的平等才能确立,每个团体分子和团体的关系是相等的。团体不能为任何个人所私有。在这基础上才发生美国《独立宣言》中开宗明义的话:"全人类生来都平等,他们都有天赋不可夺的权利。"

可是上帝是在冥冥之中,正象征团体无形的实在;但是在执行团体的意志时,还得有人来代理。"代理者"(Minister)是团体格局的社会中一个基本的概念。执行上帝意志的牧师是 Minister,执行团体权力的官吏也是 Minister,都是"代理者",而不是神或团体的本身。这上帝和牧师、国家和政府的分别是不容混淆的。在基督教历史里,人们一度再度的要求直接和上帝交通,反抗"代理者"不能真正代理上帝的意旨。同样的,实际上是相通的,也可以说是一贯的,美国《独立宣言》可以接下去说:"人类为了保障这些权利,所以才组织政府,政府的适当力量,须由受治者的同意中产生出来;假如任何种政体有害于这些目标,人民即有改革或废除任何政体之权。这些真理,我们认为是不证自明的。"

神对每个个人是公道的,是一视同仁的,是爱的;如果代理者违反了这些"不证自明的真理",代理者就失去了代理的资格。团体格局的道德体系中于是发生了权利的观念。人对人得互相尊重权利,团体对个人也必须保障这些个人的权利,防止团体代理人滥用权力,于是发生了宪法。宪法观念是和西洋公务观念相配合的。国家可以要求人民的服务,但是国家也得保证不侵害人民的权利,在公道和爱护的范围内行使权力。

我说了不少关于"团体格局"中道德体系的话,目的是在陪衬出"差序格局"中道德体系的特点来。从它们的差别上看去,很多地方是刚刚相反的。在以自己作中心的社会关系网络中,最主要的自然是"克己复礼","壹是皆以修身为本"。——这是差序格局中道德体系的出发点。

从己向外推以构成的社会范围是一根根私人联系,每根绳子被一种道德要素维持着。社会范围是从"己"推出去的,而推的过程里有着各种路线,最基本的是亲属:亲子和同胞,相配的道德要素是孝和弟。"孝弟也者,其为仁之本欤。"向另一路线推是朋友,相配的是忠信。"为人谋而不忠乎,与朋友交而不信乎?""主忠信,无友不如己者。"孔子曾总结说:"弟子入则孝,出则悌,谨而信,泛爱众,而亲仁。"

在这里我得一提这比较复杂的观念"仁"。依我以上所说的,在差序格局中并没有一个超乎私人关系的道德观念,这种超己的观念必须在团体格局中才能发生。孝、弟、忠、信都是私人关系中的道德要素。但是孔子却常常提到那个仁字。《论语》中对于仁字的解释最多,但是也最难捉摸。一方面他一再的要给仁字明白的解释,而另一方面却又有"子罕言利,与命与仁"。孔子屡次对于这种道德要素"欲说还止"。

司马牛问仁。子曰:"仁者其言也讱。"曰:"其言也讱,斯谓之仁已乎?"子曰:"为之难,言之得无讱乎?"

子曰："我未见好仁者。……盖有之矣，我未之见也。"

孟武伯问："子路仁乎？"子曰："不知也。"又问。子曰："由也，千乘之国，可使治其赋也，不知其仁也。""求也何如？"子曰："求也，千室之邑，百乘之家，可使为之宰也，不知其仁也。""赤也何如？"子曰："赤也，束带立于朝，可使与宾客言，不知其仁也。"

孔子有不少次数说"不够说是仁"，但是当他积极的说明仁字是什么时，他却退回了"克己复礼为仁"、"恭宽信敏惠"这一套私人间的道德要素了。他说："能行五者于天下为仁矣。——恭则不侮，宽则得众，信则人任焉，敏则有功，惠则足以使人。"

孔子的困难是在"团体"组合并不坚强的中国乡土社会中并不容易具体的指出一个笼罩性的道德观念来。仁这个观念只是逻辑上的总合，一切私人关系中道德要素的共相，但是因为在社会形态中综合私人关系的"团体"的缺乏具体性，只有个广被的"天下归仁"的天下，这个和"天下"相配的"仁"也不能比"天下"观念更为清晰。所以凡是要具体说明时，还得回到"孝弟忠信"那一类的道德要素。正等于要说明"天下"时，还得回到"父子，昆弟，朋友"这些具体的伦常关系。

不但在我们传统道德系统中没有一个像基督教里那种"爱"的观念——不分差序的兼爱；而且我们也很不容易找到个人对于团体的道德要素。在西洋团体格局的社会中，公务，履行义务，是一个清楚明白的行为规范。而在中国传统中是没有的。现在我们有时把"忠"字抬出来放在这位置里，但是忠字的意义，在《论语》中并不如此。我在上面所引"为人谋而不忠乎"一句中的忠，是"忠恕"的注解，是"对人之诚"。"主忠信"的忠，可以和衷字相通，是由衷之意。

子张问曰："令尹子文三仕为令尹，无喜色，三已之，无愠色。旧令尹之政，必以告新令尹。何如？"子曰："忠矣。"这个忠字虽则近于"忠于职务"的忠字,但是并不包含对于团体的"矢忠"。其实,在《论语》中,忠字甚至并不是君臣关系间的道德要素。君臣之间以"义"相结合。"君子之仕也,行其义也。"所以"忠臣"的观念可以说是后起的,而忠君并不是个人与团体的道德要素,而依旧是对君私人间的关系。

团体道德的缺乏,在公私的冲突里更看得清楚。就是负有政治责任的君王,也得先完成他私人间的道德。《孟子·尽心上》有:桃应问:"舜为天子,皋陶为士,瞽瞍杀人,则如之何?"孟子曰:"执之而已矣。""然则舜不禁与?"曰:"夫舜恶得而禁之,夫有所受之也。""然则舜如之何?"曰:"舜视弃天下,犹弃敝屣也。窃负而逃,遵海滨而处,终身䜣然,乐而忘天下。"——这是说舜做了皇帝,不能用对其他国民一样的态度去对待他的父亲。孟子所回答的是这种冲突的理想解决法,他还是想两全,所以想出逃到海滨不受法律所及的地方去的办法。他这样回答是可以的,因为所问的也并非事实问题。另一个地方,孟子所遇到的问题,却更表现了道德标准的缺乏普遍性了。万章问曰:"象日以杀舜为事,立为天子,则放之,何也?"孟子曰:"封之也,或曰放焉。"万章曰:"象至不仁,封之有庳,有庳之人奚罪焉,仁人固如是乎?在他人则诛之,在弟则封之?"孟子的回答是:"身为天子,弟为匹夫,可谓亲爱之乎?"

一个差序格局的社会,是由无数私人关系搭成的网络。这网络的每一个结附着一种道德要素,因之,传统的道德里不另找出一个笼统性的道德观念来,所有的价值标准也不能超脱于差序的人伦而存在了。

中国的道德和法律,都因之得看所施的对象和"自己"的关系而加以程度上的伸缩。我见过不少痛骂贪污的朋友,遇到他的父亲贪污时,不但不骂,而且代他讳隐。更甚的,他还可以向父亲要贪污得来的钱,同时骂别人贪污。等到自己贪污时,还可以"能干"

两字来自解。这在差序社会里可以不觉得是矛盾;因为在这种社会中,一切普遍的标准并不发生作用,一定要问清了,对象是谁,和自己是什么关系之后,才能决定拿出什么标准来。

团体格局的社会里,在同一团体的人是"兼善"的,就是"相同"的。孟子最反对的就是那一套。他说:"夫物之不齐,物之情也,子比而同之,是乱天下也。"墨家的"爱无差等",和儒家的人伦差序,恰恰相反,所以孟子要骂他无父无君了。

(《乡土中国》,费孝通著,生活·读书·新知三联书店,1985年6月第1版)

费孝通(1910—　　　),江苏吴江人,中国现代著名社会学家。1935年毕业于清华大学研究院,1938年获英国伦敦大学哲学博士学位。历任中央民族大学、北京大学教授,中国社会科学院民族研究所、社会研究所所长等职。早年主要从事社会人类学实地考察工作,晚年志在富民,大力推动乡镇企业发展,并倡导中华民族多元一体格局。主要论著有《江村经济》、《禄村经济》、《生育制度》、《乡土中国》、《行行重行行》等。

《乡土中国》是费孝通出版于40年代后期的一部社会学名著,由14篇文章组成。本书尝试回答的问题是:"作为中国基层社会的乡土社会究竟是个什么样的社会?"其中包括对基层社会结构格局及其在此基础上形成的文化体系特征的观察和探讨。这里选录的《差序格局》和《维系着私人的道德》就是其中的两篇。前者指出,与西方社会的"团体格局"不同,中国基层社会结构是一种"差序格局"。差序格局是"一根根私人联系所构成的网络",因此,"社会道德也只在私人联系中发生意义",这是儒家道德文化最显著的特征。

儒家精神的基本性格
及其限定与新生

徐复观

一、儒家精神的基本性格

今日要论定中国文化在世界文化中之地位,与其从和西方文化有相同的地方去看,不如从其不相同的地方去看。我认为中国文化与西方文化,在发轫之初,其动机已不相同,其发展遂分为人性的两个方面,而各形成一完全不同的性格。当然,在很长的历史中,文化总不会完全作单线的发展。但在人类未自觉其本身缺憾以前,其活动总会无形的受此一基本性格之局限。于是西方中的带有东方精神者,总得不到好好的发育,如泛神论及斯图噶学派。而中国历史上之带有西方精神者,也常归于夭折,如战国时的名家。文化的基本精神性格不同,即在字句名词乃至某一部分的看法上纵有相同,亦系不相干之事,昔谢显道历举佛说与儒同处问伊川先生。先生曰:"恁地同处虽多,只是本领不是,一齐差却。"正是此意。以下试略加申述。

近代西方文化,虽有希腊和希伯来两大来源,但形成其学 Scientia 的性格,因而也是形成其近代文化的主要性格的,却是希腊的产物。此一学的性格,自始即受其初期的"自然哲学"的限定,乃系人的知性,向自然的追求剖析。这种向自然追求剖析的目的,并不一定是在自然,而只是希腊人在闲暇中对于知性活动的喜爱,所以"学校"一词之语源即为闲暇。在闲暇中作冥想的知性的活动,以求认识真理,希腊人认这是最高的幸福。知性活动,一定要在外面有对象,于是希腊人的精神首先便落到自然,而愿意为"自然之子"。及由宇宙论转入人性论时代,虽然仅仅"为知识而知识"的好奇心,不能不随内忧外患的纷至沓来而有了曲折,但依然是以"智识者"为最有能最有用最成功的人物。所以哲学(Philosophieren)是对于知的喜爱,是希腊人教养的根源,则系始终一致的。索福克利斯(Sophokles)说:"思考是万事幸福最初之本。"亚里士多德在《形而上学》的开头便说:"一切的人,是生而希望能知的。人对于感官知觉的喜爱,即其证据。盖感觉是与实用无关,纯以其自身而被喜爱的。"在希腊人,知即是美,即是善。希腊人谈人生,也是把知识对外界的构画,反射到人生身上来。正如文德邦(Windelband)在其《一般哲学史》上所说:"18世纪之哲学,和往时希腊人一样,就事物之关系,以启发人生。并且由此等知见,以规正个人与社会之生活,认定这是他的权利与义务。"(见日译本卷一,第14页)

总之,希腊学问的主要对象是自然,是在人之外的事物,而其基本用力处则为知识。此为近代欧洲文化的传承所自。但希腊人把这种学问当作教养,而近代则是将其用作权力的追求。培根(Francis Bacon)说"知识即权力"。这一句话,道破了西方近代文化精神的中核。教养是一种向上,而追求权力则是一种向前。西班牙正活跃于海洋探险时候,其货币上刻着"还在对方"(Plus ultra)之文,此即近代精神的标志。于是希腊文化一至近代,更不是对人的本身负责,而是对人的获取权力负责。人与自然的关系,也由"自然之子"而要一天一天地变为其征服者。人与人的关系,恰是通过征服自然过程中所建立的机具而互相连结进来,并不是作为共同的人性而互相连结起来的。近代西方文化，并不是完全不谈道德，但大体上是把道德的基础放在知识上面。巴斯卡尔(Blaise Pascal)说："人类的尊严，仅在于其有思考力的这一点上面。所以应该努力于严正的思考。严正的思考，才是道德之根本的原理。"美国历史学会会长伯卡(L.Becker)在其《自由与责任》中认为"知"是近代的冲动。作为知识的知性，是近代生活之原理。除了知识以外，当然还须要"廉直与善意"，但是也要依存于知性。真正说起来，近代西方道德的根源，是要在宗教中去求。在其所谓"学"中，对道德所负的责任很轻，乃至可以不负责任。而一般人的存在价值，大体不在于其生活之本身，而在其向物追求的坚执之情，与其在物的研究上所得的成就。人的价值，是通过物的价值而表达出来的。西方文化的成就在此，其问题亦即在此。

中国文化的精神，亦即儒家的精神，和上所述的恰成一相反的对照。

希腊求知的动机为闲暇中对自然界之惊异而追问究竟，这样便成为其哲学中之宇宙论。由宇宙法则之发现而落实下来便成为科学。中国之学术思想，起源于人生之忧患，此点言之已多，殆成定论。《易传》说"作《易》者其有忧患乎"，此非仅作《易》者是如此，忧患是追求学问的动机与推动力。至于学的内容，则西方主要是对于自然的知解，而儒家主要为自己行为的规范。《论语》："哀公问弟子孰为好学？孔子对曰，有颜回者好学。不迁怒，不贰过。""子曰，君子食无求饱，居无求安，敏于事而慎于言，就有道而正焉，可谓好学也已。""子曰，弟子入则孝，出则弟，谨而信，泛爱众，而亲仁。行有余力则以学文。""子夏曰，贤贤易色，事父母能竭其力，事君能致其身。与朋友交，言而有信。虽曰未学，吾必谓之学矣。"上面所引的简单几条，这是洙泗的学风，形成战国儒学的主要内容与性格，二千年来未有大变。朱子白鹿洞书院学规，及王阳明教条示龙场诸生,一守此种成规而不失。此与柏拉图之学园,以及近代之大学,其精神与对象之各不相同,最为明白。

盖儒家之基本用心,可概略之以二。一为由性善的道德内在说,以把人和一般动物分开,把人建立为圆满无缺的圣人或仁人,对世界负责(《论语》:"若圣与仁,则吾岂敢。")一为将内在的道德,客观化于人伦日用之间,由践伦而敦"锡类之爱",使人与人的关系,人与物的关系,皆成为一个"仁"的关系。性善的道德内在,即人心之仁。而践伦乃仁之发用。所以二者是内外合一(合内外之道)、本末一致而不可分的。

性善说虽明出自孟子,但这是中国"人性论"的正统,并非孟子所始创。性善,性恶,性无善恶,有善有恶,在孟子时代为一大争论。孟子就"人皆有不忍人之心"的这一点上,就人皆有恻隐、羞恶、辞让、是非之心以见仁义礼智之"非由外铄我也,我固有之也"的这一点上,以断定人之性善,因而认为"人皆可以为尧舜",人皆可不凭"他力"而都能堂堂正正的站得起来。我们只要稍稍了解世界各大宗教之欲以他力,欲以神与上帝之力,使人从外铄中站起来之艰辛,即可知儒家此一"自本自根"之教义的伟大。但在孟子并未尝否定人的动物性的一面。他说"人之所以异于禽兽者几希",可见有许多地方人是与禽兽无异的。但欲稳定人之所以为人的地位,则非首先从"几希"的地方去肯定人性不可。推孟子之意,人有与动物相同之性,有与动物不同之性。与动物相同者,因其系与动物相同,故不能指此一部分为人之特质,为人之性。而须从与动物不同的地方,从为人所独有的地方,才表现其为人之特质。此特质是善的,并且是人心所同然的,因而肯定其为性善。故曰"乃若其情,则可以为善矣,乃所谓善也"。可是要人由"几希"之善,扩而充之,使不致为与动物相同的部分所障蔽吞没,以另一语句说,不使人心危及道心,则须作一番"克己复礼"的工夫。而"克己复礼"的工夫后面,究竟须有一"作主"者。此作主者儒家认为是心。每一人之心,便会为每一个人作主。于是儒家在这一方面的工夫便是要"正心""养心""求放心""操存此心"(操之则存),使此心"常在腔子里",使心常为一身之主,以"先立乎其大者",使与动物相同的五官百体之欲,都听命于心;于是不仅心为义理之心,而五官百体亦为具义理之五官百体,此之谓"践形"(孟子:"惟圣人惟能践形。")。但对于心之操存涵养,在不与物相接的时候容易。可是心必与物相接。与物相接,即不能不有喜怒哀乐好恶欲之情,人的行为是从情转出来的。情受气质的影响(即生理的作用,如内分泌等作用),容易有过不及之偏,则心将随情转,而心之体亦不可见。所以求放心之功,要见之于变化气质上面。孔子说:"志于道,据于德,依于仁,游于艺。"又说:"兴于诗,立于礼,成于乐。"游于艺,成于乐,都是所以调和性情以变化气质的。孔子对门人言志,独赞叹曾点,只是由曾点所说,表现得一副好性情。儒家不主张断情禁欲,不使生理之人与义理之人分而为二,以免与现实生活起隔离之感;而是要以学问来变化气质,率情以顺性,使生理之人完全成为义理之人,现实之生活亦即理性的生活,成为名符其实的理性动物。所以程明道说:"学至气质变,方是有功",正系此意。这种向内在的道德性之沉潜陶铸的工夫,下开宋明的理学心学,以形成中国"道德性的人文主义"的基点。至于西方的人文主义,则虽一方面由神的中心降落而以人为中心;一方面也是要把人从一般动物中区别出来,以站稳人之所以为人的地位;但他们主要是以智能为基点的人文主义。所以文艺复兴的人文大师的典型,多半要从他个人多方面的才能表现出来。而在中国方面,虽然并不轻视才能,但其基本精神,决非通过才能以表达的。故《论语》:"太宰问于子贡曰,夫子圣者与? 何其多能也? 子贡曰,固天纵之将圣,又多能也。子闻之曰,太宰知我乎,吾少也贱,故多能鄙事。君子多乎哉? 不多也。"

这种地方,更可以看出一种显明的对照。

内在的道德性,若不客观化到外面来,即没有真正的实践。所以儒家从始即不采取"观照"的态度,而一切要归之于"笃行"的。《中庸》上说:"博学之,审问之,慎思之,明辨之,笃行之。"五种治学方法,并不是平列的项目,而是一种前进的程序。笃行是前四项目的归结。要笃行,即须将内在的道德性客观化出来。于是儒家特注重"人伦"、"日用"。人伦是人与人的正常关系;日用是日常的生活行为。每一个人,在其自然或不得不然的所加入的人与人之关系中,及其日常生活中,都有其应尽的一番道理;而这些道理,都是人性所固有。只有尽伦、敬事(《论语》:"敬事而信。"又云:"执事敬。")才是内在的道德之实践,才可称之为"尽性"。而尽伦即可以摄敬事,故人伦尤为重要。父子兄弟的关系,是人伦的基点,是人性的自然的见端。于是孝悌又为人伦之本。《论语》:"有子曰,君子务本,本立而道生。孝弟也者,其为仁之本与。""子曰,弟子入则孝,出则弟,谨而信,泛爱众,而亲仁。"孟子则正式标明"人伦"二字。如"学则三代共之,皆所以明人伦也";"圣人,人伦之至也";"舜明于庶物,察于人伦"等皆是。孟子所说的人伦,亦以孝悌为本。其曰:"孩提之童,无不知爱其亲也。及其长也,无不知敬其兄也",即系从孝悌上指点人性之善。又曰:"仁之实,事亲是也。义之实,从兄是也。智之实,知斯二者弗去是也。礼之实,节文斯二者是也。乐之实,乐斯二者是也。"又曰:"作为庠序学校以教之,申之孝弟之义。"由此可知孝悌乃儒家学说之总持。盖以仁为中核之人性,内蕴而不可见,可见者乃不期然而然的爱亲敬兄之情。在此等处看得紧,把得牢,于是人性之仁乃有其着落,有其根据,而可以向人类扩充得去。"于其所厚者薄,于其所薄者厚,鲜矣",这是一种铁的事实。《诗经》说:"孝子不匮,永锡尔类",可知。"老吾老,以及人之老;幼吾幼,以及人之幼",亦是人性中仁德自然之推。所以孝悌是人类爱的起点，也是人类爱的源泉。"人人亲其亲，长其长"，此乃各就其现成而当下的人与人的关系，皆成为以仁相与的关系。这种社会都是由仁德和温情所构成的，这自然会"天下平"了。伊川为明道作《行状》有云："尽性至命，必本于孝弟。"后来有人问他："不识孝弟何以能尽性至命也？"曰："后人便将性命别作一般事说了。性命孝弟，只是一统的事。就孝弟中便可尽性至命。如洒扫应对，与尽性至命，亦是一统的事，无有本末，无有精粗，却被后人言性命者别作一般高远说。故举孝弟，是于人切近者言之。然今时非无孝弟之人，而不能尽性至命者，由之而不知也。"按所谓"于人切近者言之"的另一意思，即是言孝悌而实不仅于孝悌。乃五四运动，两派人士，在"非孝"的这一点上，仅有程度之分，并无本质之别，这才是打到中国文化的最后长城，亦是攻到人之所以为人的最后防线。……

由上可知儒家内在的道德实践，总是归结于人伦。则落到现实上的成就，大体是从三个方面发展，一为家庭，二为政治（国家），三为"教化"（社会）。

儒家所提出的五伦，有三伦是家庭的范围，所以"尽伦"是要首先把家庭变为一个道德实践的自然团体。儒家思想，因其系以仁为中核，而仁的性格，多趋于凝重安笃而少变。孔子说，"仁者乐山"，"仁者静"，大体是这种意思。因此，儒家精神，不重在"改作"，却注重在已有的东西间去发掘其有意义的内涵，从而附与新的价值，使其渐变而不自觉。这种努力的方式，有其成功，也有其失败，在此暂置不论。在这里所应注意的，家庭本是人类自然的结合；儒家就在这种自然结合中，贯注以道德实践的新生命，即上文所说的"孝弟之义"。在家庭中的孝悌之义，以另一语句说，即《大学》所说的"一家仁，一国兴仁；一家让，一国兴让"之"仁"与"让"。每人各在其家庭中尽其人生之义务，得其人生之价值，即是每人因其有家

庭,而生命占一价值之时间与空间。由现实之家庭纵而推之,则
"本支百世",人的生命由此而得到时间上无限的安顿。同时,因现
实之家庭横而广之,则"睦宗收族",以至"四海之内皆兄弟也",人
的生命由此而得到空间上之无限的安顿。儒家精神所贯注的家
庭,其本身即是一圆满无缺之宗教;故不须另有宗教。而落实下
来,只是孝悌二字,出自人心之自然流露,行之皆人情之所安。故
自西汉起,儒家精神通过家庭以浸透于社会,其功效最为广大,最
为深厚。民间有一幅流行对联说:"西京明训,孝弟力田。"这八个
字,很符合西汉二百年的政治大方针,也正是儒家基本精神之所
在。经过西汉的一番倡导,儒家精神生根于家庭之中,于是家庭成
为中国社会的生产与文化合一的坚强据点。中华民族,至此乃有
其深厚的凝集力与延续力,而完成其特有之厚重坚韧的民族性格。
所以现在以汉之代名为华族永久之名,决非无故。自后两千年中,
历史上遇着四次的外族大侵陵,遇着无数次内部的大屠杀,但一经
短时期的修养生息,即可恢复旧观。而不像西方民族之一经大的
灾祸,常即归于绝灭。盖因中国社会,遇有重大灾害威胁的时候,
大家可以退保于家庭,再环绕着一宗族,以形成灾害的最后防御
线。等到灾害减轻,即可由家庭宗族中伸出来,恢复其生产与文化
的社会完整性。并且当世衰道微,士大夫成为文化罪人的时候,中
国文化的真正的精神,反常常透出于愚夫愚妇之中,赖其"守死善
道"的一念之诚,以维族命于不绝,此种情形迄晚近而未改。这也
可见儒家精神通过家庭而向下浸透之深且厚。五四运动以来,只
看到家庭的流弊,而不了解中国家庭之基本精神与其在民族保持
延续中所尽的责任,觉得只要破坏家庭,则国家观念与夫社会精神
即可以立致。今日的情形正值得重新加以彻底反省的。美国哈佛
大学社会学系主任索罗肯(P. A Sorekin)氏在其1948年出版之
《人性之再造》一书中,主张西方文化缺少道德性的安定家庭为一

大危机之所在。又有人认为英国之所以能在安定中进步，因为英国人系以家庭为生活之堡垒，故不至如其他国家之因缺少合理之家庭生活，以至社会浮动无根，动辄发生革命。这都可提供我们反省之资料。

儒家既对人伦负责，当然要对政治负责。但因历史条件的限制，儒家的政治思想，尽管有其精纯的理论；可是，这种理论，总是站在统治者的立场去求实施，而缺少站在被统治者的立场去争取实现，因之，政治的主体性始终没有建立起来，未能由民本而走向民主，所以只有减轻统治者毒素的作用，而没有根本解决统治者毒素的作用，反尝易为僭主所假借，此已见《儒家政治思想之构造及其转进》一文中（《民主评论》三卷一期），此处不再详论。惟此处应补充者，则旧儒家一面须对政治负责，而一面未能把握政治的主动，于是儒家思想，尝在政治中受其委曲，受其摧残，因而常常影响到儒家思想的正常发展，不断的产生许多出卖灵魂的盗窃之徒，这真可以说是文化历史中的大不幸。最显著的如东汉末年、唐代末年、明代末年，少数宦竖，觉得一般对政治主持风节清议的书生（即今日之所谓舆论），与他们"口含天宪"者脾胃不合，杀戮之酷，只有今日极权主义者才可比拟。因有党锢之祸，遂使聪明才智之士，逃于玄，逃于佛，而中原沦为夷狄。有浊流之祸，遂产生冯道这一类的典型，而五代生人之道绝，而造成满清入关，二百余年之统治，使中国文化精神，进入睡眠状态，……所以今日真正的儒家，一定要在政治民主化的这一点上致力。至于有人怀疑儒家思想是否与民主政治相容，这全系不了解儒家，且不了解民主之论。凡在思想上立足于价值内在论者的，即决不承认外在的权威。今日欧洲的民主主义，系奠基于18世纪之启蒙运动。而启蒙运动之思想骨干系自然法。自然法思想导源于罗马，罗马之此一思想渊源则来自希腊末期之斯托噶派。继自然法思想而起之功利主义，乃资本主义与民主主义在英国结合之特殊产物;但并非非有此一结合不可。美国哲斐逊们的民主运动,即仅受自然法之影响而未受功利主义之影响。故美国之民主主义,更富于理想性。在18世纪以前,由马丁·路德之宗教改革而来的良心之自由,其对近代民主之影响,无人可加以否认。而路德实受有德国神秘主义之启示(亦称泛神论)。德国之神秘主义,固系价值内在论者。儒家之为道德的价值内在论,已如前述。儒家"自本自根"之精神,即可不需要外在之上帝,则在政治上岂能承认由外在权威而来的强制作用。我特于此引《传习录》上王阳明的一段话,以相印证:

> 爱问,"在亲民",朱子谓当作"新民",后章作新民之文,似亦有据。先生以为宜从旧本作亲民,亦有所据否? 先生曰,作新民之新,是自新之民,与在新民之新不同。此岂足为据。作字却与亲字相对,然非亲字义。下面治国平天下处,皆于亲字无发明。如云君子贤其贤而亲其亲,小人乐其乐而利其利,如保赤子,民之所好好之,民之所恶恶之,此之谓民之父母之类,皆是亲字意。……

按阳明把"作新民"解为"是自新之民"。所谓自新,是老百姓每人都自己站起来。"在新民"之"在"字,则有由政治力量去代老百姓去新的意思;用现在的话说,即是训政与改造运动的意思。这都与儒家的内在论不合,亦即为儒家的政治思想所不许。儒家之所以贵王而贱霸,贵德而贱力,皆系由此而来。儒家的政治思想必归结于民主政治,而民主政治之应以儒家思想为其精神之根据。凡态度客观的好学深思之士,必不会以此为附会之谈。

其实,儒家对人类负责的精神,除了上述二端外,还有其为人所忽视,而实系最伟大的一面,即其"教化精神"的一面。许多人说孔子是中国最早的教育家。"教育家"三字,说得未尝不对。但亦说得未尝尽对。孔子之精神,实系伟大宗教家之教化精神。毫无凭藉,一本其悲悯之念,对人类承担一切责任,而思有以教之化之。此系立于社会之平面,以精诚理性相感召,这与政治之设施全异其趣。世界伟大宗教之得以建立,其教义必须通过此一教化精神以具象化之,乃能唤起人类之心灵而与其融铸在一起。否则任何教义,只作一番话说,与人究无多干涉。儒家之所以能代替宗教,不仅在其自本自根之道德内在论,可以使人不须要宗教;亦因孔子之教化精神,实与伟大宗教之创立者同样的将其学说具像化于中国民族之中,故非普通一家之言可比。孔子当然希望用世。"如有用我者,吾其为东周乎。"政治是实现理想的捷路。但政治须有所待而后行,而教化则系一心之发,当下即可尽力。故孔子对于现实政治,皆采取一种可进可退之随缘态度,如曰:"用之则行,舍之则藏";"邦有道则现,邦无道则隐。"但一谈到教人的这一方面,则"教不倦"常与"学不厌"并称,与"学不厌"同其分量。"有教无类"的对于人类的信心,对于人类的宏愿,真可含融一切有生而与其同登圣域。《论语》说:"自行束脩以上,未尝无诲焉。""互乡难与言。童子见,门人惑。子曰,与其进也,不与其退也,惟何甚。人洁己以进,与其洁也,不保其往也。"从这种站在社会上来对人类负责的精神,才真显出"人伦"观念之基本用心与其含弘光大。

宋明性理之学,不仅是儒家精神的复兴,而且也是儒家教化精神的复活。宋明儒之"讲学"即是一种教化精神,用现代的话说,即是一种社会的思想运动。因为此一精神而可以浮出一社会的对象,形成一社会的势力,在朝廷以外,另树立一人类的标准与归趋。而专制之夫,与夫宦竖嬖佞之臣,也无不以讲学为大禁。这都是古今在事实上所能按验的。伊川曾说:

> 贤者在下,岂可自进以求于君? 苟自求之,必无能用之理。古人之所以必待人君致敬尽礼而后往者,非欲自为尊大,盖其尊德乐道之心不如是,不足与有为也。

　　伊川先生在讲筵,不为妻求封。范纯甫问其故。先生曰,某当时起身草莱,三辞然后受命,岂有今日乃为妻求封之理。问今人陈乞恩例,又当然否? 人皆以为本分,不为害。先生曰,只为而今士大夫道得个"乞"字惯,却动不动是乞也。

　　此乃讲理学者对政府的一共同态度。此一态度之另一面,即是以讲学向社会负责。邹守益《阳明先生文录序》有一段说:

　　　当时有称先师者曰,古之名世,或以文章,或以政事,或以气节,或以勋烈,而公克兼之。独除讲学一节,即全人矣。先师笑曰,某愿从事讲学一节,尽除四者,亦无愧全人。

　　阳明这种以讲学重于政治勋业之精神,亦宋明讲学者之共同精神。此一精神之影响,为在政治之外,在朝廷之外,使社会另有一理性的趋向,而形成一理性的力量,这便使专制之主与宦竖便佞之徒所视为芒刺在背,非假借各种名义以禁锢绝灭之不可。如元祐党禁,南宋伪学之禁,明末东林之禁,当时主持其事者,当然也有他的一套说法。但由历史观之,这群人的卑贱丑恶,实连猪狗之不如,此种事实,我希望其能成为历史上永久的大戒。同时,中国今后如要能在世界上求生活,必须除了政府以外,有站得起来的社会势力,以与政治立于对等之关连,因而亦与政治划有一定之限界。如此,则国家始有其内容,始能发生力量。而在产业落后的情况下,只有先有社会的自由讲学,以激发人心,树立风气,形成社会之文化力量,以推动社会的其他各方面,乃社会能够站起来的先决条件。今后中国文化之出路在此,中国智识分子之出路在此,中国政府之是否系"大桀小桀"的试金石亦在此。所以我不觉对这一点言之蔓衍了。

　　儒家人伦的思想,即从内在的道德性客观化出来,以对人类负责的,始于孝悌,而极于民胞物与,极于以"天地万物为一体"。从孝悌到民胞物与,到天地万物为一体,只是仁心之发用,一气贯通

下来的。此中毫无间隔。吾于此,谨引王阳明《大学问》的一段话以作印证:

> 大人者,以天地万物为一体者也。其视天下犹一家,中国犹一人焉。若夫间形骸而分尔我者,小人矣。大人之能以天地万物为一体也,非意之也,其心之仁本若是,其与天地万物为一也,岂惟大人,虽小人之心亦莫不然。彼顾自小之耳。是故见孺子之入井,而必有怵惕恻隐之心焉,是其仁之与孺子而为一体也。孺子犹同类者也。见鸟兽哀鸣觳觫,而必有不忍之心焉,是其仁之与鸟兽而为一体也。鸟兽犹有知觉者也。见草木之摧折而必有悯恤之心焉,是其仁之与草木而为一体也。草木犹有生意者也。见瓦石之毁坏而必有顾惜之心焉,是其仁之与瓦石而为一体也。是其一体之仁也,虽小人之心亦必有之。是乃根于天命之性,而自然灵昭不昧者也。

还有,五伦思想,为儒家精神落实下来的一种局格。凡精神一落入局格之中,一方面因可以由此而现实化,但一方面亦将因此而渐成僵化,不能适时顺变。五伦思想形成于二千年之前,其不能完全适应于今日,且发生若干流弊,而须加以批判,这是当然的。并且人伦思想,虽至汉而落实,而其精神亦至汉而渐离。忠孝之在孔孟,乃系人之一种德性。至于人与人的关系,则常相对以为言,如"君君,臣臣,父父,子子"之类。此其中,并无从外在的关系上分高低主从之意。汉儒为应大一统之政治要求,《白虎通》中创为"三纲之说",将人性中德性之事,无形中一变而为外在关系中权利义务之事。于是渐失人伦之本意而有时成为人性抑压之具,这是首先值得提出来研究的。但这也要原始于五伦思想之基本精神,了解其真正用心之所在,则在批判之中,即收新生扩充之效。这一点是应该有人用力的。

20世纪儒学研究大系

二、成就中的限定

如上所述,儒家系从仁性、道德性方面去阐发人性的,此乃人性之一面。在这一面中,不能成就科学。科学是要靠"为智识而智识"的人性中另一面"知性"的发展。投入于为知识的知性之中的对象,知性对之除了只问把握的真不真以外,可以说是采取无善无恶的态度。因之知性的发展,是顺着对象自身的法则性而推演下去,知性即在对象的法则性之把握中而得到满足。所以知性所看见的自然,是与知性的主体无关的,即是纯客观的自然;而知性的任务,是只向对象追根到底的思索。对于思索所得的成果,并不发生思索的主体负责去实践的问题。因此,思索便能解除了实践意志所无形加在他身上的限制,而可以一步一步的推解下去。这是西方文化的骨干,也是成就科学的基底。什米格勒(Schwegler)的《西洋哲学史》,一开头所下的哲学定义是:"所谓哲学者,乃追考之事,乃由思维以考察事物之事。"仅以此作为哲学的定义,当然还须加以补充。可是若以此作西方的所谓"学"的说明,则是一种简单明了的概括性说明。儒家并没有轻视知性,孔孟常是仁智并称,而《中庸》称智、仁、勇为三达德。然儒家所称的智,都是站在道德方面,站在道德实践方面而立言。因之,儒家的智,是心的灵明向内在的道德主体的烛照。推而广之,亦止于人伦上之用心。其主要任务,不是向外去把握与实践无关的对象,分解与实践无关的对象。所以儒家的智,与西方之所谓智,有其基本性格上之区别。孔子说:"仁者安仁,智者利仁。"孟子曰:"智之实,知斯二者(按系事亲从兄)弗去是也。"智、仁、勇之三达德,皆以仁为中心,并非三者平列。《论语》:"子曰,吾尝终日不食,终夜不寝,以思,无益,不如学也。"这里之所谓无益,只就道德观点而言。在西方则不问其有益无益的思下去。所以儒家之智，只成就道德，成就道德实现的事功，并非直接成就科学。程子解释格物为"格物而至于物"。又谓"凡一物上有一理，须是穷致其理"。朱子取得此意以补《大学》格物致知之义曰：

> 所谓致知在格物者，言欲致吾之知，在即物而穷其理也。盖人心之灵，莫不有知。而天下之物，莫不有理。惟于理有未穷，故其知有不尽也。是以《大学》始教，必使学者，即凡天下之物，莫不因其已知之理而益穷之，以求至乎其极。至于用力之久，而一旦豁然贯通焉，则众物之表里精粗无不到，而吾心之全体大用无不明矣。

照程朱格物致知，须分"主宾"之意，则理已成客观而在外的东西，由此路下去，有构成西方知识论之可能，亦即由此转出科学之可能，且他们也作过这种尝试。故熊师十力之《读经示要》，独于致知格物，采程朱之说，意欲由此以转出科学，其用心甚苦，但于此有不容含混者，即程朱之所谓物，主要上仍系指人伦而非指自然。而格物穷理之目的，仍是为了道德上之实践。所以朱子《答林谦之书》有云："因践履之宾，以致其知。"可见程朱虽有与西方智识论接近之处，但知性毕竟未从道德中解放出来。所以朱子之所谓穷理，终逃不出读书范围。其《上孝宗疏》有云："为学之道，莫先于穷理。穷理之要，必在于读书。"此与牛顿见苹果落地而发明万有引力，瓦特见水沸上冲壶盖而发明蒸汽机，以至培根为试验寒气到底能否防止腐烂，因而自己买火鸡，亲手杀死后填雪于其体内，因此受寒而死，其研究的动机与对象，完全不同，是很容易明白的。因而王阳明所谓朱子"于事事物物上求至善，却是义外也"。这站在儒家的基本精神上说，我觉得王阳明倒是对的。《论语》："子夏曰，虽小道，必有可观者焉。致远恐泥，是以君子不为也。"朱注："小道，如农圃医卜之属。"西方学术的骨干，在中国看来是小道。而中国圣人之用心,在西方看来不离于常识。文化开端所走的方向不同,遂终相远而不能相喻。此正为今日有心文化者所应用心的。

今人常谓中国之不能成就科学,系由于缺乏方法论,如逻辑。此种说法,亦近含混。儒家的基本精神既已如上述,则中国之无逻辑,并非谓中国思想尚在幼稚阶段,不能产生逻辑;而系儒家精神所须要之方法,乃另有所在而不在逻辑。儒家论为学之初步方法,如博学审问等,此乃一般性的。由儒家精神逼进之特殊方法,我认为"体认"两字可以作代表。主静,主敬,存养,省察,都是归于体认。程子曰:"吾学虽有所受,而天理二字,却是自家体认得来。"体认是向内沉潜反照的认识。他不是以主体去把握客体,更不是从分解中去把握客体的法则性,而是以主体去把握主体,把道德的主体性,从人欲的"拟主体性"中显露出来,而加以肯定,加以推扩;另一方面,是把与物与事相接的情念,内照于心之明觉,以证验其在道德主体性前之安与不安,以求外与内合。因此,体认的过程,即是道德实践的过程。所以宋明儒不称这为方法,而常称之为"工夫"。工夫是有一番真实的气力在作用着的。朱子临死时特拈出"艰苦"二字。而王阳明亦说:"某于良知之说,从百死千难中得来,非是容易见得到此。此本是学者究竟话头(按即天路历程之最后一程之意),可惜此理,沦埋已久,学者苦于闻见障蔽,无入头处,不得已,与人一口说尽。但恐学者得之容易,只把作一种光景玩弄,孤负此知耳。"在道德的沉潜实践中,我想敷设不了逻辑。

儒家对于自然是很亲切的。但既不同于西方浪漫主义者之对自然寄托其向无限所发生之憧憬;更不同于科学者,对于自然之作冷静客观的剖析。儒家心目中的自然,只是自己的感情、德性的客观化。《诗》三百的草木鸟兽之名,只是诗人的感情德性,而决不能构成动植物学。民间最流行的松竹梅的分类,梅兰竹菊的分类,这只是人的感情德性所反映出来的分类,谁也不能说这是植物学的分类,并且谁也不能说因其非植物学之分类而即无意义。因其意义乃另有所在。下开的故事,最可说明中国文化对自然之态度:"明道先生曰,周茂叔窗前草不除去,问之,云与自家意思一般。问,周子取其生生自得之意耶? 抑于生物中欲观天理流行处耶? 朱子曰,此不要解。得那田地,自理会得。须看自家意思,与那草的意思,如何是一般。"所以"致中和,天地位焉,万物育焉",只是感情德性之至境。自然之价值,不在自然之本身,而在提出自然者所反映出来的价值。西方科学,把人也演化于自然之中;而儒家精神,则把自然演化于人之中。可以说因文化之根底不同而自然之性格亦因之不同了。

由上所述,我们应该干脆承认在儒家精神中缺乏科学,也同于在希伯来精神中之没有科学一样。但儒家精神中,绝没存在着反科学的成分在内。大家都知道近世的科学,是经过文艺复兴与宗教改革而转出来的。宗教改革所及于近世科学的影响,约有三点:一为尊重现世,给尊重现世的思想以宗教上的根据。二为促进合理的思索。三为以职业为神授的课业,给学者技术家以专门之业的思想的根据。这三点,尤以第一点为重要,而第一点乃来自德国神秘主义之"在现世已可看见彼岸"的思想,这对于基督教是一大转折。但儒家自开始即系尊重现世,尊重合理思索,尊重日用职业的。儒家精神中之所以没有科学,只是由道德实践性限制了思索的自由发展;由道德的主体之重视不知不觉地减轻了事与物的客观性之重视。但是这种限制与减轻,并非出于道德本身之必然性,而只是由开端时精神所向之重点不同,遂由人性一面发展之偏而来的,不自觉科学的成就,是人性另一方面的成就。则中国尽可由现代科学的刺激而益可见人性之全,不仅科学的迎头赶上为必要,且由尽物之性,由成物之功,使人性中之道德性,益可客观化到物的上面来,落实到物的上面来,而更能收道德性在人伦日用中的功效,与道德性以不断的充实。儒家的精神,其所以不同于宗教,因为他本是要道德不离开物与事,落在物与事上面,从物与事上面来完成人格的。此自孔孟以至程朱陆王,皆无二致,随处皆可加以复按。但儒家为道德实践而落在事与物上,无形中即以事与物之价值,不在事与物之本身,而在其与道德生活之关系,这样便不能"格物而至于物"以尽物之性。而中国的问题,正因为物与事不足以支持道德上的要求。孔子对于博施济众,而叹其"何止于仁,必也圣乎?尧舜其犹病诸"。由知性的发展以成就科学,因此而可以满足博施济众之要求,亦即所谓道德上的要求。且由科学技术之进步而大大提高对物的创能能力,不仅不致像王阳明样格庭前之竹,格了三天格不通,会因此而致病;并且连宇宙的奥秘,如原子量等,皆可呈现于吾人之理解之前,以引发道德上新的问题,构造新的努力、新的成就,这将是孔孟程朱陆王所欢欣鼓舞去学不厌诲不倦的。其所不同于西方者,将只是勉励大家以仁心来提撕科学,使无善无恶的科学,只在完成人的道德上发生作用,而不致利用为反道德的工具。于是科学在儒家精神中亦可看出其新的生命与价值,而益增加其应当自由发展之信念。仁性与知性,只是人性之两面。只须有此一觉,即可相得益彰。在向两个方向的努力上,其共同的起点,将为孔子的"毋意,毋必,毋固,毋我"。其共同的终点,将为孟子云"万物皆备于我矣"。一个人在实验室中,在各种专精的工作中,其完全将自我没入于对象之中的精神状态,正与在道德实践中,人欲去尽的无我的精神状态,同其伟大。即退一层说,朱子《答孙仁甫书》有云:"古人设教,自洒扫应对进退之节,礼乐射御书数之文,必皆使之抑心下首以从事于其间,而不敢忽,然后可以消磨其飞扬倔强之气,而为入德之阶。今既皆无此矣,则惟有读书一事,尚可以为摄伏身心之助。"果尔,则研究科学与技术之可以摄伏身心,不更好过洒扫应对吗?所以对科学的研究,同时亦可为道德的实践。西方大多数科学家都有对宗教的虔诚。则中国的科学家，当然也可以有道德的陶铸。所以我的结论是儒家精神中没有科学，但决不是反科学。今后的儒家之需要科学，不仅系补其人性在中国文化发展过程中所缺的一面，并且也可辅助我们文化已经发展了的一面，即仁性的一面。仁性与知性，道德与科学，不仅看不出不能相携并进的理由，而且是合之双美、离之两伤的人性的整体。

其次，有许多人爱将儒家思想，说成西方的形而上学的东西，因而常常拿去与西方的哲学相比附，如唯心唯物、事素之类。依我的看法，这种比附多系曲说，有没却儒家真正精神的危险。

人生而是形而上的动物，因为他总要追问到根源上去。儒家当然要追问一个根源。但儒家道德之教所指示的根源，只是要人自己验之于人人皆有恻隐、是非、辞让、羞耻之心，只是要人各从其自心上去找根源。这是从人的本身来解答人的道德根源，亦即人之所以为人的根源的办法。至于从心推而上之，心的根源是什么，宇宙的根源是什么，儒家当然承认有此一问题，孔孟程朱陆王，当然也曾去思索这一问题，如提出的天、天命等等，但总是采"引而不发"的态度。因为站在儒家的立场，道德即是实践。道德的层次，道德的境界，是要各人在实践中去领会。而圣贤教人，只是从实践上去指点。若仅凭言语文字，将道德根源的本体构画出来，这对于道德而言，纵使所构画者，系出于实践之真实无妄，但人之接受此种说法，亦只是知解上的东西。从知解上去领会道德的本体，即有所见，用朱子的话说，亦"只是从外面见得个影子"，且易使道德的根基走样。《论语》上孔子对门人问仁，从不曾把仁描写系如何如何的东西。而只是按着大家所能开始实践的层次与方面，加以指点。颜渊的层次最高，所以答的层次也最高（克己复礼）。宋代周、程、张诸儒，要把中国文化从佛教中拯救起来，为了对治佛的宗教上的说法,于是把形而上这一方面的东西,比较多说了一些。但由道德发展上去的形而上学,与西方由知性推演上去的形而上学,虽有相同的语言,而决不是相同的性格。冯友兰之流,从这种地方与西方相比附,以为此即中国的理学道学,此乃隔靴搔痒,其毛病即出在这里。所以《朱子语类》:

> 圣人言语甚实。且即吾身日用常行之间可见。……不必求之太高也。今如所论,却只于渺渺茫茫处,想见一物悬空在,更无捉摸处。……何缘得有诸己。……只为汉儒一向寻求训诂,更不看圣贤意思。所以二程先生不得不发明道理,开示学者,使激昂向上,求圣贤用心处,放得稍高。不期今日学者舍近求远,处下窥高,一向悬空说了,扛得两脚都不着地。

又《答廖子晦》云:

> 详来谕,正为日用之间,别有一物,光辉闪烁,动荡流转,是即所谓无极之真,所谓谷神不死。……学者合下便要识得此物,而后将心想像照管,要得常在目前,乃为根本工夫。……然若果是如此,则圣人设教,首先便合痛下言语,直指此物。……而却都无此说,但只教人格物致知,克己复礼。……《论》《孟》之言,平易明白,固无此等玄妙之谈。虽以子思周子,吃紧为人,特著《中庸》、《太极》之书,以明道体之极致;而其所以用工夫处,只说择善固执,学问思辨而笃行之。只说定之以中正仁义而主静,君子修之吉而已,未尝使人日用之间,必求见此天命之性,无极之真,而固守之也。盖原此理之所自来,虽极微妙,然其实,只是人心之中,许多合当做的道理而已。……

陆王重在先立乎其大者,与程朱稍有异同。然所谓"大者",决非西方形而上学的悬空的东西。如王阳明说:"我此间讲学,却只说个必有事焉。"又曰:"然欲致其良知,亦岂影响恍惚而悬空无事之谓乎,是必实有其事矣。"儒家之学,当然以究体为归。但儒家之所谓体,多系道德之心。道德之心乃存在于人的躯体之内而显现于体认实践之中,由体认实践之浅深而始能把握此心之层次。体认实践之过程,即克己复礼之过程,实乃一辩证法的迫进,而心实非一僵化之死局。故黄梨洲谓:"心无本体。工夫所至,即其本体。"此非否定体之存在,乃说明"亲体承当",非由知解上层层上推之事,而系实践中层层迫进之事。此与西方由知识外推而成之形而上学,自大异其趣。西方形而上学之体,多在心之外。而儒家决不外心以言体,儒家之所谓心,与唯心论之心,实渺不相涉,不容比附。

至唯心唯物之论,其内容有二。一为宇宙论的,一为知识论的。儒家之基本用心,不在宇宙之来源问题。儒家对于宇宙,只从道德的观点加以肯定。儒家言心,只是主张道德的主动性和感通性。王阳明谓无心外之理,此理亦是克就道德上而言,故不能称为宇宙论之唯心论。儒家为知识而知识之知性并未发达。"心之官则思","知是心之本体",大体只说到此种程度,很难因此附会为认识的唯心论或唯物论。王阳明游南镇答花树之问,只一时兴到之谈,禅家气息甚重。儒家最重体用合一,然不可因此而附会为形而上学的"心物一元"等架空之谈。李延平答其友罗博文书云:"初讲学时(按系指朱子),颇为道理所缚。今渐能融释于日用处,一意下工夫。若如此渐熟,而体用合矣。"凡宋明儒谈体用合一,皆应作实践去理会,作工夫去理会。近儒马浮先生在其《尔雅台答问》中,答人书有云:

　　示所论著,征引甚详。然意在辨章先儒之说,以近人治哲学之方法及批评态度出之。中土先哲,本其体验以为说,初无宇宙论与心论之名目也。尽心知性,穷神知化,皆实有事在,非徒欲说其义而止也。……好以义理之言,比附西洋哲学,似未免贤智之过。

马先生之言,正与今日喜欢撷拾语言,不求甚解,以比附为事者,以当头一棒。

总之,儒家也可以有其形而上学。但儒家的形而上学,须由儒家的基本性格上做工夫去建立。以马浮先生的另一话说,应从"实理"上做工夫,而不能仅在"玄谈"上做工夫。更不好如冯友兰之徒,硬拿着一种西方形而上学的架子,套在儒家身上,如"新理学"等说法,这便把儒家道德实践的命脉断送了。

三、时代的新生

如上所述,从人类整个的文化看,儒家的成就,是受有历史的限定,而绝非无所不包,无所不备的。不过,试盱衡今日西方文化所面临的危机,及中国目前艰危的形势,则儒家精神,正在为渡过灾难而反省、而奋斗的人们心灵之深处跃动,仿佛呼之欲出。真正说起来,这将是儒家精神新生的时代。

西方文化的危机,言之者已非一人一日。其危机所在,正和中国者相反。中国文化所遗留的问题,是在物的方面。因物的问题未得到解决,反撞将来,致令人的问题也没有得到解决。西方文化今日面前所摆的问题是在人的方面。因人的方面未得到解决,反映转来,致令本是为人所成就的物,反常成为人的桎梏、人的威胁;所以才有欧洲的衰微,才面临过去希腊罗马所同样经过的存亡绝续的大试验。前面曾经提过的索罗肯的《人性之再造》,主要系指出欧洲近代"官能的文化","感性的文化",对人的本身所制造出的"伪似科学",把人仅认作"欲动"的,"权力"的,乃至纯生理、纯物理的东西,因而把人导向濒于死灭之边缘,不得不呼吁人性的再建。此已另有介绍。今再将得过 1912 年诺贝尔科学奖金的卡来

(Alexin Carrel)博士在其《人,此一未知者》中的结论,摘引一二段,以相印证。

卡来博士在详细叙述了近代各种科学对于人的研究与成就,而感到失望之后,他说:

> 我们今日因以苦恼的谬误,在于曲解了伽利略的天才的思想。伽利略把事物能够测度的广度、重量、形状、颜色、臭味等,称为物之第一次的性质,和不能够测量的第二次性质,加以区别。毕竟是把量的东西从质的东西分开,所以由数学的用语所表示之量的东西编出科学,而把质的东西忽略了。抽出事物的一次的性质,这是正当的。但因此而忘记了二次的性质,则系严重的错误。我们因此而受到严重的后果。何以故?对于人来说,不能测度的东西,较之能测度的东西,更为重要。……然而这种质的东西之与量的东西之分离,到笛卡儿建立身体与心灵的二元论而更甚。即从那时以来,精神上的现象,不能加以说明,而物质决然与精神分开了。并且认为肉体之有机的构造,与生理的机能,较之精神之苦乐美丑,远为重大。由此种错误,我们的文明,遂被诱入于把科学导向胜利,把人却导向颓废的路上。(1951年樱泽如一译决定版,第356—357页)

> ……我们应将给与热力学之同等重要性,给与于人之情意的研究之上。我们的思想,不能不拥抱一切实在之方面。(同上,第358页)

> 但是要拔弃三百年以上支配着文明人之头脑的学说,当然很困难,学者之大部分,都以普遍名词为实在,相信量的东西之专擅存在权利,相信物质的优越,精神与身体之分立,和精神的从属的位置。他们决不容易放弃这些信念。因为放弃这些东西后所发生的变化,会成为教育学、医学、卫生学、心理

学、社会学等的根底之动摇。现时由各个学者所愉快耕种的小块田地,将变为未开垦之大森林。若是科学文明,离开文艺复兴以来所走的路线,而回到具体东西的幼稚观察,则各种奇异的事态会产生出来。物质失去其优越。心之活动与生理之活动,成为同位的东西。对于精神之机能,美意识及宗教意识等活动的研究,会和数学、物理学、化学之研究,视为同样不可缺的东西。现在的教育方法,将视为不合理。各科学校与大学,不能不变更教授科目。(同上,第358—359页)

卡来博士的成就,是从分析和显微镜中得来的。但他发现分析和显微镜的效用,皆有其限度;而由分析与显微镜所得的成果,也不是人类生存所需要的全部的成果。卡来博士还说:"若是牛顿或拉发西挨(Lavoisier)把那样的努力,如我们加之于精神的方面,或者人和人的研究的方面,我们或者成为无比的幸福。……"我们的先圣先贤,岂非正是在牛顿们所走的另一条路上作这一番努力吗?

西方的社会科学,也有其辉煌的成就。但因为对于人的本身的根源,没有建立起来,所以也一样的面临着空前的试验。经济学中的自由主义,解决不了贫富的对立。而计划经济、统制经济,又大有陷入极权统治的可能。经济学家们在二者之间所作的技术性的努力,并未能与此问题以解决。至就政治而论,则可引前面曾经提到的伯卡教授的看法作代表。伯卡教授在其1940年出版的《现代民主主义论》中,再三指出民主主义的危机,是来自经济方面的矛盾。但经济之所以成为问题,并不是物的关系。现在的技术,可以解决人对物的要求。民主主义之能否不被极权主义者推翻,端在处于经济利害对立的人们,在利害切身的关头,能否以民主的方式解决其矛盾。若不能发挥理性作用,在民主方式之内解决问题,结果,只有促成暴力革命。说来说去,民主政治的危机,经济的矛盾,其解决之键,还不是在人的本身吗? 所以欧洲文化的死活,要看是否能回转头来在建立"人之所以异于禽兽者"的这一点上的努力。

我从另一角度看出欧洲文化的难题,是在个体与全体的冲突上面。而儒家在这一点上,却提供出了一条可走之路。当然,这不是已经完成之路。

欧洲中世纪,大家生活在基督的统一教义之中。基督教义,是以人的原罪,面对着上帝而展开的,这可以驯柔骄妄的罗马人和横暴的蛮族,提撕其精神而使之向上。然基督教的理念,完全为一超越而外在的精神。个人对之,除信仰外,完全没有自主的主动力量。这便容易埋没人的个性,在现实上促成权威的统治。所以近代的开始,乃开始于个性的自觉、个体的自觉。这即一般人所说的个人主义。不过,任何人,在事实上,都要生存于一有秩序之统一体中,没有真正单独的个人可以存在。因此,在文化上,个人主义未曾打倒宗教;而合理主义更演进为近代的理性主义,以把人连结于理性之统一体中。但欧洲的理性主义,在超越而外在的这一点上,大概与宗教同具性格。例如黑格尔历史哲学的三个契机,系神——国家——个人。神是目的,国家是材料,而个人则无形的成为神之手段,亦即历史目的之手段。所以黑格尔之历史哲学,被其反对者称为傀儡说。因为个人虽可以国家为材料而上通于神,因而个体也是神之一类;但无形的,人是被认作次级的存在。既是次级的存在,便不能不成为高一级的手段。这落在现实上,便不能说没有成为极权的全体主义之可能。于是另一派人士,即所谓经验主义的人士,为了保存个人自由,遂不肯承认理性主义;以为一谈到理性主义,便会助长全体主义。这站在西方的立场看,并不是完全没有理由。但问题是在于彻底的经验主义、彻底个人主义,在观念中可以存在,在现实的人生生活中并不能存在。在现实生活中坚持这种观念上的东西,结果,只是由怀疑而虚无,而一无所肯定,无所成就,其反面总是助成了极权的全体主义之得势。其实,与全体主义的关连,只是纯外在的理性主义之过,而非理性主义之过。因为理性主义并非必然是纯外在的。儒家精神,是超越而内在的理性主义。在其内在的方面肯定了个体;在其超越的方面肯定了全体。全体表现于个体之中,无另一悬空的全体。每一个体涵融全体而圆满俱足,无所亏欠,所以个体之本身即是目的,而非以另一东西为目的。落在现实上,儒家的人伦观念,每一人虽都为对方尽义务,但这只是完成自己,而并非作对方之手段。所以义务之尺度是在自己,而不在对方。"以道事君,不可则止"。臣岂是君之手段,如今日世界大小极权主义者之所想像。"一花一世界,一叶一如来",佛家这两句话差可作儒家精神的比拟。但佛家只是悬空的说,他依然是要离开此岸以求彼岸,离开现世以求来世,这仍是将一与多,个与全,隔而为二。儒家则从人伦日用中之道德实践上立论,以圆满之个人成就全体,以合理之现在开辟未来。个体之对于全体,现在之对于未来,乃"当下即是",绝无阻隔。此种个体与全体之统一,可以打开西方个体与全体对立而互相翻压之局。有人疑儒家精神,亦系东方之一种全体主义者,试引下面一段话以供大家玩味:

　　赵师夏跋《延平答问》:文公先生(按即朱子)尝谓师夏曰,余之始学,亦务侩侗宏阔之论,好同而恶异,喜大而耻于小,于延平之言,则以为何为多事若是,心疑而不服。同安官余,反复思之,始知其不我欺矣。盖延平之言曰,吾儒之学,思以异于异端者,理一分殊也。理不患其不一,所难者分殊耳。

　　儒家思想,17世纪在德国颇有理解。尤以来布尼兹(Leibniz)、佛尔夫(Wolff),对孔子推崇备至。佛尔夫且以此而丧失其哈兹勒大学副总长之职。来布尼兹认西欧在理论的哲学知识方面占优势,而中国在实践哲学方面占优势。其言颇中肯綮。19 世纪后,西方对中国之研究日多,而对中国精神之了解反日退。盖西方既日益为自然主义、唯物主义所压倒,故愈不易了解儒家(按此与西方殖民主义于 19 世纪向中国疯狂的进攻有直接关系。1979 年 4 月 18 日补注)。而中国能与西方相接触之名士,一面凭中国资料以换饭吃,一面以打倒儒家为名高。于是儒家精神,不能有贡献于西方文化正欲寻一转机之时,此固中国之耻,亦世界文化之不幸。

我们的基本困难,不仅在于我们文化中缺少了知性的一面,而更在于连儒家所成就的仁性之一面,也并未能保持。所以我才提出儒家精神的新生来,为现代的人"先立其大本"。但仅立其大本并不算完事,这里须要我们作一面新生,一面转进的双重努力,即仁智双成的努力。西方文化,因其成就了知性,并且保持了知性,所以西方文化今日的转进,是要"摄智归仁",以仁来衡断智的成就,运用智的成就。中国今后的文化,是在一面恢复仁性,同时即"转仁成智",使知性在道德主体涵煦之中,但不受道德局格的束缚。在人之大本之下,以成就人文科学、自然科学。这种在人性之全的大觉悟下,作新生即转进的双重努力,不仅有此必要,而且是绝对可能的。仁性的文化,是"个个人心有仲尼"的文化,是"有一言而可以终身行之"的文化。只须有此一觉,只要有此一提撕,则仁性恰如春风之鼓舞万物,但并不占万物生育之位置。所以仁性在人性之全的自觉下,是会鼓舞知性之发展的。不然,便是麻木不仁。并且照儒家"必有事焉","并无精粗,并无本末"的基本观念,则今日应翻转过来,认定尽物之性,亦即尽己之性;知性的成就,亦即仁的成就;在科学中一技之专精,亦即个人之尽性至命。今日许多人之所以有一技之长,而不能尽性至命者,只是少此一觉,少此一提撕罢了(参照前引伊川答"尽性至命,必本于孝弟"一段)。理学家发展到以"功过簿来勘验"自己意念的善恶,这或许可谓极尽体认之能事,但事实已完全闭锁于人性之一层,变为知性发展的障碍。少数人这样的工夫,固无所用其反对;但儒家精神之体现,并不须走这一条路。总之,在人类历史文化两大纲维提撕之下,自觉于人性之全,使仁性知性,互转互忘而互相成,这是儒家精神新生转进的大方向。于是中国的新生,不仅是儒家精神,而系人类文化之全体,以向"无限的多样性"之人性之全迈进,举"万物并育而不相害"之实,为中国,为人类,开一新运会。而"贞下起元",端在今日之智识分子,从其卑劣之谄附中,从其狭隘的闭锁中,能有一念之转。其所凭藉以作此一念之转者,仍当为儒家精神之启示。区区之意,所不能自已者,正在于此。昔王阳明尝谓:"吾始居龙场,乡民言语不能。所可与言者,乃中土亡命之流耳。与之言知行之说,莫不忻忻有入。久之,并夷人亦翕然相向。及出与士大夫言,反多扞格不入。何也? 意见先入也。"今日所与谈文化者,固亦皆中土之亡人。其亦可稍纾先入之见,步坦荡之途,以共无负此一段艰难岁月吗?

(原文载《民主评论》第 3 卷 1952 年 10 期副刊,这里收录的是该文的第二、三、四部分)

(选自《中国人文精神之阐扬:徐复观新儒学论著辑要》,李维武编,中国广播电视大学出版社,1996 年版)

徐复观(1903—1982),湖北浠水人,中国现代新儒家第二代重要代表。早年涉足政界,后得熊十力训诲,开始认识学术文化的重要性。抗战胜利后,以陆军少将退役,创办《学原》杂志,逐渐进入学术界。1949 年后,彻底脱离政界,创办《民主评论》,倾全力于中国传统思想与文化的研究。曾任台湾东海大学、香港新亚研究所教授。1982 年在台湾病逝。著有《中国人性论史·先秦卷》、《两汉思想史》、《中国艺术精神》、《中国思想史论集》等。

　　《儒家精神的基本性格及其限定与新生》是徐复观探讨儒家文化特征的一篇重要论文。文中指出，儒家文化自始即形成与西方完全不同的精神性格，西方文化重视知性、科学、物质世界的一面，儒家文化则重视仁性、道德、心灵的一面。儒家文化解决了价值的根源问题，指出了人生正确的方向和途径。但是儒家的成就也有历史的限定，即没有成就科学。但儒家精神中并不含反科学的成分，今后的中国文化一方面当恢复仁性，另一方面当"转仁成智"，在仁本之下，成就人文科学、自然科学，这是必要而且可能的。西方文化则当"摄智归仁"，以仁来统摄和运用智的成就，以解决西方文化面临的人文危机。对此，儒家文化也必将有所贡献。因此，无论从中国文化还是从西方文化所面临的问题和危机来看，这都是一个儒家精神新生转进的时代。

中国哲学之原如精神

唐君毅

一、中国哲学之起源问题与周代宗法制度之合家庭社会政治道德以为一

关于中西文化之起源之不同,由中西哲学之起源之不同更可证之。在印度与希腊,哲学之初起,皆起于古代传统宗教文化之解体,怀疑思想之兴起,与新旧文化思想之冲突。依唯物史观之说,则此一切皆归于社会上原居下层阶级之人,如商人平民之升起,及僧侣与贵族之势力之没落。以此二者,说明希腊及印度之六派哲学之兴起,及希腊早期哲学兴起之外缘,皆可头头是道。近代之论中国学术文化史者,纽于西洋印度之例,故自夏曾佑、梁任公、胡适之、冯友兰以来,论中国哲学之起源者,大体皆注重说明中国古代之鬼神术数如何为先秦之哲学所代,孔老时代之怀疑思想批评精神之出现,及人民怨天思想之滋生,与贵族之如何腐化而没落,平民阶级之如何逐渐兴起,士之如何独立,以表示其间划时代之转变。此种说法,亦未尝无理据与史实足资证明。然据以前之旧说,则自《庄子·天下篇》,刘向、歆父子,班固,直至清章学诚论先秦学术之起源,皆重在说明先秦学术如何承继周代文化精神而生起。即清末龚定庵之《古史钩沉》,民初张尔田之《史微》、江瑔《读子卮言》,皆尚承此旧说。吾人今日若为平情之论,则吾意仍当依旧说

为本,以说明先秦之哲学之如何自以前之旧文化生起,而又表现一新精神。

吾人之所以仍归于依旧说为本,以论中国哲学之起源者,由于吾人以为中国古代社会,实未有如希腊印度之阶级利害之剧烈矛盾,亦未尝如彼方之有新兴哲学与传统宗教文化之显明冲突。希腊哲学兴起之时,其社会有自由民、商人阶级与占人口大部分之奴隶阶级。印度哲学兴起之时,其社会亦有截然差别之婆罗门、刹帝利、吠舍、首陀四阶级(人或谓印度宗教思想之轮回,即由生前所处之阶级之固定,故只有赖死后之轮回,以求转生云)。皆与中国诸子兴起时代中国社会之情形迥然不同。周之封建制下,贵族与庶民固可谓二阶级。然贵族庶民间,阶级利害之冲突,决不如希腊、印度阶级利害冲突之甚。凡古代贵族阶级之成立,大皆由于曾为战争中之胜利者。贵族阶级之权力,恒由战争之频仍,或与他国时在战争之势中以增强,得继续维持其统治之地位。印度古代,迄未统一。其哲学兴起之时,正战争频仍之世。希腊之诸小邦,亦互相独立,时在战争之情势中。故其下层阶级与平民阶级所受之压迫,永不易解除,社会阶级间之紧张关系,因以常存。然中国周代封建制度建立后,在春秋前,封建之诸侯间皆少互相战争之事。以古代恒患民少,土地待开发者多,故平民谋生之道较易,亦尽有运用其精力之所。因为阶级之对峙关系自较不紧张,承平既久,生齿日繁,阶级间之贫富地位之悬殊,未有不日趋于冲淡者。且周代之封建制度本身亦有一巧妙之处,可以使封建诸侯不致相争,而维持天下之一统之势者,此即由其与宗法制度之结合(此下本王国维先生《殷周制度论》之意而推衍之)。宗法制度有百世不迁之宗,以为社会之一贯的、不变的、纵的统一原则。有五世则迁之宗,以为社会生齿日繁时之变迁的、横的统一原则。宗法制度教为臣下者,由敬祖先以敬宗子,以敬国君,敬天子;教为君上者,由敬天敬祖宗,以爱同宗之族人,爱百姓而安庶民。由是而合家庭之情谊,与社会之组织、政治之统系、宗教之情操以为一,再文之以礼乐,则人不易生叛上作乱之心,而天下易趋于安定。故《礼记·大传》曰:

> 自仁率亲,等而上之,以至于祖。自义率祖,顺而下之,以至于弥。故人道,亲亲也。亲亲故尊祖,尊祖故敬宗(此上为臣民之敬君),敬宗故收族(下为君上之爱臣民),收族故宗庙严,宗庙严故重社稷,重社稷故爱百姓,爱百姓故刑罚中,刑罚中故庶民安,庶民安故财用足。

《礼记·祭统》谓:

> 忠臣以事其君,孝子以事其亲,其义一也,上则顺于鬼神,外则顺于君长。

《国语·楚语观射父》曰:

> 祀所以昭孝、息民、抚国家、定百姓也。……昭祀其先祖,肃肃济济,如或临之。于是合其州乡、朋友、婚姻,比尔兄弟、亲戚。于是弭其百苛,殄其谗慝,合其嘉好,结其亲昵,亿其上下,以申固其姓……致力于神,民所以摄固也。

《孝经》谓:

> 孝莫大于严父,严父莫大于配天。……周公……郊祀后稷以配天,宗祀文王以配上帝。是以四海之内,各以其职来祭。

《中庸》谓:

> 明乎郊社之礼,禘尝之义,治国其如示诸掌乎。

《论语》谓:

> 其为人也孝悌,而好犯上者鲜矣。不好犯上,而好作乱者,未之有也。君子务本,本立而道生。

此类之语为后人所说,其用意乃在指出周之礼教、宗法制度之为合家庭、社会、政治、道德、宗教之精神为一,以安天下者。人之生而知孝悌，固中外人性之所同。然在中国古代宗法制度中，则本人之孝于其父母之心，而教人依理以充达其情于父之父、父之祖，以至于远祖，至以祖配享于天，敬祖如敬天之大祭，并将人对天之宗教上之崇敬，融摄于敬祖之中。又本人之敬其兄之心，而教人依理以充达其情，以敬吾之小宗，以至大宗之宗子。依天子国君皆立长立嫡之制，则天子国君，皆宗法制下之最大之宗子也。由是而敬君之心，亦可由自然孝悌之情以生出。于是人人同有之自然孝悌之情，皆为支持此宗法之社会制度及政治之统系者。故人能为孝子，即能为忠臣，而敬及于天子，亦及于天。是敬神、敬祖即敬人也。至于为君上者，则因知最早之祖先，必遍爱其子孙，而当顺尊祖之心，体其遍爱之志，自然爱及一切同族之人。于是天子诸侯当爱及同姓之诸卿大夫。凡为宗子者皆有收族之义务，天子复当承天意，诸侯当承社稷神之意，以爱百姓、安庶民。故天子诸侯，重宗庙社稷，则当自爱人安人。是敬祖敬神即爱人安人也。夫爱敬之始为孝悌，孝为纵贯之情，悌为横施之情，纵贯之情通上下百世，由吾身至祖而上；由祖而横施其敬及祖之兄，再顺而下，而至其宗子，至于君。横施之敬及于君，由重社稷而尊天子，此为臣之义也。君之由孝及于其祖，而体祖之爱，再顺而下之，爱及于一切同族同宗，由敬天、敬社稷神而爱百姓、安庶民，此君之仁也。义及于天之子而间接通于天神，仁则本天心以爱人，此人德之齐于神，而人之爱敬仁义，乃弥沦于天地。此宗法制度之涵义，固不必为当时人所自觉，后来儒家乃自觉而发明之。然宗法制度之推行，必可多少冲淡诸侯之纷争、阶级之对峙，使人民不易作乱，天下易安定，而使中华民族日趋于凝合，则断断然也。

惟因周代之封建宗法之制度中，涵有此可安天下之"融摄家庭、社会、政治、宗教以为一"之伟大的文化精神，中国哲学之兴起，遂不该说为对传统之宗教文化之批评怀疑而兴起。夏曾佑、胡适之等说,老子为最早之怀疑思想家,实无是处。夫希腊哲学之所以起于反宗教传统者,一方面由于希腊之哲学乃自殖民地而入本土,一方由于希腊哲人不满于希腊传统宗教之神话,太多幻想,神之喜怒爱恶,互相冲突矛盾。苏格拉底与欧色弗落(Euthphoro)之谈话,即为指出神之爱恶无定,而怀疑世俗敬神之论者。柏拉图及其他诸哲,则大皆觉希腊人对神之所想,多为幻想而不满宗教者也。印度哲学之起,亦由印度之旧宗教中迷信幻想尤多。然在中国固有之宗教,则以中国民族古代文化之务实际,对神之幻想较少,中国古代社会中,巫觋之地位亦不高,更无特反宗教之必要。至于《诗经》所载之怨天之诗,不过抒情之作,亦不能作为中国哲学思想始于反传统文化宗教之证。依吾人之见,孔、孟对周代之文化极其赞叹,孔、孟固未尝否认传统宗教中之天,而孔、孟之所谓仁,即原为天德而又自觉为人德者,此义今人盖不能识。墨子反周之礼乐,亦未尝非《诗》、《书》,且笃信天志。老庄所谓"大本大宗"之"天",与"生天生地"之"道",亦可谓由传统宗教意义中之"天帝之遍在自然"之自觉,而转成之概念。故吾论中国哲学之起源,不谓其起源于由反宗教、由消极的批评怀疑传统文化开出理性之运用;而谓其由于积极地自觉传统宗教文化之精神创开出理性之运用。因而中国哲学,乃直接承周代文化之发展所生,而非一更端另起之一精神之所生。中国哲学之进于传统宗教文化精神者,惟在多有此一自觉理性之应用耳。

二、中国哲学智慧之起源,为古代宗教道德精神之升进,而非对之之怀疑与批评

中国文化中,此种由宗教至哲学之历程,吾人以为主要由于中国古代之道德、宗教精神之发展与升进。吾尝论中国古代之道德

观念之转变,在周以前所重之德,据《尚书》所载,不外敬慎、勿怠、宽容、勿矜,大皆帝王治者自守之德。周以后即渐重礼让忠信之德,《左传》《国语》等书可以为证。宽容勿矜之德,乃所以自广气度;敬慎勿怠,乃所以兢业自勉;惟礼让忠信,乃真对等之人间相遇之德,而可行于一切人与人之关系中者。盖周之礼教立,而人与人之关系复杂,故道德不仅表现于君之爱臣民,与下之所以事上;亦表现于天子与诸侯、诸侯与诸侯、卿士大夫之相见相会之中,人伦之世界向横面开展而扩大,则礼教之本义,原偏重于敬神及行于君臣上下之间者,变为偏重于对等之人间之相敬,乃有礼让忠信之德之重视。及春秋以后,武士成为文士,国与野之分渐泯,士庶人之阶级渐不可分,而礼让忠信之德即可遍应用于一切人与人之间,而敬意亦可以行于一切人之间。此仲弓问仁,孔子之答以"出门如见大宾,使民如承大祭"也。然此对一切人之敬,亦皆可谓由原始敬天敬祖之精神,通过宗法关系而次第开出者。故亦可谓为敬天敬祖之敬,移至一切人,而成为向人表现之敬。人与人之彼此间,由重忠信礼让之德以表其相敬相尊,则人之自尊自信之心与责任意识,亦自益提高。此即春秋时有担当、有独立精神之贤士大夫之所以辈出。在人与人之交往之中,尤其在朝、觐、聘、问之际,远地来会不易,礼仪因以繁重。此礼仪虽不必即为周公所手订,要是由历史习惯以次第形成。当其既已形成,则违之者为失礼。当人见之失礼以后,则不能不念俗成之标准,以为评论。故《左传》中记诸侯之相会,常有评对方之无礼,并追究战争之发生,原于对方之无礼者。人与人相遇时,亦可由人之仪表,及处事之如何,以批评其内心。由是而有春秋时之道德批评。《左传》述一事后,恒继以君子曰之批评,此盖不必即孔子或作者之言,或正为当时人之道德评论,然此评论非自觉的另立一标准以反传统之道德,而是由自觉传统之标准,而予以解释,或随事而发者。吾意中国人之道德智慧,或智之德,当即是由此具体的礼尚往来之人间生活中之评论所逐渐养成,而非如希腊之智慧之德,乃初由惊奇、仰观俯察自然、了解数形之关系、分析理智概念而次第养成。故在希腊以智为首德,哲学家多尊数学。而中国则仁义礼智中,智为末德,周礼大司徒六德中,亦先仁义圣而后智,六艺礼乐射御书数中,数亦居末位。《国语·周语》谓"言智必及事",《左传》谓"智,文之舆也",即谓智不离实际之事而言,智盖只所以知礼文之义而载运之,使行于天下者,故曰文之舆也。《易经》之元、亨、利、贞,自《易传》言之,元即仁,亨即礼,利即义,贞即智。贞,定也,智亦定也,是中国古所谓智慧之用,惟在自觉人之仁义礼之德,而贞定之,确立之。春秋时之道德评论,即中国人自觉的道德智慧之流露之开始,其作用亦惟在贞定确立传统仁义之道。中国春秋时,孔子之作《春秋》,亦不过扩大此评论,是为二百四十年史事作系统的评论。孔子发明六艺之教,讲论德行之哲学智慧,亦只是承以前贤士大夫之道德评论而发展。孔子弟子与墨、孟、老、庄,盖皆不过承传统文化与孔子之精神而更各引一端。则中国哲学惟是承以前之传统文化精神而升进一步之所成,其起源实迥不同于希腊哲学之起于对传统文化之批评怀疑矣。

三、孔子之继往开来与继天道以立人道

孔子对中国文化历史贡献之巨,固夫人而知之。孔子所以兴起,由于其时代为一礼坏乐崩、臣弑其君、子弑其父之乱世,亦夫人而知之。然春秋时之礼坏乐崩,人之道德堕落,实不同于苏格拉底、柏拉图时代希腊社会政治之乱。苏、柏时代之社会政治之乱,可归因于贵族阶级与一般市民或商人阶级之争权,与哲人学派之怀疑论,及自利的个人主义之思想之兴起。然孔子时代之礼坏乐

崩,惟由当时所谓贵族阶级中,诸侯与天子、诸侯与卿大夫之上下相凌,与生活之腐化。孔子之使命,亦不同苏格拉底、柏拉图等之欲凭理性之运用,以寻求道德之意义,与设计一理想国;而惟是欲正名分,使居其名位者,有其名位上原当有之德,而重建周之文教。故孔子之使命,乃一由继往以开来之使命,而非另建理想国之使命。而其以文王之既没,文不在兹乎自许,作《春秋》而又知《春秋》为天子之事,孔子实是无异以一平民,而居天子之位以评论一切,并承以前之文化而删《诗》、《书》,订《礼》、《乐》,以教后世。后今文家说孔子为素王,古文家则说孔子惟是一使古代学术由贵族而及于民间,别政与教,而于君道以外建立师道者。今古文家之言虽不同,亦未尝无相通之处。然吾人复须知,孔子之以天子之事自任,而以仁教弟子,即无异于教弟子以王者之德,天子之智慧。天子原须上承天心之宽容以涵育万民,孔子教人以仁,亦即教人直接法天之使四时行百物生之德,而使人皆有同于王者同于天之德。此乃孔子之由继往而下开万世之真精神所在,为生民以来所未有。柏拉图之精神与之相较,诚瞠乎后矣。孔子之真精神,亦中国哲学之真精神所自始也。

孔子对于周以来之传统文化之精神惟是承继之。孔子所进于以前者,惟是自觉其精神所在。不有孔子之自觉,则传统文化之精神惟存于礼仪威仪之社会文化中,有孔子之自觉,则此精神存于孔子之心,见诸孔子之行事,孔子以之垂教,乃使人人皆可知此精神而实践之。故孔子之智,对一以前之文化是成终,而对闻其教者则是成始,不有孔子,则周之礼文之道,只蕴于周之礼文之中,有孔子之自觉,则周之礼文之道,溢出于"特定时代之周之礼文"之外,而可运之于天下万世,而随时人皆可以大弘斯道,以推而广之。故孔子立而后中国之人道乃立,孔子之立人道,亦即立一人人皆以"天子之仁心"存心之人道。天子之仁心,即承天心而来。故孔子之立人道,亦即承天道。近人谓孔子之学非宗教,且不信古代相传之天神之存在,此实无可征。可征者,惟是孔子不重信天之本身,而重信天之所以为天之仁道。孔子信天道,中国人之自觉论天道,亦自孔子始,则信而有征者。故孔子以前有人有文化,而人与文化之道未真被自觉,人之道未立,自孔子自觉之而后立。孔子以前亦有天,人亦知信天,而敬天学天之仁等;然自觉天之所以为天之道,即是此仁,而惟以仁道言天者,则自孔子始。惟孔子而后真知人文之道与天道,惟是同一之仁道,而立人道以继天道。此即孔子之所以通古今与天人,《中庸》曰:"肫肫其仁,渊渊其渊,浩浩其天。"孔子之人格之所以通天人,而为天之直接呈现也。

知孔子之精神在通古今与天人,则知孔子之精神与世界其他伟大人物,及先秦诸子之精神,惟是全足与偏至之不同。世界之一切宗教圣人,皆能归命于天,亦多能知天道之以仁为本,而依之以立人道,如耶稣是也。然彼等恒未能以通古今承古之文化历史,以开启未来文化历史自任。且世界一切宗教家对于天或神,皆重祈祷,而低级之祈祷恒夹杂私求与私意,如犹太教中有上帝选民之观念,此即将偏私自己之民族之心,注入于上帝,使上帝成一偏私之上帝也。祈祷中有私意而求于上帝,及其求不得,则生哀怨之辞,此《旧约》中之所多有也。治西方宗教史者,皆知犹太教之上帝,乃逐渐由自私之上帝而成一无私之上帝。在耶稣以前之先知如Amos等固亦有无私之上帝观念,至耶稣起,乃深发其义,并特重人当求上帝于内心,天国在天上,即在内心,而不在地上或外界之义;并教人绝去对上帝之私求,而教人爱敌如友,以绝去以前之自视为选民之意识。后之基督教徒,虽仍保持选民一观念,已改为纯宗教道德上之意义。在中古复加上"上帝之选择何人而对之赐恩,为不可以人意窥测者"一观念。此正所以免人自视为选民,而对他人存敌意。耶稣基督教之思想,在西方宗教文化思想中,乃表示一极高之宗教精神。然后来之基督教中,仍重祈祷,而祈祷之中,总不免求上帝满足其在世间之私求,如战争之祈祷上帝助我胜利,皆恒是依于一私心之祈祷也。然观孔子之教,则孔子盖根本不重人于天于神之祈求,故能"不怨天"。而孔子相传之教,惟言天之道为无私,为使四时行而百物生,为不已,为健行不息,人当承之以立人道。人对天对祖宗之神之情感,恒由人念天与祖宗之神对人有恩德以增益。故祭礼之义,不重祈祷而特重报答,所谓大报本复始。夫重祈祷,乃视主动全若在神,不免自居被动。重报恩报本复始,则纯为承天与祖宗之神之爱与恩德,加以摄受后,自动的引发伸展自己之仁心,以上达于天与远祖,所以使人德上齐于天德与神德,天德神德亦流行于自己仁心人德之中者也。夫然而人亦即更能以天地生物之心,祖宗爱后人之志,以成己而成物,赞天地之化育。基督教之承天心以爱人,虽亦是此义。然因其特重祈祷,或使人易杂偏私之欲,则精神不免卑逊于神之前,而不能极其上达之伸展,因而上帝易显其超越性,人在神前,乃多罪孽深重之感。惟依孔子之教,乃真可由其于天于神无所求之报本复始精神,而摄天心于人心;转天神之恩我,以推恩于世界,而人德可齐天德,由此而后可以见人与天之俱尊。人德齐天,而知人之善性亦齐于天,然后有天命即性之性善论,尽心知性即知天、存心养性即事天之孟子之学。此儒家之教包涵宗教精神于其内,既承天道以极高明,而归极于立人道,以致广大,道中庸之人文精神所自生。故谓儒家是宗教者固非,而谓儒家反宗教、非宗教,无天无神无帝者尤非。儒家骨髓,实惟是上所谓"融宗教于人文,合天人之道而知其同为仁道,乃以人承天,而使人知人德可同于天德,人性即天命,而皆至善,于人之仁心与善性,见天心神性之所存,人至诚而皆可成圣如神如帝"之人文宗教也。

四、孔子之全面的合天与全面的人文精神，
　与孔子所开启之人文精神与哲学

　　至于孔子之立教，与世界其他学者，及中国先秦诸子之教之不同者，亦由于孔子之达天德重人文为全面的。而其他人，则恒皆有所偏。盖孔子所承中国以前之传统文化精神，吾人以前已言其乃由经济而社会、政治、伦理、艺术、宗教、道德次第伸展，而前后互相包摄以成之一整体。故孔子之以六艺设教，即包含人类全部文化精神之品类于其中。六艺原为礼、乐、射、御、书、数，以六经为六艺，乃后来之说。然孔子盖亦实尝以六经之义为教。六经中，《书》者上古三王之事，多偏于政治经济方面。《礼》者周之礼，注重在教伦理道德。《诗》、《乐》为文学艺术。《易》者古代之宗教精神之所寄托，天道也。而《春秋》，则孔子之所以本天道之仁，居天子之位，以评论"所见所闻所传闻三世"之社会文化，而开拓未来之世界文化者也。孔子著《春秋》，在其晚年。其一生之行事，与周游列国，在望得用我者，而兴东周。《春秋》亦不托空言，谓不如见诸行事之深切著明。中国文化开始即重实践，孔子亦先求行道。及道不行，乃退而与弟子，删《诗》、《书》，订《礼》、《乐》，修《春秋》以教来世。是孔子之精神为全面文化之精神，而又求直接实现之于全面社会之精神。其言教，皆系属于其行事。西方印度之哲人，恒先建立一知识系统，人生社会之理想，先著书论学，聚徒讲学，再求用世，恒未及有实践之行为，而身已殁，或则最初目的，即自限于求真理，与著书讲学。孔子之精神实与之皆不同，观孔子之好学而无所不学，学不厌，其对人文之各方面，由经济、政治、社会、伦理、道德、艺术、文学、宗教，皆一一予以重视，而以本末终始条贯之，亦世界学术之其他派别所罕有。西哲中如柏拉图、亚里士多德、康德、黑格尔等，

在理想上，盖能及此，终不免求知立说之意味重。彼等与西方宗教圣徒，社会革命家之重行而忽知，皆同是一偏，不如孔子之人格所表现之知行合一之精神矣。孔子之人格，表现对人文之全面皆加重视而无所不学，乃知行合一精神，此在原则上，为一神足漏尽而无遗之人格精神。故孔子以后中国之学术文化，无论如何发展，而在人格之典型上，文化之究极理想上，皆不能不归宗孔子。人无论在人类文化中，重某一特殊精神，亦莫不可多少由孔子之言与六经中，得其根据与渊源。因人类学术文化活动止此数种，原不能溢于其外也。夫然故中国后人之归宗孔子，亦未尝真窒息学术文化之发展，后人尽可言孔子所未言，详孔子所未详，而补孔子对人文之认识之所不足，然由孔子人格所显示之学不厌，对全面人文皆加尊重，及知行合一之精神之本身而言，则为一当下具足之整体，而无可以过之者。中国文化经孔子而文化之大统立，万脉分流，同出昆仑，百家腾跃，终入环内。此非孔子之个人之有何威力，惟因孔子所承之文化，原是全面，而人之精神只能在全面文化中活动也。孔子之伟大处，孔子固未尝自言惟彼有之，后人亦不以惟孔子有之，人人皆可尽心知性而知天，而如神如帝成圣，人人皆可以学孔子作《春秋》之精神，而居天子之位，以评论世界，而以天下为己任，而如王，如天子，或以延续文化教育为己任而为师，即人人皆可为孔子。自孔子之教立，而人人皆可自觉其有"能行仁道之心"，而此心即启示人之有无尽之尊严性、崇高性、广大性。人之可如神，如帝，如天子，为师，为承继祖宗文化而发扬之以延续社会生命之孝子，与为圣，为孔子，此数者，实为一事。中国后世之神位之所以有天地君亲师者，盖以必有所敬者在彼，而后有所成就者在我。非以天地君亲师，在我之外，非我所能为之谓也。依孔子之教，正是谓人人皆可体天地君亲师之德之心，而与之同其德同其心。五而一，非五而五。此五者在中国文化之发轫时，惟有天地人，惟有原始宗教思想中之敬天神地祇之心，与人在天地中之劳作。自禹而后始有协和万邦之君。自周行封建严宗法，而有后真有亲。自孔子而后自觉天地君亲之仁德仁心，而有学术之讲习，有教，而有师。孔子之教立，人皆知修德而人德可同于天德，而后有墨子之教，欲人学天之兼爱；而后有庄子、老子之教人知天而同天；孟子明性善，喜言仁政；荀子化性起伪，善言礼制；法家则由礼以言法。自诸子百家分流，而中国哲学之门庭显矣。自孔子而后，士之责任感自尊心增强，于是或敝屣尊荣，不事王公，高尚其志。或游说卿相，取合诸侯，为王者师。孟子、荀子皆言尧、舜禅让，与汤、武征诛。由荀子而有韩非、李斯，乃专以尊君为念。由商鞅、李斯助秦之政，而周之封建诸侯，与周天子俱灭。秦亡而汉高祖以平民为天子，汉儒言五德终始与禅让，有德者应继无德兴，即孔子作《春秋》以天子之事自任之精神所开启。原始之宗教既经孔子之融化，乃本人德可齐于天之思想，再与庄子游于天地之思想相与合流；而渐有与天地比寿，与日月齐光之神仙思想。而后之佛学之所以为中国人所喜，亦因佛学始于不信超绝之梵天，而信人人皆可成佛，而如神，如梵天，如上帝。则中国以后道德之宗教精神，亦孔子天人合德之思想之所开，人诚信天人合德，而人德可齐天，则人之敬圣贤之心，敬亲之心，亦可同于敬天之心。此即后来之宗教精神之所以于天帝崇拜之外，尤重对圣贤祖先之崇拜之故。孔子信天敬祖，后人则敬孔子如天，而或忘单纯之天。于是原始敬天之宗教精神，若归于减弱。敬祖之教，在西周，原所以支持封建政治者，由孔子之教，而孝之本身，纵不连于事君，亦所以显人之仁德，而有其本身之价值。故敬祖之教，不随原始宗教精神之减弱，不随封建宗法制度之崩坏而消灭，乃反以增强，此乃孔子以后之文化面目，异于孔子以前之最重要者。而其所以致此之故，虽不必原出于孔子一人之力，然要必为孔子之精神之所首先开启者。

五、中国文化精神之形成与西方之不同

吾人以上论孔子以前及孔子与孔子所开启之文化精神,目的在指出中国文化根本精神与西方文化精神之形成之不同。尤重在说明中国文化之所以有统之故,即在中国文化根本精神之形成,依于次第之升进,亦可谓依于层层包涵之环展。故其启后之处,即直接由其承前之文化,而加以自觉以来。故由夏至孔子,以至孔子以后之文化精神之推进,皆未尝经明显剧烈之冲突矛盾。此即养成中国人对历史文化之亲和感,与文化统绪之意识。同时减弱人之求超越现实超越古人,以另造一理想世界或超越境界之超越精神。而人类之超越精神,又大皆由宗教中之神与人隔离,神高高在人之上以引起。中国之天神,因素富于内在性,及孔子发天人合一之义,孟子发性善之义以后,即使人更不复外人而求天。由孔子之重视自天之道之表现于其生物之处,以观天德;及老子、庄子之重由自然以观天观道,更谓道在蝼蚁、稊稗,牛马四足谓之天,更使天神失其超越性。中国古代之文化,又皆由人群之实际生活中所形成,及周而严伦理宗法。孔、孟虽尊个人,然其尊个人即尊个人之能及一切人,而通于一切人之仁性仁心。老、庄精神,虽或忽略人在社会伦理中之责任,而重个人精神之自由,然其所尊之有精神自由之个人,必须是能自个人之意志欲望解脱者。杨朱或不免重个人情欲之放肆,然亦非重意志自由之概念之本身者。墨家重社会之集体生活,法家重政治之集体生活。故西方近代人所重之个体之意志自由,亦非中国文化大统中所重之精神。至于西洋人所重之理智的理性活动之客观化之精神,其为中国所忽亦甚明。吾人上论,中国文化自开始即重实践,孔子亦先求行道而后讲学,故智德居于末德,数居六艺之末。儒道墨之初起,皆惟以论人生政治德性为

事。《公孙龙·墨辩》、《庄子·齐物论》篇、《荀子·正名》篇中之知识论、逻辑、科学思想，皆由诸家之辩论而后引起，只为诸家末流所尊尚。则知在西方居哲学科学思想之首位者，正为中国学术思想中之居末位者。西方言哲学者，必先逻辑、知识论，再及形上学、本体论，而终于人生哲学伦理、政治。而中国古代学术之发展，适反其道而行，乃由政治、伦理以及人生之道。而由人生之道以知天道与性，而终于名学知识论之讨论。墨辩及名家兴，而诸家之学衰，而后世中国之学术，亦未尝改而以名学、知识论为哲学科学之首。则为西方文化精神之特殊精神之所在者，如吾人前所谓文化之分殊的发展、超越精神、个体性之自由之尊重，与理智的理性之客观化之四者，皆中国文化精神中之所忽，由上述之中国古代文化精神，已确乎可见矣。

（《中国文化之精神价值》（节选），选自《唐君毅集》，钟小霖编，群言出版社 1993 年 12 月版）

　　唐君毅（1909—1978），四川宜宾人，现代著名哲学家，新儒学第二代重要代表。1932 年毕业于中央大学。曾任中央大学教授。1949 年移居香港，曾任新亚书院、香港中文大学教授。1958 年主笔撰写《为中国文化敬告世界人士宣言》，奠定港台及海外新儒学研究与发展之根本方向。著有《中西哲学之比较研究集》、《道德自我之建立》、《中国文化之精神价值》、《人文精神之重建》、《中华人文与当今世界》、《生命存在与心灵境界》等。一生以儒家文化为本位，综摄西方与印度学术，用以扩充和发展中国传统文化，把传统儒学推进到新的阶段，被称为"文化意识宇宙的巨人"。

　　选文节自《中国文化之精神价值》，为此书第三章。文中指出，中国哲学乃直接承周代文化之发展所生，"为古代宗教精神之升进，而非对之之怀疑与批评"；孔子继往开来，"继天道以立人道"，创立"融宗教于人文，合天人之道而知其同为仁道"的人文宗教，其所含蕴人文精神之形成与特征，皆与西方文化精神根本不同。

从儒家的当前使命说中国文化的现代意义

牟宗三

各位先生,我们原先订的题目是《儒家学术的发展及其使命》,这是个大题目,而限于时间,只能长话短讲,综括地集中于几点上,来谈这个问题。

一、儒家的常道性格

首先,我们要表明儒家这个学问具有"常道"的性格。儒家这个学问,从古至今,发展了几千年,它代表一个"常道"——恒常不变的道理。中国人常说"常道",它有两层意义:一是恒常不变,这是纵贯地讲它的不变性;一是普遍于每一个人都能够适应的,这是横地讲、广阔地讲它的普遍性,即说明这个道理是普遍于全人类的。"常道"没有什么特别的颜色,就如同我们平常所说的"家常便饭";它不是一个特殊的理论、学说,儒家的学问不可视为一套学说、一套理论,也不是时下一般人所说的某某主义、某某"ism",这些都是西方人喜欢用的方式。凡是理论、学说,都是相对地就着某一特点而说话;局限于某一特点,就不能成为恒常不变的、普遍的道理。儒家的学问更不可视为教条(dogma),西方的宗教有这种教条主义的倾向,可是儒家的"家常便饭"绝不可视为独断的教条。又有一些人讲孔子,常为了要显示孔子的伟大,而称孔子是个伟大的教育家、政治家、外交家、哲学家、科学家……把所有的"家"都堆在孔夫子身上。依这种方式来了解孔子、了解圣人,是拿斗富的心理来了解圣人。表面上看来,似乎是在推尊孔子,实际上是在糟蹋孔子。事实上,没有一个人能成为那么多的专家。凡是拿这种心理来了解孔子,都是不善于体会圣人的生命,不能体会圣人之所以为圣人的道理安在。

我们今天把儒家的"发展"与"使命"连在一起讲,而讲演的重点则在使命上。使命是就着眼前说,在这个时代中,儒家担负什么样的使命、责任。然而儒家并非今天才有,因此在谈它的使命之前,我们亦当该照察它过去的发展。在过去两千多年历史中的发展,儒家这个学问既然是个常道,则在每一个时代中,当该有其表现;发展到今天,儒家这个学问又负有什么责任呢? 这是个严重问题,在今天问这个问题,要比以往任何时代都来得严重。何以会如此呢? 因为我们今天谈儒家的使命,似乎还可再反问一下:儒家本身今天是否还能存在呢? 能存在,才能谈使命,若自身都不能存在,还谈什么使命呢? 若是儒家本身都若有若无,几乎不能自保,所谓"泥菩萨过江,自身难保",还谈什么当前的使命、责任呢?

在以往的时代中,没有这个问题;但是在今天这个时代,就有这个问题。以往一般人,不论是士、农、工、商,提起圣人,没有不尊重的,提到圣人之道,每个人都能表现相当的敬意,没有不肃然起敬的。不但整天捧着圣贤之书的读书人是如此表现,即使是农、工、商,亦莫不如此。但是在今天讲圣人之道,就没有这个便利。今天这个时代,先不谈农、工、商,即使是读书人亦很少有尊重圣人之道的,亦很少有了解圣人之道的。在以往,从小即读四书五经,今天的读书人却是愈往上读,离开四书五经愈远。知识分子把儒家这个常道忘掉了,很难再接上去。事实上,也许农、工、商对于圣人之道还客气些,还保留一些尊重,知识分子反而不见得有此"雅量"。因此,在今天讲儒家在当前的使命,尤其成了一个严重问题。要是大家都把圣人之道忘掉了,认为它是不适应时代的落伍之学,那么这种被时代抛弃的学问还谈什么当前的时代使命呢?

我认为这只是这个时代所表现的一个不正常的变态现象;落实地看并不如此,所以我们仍可讲儒家在当前的使命。我之所以要指出这些不正常的现象,乃是要大家正视、严重考虑"儒家本身存亡"的问题。儒家这个常道落到今天这种若有若无的地步,几乎被世人忘却、抛弃,这是不合理的。既然是常道,怎能被忘掉! 怎能若有若无! 常道而被埋没,这是任何人良心上过不去的。假若良心上过得去,这就不是常道。既然是常道,我们就不能让它被埋没下去。这是就儒家本身存在的问题而言,另外就其牵涉到外界的作用、使命来讲儒家在当前的使命,也是比其他任何一个时代都难讲。因为现在来说儒家的使命,不只涉及它本身存亡的问题,还得涉及到其他的一些特殊问题,才能显出"使命"的意义。尤其是牵涉到现代化的问题。

中国从清末民初即要求现代化,而有人以为传统儒家的学问对现代化是个绊脚石,因此,似乎一讲现代化,就得反传统文化,就得打倒孔家店。事实上,儒家与现代化并不冲突,儒家亦不只是消极地去"适应"、"凑合"现代化,它更要在此中积极地尽它的责任。我们说儒家这个学问能在现代化的过程中积极地负起它的责任,即是表明从儒家内部的生命中即积极地要求这个东西,而且能促进、实现这个东西,亦即从儒家的"内在目的"就要发出这个东西、要求这个东西。所以儒家之于现代化,不能看成个"适应"的问题,而应看成"实现"的问题,惟有如此,方能讲"使命"。

二、儒家第一阶段的发展

我们在此先照察一下儒家在过去两千多年中的"发展"。大体说来,可分成两个阶段,今天则属儒家学术的第三阶段。这是个大分类的说法。

儒家学术的第一阶段,是由先秦儒家开始,发展到东汉末年。两汉的经学是继承先秦儒家的学术而往前进的表现,而且在两汉四百年中,经学尽了它的责任,尽了它那个时代的使命。从汉武帝复古更化说起,建造汉代大帝国的一般趋势,大体是"以学术指导政治,以政治指导经济",经学处于其中,发挥了它的作用。因此,不能轻视汉代的经学,它在那个时代,尽了它的责任、使命;尽得好不好,是否能完全合乎理想,则是另外的问题,至少在汉朝那种局面下,儒家以经学的姿态出现,而尽了它的使命。

先秦儒家与先秦诸子齐头并列,至汉朝,以经学的姿态表现,一直发展到东汉末年,即不能再往前进了。汉朝大帝国亦不能再往前发展了。这已是绝路,任何人出来也没办法;照前人的说法,即是"气数"尽了。当时郭林宗即谓:大厦将倾,非一木之所能支也。此即表示那个时代要"峰回路转"了;顺着以前所定的那个模型,已走到了尽头了。"气数"不是可以随便说的,一个力量兴起,必得维持个相当长的时间,才能说气数。在东汉末年那个关节上,说"气数"才有意义,说"峰回路转"也才有意义,在此方显出无限的苍凉之感、沉穆的悲剧意味。若只是一些小弯曲,亦用不上"峰回路转"这种形容,必在看看就是死路,然而却绝处逢生,在绝望至死之际,忽有一线生机开出,这才是"柳暗花明又一村"。这种情形好比修道人所说的大死大生。

　　这个"峰回路转",开了另一个时代,即是魏晋南北朝隋唐这一个长时期。照中国文化的主流,照儒家的学术而言,这一大段时间算是歧出,又出去了,绕出去了。儒家的学术在这个时代中,暗淡无光彩。魏晋盛行玄学,乃依先秦原有的道家而来;尽管道家是中国原有的,但不是中国文化生命的主流,因此仍属中国文化之"旁支"。玄学虽属歧出者,但仍是继承中国原有的道家,至于东晋以下,历经南北朝、隋以至唐朝前半段,这一个长期的工作则在于吸收佛教、消化佛教,佛教则纯属外来者,当时即初以道家为桥梁来吸收佛教。

　　南北朝两百多年,中国未得统一。南朝宋齐梁陈,北朝则是五胡乱华,在这两百多年的混乱中,处在当时人,不是很好受的。我们今天处在这个动乱的时代中,由民国以来,至今不过六十多年,这六十几年的不上轨道,种种不正常的现象,在历史上看来,并不算一回事。所以大家处在这个时代中,应该有绝对地贞定的信念,这种不正常的现象总是会过去的。

　　从南北朝到隋唐,佛教不但被吸收进来,而且被中国人消化了,这等于消化另一个文化系统,并不是一件简单的事。在长期的吸收、消化中,佛教几乎成了中国文化中很重要的一部分,充实了我们文化生命的内容。佛教在中国文化中发生了很大的作用,这是事实;至于进一步衡量这个作用的价值、利弊,则属另一个问题,我们今天暂不讨论。

　　从魏晋开始,乃中国文化的歧出。所谓"柳暗花明又一村"的"又一村",即指的是此一歧出的阶段——魏晋、南北朝到隋唐。到了唐末五代,这也是中国历史中最黑暗的一个时期。五代不过占五十多年,却有梁唐晋汉周五个朝代;每个做皇帝的,原先都想万世一系地往下传,而今每个朝代却至多不过十几年,可见五代这段时期是个很差劲的时代,更重要的是这个时代的人丧尽了廉耻。

所以,一个民族糟蹋文化生命,同时就牵连着糟蹋民族生命。什么叫做糟蹋文化生命呢? 在这里所表现的即是人无廉耻。五代人无廉耻,代表人物即是冯道。你想,谁愿意不要脸呢? 谁能没有一点廉耻之心呢? 唐末五代的人难道就自甘下贱吗? 但是,五代这个局面就把人糟蹋得无廉耻。我说这个意思,就是要加重这个观念——文化生命不能随意摧残,摧残文化生命,同时就影响民族生命。文化生命不能摧残太甚,一个民族是经不起这样摧残的。就好像一个人得些小病是无所谓的,生长中的痛苦是不可免的,但是大病就不能多犯。又如一个人的命运不能太苦,人受点挫折、受点艰难困苦是好的,但是挫折太多、苦太重,就会影响人的生命。

三、儒家第二阶段的发展

上面说到唐末五代是中国历史上最黑暗的一个时期,其黑暗之所以为黑暗的原因,即在于无廉耻。说这层意思,也是要大家了解下一个阶段——宋明理学。宋明理学是儒家学术发展的第二个阶段,就是对着前一个时期的歧出而转回到儒家的主流。理学本质的意义即在讲道德意识的复苏。何以宋人出来讲学,特别注重道德意识这个观念呢?

自清朝以后,以至于民国以来,提到理学家,一般人就头疼,如同孙悟空听到金箍咒一样。谁敢做理学家呢? 可是只因为自己做不到,就用种种讥讽的字眼来丑诋、笑骂,这是清末以至于今的一个可怪的风气。其实,道德意识有什么毛病呢? 宋明理学家主要就是要唤醒道德意识,这又有什么不对呢? 有什么可以讥笑的呢? 宋明理学家之所以重视道德意识,主要即因他那个社会背景、时代背景就是唐末五代的那个"无廉耻"。人到了无廉耻的地步,人的尊严亦复丧尽,这就成了个严重问题。亦即谓文化生命没有了,就影响你的自然生命。这句话，大家听起来似乎觉得有些因果颠倒。其实不然。一般人说民族生命、自然生命没有了，就影响文化生命；我现在倒过来说，文化生命摧残得太厉害，你的自然生命也没有了，一样的受影响。一个地方穷不要紧，只要有人去努力开垦，明天就富了；若是把人的生命糟蹋了，没有人种田，则成了严重问题。

　　我举这个例，即说明文化生命摧残太甚，自然生命也不会健康旺盛。所以，廉耻不可丧尽，不可任意地斫丧。人的生命不可完全感性化、完全形躯化、完全躯壳化。完全感性化、完全躯壳化，就是老子所说的"五色令人目盲，五音令人耳聋，五味令人口爽，驰骋畋猎令人心发狂"。人的生命不能完全感性化，即表示随时需要文化生命来提住。代表文化生命的廉耻、道德意识，更不可一笔抹煞，不可过于轻忽。所以理学家出来，尽量弘扬儒家，对治唐末五代的无廉耻而讲儒家的学问。至此，经过魏晋南北朝隋唐这一长时期的歧出，儒家学问再回到它本身，归其本位；而转回来的重点则落在道德意识上。

　　儒家的学问原来讲的是"内圣外王"，宋明儒则特重"内圣"这一面，亦即强调道德意识，讲求道德意识、自我意识的自我体现。"内圣"是个老名词，用现代的话说，即是内在于每一个人都要通过道德的实践做圣贤的工夫。说到圣贤，一般人感觉高不可攀，甚至心生畏惧；实则道德实践的目标即是要挺立自己的道德人格，做圣贤的工夫实即挺立自己的道德人格、道德人品，这是很平易近人的，没有什么可怕。我们对"内圣"一词作一确定的了解，即是落在个人身上，每一个人都要通过道德的实践，建立自己的道德人格、挺立自己的道德人品。这一方面就是理学家讲学的重心。可是儒家原先还有"外王"的一面，这是落在政治上行王道之事。内圣外王原是儒家的全体大用、全幅规模，《大学》中的格致诚正修齐治平即同时包括了内圣外王;理学家偏重于内圣一面,故外王一面就不很够,甚至少扬不够。这并不是说理学家根本没有外王,或根本不重视外王,实则他们亦照顾到外王,只是不够罢了。

我们今天说宋明儒虽亦照顾到外王而不够,这个"不够",是我们在这个时代"事后诸葛亮"的说法。在当时,理学家那个时代背景下,他们是否一定觉得不够呢?这就很难说。固然理学家特别重视内圣的一面,然他特别重视于此,总有其道理;在他们那个时代中,或许他们亦不以为这种偏重是不够的。外王方面,在那种社会状况、政治形态下,也只好如此,不能再过分的要求。我们得反省一下,外王方面开不出来,是否属于理学家的责任呢?事实上,政权是皇帝打来的,这个地方是不能动的,等到昏庸的皇帝把国家弄亡了,却把这个责任推给朱夫子,朱夫子哪能承受得起呢?去埋怨王阳明,王阳明哪能担当得起呢?所以,批评理学家外王面不够,这个够不够的批评是否有意义,也得仔细考虑一下。在那个时代,那种政治形态下,也只好这样往前进了。外王方面够不够,不是理学家所能完全决定的;不是他能完全决定的,也就表示不是他能完全负这个责任的。我们把这个责任推到理学家的身上,就是"君子责贤者备"的批评,这是高看、高抬知识分子,这也就是唐君毅先生所说的:只有知识分子才有资格责备知识分子,只有王船山、顾亭林才有资格责备王阳明。只有在这层意义下,我们才能责备理学家,谓之讲学偏重之过,不应只空谈心性,仍应注重外王、事功。这还是在讲学问之风向的问题上说的。

四、儒家的当前使命——开新外王

以现在的观点衡之,中国文化整个看起来,外王面皆不够。就整个中国文化的发展来看,以今日的眼光衡之,确实在外王面不够,顾亭林那些人的要求外王、事功,也是对的。今天仍然有这个要求。可叹的是,今天不仅外王面不够,内圣面亦不够,儒家本身若有若无,但是儒家若为常道,则人类的良心不能让这个常道永远埋没下去,这得诉诸每个人的一念自觉。

儒家学术第三期的发展,所应负的责任即是要开这个时代所需要的外王,亦即开新的外王。"新外王"是什么意义呢?外王即是外而在政治上行王道,王道则以夏商周三代的王为标准。照儒家说来,三代的王道并非最高的理想,最高的境界乃是尧舜二帝禅让,不家天下的大同政治。儒家的政治理想乃以帝、王、霸为次序。帝指尧、舜,尧舜是否真如儒家所言,吾人不必论之,但此代表了儒家的理想则无疑,以尧舜表现、寄托大同理想。三代则属小康之王道。春秋时代的五霸则属霸道,以齐桓公、晋文公为代表。从前论政治,即言皇王帝霸之学。齐桓、晋文的境界虽然不高,但比得秦汉以后的君主专制要好;君主专制以打天下为取得政权的方法,在层次上是很低的。当初商鞅见秦孝公,先论三皇五帝之学,孝公不能入耳;而后言王道,仍嫌迂阔;再而言霸道,终大喜。可见前人对于政治理想是有一定的秩序。秦孝公之喜霸道,乃因它能立竿见影,马上见效,而儒家的学问往往不能满足这一方面外王、事功的要求。早在春秋战国,即有墨家因此而批评儒家,只承认儒家维持教化的责任。司马谈《论六家要旨》中,亦批评儒家云:"博而寡要,劳而少功"。后来南宋陈同甫与朱子争辩,亦是基于要求外王、要求事功的精神。而实际上,要求外王中,就涵着要求事功的精神。陈同甫以为事功乃赖英雄,而讲英雄主义,重视英雄生命,推崇汉高祖、唐太宗。到了明末,顾亭林责备王学无用,亦是秉持事功的观念而发。而后有颜李学派的彻底实用主义。一般人斥儒家之无用、迂阔,评之曰:"无事袖手谈心性,临难一死报君王。"以为不究事功者最高的境界亦不过是此一无奈的结局。这些都是同一个要求事功的意识贯穿下来的,这是一个由来已久的老传统,在中国文化中是一条与儒家平行的暗流,从墨子开始,一直批评儒家的不足。这个要求事功的传统再转而为清朝乾嘉年间的考据之学,则属要求事功观念的"转型"。乾嘉年间的考据之学以汉学为号召,自居为"朴学",以此为实用之学,以理学为空谈、无用,骨子里还是以有用、无用的事功观念为背景。

何以谓"朴学"为要求事功观念的"转型"呢? 因为他们虽然批评理学无用,而其本身实际上更开不出事功来,这些考据书生没有一个能比得上陆象山、朱夫子、王阳明;这些理学家都有干才,都会做事,只是不掌权而已。然而考据家假"朴学"之名,批评理学无用,背后的意识仍是有用、无用,即可谓之乃事功观念的转型。事实上,这种转型更是无用,故实非事功精神之本义。由此转而到民国以来,胡适之先生所谈的实用主义,以科学的方法讲新考据,实乃属此一传统,背后仍是要求有用、责斥无用。我们可以看出,儒家这条主流,旁边有条暗流,这条暗流一直批评儒家无用而正面要求事功,这个传统从墨子说起,一直说到胡适之所倡的新考据的学风,可谓源远流长。但是这里面有个根本的错解,若是真想要求事功、要求外王,惟有根据内圣之学往前进,才有可能;只根据墨子,实讲不出事功,依陈同甫的英雄主义亦开不出真事功。希望大家在这里要分辨清楚。

中国人传统的风气,尤其是知识分子,不欣赏事功的精神,乃至反映中华民族的浪漫性格太强,而事功精神不够。事功的精神是个散文的精神,平庸、老实,无甚精采出奇。萧何即属事功的精神,刘邦、张良皆非事功的精神,可是中国人欣赏的就是后者。萧何的功劳很大,所谓"关中事业萧丞相",但因其属事功精神,显得平庸,故不使人欣赏。汉朝的桑弘羊、唐朝的刘晏皆为财政专家,属事功精神,然而中国人对这一类人,在人格的品鉴上总不觉有趣味。事功的精神在中国一直没有被正视，也没有从学问的立场上予以正视、证成。中国人喜欢英雄，打天下、纵横捭阖，皆能使人击节称赏。再高一层，中国人欣赏圣贤人物，不论是儒家式的或道家式的。中国人的文化生命正视于圣贤、英雄，在此状态下，事功的精神是开不出来的。事功的精神即是商人的精神，这种精神卑之无高论，境界平庸不高，但是敬业乐群，做事仔细精密、步步扎实。英美民族是个事功精神的民族，欧陆的德国则表现悲剧英雄的性格，瞧不起英美民族，但是两次大战战胜的却是这些卑之无高论的英美民族。所以这种事功精神是不能不正视的。

中国人的民族性格在某一方面就是缺乏这种英美民族的事功精神。英雄只能打天下，打天下不是个事功的精神，故不能办事，圣贤的境界则太高，亦不能办事。而中国人欣赏的就是这两种人，所以事功的精神萎缩，这里没有一个学问来正视它、证成它、开出它。所以现在我们想要从儒家的立场来正视它。儒家最高的境界是圣贤，圣贤乃是通过一步步老老实实地做道德实践、道德修养的工夫而达到的。儒家的立场是重视豪杰而不重视英雄，故从不高看汉高祖、唐太宗，故顺着儒家理性主义的发展，在做事方面并不欣赏英雄，我们在这里可以看出一个很好的消息。

但是在以前那种状况下，儒家的理性主义既不能赞成英雄，故其理性主义在政治上亦无法表现。儒家的理性主义在今天这个时代，要求新的外王，才能充分地表现。今天这个时代所要求的新外王，即是科学与民主政治。事实上，中国以前所要求的事功，亦只有在民主政治的形态下，才能够充分的实现，才能够充分的被正视。在古老的政治形态，社会形态下，瞧不起事功，故而亦无法充分实现。这种事功的精神要充分地使之实现，而且在精神上、学问上能充分地证成之，使它有根据，则必得靠民主政治。民主政治出现，事功才能出现。若永停在打天下取得政权的方式中，中国的事功亦只能永停在老的形态中,而无法向前开展。这句话请诸位深长思之。

要求民主政治乃是"新外王"的第一义,此乃新外王的形式意义、形式条件,事功得靠此解决,此外才是真正的理想主义。而民主政治即为理性主义所涵蕴,在民主政治下行事功,这也是理性主义的正当表现,这是儒家自内在要求所透显的理想主义。

另一方面则是科学,科学是"新外王"的材质条件,亦即新外王的材料、内容。科学的精神即是个事功的精神,科学亦是卑之无高论的。英雄不能做科学家,圣人则超过科学家,故亦不能做科学家。天天讲王阳明、讲良知,是讲不出科学的,因为良知不是成功科学知识的一个认知机能。然而科学亦可与儒家的理性主义相配合,科学乃是与事功精神相应的理性主义之表现。科学亦为儒家的内在目的所要求者,儒家并不反对知识,在以前的社会中,那些老知识也就足够应付了,然而今天的社会进步,往前发展、要求新知,亦属应当的要求。儒家内在的目的即要求科学,这个要求是发自于其内在的目的。何以见得呢?讲良知、讲道德,乃重在存心、动机之善,然有一好的动机却无知识,则此道德上好的动机亦无法表达出来。所以,良知、道德的动机在本质上即要求知识作为传达的一种工具。例如见人重病哀号,有好心救之,然却束手无策,空有存心何用?要有办法,就得有知识。所以有人说西医中发明麻醉药者为大菩萨,菩萨讲慈悲,然若只是空讲慈悲,又有何用?发明麻醉药,使人减少多少痛苦,不是大慈大悲的菩萨吗?所以,不论佛教表现慈悲、或是儒家表现道德动机,要想贯彻其内在的目的,都得要求科学、肯定科学。

科学知识是新外王中的一个材质条件,但是必得套在民主政治下,这个新外王中的材质条件才能充分实现。否则,缺乏民主政治的形式条件而孤立地讲中性的科学,亦不足称为真正的现代化。

一般人只从科技的基层面去了解现代化,殊不知现代化之所以为现代化的关键不在科学,而是民主政治;民主政治所涵摄的自由、平等、人权运动,才是现代化的本质意义之所在。假如在这时代,儒家还要继续发展,担负他的使命,那么,重点即在于本其内在的目的,要求科学的出现,要求民主政治的出现——要求现代化,这才是真正的现代化。

五、"中国文化"一词的恰当意义

上面所谈的,乃是儒家的发展及其当前使命,接下来,我们所要谈的主题也与此类似,不过从另一个角度来看这个问题,范围也稍广些。就是讨论中国文化的现代意义。

在讨论之前,我们先得对"中国文化"这一个名词有较明确的了解。上面谈过,中国文化的核心内容是以儒家为主,因此,我认为所谓"中国文化"即是以儒家为主流所决定的一个文化方向、文化形态。我们现在讲中国文化的现代意义,这里提到的中国文化,并不是指以往随着各时代所表现的那些的各时代各阶段的文化业绩,如各时代的风气、风俗习惯,所表现的种种现象,事实上已经一逝不可复返了。我们不能够只是怀念过去,抱着"数家珍"的心理。当然,"数家珍"亦非完全没有意义、价值,但是我们今天所讲则不在此。平常的讲法容易将中国文化静态化,静态化而把中国文化推到过去某一个阶段所表现的那一大堆,这样想,即容易流于只留恋过去。然而过去再怎么好,对现在亦无甚帮助,这样讲中国文化没多大意义,而且如此亦无法说中国文化的现代意义。

例如,若问清朝那些典章制度、风俗习惯在现代有何意义,讨论起来甚麻烦,亦属不相干的问题。又如问纳兰性德的词在现代有何意义,虽非必不可讨论,但无甚意义,亦不相干。如此讨论下去,无穷无尽,繁复琐碎不堪,实无甚价值。有些学者讨论问题即落在此一方向,常说中国人以前如何,西方人又如何,以此宣扬过去文化的业绩,这是在讲历史、数家珍。但对眼前的时代当作一个问题来看时,我们很容易看出这些说法是不中肯的,对将来毫无交待。

许多外国人来中国,亦采此种错误的态度,而要来台湾"寻找"中国文化。看看台北的高楼大厦和纽约的似乎也差不多,中国文化在哪里呢? 于是中国朋友就带他们去故宫博物院看古董、去国军文艺活动中心看国剧。事实上,文化怎能是个具体的东西,而放在那里让人寻找的呢? 以这种"考古"的态度来"寻找"中国文化是不对的。他们来此找寻中国文化,就如同去埃及看金字塔一般,希望找到个中国的"金字塔"来代表中国文化。可是大家要知道,我们的文化是个活的文化,还要继续生长的,哪能视同于埃及的死文化? 西方人这样看,因其有优越感,中国人则不应该有此态度,随顺着西方人考古的态度而跟着转,这是相当不利于我们的。西方人亦重视"汉学",然而他们却是以研究古董的态度来看"汉学",在这种态度下,"汉学"这个名词亦包藏了不利中国文化的轻视心理。可是有些中国人却以西方人的态度为标准,甚至说世界上只有两个半汉学家,而我们中国人只占了半个,这是非常可恶的洋奴心理。所以,我们中国人在此一定要贞定住自己本身的存在价值,绝不能不自觉地顺着这些怪现象往下滚。

我们不能采西方人考古董的态度,亦不能采取以往那种"数家珍"的态度,然而我们当以何种态度来看中国文化的现代意义呢?

"中国文化"乃是以儒家作主流所决定的那个文化生命的方向以及文化生命的形态,所以我们讲中国文化的现代意义,也即是在讲这个文化生命的方向与形态的现代意义、现代使命。生命是一条流,有过去、有现在、有未来,过去、现在、未来是一条连续的流,依此,我们才能谈这个问题。我们从尧舜禹汤文武周公孔子,一代代传下来的,不是那些业绩,而是创造这些文化业绩的那个文化生命的方向以及它的形态。形态即指这个文化生命以什么方式、什么姿态、什么样式来表现。这个样式、这个姿态在春秋战国时代已经表现了,尽了它的使命;在两汉四百年亦表现了,尽了它的使命;在魏晋南北朝隋唐,它也表现了,也尽了它的使命;在宋明的阶段亦复如此;在清朝三百年又以某种姿态出现。这一条生命流在这两千多年来的表现,都是弯弯曲曲的,当然其中有正有邪,有向上有向下。虽是曲曲折折的,但总是一条生命流往前进;只有从这个角度看,才能讲这个生命的现代意义,亦即它在这个时代当该做些什么事情、当该如何表现? 这个问题当该如此来看,因为我们的文化不是个死的,而是个现在还活着的生命,还需要奋斗、要自己做主往前进。若是把我们的文化限在过去,而只划定为考古的范围,直成了死的古董,这样不是把中国文化看成活的文化,而是视之为死的文化。若是到处去"寻找"、"发现"中国文化,这种态度根本上即是错误的,骨子里即是认为中国文化是死的、现在已不存在了。我们是个活的生命,我们生在现在,有现在的一个奋斗的方向,也应该有现代的表现,哪能以找古董的方式来找中国文化的代表呢? 这个态度本身即是个轻视中国文化的态度,是相当不友善的。想要了解中国文化,即应和中国人接近,了解中国人的生活方式,如何地谈天,如何地交朋友。若是到处参观,走马观花,那能了解中国文化? 孔子、《论语》也不能看成古董,他还是个生命,是个现在还活着的生命、智慧,绝不可把他当作古董而看死了。

六、中国文化的现代意义
——开出对列之局

我们了解中国文化是以儒家为主流所决定的生命方向后,即可顺着上面所讲的儒家当前之使命来看这一个生命方向在现代应该以哪种姿态来表现。

中国文化的现代意义,亦即其本身的现代化,首先即是要求新外王。王道有其具体的内容,而不只是笼统地说仁义道德。黄梨洲曾云:"三代以上,藏天下于天下;三代以下,藏天下于筐箧。"这是一句原则性的话,不是笼统浮泛地说的,而是相当的深刻,且有真切感。这句话在今天看来,仍然有意义,而且意义更为显明。"三代以上,藏天下于天下",以今天的话说,即是个"开放的社会"(Open Society)。"三代以下,藏天下于筐箧",即是家天下,以天下为个人的私产。黄梨洲又云:"三代以上有法,三代以下无法。"三代以上有法度,这个法乃是保障"藏天下于天下",这种法治是多么的深刻,这才是真正的法治,法家所讲的法比起来是差远了。三代以下没有真正的法度,有的只是皇帝个人的私法。

民主政治能够表现一些"藏天下于天下"的理想。儒家学术最内部的要求亦一向在于此,但是从未在现实上出现,而今天之现代化亦主要在要求此一理想的出现。此亦即是儒家当前使命所要求的"新外王"。民主政治是新外王的"形式条件",事功在此形式条件的保障下才能充分实现,在民主政治下才有事功,才能让你做事;除此之外,还需要科学知识作为新外王的"材质条件"。新外王要求藏天下于天下、开放的社会、民主政治、事功的保障、科学知识,这就是现代化。中国文化发展至今,仍是个活生生的文化,我们不可委顺西方人轻视的态度而把自己的文化当成一个被西方人研究的古董,我们是个生命存在,仍得往前进、往前奋斗,在我们前面有不断来临的问题有待我们解决,怎么能采取那种看古董的态度来了解中国文化呢?我们要自己做主,要继续生存下去,现代化是我们必得做的事。现代化虽发自西方,但是只要它一旦出现,它就没有地方性,只要它是个真理,它就有普遍性,只要有普遍性,任何一个民族都当该承认它。中国的老名词是王道、藏天下于天下，新名词则是开放的社会、民主政治，所以，这是个共同的理想。故而民主政治虽发自西方，但我们也应该根据我们生命的要求，把它实现出来，这就是新外王的中心工作。对于这个观念，当年孙中山先生辛亥革命时，非常清楚。以后渐渐变形、模糊，而被人忘掉了，当然，这与现实政治曲曲折折的影响有关，我们现在也不必去深究其原因。孙中山先生辛亥革命即是向往这个民主政治，所以孙先生虽出第一任临时大总统，但在正式选举时，却能让给袁世凯，这就是中国政治现代化的第一步。这个第一步是从现实上的实行来说是第一步，然而这却是儒家早已要求的理想。这种王道，黄梨洲已经说得非常清楚了。

五四运动以后，新文化运动正面喊出的口号即是要求科学与民主，当时是抓住了现代化的关键所在；当时除此正面的要求外，反面的口号则是反封建、反帝国主义。可是后来的发展，一直到今天的情况，科学也没出来，民主政治也未实现。享受科学技术的现成的成就，大家都很高兴，可是要脚踏实地的去了解科学、研究科学，则少有人肯为之。正面的两个口号没有发生作用，倒是反面的两个口号发生了作用。"反帝国主义"，大家容易了解，因为身受其苦，对它有清楚的观念。至于"反封建"，大家对于这个名词似乎都有些观念，但却不清楚，说不出个所以然。最后，"反封建"倒成了个象征的意义，象征些什么、代表些什么？也很难说。实则这个名词，不论从中国或西方历史看来，都只是个借用的名词。照西方来说，封建是罗马帝国崩溃之后，各地方各民族退而求自保的时代。若是"反封建"是反这个封建，那么罗马帝国未崩溃之前，即不能算是封建；封建时代以后至于今，亦不算封建。那么你反的又是什么呢？难道是反罗马帝国崩溃之后的那一个散落的状态吗？照中国讲，封建是西周三百年周天子的封侯建国，作用乃是集体开垦，充实封地,以"拱"周室;封建在这里带有积极的意义,与西方的恰相反。然而中国自秦汉以后即无封建,那么你反封建是反什么呢?难道是反西周三百年吗? 我们在此可以看出,"反封建"并没有一个清楚而确定的意义。其实,它只是一个笼统的象征的观念,实即反对一切"老的方式",而以"封建"一词代表之、概括之。当时的反封建就是反对过去那些老的方式,而认为五四以前都属于过去的、老的方式。

然而,什么是"老的方式"呢? "老的方式"的内容是什么呢?所要求的"新的方式"又是什么呢? 二者之间的对照与本质的差异点又在哪里呢?

我们把新的方式、现代化的内容列举出来,即是民主政治、事功、科学等。这一套即是西方自文艺复兴以后所创造出的近代文明,整个这一套的内容中间有个共同的基本精神,我们可以用一个名词来说明,即是"Co-ordination",可以翻译作"对列之局",这就是现代化最本质的意义。我们也可用《大学》所向往的治国平天下的理想——"絜矩之道"来说明"对列之局";絜者合也,矩即指方形,絜矩之道即是要求合成一个方形,这样才能平天下。亦可用《易经》的"保合太和乃利贞"来说明,保合即是合作而成一个絜矩之道,如此方能成个大谐和(太和)。若必欲比他人高,去征服而使他人隶属于我,即不能成"絜矩",天下亦不能平。现在这个时代,从希特勒到⋯⋯都想把自己"首出庶物",把一切东西隶属于自己,这样天下永不能平,这是个很显明的道理。交朋友亦是如此,"与朋友交,久而敬之"。若不尊重对方,这朋友交不下去。尊重对方,即是成两端,两两相对,此即是个"对列之局"。惟有成个絜矩之道、对列之局,天下才能平,若是一味讲帝国主义的征服,是绝不能平天下的。

七、中国现代化的道路——转理性的
作用表现为理性的架构表现

西方经过大宪章的奋斗,一直奋斗到今天,英美所表现的现代化的精神,即是在争这个对列之局。社会上不容许有特权的存在,所以说自由、平等,讲人权运动即是重视个体。每一个个体都是顶天立地的,在社会上都是一个单位,你也是个单位,我也是个单位,我怎能隶属、臣服于你呢? 一隶属、一臣服,即不成对列之局了。现代化主要即是要求对列之局。西方要求现代化是通过阶级斗争而出现的。阶级在西方的历史中原是有的,所谓四阶级:僧侣阶级、贵族阶级、第三阶级(布尔乔亚——资产阶级)、第四阶级(普罗里塔里亚——无产阶级)。社会上有不平,当然要斗争,然而先得问为什么而斗争,当该是为了理想而斗争,不能说是为了形成"新阶级"而斗争;为了报复,却不是为了理想而革命,这是根本错解。

中国的阶级分野不显明,自春秋战国的贵族政治崩溃以后,君主专制的形态在政治上虽不合理想,但是下面的社会却没有阶级;随着王朝的更替,固然有些特殊的势力,但是不能成为一个固定的阶级,所以会有"公侯将相本无种"这种话。中国的社会,基本上是属于士农工商并列的形态,套用梁漱溟先生的话,即是"职业殊途,伦理本位"。士农工商只是职业的不同,不可视为阶级。

同是要求现代化,西方与中国的源泉不同;西方是根据阶级斗争而来,中国社会则只是"职业殊途,伦理本位",阶级的分野不清楚。中国以前取得政权的方式是靠打天下而来的,政治的泉源是非理性的、是皇帝打来的,旁人不能过问,所能过问的只是第二义以下的。除了政权来源这一方面不能触及之外,中国以往在其他方面是非常自由、平等,我们可以说,中国以前只有"治权的民主",

而没有"政权的民主"。从考进士、科甲取士等处,即可见治权是很民主的。但是,真正的民主政治是在"政权的民主"上表现的,惟有政权民主,治权的民主才能真正保障得住。以往没有政权的民主,故而治权的民主亦无保障,只有靠着"圣君贤相"的出现。然而这种有赖于好皇帝、好宰相出现的情形是不可靠的,所以中国以前理性的表现只是在作用上表现。在此虽是相当的民主、自由,然因政权不民主,此处的民主亦无真保障,所以还是得要求现代化。

中国现代化的道路不能模仿西方通过阶级斗争的方式,这是因为社会背景、历史背景不同。民主政治的实现,并不是一件容易的事,西方亦是经过长期的奋斗而后才达成这个政治的现代化,这是很可宝贵的。西方的社会原有阶级的存在,社会中有些不同的力量、有些中流砥柱在那里撑着,这样的社会容易成个絜矩之道,容易构成对列之局。阶级并不一定就是坏的意思,照黑格尔的历史哲学讲,阶级是从民族的生命中发出,在文化中有其作用的。(印度的阶级则是死的,不能起作用。)中国自秦汉以后,把阶级打散了,社会上没有既成的力量,不容易成个对列之局。下面愈散漫,上面愈容易形成极权专制,当年孙中山先生亦感觉到这个问题,说中国人的自由太多了,如一盘散沙。所以我们要肯定社会的力量,此即是要成个絜矩之道,对极权专制有个限制,不能让他随意挥洒。西方自大宪章以来,就是争这个东西。中国本来早已有了治权的民主,但是因为政权不民主,则此一民主亦不可靠,所以我们现在再顺着这个基础往前推进一步,要求政权的民主,把理性的作用表现转成理性的架构表现,亦即转成对列之局的表现。这才是中国现代化的正当途径,不可拿西方阶级斗争的格式硬套在我们身上。

西方的政治现代化是靠着自然的历史、社会作其凭借而摩荡出来的,然而还是得经过长期的斗争。我们的社会没有阶级,历史背景、社会背景和西方不同,所以出现这个东西非常困难。这条路是很难走的,然而我们非得往此走,再困难也得走,如此,即得靠文化的力量、思想的自觉。所以,知识分子思想上的自觉是很重要的,依此而发动文化的力量、教育的力量来创造这个东西;这就是我们现代化的道路。

可是,民国以来的知识分子,在这方面的思想自觉是很不够的,这里需要很大的"克己复礼",在此没有很高的境界,卑之无高论,就谈玄说是不过瘾的。但是我们就需要这个东西,所以要靠大家的自觉。

现代化的基本精神是"对列之局"(Co-ordination),而所谓反封建,即是反老的那一套。老的方式即是理性的作用表现所表现的方式,基本上亦可用 sub-ordination 这一个名词来代表,亦即是个"隶属"的方式。中国文化几千年来的表现,一方面觉得也还不错,"职业殊途,伦理本位"、治权民主,在这个制度的安排下,大体不错,亦有相当的合理性,所以我们说中国早有了理性的作用表现;当然,一般人的表现有过与不及的地方,总是不可免的,那是另一回事。然而,另外一方面,我们又常感到中国文化的不够,这个不够的关键即在政权不民主,亦即缺乏理性的架构表现。在这种情形之下,整个文化在现实上的表现,大体上呈现的即是个"subordination"的形态。这就是黑格尔所说的,东方世界只知道一个人是自由的,这一个人即是皇帝。以前的宰相代表治权,然而宰相有多大权力呢? 今天要你做宰相,你就做,明天不要你做,把你杀掉,亦无可奈何、毫无办法。中国传统政治在现实上的表现,大体是个"隶属"的方式,不能成个絜矩之道。

我们离开这些现实的政治表现,再从文化理想、学术方面来看。中国以往的学术是向上讲的,儒释道三教,讲学问都是如此。儒家讲成圣贤,道家讲成真人、讲成至人,佛家讲成佛、讲成菩萨,这都是重个人修养的向上发展。在向上发展的方向中,对列之局是出不来的,所以中国人喜欢讲"天地万物一体"、"物我双亡"。在第一关上,喜欢讲"首出庶物",把自己透出来,"先天而天弗违"。依儒家讲,此乃是先见本体,有如禅宗所说的"截断众流"、"涵盖乾坤"。先把主体透出来,这是讲圣贤学问、往高处讲的一定方式;这是讲道德、宗教,不是在讲政治,更不是要每个人都做皇帝。可是一般人不了解这个分际、分寸,而说凡讲透显主体者都是在帮助极权专制。所以首先得把问题的分际弄清楚,讲道德、宗教不同于讲政治,不可相混。而且,依着道德修养而言,"截断众流"、"涵盖乾坤"的透显主体只是初步,最高的境界乃是"随波逐浪"。庄子亦是如此,往上透的时候说"天地与我并生,万物与我为一",但是庄子《齐物论》的思想并不是要天下人向一个人看齐,而是天下一切事物一体平铺,统统摆在那里,这是个绝对的自由、绝对的平等。但是这个绝对的自由、绝对的平等是在道德修养的境界上说的,它是修养的"境界",不是政治。庄子《逍遥游》的"自由"、《齐物论》的"平等",乃是超越意义的自由、平等,并非政治意义的自由、平等,二者的层次全然不同。当然,在最高的境界讲自由、平等,据此而下,亦不会反对政治上的自由、平等。从这里可以很明显的看出,儒释道三教怎么会帮助极权专制呢?这种误想、联想太过甚了。

中国人以前的理想在讲道德宗教,学术往高处讲,依现在的话说,即是"谈玄"。我们现在所讲的下面这一层,亦即现代化的问题,在以前那种社会里并不成个问题;依着它那种形态,在当时是够了,也有相当的合理性,所以讲学的重点不在科学知识,而在讲超越科学知识的道德宗教。但由于缺乏这一层,现代人即可责备以往之不足。以往两千多年是以在道德宗教方面的表现为胜场,它所树立的固是永恒的价值,但是现在我们知道,只在这方面表现是不够的,学术还是要往前开,还是得顺着顾(亭林)、黄(梨洲)、王

(船山)的理想往前开外王。要求开出下一层来,则学术不能只往上讲,还得往下讲。民主政治、科学、事功精神、对列之局的这一层面,卑之无高论,境界不高。中国人原先浪漫性格强,欣赏英雄、圣贤,而不欣赏这种商人的事功精神。事功精神是个散文的精神,既不是诗、也不是戏剧,戏剧性不够,也没多大趣味。从哲学来讲,事功精神属于知性的层面,如黑格尔即名之曰散文的知性,或学究的知性。从人生境界来说,事功精神是个中年人的精神,忙于建功立业,名利心重,现实主义的情调强。而我们中国人要现代化,正是自觉地要求这个事功精神,并且得从学术的立场,给予事功精神一个合理的安排、合理的证成。

八、中国文化主位性的维持

我们以上是从时代的观点来看中国文化这条生命主流如何在今日尽它的使命,由此而论其现代意义。然而我们仍当从另一个角度来看中国文化,亦即由其本身看,中国文化是否有其本身的主位性? 这则不只是一个应付一时需要的问题,此乃永恒性的、高一层次的问题,不是方才所谈那些新外王等的时代问题。

假如中国文化还有发展,还有他发展的动源,还有他的文化生命,那么,我们不能单由民主政治、科学、事功这些地方来看中国文化的问题,而必得往后、往深处看这个文化的动源、文化生命的方向。这是从高一层次来看中国文化如何维持其本身之永恒性的问题,且是个如何维持其本身之主位性的问题。儒家是中国文化的主流,中国文化是以儒家作主的一个生命方向与形态,假如这个文化动源的主位性保持不住,则其他那些民主、科学等都是假的,即使现代化了,此中亦无中国文化,亦只不过是个"殖民地"的身份。所以,中国文化若想最后还能保持得住,还能往前发展,开无限的未来,只有维持住他自己的主位性;对于这个文化生命动源的主位性,我们要念兹在兹,把他维持住,才算是对得起中国文化。

这个中国文化维持其主位性的问题,在这个时代中,究竟表现在哪些方面呢? 就是表现在这个文化的主流与其他几个大教的比较问题上,亦即表现在"判教"的问题上。

判教首先对基督教而言,其次对佛教而言,其次对道家而言。中国文化以儒家作主,这个文化生命主要的动向、形态是由儒家决定的,在以往几千年中,道家并不能负这个责任,从印度传来的佛教亦不能负这个责任。虽说中国人吸收了佛教、消化了佛教,佛教亦对中国文化有所影响,然而它却始终不能居于主流的地位。主流的地位是在历史上长期的摩荡中自然形成的,不是可以随便拿掉或替代的,亦不是可以随意放弃的。在这个时代,首先以基督教为主要判教的对象。信仰自由是一回事,这是不能干涉的,然而生而为中国人,要自觉地去作一个中国人、存在地去作一个中国人,这则属自己抉择的问题,而不是信仰自由的问题。从自己抉择的立场看,我们即应念兹在兹,护持住儒家为中国文化的主流,我个人并不反对基督教,亦不反对信仰自由,然而,现在每一个中国人在面临这个问题时,都应该有双重的身份、双重的责任。首先,得了解儒家是中国文化的主流,这个主流是不能放弃的。若是基督教能使你的生活得到安宁,当然很好,我也不反对你信仰基督教,但是在这信仰的同时,身为中国的基督徒亦当自觉到自己有双重的责任,虽然是信仰基督教但也绝不反对中国文化的主流是儒家。我不反对基督教、天主教,可是我坚决反对他们拿着基督教、天主教来篡夺、改篡中国的文化,更不可把中国历来黄帝、尧、舜、禹、汤、文、武、周公、孔子的传统改成耶和华、摩西那一套。

我不像宋明儒那样辟佛,我虽也辨儒佛同异,但并不反对佛教本身的价值,可是我反对以佛教来贬视儒家。以前内学院将孔子列为第七地菩萨,我就反对。佛家最高的是佛,儒家最高的圣人与佛都是无限性的格位,为什么一定要把孔子列为佛家的第七地菩萨呢?这太没道理。我不反对佛教,已经很客气了,可是反过来,你却要贬视儒家,这就不对。为什么一定要反对圣人之道呢?圣人之道有哪里对不起你呢?这样还能算是存在的中国人吗?

现代信基督教的人最怕人说他信的是洋教,而自辩曰宗教是普世的。事实上,上帝是普世的,基督教却是西方历史中发展出来的,这怎么能是普世的?上帝当然是普世的,就好比孔子讲道理也不是单对着山东人讲,乃是对着全人类讲的。这个分际必得弄清楚,才不愧身为一个现代的中国人;一方面不妨碍信仰自由,另一方面绝不抹煞儒家在中国文化中的主流地位。有人骂我们这是"本位主义"。然而,本位主义有什么不对?每一个民族事实上都是本位主义,英国人以英国为本位,美国人以美国为本位,何以独不许我们中国人以中国为本位呢?若是这叫本位主义,又怎么能反对呢?

九、结　语

最后,我们做一个总结,来看今日中国知识分子所应做的工作。首先,要求现代化先得有现代化的头脑,每一个概念各归其自身,每一个概念都有恰当的意义,分际清楚而不混滥,事理明白而不搅和,这就是"正名"的工作。利用名不正来搅乱天下,形成"意底牢结"(Ideology)的灾害。这种大混乱是要不得的。通过正名的工作,每一个概念有一定的意义,讲道理的分际一点不乱,这样子,我们的生命得到一个大贞定。假如中国文化还能有贡献于人类,即是以此为基础而可能的。

再进一步,和西方文化相摩荡,即是个最高的判教的问题。在此,每一个文化系统皆有其双重性,一个是普遍性,一个是特殊性,每一个民族都该如此反省其自身的文化。只要它是个真理，它就有普遍性，但是真理并不是空挂着的，而必须通过生命来表现，通过一个生命来表现，就有特殊性。通过这双重性来进行最高的判教，也可以渐渐地得到一个谐和。

以上所谈的，就是我个人对于中国文化如何维持他自己、如何向前发展的大体想法。这次就讲到此为止。

（选自《道德理想主义——牟宗三新儒学论著辑要》，郑家栋编，中国广播电视出版社，1992年5月版）

牟宗三（1909—1995），字离中，山东栖霞人，现代哲学家，新儒家第二代重要代表。1933年毕业于北京大学哲学系，曾任华西大学讲师，中央大学、浙江大学教授，1949年移居台湾，曾任台湾大学、东海大学教授。1960年赴香港，先后在香港大学、中文大学、新亚书院任教。晚年来往于台港两地，讲学著述。1948年发表《重振鹅湖书院缘起》，提出儒学发展三期说；1958年与张君劢、唐君毅、徐复观联名发表《为中国文化敬告世界人士宣言》，以复兴儒学为职志。著有《历史哲学》、《政道与治道》、《道德理想主义》、《心体与性体》、《从陆象山到刘蕺山》等。

选文综论"儒家当前的使命"和"中国文化的意义"两大主题，指出：儒家当前已进到其发展的第三期，其使命即是要开出这个时代所需要的"新外王"，即"科学和民主政治"。科学和民主是儒家早已要求的理想，是内在于文化生命中的理想主义。因此，儒家对现代化不是求"适应"，而是求"实现"。儒家文化是中国文化的主流，中国文化若想继续存在、发展，中国现代化若想成功实现，就必须保持儒家文化的主位性。

天朝型模的世界观

殷海光

世界观（Weltanschauungen）是吾人对于生命、社会及其制度之全部展望。世界观又是一个价值体系。这个价值体系是以全体为对象，或以已知的或可知的东西为对象。世界观是一个民族或群体所定的**文化公设**（Cultural axioms of groups），或者是格兰维勒（Joseph Glanvill）所说的"意见的气候"。既然如此，世界观是一个民族或群体当做现成的东西来普遍接受的。于是，它既不能证明，也不须证明。它只能在长时期里发展，而很少受理论的影响。依此出发，一个人或一群人可以观察或解释他或他们所在的世界。这里所说的"天朝型模的世界观"，是世界观的一个例子。

在这个地球上，许多伟大的文明个别地创造了不同的世界观。这些不同的世界观各有其不同的特色。天朝型模的世界观是怎样的一种世界观呢？这可以从它投射的符征系统、对外态度、对己认识等等**方相**（aspects）观察出来。

中国文化发展出一个观念，就是自视为一个**自足的系统**（aself-sufficient system）。在这个系统里，不仅一切人理建构是优于一切，而且实际的物质生活之所需也无待外求，外人则必需中国的货物。在这种心理状态之中，中国与外国于 1861 年以前根本不曾有过近代意义的外交。中国根本感觉不到有何正式外交之必要。这并不是说，在 1861 年以前中国与外国未曾有过实际的交涉。有的，可是这些交涉都是从"天朝君临四方"的态度出发,来"以大事小"。复次,中国在鸦片战争以前也不是没有和外国通过商。但是,"上国"视那些通商行为不过是些微不足道的商贾小民细事,从来没有把这类事情放在核心价值的地位。

在鸦片战争以前,中西在陆路和水路都有许多接触。荷兰、葡萄牙和西班牙等国屡次遣派使节到中国来,要求订约通商,而清朝的政府把他们视为进贡的使臣,命令他们向皇帝或御座行三跪九叩首的礼节。这些使节为了达到通商的目的,只好勉强遵从。1793年,英国遣派特使马嘉尼(Macartney)到中国来谈判通商与传教事项。清朝政府又援前例把他视作进贡使节,要他打起"英吉利朝贡"的旗字。乾隆皇帝在热河行宫赐见,又要他行臣下觐见皇上的大礼。岂知这位"英夷"跟从前的那些"夷人"不同,坚持不肯。经双方再三磋商,算是用谒见英王的礼节谒见乾隆皇帝了事。因此,马嘉尼弄得空手而回。

1816年,英国遣派使节阿门赫斯(Amherst)来中国办交涉。清朝政府还是把他当进贡的使臣看待。这次为了在天津赐宴,清朝政府要他向皇帝牌位行三跪九叩首的礼节而被他拒绝和不依照规定日期入京觐见嘉庆的事端,惹得嘉庆大发雷霆,说阿门赫斯傲慢无礼,目无"天下共主",降旨敕令他马上出京回到英国去。这还不算,他又下了一道训饬英王的敕谕以图"转圜",但是口气完全是上国对藩邦的辞调。

1834年,英国政府遣派律劳卑(William john Napier)东来和中国政府交涉。当时英国外相巴门斯顿(Palmerston)训令律劳卑,要他在抵达广东时,即行直接写信告知粤督卢坤。巴门斯顿不知道他所下的这条训令是从他认为毫无问题的基础出发的。这个基础是说,律劳卑具有公使的身份。以具有这种身份的人写信给中国的总督,岂有不可之理?殊不知这里就有一个问题。这个问题就触及当时中国文化对"夷人"以及商人的态度。依照当时中国的习俗和官方法令,总督怎可与"夷人"直接通函? 律劳卑径行到了广州,并且直接写信给粤督,希望晤面,并且商议一切有关事宜。他的信函递交总督署的门卫官。门卫官说,一切"夷禀"须由洋商转呈。后来守城官员说"夷人"直接函禀有违先例,而且封面系用平行款式,拒不收受。行商的人劝律劳卑改用呈文形式,由行商代为转呈。律劳卑认为国际贸易互相有利,且英国的国势不弱于中国,所以一定不肯。粤督卢坤认为新来"夷目"不懂成规,擅自跑到广州来滋扰生事,于是下令通译人等向律劳卑"开导",制止其"目无法纪"的行动;并且说中国大臣向例不许与外人私通信函,因此该"夷目"来信当不受理。他所依据的道理是"大夫无私交"的"春秋之义"。因此,道光皇帝批谕说他"所办尚妥,所见亦是"。1838 年英国东方舰队到广东示威。嘉理·义律(Chales Elliot)到广州为舰队司令代呈事件,要求免写禀字,以后有事传达,派人递信。总督邓廷桢拒绝不收。舰队长官派人送信给水师提督关天培,请他代呈,也没有得到许可。英国人吃了一顿"闭门糕"。

从以上的陈列,我们可以知道天朝型模的世界观涵蕴着下述几点:

(a)**自我中心的**。这种观念就是把"咱们中国"看作世界的中心,其他的地方都是中国的边圃。这种观念之形成,主要有两个原因:第一是历史的原因。中国自古代就逐渐形成天下定于一尊的世界国家观念。《尚书》里有所谓"元后"。这一"元后"位于"群后"上面。它是天下的"共主"。春秋战国时代,诸侯并起。诸侯之间的政治地位,有些类似近代欧洲各国之间的平等关系。可是,在诸侯上面,还有一位大家至少在表面不能不拥戴的天子。"天无二日,民无二皇"的观念逐渐形成。到了秦朝,"一匡天下"的观念型模就制度化了。这种观念,到了近代,就成"统一"观念。这个观念的这个线索的发展,在中国可说是"深入人心"。因此,一般中国文化分子总认为"统一"是常态,也是治世的境象;"分裂"是反常,也是乱世的现象。因为有这种牢不可破的观念型模在心里运作,再加上许多其他因素的作用,所以一般中国文化分子常常不惜重大的代价来企求"大一统"的局面之出现。大清统一帝国崩溃以后的几次大规模的"革命"战事,都含统一运动的意义。所以,中国不易出现欧洲比较稳定的分立的近代国邦,民国初年的"联省自治"运动也终于昙花一现。第二是地缘的孤立和地理知识的贫乏,这二者之交互影响形成中国文化分子轻视其他国邦的态度。中国文化一向不注重地理知识,尤其是不注重外国的地理知识。因为中国不愿意和别的国家打交道,没有吸收外国地理知识的必要。**自我重要感**(the sense of self-importance)加上地理知识缺乏,于是很自然地自以为位居天下之中。殊不知地球是圆的,任何一国都可以把自己看作位居天下之中,因此任何一国都可以自命为"中国"。这种想法,似乎很合逻辑,但是却不合于中国的文化意识。我们且看这一段话就可明了:

(3)地图　利玛窦来华传教,绘有《舆地全图》,印送给中国士大夫,以便与他们交结。可是该图把中国放到稍为偏西的地方,不放在正中,而就全图比较起来,中国又似乎很小,这就难免引起中国人不愉快之感了;因为中国人一向的理想,以为中国是居天下之正中,而领土又是最大的。《圣朝破邪集》卷三载魏浚利说荒唐惑世云:

近利玛窦以其邪说惑众。……所著《舆地全图》,及洸洋眘渺,直欺人以其目之所不能见,足之所不能至,无可按验耳。真所谓画工之画鬼魅也。毋论其他,且如中国于全图之中居稍偏西而近于北。试于夜分仰观,北极枢星乃在子分,则中国当居正中;而图置稍西,全属无谓。……鸣銮(中国之北)、交趾(中国之南),所见相远,以至于此,焉得谓中国如此蕞尔,而居于图之近北?其肆谈无忌若此!信之者乃谓其国人好远游,斯非远游者耶?谈天衍谓中国居天下八分之一,分为九州,而中国为赤县神州。此其诞妄,又甚于衍矣。

这种在地理知识方面以中国为"天下之中"的观念被地理科学知识刮掉了。可是,这种意识近年来在"历史精神文化"的大议论中依然健在。谈文化的人士还须多接近文化科学。

(b)**不以平等看待外国**。中国文化分子一向把在中国邻近的民族看作是"东夷"、"西戎"、"南蛮"和"北狄"的"化外之民"。这些"化外之民"比咱们要低一等。即令到了鸦片战争前后,还是把这种观念扩大应用于西方人。例如,中国官方把英国人叫做"英夷",把办理外交叫做"夷务"。勒托雷(Kenneth Scott Latourette)说中国与最大多数其他文明国邦比较起来,是在孤立状态之中。这种孤立状态也许使得中国人形成许多特征。中国人内心深藏的对自己国家的骄傲,一部分是由于孤立所致。在过去,中国人认为凡与中国有密切接触的其他文明都是从中国文明传衍出来的,而且照中国人看来,那些文明不及中国文明。

1834 年 8 月 22 日,广州行商通知前来交涉商务的律劳卑,说是明天有三位中国官员来访。到第二天,官员三人来到商馆。通事依照习惯,把官员的座位陈列在上面。但是,这位律劳卑把座位改为西方国家会议的形式。于是,为了这个问题,双方争执起来。这三位官员站立门外两个钟头之久,才肯让步进屋就座。在这一连串的通商交涉中,英国人处处要求地位平等,而中国天朝硬是处处要显得比"英夷"高出一等。嘉庆皇帝说英国"蕞尔夷邦,何得与中国并论"!两国的世界观没有碰头!鸦片战争爆发。1842 年 8 月 10 日,英国舰队经镇江西上,南京已经暴露在英国炮口之下了,道光皇帝才知道中国的"兵威"不可靠,方允准耆英等人与"英夷"

议和的奏请。但同时他又装腔作势地说:"万一仍不受抚,不得不大张挞伐,奋力攻剿。"又说:"……如情词恭顺,再遣职分较大之员速行定议。倘竟桀骜不驯,难以理喻,现在兵力已集,地险可守,全在该大臣等激励将士,或竟出奇制胜,懋建殊勋,该大臣之功甚伟也。"仗是败得一塌糊涂,但是观念还是胜利的! 1860年英法联军之役以后,英国、法国、俄国和美国的使馆在北京设立。中国政府所面临的一大难题就是"觐见"问题。为了这个问题,朝廷大臣辩论三个月。有的赞成,有的反对,有的主张对外使"陈兵以惧之"。同治皇帝不能决断。边宝泉奏请"皇上独伸干断,以不见拒之。并谕中外大臣严设兵备,以崇朝廷尊严之体,以杜外夷骄纵之萌"。外使入觐还有仪节问题,外使不肯行跪拜叩首之礼。翰林院编修吴大澂说:"我国定制从无不跪之臣。"在他心目中,还认为这些外使是"贡臣"那一类的代表。既然如此,如果他们对咱们上国皇帝不行跪拜叩首礼,那么不仅是破坏"列祖列宗所遗之制",而且会使普天臣民愤懑不平。

既然中国不以平等视外国,于是,如前所述,直到1861年被迫创设"总理各国事务衙门"以前,中国没有近代西方意义的外交。在这以前,中国对外只有"抚夷"与"剿夷"两种观念。除此以外,一般中国文化分子的思绪因被"上国思想"所蒙,想不出对外的第三种可能方式。

我们在这里所说中国天朝型模的世界观之内涵与莱特(Arthur F. Wright)所说19世纪中国文明之自我影像是相同的。他说这种影像是中国文士所塑造成的。在他所作的分析中,下列几点颇值得我们注意:

1．中国广土众民并且是位居平地中央的国家,上覆穹苍。

2．中国不独在地理上位于地球中央,而且在文化上也是如此。中国的文字、道德、礼仪、制度,无一不优于四夷。

3．中国是政治的中心。万方来朝，四夷宾服。

4．中国物产丰饶，经济自足，无待外求，所以也就少与人通商。

5．好古，并且圣化自己。中国的道德原则对于一切人民都有效。古圣先贤的言行堪足为后世法。好古是第一要务。

近五十多年来，中国经历了几次巨大的变动。在这几次变动里，有许多旧的事物随着小脚、长辫和八股文之消逝而消逝了。可是，这种世界观依然故我，它常改头换面在许多场合出现。即令它早已与实际的事情不符，可是它仍然存在于若干中国文化分子的观念中。因为，这样的世界观的建立不是靠客观的事实来支持，而是靠主张者的自信力，靠往昔文化上的傲慢惯性来支持，靠筑起一道价值的围墙挡住外来的挑战来支持。当灾害、动乱和变革临头，危及这样的世界观时，这些知识分子就撒出一套现成的"理论"，说这是历史循环过程中"暂时"的现象。等待雨过天晴，他们又会回到千福年。这份因回避事实而得到的心灵享受，正是中国文化里重要的精神境界。这种精神境界，到了中国知识分子会读柏拉图哲学时，更得到精彩的结晶。

在1963年论及中国历史研究里的推广之应用时，莱特这位旁观者对于中国天朝型模的世界观作了更清楚的陈述。他说：

由于中国是在相对的孤立状态之中，中国在技术、制度、语言和观念上都发展出一种高度的自我满足感。在悠久的岁月里，受过教育的中国知识分子之精萃不知世上尚有在任何方面足以与他们自己的文明相颉颃的其他"文明"。试看陆地上东亚草原民族和野蛮民族，或者看海岸彼处较差的海岛文化，中国人有理由抱持着两种看法。这两种看法是中国知识分子的自我影像之基础。第一种看法是以为中国在地理上乃文明生活之中心。第二种看法是以为中国文化在一切方面优于别的一切文化——无论在仪节上和道德上，无论在国家和社会组织上，无论在技术和文学上，无论在人民性格的陶冶以及智识的启发上，都优于其他一切文化。基于后一种看法，中国人以为他们在东亚负有一种"使人归向文明的使命"。这种看法形之于殖民政策和对外政策，就是把中国的一切邻国看作臣服的附庸。第一种看法则结晶为"中国"这个最常使用的名词。第二种看法反映为另一个常用的名词"中华"（"位于正中的文化之华"）。……

这种自我影像的第二个要素是认为中国之所以优于他国，系因她在道德上居于优越的地位。中国较古时代的圣王不仅治理了陆地及江河，而且还建立了生活上的种种原理原则。这些原理原则是推诸四海而皆准，垂诸万世而不移的。自孔子以来，这些原理原则的解释者曾经教导人民怎样依照这些原理原则来生活，怎样使他们自己止于至善，并且怎样建立一个良好的社会。中国过去的历史，如果适当地著作出来并且加以适当的研究，那么便会证实那些道德原理原则是正确的。伟大的文学和艺术作品系直接或间接地显示道德原理原则为真。受过教育的人，在为政或著作时，乃这些道德原理原则之活生生的榜样。所以，无论是中国庶民还是外国平民，都会因受过教育的人示范作用之鼓励而照着他们的样子行。当人违背道德原理原则时，那么社会上的种种不和及政治上的种种混乱，便会随之而发生。中国知识分子相信，那些表现在长久社会伦范里的永恒道德价值，是存在于中国的伟大之处的核心。

这一自我影像之第三个居于关键地位的要素乃全体主义。这种全体主义是认为一切思想脉络、一切制度、一切形式的行为，必须体现并且表达一组共同的价值。就理想的境地来说,皇帝在圣人之教的指引下必须统御信奉圣教的文武百官。这些文武百官是替皇帝作事,来维持全国及社会的和谐与整齐。工匠和农人必须各安本分,并且各得其养。皇帝的每一臣下必须知道各尽职守。这样一来,国家便秩序井然,社会上无意见的纷扰,无党派纷争,无异端邪说,也无叛乱妄作。

不用说,中国文明的自我影像的这些要素在实际上曾受到许多重大的打击:中国常常遭到野蛮人蹂躏。从纪元后三百年到八百年之间无数的中国人采信印度佛教的价值。一般人不愿或不能依照中国圣人所定伟大原理原则来生活。统治者腐败、无能;社会被争夺权利的人搅乱了,并且祸乱迭起,以致民不聊生。可是,我们在以上所说的那些要素——跟许多别的要素——仍然保持下来,作为不朽的自我影像之一部分。这一部分是中国知识分子之精萃所一而再再而三地要保存下来的神话。他们要借此神话在混乱的现状中打开一条出路,来实现和平及昌盛的境域。……

莱特所说的,并非完全限于历史的往事。时至今日,怀抱这种天朝型模的世界观之中国文化分子实大有人在。

中国在清朝的统治之下,文治武功之盛几乎可以比得上汉唐。中国在这一时期,于天朝型模的世界观笼罩之下,在文化上也放吐了一样光芒。可是,中国文化发展的方向与西方文化发展的方向大不相同。段玉裁、王念孙、王引之和戴震们治学的方式颇接近科学。但是,他们努力探求的对象不是自然世界,而是故纸堆。戴震的心思是很易进入科学的,他曾比较注意几何学。但是,他所在的时代环境限制了他,使他没有机会直入近代科学的核心。李善兰的数学造诣颇深,可是他也无法与西方数学界交流。另外有些士人则袖着手高谈心性。一般学人士子则忙着做八股文,作试帖诗,背诵诗云子曰,习小字大字。这正是李鸿章写给恭亲王和文祥的信里所说"中国士大夫沉浸于章句小楷之积习"。唐才常对当时一般读书人的描写很妙："其柔者戢抱兔园册子,私相授受,夜半无人,一灯如豆,引吭长鸣,悲声四起。……其悍者则篡取圣经一二门面语,以文其野僿芜陋之胸,有若十六字心传,五百年道统,及纲常名教,忠孝节廉,尊中国,攘夷狄,与夫尧舜禹汤文武周公孔子道脉,填胸溢臆,摇华即来,且嚣嚣然曰:'圣人之道,不外乎是。'"清代的几次大的文字狱,把知识分子的心思活动驱向制艺,凝固到四书五经,一切必须"尊古炮制",雄心被牢笼在科举功名途上。至于一般"日出而作,日入而息"的老百姓,多属"不知不识,顺帝之则"。这种光景,在基本上是一种中古形态。要中国从她的中古一下子跳进近代,这是很困难的事。

施威雪(Earl Swisher)说:

> 19世纪的中国知识分子所表现的是一种故步自封的知识分子。这些知识分子过分陷于一种传统的型模里,以致不能作那些为了维持其领导地位而行的基本思想改变。就中国知识分子的坚持孔学正统来看,19世纪的中国很类似中世纪的欧洲。在培根发动知识革进以前,该时欧洲的知识分子浸沉于亚里士多德和经院哲学。中国知识分子具有许多德性,而且常常是光华灿烂且有良好品格的人,可是他们缺乏弹性,并且是在一个很窄的框架以内思想和行事。

施威雪所说的,和事实对照起来,似乎过分简化。可是,他确实把要点抓住了。

中国自第14世纪中叶至第20世纪初叶,一直是在传统之中生活着。文化的变迁相当缓慢。在这一个阶段,中国文化逐渐形成了一个**自定体系**(Homeostatic system)。然而,在这同一个时期,西方世界于生活与思想方面都经历着激剧的改变。在这样的改变中,西方世界从它的中古走向近代。在这个时代,欧洲有文艺复兴、宗教改革、民族国邦的兴起,美国独立战争,法国大革命和工业改进。这些事变,对于西方本身以及全世界的影响是非常深入而广远的。尤其是工业改进所产生出来的力量,从 17 世纪开始,自西欧核心出发,像上帝的手似的从新塑造世界。这种从新塑造世界的进行曲,自第二次世界大战以来,正在加速度地展进。

我们将上面所述同一时期中国文化的景象与西方文化的发展对照,便多少会看出西方文化之所以作着与中国文化不同的发展是由于许多重要条件之不同所致的。文艺复兴以后,在哲学上,法国出了一位尚怀疑的大师代嘉德(René Descartesl596—1650);英国出了一位重经验的研究方法的培根(Francis Bacon l561—1626)及"破执"的休谟(David Hume 1711—1776)。18 世纪和 19 世纪对近代思想有重大影响的人物更多:尚理性的康德(Immanuel Kant 1724—1804)是其中最杰出的;伏尔泰(Jean Francois Marie Arouet Voltaire l694—1778)是法国 18 世纪最具震撼力的大文豪;就思想的相当通达和对时代的影响而论,伏尔泰是法兰西的梁启超。艾撒克·柏林(Isaiah Berlin) 说:

> ……伏尔泰要扫除一切黑暗的奥秘和荒诞的神怪故事。这些东西是从怠惰、盲目和处心积虑制造的机诈里产生的。这一切奥秘和神怪故事都是借神学,形上学及其他各种各色而隐蔽起来的独断教条或迷信之名而出现的。长期以来,无所顾忌的恶汉利用这些东西来愚弄千千万万愚夫愚妇。这些人是被那些恶汉所谋杀、奴役、压迫和剥削的。……

在科学上,从伽利略(Galileo Galilei l564—1642)到牛顿(Isaac Newton 1642—1727),从牛顿到爱因斯坦(Albert Einstein 1879—1955),真是巨人辈出。达勒顿(John Dalton 1766—1844)继德摩克利图(Democritus C. 460—C. 370 B. C.)建立原子理论。法拉第(Michael Faraday 1791—1867)从事奠定近代电学基础。马克司威

勒(James Clerk Maxwell 1831—1879)对于电磁学的贡献无人可以忽略。在生物学方面，出了一位达尔文（Charles Rober Darwin 1809—1882）。他花了二十年的时光来搜集资料和作实验。普鲁士的博物学家洪波特(Baron Von Humboldt 1769—1859)的开创精神和求知精神，感动了欧洲各国。1831年英国放出比格勒(Beagle)号出发，观测智利、秘鲁海洋和太平洋上某些岛屿。达尔文就是乘这条船参加这次远征的正式博物学家。这次远征的伟大收获，就是1859年出版的 *The Origin of Species*（《物种始原》)。

工业改进大致始于17世纪，大著于英国18世纪下半叶，尤显于十九世纪。工业改进之直接和间接的影响有非前人所能梦想的。随着工业改进而来的，为资本制度之兴起，经济自由之勃兴，民主政治之成长，英国城市之形成，打破梅特涅(Meternich)所代表的保守势力，自由主义随中产阶层之兴起而高涨，普鲁东(Proudhon)和布郎(Louis Blanc)等人的社会革命思想随工业改进所产生的社会弊害而传播。除此以外，列国在海外寻求市场，竞争寻求殖民地。而工业改进之直接的结果之一为"船坚炮利"。"船坚炮利"是一种最"兑现"的物理力量。英法等国就拿这种力量作向外扩张的后盾。

从15世纪开始，欧洲的基督教国家向"落后地区"扩展其文化。到19世纪下半叶和20世纪初叶，西方文化扩张得更广远。诗人齐柏玲(Rudyard Kipling)高唱"白人的责任"。所谓"白人的责任"，就是白种人有责任"教导"有色人种：要他们采取西方的制度，采取西方的生活方式，并且学习西方的技术。这就造成西方文化与非西方文化的接触。

欧洲人自17世纪到18世纪即已从事远洋殖民和贸易事业。这种事业到了19世纪随着以轮船为工具的交通之扩张而扩张。殖民的先头部队通常是旅客、商人与传教士。随之而来的是影响圈的建立和扩大,以及经济与政治势力的逐渐加强。法国从1830年开始在非洲殖民。英国工业改进的结果,造成人口过剩,于是向美国及加拿大移民。但是,英国人向美国和加拿大移民不久,路途日蹙,于是目标指向叙利亚、印度和中国等地。虽然,在19世纪以前即有传教士和商人来到中国,可是他们人数既少而且不太受欢迎。天朝将门户紧闭,不让"夷人"深入内陆。到了19世纪中叶,英国对华贸易渐渐扩张,决定改善与中国贸易的关系。但是,天朝没有这个兴趣。何况英国人贩卖进来的货品之中有的不太卫生?两国之间的交涉愈弄愈伤感情。于是,演成1840年的中英战争。结果是中国大败,割地赔款了事。

从这个事件开始,陶英贝(Arnold Joseph Toynbee)所说的"挑战与反应"方式,一百几十年来正式在西方与中国之间上演。

自此以后,在列国的"船坚炮利"之下,中国的损失可重大了。我们现在只列举荦荦大者。

1842年南京条约:赔款洋银二千一百万圆;除割让香港以外,开放广州、福州、厦门、宁波、上海五口通商;英商货物进出口税秉公议定;以后两国往来文书概用平等款式。在这个条约里,中国的关税自主在事实上丧失了。可是,当时的人对于这方面的重大损失憬然不知。他们最伤心的事是以上国之尊降而与"夷人"平等称谓。

1858年天津条约:开放长江流域;允许外国公使驻京。允许外国公使驻京,这在中国历史上是破题儿第一遭。当时大臣以为国都让"夷酋"留驻,有失天朝尊严,而且易遭夷人探刺朝廷意旨,借机有所要挟。

1860年英法联军攻入北京,火烧圆明园。结果订立北京条约。北京条约除了交换已经批准了的天津条约以外,割让九龙,并且开放天津为商埠。后者是华北门户的打开。

1879年日本并吞琉球。1881年伊犁收回,但偿俄九百万卢布。

1895年中日战争,中国新建海军被灭,结果订立马关条约:日割台湾;开放内地四口通商;拆离中国与朝鲜的传统关系;赔偿日本军费二万万两。

1897年德国借口曹州教案,占领胶州湾,并强迫租借。俄、法、英、日,群起效尤,各自利用中国的弱点来增加自己的利益和势力。

1900年义和团起事,打杀洋人,焚毁教堂,闯下滔天大祸,引起八国联军攻破北京,结果订立辛丑和约:中国遣派大员往有关国邦道歉;惩办祸首载漪、董福祥等;直隶等处四十五城停止文武考试五年;明定出兵各国在天津和山海关等地有权驻兵;大沽炮台等一律削平;出兵各国酌量驻兵以保北京到海口的道路畅通;赔款四亿五千万两。

中国与西方及日本的关系发展到这个地步,中国已经紧接被全面瓜分的边沿了。幸喜1899年约翰·海(John Hay)提出"门户开放政策",瓜分之祸才被遏止。不然的话,中国可能成非洲之续了。

这种景象,可以用麦克尼勒(William H. McNeill)所叙述的话来总结:

> 1850年以后,由机械发动的工业之进展,巨大地促进西方在政治上与文化上的优越地位。在这一时期的开始,远东的堡垒在西方炮艇之前陷落了,而且几个欧洲国家在亚洲与非洲扩张并巩固了他们的殖民帝国。……

综观以上的陈示,我们就可明了近代西方文化的势力,加上因学习西方文化而新兴的日本势力步步向中国进逼,起先还只限于通商,接着提出领土和传教的要求,最后则摇撼中国文化的核心价值,把中国天朝型模的世界观给破碎了。

薛福成尝记述胡林翼的一件事情:

> 有合肥人,刘姓,尝在胡文忠公麾下为戈什哈,尝言楚军之围安庆也,文忠曾往视师。策马登龙山,瞻眄形势,喜曰,此处俯视安庆,如在釜底,贼虽强,不足平也。既复驰至江滨,忽见二洋船,鼓轮西上,迅如奔马,疾如飘风;文忠变色不语,勒马回营,中途呕血,几至堕马。文忠前已得疾,自是益笃,不数月薨(胡林翼之死在咸丰十一年,即联军入北京之后一年)。盖粤贼之必灭,文忠已有成算;及见洋人之势方炽,则膏肓之症,着手为难,虽欲不忧而不可得矣。阎丹初尚书,向在文忠幕府,每与文忠论及洋务,文忠辄摇手闭目,神色不怡者久之,曰,此非吾辈所能知也。

由此可见当时醒觉的士大夫所抱天朝型模的世界观之破碎以及精神所受挫折之严重。所以李鸿章说:“合地球东西南朔九万里之遥,胥聚于中国,此三千余年一大变局也。”

在中西这一连串的接触里,起初是西方人要求中国对他们平等看待。中国人不肯,他们就动手打。这可以说是“打不平”。后来他们一而再再而三地打胜了,就把“不平等条约”加在中国人身上。这真个是“不是东风压倒西风,就是西风压倒东风”。自从“西风压倒东风”以后,中国连自卫力也丧失了。

事势发展到这种地步,我们自然会发生这类的问题:

中国文化到底行不行,站不站得住? 是西方文化优于中国文化,还是中国文化毕竟优于西方文化?

这类问题,自从清末以来,常常被明显地或隐暗地提出,常常被直接或间接地触及。可是,直到目前为止,这类问题还没有得到真正的解决。为什么呢? 之所以如此,原因很复杂。我们现在只能将其中最关紧要的几种指出:第一,与这类问题相干的知识太多,而且迄今太少人认真去作正式的研究。第二,对于这类问题,太多的人一接触时就像触了电似的带了情感作用,并且依之而作价值判断。但是,各人对于这类问题的情感联系不同,因此所作价值判断也不同。第三,带情感作用的价值判断弯曲或岔开了对于这类问题之客观的认知。这么一来,和这类问题有关的言论和思想愈弄愈乱。有的人只发感慨;有的人把"作主张"当做"作认知";有的人乌托邦式地倾向西方文化;有的人似乎比较严肃,但是却抓紧"人文""理性"这一两个空虚的玄学名词像孙悟空七十二变似地作观念游戏;有的人一开头有意无意抱着满腔"卫道"的心情来立论;另外有的人怀着"打偶像"的动机要扫荡一切。卫道之士忽略了一种情形,如果别人认为无道可卫而你说别人"未闻君子之大道",那么只有被人视作酸腐。如果别人本来就不承认那一套"圣人之教"而你据之以责备别人"叛道离经",那么只是搬出别人根本就不要戴的一顶价值大帽子来压人。反之,打偶像的人忽略了一种情形,如果别人对于其所卫的道有情感的联系而你要去"犁庭扫穴",那么很可能会激起他借搬弄学问来建筑一套自我防护的体制。像这个样子的混乱论争,是不会有结果的。

我们要能解决中国文化是否比西方文化优秀这类问题,首先必须建筑导向这类问题的解决之道路。道路没有铺好,我们是无法走到一定的目的地的。从最低限度来说,中国文化是否优秀过于西方文化这个问题,在"优秀"的标准没有定立以前,任何论争都没有意义。复次,如果我们尚未建立起公认的世界文化典范,那么说中国文化优于西方文化没有意义,说中国文化劣于西方文化也没有意义。同样,在这种条件之下,我们说西方文化优于中国文化没有意义,说西方文化劣于中国文化也没有意义。不过,如果我们拿"适者生存"作标准来评判近代西方文化和在近代的中国文化,说谁优于谁,那么便不是无意义的。

"适者生存"的原则适于说明生物界生存竞争的大量现象。这个原则,稍作必要的修改,也可适用于一个一个的文化之生存发展和萎缩以至于消亡。如果任一文化能够适应它内部的要求和外部的环境,那么我们就说这个文化是优秀的。如果任一文化既不能适应它内部的要求又不能适应它外部的环境,那么我们就说它是不优秀的。我们可以根据这条原则来观察并衡断古往今来的许多文化。在吾人所居住的这个地球上,也曾经有过许许多多不同的文化。有的文化寿命长,有的文化寿命短。无论一个文化的寿命长或短,我们总没有理由说一个文化的寿命一定是与人类的寿命等长的。一个文化的寿命之短或长,除了生物逻辑和自然逻辑的原因以外,通常是与它对内部及外部的适应力相关的。人类文化的发生已经约有一百万年以上,但是,没有任何一个单独的文化有这么长的历史。在事实上,许许多多文化寂灭了,另外有些文化在转型中扬弃着他们的过去阶段。巴比伦文化、亚述文化,不见了;美洲的**马耶文化**(Maya culture)、**印加文化**(Inca culture)都是颇高的,但是今日只有遗迹可寻;埃及文化已经蜕变得面目全非;近东的古文化已为石油所淹没;印度文化正在蜕变的过程里。自从中英战争以来,中国文化一直在困难中变迁。

近一百二十多年来中国一切重大困难都是从文化出了问题衍生出来的。而文化问题则围绕在"变"与"不变"这个轴心上打转。因此,我们要了解中国近代的重大问题,必须把握着这个轴心。无论中国人自己愿意不愿意,中国文化事实上是在变迁过程中。然而,不幸之至,这一变迁的开端是"船坚炮利"逼出来的。这是一个不良的开端。以后中国文化的适应不良(maladjustment)也与这一不良的开端有关。可是,无论良或不良,开端既始,巨大的变动正在进行。台风正在狂吹,谁能用勉强的方法阻止?谁能借怀古之幽情来挽回?

　　自从地球生成以来,无时无刻不在变动之中。变是无可抑制的。问题在怎样变,问题在能否把握变,问题在如何变才不会乱。如果科学的理知对于认知并且进而对处理人类的现状和将来能够多少发生作用的话,那么我们就不是没有理由来关切:怎样变才可满足有血、有肉、有心灵的个人之要求,怎样才适合一个变动中的世界大环境,怎样才能给大家一个确可见及的光明远景。

　　我们要能使这些问题走上解答的途径,这不是一件轻易的事。首先,我们必须明了什么是文化;其次,我们必须明了中国社会文化的基本结构和功能;再次,我们必须明了变动里的中国社会文化。我们把这些基本条件弄清楚了,然后可以进而对于中国文化的前途作一番探讨。

　　　　（选自《中国文化的展望》,殷海光著,上海:生活·新知·读书三联书店,2002年版。原文有注解）

　　殷海光（1909—1969）,中国现代哲学家、港台自由主义思潮的代表人物之一。本名福生,湖北黄冈人。1937年入西南联大哲学系,师从金岳霖、洪谦,学习逻辑与哲学。曾任教于金陵大学、台湾大学,创办《现代学术季刊》,担任《中央日报》编辑、《自由中国》编委、主笔,与胡适联合反对以《民主评论》为阵地的新儒家,引发文化论战。反对传统道德,主张整合、重建道德原则,强调个人自由与尊严,被称为"自由主义的领港人"。主要论著有《中国文化的展望》、《思想与方法》、《自由民主之路》。去世后,其学生编有《殷海光文集》、《殷海光书信选》等。

　　本文乃其名著《中国文化的展望》第一章,其中分析了作为中国文化核心观念的"天朝型模的世界观"的涵义,指出这个世界观有两大涵蕴：一是"自我中心的"，即把中国看作世界的中心，其他地方都是中国的边围。这种观念一方面来源于自古逐渐形成的定于一尊的国家一统观念，另一方面则是地缘的孤立和地理知识的贫乏所致。二者交互影响形成中国文化分子轻视他邦的傲慢态度。二是"不以平等看外国"，即把中国临近的民族看作是低我族一等的"东夷"、"西戎"、"南蛮"和"北狄"的"化外之民"。这种观念不是靠客观事实来支持，而是靠主张者的自信力，靠文化上的傲慢惯性来支持。这种回避事实的心灵享受，是中国文化里重要的心灵境界，但在近代却遭遇到无情的粉碎。作者认为，应该拿"适者生存"作标准，把中国文化放在变动的世界大环境中予以彻底反省和客观评判。

儒家道德思想的根本缺陷

韦政通

一、前　言

　　到台湾以后,为了内部的安定繁荣,我们不能不力求现代化,努力学习西方。但另一方面,为了维护民族的自尊,为了表示我们"物质文明"虽不及人,还有"精神文明",因此提倡民族文化民族教育的气氛很浓。"新"与"旧"之间,未能有一合理的协调,是十分明显的。要使我们的文化走向新生,恐还有一段艰苦的航程。目前的气氛,倒是很适宜于传统主义的,他们为了适应这新形势,已兴起一广泛的复古运动。尤其是儒家的思想,新儒家们已以西洋学术为基石,建立了新的儒学系统。在这一新系统中,中国近世一切缺陷的形成,几乎都可以归咎于儒道的不振。因此,在新儒家们认为,要解决当前的一切问题,必须先复兴儒学。任何一个关注当前问题的人,都立刻可以发现,这种夸大的言论,对我们的前途是有害无益的。因为如果真的照着他们的理想去做,那就必然要再去钻传统的牛角尖。那样不但对国计民生开不出新的出路,即是在道德思想本身,也不见得仍能适应当前的复杂需要。

　　新儒家们因根本的目的在宣扬传统,因此着眼点都侧重在传统文化的优良一面。但因缺乏理智的批判态度,有时候就不免把那些优点过分放大,这必将引起新反动。本文要表现的,就是传统儒家比较缺乏,但为新文化运动以来所崇尚的理智的批判精神。在这一精神的支配下,我们不反对对传统文化的优良部分作有分寸的阐扬。但同时亦不放过传统文化缺陷的掘发。这样做,或许对年轻一代的不平情绪,能起一点疏导的作用。新儒家总认为:"中国儒家人生思想规模之阔大庄严,可以补世界各种人生思想之短。"① 本文则拟专针对儒家人生思想的主要部分——道德思想的缺陷(就是大家似乎共信不疑的"精神文明"的核心一面)作一番探究。

二、对生命体会肤浅

通常皆知儒家的观念方向是由"仁"做出发点,而仁又是就人之成德说的,故由仁出发必首先把握"生命"。因为儒家自始就把握生命,且已积久至两千余年,所以新儒家可以毫不犹豫地说:"真正的生命学问是在中国。"至于西方人,哲学方面不要谈了,就是在宗教方面,也未能"开出生命的学问"②。这显然是根于中国传统而来的偏见。因宗教教义主要的对象就是对付生命,所以世界上几个大宗教,实际上是各自开出一套生命的学问,对生命的体会也各有其不同的层面和深度。拿他们的体会和儒家的生命学问对照一下,就不难发觉儒家道德思想的缺陷,甚至可以说,儒家和其他宗教比较起来,对生命的体会毋宁说是肤浅的。

在西方已有将近两千年历史的基督教,至今靠着它的信仰而生活的,可能占全人类半数以上。由历史的累积,它为人类带来许多深度的人生智慧。中国儒家的人生智慧,来自对人性本善的肯

① 唐君毅:《中国文化之精神价值》,第七章,第一节。

② 牟宗三:《关于生命的学问》一文。《中国一周》558 期。

定;而基督教的人生智慧,却来自对人类原罪的认识。因儒家肯定性善,所以从善性流出的一些概念都是正面的,理性的,如:仁、义、礼、智、信。儒家在道德思想中所表现的,对现实人生的种种罪恶,始终未能一刀切入,有较深刻的剖析,根本的原因就是因儒家观察人生,自始所发现者在性善,而后就顺着性善说一条鞭地讲下来。因此儒家的道德思想,对生活安适,痛苦较少的人,比较适合而有效;对生活变动幅度大,且有深刻痛苦经验的人,就显得无力。所以在过去静态的农业社会和理想单纯的士大夫阶级,这种人生思想,曾起过相当的作用。可是现代人生活变动的幅度很大,遭遇也极尽屈曲,人生活中感受的痛苦愈来愈深,儒家的一套偏于性善一面而构造的道德观念,就很不容易与这一代人的破碎心灵起共鸣。现代人的普遍改变其祖先的信仰,你不能简单地骂他们一声忘本就能了事(如传统主义者之所为),你应该虚心检讨,中国那套古老的道德信念,是否仍足够应付现代失望不安和种种复杂情绪的人生?

基督教的人生智慧因来自对人类原罪的认识,所以从原罪流出的一些概念,是负面的,非理性的,如:邪恶、贪婪、狠毒、凶杀、奸淫、偷窃、诡诈、仇恨、谗谤、怨尤、侮慢、狂傲、背约、妄证、说谎。基督教教义中,劝告世人的一些警句,无不是环绕这些概念说的。这一切所指控的事实,对资质醇厚,或善于自欺者来说,可能叫他们胆战心惊;但这是充满社会的事实,为儒家人生思想较少措意的事实。也许你习于自欺,而拒绝这些概念,但却有大部分的事实为它作证。基督教是一刀砍入人类罪恶的渊源,使我们可以认识人类罪恶的真相。也许它所开治病的药方,不是最有效的,但对人类病源的诊断,确有其独到处。拿这个例子返观儒家的道德思想,却专门在治病的药方上下工夫,对病情的诊断,却不能深入——这正证明儒家对生命大海探测的肤浅。

　　若以儒家的道德思想和佛教相比,其情形亦与基督教相类。因佛教观察人生,亦是从负面入,但所发掘者与基督教根本不同。基督教的人生思想主要依据在其原罪,佛教则在"无明"。无明是说人类生命本身就是没有明的。"无明"是反说,正面说就是"痴",这是佛教基本教义十二因缘的依据。十二因缘是佛教对人类生命解剖的收获,也是他们对人生智慧的贡献。十二因缘的程序是这样的:由"痴"起"行",缘行有"识",缘识有"名色",缘名色有"六入",缘六入有"触",缘触有"受",缘受有"爱",缘爱有"取",缘取有"有",缘有而有"生",缘生而有"老死"。简单作一解说:"由痴起行",就是本于盲目生命的妄动。"缘行有识",识就是认知,不是根于清明的理智,乃发于冥动妄行。"缘识有名色",色指自然现象,名指概念,认知活动随妄动而生,把认知对象一面的名色亦同时带起。"缘名色有六入",六入指耳、目、鼻、舌、身、意;因名色的对象,而唤起这六种感性作用。"缘六入有触",六种感性作用与境相对就生触。"缘触有受",是说有触就有所领受。"缘受有爱",是说有领受,人就会耽溺。"缘爱有取",是说因耽溺故图占有。"缘取有有",是说因人图占有,于是形成生命中种种纠结——此即俗人把捉的"有"。"缘有有生",是说人的作为一生存的个体,就是由生命的贪婪与纠结而形成。"缘生有老死",这指出人类每一个体生命必不能免的限制。而这限制的造成,即根于人生命中与生俱来的"无明"。这是人生一切烦恼的根源,也是人间一切现象形成的根源。这种教义在现实人生中引起的普遍效验,就是愤世疾俗。佛教所要求于人的第一步就是要引起这种情绪的反应。因由愤世,才能不耽着于世间的一切;由疾俗才能不沉溺于俗人之见。不耽着于世,不沉溺于俗,然后能远离,此之谓出世。这种教义,对遭遇重大失败,和具有深刻痛苦的人,常常有迫切的需要。昔顾亭林尝慨叹地说:"南方士大夫,晚年多好学佛;北方士大夫,晚年多好学仙(《日知录》

卷十三,"士大夫晚年之学"条)。多不肯"进德修业",而"流于异端"。照我们的了解,中国古代士大夫晚年所以学佛学仙,是因为他们由年轻时代学习的那套儒家教义,拿到现实上多半行不通;社会政治方面的实际问题,又多不是孔孟教义所能一一解决的;在宦途浮沉数十年以后,良心如还没有被污秽的现实磨光,在失望痛心之余,晚年归于比较能切合身心需要的释、道,这毋宁说是很自然的现象。在这种情形下,我们只有反省,多作客观的了解,看看儒家对生命的体会,究尚有何不足? 同时去吸收各方面有深度的人生思想,尽量去满足不同阶段的人生的需求,不可径加以谴责,说人不信儒家的人生思想。儒家的人生思想,不是万灵丹啊!

除了这些已有悠久历史的大宗教外,其他具有智慧的人生思想也多的是,我们举一个较新的例子,那就是正在西方流行的存在主义(Existentialism)。由存在主义的哲学家们,对现代人类生命问题的发掘,也同样可以看出儒家人生思想不能适应现代人类的复杂需要。尽管到今天,存在主义自身仍多分歧,但在各哲学家之间,并不难找出一大体一致的中心意旨,此即对现代人类因不断战争革命造成的生命本身的恐怖不安之情的描述。这方面的感受,从这一派思想的创造人齐克果(Kierkgarad)起就是如此。齐氏丹麦人,生于1813年,只活了四十三岁就寂寞地死去。连他自己恐也梦想不到,在一世纪后,他的名字在现代西方哲学家中,竟是如此响亮。他思想的影响除遍及全欧外,也引起东方的广泛注意。齐氏的思想,为何能起这样大的波动? 据《存在主义及现代环境》一书的作者海涅曼(F. H. Heinemann)说:这是因为他在19世纪的中叶,就已体会到20世纪的人类所将共同体会的东西。这些东西就是生命的自我割裂,自我丧失,存在的偶然性,以及内心的不安、失望、怖栗、空无、病至于死等。无疑地,齐氏对现代人类的病痛,确有很深的诊断。凡是活在20世纪的人,你对时代种种问题的感受越深，就越会对存在主义各家所描述者起一种共鸣。而一些古老的人生思想，人生智慧，反而与我们心灵有间。这说明在人类的进程中，人类的遭遇和生命问题，也是日新月异的，所以对治这些问题的人生思想也要时时推陈出新。中国以往两千多年来的传统社会变动性不大，儒家因缺乏社会变动的刺激，多知常而不知变，能应常而不能应变；社会是静态的，人的生活也几乎是僵持的，只要一次大变动来到，一切都要失常。鸦片战争以后的近代史，就是这种心灵失常的写照。

儒家的人生思想，和人类其他各种人生思想的不同，主要在儒家自始即在生命中体会出理性原则(仁)。因此心思都集中在发挥这一原则。这一原则是冒在生命的上层，所以孔孟对生命的本相都缺乏较深刻的观察。孔子只强调践仁，孟子的修养工夫主要在依恻隐、羞恶、辞让、是非之心的自然流露处，加以扩充，把修养工夫看得太轻易了。一个精神痛苦的人，在这里会得不到任何启发与鼓舞的。一直到宋明儒者，他们的道德思想，因受了佛教的严重刺激，接受了佛教的影响，所以对生命在人生中所起的负面作用，不得不正视。关于这方面思想的开辟，要以张横渠的"气质之性"为代表。气质之性与"天地之性"或"义理之性"在工夫中是对反的，因为对反，故修养的功夫就含有战斗意味。宋儒道德思想中的突出部分，多以"气质之性"被提出为关键。这比孔孟多转进了一步，因他们已知在理性原则之外，积极正视生命的负面作用。也就是说，他们能正视"气质之性"对"义理之性"的限制。所谓"气质之性"，是指人气禀之清浊、厚薄、阴阳、刚柔、偏正、通塞而言，这虽是形成人生理性申张的阻力，但这仍不是根源上的。气质纵然能转变，可能亦只是一好静厌动泥塑人式的人物。这一套理论，对多变而痛苦又深的现代人，显然已是无关痛痒；因为儒家对生命的体会，赶不上现实上复杂人生的剧变。你如能把握这一点，就能知道清代颜习斋、戴东原等人所以对理学起反动，以及现代中国儒家人生思想所以不能得势的一部分原因。

三、道德工夫流于虚玄

道德思想的主要工作之一，是提供人生的理想。其次，更重要的是指出达成理想的方法——这就是道德的实践工夫。一切道德工夫的运用，主要的对象在人的生命。人的生命有积极一面，亦有消极一面。就积极一面说，它能帮助我们成德；就消极一面说，它又是我们扩充仁义，显现良知的限制、阻力。所以生命本身是中性的：它能"助"亦能"违"。趋于助？抑趋于违？全看理性力量的控驭。诱发理性力量，就是儒家道德工夫的重点所在。

谈到儒家的实践工夫，许多人只想到宋明理学，其实从孔子起，道德工夫的意义已具备，只是说话说得过分简易罢了。如《论语》里的"居处恭，执事敬，与人忠。""非礼勿视……听……言……动。"又如"克己复礼"，"视思明，听思聪，色思温，貌思恭，言思忠，事思敬，疑思问，忿思难，见得思义"等"九思"，都是涵有工夫意义的话头。不过，这些原则性的话，也只是"涵有工夫意义"，并未指出一条实践途径。譬如落在具体的实践中，居处不恭，执事不敬；或恭、敬不能持久时怎么办？又如"克己复礼"，怎么克"法"？"己"的内容包括些甚么？当人视而不能明，听而不能聪时又如何？这才是具体实践中的切身问题。这些问题才能导引出一条实践的途径，这途径在孔子的教义中自是不具备的。

孟子承继孔子内圣一面的线索向前走，在道德工夫方面，《孟子》一书中说得较多，如："居移气，养移体"，"动容周旋中礼"，"斋戒沐浴"，"充实之谓美"。在《论语》中我们还看不到生命负面作用较深刻的描述。在《孟子》中，对良心"梏之反复"的描写则很生动。

此外,孟子所说的扩充四端与养气,也已显现出一条道德实践的途辙。孟子所说"苟能充之,足以保四海;苟不充之,不足以事父母",以及"心勿忘,勿助长"的养气之方,皆为宋明儒者所乐道。但又不可不知者,孟子对心之梏亡一面的体会,并未能和他的修养工夫的主张融成一片。孟子一面虽已发现生命的负面作用对我们成德的影响很大,但另一方面在实践工夫上却仍只停在直道而行的方式上——依四端而直达。孟子似乎未想到,当良心梏亡,人欲泛滥,四端不能顺利扩充时怎么办?孟子虽为我们开辟一条实践途径,但走得并不深远。

降及宋明理学,因佛教是具有严密工夫的,理学家面对佛教的威胁,在工夫方面不能不加密。宋明理学有两大系,即众所周知的程朱系和陆王系,他们各开出一套工夫。

程朱系的工夫,以伊川"涵养须用敬,进学则在致知"为纲领。这个纲领被朱子视为"入德之门","体用本末,无不该备"。所谓涵养,是指内心的工夫;致知则是外在的吸取——即朱子常常说的穷理、读书。程朱系工夫的重点实落在后一句上,如何穷理?如何致知?如何读书?都成朱子的主要论题。这证明程朱的成德工夫,是侧重在经验一面的磨练,磨练的内容,主要是读书。所以实际上程朱的道德思想,是要以"知识领导行为"。朱子说:"程夫子之言曰,涵养须用敬,进学则在致知,此二言者,实学者立身进步之要,而二者之功,盖未尝不交相发也。然夫子教人持敬,不过以整衣冠齐容貌为先,而所谓致知者,又不过读书史,应事物之间,求其理之所在而已。"(《文集》"答陈师德书")这只是朱子的意思,与孔子并不合。程朱所开的"由智达德"的路,是苏格拉底的途径(知识即道德),与前述孔孟成圣工夫纯然不相侔。程朱如果能自觉这不同,也很可能把儒家学术带上类似西方的路子也说不定。程朱却要以经验的工夫取代孔孟以来的先验工夫,所以朱子以为"二者之功夫未尝不交相发"。伊川亦言"未有致知而不在敬者"。这证明程朱不能辨别涵养与致知两种工夫本质的不同。把握这一点，你就知道宋代有名的朱陆（象山）之争的关键所在。朱子为争道统，打击佛教（宋明儒者心目中的佛教多指禅宗），所以觉得内心的工夫虚而不实，易流于禅，故偏向穷理致知。因这方面较实，也较有把柄，人人可顺之而行。象山一下子就看出朱子经验工夫与传统内圣工夫的不相应，所以反对他，朱子则反唇相讥，骂他是禅。在当时，这场争论，闹得乌烟瘴气，此后八百年，学术上一直保持着不能协调的两派思想。

象山能知朱子之非，但象山自己并未能开出一条一般可循的途径来。他留下许多道德形上学的玄论，如"宇宙内事，即是己分内事"，"宇宙即吾心，吾心即宇宙"，"万物森然于方寸间，满心而发，充实宇宙，无非斯理"。这类话充其量只能一时使人大其心怀，兴起邈然于万物之上之感，但在实际的人生上，在人欲的泛滥中，是全然无用的。顺着孟子的轨迹，内圣的工夫，到王阳明，才算又有了一套简易可行的方法。

阳明道德思想的第一义，在本孟子"是非之心，知也"之义上开出致良知的工夫，于是甚不以宋儒"以知识为知"为然，而把"知"摄归内心。这一扭转，于是使程朱致知格物的经验工夫，一变而为"致吾心良知之天理于事事物物"。阳明真正内心工夫，仍落在孟子的"求放心"和"勿忘勿助"上，在说词上尽管千变万化，在原则上，并未能较孟子进步多少，反而越说越简易，越说越不易把捉，终不免流于虚玄。到阳明的后学，说到工夫，几乎多半在绕着"不思而得，不勉而中，从容中道"，"不须穷索，不须安排"，"才动即觉，才觉即化"，"性体平常处"等说词在转。这些玄论本身就是吸引人的，但也使人从真正严肃的人性问题中滑走了。儒家道德思想虽已发展两千余年，但在对付人欲，对付罪恶的真正人生问题上，几乎仍是一片荒凉。历代的儒者们只是顺着往昔的观念推衍再摧衍，一味停止在理想主义的态度上，以为只要保存良心不丧失，一切就有办法(苟得其养，无物不长，苟失其养，无物不消——孟子)，完全未顾到现实人生中的曲折与多变，怎么能使这套工夫不与现实人生脱节？我们如能认取这一点，就不难明白中国在唐宋以后的社会，尽管儒者们讲天理，说良知，而绝大多数的老百姓却都在拜神信佛，经忏并举。儒者们天天辟佛、斥道为异端，不知自己对生命体会肤浅，提不出一套为多数人欢迎的人生思想来，人民就只好信仰异端了。这局面不正是因儒者无能促成的吗？两千年来，任何传到中国土地上来的宗教，几乎都可以立足，而获得众多的信徒，这种现象的存在，并不必如传统主义者所说：是由于中国文化的融受性大，以及出于"道并行而不相悖"的理想；照我们的了解，这种现象的存在，正是由于儒家人生思想的空虚，和广大人民有其实际上的需要所造成。

宋明理学家所以与大众脱节，甚至为众人厌弃的另一重要原因，是在"存天理，去人欲"的"理""欲"之辨的工夫上。程伊川说："顺理则裕，从欲惟危。""吾以忘生徇欲为深耻。"(《宋元学案·伊川学案》)朱子说："人欲者正天理之反耳。""天理中本无人欲。"(《宋元学案·晦翁学案》)把理与欲用二分法分开，视为绝对不能相容并存，以为圣人纯然是天理流行，凡人恶人则全是人欲泛滥，这不仅不合先秦儒者之说，在经验上也是根本不能成立的。在现实的人生中，理与欲永远是同时俱在的。人精神的上升或下坠，只表示具体的人生表现中偏于理或偏于欲的多寡而已。人世间即是有圣人，也只不过是将生命的消极义，多转变一些成为积极义，绝没有一个无人欲而纯然天理的圣人。孟子只是说"寡欲"，对非理性的欲望只求减少就好，故不以人君的好色好货为非。荀子比孟子进一步主张"养人之欲，给人之求"，这就兼顾到人民的幸福。而宋儒却视理欲相反，欲达到一无欲的境界，这显然受佛教禁欲灭生教义的影响。这种思想推到极端，并不是如伊川所说的"顺理则裕"，而是民生道苦。清代戴东原猛烈攻击宋儒，指责他们"以理杀人"，平心而论，的确是有几分事实的。孟子的王道就外王来说，本就是够消极而不健全的，但孟子尚能关注民生疾苦，尚能照顾到社会上苦而无告的鳏寡孤独，所以主张行王道，必须先解决民生问题，使他们免于饥寒。宋儒则不然，一味津津于理欲之辨，说什么"寡妇饿死事小，失节事大"，真如戴东原所说"此理欲之辨，适成忍而残杀之具了"（《孟子字义疏证》卷下）。宋明儒者没有想到"欲望犹如大水，堵塞和放纵都会引起水灾，疏导和利用，才会造成水利"的道理。欲疏导欲望，首在改善人民现实的生活；否则民生困苦，如孟子所说的因"无恒产"而"放辟邪侈"，这就增加了道德实现的阻力。宋明儒者一方面希望能发挥理性的力量，克制人欲；另一面却在无意中因主张无欲而忽视人民现实生活的改善，无怪乎是心劳日绌，事与愿违了。

四、泛孝的流弊

儒家一开头就把握住孝讲道德，的确是一切近的入路。在《论语》中，孔子弟子问孝，孔子从各种角度回答的有许多条，但有子所说"孝弟也者，其为仁之本与"一条，最足以说明孝在孔学中的地位。孔学以"仁"为宗，这是从思想上说；在具体的实践中，人的理性表现最自然的则是孝，故孝为仁之本。如果把中国文化放入世界各系文化中作一比较，最能代表中国文化特色的，不是践仁，而是教孝。故孝不仅为仁之本，且是中国文化的根荄所在。《孟子》中讲到孝的地方，多半着重在孝的效用上说，而且把孝的效用，一下子就推向极致。如孟子说："道在迩而求诸远，事在易而求诸难，人人亲其亲,长其长,而天下平。"又说:"尧舜之道,孝弟而已矣。"
尧舜之道是儒家政治上最高的理想,天下太平则为人类共同的向
往,孟子却以为由"亲亲""孝弟"就可达到。结果实只能把人世世
代代封死在家族伦理的圈子里,理想却离我们愈来愈远。尧舜之
道亦不过是由孝悌,后来汉人伪造的《孝经》,视人间各种道德的表
现,都是孝的表现,当然就可以根据这种话推衍出来。当孝取代了
众德的地位以后,这就流入了"泛孝主义"。譬如臣子对国君要忠,
在先秦的孟荀,都了解忠不是绝对的,当君不成其为君时,臣子就
不必再忠。可是《孝经》的作者却微妙地把人子对父母的孝,移向
对天子的忠上,所以说:"以孝事君,则忠。"(《孝经·士章》)一方
面使孝取代了忠,一方面却为臣子绝对服从国君建立了新根
据——此即"臣事君,犹子事父"(《汉书·李广苏建传》)的被普遍承
认。后来历史上的孝道为维护专制的工具,就是在这种微妙的转
换下形成的。这是"泛孝主义"造成的流弊。

历史上的儒者们,似乎总不曾想到,孝德的过分强调而流入
"泛孝主义",不仅不能逼近人类的共同理想,且正是人类走向理想
的阻力。在传统的社会中,家族伦理之情,远高过对国家民族的情
感。而家族伦理之情只限于血缘的关系,血缘关系愈疏,所表露的
情感也愈淡。这中间正隐含着一个大问题,即家庭与国家社会之
间的冲突。理想主义的黑格尔,即视家庭生活为直接的,感性的,
认为这种生活只是表现社会国家的客观精神的过渡。人对家庭生
活的耽恋,常防止客观精神的表现,因此家庭意识必须屈服于国家
意识。照黑格尔的论点返观中国,可以说中国外王事功一面的缺
乏,就是因人的情感被封死在家族小圈子的缘故。耶稣说:"人到
我这里来,若不爱我胜过爱自己的父母、妻子、儿女、兄弟、姊妹与
自己的生命,就不能作我的门徒。"这话最为重视孝悌的儒者们所
诟病,其实耶稣说这话,只是因为他最懂得家族伦理中情感的粘固

性,所以他要用激烈的言辞冲破这种粘固性。冲破这种粘固性,就是冲破人类因"原始之爱"的固执而成的私情。这一关冲不破,对任何客观理想都不能全力以赴。儒家很早就提出"亲亲而仁民,仁民而爱物"(《孟子》)表现爱的历程,结果却僵持在"亲亲"的范围里通不出去,主要原因就是因为家庭伦理之情笼罩了一切,不知收煞所造成。另一方面也是因儒者们始终未曾意识到家庭与国家社会之间可能有的冲突①。

中国人特重家族伦理的情谊,除孔孟由教孝而形成泛孝的原因外,并尚有其客观的社会条件,此即中国历久不变的农业生活。农业社会一切是静态的,安土重迁,不尚新异。这样的环境,正足以助成家族伦理的粘固性,同时家族伦理的粘固性也回过头来阻止了农业社会、农业经济的改进。中国的传统社会历两千余年而没有多大的变动,就是由于这两者之间的交缚而成。黄文山曾说:"我深信中国的家族伦理,实在是使我们停留在农业生产,不能迅速进入资本主义生产之惟一关键。"(梁漱溟:《中国文化要义》第十章引)梁漱溟也说:"伦理本位的社会组织,非独事实上成为一个人在经济有所进取之绝大累赘,抑且根本上就不利于此进取心之发生。"(梁漱溟:《中国文化要义》第十章)正和我们的意见一致。家族情谊伦理组织,所以妨碍进步,因为在这种组织中,不易培养独立的个人。同时,在名分的束缚下,子女多半只能顺从父母的意志,不能发挥个人的创造天性。

卢作孚对中国的家族情谊和伦理生活的特色,曾有精彩的描述。他说:"家庭生活是中国人第一重的社会生活……这……社会生活,集中了中国人的要求,范围了中国人的活动,规定了其社会

---

①　中国文化中惟法家韩非曾意识其间之冲突。《韩非子·五蠹篇》:"夫君之直臣,父之暴子也。……夫父孝子,君之背臣也。"

的道德条件,和政治上的法律制度。……人每责备中国人只知有家庭,不识有社会,实则中国人除了家庭,没有社会。……人从降生到老死的时候,脱离不了家庭生活,你须为它增加财富,你须为它提高地位。不但你的家庭这样仰望于你,社会众人亦是以你的家庭兴败为奖惩。最好是你能兴家;其次是你能管家;最叹息的是不幸而败家。家庭是这样整个包围了你,你万万不能摆脱。……家庭生活的依赖关系这样强有力,有了它常常可以破坏其他社会关系。"(同上书绪论引)这样的伦理生活的叙述,正可以做我们前文"家族伦理中情感的粘固性"和"家族伦理之情笼罩了一切"两语的注脚。在这样的伦理社会中,又必然是长幼尊卑的名分高于一切。在这一点上,在孔子的思想中也不能避免。据《论语》载:"叶公问孔子曰:'吾党有直躬者;其父攘(偷)羊,而子证之。'孔子曰:'吾党有直躬者异于是:父为子隐,子为父隐,直在其中矣。'"这显然是宁可牺牲是非而维护名分——儿子绝对不能说老子的不是,就是孝;老子也隐瞒儿子的不是,就是慈。《春秋》中的"为亲者讳","为贤者讳",以及历史上的过分推崇师道,都是因名分的权威所造成的。此外在这种伦理生活中,还有一种严重的流弊,也最为一般人所疏忽的,就是传统社会中的伦理情谊,表面好像流注在社会的每一角落,要成全一切,实际由于这种伦理情谊的坚执,正荒凉了一切。两千年来的社会停滞不进的事实,可以为我们这话作证。所以在中国这样的伦理社会中,外王一面的精神不能获得正常的发展,实是必然的,这一点正是下一节讨论的中心。

五、外王的消除

从先秦儒家原始的规模看,内圣、外王两面的理想,实有同等的重要。孔子兴起于春秋乱世,志向在拨乱反正,所以最初的问题当在外王,而以内圣为实现外王的基本步骤。

孔子的外王理想,最初是以周文为内容。如《论语》载:"子曰:周监于二代,郁郁乎文哉,吾从周。"到了晚年,孔子感到"甚矣,吾衰也! 久矣,吾不复梦见周公。"以后,才知要恢复周制已无望,于是只好在理论上提倡德治,而德治则成了儒家在政治方面永恒的理想。孔子把德治的基础建立在个人的修养上,如"季康子问政于孔子,孔子对曰:政者正也,子帅以正,孰敢不正?"又"子曰:其身正,不令而行;其身不正,虽令不从。"又"子曰:苟正其身矣,于从政乎何有? 不能正其身,如正人何?"《论语》里记载的话,多太简易,我们要批评,还得再看看以后的发展。

孟子继承孔子,对儒家的真正贡献在其建立性善论,在政治上则言王道。孟子王道的内容归纳起来有三点:(一)养生送死无憾;(二)黎民不饥不寒;(三)主张明君制民之产。合而言之,都是与人民幸福有关的。这理想的确很切合人民需要,也证明孟子确也能关注到民生疾苦。可是孟子从孔子那里承继的一套仁义之理,他并没有能拿来和王道的理想之间作一适当的协调,使它们不发生冲突,结果则表现为:一面表示重视人民幸福;另一面则轻利①,反富强②,瞧不起齐桓晋文的霸业③。我们正可以用孟子批评墨家宋轻的"先生之志大矣,先生之号(召)则不可"(《孟子·告子篇》)二句话来批评孟子。

---

①　孟子见梁惠王,首言义利之辨,反复言明尊仁义而抑利之意。见《梁惠王篇》第一章。

②　《孟子·告子篇》:"孟子曰:今之事君者,曰:'我能为君辟土地(强),充府库(富)。'今之所谓良臣,古之所谓民贼也。……"

③　《孟子·梁惠王篇》:"齐宣王问曰:'齐桓晋文之事,可得闻乎?'孟子对曰:'仲尼之徒,无道桓文之事者。'"

孟子在外王理想上,比孔子进一步的地方是将这理想描绘出一幅具体的图像①,可是在实现理想的方法上,仍像孔子般只说了"保民而王",和"怀仁义以相接,然而不王者未之有也"一类简易的话,这是无法让人循着走的。在先秦儒家的思想中,真能为孔子的德治理想开出一条途径的是《礼记·大学篇》。《大学》说:"物格而后知致,知致而后意诚,意诚而后心正,心正而后身修,身修而后家齐,家齐而后国治,国治而后天下平。"这才为内圣达外王真正建立了一个顺序。不过,《大学》同时强调"自天子以至庶人,一是皆以修身为本";换言之,治国平天下的外王理想,首先要从修身做起;可是修身工夫即成德工夫,这方面真是性海无边,有无穷的复杂性。所以一个人的成德工夫,在时间上是一无限,永无完成之日,儒者们一旦踏入这圈子,这牛角尖就够钻的了,转来转去,总在个体的成德上兜圈子,久而久之,外王纯粹只剩下一层虚影。到了宋代,儒学再兴,因受释道的影响,就连这点虚影也几乎消除了。

宋明理学,在内容方面显著地受了释道两家的影响,这实已是不争的事实。在先秦儒家,虽然没有为外王理想提供一套相应而有效的运作程序,但对外王的理想总是坚持不放的,他们一时想不出有效的方法,可以慢慢再试试。但在宋明儒者,有意无意间却扬弃了这方面的理想。宋明儒者为什么竟演变至消除外王?大部分的原因要从佛道两家给予儒者们的影响上来了解,是因释道两家精神的羼入,才改变了儒家的基本性格。改变最突出的,即在消除外王这一点上。下面提几位大儒的话来为我们作证。

---

① 《孟子·梁惠王篇》:"五亩之宅,树之以桑,五十者可以衣帛矣;鸡豚狗彘之畜,无失其时,七十者可以食肉矣;百亩之田,勿夺其时,数口之家,可以无饥矣;谨庠序之教,申之以孝悌之义,颁白者不负载于道路矣;七十者衣帛食肉,黎民不饥不寒,然而不王者,未之有也。"

　　程伊川活到七十五岁,临终以前,门人问他:"先生平日所学,正今日要用。"伊川的回答是:"道著用,便不是。"(《宋元学案·伊川学案》)伊川不喜言"用",正犹孟子的厌言"利";无"用",无"利",又如何能讲外王? 此外朱子在《答叶仁父书》有云:"所以凡为人者,只合讲明此理(人之所以为人之理)而谨守之,不可昏弃;若乃身外之事,荣幸休戚,即当一切听天所为,而无容心焉。"这与释道两家虚静无为,舍离现世的精神,又有多少差别? 王阳明在修身的一路上,工夫已达高峰,同时外王的消除也达极顶;他将万物收归一心,视良知为乾坤万有之基。他讲知行:"未有知而不行者,知而不行,只是未知。"又说:"知是行的主意,行是知的工夫;知是行之始,行是知之成。"(《传习录》)知是最内在的良知,知与行同时俱起,则行亦只"心行"。从阳明"知行合一"的教义中,实际上已将人外在一层的行动性打落了,而将行只限制在成德一路上,外王事功,当然连影子也没有了。清末民初,曾在实业上有大贡献的张謇,就曾这样的批评过宋儒:"我在家塾读书的时候,亦很钦佩宋儒程朱阐发民我同胞物我同与的精义。但后来研究程朱的历史,他们原来都是说而不做,因此我想力矫其弊,做一点成绩替书生争气。"(沈燕谋:《张季直先生生平及其事业》一文,《新亚文化讲座录》611 页)这话本于张氏的经验,是相当客观的。中国在宋以后的八百年,积衰殊甚,元明两朝连续亡国,与宋明以后,只偏重于心性一面的讲学风气,不能不说有很大关系。近人有谓中国近代的衰乱,主要由于清代三百年所造成,这话是欠公平的。就宋以来的历史看,其积弱不振,正是由泛道德主义影响下的传统文化的弊病的结果。明亡以后,顾亭林、王船山、颜习斋几个大儒,都一致攻击理学(尤其是阳明),将明代之亡,亦归咎于王学。明亡的因素很多,也许阳明的致良知教的玄风只是助缘,但因当时儒者们外王精神的缺乏,客观精神的不振,儒者总要负一部分责任的。因此,儒者们对亭林

"置四海之困穷不言,而终日讲危微精一之说"的指责,是无从答辩的。孔孟之教,以仁义为宗,经过两千余年发展的结局,却只是"袖手谈心性",对无告之民,置若罔闻,与原始教义,完全相悖。这铁一般的事实,这悲惨的结局,难道我们还不应该对儒家的道德思想作一番全面的检讨和彻底的反省吗?

(选自《儒家与现代中国》,韦政通著,上海人民出版社1990年版)

　　韦政通(1930——　　　),当代中国学者、思想家,江苏镇江人,靠自学走上研究中国哲学与中国思想史的道路。曾任台湾神学院哲学教授,清华大学人文学科哲学讲座、中国文化大学哲学教授。早年受牟宗三新儒学思想影响,信仰儒学,20世纪60年代开始与道德理想主义"分道扬镳",逐渐开辟自己独特的学术天地。他对儒家思想的根本缺陷及其恶劣影响所作的批判解析,尤其是关于儒家"对生命体会肤浅"的论断,曾得到自由主义学者殷海光的高度推崇。后来更围绕中国思想传统的批判和重建撰写了一系列著作,执着于"自己的追求和开拓",主要有《传统的透视》、《中国哲学思想批判》、《中国思想史》、《中国传统的现代反思》、《儒家与现代中国》、《中国思想传统的创造性转化》等。

　　《儒家思想的根本缺陷》一文以"新文化运动以来所崇尚的理智的批判精神"抉发儒家道德思想的四大缺陷,即:"对生命体会肤浅"、"道德工夫流于虚玄"、"泛孝的流弊"、"外王的消除"。此四者在历史上皆造成极恶劣的影响和不良后果,因此,应该"对儒家的道德思想作一番全面的检讨和彻底的反省"。

论中国文化的基本精神

张岱年

中国文化即是中华民族的文化。

中华民族是由许多的民族(或称为种族)共同构成的一个整体。在长期的发展过程中,中国各族的文化相互交融,共同构成为丰富灿烂的中华民族文化。

从历史来看,不能不承认,汉族文化在中华民族文化的发展过程中居于主导的地位。汉族文化曾经对各兄弟民族的文化产生深刻的影响,但也吸取过各兄弟民族的文化成就。汉族和各兄弟民族,彼此之间有一个长期的文化交融的过程。

从世界范围来看,中国文化是一个独立发展的体系,有一个连续不断的发展过程。在这发展过程中,虽经常吸收外来文化的长处,但始终保持着自己的独立性,因而成为世界上一个独特的文化类型,影响及于国外,对于世界文化作出过巨大的贡献。

中国文化在几千年中,巍然独立,存在于世界东方,除了有一定的物质基础(物质生产的原因)之外,还有其一定的思想基础。这种思想基础,可以叫做中国文化的基本精神。

何谓精神? 精神本是对形体而言,文化的基本精神应该是对文化的具体表现而言。就字源来讲,精是细微之义,神是能动的作用之义。文化的基本精神就是文化发展过程中的精微的内在动力,也即是指导民族文化不断前进的基本思想。

斯大林在《马克思主义和民族问题》中曾经指出："还必须注意到结合成一个民族的人们在精神形态上的特点。各个民族之所以不同，不仅在于他们的生活条件不同，而且在于表现在民族文化特点上的精神形态不同。"（《斯大林全集》第 2 卷第 294 页）中国文化的基本精神也就是中华民族在精神形态上的基本特点。

近代以来，由于中国受帝国主义的欺凌，由于反动统治者的腐败无能，由于中国沦为半殖民地，人们特别注意考察中国旧有的思想意识中的消极衰朽的方面，注意考察旧有思想意识中的陈腐萎靡的病态。这当然是必要的。对于这些缺点、病态，必须有清醒的认识，坚决地加以改革。但是，如果中国文化仅仅是一些缺点、病态的堆积，那末，中华民族就只有衰亡之一途了。过去，一些帝国主义正是以此对中国进行恶毒的攻击。我们在严正地予以反驳的同时，应当注意考察传统文化中所包含的积极的健康的要素，深切地认识到中国传统文化中具有指导作用的推动历史前进的精神力量。

中国文化有五千年的历史，新中国成立以后，文化又获得了新生，进入了中华民族文化发展的新阶段。中国文化能够历久不衰，虽衰而复盛的情况，证明了中国文化中一定有不少积极的具有生命力的精粹内容。

中国文化的基本精神是什么呢？指导中国文化不断前进的基本思想是什么呢？这里试举出四点：（1）刚健有为，（2）和与中，（3）崇德利用，（4）天人协调。我认为这些就是中国传统文化的基本精神之所在。略说如下。

一、刚健有为

《周易大传》提出"刚健"的学说，《象传》说："需，须也，险在前也。刚健而不陷,其义不困穷矣。"又云:"大有,其德刚健而文明,应乎天而时行。"又云:"大畜,刚健笃实辉光,日新其德。"这些都是赞扬"刚健"的品德。《说卦》云:"乾,健也,坤,顺也。"健是阳气的本性,顺是阴气的本性。在二者之中,阳健居于主导的地位。《象传》说:"天行健,君子以自强不息。"天体运行,永无已时,故称为健。健含有主动性、能动性以及刚强不屈之义。君子法天,故应自强不息。《周易大传》强调"刚健",主张"自强不息",这是有深刻意义的精粹思想。

从汉代到清代,二千年之中,《周易大传》被认为是孔子的著作,它是以孔子手著的名义产生影响的。所以,"自强不息"的思想在历史上曾对很多知识分子起过激励的作用。事实上,《周易大传》并非孔子所著,"刚健"之说应是战国时代儒家中讲《易》的学者提出来的。"刚健"虽不是孔子提出的,但孔子确实比较重视"刚",《论语》记载:"子曰:吾未见刚者。或对曰:申枨。子曰:枨也欲,焉得刚?"(《公冶长》)郑玄注云:"刚谓强志不屈挠。"《论语》又载孔子云:"刚毅木讷近仁。"(《子路》)可见孔子肯定"刚"是有价值的品德。《周易大传》的刚健之说实渊源于孔子。

孟子鄙视"以顺为正",提出"富贵不能淫,贫贱不能移,威武不能屈"的生活准则。《孟子》记载:"景春曰:'公孙衍、张仪,岂不诚大丈夫哉? 一怒而诸侯惧,安居而天下熄。'孟子曰:是焉得为大丈夫乎? 子未学礼乎? 丈夫之冠也,父命之;女子之嫁也,母命之。往送之门,戒之曰:往之汝家,必敬必戒,无违夫子! 以顺为正者,妾妇之道也。居天下之广居,立天下之正位,行天下之大道,得志,与民由之;不得志,独行其道。富贵不能淫,贫贱不能移,威武不能屈,此之谓大丈夫。"(《滕文公下》)大丈夫应有独立的人格,遵守一定的准则,不屈服于外在的压力。孟子这种见解与《周易大传》的刚健思想有一致之处。孔子重"刚",老子则贵"柔",两说相反,都有深远的影响。老子提出"无为"说,孔子也尝赞美无为的政治,但孔子认为在日常生活中应该有为。他说:"饱食终日,无所用心,难矣哉!不能博弈者乎? 为之,犹贤乎已。"(《阳货》)孔子自称"为之不厌,诲人不倦"(《述而》),"发愤忘食,乐以忘忧"(同上)。他坚决主张有所作为,表现了"自强不息"的精神。

宋代周敦颐受道家影响,提出"主静"之说,在宋、明时代,影响很大。到明、清之际,王夫之重新肯定了《周易大传》的刚健学说。王夫之说:"圣人尽人道而合天德。合天德者,健以存生之理;尽人道者,动以顺生之几。"(《周易外传·无妄》)又说:"惟君子积刚以固其德,而不懈于动。"(《周易内传·大壮》)王夫之有力地宣扬了"健"与"动"的学说。

《周易大传》关于"刚健"和"自强不息"的思想,在历史上起了一定的推动中国文化向前发展的积极作用。而道家和部分宋儒的"柔静"学说,则是"刚健"思想的一种补充,两者相互对峙,相互引发,构成了中国传统文化的独特面貌。

二、和 与 中

西周末年至春秋时期,有所谓"和同"之辨。"同"是简单的同一,"和"是众多不同事物之间的谐和。《国语·郑语》记载西周末年史伯的言论说:"夫和实生物,同则不继。以他平他谓之和,故能丰长而物生之。若以同裨同,尽乃弃矣。……于是乎先王聘后于异姓,求财于有方,择臣取谏工,而讲以多物。"史伯区别"和"与"同","以他平他谓之和",意谓聚集不同的事物而得其平衡,叫作和,这样就能产生新事物,所以说"和实生物";"以同裨同",即把相同的事物加起来,那是不能产生新事物的。《左传》昭公二十年记载晏子论和同的区别说:"和如羹焉,水、火、醯、醢、盐、梅,以烹鱼、肉,燀之以薪,宰夫和之,齐之以味,济其不及,以泄其过。君子食之,以平其心。君、臣亦然,君所谓可,而有否焉;臣献其否,以成其可。君所谓否,而有可焉,臣献其可,以去其否,是以政平而不干。……若以水济水,谁能食之?若琴瑟之专壹,谁能听之?同之不可也如是。"这所谓和,也是聚集不同的事物而得其平衡。君、臣之间,臣能提出不同的意见,君能容纳不同的意见,然后可称为和。史伯、晏子关于和同的思想,一是要求多样,二是要求平衡。这是一种促进文化发展的思想。

孔子也区别了和与同,他说:"君子和而不同,小人同而不和。"(《论语·子路》)看来孔子是同意晏子关于和同区别的言论的。孔子对于和、同之辨未多讲,而提出了"中庸"的观念。后来孔子之孙子思作《中庸篇》,对中庸观念作了进一步的发挥。于是中庸观念在中国文化史上产生了巨大而深远的影响。由于后来的思想家对中庸有不同的理解,因而中庸观念在中国文化史上的影响也不是单纯的。

孔子说:"中庸之为德也,其至矣乎!民鲜久矣。"(《论语·雍也》)对于中庸的含义未加说明。《中庸篇》云:"君子中庸,小人反中庸。君子之中庸也,君子而时中;小人之反中庸也,小人而无忌惮也。"又云:"舜其大知也与,……执其两端,用其中于民,其斯以为舜乎!"这里以"时中"、"用中"来解说中庸,时中即随时处中,依条件的不同随时选取适当的标准。用中即不陷于某一极端,随情况的不同而采取确当的方法。

从汉至宋,经学家对于中庸有不同解释。郑玄诠释《中庸篇》的题义云:"名曰中庸者,以其记中和之为用也。"(《礼记疏》引《郑目录》)这是认为中庸指中的运用。程颐诠释中庸云:"不偏之谓中,不易之谓庸。"(朱熹《中庸章句》引)这是把中庸看成固定的原则。郑玄的解释是比较符合原意的。

中庸思想的主要涵义是:在事物的发展过程中,对于实现一定的目的来说,有一个一定的标准,达到这个标准就可以实现这个目的,否则就不可能实现这个目的。没有达到这个标准叫做不及,超过了这个标准叫作过。如果超过了这个标准,就不可能实现原来的目的,而会转变到原来目的的反面。所谓"中庸之为德"就是经常遵守一定的标准,既不过,亦不是不及,这是中庸的品德。有些事情,确有一个适当的标准,例如饮、食卫生一类的事情,确有一个适度的问题,这个度在过与不及之间。但是社会的变革,在一定条件下,需要打破原来的标准,这样才能取得更大的发展;如果固守原来的标准,就会陷于停滞不前了。中庸思想在中国文化史上有两方面的作用:第一,保证了民族文化发展的稳定性,反对过度的破坏活动,使文化发展不致中断;第二,对于根本性的变革又起了一定的阻碍作用。

三、崇德利用

春秋时代有"三事"之说。《左传》文公七年记载晋国贵族郤缺的言论说:"正德、利用、厚生,谓之三事。"正德,端正品德;利用,便利器用(用指工具器物之类);厚生,丰富生活。正德是提高精神生活,利用、厚生是提高物质生活。《左传》成公十六年记载楚国申叔时之言云:"民生厚而德正,用利而事节。"又襄公二十八年记齐国晏婴之言云:"夫民,生厚而用利,于是乎正德以幅之。"生活丰厚,器用便利,然后端正德行加以节制。幅是节制之义。晋、楚、齐三国的贵族都谈到正德、利用、厚生,可见这是当时比较流行的思想。"三事"之说兼重物质生活和精神生活,是比较全面的观点。

《周易大传》中讲到"崇德"与"利用"的关系问题,《系辞下传》说:"精义入神,以致用也。利用安身,以崇德也。过此以往,未之或知也,穷神知化,德之盛也。"(朱熹《本义》解释说:"精研其义,至于入神,……然乃所以为出而致用之本;利其施用,无适不安,……然乃所以为入而崇德之资。……至于穷神知化,乃德盛仁熟而自致耳。")义指事物的规律,神指微妙的变化。精研事物的规律,以至于理解深微的变化,是为了实用;便利实际运用,是为了提高道德;而道德提高了,就更能对微妙的变化有更深入的理解了。《周易大传》既重"崇德",又重"利用",也是比较全面的观点。

春秋时代的"三事"之说,兼重精神生活与物质生活,是比较全面的正确观点。儒家特重"正德","崇德",而对"利用"、"厚生"的问题则研究得不多。道家反对"利用",也不赞成"厚生",这对文化的发展产生了一定的消极影响。但历代都有一些自然科学家,对"利用厚生"的实际问题进行过切实的研究,从而促进了文化的发展。

"正德、利用、厚生","崇德、利用"的思想,虽然秦、汉以后在理论上没有得到进一步的发挥,但确实是中国文化史上一个重要的指导思想。

四、天人协调

天、人关系问题,亦即人与自然的关系问题,是中国传统哲学的一个根本问题,也是文化方向的基本问题。在中国古代哲学中,关于人与自然的关系,有三种学说,庄子主张因任自然,"不以人助天"(《庄子·大宗师》),"无以人灭天"(同上书《秋水》)。荀子主张改造自然,"大天而思之,孰与物畜而制之? 从天而颂之,孰与制天命而用之?"(《荀子·天论》)而最重要的是《周易大传》的"辅相天地"的学说。《象传》说:"天地交泰,后以裁成天地之道,辅相天地之宜,以左右民。"所谓裁成、辅相,亦即加以调整辅助。《系辞上传》说："范围天地之化而不过,曲成万物而不遗。"范围亦即裁成之义,曲成亦即辅相之义。《文言》说："夫大人者,与天地合其德,与日月合其明,与四时合其序,与鬼神合其吉凶。先天而天弗违,后天而奉天时。"此所谓先天,即引导自然;此所谓后天,即随顺自然。在自然变化未萌之先加以引导,在自然变化既成之后注意适应,做到天不违人,人亦不违天,即天、人相互协调。这是中国古代哲学的最高理想,亦即中国传统文化的基本道路。《周易大传》在历史上是以孔子手著的名义产生影响的,所以这种天、人协调的思想在中国文化史上居于主导地位。

王夫之提出"相天"之说,他说："语相天之大业,则必举而归之于圣人。……人弗敢以圣自尸,抑岂同禽、鱼之化哉?……故天之所死,犹将生之;天之所愚,犹将哲之;天之所无,犹将有之;天之所乱,犹将治之。"(《续春秋左氏传博议》)传统的观点以为"相天"是圣人的大业,普通人虽非圣人,但也与禽、鱼等动物有所不同。增加自然所没有的,改变自然所已有的,这是人的作用。王夫之的"相天"之说,是对古代"裁成、辅相"天地的思想的发挥。

人与自然的关系问题,直至今日,仍然是必须认真对待的问题。近代西方强调克服自己,战胜自然,确实取得了重大的成就。但是,如果不注意生态平衡,也会受到自然的惩罚。改造自然是必要的,而破坏自然则必自食苦果。中国传统的天人协调的观点,确实有重要的理论价值。

文化是受生产方式决定的。周、秦至明、清的文化,基本上是封建文化。西方中世纪文化,也是封建文化。中、西的封建文化,彼此很不相同。中国封建时代的文化确实有很高的成就。到了近代,中国文化,较之西方,却相形见绌,远远落后了。中国的传统文化,确有消极的病态的一面,但也有积极的健康的一面,识别中国民族文化中的优良传统,对于树立民族的自信心和自尊心,是非常必要的。

中华民族自古以来,还有一个维护民族独立,为"报国"而献身的优良传统。孔子称赞管仲,"微管仲,吾其被发左衽矣"。从此以后,维护民族的尊严,保卫民族文化,便成为一个根深蒂固的信念。在历史上,汉族和少数民族有一个相互竞争、相互融合的过程,经历了曲折的道路。在各族中,都有许多为国家为本族而献身的志士仁人,表现了复杂的情况。例如宋、元之际,文天祥宁死不屈,发扬了民族的正气,起了激励人心的巨大作用。许衡把南宋的学术传播到北方,也对于中国文化的发展有重要意义。这都是不能用简单化的办法随意抹煞的。

中华民族还有一个善于吸收外来文化成就藉以提高自己的理论水平的优良传统。佛教的输入和流传,表明了中国人民对待外来文化的态度。佛教在中国流传之后,一部分中国佛教徒把佛教教义中国化了,做出了自己的理论贡献;而儒家学者在批判佛教的过程中,充实了传统儒学的思想,提高了理论思维的水平,使中国的固有学术放出新的光彩。中华民族善于吸收外来文化,又保持了自己的文化的独立性,从而对世界文化作出了独特的贡献。

五四运动展开了对传统文化的批判,这对于除旧布新,起了巨大的推动作用。新中国的成立,使中国历史进入社会主义的新时代,不但要批判封建文化,也要批判资产阶级的文化,我们的任务是建设社会主义的新文化。社会主义文化不是凭空产生的,我们必须尊重历史,对过去各时代的文化,批判地加以总结,这样才有利于社会主义新文化的发展。中国的社会主义文化一定要有中国的特点。清理传统文化的复杂内容,区别其中的精华和糟粕,肃清一切陈腐、庸俗思想的流毒,充分认识在历史上起过积极作用的文化遗产,并加以改造提高,这是我们今天的一项重要任务。

1982 年 9 月 8 日

　　　　　　　　　　　　（选自《中国文化研究集刊》第 1 辑）

　　张岱年(1909—2004),字季同,著名哲学家、哲学史家,河北献县人。1933 年毕业于北平师范大学,曾在清华大学、私立中国大学哲学系任教。1952 年院系调整后一直任北京大学哲学系教授。主要著作有《中国哲学史大纲》、《中国哲学史方法论发凡》、《中国古典哲学范畴概念要论》、《文化与哲学》等。

　　《论中国文化的基本精神》指出:中国文化即是中华民族的文化,它是一个独立发展的体系,有其基本的精神,即刚健有为、和与中、崇德利用、天人协调,此四者是中国文化在精神形态上的基本特点,也是中国文化不断前进的内在动力。

试谈中国的智慧

李泽厚

一、时代课题

近几年我陆续发表了几篇谈中国传统思想的文章,现在把这些文章汇集起来,讲几句归总的话。

首先是研究课题问题。我赞成多样化,关于中国思想史哲学史的论著,无论海内外,都已有不少,而且有迅速增加的趋势。其中由通史而走向专史(思潮史、学派史、人物史、专题史等等),是一个很好的势头。我一直主张中国历史和思想史、文学史应该尽量多作细致的专题探究,只有在许多专题作了充分探讨研究之后,才有可能作出比较准确和科学的通史概括。中国人多,搞中国思想史的人也会相对地多一些(对比国外或对比搞西方思想史的人),不妨各自分头随性之所近去深钻细究,而不必千人一面众口一词地挤在通史这条道上。多年来国内关于中国哲学史的通史和专史的著作比例似乎有点失调,应该改革一下,使哲学史思想史的局面来个多样化的新貌。

抱歉的是,我自己这里提供的,却仍然属于通史范围。不过在通史范围内,也应该多样化,即可以从各个不同的角度、用各种不同的方法去接近、探讨、表述中国哲学史、思想史。它们所提出的课题、所经由的途径和所企图达到的目标,可以很不相同。例如,可以有以搜罗整理材料见长的哲学史,也可以有以解释阐发新意见长的哲学史;可以有偏重考证的历史学家的思想史,也可以有偏重义理的哲学家的思想史。在后者中,可以有以唯物论与唯心论的斗争作为根本线索的研究,也可以有以认识发展进程为线索的研究,还可以有其他的课题、途径和线索的研究。我写的这些文章不敢自称哲学史,但哲学史既应是"自我意识的反思史"(参阅《李泽厚哲学美学文选·美学的对象与范围》,湖南人民出版社,1985),那么对展现在文化思想中的本民族的心理结构的自我意识,也就可以成为哲学和哲学史的题目之一。我所注意的课题,是想通过对中国古代思想的粗线条的宏观鸟瞰,来探讨一下中国民族的文化心理结构问题。我认为这问题与所谓精神文明有理论上和实践上的关系,是很值得研究的。总之,我赞成百花齐放,殊途同归,同归于历史唯物主义,同归于像马克思那样科学地解释历史,找出它所固有的客观规律[①],以有助于今日之现实,即"有助于人们去主动创造历史"(拙著《中国近代思想史论》第488页,人民出版社,1979)。

　　美国研究中国思想史的知名教授、已故的列文森(Joseph R. Levenson)曾把思想史比作博物馆,即认为它已失去现实作用和实用价值,而只具有供人们观赏的情感意义。列文森曾以理知上接受西方、情感上面向传统的矛盾来描述解释中国近代知识分子的思想;美国另一位研究中国思想史的专家史华滋(Benjenmin Schwatz)则认为,思想史不应该比作博物馆,而应该比作图书馆,即认为它所保存的过去的东西,也许有一天又会有某种参考用途。我的意见是,既不是博物馆,也不是图书馆,思想史研究所应注意

---

　　① 我不同意 K. Popper 认为历史无客观规律可寻,Collingwood 认为"一切历史均思想史"夸张思想的独立决定作用等理论。

的是,去深入探究沉积在人们心理结构中的文化传统,去探究古代思想对形成、塑造、影响本民族诸性格特征(国民性、民族性)亦即心理结构和思维模式的关系。我以为,展现为文学、艺术、思想、风习、意识形态、文化现象,正是民族心灵的对应物,是它的物态化和结晶体,是一种民族的智慧。这里所用"智慧"一词,不只是指某种思维能力、知性模式。它不只是 Wisdon, intellect;而是指包括它们在内的整体心理结构和精神力量,其中也包括伦理学和美学的方面,例如道德自觉、人生态度、直观才能等等。中国思维的特征也恰恰在于它的智力结构与这些方面交溶渗透在一起。它是这个民族得以生存发展所积累下来的内在的存在和文明,具有相当强固的承续力量、持久功能和相对独立的性质,直接间接地自觉不自觉地影响、支配甚至主宰着今天的人们,从内容到形式,从道德标准、真理观念到思维模式、审美趣味等等。对它们进行自觉意识,科学地探究它们,了解它们在适应现代生活的长处和弱点、需要肯定和否定的方面或因素,总之既发展又改进我们民族的智慧,我以为是一件有意义的事情。因为无论是心理结构或者是民族智慧,都不是一成不变的超时空因果的先验存在,它们仍然是长久历史的成果。面临 21 世纪工艺—社会结构将发生巨大变革的前景,如何清醒地变化和改造我们的文化——心理结构,彻底抛弃和清除那些历史陈垢,以迎接和促进新世纪的曙光,我以为,这正是今日中国哲学要注意的时代课题。但我的这些文章只是开一个头,把问题初步提出来而已。正如我在本书第一篇文章《孔子再评价》提出"文化心理结构"这概念时所说的那样。

　　因为集中在这个概括性的主题之上,我就只能选择一些最有代表性、最有实际影响的人物和思潮,弃而不论许多比较起来属于次要的人物、学派和思想。例如先秦的名家以及其他好些非常著名甚至非常重要的思想家;也舍弃了所论述的人物、思潮中离这一主题关系较远的方面、内容和层次，当然更完全舍弃了一些属于考证范围的问题如人物生平、史料源流、版本真伪等等。总之，本书所作的只是一种十分粗略的轮廓述评。孙子说："无所不备则无所不寡。"我丝毫不想以齐备为目的，而只望能在舍弃中更突出所要研讨的主题：即在构成中国文化——心理结构中起了最为主要作用的那些思想传统。同时在论述中也尽量注意详人之所略，略人之所详，以避开重复。从目录中可以看出，我所注意论述的是孔墨、孟荀、老韩、易董、庄禅以及所谓"内圣"（理学）"外王"（经世）之学。我没有讲唯物唯心之争（如现在好些论著），也不同意以孔孟程朱或孔孟陆王为"正宗"（如港、台好些论著）。我以为这两者都太狭隘，不能很好地说明中国思想传统、民族性格或文化心理结构。

　　研究民族性格或文化心理结构，也可以有各种不同的途径和角度。其中更重要的，也许还是从社会经济、政治的角度出发作些根基的探究。例如，同是人道主义，古代人道主义（如孔孟）与近代人道主义（如西方文艺复兴以来）就由于社会根基不同，其具体内容才产生重大差别。前者以原始氏族传统为根基，强调人际之间的和谐亲睦、互爱互助；后者以资本主义的崛兴为背景，强调的是个性解放、个人的独立和自由。从社会经济基础经由政治、宗教等中介环节，直至升华或提升为思想理论和哲学观念，反过来又作用于影响于人们的行为、活动；我以为历史唯物主义的这一基本原理仍是深刻的，实事求是的，值得遵循的。虽然这种根基的研究并不在我的目标之内，我的这些文章仍然是从思想到思想，即思想史自身的研究。但我觉得应该把这个问题强调一下。因为既然不可能专门去探究思想传统的社会史的根源，便应该在研究、论述时十分注意到它，下面想再集中地谈一下这个问题。

二、血缘根基

任何民族性、国民性或文化心理结构的产生和发展,任何思想传统的形成和延续,都有其现实的物质生活的根源。中国古代思想传统最值得注意的重要社会根基,我以为,是氏族宗法血亲传统遗风的强固力量和长期延续。它在很大程度上影响和决定了中国社会及其意识形态所具有的特征。以农业为基础的中国新石器时代大概延续极长,氏族社会的组织结构发展得十分充分和牢固,产生在这基础上的文明发达得很早,血缘亲属纽带极为稳定和强大,没有为如航海(希腊)、游牧或其他因素所削弱或冲击。虽然进入阶级社会,经历了各种经济政治制度的变迁,但以血缘宗法纽带为特色、农业家庭小生产为基础的社会生活和社会结构,却很少变动。古老的氏族传统的遗风余俗、观念习惯长期地保存、积累下来,成为一种极为强固的文化结构和心理力量。直到现在,在广大农村中,不仍然可以看见许多姓氏聚族而居,其中长辈晚辈之分秩序井然么? 就在称谓(中国人的亲属称谓极为细密,与西方大不相同)和餐桌(西方分而食之,各自独立;中国共进饭菜,要求谦让有"礼")上,便也可说是一"名"一"实"地在日常生活中把这种以血缘亲属为基础的尊卑长幼的等级秩序,作为社会风习长期地巩固下来了。今天走向 20 世纪结尾,现代生活已在世界范围内打碎着种种古老传统,中国农村也在开始变革,但观念形态在这方面的变革进度却并不能算迅速(例如关于性爱的观念),那就更不用说鸦片战争以前的传统社会了。

充分了解和估计到这一点,就容易理解为什么儒家会在中国社会和中国思想史上占据了那么突出的地位,为什么儒学、儒家或儒教几乎成了中国文化的代名词,孔子成了可与基督、释迦并立的

"教主"。在整个中国文化思想上、意识形态上、风俗习惯上,儒家印痕到处可见。充分了解和估计到这一点,也就容易理解,儒家孔子为甚么要讲"仁",要把仁学放置在亲子之爱的情感心理的基础之上,终于成为整个儒学(从世界观、宇宙论到伦理学)一个基本特征。只有了解这一点,也就容易理解,为什么从孔孟到顾炎武,儒家老要"复古",复"封建",老喜欢讲"三代之治"(夏商周)。这种所谓"三代之治"与后世虚构的"向前看"的乌托邦不同,也与柏拉图虚构的"理想国"不同;孔子梦见周公,儒家要"复"的"三代之治",确乎有其"向后看"的历史依据的,即父家长制下黄金时代的氏族社会①。所以,本书着重讲了孔子和儒家,以其作为主轴。这不是因为我特别喜欢儒家,而是因为不管喜欢不喜欢,儒家的确在中国文化心理结构的形成上起了主要的作用,而这种作用又有其现实生活的社会来源的。我之重视墨子、老庄也与此有关。因为他们也从不同方面不同立场不同角度反映了原始氏族传统的某种因素或问题,对后世一直有重要影响。中国以后的思想大体是在儒、墨、道这三家基础上变化发展起来的。孟子激进的人道民主与内圣人格,庄子抗议文明反对异化,荀子、《易传》的"外王"路线和历史意识,以及以现实军事政治斗争为基地的古代辩证法和以阴阳五行为骨架的宇宙论,宋明理学的伦理本体、理学和非理学的儒家们的经世致用理论,都是既置根于此历史长河之中,又对后世影响深远的中国传统思想中的最重要的东西。

---

①　关于中国历史分期是迄今仍在争论的问题,我没有能力参与意见。但以为,周公"制礼作乐"大概是使父系家长制度规范化完善化的一次具有历史意义的重要确定。王国维的《殷周制度论》中的论点仍是值得重视的。其后春秋战国则是这一周制彻底崩毁的社会大变动时期,至此才正式进入真正成熟的阶级社会。参阅《孔子再评价》《孙老韩合说》等文。

以儒家为中国文化的轴心或代表,远不是什么新鲜意见,问题在于如何解释它。所谓"解释"却包含有解释者的历史立场和现实态度在内。在中国近代直到今天,对此就有激烈的分歧和争论。保守派经常以保卫孔孟之道作为维护民族传统的旗帜来对付实际是抵抗时代的挑战,急进派则以打倒孔家店彻底否定儒家来作为振兴民族改造文化的出发点。但无论是保守派或急进派,都似乎并未对儒家或儒学的根基、内容和形式真正作出多少深刻的研究,并没有客观地分析它的各个主要方面、特征、优缺点及其可能的前途;也就是说,对民族传统缺乏真正的自我意识的反思。

可以举一个例子。例如,"敬老尊长"是儒学传统中所保存积累至今仍有巨大社会影响的氏族遗风①。它并不只是个简单的礼仪形式问题,而是一种文化现象和心理情感。在今天以至未来的社会生活中,它可以起某种稠密人际关系的良好作用,应该肯定它,保存它。但另方面,这种传统的价值观念却有贵经验而不重新创、讲资历而压抑后辈等等很坏的作用,成为社会进步、生活开拓、观念革新的极大障碍,应该否定它,排除它。从而,如何在制度上、思维中排除它(这应该是目前的主要方向),而又在心理上、情感上有选择地保留它、肯定它,便是一种非常复杂而需要充分研究的问题。传统是非常复杂的,好坏优劣经常可以同在一体中。如何细致地分析剖解它们,获得清醒的自我意识,就显得比单纯的"保卫"或"打倒",喜欢或憎恶,对今天来说,就更为重要。孔孟儒学一方面保存了氏族传统中的人道、民主等许多优良的东西,另方面又同样保存了氏族传统中许多极落后的东西,如"不患寡而患不均"、

---

① 参看《孔子再评价》。它源自原始氏族的重经验(老人拥有)。严复说,"其于为学也,中国夸多识而西人尊新知"(《论世变之亟》),以知识博雅为高,轻视新说创见,甚至在今天的学术界也可以明显看到此种遗迹。

"何必曰利"、"父母在不远游"、"子为父隐"……等等,这种双重性的剖析,我以为是必要的。对其他各家如墨、老、庄,亦然。氏族社会长期延续于正式的阶级社会之前,它确乎有为阶级社会所丧失掉的许多人类的优良制度和个体品德①。孔孟虽然维护的是已经分裂为阶级,已经有统治被统治、劳力与劳心、野人与君子的早期家长奴隶制即"小康"世,但这个早期制度中也确然保存了原来氏族社会中(即"大同世")的好些传统。如"泛爱众"、"君为轻"等等。孔孟思想的力量,主要就在这里,它们保存了氏族社会中的人道民主理想,而不像代表成熟的后期奴隶制的法家思想那么赤裸裸地宣传剥削与压迫、功利与军事。但孔孟思想弱点也在于此,它们轻视功利强调道德的伦理主义,一直到近现代,仍然是阻碍改革社会结构和改变社会意识的消极力量。不久之前流行的所谓"政治挂

---

①　恩格斯:"这种十分单纯质朴的氏族制度是一种多么美妙的制度呵!没有军队、宪兵和警察,没有贵族、国王、总督、地方官,没有监狱,没有诉讼,而一切都是有条有理的。……不会有贫穷困苦的人,因为共产制的家庭经济和氏族都知道它们对于老年人、病人和战争残废者所负的义务。大家都是平等、自由的,包括妇女在内。……凡与未被腐化的印第安人接触过的白种人,都称赞这种野蛮人的自尊心、公正、刚强和勇敢……。

　　……最卑下的利益——庸俗的贪欲、粗暴的情欲、卑下的物欲、对公共财产的自私自利的掠夺——揭开了新的、文明的阶级社会,最卑鄙的手段——偷窃、暴力、欺诈、背信——毁坏了古老的没有阶级的氏族制度,把它引向崩溃。而这一新社会自身,在其整整两个五百余年的存在期间,又不过是一幅区区少数人靠牺牲被剥削和被压迫的绝大多数人的利益而求得发展的图景罢了。"(《马克思恩格斯选集》第4卷第92—94页)应该指出,这是指氏族内部。氏族、部落或部族之外则常常是凶狠的残杀和掠夺。"在没有明确和平条约的地方,部落与部落之间仅仅存在着战争,这种战争进行得很残酷,使别的动物无法和人类相比"(《马克思恩格斯全集》第21卷第112页)。儒家原始所强调"夷夏之辨","非我族类其心必异"等等,也都来源于此。

帅"、"算政治账"(即不算经济账)之类,实际上不就是"何必曰利"的传统翻版么? 所以值得庆幸的是,数千年的农业小生产在近几年商品生产、市场价值的冲击下,已开始在走向重大变化,强固的血缘根基和各种传统观念第一次被真正动摇,个体的独立、创造、前进日渐被承认和发展……,工艺—社会结构的基础方面的改变将带来文化—心理的变革,如何对它作出自我意识,清醒地处理新旧模式、观念、价值的冲突或互补,传统与未来将是一种甚么具体关系……,凡此种种,都正是需要哲学史去探索深思的问题。对于孔孟儒家也应如此,我们不是穿着西装来朝拜孔子,也不是将它"批倒批臭",扔进垃圾箱。

三、实用理性

如果说,血缘基础是中国传统思想在根基方面的本源,那么,实用理性便是中国传统思想在自身性格上所具有的特色。先秦各家为寻求当时社会大变动的前景出路而授徒立说,使得从商周巫史文化中解放出来的理性,没有走向闲暇从容的抽象思辨之路(如希腊),也没有沉入厌弃人世的追求解脱之途(如印度),而是执着人间世道的实用探求①。以氏族血缘为社会纽带,使人际关系(社会伦理和人事实际)异常突出,占据了思想考虑的首要地位,而长期农业小生产的经验论则是促使这种实用理性能顽强保存的重要原因。中国的实用理性是与中国文化、科学、艺术各个方面相联系相渗透而形成、发展和长期延续的。中国古代常喜欢说某家源于某官。在我看来,似乎也可以说,中国实用理性主要与中国四大实

---

① 也正因为此,"实用理性"一词有时以"实践理性"一词替代,当它着重指示伦理实践特别是有自觉意识的道德行为时。

用文化即兵、农、医、艺有密切联系。中国兵书成熟极早,中国医学至今有效,中国农业之精耕细作,中国技艺的独特风貌,在世界文化史上都是重要现象。它们与天文、历数、制造、炼丹等等还有所不同,兵、农、医、艺涉及极为广泛的社会民众性和生死攸关的严重实用性,并与中国民族的生存保持直接的关系。所以,我在这些文章中曾不断指出老子之于兵、荀易之于农、阴阳五行之于医、庄禅之于艺(首先是技艺)的联系,因为研究不够,可能有些牵强,然而中国实用理性的哲学精神与中国科学文化的实用性格,我以为却是明显地有关系的。

从而,从哲学看,中国古代的辩证思想虽然非常丰富而成熟,但它是处理人生的辩证法而不是精确概念的辩证法。由于强调社会的稳定、人际的和谐,它们又是互补的辩证法,而不是否定的辩证法。它的重点在揭示对立项双方的补充、渗透和运动推移以取得事物或系统的动态平衡和相对稳定,而不在强调概念或事物的斗争成毁或不可相容。中国古代也有唯物论唯心论之分,例如孟子与荀子,王阳明与王船山……,但由于主客体的对立和人我之分在中国古代哲学中并不占重要地位,唯物唯心之争就远未获有近代西方哲学认识论上的巨大意义。而像"气"、"神"、"道"、"理"等等,不仅仅是中国哲学而且还经常是中国整个文化中的基本范畴,有时便很难明确厘定它们究竟是精神还是物质。"气"可以是"活动着的物质",也可以是"生命力"的精神概念①。"神"、"理"、"道"似乎是精神了,然而它也可以是某种物质性的功能或规律。中国也讲认识论,但它是从属于伦理学的。它强调的主要是伦理责任的自觉意识,从孔子的"未知焉得仁"到理学的"格物致知",都如此。

---

① 如陈荣捷译"气"为"material force"(物质的力),而 F. W. Mote 却译它为"vital spirit"(有生命的精神),更有译作"质能"的(matter-energy)。

　　就整体说,中国实用理性有其唯物论的某些基本倾向,其中我以为最重要的是它特别执着于历史。历史意识的发达是中国实用理性的重要内容和特征。所以,它重视从长远的、系统的(参阅《秦汉思想简议》)角度来客观地考察思索和估量事事物物,而不重眼下的短暂的得失胜负成败利害,这使它区别于其他各种实用主义。先秦各家如儒、墨、老、韩等都从不同角度表现了这种历史意识。到荀子、《易传》,则将这种历史意识提升为贯古今通天人的世界观。把自然哲学和历史哲学铸为一体,使历史观、认识论、伦理学和辩证法相合一,成为一种历史(经验)加情感(人际)的理性,这正是中国哲学和中国文化一个特征。这样,也就使情感一般不越出人际界限而狂暴倾泄,理知一般也不越出经验界限而自由翱翔。也正因为此,中国哲学和文化一般缺乏严格的推理形式和抽象的理论探索,毋宁更欣赏和满足于模糊笼统的全局性的整体思维和直观把握中,去追求和获得某种非逻辑非纯思辨非形式分析所能得到的真理和领悟。具有抽象思辨兴趣的名家和墨辩没能得到发展,到了汉代大一统意识形态确定后,实用理性的思维模式便随之确定难以动摇了。唐代从印度引入为皇家倡导而名重一时的思辨性较强的佛教唯识宗哲学,也终于未能持久。中国实用理性的传统既阻止了思辨理性的发展,也排除了反理性主义的泛滥。它以儒家思想为基础构成了一种性格——思想模式,使中国民族获得和承续着一种清醒冷静而又温情脉脉的中庸心理:不狂暴,不玄想,贵领悟,轻逻辑,重经验,好历史,以服务于现实生活,保持现有的有机系统的和谐稳定为目标,珍视人际,讲求关系,反对冒险,轻视创新………。所有这些,给这个民族的科学、文化、观念形态、行为模式带来了许多优点和缺点。它在适应迅速变动的近现代生活和科学前进道上显得蹒跚而艰难。今天,在保存自己文化优点的同时,如何认真研究和注意吸取像德国抽象思辨那种惊人的深刻力量、英美经验论传统中的知性清晰和不惑精神、俄罗斯民族忧郁深沉的超越要求……，使中国的实践（用）理性极大地跨越一步，在更高的层次上重新构建，便是一件巨大而艰难的工作。它也将是一个历史的漫长过程。

四、乐感文化

中国实用理性不仅在思维模式和内容上，而且也在人生观念和生活信仰上造成了传统，这两者不可分割。中国神话传说中，如女娲造人已区分贵贱，似乎命由天定；西方《圣经》却是上帝造人后，人背叛上帝，被逐出乐园而与命运相斗争。一般思想史喜欢说西方文化是所谓"罪感文化"，即对"原罪"的自我意识，为赎罪而奋勇斗争：征服自然，改造自己，以获得神眷，再回到上帝怀抱。《圣经·旧约》中描述的耶和华和撒旦的斗争，是心理上的巨大冲突，并非人世现实的纠纷，它追求的超越是内在灵魂的洗礼。虽然这种希伯来精神经由希腊世俗精神的渗入而略形缓和（《新约》以后），但是个体与上帝的直接精神联系，优越于其他一切世间（包括父母）①的关系、联系和秩序这一基本模式始终未变。以灵与肉的分裂，以心灵、肉体的紧张痛苦为代价而获得的意念超升、心理洗涤以及与上帝同在的迷狂式的喜悦……，便经常是以个人为本位的西方"罪感文化"的重要环节。人们把人生的意义和生活的信念寄托于神（上帝），寄托于超越此世间的精神欢乐。这种欢乐经常必须是通过此世间的个体身心的极度折磨和苦痛才可能获有。这

---

① 严复所说"中国委天数，而西人恃人力"，"中国首重三纲而西人最明平等"，固然是指近代西方文化与中国的不同，但也可溯源于中西传统源起的差异。由于强调赎罪，所以重人力奋斗；由于有上帝，所以人均平等地等待最后审判。

是基督教以及其他好些宗教的特征。下面是看报偶然剪下的一则材料,具体细节不一定可靠,但它在表现自我惩罚以求超越的宗教精神上仍是可信的,特抄引如下:

> 据路透社报道,最近马来西亚有许许多多的印度教徒群集在吉隆坡附近一个大雾笼罩的石灰穴洞口上,庆祝泰波心节(悔过节),他们用利针戳穿自己的舌头,或将一支手指宽的铁杆穿过自己的脸颊,去击鼓和歌颂他们的家庭和朋友。他们用铁扣针、铁链和尖利凶器来"惩罚"自己,表示对神忏悔和诚心。这些教徒在进行这种活动的过程中都晕倒过去。

这只是一种较低级的宗教,远不及基督教的深邃精致。基督教把痛苦视作"原罪的苦果",人只有通过它才能赎罪,才能听到上帝的召唤,才能达到对上帝的归依和从属,痛苦成了入圣超凡的解救之道。把钉在十字架鲜血淋漓的耶稣作为崇拜的对象,这种情景和艺术,在中国文化传统中便极少见,甚至是格格不入的①。

这只是肉体的摧残,还有精神的折磨。陀斯妥也夫斯基小说中的那种"灵魂拷问"便是例子,它们都是要在极度苦疼中使人的精神得到超升。这种宗教精神在西方文化中非常重要。例如马克斯·威伯(Max Weber)最著名的理论,便是清教徒的宗教信念刻

---

① 　正如"恶"在中国哲学中不占重要的原始地位一样,罪、苦,亦然。在中国哲学中,"天道"本身是"生生"、是"善","恶"只是对它的偏离,从而是派生和从属的。人的现实生存和人世生活是善,并非恶或罪。而"道"的无处不在(甚至"道在屎溺")更使罪、恶无存身处。所以中国哲学的阴阳便不是光明与黑暗、善与恶、上帝与魔鬼誓不两立的斗争,而是彼此依存渗透互补。参阅本书诸文。

苦、节约、积累和工作,产生了资本主义。这在根本上说不正确,但它毕竟强调表述了这种极端克己、牺牲一切以求供奉上帝的西方宗教精神对历史的巨大推动作用。中国虽然一直有各种宗教,却并没有这种高级的宗教精神。中国的实用理性使人们较少去空想地追求精神的"天国";从幻想成仙到求神拜佛,都只是为了现实地保持或追求世间的幸福和快乐。人们经常感伤的倒是"譬如朝露,去日苦多","他生未卜此生休","又只恐流年暗中偷换"……;总之非常执着于此生此世的现实人生。如果说海德格尔认为人只有自觉地意识到他正在走向死亡才能把握住"此在",他是通过个体的"此在"追求着"存在的意义";实际上如同整个西方传统一样,仍然是以有一个超越于人世的上帝作为背景的话;那么孔子说"未知生焉知死;未知事人,焉知事鬼",死的意义便只在于生,只有知道生的价值才知道死的意义(或泰山或鸿毛),"生死"都在人际关系中,在你我他的联系中,这个关系本身就是本体,就是实在,就是真理。"鸟兽不可与同群,吾非斯人之徒而谁与?"自觉意识到自己属于人的族类,在这个人类本体中就可以获有自己的真实的"此在"。因之,在这里,本体与现象是浑然一体不可区分的,不像上帝与人世的那种关系。这里不需要也没有超越的上帝,从而也就没有和不需要超越的本体。正如章太炎在驳斥康有为建立孔教所说:"国民常性,所察在政事日用,所务在工商耕稼,志尽于有生,语绝于无验"(《太炎文录·驳建立孔教议》),亦即"体用不二"。"体用不二"① 正是中国哲学特征"天人合一"的另一种提法。与印度那种无限时空从而人极为渺小不同,在中国哲学中,天不大而人不小,

---

① 　本文所讲"体用不二"与熊十力讲的心物不分的"体用不二"不同,这里不涉及物质、精神的认识论关系问题。

"体"不高于"用"，"道"即在"伦常日用"、"工商耕稼"之中，"体"、"道"即是"伦常日用"、"工商耕稼"本身。这就是说，不舍弃，不离开伦常日用的人际有生和经验生活去追求超越、先验、无限和本体。本体、道、无限、超越即在此当下的现实生活和人际关系之中。"天人合一"、"体用不二"都是要求于有限中求无限，即实在处得超越，在人世间获道体①。

中国哲学无论儒墨老庄以及佛教禅宗都极端重视感性心理和自然生命。儒家如所熟知，不必多说。庄子是道是无情却有情，要求"物物而不物于物"，墨家重生殖，禅宗讲"担水砍柴"，民间谚语说"留得青山在，不怕没柴烧"，等等，各以不同方式呈现了对生命、生活、人生、感性、世界的肯定和执着。它要求为生命、生存、生活而积极活动，要求在这活动中保持人际的和谐、人与自然的和谐（与作为环境的外在自然的和谐与作为身体、情欲的内在自然的和谐）。因之，反对放纵欲望，也反对消灭欲望②，而要求在现实的世俗生活中取得精神的平宁和幸福亦即"中庸"，就成为基本要点。这里没有浮士德式的无限追求，而是在此有限中去得到无限；这里不是陀斯妥也夫斯基式的痛苦超越，而是在人生快乐中求得超越。这种超越即道德又超道德，是认识又是信仰。它是知与情，亦即信

---

① 海德格尔遵循西方传统，强调反人类中心，而去追求超越的存在实即非人格神的上帝；萨特不去强调这种存在，却使自己陷入纯然主观的境地而使其体系较之海氏大为渺小。值得注意的是海氏后期讲"乐"（Joy），从而由无家被弃到有家可归。但这个"家"对海氏来说，仍然不脱上帝的影子，尽管海氏是无神论者。

② 在许多宗教那里，如马克思评论印度教所指出的那样，它是自我折磨的禁欲的宗教，又是极端纵欲淫荡贪暴的享乐宗教。佛教中的某些派别也如此。

仰、情感与认识的溶合统一体。实际上，它乃是一种体用不二、灵肉合一，既具有理性内容又保持感性形式的审美境界，而不是理性与感性二分、体（神）用（现象界）割离、灵肉对立的宗教境界。审美而不是宗教，成为中国哲学的最高目标，审美是积淀着理性的感性，这就是特点所在。

　　自孔子开始的儒家精神的基本特征便正是以心理的情感原则作为伦理学、世界观、宇宙论的基石。它强调，"仁，天心也"，天地宇宙和人类社会都必需处在情感性的群体人际的和谐关系之中。这是"人道"，也就是"天道"。自然、规律似乎被泛心理（情感）化了。正因为此，也就不再需要人格神的宗教，也不必要求超越感性时空去追求灵魂的永恒不朽。永恒和不朽都在此感性的时空世界中。你看，大自然（"天"）不是永恒的么？你看，"人"（作为绵延不绝的族类）不也是永恒的么？"天地之大德曰生"，"生生之谓易"。你看它们（天地人）不都在遵循着这同一规律（"道"）而充满盈盈生意么？这就是"仁"，是"天"，是"理"，是"心"，是"神"，是"圣"，是"一"……。中国哲学正是这样在感性世界、日常生活和人际关系中去寻求道德的本体、理性的把握和精神的超越。体用不二、天人合一、情理交溶、主客同构，这就是中国的传统精神，它即是所谓中国的智慧。如前面所多次说过，这种智慧表现在思维模式和智力结构上，更重视整体性的模糊的直观把握、领悟和体验，而不重分析型的知性逻辑的清晰（参阅《庄玄禅宗漫述》）。总起来说，这种智慧是审美型的。

　　因为西方文化被称为"罪感文化"，于是有人以"耻感文化"（如Herbert Fingavette）（"行己有耻"〔《论语·子路》13·20〕）或"忧患意识"（如徐复观）（"作易者其有忧患乎"〔《易·系辞下》〕）来相对照以概括中国文化。我以为这仍不免模拟"罪感"之意，不如用"乐感文化"为更恰当。《论语》首章首句便是，"学而时习之不亦悦乎，有朋自远方来不亦乐乎"。孔子还反复说，"发奋忘食，乐以忘忧，不知老之将至云耳"，"饭蔬食饮水，曲肱而枕之，乐亦在其中矣"。这种精神不只是儒家的教义，更重要的是它已经成为中国人的普遍意识或潜意识，成为一种文化——心理结构或民族性格。"中国人很少真正彻底的悲观主义，他们总愿意乐观地眺望未来……"（《秦汉思想简议》）。

　　因之，"乐"在中国哲学中实际具有本体的意义，它正是一种"天人合一"的成果和表现。就"天"来说，它是"生生"，是"天行健"。就人遵循这种"天道"说，它是孟子和《中庸》讲的"诚"，所以，"诚者，天之道也；诚之者，人之道也"，而"反身而诚，乐莫大焉"。这也就是后来张载讲的"为天地立心"，给本来冥顽无知的宇宙自然以目的性①。它所指向的最高境界即是主观心理上的"天人合一"，到这境界，"万物皆备于我"（孟子），"人能至诚则性尽而神可穷矣"（张载）：人与整个宇宙自然合一，即所谓尽性知天、穷神达化，从而得到最大快乐的人生极致。可见这个极致并非宗教性的而毋宁是审美性的②。这也许就是中国乐感文化（以身心与宇宙自然合一为依归）与西方罪感文化（以灵魂归依上帝）的不同所在吧？包括鲁迅，也终于并不喜欢陀斯妥也夫斯基，这大概不会是偶然吧？我们今天应继续沿着鲁迅的足迹前进。鲁迅一生不遗余力

---

　　①　参考康德《判断力批判》下卷，自然以文化道德的人为目的。《礼记·礼运》"人者，天地之心"，它们似乎都是从客观上讲的。但如纯从客观目的论讲，就会走向宗教有神论。

　　②　审美境界可有三层次，悦耳悦目（the Sense of Beauty），悦心悦意（the preasant feeling，the satisfaction of mindorheart），悦志悦神。这里所指乃悦神（亦即"智的直观"intellectual intuition），参考拙作美学诸文。

地反国粹,斥阿 Q,要求改造国民性,而其灵枢上却毫无所愧地覆盖着"民族魂"的光荣旗帜。坚决批判传统的鲁迅恰恰正代表着中国民族开辟新路的乐观精神:"日新之谓盛德","日日新,又日新"。现在的问题是不能使这种所谓"乐观"和开拓变为一种浅薄的进化论、决定论,而应该像鲁迅那样在吸取外来文化影响下所生长和具有的深沉的历史悲剧感、人类命运感……等等,这样,它才真正具有现代型的巨大深厚无可抵挡的乐观力量。

由于"乐感文化"所追求的"乐"并非动物式的自然产物,而是后天修养的某种成果,它作为所谓人生最高境界,乃是教育的功效,所以儒家无论孟荀都主学习、重教育;或用以发现先验的善(孟),或用以克制自然的恶(荀)。它们所要求的人格塑造是以仁智统一、情理渗透为原则,实际是孔子仁学结构向教育学的进一步的推演。一方面它要求通过培育锻炼以达到内在人格的完成和圆满;另一方面,由于肯定人生世事,对外在世界和现实世事的学习讲求,也成为塑造的重要方面和内容。"我善养吾浩然之气"与"博施济众"从内外两方面以构成所追求的完整人格即建造个体主体性。这也就是所谓"内圣外王之道"。

如果说,孟子、《中庸》和宋明理学在"内圣"人格的塑造上作了贡献的话;那么荀、易、董和经世致用之学则在培养人格的"外王"方面作出了贡献。所谓"现代新儒家"轻视或抹杀后一方面,并不符合思想史和民族性格史的历史真实。我之所以要强调荀子,并一直讲到章学诚,也是针对"现代新儒家"而发的。

儒学之所以成为中国传统思想主干的另一原因,如同中国民族不断吸收溶化不同民族而成长发展一样,还在于原始儒学本身的多因素多层次结构所具有的乐观的包容性质,这使它能不断地吸取溶化各家,在现实秩序和心灵生活中构成稳定系统。由于有这种稳定的反馈系统以适应环境,中国思想传统一般表现为重"求同"。所谓"通而同之",所谓"求大同存小异"①,它通过"求同"来保持和壮大自己,具体方式则经常是以自己原有的一套来解释、贯通、会合外来的异己的东西,就在这种会通解释中吸取了对方、模糊了对方的本来面目而将之"同化"。秦汉和唐宋对道、法、阴阳和佛教的吸收同化是最鲜明的实例。引庄入佛终于产生禅宗,更是中国思想一大杰作。在民间的"三教合流"、"三教并行不悖"、孔老释合坐在一座殿堂里……,都表现出这一点。中国没有出现类似宗教战争之类的巨大斗争,相反,存别异乃求同,由求同而合流。于是,儒学吸取了墨、法、阴阳来扩展填补了它的外在方面,溶化了庄、禅来充实丰富了它的内在方面,而使它原有的仁学结构在工艺——社会和文化——心理两个方面虽历经时代的推移变异,却顽强地保持、延续和扩展开来。而这也正是中国智慧中值得注意的一个特色。也许,这正是文化有机体通过同化而生长的典型吧(参阅《秦汉思想简议》)。

大体来看,中国传统思想的哲学方面经历了五个阶段。在先

① 所以,有意思的是,不独宋明理学,就是像苏辙等人也同样在搞儒佛同一,他用《中庸》解佛法:"所谓不思善不思恶,则喜怒哀乐之未发也。盖中者,佛性之异名;而和者六度万行之总目也。致中和而天地万物生于其间,此非佛法何以当之?"(《老子解》卷4)"古之圣人中心行道而不毁世法"(同上)。也可以柳宗元作例。正如韩愈认为"孔子必用墨子,墨子必用孔子"一样,柳则认为"余观老子亦孔子之异流也,不得以相抗,又况杨墨申商刑名纵横之说……皆有以佐世,其后有释氏……通而同之,咸伸其长而黜其姿衰,要之与孔子同道"(《柳河东集·送元十八山人南游序》),也是以孔子儒学为基础通过"求同"以溶取异物。这类文字思想甚多,清晰地表现了"通而同之"的中国智慧和民族性格。虽然孔子说,"攻乎异端斯害也已",孟子辟杨墨,韩愈排佛教,王船山斥陆王等等都声色俱厉,"义正词严",但多半是社会斗争的短暂反映;就总体情况说,并不如此。汉唐文化的包容同化从外在方面显示了这一点。

秦,主要是政治论的社会哲学,无论是儒、墨、道、法都主要是为了解答当时急剧变动中的社会基本问题,救治社会弊病。在秦汉,它变化为宇宙论哲学。到魏晋,则是本体论哲学。宋明是心性论哲学。直到近代,才有谭嗣同、章太炎、孙中山的认识论哲学。而在这所有五个阶段中,尽管各有偏重,"内圣外王""儒道互补"的实用理性的基本精神都始终未被舍弃。孙中山提出"知难行易"学说,开始在认识论上有突破中国实用理性的经验论、真正重视知性的近代趋向,但显然没能得到充分发展。

马克思主义输入中国后,中国传统意识形态才发生了迅速的改变。但是,为什么马克思列宁主义会这样迅速地和忠挚地首先被中国知识分子而后为广大人民所接受所信仰? 这便是一个很值得思考的问题。当然,主要原因在于中国现代救亡图存即反帝反封建的紧急的时代任务,使进步的知识分子在经历了许多挫折和尝试错误之后,选择和接受了这种既有乐观的远大理想和具体的改造方案,又有踏实的战斗精神和严格的组织原则的思想理论。马克思列宁主义的实践性格非常符合中国人民救国救民的需要。但是,中国传统的民族性格、文化精神和实用理性是否也起了某种作用呢?[①] 重行动而富于历史意识,无宗教信仰却有治平理想,有

---

　　① 1949 年以后许多有自己明确的哲学观点、信仰甚至体系的著名学者和知识分子,如金岳霖、冯友兰、贺麟、汤用彤、朱光潜、郑昕等人,也都先后放弃或批判了自己的原哲学倾向,并进而接受马克思主义。尽管他们对马克思主义哲学了解的深度和准确度还可以讨论,但接受的内在忠诚性却无可怀疑。金岳霖解放初期还与艾思奇辩论,60 年代初却主动写了《论所以》;朱光潜对马克思主义哲学的态度也很典型。这与他们由热情地肯定共产党领导革命成功使国家独立不受外侮从而接受马克思主义有关;但这种由"人道"(政治)而"天道"(哲学)的心理转移,不又正是中国的思想传统么? 他们不正是自觉不自觉地表现了这一传统么?

清醒理知又充满人际热情……，这种传统精神和文化心理结构，是否在气质性格、思维习惯和行为模式上，使中国人比较容易接受马克思主义呢？以前一些人常说，马克思主义不适合中国国情，但实际的事实却恰恰相反，马克思主义不仅在中国成功地领导和完成了一场翻天覆地的农民战争，在整个中国社会中生了根，而且在这个过程中，从毛泽东的军事政治战略到刘少奇的个人修养理论到邓小平的"实事求是是毛泽东思想的精髓"和"两个文明"（物质文明与精神文明）的提法，已经使马克思主义很大程度上中国化，即与中国社会斗争的实际、思想意识的实际结合起来了。因之，如果将马克思主义与许多其他一种近现代哲学理论如新实在论、分析哲学、存在主义等等相比较，马克思主义对中国人也许是更为亲近吧?! 这也说明马克思主义在中国的传播发展结合传统进一步中国化当非偶然插曲，而将成为历史的持续要求。相反，那些过度烦琐细密的知性哲学（如分析哲学）、极端突出的个体主义（如存在主义），对中国人的心理结构和文化传统倒是相距更为遥远和陌生。我们可以吸收溶化其中许多合理的东西（如严格的语言分析、思辨的抽象力量、个体的独立精神等等），但并不一定会被它们所同化，倒可能同化它们。所以，即使从中国思想历史的传统看，也似乎不必过分担心随着现代化的来临，许多外来思潮如存在主义等等将席卷走中国的一切；相反，我们应该充满民族自信去迎接未来，应该更有胆量、更有气魄和智慧去勇敢地吸取外来文化和溶化它们。

五、天人合一

但是，应该重复说一次，中国思想传统有着自己的重大缺陷和问题，实用理性正面临着严重的挑战。如前所述，挑战首先来自社会的迅速发展和变迁，从新石器时代以来历史久远的家庭农业小生产和血缘纽带将宣告结束；现代化的进程要求扫清种种封闭因循、消极反馈的行为模式和生活模式，高度发达的自然科学要求舍弃局限于经验论的思想模式……。除了经济发展所带来的社会秩序的变异和生活模式的更革，从而引起与传统思想和传统模式的冲突变革外，文化本身所带来的价值观念的矛盾、冲突和重新估计，也将日益突出。其中个体的重要性与独特性的发展，心理的丰富性、复杂性的增加，使原有的所谓"内圣外王之道"和"儒道互补"成了相对贫乏而低级的"原始的圆满"，而远远不能得到现实生活发展中和精神超越中的满足。缺乏独立个性的中国人如今有了全新人格的追求。捆绑在古典的和谐、宁静与相对稳定中，避开冒险、否定和毁灭，缺乏个体人格的真正成熟的历史时期已成过去，以佛洛伊德等理论为基础的自由放纵倾向、与之相反要求回归上帝的神秘宗教倾向，以及追求离群流浪、单独承担全部精神苦难的"绝对"个性① ……等等，可能成为从各个方向对中国传统意识的挑战。中国传统思想和心理结构往何处去？是保存还是舍弃？什么才是未来的道路？如本文所一再认为，正是今天需要加以思索的问题。

关于中国社会和中国文化出路的争论，从清末到今天已经延续了一百年。"中体西用"和"全盘西化"是两种最具代表性而且至今仍有巨大影响的方案。清末主张"中体西用"的洋务派，要求只采取现代科技工艺而排斥与这些很难分割的西方的价值观念和政经体制，终于没有成功。以后的"中国文化本位"论则影响更小。主张"全盘西化"的胡适、吴稚晖等人要求彻底抛弃和否定中国既有的文化——心理的各种传统，一切模拟西方，但也应者寥寥，并

---

　　① 　近代由于"上帝死了"（尼采），产生了个体主义的绝对孤独，于是有尼采的权力意志，海德格尔的"此在"，萨特的"自由"等等。

无结果。殷海光在台湾坚持这一主张,也不成功。实际上,中国现代化的进程既要求根本改变经济政治文化的传统面貌,又仍然需要保存传统中有生命力的合理东西。没有后者,前者不可能成功;没有前者,后者即成为枷锁。其实这就是我们今天讲的"马列主义中国化"、"中国化的社会主义道路";如果硬要讲中西,似可说是"西体中用"。所谓"西体"就是现代化,就是马克思主义,它是社会存在的本体和本体意识。它们虽然都来自西方,却是全人类和整个世界发展的共同方向。所谓"中用",就是说这个由马克思主义指导的现代化进程仍然必需通过结合中国的实际(其中也包括中国传统意识形态的实际)才能真正实现。这也就是以现代化为"体",以民族化为"用"。因为"体""用"两者本是不可分离地结合在一起的,从而如何尽量吸取消化外来一切合理东西,来丰富、改造和发展自己,便是无可回避的现实课题。

这似乎是老生常谈,卑之无甚高论;实际却是艰巨的历史工作,需要我们作出长期的和各种具体的努力。即使在理论上也需要提出许多子命题来分门别类地去研究探讨。其中,研究表现在传统思想中的文化心理结构如何适应、转换和改造才可能生存和发展,便是本书想要讨论的问题。我试图一分为二地描述剖析以儒家为主干的中国传统思想的某些现象,如上述的心理结构、血亲基础、实用理性、儒道互补、乐感文化,天人合一等等。

"天人合一"便是一个十分复杂的问题。中国"天人合一"观念源远流长,其来有自。大概自漫长的新石器农耕时代以来,它与人因顺应自然如四时季候、地形水利("天时""地利")而生存和发展有密切的关系,同时这一时期尚未建立真正的奴隶制统治,人们屈从于绝对神权和绝对王权的现象尚不严重,原始氏族体制下的经济政治结构和血亲宗法制度使氏族、部落内部维持着某种自然的和谐关系("人和"即原始的人道、民主关系)。这两个方面大概是

产生"天人合一"(人与自然、个体与群体的顺从、适应的协调关系)
观念的现实历史基础。从远古直到今天的汉语的日常应用中,
"天"作为命定、主宰义和作为自然义的双层含意始终存在。在古
代,两者更是混在一起,没有区分。从而在中国,"天"与"人"的关
系实际上具有某种不确定的模糊性质,既不像人格神的绝对主宰,
也不像对自然物的征服改造。所以,"天"既不必是"人"匍伏顶礼
的神圣上帝①,也不会是"人"征伐改造的并峙对象。从而"天人合
一",便既包含着人对自然规律的能动地适应、遵循,也意味着人对
主宰、命定的被动地顺从崇拜。

　　"天人合一"观念成熟在先秦。《左传》中有许多论述,孔、孟、
老、庄……都从不同角度不同方面提出了这种观念。无论是积极
的或消极的,它们都强调了"人"必须与"天"相认同、一致、和睦、协
调。值得注意的是,这一认同恰好发生在当时作为时代潮流的理
性主义兴起、宗教信仰衰颓之际。从而这种"天人合一"观念既吸
取了原宗教中的天人认同感,又去掉了它原有的神秘、迷狂或非理
性内容,同时却又并未完全褪去它原有的主宰、命定含义,只是淡
薄了许多;其自然含义的方面相对突出了②。

----

　　①　值得注意的是,即在此时,就有人对"天"的怨愤。《诗经·雨无正》
"浩浩昊天,不骏其德,降丧饥馑,斩伐四国";《诗经·召旻》"昊天疾威,天笃降
丧。瘨我饥馑,民卒流亡";《诗经·正月》"瞻彼阪田,有菀其特;天之扤我,如
不我兑"等等,都是对天"降"自然灾害的悲怨愤慨;仍然是把主宰与自然混连
在一起的。与后世以至今日对自然灾害的怨悲相去并不太远。

　　②　Josenh Needham 和 Dert Bodde 都强调中国思想根本特点之一,在于
无创造主的观念(见 J. N. 的《中国科技发展史》第 2 卷和 D. B. 的《Essars on
Chinese Civilization》,New Jersey,1981),这大概正是因为"天"的双层含义的
相互制约而并存的结果。所以一方面没有脱开自然的人格神,另方面又无与
人事无干的独立的自然规律(Law of Nature)。

　　"天人合一"在董仲舒及其他汉代思想系统中扮演了中心角色,其特征是具有反馈功能的天人相通而"感应"的有机整体的宇宙图式,这个宇宙论的建构意义在于,它指出人只有在顺应(既认识又遵循)这个图式中才能获得活动的自由,才能使个体和社会得以保持其存在、变化和发展(或循环)。这种"天人合一"重视的是国家和个体在外在活动和行为中与自然及社会相适应、合拍、协调和同一。

　　如果说,汉儒的"天人合一"是为了建立人的外在行动自由的宇宙模式,这里"天"在实质上是"气",是自然,是身体的话;那么宋儒的"天人合一"则是为了建立内在伦理自由的人性理想,这里的"天"则主要是"理",是精神,是心性。所以前者是宇宙论即自然本体论,后者是伦理学即道德形而上学。前者的"天人合一"是现实的行动世界,"生生不已"指的是这个感性世界的存在、变化和发展(循环);后者的"天人合一"则是心灵的道德境界,"生生不已"只是对整体世界所作的心灵上的情感肯定,实际只是一种主观意识的投射,不过是将此投射提高到道德本体上来了,即将伦理作为本体与宇宙自然相通而合一。它把"天人合一"提到了空前的哲学高度,但这个高度是唯心主义的。"天人合一"的感性现实面和具体历史性被忽略以至取消了。值得注意的是,无论在汉儒那里或宋儒那里,无论"天"作为"气"的自然或作为"理"的精神,虽然没有完全去掉那原有的主宰、命运含义,但这种含义确乎极大地褪色了。汉儒的阴阳五行的宇宙论和宋儒的心性理气的本体论从内外两个方面阻碍了"天"向人格神的宗教方向的发展。

　　如果今天还保存"天人合一"这个概念,便需要予以"西体中用"的改造和阐释。它不能再是基于农业小生产上由"顺天""委天数"而产生的"天人合一"(不管它是唯物论的还是唯心论的,不管是汉儒的还是宋儒的),从而必须彻底去掉"天"的双重性中的主宰、命定的内容和含义，而应该以马克思讲的"自然的人化"为根本基础。马克思主义源于西方。在西方近代，天人相分、天人相争即人对自然的控制、征服、对峙、斗争，是社会和文化的主题之一。这也突出地表现在主客关系研究的哲学认识论上。它历史地反映着工业革命和现代文明：不是像农业社会那样依从于自然，而是用科技工业变革自然，创造新物（参阅拙作《批判哲学的批判（康德述评）》，人民出版社，1979）。但即在这时，一些重要的思想家，马克思是其中最伟大的先行者，便已注意到在控制、征服自然的同时和稍后，有一个人与自然相渗透、相转化、相依存的巨大课题，即外在自然（自然界）与内在自然（人作为生物体的自然存在和它的心理感受、需要、能力等等）在历史长河中人类化（社会化）的问题，亦即主体与客体、理性与感性、人群与个人、"天理"（社会性）与"人欲"（自然性）……，在多种层次上相互交溶合一的问题。这个问题也就是历史沉入心理的积淀问题。就是说，它以近代大工业征服自然改造自然之后所产生的人与自然崭新的客观关系为基础，这个崭新关系不再是近代工业初兴期那种为征服自然而破损自然毁坏生态的关系，而是如后工业时期在物质文明高度发达的同时恢复自然、保护生态的关系，从而人与自然不再是对峙、冲突的关系，而更应是和睦合一的关系；人既是自然的一个部分，却又是自然的光环和荣耀，是它的自由的主人，是它的真正的规律性和目的性。这是今天发达国家或后工业社会所要面临解决的问题，也是发展中国家所应及早注意研究的问题。而这，恰好就是"天人合一"的问题，是这个古老命题所具有的现代意义。它显然只有在马克思主义实践哲学的历史观的基础上才可能得到真正的解答（参阅拙作《批判哲学的批判（康德述评）》，人民出版社，1984）。

　　鲁迅说，读中国书常常使人沉静下来。我认为，包括上述中国传统思想中的人生最高境界的审美也具有这方面的严重缺陷。它缺乏足够的冲突、惨厉和崇高(Sublime)，一切都被消溶在静观平宁的超越之中。因之，与上述物质实践的"天人合一"相对应，今日作为人生境界和生命理想的审美的"天人合一"，如何从静观到行动，如何吸取西方的崇高和悲剧精神，使之富有冲破宁静、发奋追求的内在动力，便又仍然只有把它建立在马克思主义的人化自然的理论基础之上，才能获得根本解决。这就是把美和审美引进科技和生产、生活和工作，不再只是静观的心灵境界，而成为推进历史的物质的现实动力，成为现代社会的自觉韵律和形式。只有在这样一个现实物质实践的基础上，才可能经过改造而吸收中国"参天地，赞化育"的"天人合一"的传统观念，真正实现人与自然(作为生态环境的外在自然)的和谐相处和亲密关系；与此同时，人自身的自然(作为生命情欲的内在自然)也取得了理性的渗透和积淀。外在和内在两方面的自然在这意义上都获得了"人化"，成为对照辉映的两个崭新的感性系统，这才是新的世界、新的人和新的"美"。这就是我所理解和解释的"自然的人化"或"天人合一"。

(本文据讲演记录整理)

(选自《中国古代思想史论》，李泽厚
著，人民出版社，1986年3月版)

李泽厚(1930——　　)，著名美学家、哲学家、中国思想史家。1930年生于湖南长沙，1955年毕业于北京大学哲学系，曾任中国社会科学院哲学研究所研究员。在哲学、美学、思想史等领域提出许多创见性概念和学说，如"积淀"说、"西体中用"说、"实用理性"、"乐感文化"等，在学界有广泛深远的影响。近年又提出"情感本体论"、"巫史传统"等，也引起广泛关注。主要著作有《中国近代思想史论》、《中国古代思想史论》、

《中国现代思想史论》、《康有为谭嗣同思想研究》、《批判哲学的批判——康德述评》、《美的历程》、《情感本体论》、《〈论语〉今读》等。

　　《试谈中国的智慧》是1985年春作者的一次讲演记录，后经整理收入《中国古代思想史论》。作者旨在探究"民族性格或文化心理结构"，认为儒家文化在塑造中国民族性格和文化心理结构的过程中起了主要作用。主张用"实用理性"、"乐感文化"、"天人合一"三个概念概括以儒家为轴心的中国文化的性格和特色，并指出"以血缘宗法纽带为特色、农业家庭小生产为基础的社会生活和社会结构"，是这种独特文化赖以产生和存续的根基。

中国文化的时代差异和地区差异

谭其骧

大约在本世纪一十年代中期五四运动前夕起,中国思想界掀起了一场持续达十多年之久的关于中西文化(或作东西文化)比较的论争,比较两种文化的差异,阐述其特点,并评议其高下优劣。这场论争名为中西或东西文化的比较,实质上并没有比较中西文化发展的全过程,只是比较了中国封建社会的文化和西方资本主义的文化。也就是说,主要不是中西或东西的对比,而是封建社会文化与资本主义社会文化对比;比的主要是不同社会发展阶段的文化,而不是不同地域、民族的文化。这种讨论逐步引导人们注意到当时的中国社会是什么性质,因而到了 20 年代后期,中西文化的讨论随即为中国社会性质的论战所取代。整个中国学术界不谈中西文化比较差不多已有六十年之久。解放前,大学里都还开的有"中国文化史"一课,解放后,连这门课也撤销了,在中国通史、断代史课中,一般也都侧重于政治、经济、军事而忽视文化。这对于正确、透彻地认识我们这个国家、民族的历史和现状当然都是不利的。近几年来,风气有所转变,又有人谈论、探索中国文化的特点和中西文化的比较了,本次讨论会也以此为主题,这是很可喜的。

不过,我觉得我们现在再来讨论中西文化(东西文化)比较,首先对中国文化、中西文化或东西文化这几个词义的认识应该和六十年前有所不同,要更正确一些,紧密一些:

1.无论是评议中国文化还是西方文化,都应该包括其全部文化发展过程,"中国文化"不应专指中国封建时代的文化,"西方文化"不应专指其资本主义社会文化。最好能将双方全部文化发展过程进行对比,不能的话,也该以双方的相同发展阶段进行对比。这要比过去那种以不同社会发展阶段进行对比合理得多,有意义得多。

2.中国文化不等于全部东方文化,西欧文化不等于全部西方文化。不宜将中国和西欧文化的对比看作是中西文化的比较,更不能视同东西文化的对比。

3.中国自古以来是一个多民族的国家,各民族在未完全融合为一体之前,各有本族独特的文化。所以严格地说,在采用"中国文化"这个词时,理应包括所有历史时期中国各族的文化才是。只是由于汉族占中国人口的极大多数,整个历史时期汉族文化较其他各族为先进,所以通常都将"中国文化"作为汉族文化的代名词,这等于是习称汉文为中文,汉语为中国话一样,也未始不可通融。但是,犹如讲中国通史不应局限于中原王朝的历史一样,今后我们开展中国文化的研究与讨论,或编写一部中国文化史,切不可置其他兄弟民族的文化于不问,专讲汉族文化。

4.姑以"中国文化"专指汉族文化,汉族文化几千年来是在不断演变中的,各个不同时代各有其不同体貌,也不能认为古往今来或整个封建时代一成不变。中国文化各有其具体的时代性,不能不问时代笼统地谈论中国文化。

5.姑以"中国文化"专指历代中原王朝境内的文化,任何王朝也都存在着好几个不同的文化区,各区文化不仅有差别,有时甚至完全不同。因此,不能把整个王朝疆域看成是一个相同的文化区。也就是说,中国文化有地区性,不能不问地区笼统地谈论中国文化。

"五四"前后一般认为中国文化就是孔子思想,就是儒家的学说,就是纲常名教那一套,我看不能这么说。儒学孔教从来没有为汉族以外的兄弟民族所普遍接受,例如藏族早先信苯教,后来改信藏传佛教即喇嘛教;蒙族本信萨满教,后来也信了喇嘛教;维吾尔族在蒙古高原时本信摩尼教,西迁新疆后改信佛教,宋以后又自西向东逐步改信了伊斯兰教。所有少数民族都各有其独特的信仰与文化,只有少数上层分子在入居中原后才接受儒家思想。

那末能不能说儒学、礼教是以汉族为主体民族的历代中原王朝境内的占统治地位的思想文化呢?我看也不能。这一方面是因为几千年的汉文化在不断变化,有时代差异,另一方面是因为同一时代汉民族内部文化又因地而异,有地区差异,所以不存在一种整个历史时期或整个封建时期全民族一致的、共同的文化。本文想专就历代中原王朝范围内的文化简略陈述一下两方面的差异,希望能引起研究中国文化的同仁们的注意。

一

中国文化的时代差异,这几乎是读史者人所共知的常识,本用不着我在此辞赘,但也不妨概括地指陈一下:

1. 上古姑置不论。自孔子以后,经战国、秦到西汉初期,儒家学说一直未取得思想界的支配地位:战国是儒、墨、道、名、法、阴阳、纵横等百家争鸣时代,秦代尊尚法家,同时又盛行阴阳神仙之术,汉初则以黄老为显学。

2. 汉武帝"罢黜百家,独尊儒术",此后的两汉号称为儒家的经学极盛时期。但经学大师董仲舒、刘向所宣扬的实际上是以阴阳五行附会儒术的一套,大谈其天人相应、祸福休咎、灾异,与孔孟以仁政、礼教为核心的学说已大异其趣。至西汉末乃发展为虚妄荒诞的谶纬之学。一般儒生治经专重章句,支离破碎,一经说至百余万言。所以两汉经学根本谈不上弘扬了儒家思想。当时人们头脑中的主导思想是鬼神、符瑞、图谶。王充在其《论衡》里痛诋这一套世俗虚妄之言,读其书者颇为之折服。但王充是僻处江东的会稽人,《论衡》这部书是直到汉末建安中,才由会稽太守王朗带到中原的许都后才得到传播的,所以王充其人,《论衡》其书对东汉的思想文化发生不了多大影响。

3. 魏晋时代思想界的主流是玄学,先是何晏王弼祖述老庄,并用老庄来解释儒家的经典《周易》,使之玄学化,《老》《庄》《易》遂并称三玄。既而发展到嵇康阮籍"非汤武而薄周孔","越名教而任自然"。其时佛教已初步得到传播,道教开始形成。儒家经典尽管仍为京师地方各级学校里的必修课目,但支配人们精神世界的,释、道、玄的势力已压倒了儒家的礼教。

4. 到了东晋十六国南北朝时代,佛道大行。梁时单是首都建康就有五百寺,由于僧尼不登户籍,"天下户口,几亡其半"。梁武帝、陈武帝、陈后主,都曾舍身佛寺为奴,由群臣出钱赎回。北魏孝文帝时,"寺夺民居,三分且一"。东西魏、北齐周对峙时期,两国僧尼总数达三百万左右,占总人口数的十分之一。茅山道士陶弘景是梁武帝的"山中宰相"。北魏自太武帝信奉寇谦之的天师道后,后此诸帝初即位,都要去道坛受符箓。南北世家甲族如南朝的琅玡王氏、北朝的清河崔氏,都世代信奉天师道。儒家的经学在南朝的国学中"时或开置","文具而已","成业盖寡"。北朝在北魏盛时重视学校与经学过于南朝,至孝昌以后,"四方求学,所存无几"。北齐时国学"徒有虚名","生徒数十人耳"。儒学在这个时期显然已极度衰微。

5. 隋唐时期佛道两教发展到执思想界之牛耳,一时才智之士,往往以出家为安身立命的归宿。儒学亦称昌明,孔颖达的《五经正义》，是一次经学注疏的大结集，举世传习，历久不衰。统治者三教并重，一统政权并不要求思想统一。民间信仰则趋向于佛道。

6. 理学是宋儒所创立的新儒学。自宋以后，这种新儒学对社会上层分子的思想意识确是长期起了相当深巨的支配作用。但理学虽以继承孔孟的道统自居，其哲学体系实建立在佛教禅宗和道教《参同契》的基础之上，以儒为表，以释道为里，冶三教于一炉，所以无论是程朱还是陆王，宋明的理学绝不能与孔孟的学说等同起来。宋以后儒者主张排斥二氏者尽管代有其人，那是极个别的所谓"醇儒"，多数士大夫则都是既读圣贤书，同时又出入甚至笃信佛道。纲常名教这一套固然产生了巨大的影响，但人们所毕生追求的却是功名利禄，他们所顶礼膜拜、崇信敬畏的不是儒教中的先圣先贤，而是佛、菩萨、玉皇大帝、十殿阎王以及各色神仙鬼怪。

明代理学之盛不亚于宋，且看谢肇淛所撰《五杂俎》所描述的明代士大夫精神面貌：

> 世之人有不求富贵利达者乎？有衣食已足，不愿赢余者乎？有素位自守，不希进取者乎？有不贪生畏死，择利避害者乎？有不喜谀恶谤，党同伐异者乎？有不上人求胜，悦不若己者乎？有不媚神谄鬼，禁忌求福者乎？有不卜筮堪舆，行无顾虑者乎？有天性孝友，不私妻孥者乎？有见钱不吝，见色不迷者乎？有一于此，足以称善士矣，我未之见也。（卷十三事部）

可见当时极大多数士大夫嘴上讲的尽管是修、齐、治、平、仁、义、道德，头脑里却无非是富贵、鬼神、钱财、女色。

北京是当时的首都，江南是当时文化最发达的地区，而苏州为其都会，按理说，北京、苏州两地的风尚，即便不能完全遵守周孔的礼教，总该相去不远，实际情况却大相径庭。

"京师风气悍劲，其人尚斗而不勤本业"，"士人则游手度日，苟且延生而已"，"奸盗之丛错，驵侩之出没，盖尽人间不美之俗,不良之辈,而京师皆有之"。"长安有谚曰:'天无时不风,地无处不尘,物无所不有,人无所不为。'"

　　姑苏"其人儇巧而俗侈靡。士子习于周旋,文饰俯仰,应对娴熟,至不可耐。而市井小人,百虚一实,舞文狙诈,不事本业。盖视四方之人,皆以为椎鲁可笑,而独擅巧胜之名"。(卷三地部)

在这两个封建文化最发达的城市里,谢氏似乎并没有闻到一点点忠、孝、仁、义、温、良、恭、俭的周孔之教的气息。

　　如上所述,可见中国文化一方面随着时代的演进而随时在变,各时代的差异是相当大的,决不能认为存在着一种几千年来以儒家思想为核心或代表的一成不变的文化。另一方面,"五四"以前,无论是从孔子以诗书礼乐教三千弟子以来的二千三四百年,还是从汉武帝"罢黜百家,独尊儒术"以来的二千年,还是从宋儒建立理学以来的七八百年,儒家思想始终并没有成为任何一个时期的惟一的统治思想。两汉是经学和阴阳、五行、谶纬之学并盛的时代,六朝隋唐则佛道盛而儒学衰,宋以后则佛道思想融入儒教,表面上儒家思想居于统治地位,骨子里则不仅下层社会崇信菩萨神仙远过于对孔夫子的尊敬,就是仕宦人家,一般也都是既要参加文庙的祀典,对至圣先师孔子拜兴如仪,更乐于上佛寺道观,在佛菩萨神仙塑像前烧香磕头祈福。总的说来,控制当时整个社会精神世界的,是菩萨神仙,而不是周公孔子孟子。《五杂组》里有一条对这种情况说得极为精彩明白:

　　今天下神祠香火之盛,莫过于关壮缪,……世所崇奉正神尚有观音大士、真武大帝、碧霞元君,三者与关壮缪香火相埒,遐陬荒谷,无不尸而祝之者。凡妇人女子,语以周公孔子,或未必知,而敬信四神,无敢有心非巷议者,行且与天地俱悠久矣。(卷十五事部)

除了崇信菩萨神仙之外,还有形形色色数不清的各种迷信,如算命、看相、起课、拆字、堪舆、扶乩、请神、捉鬼等等,无一不广泛流传,深入人心。甚至如近代史上负盛名的进步思想家魏源,也是一个堪舆迷。他在江苏做官,在镇江找到了一块"好地",竟不惜把他已在湖南老家安葬多年的父母骸骨,迢迢千里迁葬过来。我们怎么能说"五四"以前中国封建社会文化就是孔孟一家的儒家思想呢?

二

中国史上自秦汉以后中原王朝的版图都很广大,各地区的风土习尚往往各不相同。任何时代,都不存在一种全国共同的文化。过去研究文化史的同志们,对这种文化的地区差异一般都没有予以足够的注意,在此我举几个朝代为例,简要指出各区间的显著差异。

(1)在汉武帝独尊儒术约百年之后的成帝时,刘向将汉朝全境划分为若干区域,丞相张禹使僚属朱赣按区叙次其风俗,后来为班固辑录于《汉书·地理志》的篇末。根据此项资料,其时全国只有齐地"士多好经术",鲁地"其好学犹愈于他俗",三辅(京都长安附近,今关中平原)的世家"好礼文",此外各地区全都没有提到有儒家教化的影响,相反,到处流播着各种不符合儒学礼教的习俗。例如:

> 三辅"富人则商贾为利,豪杰则游侠通奸","濒南山近夏阳多阻险,轻薄易为盗贼,常为天下剧。""郡国辐凑,浮食者多,民去本就末。""列侯贵人本服僭上,众庶仿效,差不相及,嫁娶尤奢靡,送死过度。"六郡(今甘肃东部、宁夏、陕北)则"不耻寇盗"。蜀士以文辞显于世,但"未能笃信道德,反以好文刺讥,贵慕权势"。以上为秦地。

中原的河内则"俗刚强,多豪杰侵夺,薄恩礼,好生分。周地则"巧伪趋利,贵财贱义,高富下贫,喜为商贾"。郑地则"男女亟聚会,故其俗淫"。卫地"有桑间濮上之阻,男女亦亟聚会,声色生焉,故俗称郑卫之音"。陈地则"其俗巫鬼"。南阳则"俗夸奢,上气力,好商贾"。宋地虽"重厚多君子,好稼穑",但沛、楚"急疾颠己",山阳"好为奸盗"。

河北的赵、中山则"丈夫相聚游戏,悲歌慷慨,起则椎剽掘冢,作奸巧,多弄物,为倡优。女子弹弦跕躧,游媚富贵,偏诸侯之后宫"。太原、上党"多晋公族子孙,以诈力相倾,矜夸功名,报仇过直,嫁聚送死奢靡"。钟代以北"民俗懁忕,好气为奸,不事农商,……故冀州之部,盗贼常为他州之剧"。燕地则还保留着战国以来"宾客相过,以妇侍宿,嫁娶之夕,男女无别"之俗。

楚之江南则"信巫鬼,重淫祀"。吴人以文辞显,"其失巧而少信"。

就是儒教最昌盛的齐鲁两地,齐"俗弥侈",其士"夸奢朋党,言与行缪,虚诈不情"。鲁地"去圣之远,周公遗化销微,孔氏庠序衰坏","俭啬爱财,趋商贾,好訾毁,多巧伪,丧祭之礼,文备实寡",也不能算是风俗淳厚的礼义之邦。

(2)《隋书》的《志》本为《五代史志》,以南北朝后期梁、陈、齐、周和隋五代为论述对象。其《地理志》将隋炀帝时全国一百九十个郡按《禹贡》九州编次,各于州末略叙其风俗。

九州之中,兖徐青三州十五郡(今山东和河南河北与山东接境的一小部分,江苏淮北部分,安徽淮北的东部)被肯定为教化最良好的地区。兖州五郡,"有周孔遗风,多好儒学,性质直怀义"。徐州四郡,"贱商贾,务稼穑,尊儒慕学,得洙泗之俗"。青州四郡,"多务农桑,崇尚学业,归于俭约";但齐郡(今济南)"俗好教饰子女淫哇之音",东莱"朴鲁少文义",是其缺失。

尚儒风气次于兖徐青三州的是豫、冀两州。豫州十六郡(今河南大部分,安徽淮北的西部、山东西南一部分、陕南东部及鄂西北一部分)基本被肯定为"好尚稼穑,重于礼义",独帝都所在的河南(洛阳)则被讥为"尚商贾,机巧成俗"。冀州三十郡,在今河北中南部的七郡"人性多敦厚,务在农桑,好尚儒学,而伤于迟重";今河南黄河以北的河内、汲两郡"俗尚于礼",基本被肯定;惟介在其间的魏郡、清河则被讥为"浮巧成俗","轻狡";在今山西中南部的七郡基本被肯定为"重农桑,朴直少轻诈",惟"伤于俭啬、其俗刚强";自今山西北部北至河套东北五郡和河北北部东至辽西六郡"地处边陲",其人"劲悍"、"勇侠",风教异于内郡;惟涿郡(今北京)太原"人物殷阜","多文雅之士"。

以上五州是黄河下游两岸即所谓关东地区。

自关以西的雍州,即基本为儒家声教所不及。长安附近关中平原三郡,风气很坏:"人物混淆,华戎杂错;去农从商,争朝夕之利,游手为事,竞锥刀之末;贵者崇侈靡,贱者薄仁义;豪强者纵横,贫窭者穷蹙;桴鼓屡惊,盗贼不禁。"三辅以北以西的古"六郡"之地,比较淳朴,"性质直,尚俭约,习仁义,勤于稼穑,多畜牧,无复寇盗"。自此以北缘边九郡(陕北、宁夏至河套)及河西清郡则"地接边荒,多尚武节"。

秦岭以南长江上游的梁州,惟蜀地"颇慕文学,时有斐然";"人多工巧,绫锦雕镂之妙,殆侔于上居";"然多溺于逸乐","贫家不务储蓄,富室专于趋利,其处家室则女勤作业,而士多自闲";"小人薄于情礼,父子率多异居";其边野富人,多规固山泽,以财物雄使夷僚,故轻为奸藏,权倾州县。汉中与巴地则"质朴无文,不甚趋利;性嗜口腹,多事田渔,虽蓬室柴门,食必兼肉;好祀鬼神,尤多忌讳;崇重道数,犹有张鲁之风"。汉中以西蜀郡以北诸郡则"连杂氐羌,人尤劲悍;性多质直,务于农事,工习猎射,于书计非其长矣"。

长江中游的荆州,"率敬鬼,尤重祠祀之事";"丧葬之节,颇同诸左";全州二十二郡中,只有南郡襄阳"多衣冠之绪,稍尚礼义经籍"。

以长江下游为中心的扬州地区比梁州荆州更为广大,东北起今苏皖鄂豫的淮南,中间为长江以南的今苏皖沪浙闽诸省市,南至五岭以南的今两广和越南北部。其中淮南八郡被誉为"尚淳质,好俭约,丧纪婚姻,率渐于礼"。江南岭北十八郡则大抵"信鬼神,好淫祀,父子或异居",又分为两区:"吴中"七郡(以太湖流域为中心、西包皖南宣城一带,南包浙江宁绍金衢)"君子尚礼,庸庶敦庞,故风俗澄清,而道教隆洽",评价最高;此外十一郡(今江西福建两省及皖南浙西之旧严徽两府,浙南之旧温处台三府)风教皆不及"吴中",尽管也"君子善居室,小人勤耕稼",但豫章等郡有妇女"暴面市廛,竞分铢以给其夫",丈夫举孝廉即逐前妻,庐陵宜春等郡又往往畜蛊害人的恶习。五岭以南十九郡风气更差,"人性轻悍,易兴逆节",而俚僚则既"质直尚信",又"重贿轻死,惟富为雄","父子别业,父贫乃有质身于子者","俗好相杀,多构仇怨"。

总括《隋书·地理志》所载,当时被誉为尊儒重礼的,只有中原二十一郡荆扬十七郡共三十八郡,仅占全国一百九十郡的五分之一;就是在这三十八郡中,也还夹杂着不少违反儒教的风俗。至于其他五分之四的地区(按郡数计),则几乎没有受到什么儒教的影响:中原经济发达地区则机巧轻狡侈靡成俗,边郡则失之于刚强劲悍;南方梁荆扬三州则普遍信鬼神好淫祀。长江流域尊儒重礼的郡数已接近中原,这当然是永嘉乱后中原士族南迁的结果。

(3)《通典·州郡典》载天宝年间的三百多府郡,也是按《禹贡》九州分区记叙,州末各记上一段风俗。据此,其时:

冀州的"山东"(今河北)"尚儒","仗气任侠",而邺郡(今安阳附近冀豫接壤一带)"浮巧成俗";山西人勤俭,而"河东"(今晋西南)"特多儒者";"并州"(太原及沲北)"近狄,俗尚武艺"。兖州(今冀东南鲁西)"人情朴厚,俗有儒学"。青州(今山东济南以东)"亦有文学"。徐州(鲁南苏皖淮北)"自五胡乱华,数百年中,无复讲诵,况今去圣久远,人情迁荡",但又说"徐兖其俗略同"。豫州只说"周人善贾趋利纤啬",而不及他郡。中原这几州儒学的声势,比百五十年前《隋志》所载,大致并没有什么进展,惟"山东"、"河东"多世族,故独擅儒术。

关中的雍州"京辅"因"五方错杂,风俗不一,称为难理";其西北诸郡"接近胡戎,多尚武节";"其余郡县,习俗如旧"。

长江流域上游梁州的蜀土"学者比齐鲁"。下游扬州"人性轻扬而尚鬼好祀"如旧,而"江东"因永嘉之后"衣冠避难,多所萃止,艺文儒术,斯之为盛"。中游荆州"风俗略同扬州","杂以蛮僚,率多劲悍"。

五岭以南于九州外别为一区,"人杂夷僚,不知教义,以富为雄","民强吏懦,豪富兼并,役属贫弱,俘掠不忌","轻悍易兴逆节"。

总的说来,盛唐时代的儒学兴盛地区,北方则"山东"、兖州,南方则"吴中",略如隋旧;惟以蜀土比齐鲁,可能比隋代有所发展。

(4)《宋史·地理志》将崇宁时的二十四路合并为十二区,区末各有一段论风俗,较《汉志》、《隋志》更为简略,兹参以《太平寰宇记》、《舆地纪胜》所载,略述如下:

中原诸路中,京东"专经之士为多",河北"多专经术",京西洛邑"多衣冠旧族",文教称盛。京东两路大率"皆朴鲁纯直","重礼义,勤耕纴";惟兖济"山泽险迥,盗或隐聚",登莱高密"民性惟愎戾而好讼斗"。京西两路"民性安舒"。河北两路"质厚少文","气勇尚义,号为强忮"。此外河东则"刚悍朴直","善治生,多藏蓄,其靳啬尤甚"。陕西两路"慕农桑、好稼穑","夸尚气势,多游侠轻薄之风,甚者好斗轻死";惟蒲解本隶河东,"俗颇纯厚";被边之地,"其人劲悍而质木";"上洛多淫祀,申以科禁,其俗稍变"。

南方的江南东、西、两浙、福建四路是当时全国文化最发达的地区,尤以福建为最,"多向学,喜讲诵,好为文辞,登科第者尤多"。但这几路普遍"信鬼尚祀,重浮屠之教";两浙"奢靡,奇巧";江南"性悍而急,丧葬或不中礼";江南福建皆"多田讼"。此外则淮南两路"人性轻扬"。荆湖南路"好讼者多",此路"俗薄而质",归、峡"信巫鬼,重淫祀"。川峡四路"民勤耕作,……其所获多为遨游之费","尚奢靡,性轻扬";"庠塾聚学者众",文士辈出,而"亲在多别籍异财"。"涪陵之民,尤尚鬼俗"。广南两路"民婚嫁丧葬多不合礼,尚淫祀,杀人祭鬼","人病不呼医服药"。

这里有值得注意的两点:一、两宋是理学最昌盛的时代,可是除福建一路的"喜讲诵"当即指此外,其他各路记载里竟概未涉及。当然,京东、河北、两浙、江南和蜀中的"文学"、"经学",不可能完全与理学无涉;要之,由此可见,即使在宋代,理学怕也未必已为读书人所普遍接受。二、文化最发达的地区两浙、江南、福建,同时又是普遍信鬼、尚祀、重浮屠之教的地区,可见宋代的儒家尽管已"冶三教于一炉",但至少在民间佛道的权威显然还是比周孔之教高得多。

(5)《元史》、《明史》、《清史稿》的《地理志》不载风俗;元明清三代的《一统志》、《元统志》今残存已不及百分之一,《明统志》、《清统志》所载风俗一般仅逐录前代旧志陈言,不反映当代情况。所以中国文化在这六百多年中的地区差别并无现成资料可资利用,现在我只能就明朝一代,杂采诸书零星材料,略事阐述:

据清人黄大华所辑《明宰辅考略》,自永乐初至崇祯末,历任内阁大学士共一百六十三人。兹按明代的两京十三布政使司,表列

这一百六十三人的籍贯如下(内一人待考):

南直 27(今江苏 20,安徽 5,　　　贵州 0
　　上海 3)　　　　　　　　　江西 22
浙江 26　　　　　　　　　　　湖广 12(今湖北 8,
北直 17(今河北长城以内)　　　　　湖南 4)
山东 13　　　　　　　　　　　河南 11
福建 11　　　　　　　　　　　广东 5
四川 9　　　　　　　　　　　　陕西 2(今陕西 2,甘、
山西 5　　　　　　　　　　　　　青、宁无)
广西 2　　　　　　　　　　　　云南 0

　　明制内阁大学士皆由翰林出身,所以这张表大致可以反映各地区文化程度的高下:南直、浙江、江西三省共得七十五人,占全国总数百分之四十五;加福建省共得八十六人,四省占总数百分之五十三,是全国文化最发达的地区。其中又以相当今苏南、上海的五府得十九人,浙江的嘉湖宁绍四府得二十人,江西吉安一府得十人,福建泉州一府得五人,尤为突出。中原的北直、山东、河南、山西四省合四十六人,占总数百分之二十八。此外陕西、湖广、四川、广东、广西共得三十人,占百分之十八。其中陕西二人都是最接近中原的同州人,广西二人都是地接湖广,省会所在的桂林人。十五省中,云贵二省全都不出一人。所以全国人才分布的总形势是东南最盛,中原次之,西北西南最为落后;西北的陕西当今陕甘青宁四省区之地只出二人,西南的广西和云贵三省也只出二人。

　　致位宰辅必须经由科举,应科举必须读儒家的经典;但当时的儒学代表人物不是位极人臣的大学士或名魁金榜的三鼎甲,而是以道义名节自励,讲求修、齐、治、平之道的理学家。《明史》将一代著名理学家除少数几个有事功列于专传者外,编次为《儒林传》二卷,共著录一百十五人。兹表列到一百十五人的籍贯如下:

江西	35	浙江	26	南直	18
福建	9	陕西	7	河南	6
山东	5	广东	5	湖广	2
山西	1	四川	1	北直	0
广西	0	云南	0	贵州	0

东南四省占了全国总数百分之七十六点五,北方四省仅占百分之十六,此外中南西南三省合占百分之七。除西南广西、云、贵三省无人外,奇怪的是,畿辅之地北直竟亦无人,十五省中缺了四省,总的分布形势基本与宰辅相同,而荣枯之差更大。这应该是由于宰辅出自科举,科举各省有定额,故分布面比较广,比较平衡,而理学的授受传播则自应由近而远,僻远处更难为传播所及。可见科举和儒术虽然是两回事,两者都足以代表当时文化盛衰的地区差异。

为了企求早日完成这篇讲稿,我未能为《明史·文苑传》中人物作出分省统计;逆料做出来的结果与宰辅儒林不会有多大差别。

多出卿相、名儒、文人学士的地区,一般当然就是儒术礼教最昌盛的地区。如上表,《明史·儒林传》中的人物以江西为最多,这是与明人著作《文武库》①中所记江西风俗正相符合的。全省十三府,其中南昌、饶州、广信、九江、建昌、抚州、临江、吉安、袁州九府,都被赞许为"家有诗书","人多儒雅","比屋弦诵","尚礼崇德","力学知廉耻"等等。万历中王士性所著《广志绎》,备载十四省(不及福建)民俗,他省皆不及儒术,独称"江右讲学之盛,其在于今,可谓家孔孟而人阳明矣"(卷四)。但江右风俗悖于礼教者亦不在少。通省则"少壮者多不务穑事,出营四方,至弃妻子而礼俗日

───────────────

①　清初李培就此书辑入《灰画集》,序中只提到此书为张文升所藏,不著撰人姓名。

坏,奸宄间出"(《文武库》)。其外出又不是经营正经工商业,往往用堪舆星相等术数,赖谭天悬河的辩才以骗取钱财(《广志绎》卷四)。各府则南昌"薄义而喜争",建昌"性悍好争讼",瑞州"乐斗轻死,尊巫淫祀",赣州"好佛信鬼,嗜勇好斗,轻生致死",南安"多讼"(《文武库》)。

浙江出宰辅仅次于南直,理学之盛仅次于江西,而绍兴一府种名儒学之盛,又甲于浙江。然为顾亭林詈为"天下之大害","百万虎狼","窟穴于自京师各部至各级地方衙门的胥吏"((郡县论》),正是浙江的绍兴人。

南直的文化中心,首推南京苏州扬州三处。成书于万历晚期的谢肇淛《五杂俎》,痛诋苏州人的僄巧,已见上文。南京则以秦淮烟月、旧院名妓著称(《广志绎》卷二)。而扬州人多以买童女经过一番如何做好姬妾的专业教养后以厚直出售为业,俗称"养瘦马"。以致"广陵之姬",成为名闻四远的名产,达官巨贾,"欲纳侍者类于广陵觅之"。且业此者并不限于平常人家,"即仕宦豪门,必蓄数人,以博厚糈,多者或至数十人"(《广志绎》卷一、《五杂俎》卷七、《野获编》卷二十三)。三处如此,则南直风尚之多弊可见。

南宋朱熹家居建阳,一生活动长期皆在闽中,故世称其学为"闽学",其影响直到明代还很深。建宁、延平、邵武、汀州上四府,有"小邹鲁"之称(《灰画集》引《方舆胜略》)。谢肇淛是福州长乐人,自诩"吾邑虽海滨椎鲁,而士夫礼法,甲于他郡。……市不饰价,男女别于途,不淫不盗,不嚣讼,不逋赋"。但谢氏又承认"今之巫觋,江南为盛,江南又以闽广为甚。闽中富贵之家,妇女敬信无异天神","惑于地理者,惟吾闽为甚","最可恨瘟疫一起,即请邪神"。而闽广人好男色,尤甚于他处;福州又往往"乘初丧而婚娶,谓之乘凶"(《五杂俎》)。邱濬又指出"溺子之俗,闽之建剑为甚"(《大学衍义补》)。沈德符极言闽人之重男色,至以"契兄弟"比之于伉俪；甚者又有壮夫娶韶秀少年，与讲衾裯之好，称"契父子"（《野获编补遗》）。如此种种恶俗在福建的广泛流行，可见所谓"小邹鲁"，所谓"最讲礼法"，只是一些士大夫闭目塞听所作的自我吹嘘而已。

封建文化最发达的东南四省尚且不能按儒学的要求澄清社会风尚，其他地区当然更谈不上了。看来山东的"士大夫恭俭而少干谒，茅茨土阶，晏如也"，河南的风俗有"淳厚质直"之誉，多半是由于地瘠民贫而导致的，与儒学的教化未必有多少关系。所以山东、河南皆多盗，"宛洛淮汝睢陈汴卫"一带，又有"同宗不相敦睦"，"同姓为婚多不避忌，同宗子姓，有力者蓄之为奴"这一类违反礼教的陋俗。"又好赌，贫人得十文钱，不赌不休，赌尽势必盗，故盗益多"（《广志绎》卷三）。中原如此，西南广西云贵等地的民夷杂处，诸夷仍其旧俗，华人什九皆各卫所的戍卒，其不谐于名教更可想见。

三

总上所述，可见姑且不讲全中国，即使专讲秦汉以来的历代中原王朝，专讲汉族地区，二千年来既没有一种纵贯各时代的同一文化，更没有一种广被各地区的同一文化。虽然儒家学说一直是二千年来中国文化的一个重要组成部分，却从没有建立起它的一统天下，犹如基督教之于欧洲诸国，伊斯兰教之于穆斯林国家那样。各时代风俗习尚的地区差异，更充分说明了好儒尚礼的地区一般只占王朝版图的一小部分，很难到得了一半。而在这小部分地区内，即使能做到"家有诗书，人多儒雅，序塾相望，弦诵相闻"，支配人们精神世界的，却不可能是纯正的孔孟思想，不杂二氏之说，不信鬼神。他们的行为准则，也不可能完全符合于儒家的道德标准、伦理观念。

自"五四"以来以至近今讨论中国文化，大多数学者似乎都犯了简单化的毛病，把中国文化看成是一种亘古不变且广被于全国的以儒学为核心的文化，而忽视了中国文化既有时代差异，又有其地区差异，这对于深刻理解中国文化当然极为不利。今天我在这里讲的虽然很疏，很粗浅，若能因而引起一些同志们的注意，稍稍改变一下过去那种中国文化长期不变、全国统一的看法，则不胜幸甚！

我强调中国文化的时代差异和地区差异，不等于我否定中国文化有它的共同性。共同性和差异性是辩证地同时存在的。中国毕竟是一个长期统一的国家，汉族毕竟是一个历史悠久的具有强烈的共同意识的民族，不可能没有文化的共同性。什么是不因时而变因地而变的共同的中国文化呢？这个问题不包括在我今天的讲题之内，本可以不讲。不过凡是热情参加中国文化的讨论的同志们，大概没有一人不是在迫切关心中国文化的发展前途的。中国文化的共同性何在？这是直接关系到中国文化的前途的关键问题。

我以为中国在一个国家里，汉族在一个民族里，一贯对待不同文化采取容许共存共荣的态度，不论是统治阶级还是被统治阶级都是如此，因此儒佛道三教得以长期并存，进一步又互相渗透，同时又能接受伊斯兰教、基督教等其他宗教，这就是中国文化的共同性。也就是中国文化的特点。因此，中国（汉族地区）尽管发生过三武之厄，佛教皆不久即复兴；尽管在朝廷上发生过几次佛道之争，却从没有发生过宗教战争；即使最高统治者皇帝非常虔诚地信仰某一种宗教，却从没有强迫过他统治下的任何一民族一地区的人民改变信仰。尽管有一些和尚道士受到统治者备极尊崇的礼遇，也曾参与治政，却从没有搞过政教合一。这种早已形成、长期坚持的兼收并蓄的文化开放传统，使整部中国史只能出现政治上的封建集权大一统,任何时期都做不到思想文化的统一。秦始皇不能,汉武帝不能,唐宗、宋祖、成吉思汗、朱元璋也不可能。这些帝王不是不想做,但做不到。秦汉一统王朝做不到,一到魏晋南北朝时代,专制政权的衰落,使思想文化更得到了自由发展的机会,所以这一政治上的分裂时期,在学术思想上、文学艺术上的活跃与进步,远远超过秦汉。隋唐以一统王朝而能在文化发展上取得丰硕的成果,那是由于输入、吸收、融合了多种周围各族各国的文化之故。中国之所以能长期继续发展,汉族之所以能长期屹立于世界先进民族之林,繁衍为占全国人口大多数的主体民族,对不同文化采取兼收并蓄的开放态度,应该是主要原因之一。中国的封建统治在政治上以专制著称,但从来并不严格限制其臣民的思想文化倾向与宗教信仰。范缜坚持他的神灭论;虔诚的佛教徒萧子良萧衍以帝王之尊,无可他奈何。就是到了君主专制发展到最高度的明清时代,统治者也只要求应试的士子在试卷上必须按经义代圣贤立言,却并不管你所信仰的到底是圣贤还是神仙,是周公、孔子、孟子、程、朱,还是释迦牟尼、耶稣基督或安拉真主。我认为这正是中国文化的主要优良传统。今后我们必须继续遵循这条道路去推进中国文化在新时代新形势下健全地向前发展。当前我国在经济上实行对外开放对内搞活的政策,理所当然,在文化上也应该采用同样的政策。文化上的对外开放,就是大胆地接受吸收外国的优良文化;对内搞活,就是真正地做到百家争鸣、百花齐放。

(选自《复旦大学学报》1986 年第 2 期)

　　谭其骧(1911—1992),字季龙,浙江嘉兴人,1911 年生于辽宁沈阳。著名历史地理学家。1933 年毕业于燕京大学研究生院,1934 年与顾颉刚共同创办《禹贡》半月刊,组织禹贡学会,倡导中国历史地理和边疆地理研究。曾任北京大学、燕京大学、清华大学等校讲师,浙江大学、暨南大学教授。建国后曾任复旦大学历史系教授、中国历史地理研究所所长。主持编纂大型《中国历史地图集》,集中反映了中国历史地理研究的成果;主编《中国自然地理·历史自然地理》,填补了该项研究的空白。1981年当选为中国科学院地学部委员。1992年卒于上海。其论文编为《长水集》、《长水集续编》等。

《中国文化的时代差异和地区差异》是作者向复旦大学首届国际中国文化学术讨论会提交的论文,后发表于《复旦大学学报》。文中针对过分强调统一性的观点,指出中国文化并不是一个统一的文化,中国文化几千年来在时间上不断变化,在空间上存在差别,时代差异和地区差异均显而易见,根本不存在流衍古今、广被全国的统一不变的文化。文章否定了儒家文化主流说,并指出中国文化的共同性不是任何一家学说,而是对不同文化采取共存共荣的态度,容忍不同文化的兼收并蓄。

20世纪儒学研究大系

从价值系统看中国文化的现代意义

——中国文化与现代生活总论

余英时

中国文化与现代生活是对立的吗？

中国文化与现代生活之间究竟有着什么样的关系？这是一个包罗万象的大问题。对于这样的大问题，论者自不免有见仁见智之异。

在一般人的观念中，中国文化与现代生活似乎是两个截然不同而且互相对立的实体。前者是中国几千年来积累下来的旧文化传统；后者则是最近百余年才出现的一套新的生活方式，而且源出于西方。所以这两者的冲突实质上便被理解为西方现代文化对中国传统文化的冲击与挑战。自 1919 年"五四运动"以来，所有关于文化问题的争论都是环绕着这一主题而进行的。

在这个一般的理解之下产生了种种不同的观点与态度，但大体上可以分为两个相反的倾向：一方面是主张全面拥抱西方文化，认定中国传统文化是现代生活的阻碍，必须首先加以清除。另一方面则是极力维护传统文化，视来自西方的现代生活为中国的祸乱之源，破坏了传统的道德秩序和社会安定。在这两种极端态度之间当然还存在着许多程度不同的西化论与本位论，以及模式各异的调和论。这些议论，大家都早已耳熟能详，毋须再说。

　　站在历史研究的立场上,我对于这一广泛而复杂的文化问题既无意作左右袒,也不想另外提出任何新的折衷调和之说。我首先想对"中国文化"与"现代生活"两个概念进行一种客观的历史分析。在分析的过程中,我自然不能不根据某种概念性的假设,但是这种假设并非我个人主观愿望的投射,而是在学术研究上具有一定的客观性和普遍性的。在综合判断方面,我当然也不能完全避免个人的主观,不过这种判断仍然是尽量建立在客观事实的基础之上。

　　必须说明,文化观察可以从各种不同的角度出发,我所采取的自然不是惟一的角度。我所提出的看法更不足以称为最后定论。我只能说这些看法是我个人经过郑重考虑而得到的,也许可以提供对这个问题有兴趣的人参考。

　　文化一词有广义和狭义的种种用法。以本讲演系列而言,则所谓中国文化是取其最广泛的涵义,所以政治、社会、经济、艺术、民俗等各方面无不涉及。以近代学者关于"文化"的讨论来说,头绪尤其纷繁。三十年前克罗伯和克拉孔两位人类学家便检讨了一百六十多个关于"文化"的界说。他们最后的结论是把文化看作成套的行为系统,而文化的核心则由一套传统观念,尤其是价值系统所构成。这个看法同时注意到文化的整体性和历史性,因此曾在社会科学家之间获得广泛的流行。近几十年来人类学家对文化的认识虽日益深入,但是关于文化的整体性和历史性两点却依然是多数人所肯定的。

　　另一方面,近一二十年来,由于维柯与赫尔德的历史哲学逐渐受到西方思想界的重视,不但文化是一整体的观念得到了加强,而且多元文化观也开始流行了。所谓多元文化观即认为每一民族都有它自己的独特文化;各民族的文化并非出于一源,尤不能以欧洲文化为衡量其他文化的普遍准则。赫尔德并且强调中国文化的形

成与中国人的民族性有关,其他民族如果处于中国古代的地理和
气候的环境中则不一定会创造出中国文化。这种文化多元论有助
于打破近代西方人的文化偏见(但是必须指出,赫尔德本人并未能
完全免于此一偏见,他仍以欧洲文化高于印度与中国)。

只有个别具体的文化,而无普遍抽象的文化

从维柯与赫尔德一系的文化观念出发,我们可以说,只有个别
的具体的文化,而无普遍的、抽象的文化。古典人类学所寻求的是
一般性的典型文化,这样的文化只是从许多个别的真实文化中抽
离其共相而得来的观念,因此仅在理论上存在。但是最近的人类
学家也开始改变态度了。例如吉尔兹便曾批评这种寻求文化典型
的研究方法。他认为研究文化尤应把握每一文化系统的独特之
处。所以在这个方面史学观点和人类学观点的合流目前已见端
倪;我们的注意力应该从一般文化的通性转向每一具体文化的个
性。以下讨论中国文化大致便是从这一立场出发的。

如果我们基本上接受这一看法,那么所谓"中国文化"便不可
能是和"现代生活"截然分为两橛的。普遍性的"现代生活"和普遍
性的"文化"一样,也是一个抽象的观念,在现实世界中是找不到
的。现实世界中只有一个个具体的现代生活,如中国的、美国的、
苏俄的,或日本的;而这些具体的现代生活都是具体的文化在现代
的发展和表现。这当然不是否认现代生活可以归纳成某些共同的
特征。事实上,社会科学家关于"现代化"的无数讨论主要都是在
寻求共同的特征,也就是理想的典型。但是典型如果要适用于一
切具体的、个别的现代社会就不能不通过最高度的概括。其结果
则是流为一些空洞的形式,而失去了经验的内容。举例言之,我们
大概都承认民主是现代政治生活的主要方式。可是我们只要把西

欧、英、美的民主政治与纳粹德国的极权体制加以对照,严重的问题马上便发生了。无论我们怎样鄙弃极权体制,我们似乎都不好否认希特勒时代的德国已进入了现代化的阶段。所以不少社会学家只好用"大众社会"(mass society)或"人民社会"(populistic societies)之类的概念来概括现代的政治生活。这种宽泛的概念虽能勉强把"民主"与"极权"两种截然对立的政治方式统一起来,但毕竟只剩下一点形式的意义了。民主制度下的"大众"或"人民"是能积极"参预"(participation)政治生活的,而极权体制下的"大众"或"人民"却连"代表性"(representation)也谈不到,他们不过是受统治集团操纵的政治工具而已。利用最新的大众传播技术来提高人民的政治警觉和社会意义,这是现代民主生活的特征;而利用同样的技术来控制和操纵人民则是现代极权政治的主要内涵。这两者之间是无法划等号的;其背后实有价值系统的根本不同。

我们通常所谓"现代化"或"现代生活"是含有颂扬和向往的意义的。以政治的现代化而言,我们的理想当然是建立民主制度,而不是专制体制。这就涉及了现代生活的实际内容和价值取向,不能脱离具体的文化传统来讨论了。

不但如此,讨论现代化或现代生活还不可避免地要碰到另一更严重的困难,即现代化与西化之间的混淆。西方学者所说的现代化实际上是以 17 世纪以来西欧与北美的社会为标准的。所以现代化便是接受西方的基本价值。这个看法有是有非,未易一言以断。以"五四"以来所提倡的"民主"与"科学"而言,西方的成就确实领先不止一步,应该成为其他各国的学习范例。但是现代西方的基本文化内涵并不限于这两项,其中如过度发展的个人主义、漫无限止的利得精神、日益繁复的诉讼制度、轻老溺幼的社会风气、紧张冲突的心理状态之类,则不但未必能一一适合于其他非西方的社会,而且已引起西方人自己的深切反省。在现实世界中我们实在找不到任何一个具体的西方现代生活是十全十美,足供借鉴的。英、美、德、法各国尽管同属西方文化一系,其间仍多差异,各具独特的历史传统。现代化之不能等同于西化是非常明显的事实。

检视文化传统必须注意其个性

以上的讨论并不是否认"文化"与"现代化"具有超越地域的通性。通性不但可以从经验事实上归纳得出来,而且在理论上更是必要的,否则社会科学便不能成立了。我的根本意思是说,在检讨某一具体文化传统(如中国文化)及其在现代的处境时,我们更应该注意它的个性。这种个性是有生命的东西,表现在该文化涵育下的绝大多数个人的思想和行为之中,也表现在他们的集体生活方式之中。所谓个性是就某一具体文化与世界其他个别文化相对照而言的,若就该文化本身来说,则个性反而变成通性了。

以下我要专谈中国文化的问题。但是在我的理解中,中国文化与现代生活并不是两个原不相干的实体,尤其不是互相排斥对立的。"现代生活"即是中国文化在现阶段的具体转变。中国文化的现代转变自然已离开了旧有的轨辙,并且不可否认地受到了西方文化的重大影响。西化是这一转变中的一个重要环节,这是毋须讳言的。但是现代化决不等于西化,而西化又有各种不同的层次。科技甚至制度层面的西化并不必然会触及一个文化的价值系统的核心部分。现在一般深受西方论著影响的知识分子往往接受西方人的偏见,即以为西方现代的价值是普遍性的,中国传统的价值则是特殊性的。这是一个根本站不住的观点。其实,每一个文化系统中的价值都可以分为普遍与特殊两类。把西化与现代化视为异名同实便正是这一偏见的产物。

什么是中国文化?我们怎样才能讨论中国文化这样一个广大

的题目？不用说，我们势必得采取一种整体的观点不可。如果采取分析的途径，从政治、经济、宗教、艺术、文学、民俗各方面去探索以期获得一个大家都能接受的确定结论，那将是一个永远无法实现的梦想，因为这是一个没有止境的分析过程。但是另一方面，整体的观点则难免有流于独断的危险，思想训练不够严格的人尤其喜欢用"一言以蔽之"的方式武断地为中国文化定性。

　　我个人由于出身史学，一向不敢对中国文化的性格轻下论断，虽则我自己也一直在寻求一种整体的了解。几经考虑之后，我最近企图通过一组具有普遍性、客观性的问题来掌握中国文化的价值系统。这种处理的方式也许比较符合前面所提到的人类学家和历史哲学家的最近构想。这一组问题一方面是成套的，但另一方面也分别地涉及中国文化的主要层面。在分别讨论每一个层面时，我将同时点出中、西的异同。我希望从这一角度来说明中国文化与现代生活的内在关系。中国文化的现代化何以不可能完全等于西化，也许可以从这种对照中凸显出来。

文化的价值系统究竟是什么？

　　一谈到价值系统，凡是受过现代社会科学训练的人往往会追问：所谓文化价值究竟是指少数圣贤的经典中所记载的理想呢？还是指一般人日常生活中所表现的实际倾向呢？这一问题的提法本身便显示了西方文化的背景。西方的理论与实践（约相当于中国所谓"知"与"行"）、或理想与现实之间往往距离较大，其紧张的情况也较为强烈，这也许和西方二分式的思维传统有关，此处无法作深度的讨论。无论如何，乌托邦式的理想在西方的经典中远较中国为发达。（《礼运》大同的理想到近代才受西方影响而流行起来。）中国思想有非常浓厚的重实际的倾向，而不取形式化、系统化的途径。以儒家经典而言，《论语》便是一部十分平实的书，孔子所言的大抵都是可行的，而且是从一般行为中总结出来的。"古者言之不出耻躬之不逮"、"君子欲讷于言而敏于行"、"听其言而观其行"、"其言之不怍，则为之也难"……这一类的话在《论语》中俯拾即是。《春秋》据说是孔子讲"微言大义"的著作，但后人推尊它仍说它"上明三王之道，下辨人事之纪"，或"上本天道，中用王法，而下理人情"。总之，现代西方人所注重的上层文化与下层文化或大传统与小传统之间的差异在中国虽然不是完全不存在，但显然没有西方那么严重（这一点我已在《史学与传统》的序言中有所讨论）。我特别提及这一层，意在说明下面检讨中国文化的基本价值，我将尽量照顾到理想与实际的不同层面。

我们首先要提出的是价值的来源问题，以及价值世界和实际世界之间的关系问题。这两个问题是一事的两面，但最后一问题最为吃紧。这是讨论中西文化异同所必须涉及的总关键，只有先打开了这一关键，我们才能更进一步去解说由此而衍生的但涉及中国价值系统各方面的具体问题。

人间的秩序和道德价值从何而来？这是每一个文化都要碰到的问题。对于这个问题，中西的解答同中有异，但其相异的地方则特别值得注意。

中国最早的想法是把人间秩序和道德价值归源于"帝"或"天"，所谓"不知不识，顺帝之则"，"天生烝民，有物有则"，都是这种观念的表现。但是子产、孔子之后"人"的份量重了，"天"的份量则相对的减轻了。即所谓"天道远，人道迩"。但是孔子以下的思想家并没有切断人间价值的超越性的源头——天。孔子以"仁"为最高的道德意识，这个意识内在于人性，其源头仍在于天，不过这个超越性的源头不是一般语言能讲得明白的，只有待每个人自己去体验。"夫子之言性与天道不可得而闻"，是说孔子不正面去发挥这一方面的思想，并不是他不相信或否认"性与天道"的真实性。近代学人往往把孔子的立场划入"不可知论"的范围，恐怕还有斟酌的余地。"天生德于予"、"知我者其天乎"之类的语句对孔子本人而言是不可能没有真实意义的。孟子的性善论以仁、义、礼、智四大善端都内在于人性，而此性则是"天所以与我者"。所以他才说"知其性者则知天"。后来《中庸》说得更明白："天命之谓性，率性之谓道。"

道家也肯定人间秩序与一切价值有一超越的源头，那便是先天地而生的形而上的道体。"道"不但有价值之源，而且也是万有之源。但是在中国人一般的观念中，这个超越的源头仍然笼统地称之为"天"；旧时几乎家家悬挂"天地君亲师"的字条便是明证。我们在此毋须详细分析"天"到底有多少不同的涵义。我们所强调的一点只是中国传统文化并不以为人间的秩序和价值起于人间，它们仍有超人间的来源。近来大家都肯定中国文化特点是"人文精神"。这一肯定是大致不错的。不过我们不能误认中国的人文精神仅是一种始于人、终于人的世俗精神而已。

仅从价值具有超越的源头一点而言，中、西文化在开始时似乎并无基本不同。但是若从超越源头和人世间之间的关系着眼，则中西文化的差异极有可以注意者在。中国人对于此超越源头只作肯定而不去穷追到底。这便是庄子所谓"六合之外，圣人存而不论"的态度。西方人的态度却迥然两样，他们自始便要在这一方面"打破沙锅问到底"。柏拉图的"理念说"便是要展示这个价值之源的超越世界。这是永恒不变，完美无缺的真实（或本体）世界。而我们感官所能触及的则是具有种种缺陷的现象世界。尽管柏拉图也承认这个真实世界是不可言诠的，但是他毕竟还要从四面八方来描写它。亚里士多德的"最后之因"，或"最先的动因"也是沿柏拉图的途径所做的探索。所以柏、亚两师徒的努力最后非逼出一个至善的"上帝"的观念不止。这是一切价值的共同来源。

但是希腊人是靠"理性"来追溯价值之源的，而人的理性并不能充分地完成这个任务。希伯来的宗教信仰恰好填补了此一空缺。西方文化之接受基督教决不全出于历史的偶然。无所不知、无所不能、无所不在的上帝正为西方人提供了他们所需要的存有的根据。宇宙万物是怎样出现的？存有是什么？一切人间的价值是从何而来的？这些问题至此都获得了解答。不过这种解答不来自人的有限的理性，而来自神示的理性而已。神示和理性之间当然有矛盾，但是这个矛盾在近代科学未兴起之前是可以调和的，至少是可以暂时相安。中古圣托马斯集神学的大成，其中心意义即在于此。西方的超越世界至此便充分地具体化了，人格化的上帝则集中了这个世界的一切力量。上帝是万有的创造者，也是所有价值的源头。西方人一方面用这个超越世界来反照人间世界的种种缺陷与罪恶，另一方面又用它来鞭策人向上努力。因此这个超越世界和超越性的上帝表现出无限的威力，但是对一切个人而言，这个力量则总像是从外面来的，个人实践社会价值或道德价值也是听上帝的召唤。如果换一个角度，我们也可以说，人必须遵行上帝所规定的法则，因为上帝是宇宙间一切基本法则的惟一创立者，西方所谓"自然法"的传统即由此而衍生。西方的"自然法"，广义地说，包括人世间的社会、道德法则（相当于中国的"天理"或"道理"）和自然界的规律（相当于中国的"物理"）。西方超越世界外在于人，我们可以通过"自然法"的观点看得很清楚。

超越世界与现实世界在中国人
的文化中是互相交涉的

在西方的对照之下，中国的超越世界与现实世界却不是如此泾渭分明的。一般而言,中国人似乎自始便知道人的智力无法真正把价值之源的超越世界清楚而具体地展示出来(这也许部分地与中国人缺乏知识论的兴趣有关)。但是更重要的则是中国人基本上不在这两个世界之间划下一道不可逾越的鸿沟。西方哲学上本体界与现象界之分,宗教上天国与人间之分,社会思想上乌托邦与现实之分,在中国传统中虽然也可以找得到踪迹,但毕竟不占主导的地位。中国的两个世界则是互相交涉,离中有合、合中有离的。而离或合的程度则又视个人而异。我们如果用"道"来代表理想的超越世界,把人伦日用来代表现实的人间世界,那么"道"即在"人伦日用"之中,人伦日用也不能须臾离"道"的。但是人伦日用只是"事实","道"则是"价值"。事实和价值是合是离?又合到什么程度?或离到什么程度?这就完全要看每一个人的理解和实践了。所以《中庸》说:"君子之道费而隐,夫妇之愚可以与知焉。及其至也,虽圣人亦有所不知焉。夫妇之不肖可以能行焉。及其至也,虽圣人亦有所不能焉。"在中国思想的主流中,这两个世界一直都处在这种"不即不离"的状态之下。佛教的"真谛"与"俗谛"截然两分,最后还是为中国的禅宗思想取代了。

禅宗普愿和尚说"平常心是道",这便回到了中国的传统。"担水砍柴无非妙道",真谛、俗谛的间隔终于打通了,圣与凡之间也没有绝对的界限。宋明理学中有理世界与气世界之别,但理气仍是不即不离的,有气便有理,而理无气也无挂搭处。

中国的超越世界没有走上外在化、具体化、形式化的途径,因此中国没有"上帝之城"(City of God),也没有普遍性的教会(universal Church)。六朝隋唐时代佛道两教的寺庙决不能与西方中古教会的权威和功能相提并论。中国儒家相信"道之大原出于天",这是价值的源头。"道"足以照明"人伦日用",赋予后者以意义。禅宗也是这样说的。未悟道前是砍柴担水,而悟道后仍然是砍柴担水。所不同者,悟后的砍柴担水才有意义,才显价值,那么我们怎样才能进入这个超越的价值世界呢？孟子早就说过:"尽其心者知其性,知其性则知天。"这是走内在超越的路,和西方外在超越恰成一鲜明的对照。孔子的"为仁由己"已经指出了这个内在超越的方向,但孟子特提"心"字,更为具体。后来禅宗的"明心见性"、"灵山只在我心头"也是同一取径。

内在超越必然是每一个人自己的事,所以没有组织化教会可依,没有有系统的教条可循,甚至象征性的仪式也不是很重要的。中国也没有西方基督教式的牧师,儒家教人"深造自得"、"归而求之有余师",道家要人"得意忘言",禅师对求道者则不肯说破。重点显然都放在每一个人的内心自觉,所以个人的修养成为关键所在。如果说中国文化具有"人文精神",这便是一种具体表现。追求价值之源的努力是向内而不是向外向上的,不是等待上帝来"启示"的。这种精神不但见之于宗教、道德、社会各方面,并且也同样支配着艺术与文学的领域。所以"心源"这个观念在绘画和诗的创作上都是十分重要的。论画有"外师造化,中得心源"的名言,论诗则说"怜渠直道当时语,不着心源傍古人"。这可以说是内在超越所必经的道路。

我无意夸张中、西之异,也不是说中国精神全在内化,西方全是外化。例外在双方都是可以找得到的。但以大体而言,我深信中西价值系统确隐然有此一分别在。外在超越与内在超越各有其长短优劣,不能一概而论。值得注意的是中西文化的不同可以由此见其大概。这种不同到了近代更是尖锐化了。

前面曾指出,西方价值之源的超越世界,由于希腊理性与希伯来信仰的合流,在中古时期曾获得暂时的统一,但是信仰与理性的合作终究不能持久。中古时代哲学是神学的婢女,理性处于辅佐信仰的地位。文艺复兴以后,理性逐渐抬头;特别是科学革命以来,理性已压倒了信仰。西方的超越世界于是分裂了。科学解答了自然世界的奥秘,这是理性的大胜利。宇宙是有秩序、有规律的,可以通过人的理性来发现。理性的份量从此越来越重,人们对基督教的上帝的信仰相对地减轻了。牛顿仍然相信这个有秩序、有规律的宇宙是上帝创造的,但是自然科学的成功毕竟把上帝推远了一大步。自然事实的价值源头开始被切断了。"自然法"(Natural law)中的一大部分现在变成了"自然的规律"(Laws of nature)。

康德的哲学最能反映西方两个世界分裂和紧张的情况。康德是理性时代的最高产品,但是他却要推究理性的限度何在。理性只能使人知道现象界,而不是本体界。这便为上帝保留了地位,因为本体或物自体只有上帝才能完全知道(其基本假定是只有创造者才能对其创造品有完全的知识)。康德又特别提出实践理性来保证价值世界的客观存在。他一方面承认人受经验世界一切规律的支配,另一方面又规划出一个自主、自由的价值世界。这两个世界——一方面是事实世界、必然世界,另一方面是价值世界、自由世界——最后仍可统一在"上帝"这个观念之下。人作为一种自然现象是在因果律支配之下,但作为一本体现象则是自由的。本体必预设上帝的观念。康德的上帝观自然大不同于中古以来传统的旧说。他用批判理性来摧破了旧的形而上学或思辨神学,并同时建立了新的道德理论。

康德的哲学成就在近代是无与伦比的,但是他的努力仍未能挽救西方科学与宗教分裂的命运。他的"物自体"说、"先验综合原理"说,后世一直聚讼不已,至今仍处于信者自信、疑者自疑的状态,而且疑者还多于信者。19世纪达尔文的生物进化论出世之后,上帝创造世界的信仰更受到了致命的打击。一般号称基督徒的西方人虽然进教堂如仪,但心中已没有真实的上帝信仰。价值

20世纪儒学研究大系

之源已断,生命再无意义可言。所以尼采要借一个疯人的口喊道"上帝死亡了","所有的教堂如果不是上帝的坟墓,又是什么呢?"

一部西方近代史主要是由
圣入凡的世俗化过程

　　一部西方近代史主要是由圣入凡的世俗化过程。政治、社会、思想当然也走向世俗化的途径。18世纪的思想家开始把自然法和上帝分开,转而从人具有理性这一事实上重建自然法的基础。但是西方近代文化在人世间寻找价值源头的努力仍然遇到不易克服的困难,社会契约说所假定的"自然状态是一种乌托邦,不足以成为道德的真源(最近罗尔斯所建立的"原始立场"original position说是这一方面的重要发展)。功利主义的快乐说过分注重效用与后果,又有陷入价值无源论的危险。在重要关头,西方人往往仍不免要乞灵于上帝的观念。美国《独立宣言》把那些不容剥夺的"天赋人权"都说成是"不证自明的真理",因为人的基本权力是创世主的恩赐。甚至今天在一般西方人的观念中,人权还是来自上帝。

　　现代的中国知识分子都认为西方近代文化从中古基督教权威中解放出来是一个最伟大的成就,因为我们心向往之的民主与科学便是在这一解放过程中发展出来的。这个看法当然是有根据的,但是我们不能误解西方近代的世俗化是彻底地铲除基督教,更不能把科学和宗教看成是绝对势不两立的敌体。走"外在超越"之路的西方文化终不能没有一个精神世界为它提供价值的来源。相反地,基督教经过宗教改革的转化之后反而成为西方现代化的重要精神动力之一。以科学而言,伏尔泰便曾说过,传道师不过告诉孩子们有上帝存在,牛顿则向他们证明了宇宙确是上帝智慧的杰作。牛顿对上帝的深信不疑正是激励他探求宇宙秩序的力量。据专家研究,16世纪英国的医学发展也得力求上帝的观念。治病救人是响应上帝的召唤,发现人体机能的奥秘和药物的本性也是执行上帝的使命。医德和医学研究的热诚都源于对上帝的信仰。在政治社会思想方面,我们已指出"天赋人权"的观念具有基督教的背景。根据白特菲的观察,西方近代的个人主义和近代基督教的发展有密切的关联。宗教改革以后,各种教派兴起,彼此相持不下,于是才出现了"良心的自由"(freedom of conscience)的观念。这是个人主义(个人自作主宰)的一个重要构成部分。我们还可以补充一点,"容忍"这一重要观念也是在这一宗教背景之下产生的。再就资本主义的兴起来说,韦伯关于新教伦理的理论已成为大家耳熟能详的常识了。韦氏理论引起的辩难很多,但他的基本论点并未被推翻。英国的陶奈(R. H. Tawney)在重新检讨了这个问题之后,依然肯定清教徒的伦理观对英国的劳动和企业精神的兴起发生了决定性的刺激作用。不但如此,英国清教徒不肯向国教屈服的精神对英国民主的发展贡献尤为重大。

由此可见基督教在西方近代文化中有两重性格:制度化的中古教会权威在近代科学的冲击之下已彻底崩溃了,但是作为价值来源的基督教精神则仍然弥漫在各个文化领域。外在超越型的西方文化不能完全脱离它,否则价值将无所依托。启蒙运动时代西方文化思想家所攻击只是教会的专断和腐败而非基督教所代表的基本价值。反教会最烈的伏尔泰,据近人的研究,其实是相信上帝的。尼采和基尔凯廓尔都曾公开著书反对基督教,但是他们对原始教义仍然是尊重的。他们只是不能忍受后世基督徒的庸俗和虚伪。尼采认为古今只有一个真正的基督徒,但已钉死在十字架上了。他把耶稣和基督一分为二,其用意即在此。现代西方的神学家也接受了他的分别。

中国人的价值之源不是寄托在
人格化的上帝观念之上

　　以上是对西方现代化的一个极简要的说明。从这个说明中，我们可以确切地了解到西方所走的途径是受它的特殊文化系统所限定的。中国的历史文化背景与西方根本不同，这就决定了它无法亦步亦趋地照抄西方的模式。但是近代中国的思想界却自始便未能看清楚这点。康有为提倡成立孔教会，显然是要模仿西方政教分立的形式。事实上中国既属于内在超越的文化型，其道统从来便没有经过组织化与形式化。临时见异思迁是注定不可能成功的。由于中国的价值与现实世界是不即不离的，一般人对这两个世界不易分辨。因此"五四"以来反传统的人又误以为现代化必须以全面地抛弃中国文化传统为前提。他们似乎没有考虑到如何转化和运用传统的精神资源以促进现代化的问题。中国现代化的过程因此而受到严重的思想挫折，是今天大家都看得到的事实。"五四"的知识分子要在中国推动"文艺复兴"和"启蒙运动"，这是把西方的历史机械地移植到中国来了。他们对儒教的攻击即在有意或无意地采取了近代西方人对中古教会的态度。换句话说，他们认为这是中国"俗世化"所必经的途径。但事实上，中国的现代化根本碰不到"俗世化"的问题，因为中国没有西方教会的传统，纵使我们勉强把六朝隋唐的佛教比附于西方中古的基督教，那么禅宗和宋明理学也早已完成了"俗世化"的运动。中国的古典研究从来未曾中断，自然不需要什么"文艺复兴"；中国并无信仰与理性的对峙，更不是理性长期处在信仰压抑之下的局面，因此"启蒙"之说在中国也是没有着落的。康德在《什么是启蒙？》一文中开头便标举"有运用理性的勇气"一义。这是西方的背景，宋明理学的一部分精神正在于此。理学中的"理"字虽与西方的 reason 不尽相同，但相通之处也不少，所以中国人用"理性"两字来译 reason，西方人也往往用 reason 一字来译"理"字。我决不是说"五四"时代对中国传统的攻击完全是无的放矢，更不是说中国传统文化毫无弊病。"五四"人物所揭发的中国病象不但都是事实，而且尚不够鞭辟入里。中国文化的病是从内在超越的过程中长期积累而成的。这与西方外在超越型的文化因两个世界分裂而爆发的急症截然不同。中、西双方的病象尽有相似之处，而病因则有别。"五四"人物是把内科病当外科病来诊断的，因此他们的治疗方法始终不出手术割治和器官移植的范围。

　　这里不是讨论中国文化的缺点的地方。相反地，我要从正面说明中国文化的内在超越性在现代化的过程中所已经发生或可能发生的作用。中国人的价值之源不是寄托在人格化的上帝观念之上，因此即没有创世的神话，也没有包罗万象的神学传统。达尔文的生物进化论在西方引起强烈的抗拒，其余波至今未已。但进化论在近代中国的流传几乎完全没有遭到阻力。其他物理、化学、天文、医学各方面的知识，中国人更是来者不拒。我们不能完全从当时人要求"船坚炮利"的急迫心理上去解释这种现象，因为早在明清之际，士大夫在接受耶稣会所传来的西学时，他们的态度已经是如此了。17 世纪初年中国名士如虞淳熙、锺始声、李生光等人攻击利玛窦的《天学初函》（此书一半神学，一半科学），其重点也完全放在神学方面，至于科学部分则并未引起争端。前面已提到，中国人认定价值之源虽出于天而实现则落在心性之中，所以对于"天"的一方面往往存而不论，至少不十分认真。他们只要肯定人性中有善根这一点便够了。科学知识不可避免地要和西方神学中的宇宙论、生命起源论等发生直接的冲突。但是像"天地之大德曰生"、"生生不已"、"一阴一阳之为道"、"人之异于禽兽者几希"这一类中国的价值观念和价值判断,却不是和科学处在尖锐对立的地位,不但不对立,而且还大有附会的余地,谭嗣同的"仁学"便是一个最好的例证。谭氏用旧物理学中"以太"的观念来解释儒家的"仁",用物质不灭、化学元素的观念来解释佛教的"不生不灭"。我们可以从这个实例看出近代中国人比较容易接受西方的科学知识确与其内在超越的价值系统有关。中国文化中没有发展出现代科学是另一问题,但是它对待科学的态度是开放的。换句话说,内在超越的中国文化由于没有把价值之源加以实质化、形式化,因此也没有西方由上帝观念而衍生出来的一整套精神负担。科学的新发现当然也会逼使中国人去重新检讨以至修改传统价值论成立的根据,但是这一套价值却不致因科学的进步而立刻有全面崩溃的危险。

　　在西方近代俗世化的历史进程中,所谓由灵返肉、由天国回向人间是一个最重要的环节。文艺复兴的人文主义者首先建立起"人的尊严"的观念(如皮柯〔pico〕《关于人的尊严演讲词》,约写于1486年),但是由于西方宗教和科学的两极化,人的尊严似乎始终难以建筑在稳固的基础之上。倾向宗教或形而上学一方面的人往往把人的本质扬举得过高;而倾向无神论、唯物论或科学一方面的人又把人性贬抑得过低。近来深层心理学流行,有些学者专从人的"非理性"的方面去了解人性,以致使传统的"人是理性的动物"的说法都受到了普遍的怀疑。所谓"人文主义"在西方思想界一直都占不到很高的地位。萨特的人文主义中的"人的尊严"只剩下一个空洞的选择自由,事实上,则人生只有空虚与彷徨。海德格尔反驳萨特"存在先于本质"之说,认为人文主义低估了人的特殊地位。所谓人的特殊地位是指人必须依附于至高无上的"存有"(Being)。但他的"存有"则是一个最神秘不可解的观念。我看"存有"只能是"上帝"的替身,或"上帝"的影子,尽管他自己一再申明"存有"不是"上帝"。否则"存有离人最近、也最远"之类的话便很难索解了。

另一方面,他又说人类已忘记了"存有",而"存有"也离人而去。所以人在世间变成了"无家可归"的情况。由此可见,海氏虽极力要把人提高到"存有"——其实即上帝——的一边,最后还是落下尘埃。人的尊严依然无所保证。这是西方在俗世化过程中建立"人的尊严"所无法避免的困难。

人的尊严自孔子以来便巩固地成立了

中国文化正因为没有这一俗世化的阶段,人的尊严的观念自孔子以来便巩固地成立了,两千多年来不但很稳定,而且遍及社会各阶层。孔子用"仁"字来界定"人"字,孟子讲的更细些,提出仁义礼智的四端,后来陆象山更进一步提出"不识一字也要堂堂做一个人"的口号。中国人大致都接受这种看法。孟子说"人皆可以为尧舜",荀子说"涂之人可以为禹",佛教徒竺道生也说"一阐提可以成佛",都是说人有价值自觉的能力。所以中国的"人"字最有普遍性,也无性别之分。如果语言文字能够反映文化的特性,那么单是这个"人"字的发现和使用就大有研究的价值。圣人固然是"人",小人也还是"人",其中的分野便在个人的抉择。有知识、有地位、有财富并不能保证人格也一定高,所以《论语》上有"小人儒"、"为富不仁"的话。

我当然不否认中国传统社会上人有等级、职业种种分别分化的事实,但那完全是另一不同的问题。我在这里特别强调的只是一点,即在中国文化的价值系统中,人的尊严的观念是遍及于一切人的,虽奴隶也不例外。我们知道,亚里士多德的社会理论中是肯定了奴隶这一阶级的。中国的社会思想自始便否认人应该变成奴隶。其主要根据便是"天地之性人为贵"的观念。两汉禁奴隶的诏令开首常常引用这句话。陶渊明送一个仆人给他的儿子,却写信告诉他："此亦人子也，当善遇之。"唐代道州刺史阳城抗疏免道州贡"矮奴"，当时和后世传为佳话。白居易特歌咏其事于"新乐府"，"道州水土所生者，只有矮民无矮奴"，便成了两句有名的诗句了。康德的伦理哲学强调人必须把人当作目的，不是手段；又说：除非我愿意我行事之根据成为普遍的道德法则，否则我将不那样做。这是西方近代的观念。但中国儒家的思想向来便是如此。康德的道德法则更合乎孔子的"己所不欲，勿施于人"。比基督教的"己所欲，施于人"的金律更为合理。所以伏尔泰有时引孔子的话来代替基督教的"金律"。人人把别人当人，这是现代自由社会的普遍信念。民主理论也建筑在这个观念上面。近代西方人常讲的人是生而平等的、生而自由的这些话无非都是从这一基本观念中所衍生的。所以仅就人的尊严一点而言，中国文化早已是现代的，不必经过俗世化才能产生。习惯于西方知识论思路的人也许要问：我们怎么知道"天地之性人为贵"呢？这一论断有科学的根据吗？中国思想史上关于人的道德本性的问题曾有过很多的论证，这里不必详举。但是哲学论证是次要的，科学的证据尤属题外，这一点康德早已分析得很明白了。其实在中国人看来，这根本不成其为问题。古今无数道德实践的实例已足够证明人是天地间惟一具有价值自觉能力的动物了。中国人逻辑的、知识论的意识向不发达确是事实，但这个问题至少到今天为止还不是逻辑知识论所能充分解答的；也不是经验科学所能完全证实或否证的。所以今天还没有绝对性的科学证据非要求中国人立刻放弃这种信念不可。这里我们再度看到内在超越的价值论的现代意义。

整个地看，中国文化只对价值的超越源头作一般性的肯定，而不特别努力去建构另外一个完善的形而上的世界以安顿价值，然后再用这个世界来反照和推动实际的人间世界。后者是西方文化的外在超越的途径。在实际的历史进程中，西方的外在超越表现了强大的外在力量。西方人始终感到为这股超越外在的力量所支配、所驱使。亚里士多德的"最后之因"、"不动的动者"、中古基督教的"神旨"、黑格尔的"精神"或"理性"、马克思的"物",以至社会科学家所讲的历史或社会发展的规律,都可以看作同一超越观念的不同现形。英人柏林(Isaiah Berlin)把它们统称之为"巨大的超个人的力量"(这是借用 T. S. Eliot 的话)。这种力量要通过人来实现它自己的价值,而人在它的前面则只有感到无可奈何,感到自己的渺小。所以深一层看,西方近代的俗世化其实并没有能改变它的价值世界的结构。科学家从前门把"上帝"驱逐了出去,但是"上帝"经过各种巧妙的化装后又从后门进来了。

中国文化比较具有内倾的性格

我们可以说中国文化比较具有内倾的性格,和西方式的外倾文化适成一对照。内倾文化也自有其内在的力量,只是外面不大看得见而已。内在力量主要表现在儒家的"求诸己"、"尽其在我",和道家的"自足"等精神上面,佛教的"依自不依他"也加强了这种意识。若以内与外相对而言,中国人一般总是重内过于重外。这种内倾的偏向在现代化的过程中的确曾显露了不少不合时宜的弊端,但中国文化之所以能延续数千年而不断却也是受这种内在的韧力之赐。《大学》说:"知止而后有定,定而后能静,静而后能安,安而后能虑,虑而后能得。"这段话大致能说明内倾文化的特性所在。这里止、定、静、安等本来都是指个人的心理状态而言的,但也未尝不适用于中国文化的一般表现。18 世纪以来,"进步"成为西方现代化的一个中心观念。从"进步"的观点看,安定静止自然一无足取。黑格尔看不起中国文化的主要根据之一便是说中国从来没有进步过。"五四"时代中国人的自我批判也着眼于此。我个人也不以为仅靠安定静止便足以使中国文化适应现代的生活。中国现代化自然不能不"动"、不"进",在科学、技术、经济各方面尤其如此。但是今天西方的危机却正在"动"而不能"静"、"进"而不能"止"、"富"而不能"安"、"乱"而不能"定",最近二三十年来,"进步"已不再是西方文化的最高价值之一了。1960年哥伦比亚大学的史学教授克劳夫写《西方文明的基本价值》(Basic Values of Western Civilization)一书时曾列专章颂扬"进步"的观念,但是1980年同一大学的史学教授倪思贝写《进步观念史》一部大书,在结尾时却宣布"进步"的信念至少在今天的西方已经不再是天经地义了。他列举了许多著名学者(特别是科学家)对科技发展和经济成长的深切怀疑。物质上的进步与精神上的堕落恰好是成比例的,这对许多依然迷信物质进步的非西方人士而言,不啻是一个当头棒喝。倪思贝本人最后寄望于宗教力量的复苏。他并认为已在西方,尤其是美国,看见了这种动向。我们固不必完全同意倪氏的预测,然而现代生活中物质丰裕和精神贫困的尖锐对照则是有目共睹的。存在主义所揭发的关于现代人心理失调的种种现象如焦虑、怖栗、无家感、疏离感等,更是无可否认的。如果说在现代化的早期,安、定、静、止之类的价值观念是不适用的,那么在即将进入"现代以后"(post-modern)的现阶段,这些观念则十分值得我们正视了。

　　以上我们对中国文化的价值系统及其现代的意义作了一番整体性的观察。在这个基础上,让我们再提出四个问题来检讨这个价值系统在个别的文化领域内的具体表现。

中国人的基本态度是
"人与天地万物一体"

　　一、人和天地万物的关系。这里无法详论中国人对自然的看法,重点只能放在中国人对自然的态度上面。李约瑟认为中国人把自然看作一种有机体(organism)而不是一件机器(machine),这个看法大致上是可以接受的。西方的自然观先后有两大类型:希腊时代是有机观,16、17 世纪到 19 世纪是机械观。现代生物学、新物理学兴起以后,两者又有混合的趋势。无论如何,说中国没有机械的自然观是不致太错的。就人与自然的关系而言,我们大概可以用"人与天地万物为一体"来概括中国人的基本态度。这一观念最早是由名家的惠施正式提出的,庄子曾加以附和,中间经过禅宗和尚的宣扬(如慈照禅师云:"天地与我同根,万物与我一体。")最后进入了宋、明理学的系统,所以这可以说是中国各派思想的共同观念。但是天地万物(包括人在内)都不同,何以能成为一体呢?这就要说到中国特有的"气"的观念。天地万物都是一"气"所化:在未分化以前同属一"气",分化以后则形成各种"品类",至于分化的过程,则中国人一般总是以阴、阳、五行来作解释。那么"气"又是什么? 这是无法用现代西方观念来解说的一个名词,简单地说"气"是有生命的,但即非所谓"心",更不是所谓"物"。希腊人虽把自然看作有机体,但这个有机体是由"心"(或"灵魂")"物"两种元素合成的。这与中国"气"的宇宙观仍然大有区别。中国人是相信"天地之大德曰生"、"生生不已"的,因此天地万物的运行,便是一"气"的聚散生化的无穷过程。人也在天地万物之内,不过他是万物之"灵",所以能"赞天地之化育"。所谓"人与天地万物一体"或"天人合一",其比较确切的涵义即在此。这种宇宙论若严格地用哲学尺度去检查当然含有种种困难。但是我们在此可不必细究。值得注意的是,两千多年来中国人大体上都接受了这种看法。从这一看法出发,中国人便发展出"尽物之性"、"万物并育而不相害"的精神。中国人当然也不能不开发自然资源以求生存,因而有"利用厚生"、"开物成务"等等观念。但"利用"仍是"尽物之性",顺物之情,是尽量和天地万物协调共存,而不是征服。这是与西方近代对自然的态度截然相异之处。

中国在近两三百年科学技术落后于西方,这是大家所公认的事实。而科学、技术的突飞猛进正是现代化的一个主要特征。从这一点来说,中国文化断然是和现代生活脱了节的。所以中国必须吸收西方的科技,早已成为定案。李约瑟虽编写了一部《中国科学技术史》的巨著,仍不能证明中国已有现代的西方科技。事实上,如果我们平心静气地细读李氏的著作,我们便不能不承认传统中国的技术是远多于科学的。这里我们必须将科学和技术加以区别,尽管二者的关系是非常密切的。技术属于应用的范围,是可以从经验中摸索而得的,而且往往是知其然而不知其所以然的。科学则是对于自然现象各方面的规律进行系统的研究,不但要有精密的方法和工具,并且还必须有精确的理论说明。西方文化在这一点上则特显精彩。中国何以缺乏系统的"科学"是一个非常不易解答的问题,撇开历史背景、社会经济型态种种外缘不谈,我们至少也应该从文化价值系统上对这个问题加以探索。无论就数学、天文、物理、生物各部门的成绩或系统分类言,西方的科学在希腊时代便已超过中国。只有在实用技术方面,中国在 17 世纪以前尚不甚逊色而已,我们究竟怎样来说明这一事实呢?

我认为西方文化的外倾精神有助于系统科学的发展,而中国文化的内倾精神则不积极地激励人去对外在世界寻求系统的了解。这句话认真讨论起来当然不易。简单地说,毕达哥拉斯用抽象的数学形式来解释事物活动的外在结构是西方最早的一次科学革命。这是西方人第一次从数学观点来解决物理问题(这是根据柯林伍德在《自然的观念》中的说法)。柏拉图根据毕氏的数学形式的观念发展出"理念说",把世界一分为二,于是更进一步奠定了西方思想的外在超越的途径。他认定世界的秩序和规律是"上帝"

加以安排的结果,这就提供了一个超越的观点,可以使人全面地去
理解天地万物。希腊著名的数学家和物理学家阿几米德曾说:"给
我一个立足点,我可以转动整个宇宙。"外在超越的精神推动系统
科学的进展,从阿几米德这句话中生动而形象化地表现了出来。
牛顿以后西方的机械自然观的成立仍然是渊源于这一外在超越的
观点。自然世界是上帝所造的一种机器——如钟表,科学家的任
务便是要发现这种机器是怎样构成的,怎样运作的。

内倾文化注重人文领域内的问题

中国的两个世界是不即不离的,天与人是合德的,尽性即知
天,所以要求之于内。六合之外可以存而不论。荀子有"制天"、
"役物"的观念,在儒家思想中已是例外。但是他仍然说:"君子敬
其在己者,而不慕其在天者。"他的精神方面还是内倾而不是外倾
的;超越的外在观点依然没有建立起来。这当然不是说,中国几千
年来没有个别的外倾型的思想家,如宋代的沈括便是其一。西方
也不是完全没有内倾型的思想家,如晚期斯多葛派三哲(塞涅卡、
伊比克泰德、奥勒留)强调德性自足,明显地有由外转内的倾向。
但大体而言,中国思想确是比较实际的,贴切于人生的,有内在系
统而无外在系统的。抽象化、理论化、逻辑化的思考方式不是中国
的特色,也不受重视。张载比较接近西方式的系统思考,因此二程
批评他"不熟",他说"有苦心极力之象"。这里并不是谁比谁高明
的问题,而是彼此用心的对象不同。内倾文化注重人文领域内的
问题,外倾文化注重人文领域以外(自然)或以上(宗教)的问题。
但是由此可见中国之所以发展不出科学是具有文化背景的(必须
注明,我并不是主张文化价值决定论,其他外缘因素也应该考虑在
内。此处只是特别指出科学与文化价值有关而已)。西方的科学

的突飞猛进虽是近两三百年的事,可是它的源头却必须上溯至希腊时代。中国如果要在这一方面赶上世界水平,只有走"西化"之路。从这个特定的问题上,现代化和西化是同义语。

但是由于中国也有因实用需要而发展出来的技术传统,因此我们容易把科学和技术混为一谈("科技"这个含混名词,在我的了解中不是指科学和技术,而是指科学性的技术)。基本科学的研究不以实用为最高目的,而是为真理而真理、为知识而知识的。这是运用理性来解释世界、认识世界的。至于科学真理具有实用性则是次一级的问题。三百多年前培根曾提出两个关于科学的梦想:一是用科学的力量来征服宇宙,一是通过科学知识以认识世界的真面目。后者是基本科学的研究,前者便是技术发展。但培根的真正兴趣是在用"科技"来征服和宰制自然,所谓"知识即力量"的口号便导源于培根。所以严格地说,培根对待自然的态度是西方现代化的主要内容之一。这应该和基本科学研究分别开来。运用理性以获得真理是西方文化自希腊以来的一贯精神,是外在超越的西方价值系统的一种具体表现。它是超时间的(至少到现在为止),因而不存在所谓"现代化"的问题。

中国"五四"以来所向往的西方科学,如果细加分析即可见其中"科学"的成分少而"科技"的成分多,一直到今天仍然如此,甚至变本加厉。中国大陆提出的"四个现代化"全是"科技"方面的事。中国人到现在为止还没有真正认识到西方"为真理而真理"、"为知识而知识"的精神。我们所追求的仍是用"科技"来达到"富强"的目的。但是今天西方人已愈来愈不把"科技"看作正面的价值了。原子毁灭的危险、自然生态的破坏、能源的危机等都是对人类文明构成的非常真实的威胁。最可怕的是"科技"不但征服了世界,而且也宰制了人。这是当年培根所无法梦见的后果。人已不是"科技"的主人,而变成了它的奴隶,用海德格尔的名词说:是"科技"的

"后备队"。西方思想家现在已从多种角度来指陈这种"科技"宰制世界的危机了。但我认为存在主义或"批判理论"所说的千言万语似乎都不及庄子下面这段话能一语中的。庄子说："有机械者必有机事。有机事者必有机心。机心存于胸中则纯白不备，纯白不备则神生不定。神生不定者，道之所不载也。"这里所说的机械是指汲井水用的桔槔，是一种最简单的原始工具。道家非不知其便利，但他们要预防的是"机心"。"科技"主宰了人便正是"机心"代替了"人心"。人虽发明了"科技"而终于变成"科技"的"后备队"，这便是我们现在常常听到的所谓"疏离"或"异化"。道家对文化采取否定的态度，"科技"更不在话下。我引《庄子》上这段话当然不是无条件地拒斥现代"科技"，因为那是不可能的，而且也是愚蠢的。但是在"戡天役物"的观念已濒临破产的今天，庄子的话却大足以发人深省。"人与天地万物一体"的态度诚然不是"现代的"，然而却可能具有超现代的新启示。

<h2 style="text-align:center">"五伦"是以个人为中心
发展出来的人际自然关系</h2>

二、人和人的关系。这个问题应当包括个人与个人之间、个人与群体之间，以及不同层次的社群之间的关系。但这里只能就根本原则简单地谈一谈，详论是不可能的。人与人之间的关系中国一直称之为"人伦"。"伦"字意思后世的注家说是"序"，即表示一种秩序。孟子说："使契为司徒，教以人伦：父子有亲，君臣有义，夫妇有别，长幼有序，朋友有信。"这五伦大致包括了社会上最常见的几种个人关系。虽不完备，但主要类型已具。例如其中"朋友"一伦可以包括师生，"长幼"可以包括兄弟。五伦关系有互相关联的两点最值得我们注意：第一是以个人为中心而发展出来的。个人

的关系不同,则维系关系的原则也不同,如"亲"、"义"等即是。第二是强调人与人之间的自然关系,因此五伦始于父子。其中君臣一伦在现代人眼中虽然不是自然的,但在坚持"无父无君是禽兽也"的孟子看来,仍然是自然的。赫尔德从自然关系的观点出发,也肯定了父子、夫妇、兄弟、朋友四伦。但他认为国家是不自然的统治关系,所以独不取"君臣"一伦。这不但由于时代不同,而且更由于历史背景不同。中国古代的"封建"本是从家庭关系中延伸出来的,孟子视之为自然是可以理解的。甚至崇尚自然的庄子也明说君臣之义"无所逃于天地之间"。我在这里不是要证明君臣关系是否合理的问题。事实上除非我们主张无政府主义或到达了真正的大同世界,否则君臣(即现代所谓"上司与下属"、"领导与下级",或"老板与雇员"之类)的关系总归是存在的。即孟子、庄子的时代,中国人一般是把五伦解释为自然关系而已。必须指出,后世中国人也已看到君臣一伦不是自然关系。曹丕问:"君父各有笃疾,有药一丸,可救一人,当救君耶? 父耶?"当时在座宾客议论纷纷。后来邴原勃然对曰:"父也。"(《三国志·魏书》卷十一)《邴原传》注引"原别传",这显然是以父子为"自然关系",君臣则是"非自然关系"。有人问朱子:"独于事君谓之忠,何也?"朱子答道:"父子、兄弟、朋友皆是分义相亲。至于事君,则分际甚严。人每若有不得已之意,非有出于忠心之诚者。"(《朱子语类》卷二十一)"人每若有不得已"一语更是对这种"非自然的关系"的生动描写。

　　现代社会学家往往根据中国重视个人关系这一点而判断中国的社会关系只有"特殊性"而无"普遍性"。这种看法于是又变成了中国社会是传统性而非现代性的论据。我个人对这一论点深为怀疑,以实际情形言"特殊主义"和"普遍主义"是任何社会中都同时存在的现象,美国、英国同样有个人关系发生决定性作用的实例。以文化价值言,中国和西方都有最高的普遍原则,适用于一切个人。这在西方可以"公平"（Justice）为代表，在中国则是"仁"（后来是"理"）的概念。

"公平"和"仁"当然有不同，这是由外倾文化与内倾文化的差异而衍生的。"公平"是一个法律观念，其源头在上帝立法说，这是外在超越的取向。"仁"是一个道德观念，其根据在心性论，这是内在超越的取向。西方人相信人是上帝创造的，所以必须服从上帝所立的法条。洛克曾清楚地指出：一个人若是由另一个人（即指上帝）所创造，那么他便有义务服从他的创造者所订下的教戒。今天罗尔斯在他的"公平理论"（A Theory of Justice）中仍然承认这是一个具有通性的原则，尽管初看起来似乎有问题。这一通则应用在西方社会决不致发生困难，因为他们只承认他们的生命是上帝所赐的，而且上帝只有一个。试问这一通则用之于不信上帝的中国社会将发生怎样的后果？孔子的"仁"包括了"孝"的观念，从西方的观点看似乎走入了"特殊性"的歧途。但是如果我们一字不易地套用洛克的原则，那末岂不恰好证明了孔子"三年无改于父之道，可谓孝矣"这句话是合乎"公平"的理论？因为中国人向来是相信"父母生我"的。中国法律上父权很重，子孙不孝或违反教戒而为祖或父所扑责致死，罪也很轻，甚至不构成殴杀罪。其根据即在洛克所说的原则。但若认为人是"天"所生，父母只有"托气"的媒介作用，则父亦不能杀子。《白虎通》便如此说。这也预设了洛克的原则。问题当然不这样简单，我也不是在这里提倡"三年无改于父之道"的"孝道"。我要说明的是："仁"与"公平"都是普遍性的价值，其不同乃是由于不同的文化有不同的价值预设。中国价值系统因为没有预设客观化的、形式化的"上帝"的观念，因此法律没有绝对的神圣性，也占不到最高的位置。但是作为次一级的观念，"法"仍然是有普遍性的。孟子的著名假设——瞽瞍杀人，皋陶执法，舜负其父逃之海滨——便是承认法律有普遍性的一种表示。

不过因为"法"不是中国价值系统中的最高权威,因此必须与另一基本价值——"孝"——取得协调。孔子对"其父攘羊,其子证之"的反应也说明同一原理。"父为子隐,子为父隐,直在其中"是中国价值系统下的"公平"("直"即是"公平"之义)。

中国的价值系统以个人的
自然关系为起点

在个人与群体之间,以及不同层次的社群之间的关系方面,中国的价值系统也同样以个人的自然关系为起点。《大学》中"修身、齐家、治国、平天下"便是这个系统的最清楚而具体的表现。政治社会的组织只是人伦关系的逐步扩大,即以个人为中心而一伦一伦地"推"出去的。在各层社会集合之中,"家"无疑是最重要最基本的一环,"国"与"天下"也都是以"家"为范本的。所以有"国家"、"天下一家"、"四海之内皆兄弟"之类的观念。这是重视自然关系所必至的结论。人类的集合如果是出于自然关系的不断扩大,那么"国"便不能是止境,最后必然要推到"天下大同"。"天下"意识的出现虽然与中国的历史和地理背景有关,但"大同"则显然是"仁"的价值观念的最高体现。庄子说:"不同同之之谓大。"可见"大同"是肯定各种"不同"而达到一更高的综合。

我们分析中国传统的社会理论必须着眼于两个基本元素:一是有价值自觉能力的个人,一是基于自然关系而组成的"家"。"家"以外或以上的群体,如"族"、"国"、"天下"都是"家"的扩大,乡党、宗教团体、江湖结社也不例外。佛教号称"出家",但有趣的是中国佛教和尚的社会秩序仍靠宗法制度即"祖"、"宗"、"子"、"孙"、"侄"等一套观念来维系,不过在上面加一个"法"字而已,而且辈份的分别甚严(清初木陈和尚打了檗庵和尚(熊开元)一掌,后来写信给人说:"惟檗庵自任为灵岩法子,则灵岩亦是我家子侄,山僧尚可以家法绳之。"这是极显著的例子)。后世常见讥刺"和尚何不出家"的笑话,即由此而起。社会组织以自然关系为主,不但儒家的持论如此,道家也是一样。所以魏晋新道家坚持"名教"必须合于"自然"(上引郤原的答案即是一例)。维系自然关系的中心价值则是"均"、"安"、"和"之类。孔子说:"有国有家者,不患寡而患不均,不患贫而患不安,盖均无贫,和无寡,安无倾。"即然都是"一家人",关系是自然发展起来的,和谐相处应该是办得到的。"和"不是整齐划一,"君子和而不同",所以"和"首先肯定了人有不同。"均"也不是机械的平均,而是均衡,"和"与"均"在中国的社会价值中的重要性可以从制度史上得到充分的说明。历史上以"均"与"和"为名的制度多至不可胜数(如均田、均税、均役、均徭、和价、和籴、和买、和售、和市、和雇等)。

　　中国人当然不是无睹于自然与社会都有冲突的事实。均衡与和谐都不是容易获致的,而是必须克服重重矛盾与冲突才能达到的境界。中国思想史上关于"致中和"、"执中"的困难有无数的讨论,正足以说明这一事实。但根据中国的社会观,"和"、"均"、"安"才是常道,冲突与矛盾则属变道。其关键正在中国人认为各层次的社群都和"家"一样,是建立在自然关系的基础之上。

　　近代中国知识分子常常根据西方的标准,追问中国传统社会是"集体主义的"还是"个人主义的"。这个问题不容易答复,因为西方标准在此并不十分适用。中国也有近似"集体主义"的社会思想,如墨的"尚同"、兼爱",法家的"壹教";也有近似"个人主义"的,如庄子的"在宥"。但是在社会政治思想方面,真正有代表性而且发生了实际作用的则以儒家为主体。道家、法家只能居于次要的地位。儒家一方面强调"为仁由己",即个人的价值自觉,另一方面又强调人伦秩序。更重要的是:这两个层次又是一以贯之的,人伦秩序并不是从外面强加于个人的,而是从个人这一中心自然地推广出来的。儒家的"礼"便是和这一推广程序相应的原则。这个原则一方面要照顾到每一个个人的特殊处境和关系,另一方面又以建立和维持人伦秩序为目的。经典的定义都一致说:"礼者为异"或"礼不同",它和"法"的整齐划一是大有出入的,前面所提的"父为子隐,子为父隐,直在其中",便是孔子用"礼"来调节"法"的一个实例。孔子又说:"道之以政,齐之以刑,民免而无耻。道之以德,齐之以礼,有耻且格。"合起来看便可知儒家是要追求一种更高的"公平"和更合理的"秩序"。这一更高的"公平"和"秩序"仍然是从有价值自觉的个人推广出来的。"父为子隐,子为父隐"是为了引发窃盗者的"耻"心。"法"只是消极的,只能"禁于已然之后";"礼"则是积极的,可以"禁于将然之前"。社会不能没有法律,但法律并不能真正解决犯罪的问题。这是孔子的基本立场。所以他说:"听讼,吾犹人也;必也使无讼乎?"

"礼"虽有重秩序的一面,
但其基础却在个人

表面上看,"礼"好像倾向"特殊主义",但"礼"本身仍是一个具有普遍性的原则,是适用于每一个个人的。子女不得上法庭为父母的罪案作证尽可以成一个普遍性的条文而无损于法律的公平。事实上,以前美国法律便禁止配偶互在法庭作证,不过动机和理论根据不同而已。

"礼"虽然有重秩序的一面,但其基础却在个人,而且特别考虑到个人的特殊情况。从这一点说,我们正不妨称它为个人主义。不过这里所用的名词不是英文的 individualism 而是 personalism,我认为前者应该译作个体主义。社会上的个体是指人的通性,因

而是抽象的。个人则是具体的,每一个个人都是特殊的,即所谓
"人心不同,各如其面","物之不齐,物之情也"。"礼"或人伦秩序
并不否定法律和制度的普遍性和客观性,但却不以此为止境,法律
和制度的对象是抽象的、通性的"个体",因而只能保障起码的公平
或"立足点"的"平等"。"礼"或人伦秩序则要求进一步照顾每一个
具体的个人。这一型态的个人主义使中国人不能适应严格纪律的
控制,也不习惯于集体的生活。这种精神落实下来必然有好有坏。
从好处说是中国人爱好自由,但是其流弊便是"散漫",是"一盘散
沙"。自由散漫几乎可以概括全部的中国人的社会性格,不但文
人、士大夫如此,农民也是如此(精神当然也有社会的基础,以中国
农民言,绝大多数是小农。他们过的是"各人自扫门前雪"的生活,
彼此通力合作的机会极少,这是中西农民历史传统的不同。欧洲
中古农村往往有"公地",是各家从事共同畜牧或其他经营的所在。
因此欧洲农民尚有集体合作的习惯。中国周代所谓"井田"也许与
此有类似之处,但秦、汉以后的小农经济大体上都是各自为政的
了)。一个具有自由散漫的性格的文化决不可能是属于集体主义
的型态的。秦代法家曾企图用严刑峻法来建立一个完全服从统治
阶级的农民与战士的社会,其失败可以说是注定了的。

　　以群体关系而言,中国文化在现代化的挑战下必须有基本改
变,是非常显明的。在现代社会中政治与法律都是各自具有独立
的领域与客观的结构,决不是伦理——人伦关系——的延长。政
治法律和伦理之间究竟应当怎样划分界线,又如何取得合理的调
协?这是一个仍待研究的问题。中国传统的经验在此一问题上自
然可以有重要的新启示。但是我在这里不能旁涉过远。现在我只
想强调一点,即中国人必须认真吸收西方人在发展法治与民主两
方面的历史经验。我已指出,在内在超越的中国价值系统中,由于
缺乏上帝立法的观念,法律始终没有神圣性。但西方现代的法律

已逐渐以"理性"代替"上帝"了。中国人对于人有理性的说法并不陌生,因此没有理由不能接受现代的法治观念。清末沈家本革新中国法律已充分地证明了这一理论上的可能性。问题只在我们如何培养守法的习惯而已。新加坡同样是一个以华人为主体的社会,但英国人所奠定的法治基础已毫无困难地由新加坡华人继承了下来。这更从事实上证明了中国人实行法治决无所谓"能不能"的问题。

中国传统没有发展出民主的政治制度

中国传统没有发展出民主的政治制度。这尤其是近代中国知识分子鄙弃自己文化的最重要的根据。中国过去为什么没有产生民主制度是一个非常复杂的问题,此处也不可能详论。不过我愿意特别指出一项重要的历史事实,即西方近代的宪政民主发源于英国,然后西欧各国继起,总之,都是在比较小的国家成长的,美国则是惟一的例外,这是因为美国最初是由十三个殖民地联合组成的。以每一殖民地而言,仍是小国寡民的局面。西方民主的远源虽可溯自希腊,但是当时的民主只是各种政治形式之一,而且品质不高。苏格拉底便是雅典民主体制下的牺牲品,即使我们赞美雅典的民主,我们也必须认清雅典是一小城邦这个事实。西方近代民主并非直承希腊而来,因为古代城邦的民主传统在漫长的罗马和中古时期早已中断了。近代民主是一个崭新的制度,它确是随资产阶级的兴起而俱来的,资产阶级在与封建贵族和专制君主的长期争持中,逐渐靠自己日益壮大的经济和社会力量取得了政治权力与法律保障。这些特殊的历史条件在传统中国并不具备。中国自秦汉以来便统一在一个强大的皇权之下。一方面我们应该肯定这是一个伟大的文化成就,但另一方面我们也应该认清中国为这一成就所付出的代价。在强大的中央政府之下,贵族阶级早就消灭了,工商阶级和城市则因专卖和平准等制度而无法有自由发展的机会,中国的行会也不能和欧洲的基尔特(guilds)相提并论。隋唐以来,行会主要是政府控制工商团体的工具。宗教势力(如佛教)也通过"僧官"制度而纳入中央政府的控制系统之下。在传统中国,只有"士"阶层所代表的"道统"勉强可与"政统"相抗衡。但由于"道统"缺乏西方教会式的组织化权威,因此也不能直接对"政统"发生决定性的制衡作用。

　　以上是试对中国文化何以没有发展出民主提出一些历史的观察,但这并不表示中国的政治传统一直落后于西方。相反地,在西方近代民主未出现之前,中国一般的政治和社会状况不但不比西方逊色,而且在很多方面还表现了较多的理性,18世纪欧洲有些思想家认为中国的政治是"开明专制"的高峰,甚至体现了卢梭的"群意"(general will),虽不免溢美,却也不全是无稽之谈。举例来说,科举制度尽管有流弊,但是至少在理论上肯定了"士"的道德与知识的价值高于贵族的世袭身份和商人的财富。中国农民子弟确有机会通过科举而入仕,这在西方中古时代是不能想象的。16世纪摩尔所设想的"乌托邦"才正式提出政治领导必须由有学问的人来承当。柏拉图"共和国"中的统治集团显然是贵族阶级。

　　从价值系统看,中国没有民主仍然是和内在超越的文化型态有关。前面已说过,国家一向是被看成人伦关系的一个环节。价值之源内在于人心,然后向外投射,由近及远,这是人伦秩序的基本根据。在政治领域内,王或皇帝自然是人伦秩序的中心点。因此,任何政治方面的改善都必须从这个中心点的价值自觉开始。这便是"内圣外王"的理论基础。孟子对梁惠王、齐宣王讲"仁心仁政"、朱子对宋孝宗讲"正心诚意",这显然都是从人伦关系的观点出发。在人伦关系中,"义务"是第一序的概念,"为人臣止于敬"、

"为人子止于孝"、"为人父止于慈",都是"义务"概念的具体表现。
尽了"义务"之后才谈得到"权利"。此即"父父、子子、君君、臣臣",
从反面看则是"父不父则子不子,君不君则臣不臣"。子的义务即
父的权利,臣的义务即君的权利;反之亦然。这和西方近代的法律
观点适得其反。中国人的权利意识一向被压缩在义务观念之下。
以人伦关系而言,这是正常而健康的。西方的道德哲学家(如康
德)也以"义务"为伦理学的中心观念。但是伦理与政治在现代生
活中都各自有相对独立的领域,彼此相关而不相掩。所以分析到
最后,中国人要建立民主制度,首先必须把政治从人伦秩序中划分
出来。这是一种"离则双美,合则两伤"的局面。分开之后,我们反
而可以更看得清中国人伦秩序中所蕴藏的合理成分及其现代意
义。新加坡近年来提倡"儒家伦理"正是由于这种分离的成功。

中国文化把人当作目的而非手段,它的个人主义(personal-
ism)精神凸显了每一个个人的道德价值;它又发展了从"人皆可以
为尧舜"到"满街皆是圣人"的平等意识以及从"为仁由己"到讲学
议政的自由传统。凡此种种都是中国民主的精神凭藉,可以通过
现代的法制结构而转化为客观存在的,法制是民主的必需条件而
非充足条件;第二次大战前的德国和日本都有法制而无民主。然
而上列种种精神凭藉,尽管还不够完备,却已足为中国民主提供几
项重要的保证。从长远处看,我们还是有理由保持乐观的。

三、人对于自我的态度。自我问题也是每一个文化发展到一
定的阶段所必然要出现的。中国人关于自我的看法,我们在上面
的讨论中已涉及了不少,此处再略加补充。中国的内倾文化与西
方的外倾文化在追寻"自我"的问题上也表现了显著的差异。大体
言之,西方人采取了外在超越的观点,把人客观化为一种认知的对
象。人即化为认知对象,则多方面的分析是必然的归趋。这种分
析一方面虽然加深了我们对"人"的了解,但另一方面也不免把完

整的"人"切成无数不相连贯的碎片。中国人则从内在超越的观点来发掘"自我"的本质;这个观点要求把"人"当作一有理性、也有情感的,有意志、也有欲望的生命整体来看待。整体的自我一方面通向宇宙,与天地万物为一体;另一方面则通向人间世界,成就人伦秩序。孔子通过"仁"来认识"人",便是强调一个整体的观点。所以他从各种不同的角度来随机指点"仁"的丰富涵义。这就表示人对自我的认识和人对外在万物的认识不能采用相同的办法。对于万物的认识,我们主要是依赖"知",但对于"人"(包括自我在内)的了解,我们不仅需要"知",而且还需要"仁"。《中庸》所谓"成己,仁也;成物,知也",似乎正是表现此一分野。"仁"可以概括"知","知"并不能穷尽"仁"。

中西的对比当然只是从大体而论的,我们决不能说西方哲人都是从外在观点来解答"人是什么"的问题的。事实上,苏格拉底的态度便和孔子极为接近。苏格拉底强调人与人密切交往的重要性。他采用对话的方式便正是表示只有在主体互相问答之间才能发现关于"人"的真理。"人"不能客观化而变成认知的对象。苏氏也表现了内向反省的精神,所以才有"不经反省的人生是毫无价值的人生"这句名言。此后从斯多葛派的奥勒留到近代欧陆维护"精神科学"传统的思想家以至"内省"派的心理学家都多少承继了苏格拉底的精神。但是不可否认地,西方思想的主流并不在此一系。两个世界分裂下的心物对立和知识论传统下的主客对立始终阻碍着整体观点的建立。行为科学兴起以后,"人"终于和天地万物同成为经验知识的对象。

中国人的逻辑知识论的意识比较不发达,若就对客观世界的认识而言,这自然构成一种严重的限制。但失于彼者未尝无所得于此。中国人因此对于自我以及天地万物常能保持一种整体的观点,而比较免于极端怀疑论的困扰。中国人对自我的存在深信不疑,由自我推至其他个人,如父母兄弟夫妇,则人伦关系的存在也无可怀疑。人与天地万物为一体,由自我的存在又可推至天地万物的真实不虚。自我在与其他人的关系中存在,也在与天地万物的关系中存在,此存在并不是悬空孤立的。因此自我的存在,一方面是外在客观世界存在的保证;另一方面外在客观世界的存在也保证了自我存在的真实性。这是一种互相依存的关系。庄子因己之"乐"即可推出鱼之"乐",邵雍由"以我观物"即可推到"以物观物",程明道"万物静观皆自得,四时佳兴与人同"的诗句也表现了同样的观念,儒、道两家在这一方面并非分道扬镳。即使是佛教那种精微的"空"的理论也未能动摇中国人的信念。西方怀疑论者否认客观世界的真实,最后只剩下一个"我思故我在"孤悬的自我。这种态度对于中国人而言,始终是相当陌生的。中国人也不能像他们那样认为自我必须斩断与外在世界相维系的锁链才能享有真正的自由。这又是外在超越与内在超越截然相异的一点。在中国思想中,自我对外在世界的肯定以及对内在价值之源的肯定都不是知识论和逻辑所能完全保证得了的。人的认知理性终究是有它的限度的。康德的批判哲学穷究"理性"的限度,断定本体界和道德法则都在经验知识的范围之外。康德的断定在中国人看来是顺理成章的,但在西方思想界却并未获得普遍的承认。

中国思想史上,个人修养一直
占着主流的地位

中国人相信价值之源内在于一己之心而外通于他人及天地万物,所以翻来覆去地强调"自省"、"自反"、"反求诸己"、"反身而诚"之类的功夫,这就是一般所谓的"修身"或"修养"。孟子和《中庸》都说过"诚者天之道,诚之者人之道"的话。所以"反身而诚"不是

"独善其身"的自私或成为佛家所谓"自了汉"。自我修养的最后目的仍是自我求取在人伦秩序与宇宙秩序中的和谐。这是中国思想的重大特色之一。西方仅极少数思想家如斯多葛派曾流露过这种观点，但已在古代末期，不久即为基督教的观点所掩盖。只有在中国思想史上，个人修养才一直占据着主流的地位。修养的理论并不限于儒家一派，道家（包括道教）的"功过格"与佛家无不如此。孔子说："自天子以至庶人，一是以修身为本。"可见"修身"决不是上层统治阶级的专利品。

人性中除了自私自利之外，是不是还有光辉高尚的一面？我们又怎样才能发挥光辉的一面，控制黑暗的一面？中国人对这类问题的认识与解答，并不全靠知识和逻辑，然而也不否认经验知识有助于人的自我寻求与自我实现。《大学》标举"格物"、"致知"为修身的始点，至少表示道德实践也不能完全离开客观知识。不过修养不能止于知识的层次："知及之，仁不能守之，虽得之，必失之。"如何"守仁"便不纯是知识的事了，此中大有功夫在。朱子在宋儒中最正视读书明理，但是他却一再说明"读书只是第二义的事"，最要紧的还是读圣贤书之后，更进一步"切己体验"，"向自家身上讨道理"。总之，中国人基本上相信人心中具有一种价值自觉的能力（无论我们称它为"仁"，为"良知"或任何其他名目，所指皆同）。这种能力的存在虽然不是像客观事物那样可以由知识来证立，但每一个人都可以通过"反身而诚"的方式而感到它的真实不虚。人如果立志要"成人"或"为人"，不甘与禽兽处于同一境界，则必须用种种修养功夫来激发这一价值自觉的能力。而修养又只有靠自我的努力才能获得，不是经典或师友的指点所能代替的，后者只有援助的功用。这种一切依赖自己的修养观念不仅深植于知识分子的心中，而且也流行于民间。早期道教有一种"守庚申"之说，便是这一观念的变相。晋代《抱朴子》已记载，人身中有一种"三尸"之"神"或"虫",于庚申日上天,言人罪过,所以必须守之不使上天(灶神信仰亦是同类,不过所监督的是一家而不是一人的善恶而已)。一般平民因不能深解儒家"仁"或"良知"的理论,所以道教徒使用这种"神道设教"的办法来传播相当于儒家"自省"、"自反",或"慎独"的修养论。"守庚申"的信仰不但流布于中国民间,并且曾传入日本,影响颇广(日人洼德忠有专书研究)。无论是"良知"还是"三尸",总之人具有一种内在的精神力量,督促自我不断向上奋斗。

中国人对自我的态度能与
现代生活相适应吗?

我们现在要问:中国人对自我的态度能够与现代生活相适应吗?我可以十分肯定地答道:中国人这种"依自不依他"的人生态度至少在方向上是最富于现代性的。我们在上面曾提到古代斯多葛派重视人的内在德性的主张在基督教的排斥之下趋于式微。基督教认为自我应完全托付给上帝。人在精神上要求完全自作主宰适成为"我慢";"我慢"正是自我"解放"的最大障碍之一。在中古基督教的传统中,个人必须通过代表上帝的教会和牧师才能获救。人有罪过时也要向牧师忏悔自白,今天的天主教仍然保持这一传统。所以西方人的精神解救主要是借助于专业牧师的外力,不靠自我的修持(汉末道教初兴时也有"省过"的方法,但六朝以后似未见普遍流行)。宗教改革以后的新教强调个人直接与上帝交通,这自然是基督教现代化的一个重要步骤。然而牧师传教在西方社会中仍占据着中心的地位。

19世纪以来,西方基督教面临种种危机,首先是科学的挑战,前面早已提到了。其次是真正信徒对教会和牧师的怀疑。基尔凯廓尔毕生以"如何成为一个真正的基督徒"自期。西方社会上流行的基督教在他看来全是虚伪。他以为信仰是全副生命的贡献与托付,不容有丝毫怀疑与理性批判夹杂在内。信仰的关键则端在个人能否作出"决断";因为这是纯属意志与情感的事,与理性毫不相干。这种说法对于虔诚的基督徒自然能发生坚定信仰的作用。可是他又说他之所以信仰基督教则是因为它的教义是最"荒谬的"(事实上基氏是引用公元2—3世纪德尔图良的名言,指耶稣死而后活等神话而言。其意在强调信仰非理性所能解,而且比理性远为确实可靠)。而且只有最荒谬的东西才能使人用最大的热情和诚意去信仰。我们不能否认,有些神学家也许会在这种彻底反理性的议论中看到"深刻的真理",但是它之绝不能在一般常人心中发生"起信"的作用则是可以断言的。这就毋怪尼采要发出"上帝已死亡"的宣告了。

上帝死亡以后的西方人已无法真正从牧师与教堂那里获得自我的解救了。而上教堂作礼拜如仪的芸芸众生在基尔凯廓尔之类人的眼中则都是全无真信仰的流俗。所以近几十年来西方(特别是美国)心理病医生和靠椅代替了牧师和教堂。精神上有危机的西方人已转向"心理分析"去求"解放"与"自由"。弗洛伊德的学说自然是20世纪一大成就,但它是否真能代替传统的宗教却不无疑问。它诊治的对象是文化所压制的人的本能,在这一方面它确有效用。人性中除了本能以外是否还蕴藏着较高的精神因子呢?这个问题至少还没有获得人人共同承认的科学解答。斯金纳的极端行为主义心理学曾经轰动一时,但今天也许只有极少数心理学家还继续相信人和实验室中的鸽子全无分别,相信人可以简单地用"赏"、"罚"二柄来加以操纵控制。如果我们仍不愿放弃人性中有光辉的一面的信心,那么心理分析最多也只能解决人的一半(或大部分)的精神病症。

西方存在主义者强调现代人的失落、惶恐、虚无、认同危机种种实感，这些恐怕都与"上帝死亡"后价值之源没有着落有关。弗洛伊德学说和后来发展的深层心理学对于这一类的病痛似乎尚不能提出完全有效的诊断和治疗。以往西方的宗教与哲学把人性扬之过高，现在的心理学又不免凿之过深。这里显然有一个如何取得平衡的问题。弗洛伊德把传统道德文化看成压抑性的，他的"超自我"（Super—ego）或"良心"（conscicnce）即是此种道德的化身。他的深刻观察是不可否认的，但是我们若把中国人所说的"仁"、"良知"和"超自我"完全等同起来，那便不免"失之毫厘，差以千里"了。其实弗氏也承认人具有一种"没有任何内容的纯粹感"，它存在于"超自我"与"良心"之前。这已为人性中高贵光辉的一面留下了一隙余地。由于这一点不是他注意力集中的所在，因此没有详加发挥。弗氏的后学容格在这一问题上反而较为平衡。他认为成年人的人格发展更为重要；而且人格是自我发展出来的。这显然是接引人向上的心理学。容氏特别欣赏亚洲宗教自由自在的风格，以为比基督教的整齐狭隘犹胜一筹。他因此对《易经》、禅宗都能相契。我们不难由此窥见中国人对自我的看法确有其现代意义的一面。

传统的自我观念只要稍加调整
即可适用现代中国人

我们并不需要借容格或其他西方学者的赞美以自重，也不是说中国人的自我境界将可解除西方人"上帝死亡"后的困扰。我所要郑重指出的是中国传统的自我观念只要稍加调整仍可适用于现代的中国人。在外在超越的西方文化中，道德是宗教的引伸，道德法则来自上帝的命令。因此上帝的观念一旦动摇，势必将产生价值源头被切断的危机。在内在超越的中国文化中，宗教反而是道德的引伸，中国人从内心有价值自觉的能力这一事实出发而推出一个超越性的"天"的观念。但"天"不可知，可知者是"人"，所以只有通过"尽性"以求"知天"。对此超越性的"天"，中国人并不多加揣测描绘，更不虚构一个人格化的上帝来代表"天"的形象。荀子说："天地始者，今日是也。"《大学》引《汤铭》说。"苟日新，日日新，又日新。"《易系辞》则说："生生之为易。"这一思想基调是强调宇宙不断创化的过程，至于宇宙是如何开始、怎样开始的，则不是最重要的问题。创世的神话在这种思想基调之下是不容易发展的，因为每一天都是"创世"——"天地始者，今日是也。"我们由以上的分析可以清楚地看到，中国人对自我价值的肯定不但碰不到"上帝死亡"问题的困扰，而且也不受现代基督教神学中所谓"消除神话"的纠缠。中国儒、释、道三教在早期当然都有"神话"，如汉代纬书中的"演孔图"、"太平经"中的老子降的异迹，以及佛教中关于佛陀降生的瑞应之类。但是这些"神话"在中国思想史上并无重要性，而且早就被"消除"了。最激烈的如禅宗大师"呵佛骂祖"，要把世尊"一棒打杀与狗子吃掉"。如果西方"消除神话"是基督教的"现代化"，那么我们可以说中国的三教都早已"现代化"了。

中国人由于深信价值之源内在于人心，对于自我的解剖曾形成了一个长远而深厚的传统：上起孔、孟、老、庄，中经禅宗，下迄宋明理学，都是以自我的认识和控制为努力的主要目的。中国传统社会中的个人比较具有心理的平衡和稳定，不能完全以外缘条件来解释（如农业社会和家族制度之类）。我们也不能完全根据社会学的观点，认为这是中国人对社会规范和价值的"内化"推行得较为成功所致。至少中国人特别注重自我的修养，是一个值得注意的文化特色。这当然不是说中国人个个都在精神修养方面有成就。但二三千年来中国社会能维持大体的安定，终不能说与它的独特的道德传统毫无关系。社会上只要有少数人具有真实的精神修养，树立道德风范，其影响力是无法低估的。

中国人的自我观念大体上是适应现代生活的，但是也有需要调整的地方。传统的修养论过于重视人性中"高层"的一面，忽略了"低层"与"深层"的一面。而且往往把外在社会规范和内在的价值之源混而不分（即弗洛伊德所谓"超自我"与"纯罪感"混而不分。按：程伊川以为"性"中无孝、悌，只有仁、义、礼、智，也是指这一分别而言。后者——仁、义、礼、智——也可说是"无任何内容的纯道德意识"）。近代的行为科学，特别是深层心理学正可补充中国传统修养论的不足。现代西方人遇到自我精神危机时往往向外求救，而心理分析又有偏于放纵本能的流弊，"自由"、"解放"反成为放纵的借口。从这一点说，中国的修养传统正是一种值得珍贵和必须重新发掘的精神资源。最后，我愿意预答一个可能遇到的质难，即中国人关于人的内在价值之源的信念究竟在今天还有没有事实的根据？如果人真的像斯金纳所说的，与实验室中的鸽子、老鼠全无分别，那么我们在上面谈到的精神修养岂非全成了自欺欺人？这个问题至少可以有两种不同的答案。第一，我们可以不必预设有内在的价值之源，而肯定修养有助于人的心理健康。荀子认为道德规范是人为的，但仍然坚持"化性起伪"的"修身"论，至于修养之实际有助于个人的心理平衡和社会稳定则是一个无可否认的经验事实。我们即使采取功利主义者的后果论，也应该对它加以肯定。第二，所谓内在的价值之源是指人是否具有与生俱来的价值自觉的能力。这个问题我们现在尚不能给予"科学的"答案。现代西方的经验主义哲学和行为主义心理学都否认人有先天的认知能力或"先天观念"（Innate ideas）。理性主义早已被唾弃了。如果人并无先天的认知能力，我们也可以类推人没有先天的价值自觉的能力。但是近年来乔姆斯基欲根据他在心理语言学上的研究为理性主义翻案。从他所发现的语言结构的复杂性和小孩子很快即能自然地掌握语言这一事实,他推断人必然具有与生俱来的语言能力。在这个基础上,他重新提出了人有"先天观念"的问题。他也是对斯金纳的心理学批评得最严厉的一个人,认为斯氏的实验结果绝大部分都不适用于解释人的行为。乔姆斯基复活理性主义的努力在西方哲学、语言学、心理学各方面都有冲击力,但并未获得普遍的承认,而且乔氏本人也没有涉及"先验道德"或"上帝存在"这一类旧理性主义的哲学论题。他只是根据语言研究的经验证据来驳斥经验主义者把人完全下侪于一般动物而已。乔姆斯基与经验主义者之间的争论牵涉到许多复杂问题,此处不能多说。总之,我们现在还不到下论断的时候(也许"先天能力"这个问题在可见的未来还找不到最后的答案)。我引乔氏之说,其用意绝不是要从"人有与生俱来的语言能力"推出"人有与生俱来的价值自觉能力"。我仅仅是要指出,乔氏关于"先天观念"的坚持,对于"内在价值之源"的问题有一种新的启示:现代经验科学的知识对于这一重大问题并未能下最后的判断。我在上面曾引及康德把道德法则划在经验知识之外。但在今天的行为主义者如斯金纳之流则根本认为"先验道德"之说早已被"科学"推翻了。乔姆斯基的例子至少使我们看到:经验知识中也出现了倾向于支持"先天观念"的证据。因此这个问题仍然是开放的,疑者固然有理由,信者也不算完全无据。换句话说,即使根据严格的科学观点,中国人关于自我的看法,也还没有到非放弃不可的境地。

中国人的生死观仍是
"人与天地万物为一体"的延伸

四、对生死的看法。最后我想用几句话交待一下中国人关于生死的见解，因为这也是每一个文化所必须面对的问题。关于这一问题，一般民间的信仰与知识分子的理解当然有较大的距离，但其间也仍有相通之处。

　　大体说来，中国人的生死观仍是"人与天地万物为一体"的观念的延伸。以民间信仰而言，在佛教入中国以前，中国人并没有灵魂不朽的说法。中国古代有"魂"与"魄"的观念，分别代表天地之"气"。"魂"来自天，属阳；"魄"来自地，属阴。前者主管人的精神知觉，后者主管人的形骸血肉。魂与魄合则生，魂与魄散则死。这是一种二元的灵魂观，在世界各文化中颇具特色。更值得注意的是魂魄分散之后，一上天，一入地。最近长沙马王堆汉墓所发现的帛画和木牍很清楚地表现出这种分别（详见我的《中国古代死后世界观的演变》）。但是魂、魄最后复归于天地之气，不是永远存在的个体。周代以来的祭祀制度有天子七庙、诸侯五庙，士庶人祭不过其祖之类的规定，其背后的假定便是祖先的灵魂日久即化为"气"，不再能享受子孙的祭祀了。关于这一点，子产论魂、魄时已明白指出。所以中国古代虽也有关于"天堂"与"地狱"的想象，然而并不十分发达。最重要的还是人世，天堂与地狱也是人世的延长。简言之，生前世界和死后世界的关系也表现出一种不即不离的特色。佛教东来之后，天堂、地狱的想象当然变得更丰富，也更分明了。但轮回的观念仍使人能在死后不断地重返人世，中国民间之所以易于接受佛教的死后信仰，这也是关键之一。在现代化的冲击之下，中国民间关于生死的信仰虽没有完全消失，却毫无疑问地是日趋式微了。所以我们不必过分注意这一方面的现代演变。但是中国知识阶层关于生死的看法则大值得我们重视。

　　孔子"未知生，焉知死，未能事人，焉能事鬼"的话是大家都知道的。这种说法曾被一些西方学者（如 Jacques Choron）误会为"逃避问题"的态度。其实孔子并不是逃避，而正是诚实地面对死亡的问题。死后是什么情况,本是不可知的,这种情形一直到今天仍然毫无改变。但有生必有死,死是生的完成,孔子是要人掌握"生"的意义,以减除对于"死"的恐怖。这种态度反而与海德格尔非常接近。不但孔子如此,主张"一生死,齐万物"的庄子也说:"故善吾生者,乃所以善吾死也。"庄子又用"气"的聚散说生死。这不但和魂、魄的离合说相应,而且更可见其背后仍有一牢不可破的"人与天地万物一体"的观念。在经过佛教的挑战之后,宋代的儒家关于生死的见解仍回到中国思想的主流。张载强调"生"是"气之聚","死"是"气之散",便吸收了庄子的说法。以小我而言,既然是"聚也吾体,散也吾体",自然不必为死亡而惶恐不安。以大我而言,宇宙和人类都是一生生不已的过程,更无所谓死亡。朱熹认为佛家是以生死来怖动人,所以才能在中国长期流行。但是只要我们能超出"私"之一念,不把小我的躯体看得太重(即所谓"在躯壳上起念"),我们便可以当下摆脱"死"的怖栗。

中国思想家从来不看重灵魂不灭的观念,桓谭论"形神"、王充的"无鬼论"、范缜的"神灭论"都是最著名的例子。但是中国思想的最可贵之处则是能够不依赖灵魂不朽而积极地肯定人生。立功、立德、立言是中国自古相传的三不朽信仰,也是中国人的"永生"保证。这一信仰一直到今天还活在许多中国人的心中。我们可以毫不迟疑地说,这是一种最合于现代生活的"宗教信仰"。提倡科学最力的胡适曾写过一篇题为"不朽——我的宗教"的文章,事实上便是中国传统不朽论的现代翻版。根据中国人的生死观,每一个人都可以勇敢地面对小我的死亡而仍然积极地做人,勤奋地做事。人活一日便尽一日的本分,一旦死去,则此气散归天地,并无遗憾。这便是所谓"善吾生所以善吾死"。张载的《西铭》说得最好:"存,吾顺事;没,吾宁也。"

中国文化与现代生活不是互相排斥的实体

以上我试图从价值系统的核心出发疏解中国文化在现代的转化。我希望这种多方面的疏解可以说明本文开端时所标举的主旨,即中国文化与现代生活不是两个互相排斥的实体。在现实中并不存在抽象的现代生活,只有各民族的具体的现代生活,中国人的现代生活即是中国文化在现阶段的具体表现。中国文化在现代发生了前所未有的剧烈变动,而西方现代文化的冲击则是这一变动的根本原因。这都是大家有目共睹的历史事实。但是这种激烈的变动是不是已经彻底地摧毁了中国文化的基本价值系统呢? 这个问题可以从两方面来答复。以个人而言,一部分知识分子,特别是少数西化派,的确在自觉的思想层面上排斥了中国价值系统中的主要成分。即使在这些少数人,只要我们细心观察便会发现,他们在不自觉的行为层面上仍然无法完全摆脱传统价值的幽灵。以整个中国民族而言,我深觉中国文化的基本价值并没有完全离我们而去,不过是存在于一种模糊笼统的状态之中。中国人一般对人、对事、处世、接物的方式,暗中依然有中国价值系统在操纵主持。这是一个经验性的问题,必须留待经验研究来回答,我在这里不过姑且提出一种直觉的观察而已。

非常粗疏的说,文化变迁可以分成很多层:首先是物质层次,其次是制度层次,再其次是风俗习惯层次,最后是思想与价值层次。大体而言,物质的、有形的变迁较易,无形的、精神的变迁则甚难。现代世界各文化的变迁几乎都说明这一现象,不仅中国为然。中国现代的表面变动很大,从科技、制度,以至一部分风俗习惯都与百年前截然异趣。但在精神价值方面则并无根本的突破。而且事实上也无法尽弃故我。由于近百年来知识界在思想上的分歧和混乱,中国文化的基本价值一直没有机会获得有系统、有意识的现代清理。情绪纠结掩盖了理性思考?不是主张用"西方文化"来打倒"中国传统",便是主张用"中国传统"来抗拒"西方文化"。中国学术思想界当然并不是没有理性清澈而胸襟开阔之士。只是他们的声音本已十分微弱,在上述两种吼声激荡之下更是完全听不见了。所以中国的基本价值虽然存在,却始终处于"日用而不知"的情况之中。价值系统不经过自觉的反省与检讨便不可能与时俱新,获得现代意义并发挥创造的力量。西方自宗教革命与科学革命以来,"上帝"和"理性"这两个最高的价值观念都通过新的理解而发展出新的方向,开辟了新的天地。把人世的勤奋创业理解为上帝的"召唤",曾有助于资本主义精神的兴起;把学术工作理解为基督教的"天职",也促进了西方近代人文教育与人文学术的发展。"上帝"创造的宇宙是有法则、有秩序的,而人的职责则是运用"理性"去发现宇宙的秩序与法则。这是近代许多大科学家所接受的一条基本信念,从牛顿到爱因斯坦都是如此。爱因斯坦把"上帝"理解为"理性在自然界的体现"。因此他终生拒绝接受量子力学中的"不确定原则"。在政治、社会领域内,自由、人权、容忍、公平等价值也不能脱离"上帝"与"理性"的观念而具有真实的意义。西方外在超越的价值系统不仅没有因为"现代化"而崩溃,而且正是"现代化"的一个极重要的精神泉源。诚然,如上文所指出的,西方的价值系统在现代化的后期的今天已面临了严重的危机,但西方人同时也开始从多方面去发掘这一危机的性质及其挽救之道。他们怎样脱出危机,现在尚不可知;可以确知的是新的反省与检讨将为西方文化下一阶段的发展提供一个新的始点。

中国现代化的困难之一即源于价值观念的混乱;而把传统文化和现代生活笼统地看作两个不相容的对立体,尤其是乱源之所在。以"现代化"等同"西化"无论在保守派或激进派中都是一个相当普遍的现象。这是对于文化问题缺乏基本认识的具体表现。激进的西化论者在自觉的层面完全否定了中国文化，自然不可能再去认真地考虑它的价值系统的问题。另一方面，极端的保守论者则强调中国文化全面地高于西方，因此对双方价值系统也不肯平心静气地辨别其异同。至于这两派人在攻击或卫护中国文化时，将价值系统与古代某些特殊的制度与习惯相混不分，那更是一个不易避免的通病了。近代中西方文化的辩论虽仅局限在某些知识分子的小圈子之内，但经辗转传播之后也往往会影响到知识界以外的一般人士，以至他们在"日用而不知"之际，逐渐对中国的价值观念发生误解或曲解。从这一角度看，我们便不难了解问题的严重性了。凯恩斯论及经济问题时曾有一句名言："从事实际工作的人，总以为他们完全不受学术思想界的影响，但事实上他们往往是某一已故经济学家的（学说的）奴隶。"文化问题也正是如此。价值系统问题如果长久地不获澄清，会给中国文化招致毁灭性的后果，更不必说什么现代转化的空话了。

中国的价值系统是经得起长期挑战的

我在本文中将中国文化的价值系统与古代的制度、风俗以及物质基础等加以分别，但是这绝不表示我相信文化价值是亘古不变的，更不是说我把文化价值当作一种超绝时空的形而上实体来看待。事实上，我在分别讨论中国价值系统各个主要面相时已随处指出这个系统面临着现代变迁必须有所调整与适应。我并且毫不讳言在某些方面中国必须"西化"。但是整体地看，中国的价值系统是经得起现代化以至"现代以后"（post modern）的挑战而不致失去它的存在根据的。这不仅中国文化为然，今天的西方文化、希伯来文化、伊斯兰文化、日本文化、印度文化等都经历了程度不同的现代变迁而依然保持着它们文化价值的中心系统(此中最极端也最富启发性的例子是印度的"舍离此世"的价值观念和森严的等级制度如何在现代化挑战下发挥了创造性的作用。可看法国社会学家 Louis Dumont 的经典著作：Homo Hierarchicus, The Caste System and Its Implications)。这些古老民族的价值系统都是在文化定型的历史阶段形成的,从此便基本上范围着他们的思想与行为。怀特海曾说："一部西方哲学史不过是对柏拉图的注脚。"这只是指哲学而言。其实这个说法正可以推而广之,应用于各大文化的价值系统方面。各大文化当然都经过了多次变迁,但其价值系统的中心部分至今仍充满着活力。这一活生生的现实是决不会因为少数人闭目不视而立刻自动消失的(按:怀特海的原意是说西方后世哲学家所讨论的都离不开柏拉图所提出的基本范畴和问题,并不是说,一部西方哲学史都在发挥柏拉图的哲学观念。批判和立异也是"注脚"的一种方式。读者幸勿误解此语)。

今天世界各民族、各文化接触与沟通之频繁与密切已达到空前的程度。面对着种种共同的危机,也许全人类将来真会创造出一种融合各文化而成的共同价值系统。中国的"大同"梦想未必永远没有实现的一天。但是在这一天到来之前,中国人还必须继续发掘自己已有的精神资源,更新自己既成的价值系统。只有这样,中国人才能期望在未来世界文化的创生过程中提出自己独特的贡献!

(选自《文化：中国与世界》第一辑,生活·读书·新知三联书店,1987 年 6 月)

余英时(1930—),著名历史学家。原籍安徽潜山,1930 年生于天津。香港新亚书院文史系第一届毕业生,师从钱穆等人,后留学美国,获哈佛大学历史学博士学位。历任哈佛大学中国历史教授、耶鲁大学历史系讲座教授、香港中文大学新亚书院院长等。长于思想史比较研究,主张用西方概念和分析方法对中国思想传统进行现代诠释,解释中国传统思想之内在特色。80年代后,对儒学和中国文化的诠释和重建问题倾注了极大热情,所撰《试论中国文化的重建问题》、《从价值系统看中国文化的现代意义》、《中国近世宗教伦理与商人精神》受到学术界广泛关注。所著《士与中国文化》、《陈寅恪晚年诗文释证》、《历史与思想》、《史学与传统》、《中国思想传统与现代诠释》等亦流传甚广。

选文对以儒家为主体的中国传统价值系统予以全面深入地分析探讨,其要点在指出中国人的价值之源虽出于天,但其实现却落在心性之中,走"内在超越的路"。这个方向从孔子的"为仁由己"已经明确开端,孟子讲"尽心知性知天"更为具体,以后则一直被继承发挥。这一内在超越之路使中国文化比较具有"内倾的性格",注重人文领域内的事情。中国的价值系统以个人的自然关系为起点,因此特重人伦秩序。这一价值系统在现代社会依然有值得肯定和发挥的价值,但是也有一些不可讳言的缺陷。因此需要加以调整,经过创造性的诠释使其获得更新和重建。

儒学第三期发展的前景问题（节选）

［美］杜维明

儒家传统的现代命运

美国加利福尼亚大学柏克莱校区历史系的列文森教授曾以《儒教中国及其现代命运》为题撰写了一部分三册发表的巨著。他的结论是：儒家这个源远流长的人文传统因经不起西化的考验，逐渐在现代中国销声匿迹了。这个悲惨的命运可以从哲学思想、政治文化、社会心理、官僚制度和理想人格等层面去理解。列文森是史学家，他用现象描述和特例分析的方法生动地刻画了近现代儒家传统走向衰亡的历程。借用他书中的一个例子即可说明问题。

在利玛窦的时代，西方传教士为了宣扬天主教不得不精研儒学，因为只有把基督教义翻译成中国士大夫认为天经地义的语言，才有被接纳的可能。但是到了全盘西化的时代，即使最保守的国粹派也常常不自觉地把孔孟之道披上民主科学的外衣来显示其进步性。这两个时代的差别可以用文法和辞汇来说明。利玛窦用儒家的文法来讲天主教，基督教义并没有取代儒学，只不过是丰富了儒家传统的辞汇而已。五四以来的知识分子即使宣扬孔孟之道，他们运思的文法也已经西化了；儒学变成了一些散离的辞汇，在他们的心目中已丧失了有机整体的生命力。

儒家传统在中国近现代的没落有目共睹。"同治中兴"的失败意味着运用儒家经世致用之学以自强的局限性;"戊戌政变"的夭折显示了日本"明治维新"式以传统精神指导改革的典范不适用于当时中国的现实政治;1905年废除科举之后,取士标准大变,儒家经典和培养领袖人才逐渐脱离关系;"辛亥革命"摧毁了以儒家伦理为大经大法的专制政体;20世纪初期袁世凯企图推尊儒家为国教的复辟,导致一连串"打倒孔家店"的新文化运动。儒家传统在中国近、现代的没落不仅是西方现代文化破门而入的必然归宿,也是中国主流知识分子共同努力的结果。

也许可以这样说,"五四运动"以来,中国第一流的知识分子,由于救亡图存而奋不顾身的使命感和爱国心的激励,形成了一股打倒孔家店,反对儒家传统的浪潮。社会主义的陈独秀,自由主义的胡适,马列主义的李大钊,无政府主义的吴稚晖和巴金,大文豪鲁迅,四川才子吴虞都是这股新文化热浪的成员。他们接受西化的层次和内容尽管不同,但他们不约而同地组织了一个和儒家传统彻底决裂的联合阵线,一而再再而三地痛击孔家店,把儒家的价值系统拆散,然后各个击破。他们的策略可以分为正反两面。从正面,他们强调传统文化中非儒家主流思想的积极因素:墨子的兼爱,墨经的逻辑,韩非的法治,老庄的自由,道家的科技,乃至民俗学方面的神话、格言、传说、口头文学等。从反面,他们灭杀儒家在传统文化中的影响:比如从知识社会学的观点把先秦儒家界定为百家争鸣、百花齐放中的一鸣一放,或从文化人类学的角度把宋明理学归约为官学,属于上层社会控制系统中的意识形态,而和一般人民的信仰结构迥然异趣。儒家被相对化和等级化之后即变成了一套专制政体为了自身利益而强制执行的礼教。如何狠批"吃人的礼教"便成为青年志士当仁不让的首要任务。

西化知识分子对儒家传统的迎头痛击虽是今天儒门淡泊的原因之一,但使得孔孟之道一蹶不振的杀伤力并不来自学术文化的批判,而来自非学术、非文化的腐蚀。确实,假借孔孟之名而行复辟之实的军阀和政客才是儒家遭受奚落的罪人。这里存在着一个发人深省的悖论。西化知识分子对儒家传统进行学术文化的批判,其结果对孔孟之道的精义不无厘清的积极作用。相反地,企图利用先圣先贤以维护既得利益的军阀政客,不仅没有达到推行孔教的目标反而把儒家的象征符号污染了。由非学术、非文化的野心家来提倡"忠孝节义"和"尊孔读经",正足以激发热血青年的痛斥礼教,甚至把线装书抛进茅坑的情绪。儒家传统受到最有影响力的知识分子的打击,同时又受到最有权势的军阀政客的腐化,其现代命运是够悲惨的了!

儒学、儒家传统与儒教中国

儒教中国的现代命运极为悲惨这已可以说是不刊之论了。但儒教中国是否因为科举制度的废除、专制政体的瓦解、宗法组织的崩溃就消亡殆尽了呢? 文革时代所高唱的破四旧的口号,认为二十年的社会主义教育不仅没有慑服封建的牛鬼蛇神,而且孔家店的幽灵还大有借尸还魂的趋势,是否纯属虚构? 今天,不少理论家和学术从业员经过对十年浩劫的沉痛反思,竟得出文革的反封建其实是最落伍、最狠毒的封建意识的突出表现的结论,这又是什么原因? 五四时代打倒孔家店的呐喊,在今天深受反传统主义祸害的知识分子群中仍能引起如此巨大的共鸣,究竟是什么道理?

一般的理解是,阻碍中国强大、进步的潜势都和儒教中国的惰性有关:自然经济的保守思想是儒教中国重农轻商的组成部分,家族社会的封闭心理是儒教中国重礼轻刑的理论基础,权威政治的官僚主义是儒教中国重人轻法的必然结果。儒教中国的现代命运虽然悲惨,但它赖以残存的余威却像一条死而不僵的百足之虫紧紧地缠住多难的中国,使它不能腾飞。今天有血性,有灵觉的青年谁不真切沉重地体察到礼教的约束、权威的压迫、思想的禁锢和宗法的腐蚀? 更严重的是,在民族的文化心理结构之中(也就是渗入我们的血液和骨髓之中,在我们的行为、态度,以及信仰各层次起着决定性作用的领域里)还残存着许多有形无形的封建遗毒。这种在民族的"集体下意识"中根深蒂固的精神枷锁,用理智的光辉将其照察就困难重重,要想根本铲除任务更艰巨,而且只有通过知识分子群体的批判的自我意识的涌现才能达成。这就牵涉到如何正确对待儒家传统的问题了。

列文森判定儒教中国的没落确是如实的现象描述。但他似乎忽视了没落的儒教中国在中华民族的文化心理结构中尚潜存着无比的威力。当他在 60 年代初期得悉国内举行孔子学术讨论会并对孔子作出肯定评价时,他即断言这不过是儒教中国寿终正寝之后,把孔子"博物馆化"的一项没有什么政治意义的文物措施罢了。可是等到"文化大革命"突然爆发,运动的矛头又指向儒家传统的时候,他困惑了:难道早就宣告死亡的历史陈迹居然也有如此巨大的现实涵义? 即使批判儒家传统纯属政治斗争,这个传统的象征意义和当今中国的政治文化仍有密切的关系。可惜列文森在文革前期就去世了,如果他能亲睹中国近十年在意识形态方面的发展,他还会坚持"儒教中国及其现代命运"的结论吗?

"儒教中国"可以理解为以政治化的儒家伦理为主导思想的中国传统封建社会的意识形态及其在现代文化中各种曲折的表现。这也是国内一般所理解的封建遗毒。根据前面所提从三个层次来认识文化内涵的观点,"儒教中国"或封建遗毒是属于风俗习惯的课题,和儒家传统应有分疏。社会风俗习惯,由于长期的积累和积淀,有一种沉重的惰性,很不容易彻底变革。同时,一种价值、一个观点或一组行为既然成为风俗习惯,必有其合理的成分而且已在广大的群众中树立起神圣的权威,要想自觉地、主动地移风易俗,需要通过精心设计的教育程序,只靠说理是不能达成的。比如我们认识到培养开拓型的人才在改革事业中有举足轻重的作用,决定予以大力宣传,但要想改变社会上认为好孩子是"乖、听话、顺从"的风气,就不能只停留在盲目批判孔夫子讲究"温、良、恭、俭、让"的层次上。试问我们如果真相信文明礼貌和开拓型的人才不相容,那么我们是否应当提倡不排队买票、不爱惜公物、不体谅他人的现代伦理来取代谦虚、朴实的落伍道德?据说开拓型的人才必须在性格上有强烈的竞争意识,在思维方法上有强烈的求异欲望,而且有一种强烈的要求表现的本能。表面上看,这些素质似乎和儒家谦谦君子、求同存异和慎独修身的教言截然相反,但是,我们应当注意,竞争意识不应堕落到欧美青年习称的"老鼠竞赛",因为如果竞争意识的格调不高,即使名列前茅也还是只老鼠;求异欲望固然可以另创天地,但是有深厚基础(也就是有训练有纪律)的创造精神毕竟和哗众取宠的出怪大不相同;表现的本能是有积极意义的,但没有自知之明的炫耀和实事求是的精神就有距离了。这些例子足以说明移风易俗绝不是一时兴之所致即能讲得清楚的课题。要想攻击已经成为风俗习惯的常识,我们不能不从正反两方面设想。

深一层来看,消除封建遗毒的利器不仅来自西方现代文化,而且来自儒家传统的本身,首先,我们必须认清,儒家传统和儒教中国既不属于同一类型的历史现象,又不属于同一层次的价值系统。儒教中国随着专制政体和封建社会的解体,也就丧失了既有的形式,目前在中国人的文化心理结构中仍有无比威力的封建遗毒很可理解为儒教中国在政治文化中仍发生消极作用的幽灵亡魂。要对付这些牛鬼蛇神靠西方请来的洋道士也许还不能胜任,必须借助中土独具的至大至刚的正气。这个话怎么讲呢?禅宗的《指月录》中有一段很有启发性的语录：

> 法眼问大家："老虎脖子上的金铃谁能解下来？"大家回答
> 不出。正好泰钦禅师来了，法眼又问这个问题。泰钦禅师说：
> "系上去的人能解下来。"

如果封建遗毒确是儒教中国惹的麻烦，那么这个症结还是要靠儒家传统来解决。不过，解铃和系铃人虽然都是通称的儒家，但一个是尚未经历自觉反思（也就是没有开悟）的凡夫俗子，一个是已能主动地批判地创造人文价值的知识分子。固然，解铃还是系铃人，可是其中真伪必须明辨。

儒学在汉武帝时定为一尊，《白虎通议》以三纲五常为主线所建构的儒教中国和孔孟之道所体现的人文精神确有联系。但我们回溯这段历史总不能得出孔子仁智双修的为己之学和孟子深造自得的大丈夫精神必然导致汉代王霸杂用的政治文化吧？董仲舒以天人感应的学说为专制政体厘定一套超越王权的大经大法和公孙弘以曲学阿世的手段开辟利禄之途也应当有所区分。元代王室尊奉朱学为官学，我们不能说朱子的哲学是在意识形态上为蒙古人主中原预先做了准备。如果说宋明理学是为封建社会服务的奴化人民的礼教，那么王阳明乃至其后学，包括王艮、何心隐、李卓吾，竟掀起反对礼教的狂风暴雨又作何解释呢？17 世纪启蒙运动的健将黄宗羲、顾炎武和王夫之不是明末三大儒吗？如果儒教中国是提倡吃人礼教的恶魔，那么戴震所承继的儒家传统怎么又是唤起知识良心正视"以理杀人"的进步思想呢？

孔子、孟子、荀子、董仲舒、周敦颐、张载、程颢、程颐、朱熹、许衡、吴澄、王阳明、刘宗周、王夫之、黄宗羲、顾炎武、戴震等等，都是通过自觉反省、主动地批判地创造人文价值的优秀知识分子。他们是儒家传统的塑造者。要想彻底清除封建遗毒，我们不妨先认识儒者的真面目，了解他们的价值取向，体会他们的精神资源，这样我们才能取得评价他们历史功过乃至现实涵义的权利,也只有如此我们方能展开批判继承的文化事业。

儒家传统具有两千多年的历史,不仅是中华民族文化认同的基础,而且根据日本京都大学岛田虔次教授的提法,也是东亚文明的体现。这个传统,既成为中国学术思想的主流和中国知识分子的共信,又通过各种渠道(包括"贤妻良母"的身教和"乡约社学"的潜移默化)而渗入民族文化的各个阶层。即使民间的说唱文学、戏曲、格言、善书也都深受其影响。可以说,儒家传统是中国民族文化的构成要素,在人伦日用之间起着决定性的作用。

不过,儒家传统在先秦百家争鸣的诸子时代只和道、墨、法等家并列,没有成为一枝独秀的显学。就是在罢黜百家、独尊儒术的汉代,儒家的五经虽然获得官学的正统地位,阴阳五行、养生方伎和黄老治术等思想在朝野都有极大的影响力。魏晋南北朝时代,即使门阀名教的势力犹存,儒学寝微则是有目共睹的史实。在魏唐佛学大盛时期,儒家经学和礼学的发展并没有中断,但中土最杰出的思想家多半是皈依佛法的大师大德,儒门淡泊的现象竟维持了好几个世纪。宋元明清是理学鼎盛的阶段,但在儒学复兴的宋代,中国南北分裂长达百年,北方的经学和文学(金代文化)和周程张朱的身心性命之学了无关涉。元代把朱熹的四书集注定为取士的标准,其官吏制度也打上了儒家文治的烙印,但道教、喇嘛教乃至各种民间宗教都大行其道,儒家传统的影响并不突出。明清两代颇有以儒术治国的倾向,科举取士,圣谕乡校,尊孔读经都是崇尚儒学的表现。但描述当时的宗教气候和精神文明不能忽视净土佛教、禅宗、白莲教,以及林兆恩的三教等在社会基层广为流传的情况。这些例证明确表示,儒家传统虽是中国学术思想的主流,但绝不能以儒学来涵盖中国民族文化。

应当指出,儒家传统因为只是中国民族文化的构成要素,所以它所指涉的范围远较中国民族文化要狭隘,然而正因为儒家传统也是东亚文明的体现,它的影响圈又不仅限于中国民族文化的圆周里。因此,儒家传统不但是中国的,也是朝鲜的、日本的和越南的。如果把海外华人社团的价值取向也列入考虑,那么,广义地说,儒学传统也是新加坡的、东南亚的、澳洲的、欧美的。其实,儒家传统在中国民族文化范围内发展的态势固然对其现代命运有决定性的影响,但儒家传统既然已有更普遍的意义,它在中国民族文化圆周内运作的轨迹就不应是其历史进程的全部内容。我们要想一窥全豹,还得拓展更广阔的视野。

举一个历史现象即可说明问题。在中国宋明儒学发展的过程中,朱学成为官学之后,阳明心学在 16、17 世纪以解放思想、培养开拓性人才的姿态横扫思想界,取代了程朱理学的统治地位。这个史实曾诱导中国哲学史家得出心学兴起而理学衰颓的结论,甚至认为程朱性理之学那套僵化的教条主义是抵挡不住这种强调主观能动性的陆王身心之教的。可是我们如果检视朝鲜儒学的发展趋势,便会发现 16、17 世纪的李朝大儒,如李滉(退溪)和李珥(栗谷),不仅创造地转化了程朱理学而且站在认识中国陆王心学大盛的基础上,继续承接并发扬了程朱理学。不管我们如何评价朝鲜儒学,有了这层理解,我们至少不能武断地判定程朱理学被陆王心学所取代是儒学发展的必然规律。

我们正视儒学研究的重要性,一方面想要指出儒家传统是和中国民族文化中许多其他的大、小传统之间经历了既排斥又吸收,既抗争又融合的长期过程才使其文化认同的内核变得丰富、变得博大精深的。我们应当以平实的史学家的态度配合开放的哲学家的心灵,来对这人类文明史中多彩多姿的一页作出现象学的描述;另一方面为的是把儒家传统(主要是由孔子以来用全副生命在现实人生中体现儒学精义的知识精英通过群体的、批判的自我意识而创造出来的)和儒教中国区分开来。把儒教中国弄成半封建半殖民,也就是东亚病夫这步田地,儒家传统是要负责任的。但,必须认识到,儒家传统也是使得中华民族"苟日新、日日新、又日新"的泉源活水;它是塑造中国知识分子那种涵盖天地的气度和胸襟的价值渊源,也是培育中国农民那种坚韧强毅的性格和素质的精神财富。

儒学第三期的发展

提出儒学第三期发展的前景问题是针对列文森在《儒教中国及其现代命运》一书中断定儒家传统业已死亡一结论而发。列文森的观点前面已简略地介绍过。值得强调的是他根据特别观点而获得明确结论的思想背景。列文森是虔诚的犹太教徒。他分析儒家传统在中国现代史中没落的现象,作出悲观的评价不仅没有任何幸灾乐祸或隔岸观火的心理在作祟,而且是在极沉痛和哀悼的悲愤之中进行这项历史解析的。的确,他是在深深地忧虑自己关切的犹太传统如何接受现代化挑战的悲愿中来研究"儒教中国及其现代命运"的。列文森虽然是一位从来没有旅游过中国名山大川的汉学家,但他对中国文化,特别是儒家传统,却有浓厚的感情。他的学生说他在敲撞儒家丧钟时常有流泪泣血的悲痛之感,也许没有夸张。他深刻地意识到,儒家人文主义经不起现代化中科学化、专业化和技术化的考验正意味着犹太传统也势必遭到类似的命运。推广来说,列文森的忧虑是所有人类精神文明的传统包括基督教、回教、印度教乃至希腊哲学的现代命运。

列文森曾引用过一个发人深省的犹太故事。在传统尚未开始没落的时代,在进行祭祀的当儿,主祭者一举一动的象征意义,参与祭祀的人都能一目了然,他们都知道怎样行礼,也都知道为什么要那样行礼。经过了一段时间,传统逐渐没落了,主祭者和与祭者虽然还能循规蹈矩地进行祭祀,他们对于为什么要那样做的理由已相当模糊。等到传统已衰亡的时代,祭祀不再举行了,大家只剩下了祖先们曾如此这般的记忆而已。现代化是一把摧毁传统的利器,没有任何精神文明可以幸免。

最近二十年来,欧美学界掀起一股重新估价各种现代化理论的浪潮,好像"现代化"这一概念本身也出现了严重的认同危机。至少,坚持下列观点的学人明显地锐减了:代表现代化的科技、企管等各式各样的新兴专业必然取代精神传统,而把全世界浓缩成一个统一规化的物质文明。相反地,愈来愈多的社会科学家,或从宏观的现象分析或从个人的价值取向,不仅肯定而且强调源远流长的精神传统。他们一致认定德国哲学家雅斯贝尔斯所称"轴心时代"的主流思想,如印度的兴都教(印度教)和佛教,中东的犹太教和以后发展出来的基督教及回教,希腊哲学以及中国的儒家和道教,既然是人类共有的精神遗产,就应当成为现代文明的组成要素。60年代以前对精神传统所作的反思多半是从配合现代化这股不可抗拒的大趋势而设想的。好像精神传统的价值必须从其对现代化过程的积极作用这个功能的坐标系统中才能获得衡定。今天,站在某种精神传统的基础上,对现代化进行批判认识的学者却大有人在。传统和现代已不是绝然分割的两个概念;从传统到现代也不能理解为单线的进程。我们固然可以站在现代科技文明的高度来评价传统的得失,我们也不妨以传统的理想人格来批判现代专家学者的狭窄。人类文明的发展是曲折的、辩证的。肤浅的现代主义和顽固的传统主义都不足以照察这曲折而辩证的洪流。

雅斯贝尔斯提出"轴心时代"一概念时,是站在一个哲学史家的立场,对在公元前一千年即已开始的人类文明的大突破进行提示性的考察。70年代的初期,美国艺术及科学学院以雅斯贝尔斯的提法为基调举行了一个以欧美学者为主的国际会议。哈佛大学的史华慈教授提出"超越的突破"一概念来描述轴心时代主流思想的特色。根据他的论点，上帝、梵天和天命等大观念的出现显示了这一阶段人类文明发展史的共同趋向：即是把思想的焦点集中在体现"超越"的价值上。不过，近五年以来，学者们对这个论点提出了异议。突出超越性的解析模式既不能通用于中国的儒道，也和佛教的舍离与澄空大不相契。"超越的突破"一概念似乎是立基于犹耶回三教而提出的论据，颇有以"一神论"为中心的意味。比较平实的提法是把"对终极问题进行反思"这个文化色彩不鲜明的心智活动作为轴心时代主流思想的特色。由于反思的途径不同，表现的精神文明的形式也大异其趣。犹太教突出"上帝"观念，以之为一切价值的泉源是一种形式；希腊哲学家从追寻宇宙的最初根源和物质的最后基础而导出"逻各斯"和"第一因"的观念是另一种形式。兴都教的真我、梵天以及佛教的苦寂灭道虽然都是印度文化的体现，但其间的分别似较联系更为紧要。至于兴都教或佛教的价值取向都不能用"一神论"的观点来涵盖，这一点是更可以肯定了。中国的儒道两家也有类似的情况。因此，轴心时代的主流思想，是多元的这个命题逐渐为大家接受。

假若多元的"轴心文明"在 20 世纪的末期都还有历久弥坚的生命力；甚至放眼 21 世纪，它们好像仍然方兴未艾，那么列文森的忧虑，乃至他对儒家传统的哀悼是否过分悲观了呢？提出儒学第三期发展的前景问题正是要说明，从五四时期的西化论知识分子到列文森一代痛惜传统没落的知识分子对现代化和传统之间的复杂关系好像隔了几重公案，这既是时代的局限性也是学术界主动地自觉地坚持一种观点，即现代化必然和传统决裂的结果。列文森的悲观（在感情上不愿意看到传统的没落，在理智上又不能不得出传统必然没落的结论）和五四知识分子的乐观（传统可以像包袱般一扔了之)虽然形成一个鲜明的对比,但他们对传统,特别是儒家的传统的理解和对现代化,特别是以科技为核心的现代文明的认识,颇有相似之处。在他们看来,儒学绝对不可能有第三期发展的前景。

所谓第三期,是以先秦两汉儒学为第一期,以宋元明清儒学为第二期的提法。这种分期并没有历史的必然性,也未必是最妥善的方法。

先秦和两汉的儒学之间就有法家和黄老之术所造成的鸿沟。魏晋南北朝是儒学寝微的时代,坚持名教的领导权威固然推尊儒学,即使崇尚自然的哲人如王弼、郭象和贤士如阮籍、嵇康也都不妄薄周孔,至于南渡的士族大姓更自觉地以叙族谱、定家法的措施来维系礼教(这里的礼教是指以发挥礼乐教化的感染作用来延续华族文化生命的社会机制)。另外,儒家经学研究在这个时代里也有显著的成绩。隋唐儒学以经学和礼学为特色,正是魏晋南北朝儒学进一步的发展。隋末大儒王通(文中子)的历史性曾在中外汉学界引起争议,不过《贞观政要》所体现的儒术很值得我们精心剖析。即使魏征等唐初杰出的政治家未必是把王通经世思想付诸实行的儒门信徒,然而他们以礼治国的精神和以王者师,至少是以帝皇诤友自立的气魄,在中国政治文化史中是儒家传统的光辉表现。这点应当没有什么争议。

北宋的儒学复兴必须溯源到韩愈和李翱。他们提出道统和心性的课题确为北宋六先生(周敦颐、司马光、张载、程颢、程颐)打开了一条从儒学发展内核谈身心性命之学的先河。不过,唐末和宋初是中国经济、政治、社会和文化各方面都发生巨变的关键时期。根据日本汉学家内藤湖南(虔次郎)的解析,唐宋之交是中国古代和近代的分水岭:贵族制度的崩溃,士大夫阶层建立,专制政体的完成,江南地区的繁荣,商业资本的兴起,都市化现象的出现都是例证。

宋代儒学的复兴究竟象征什么？象征后期封建社会官方意识形态的强化，还是象征贵族制度崩溃后，由通过科举考试而参与政权的士大夫阶层所代表的新社会的共同意识？

再说，北宋六先生的儒学虽然因为集大成的朱熹而成为南宋的显学，北方的金代儒学在辞章和注经方面有特殊的贡献也不容忽视。元代统一中国，把程朱理学带到北方而且以朱熹的《四书集注》为考试的标准之一，开明朝以朱学为科举取士之蓝本的先河。平常，我们习称宋明理学，殊不知宋明之间的元代儒学（连同金代儒学）曾有一个多世纪独立发展的历史。如果我们把和明代同时的朝鲜儒学也列入考虑的范围之内，情况就更复杂了。一般的印象是，儒家传统是个庞大（有人说庞杂）的系统，这点是可以肯定的。

近年来，海内外的学者不约而同地比照西方近代史的发展阶段，把 17 世纪中国思想界的蓬勃现象称之为"启蒙运动"。根据这个看法，满清入关之后，以程朱理学为官方意识形态的控制系统便成为启蒙运动遭受"挫折"（岛田虔次：《中国现代思维的挫折》）的重大理由。固然，17 世纪的"实学"（包括从西方引进的质测之学和关心国家天下大事的经世之学）可以理解为对空谈性命的王学末流的批判，但是如果把实学家和宋明儒学家当作对立面来处理，那就难免不犯范畴错置的谬误了！至于清代儒学，特别是乾嘉朴学的兴起应当从宋明理学发展的内部规律（比如程朱和陆王有关尊德性及道问学的争议）或从满洲高压控制的外部条件来理解，那就更是众说纷纭了。

像以上所提有关儒家传统中尚无定论的课题还相当多，可谓俯拾即是。有这么些必会继续引起争议的历史悬案显示儒学的多样性，真是"横看成岭侧成峰，远近高低各不同"了。可是，我们虽然"不识庐山真面目"，但既然对其发展的大关节有所认识，也就把先秦两汉及宋元明清当作儒学史中的两个高峰峻岭。如果有人根据不同的观点把儒学史分成四、五乃至更多的阶段，并且提议大家来讨论第五、第六或第九期发展的前景问题，我们也不必执着"第三期"的提法。本来，分期是为了讨论方便起见而运用的权宜之计，并没有定然的客观有效性。

不过，我们应当正视宋、元、明、清时代儒学的复兴（也就是我们所界定的儒学第二期的发展）在比较哲学、比较宗教学和比较文化学的领域里都有深厚的意义。在欧洲史中，只有马丁·路德的新教改革堪与伦比。60年代，当时在哈佛任教目前担任加州大学柏克莱校区社会系讲座教授的罗勃特·贝拉先生，在一篇极有影响的论文中指出，从比较宗教学的立场来看人类文明的进化，只有基督教经过了马丁·路德的改革才从中世纪的信仰转化为推动西欧资本主义的精神泉源。其他的历史宗教（也就是前面所提的"轴心时代"的精神文明）好像都没有起过促进现代化的作用。这个解说的理论根据来自麦克斯·韦伯。我们现在不必详扣韦伯名著《新教伦理和资本主义精神》的理论体系。值得一提的是他把马丁·路德改革以来方出现的基督教的工作伦理视为西欧工业资本主义兴起的重大原因。这种推理是建构在一个极为精巧的悖论上：卡尔文教派因强调宿命论反而激发了教徒们在拓展企业上奋勉精进而在日常生活中刻苦耐劳的清教徒精神。这种发自内心深处的律己和勤奋原是为了体现上帝恩宠的，但其非神学所预期的社会效验却是资本主义的形成和发展。我们姑且不问韦伯理论的功过，但他把新教伦理和资本主义精神联系起来，确有发人深省之处。近年来，贝拉教授已修正了他惟独基督教才和现代文明有特殊关系的论点。宋明儒学根据他已修正的看法可以说也是一种有创造转化功能的意识形态，因此和中国乃至东亚的现代化有密切的关系。把宋明儒学理解成阻碍中国"启蒙运动"向前推进的精神枷锁是把儒教中国和儒家传统混为一谈之后所导致的结论。其实"启蒙运动"的健将无一不是儒家传统的成员：晚明三大思想家黄宗羲、王夫之、顾炎武不待说，躬行实践的颜元及其弟子李塨和痛斥"以理杀人"的戴震也不例外。要想把十七八世纪开拓型的知识分子划到儒家门墙以外，就好像要把狠批教会腐化的丹麦神学大师基尔凯郭尔排出基督教的行列。

不必讳言，儒学第二期的发展是中国 19 世纪中叶以来因受西方的撞击和挑战而被迫走上一条曲折坎坷的现代化道路的重要"背景理由"。然而，若要进行比较深刻的历史反思，我们不能只注视 19 世纪后期才出现的困境就得出宋明儒学在中华民族文化中所起的作用以及所有的功能都属消极的结论。概括地说，儒家传统成为东亚文明的体现是经过了 13 世纪的中国、15 世纪的日本几个漫长而艰苦的阶段。儒家传统所塑造的价值取向：其内在逻辑是什么？其本体——宇宙论的基础又是什么？其理想人格如何培养？其认识方法又如何掌握？是个很值得探索的课题。我们可以从认识儒家的价值取向着手，来理解儒家的文化认同；也许我们永远没有一窥儒家真面目的福分，但既然身在其中，我们不能放弃提升自我意识和加强自知之明的权利，也不能逃避承担过去和策划将来的义务，

前　景　问　题

环视我们这个变幻多端的世界，一种忧患意识的出现确是 20 世纪人类自我认识的特色。凡是科技万能和资源无穷等人定胜天的乐观主义，在成长极限和生态平衡等新人文主义的照察之下，即显得肤浅而片面。人既是万物之灵又是足使天地同归于尽的恶

魔。轴心时代主流思想所体现的精神文明经过几近三千年的努力所积累的人生智慧,很可能被掌握在我们手中的爆破力毁之一炬。以动力横决天下的西方现代文化为人类创造了史无前例的富强,但也把人类带到了永劫不复的地狱边缘。因此为人类的继续生存和全体福祉寻求一条可行之道已成为东西方知识分子进行比较文化研究的共同意愿。

由于交通电讯、大众传播、旅游观光和商品供销等现代企业的急速发展,地球显得愈来愈浓缩。人种与人种,社会与社会,文化与文化之间的交流和渗透频繁之后,求同存异的普遍性和求异存同的特殊性都一起涌现。综观人类文明发展史的全幅历程,我们生存的 20 世纪可以说是大整合及大分裂都达到史无前例的程度。远在天边即在眼前的经验通过卫星电视已是世界各地人民司空见惯的常识。不论从能源枯竭、环境污染乃至核战威胁的危机意识或从和平共存、同舟共济乃至天下为公的大同精神立论,全球各地已普遍出现了整合的倾向,意味着东西南北表面上迥然异趣的地带都将成为一个复杂而庞大的世界体系中的有机组成部分。跨国公司不过是这种倾向的侧面之一。

和这种倾向冲突、矛盾但却同时出现而且继续并存的另一现代文明特色即是大分裂。在纽约,足不出户毫无旅游经验的坐贾可能和经常奔波道途每月往访东亚的行商住在同一层楼的公寓里。诺贝尔物理奖得主的邻居可能是深信上帝在七天之内创造世界的基督教根源主义的信徒。情同手足的兄弟因为政见上的歧异或商业利益的冲突而成为路人的现象也相当普遍。这都表示像纽约那样体现现代文明的大都会,不是一个有机整合的社群而是由无数不同价值、不同信仰、不同种族、不同语言的群体和个人所形成的社会。在 60 年代初期,美国知识界还强调大熔炉的观点。近来,取而代之的是寻根意愿的强化。因此象征美国精神的图案已不是被主流同化,也就是被以盎格鲁—撒克逊后裔为主的信仰基督新教的白种人的文化所消解的大熔炉,而是由各种族、各文化共同镶嵌的多彩多姿的艺术精品。这种不求必同而希望在异中发现共性的意愿是想综合特殊性和普遍性所作的一种努力。

置身于目前全球各地都出现了整合与分裂两种冲突乃至矛盾现象互相影响、互相转化的情境中,来考虑儒学第三期发展的前景问题,既非含情脉脉地迷恋过去也不是一厢情愿地憧憬将来,而是想从一个忧虑意识特别强烈的人文传统的现代命运来认识、了解和体会今天中国、东亚乃至世界文化认同。既然儒学第三期发展的前景是以问题的形式标出,我们就提出三个具体的问题,作为本文的结语:

一,在中国,为了坚持开放政策,为了推展四个现代化,为了赶上西方先进诸国的经济水平,为了建设中国式的社会主义文明大国,深入广泛地批判封建意识形态是有浓厚现实意义的思想工作。儒家传统能否超脱保守主义、权威主义和因循苟且的心理而成为有志青年的价值泉源是其能否进一步发展的必要条件。这项工作极为艰巨,真可谓头绪纷繁无从下手。但如何引得其源头活水来是中心课题。

比如,社会上流行着批判"中庸之道"的观点,以为这是"我们几千年来的'大国粹',随大流、怕冒尖、取法于中"。其实,用这种"人怕出名猪怕壮"的世俗观点来责备儒学精义是把孔孟痛恨的"乡愿"当作中庸之道的见证者;把刺而不痛、麻木僵化的"德之贼"和体现"执着"的道德勇气和在复杂的条件中取得最佳配合的道德智慧的儒者混为一谈。如果我们不甘愿停留在文革时代的理论水平,我们就不应盲目地把"枪打出头鸟"之类的俗见和儒家传统中的金科玉律相提并论。当然,即使是儒家传统中的金科玉律可以乃至应当扬弃的必然很多。不过这要靠较高水平的理论解析才能完成任务。扬弃的工作必须立基于批判继承的事业上才不致堕入莎翁所谓"满是音响和愤怒,毫无意义可言"的格套之中。"中庸之道"确是儒家传统中值得汲取的源头活水,但"哀莫大于心死",如果一个人已经死心塌地坚信"中庸之道"就是他所理解的那样,而且作为儒家"四书"之一的《中庸》是不屑一顾的老古董,那么至少对他而言"中庸之道"已经没有任何说服力了。

二,在东亚,不少知识分子(特别是在经济发展、政治文化、社会心理、价值系统等学术领域里从事科研的专家学者)已意识到儒家传统在工业东亚的五个地区:日本、南朝鲜、台湾、香港和新加坡发挥了导引和调节的作用。具体地说:儒家传统从重视全面人才教育,提倡上下同心协力,培养刻苦耐劳的工作伦理,和强调为后代造福等侧面树立了一个东亚企业精神的典范。目前,因为国际市场的外在压力和国内企业结构本身的弊病,除日本之外的东亚五条龙正面临着二次世界大战以来最严重的经济危机。儒家传统所体现的勤劳、沉毅、坚韧及勇猛精进的优点更是不可或缺的精神资源。

儒学研究在今天东亚的学术界已蔚然成风,但是,如何摆脱政治化的枷锁(也就是说不成为少数既得利益者控制人民的意识形态)和狭隘的实用观点,站在较高的思想水平,以较广的文化视野来探究儒学传统的价值取向是儒学能否进一步发展的先决条件。

三,在欧美,儒学作为一种哲学的人学,不仅是学术界的科研课题,也是注意通才教育、道德伦理和人文思潮的知识分子所关切的学说。但和耶、犹、回、印、佛,及希腊哲学相比,儒学在西方可以说还是个未知数。不过,正因为如此,儒学研究可以在和现实牵连较少的"象牙塔"里推展,不失为一种养精蓄锐,隔离沉思的机缘。可是,儒学研究必须从不探求价值、不深扣哲理、不研究宗教的传统汉学的实证和实用主义里解脱出来,和西方的社会学家、哲学家、神学家和比较宗教学家进行长期而全面的对话,严格地说,儒学能否对今天国际思潮中提出的大问题有创建性的反应是决定其能否在欧美学术界作出贡献的重大因素。

儒家传统是入世的,但又不属于任何现实的权力结构。它和中国乃至东亚社会复杂的关系网络有千丝万缕的联系,但它又不只是中国和东亚社会的反映。儒家传统没有教会、庙宇、道观之类的组织,但它却成为塑造中国知识分子文化认同的主导思想。儒学是对人的反思,是知识分子自我意识的体现。从事儒学研究因此不仅是离世而独立的学究工作,但更不能随俗浮沉,沦为政治权力结构中的奴仆。儒学要有进一步的发展,必须接受西化的考验,但我们既然想以不亢不卑的气度走向世界并且以兼容并包的心胸让世界走向我们,就不得不作番掘井及泉的工夫让儒家传统(当然不排斥在中国文化中源远流长的其他传统,特别是道家和佛教)的源头活水涌到自觉的层面。只有通过知识分子群体的、批判的自我意识,儒学才有创新和进一步发展的可能。

结　语

国内最近这三、五年来掀起了一股对中国传统文化进行反思,对东西文化进行比较研究的浪潮。中国哲学史范畴体系的探究,对中国人的思维方式,特别是辩证法的体察,对先秦诸子、两汉经学、魏晋玄学、隋唐佛教及宋明理学的综述,对中外文化交流史的分析,对主流思想家的评介,对民间宗教及少数民族风俗习惯的描绘,对中国人的美感经验、伦理关系和文化心理结构的阐释,对中国理想人格(圣贤、真人、君子、仁者等)的认识,对中国文学理论及文学批评的讨论,都意味着学术界、知识界和文化界在对中国传统文化进行反思时,不论是在选题、方法、途径上都出现多样性。这种从多侧面、多渠道、多角度来了解传统的开放心灵是导致出版界生气蓬勃的主要原因。

在这个崭新的形势中，提出儒家第三期发展的前景问题，为的是把中国传统文化中受政治化最彻底、受批判最惨烈而且争论性最大的传统也提到学术、知识和文化界的日程上，为关切中华民族文化认同的中外人士多提供一个对话的课题。不过，这个课题所牵涉的层面极广，挂一漏万是难免的。如何从散离的点，连接成线，进而构成面面顾到的有机整体，是我们努力的方向和目标。

（选自《文化：中国与世界》第二辑，生活·读书·新知三联书店，1987年10月）

杜维明（1940—　　），美籍华裔学者，祖籍广东海南，1940年生于云南昆明，1949年随父迁台湾。曾就读于台湾东海大学、美国哈佛大学，毕业后留居美国，曾任普林斯顿大学东亚研究所助理教授、加州大学伯克莱校区历史系教授、哈佛大学中国历史哲学教授、哈佛燕京学社社长等。受徐复观、牟宗三、唐君毅等人的感召影响，以复兴和发展儒学为职志，提倡"儒学创新"，以开放宽容的心态积极倡导和参与"全球文明对话"，尝试以儒家文化精神解决全球面临的困境和危机，是第三代新儒家中的领军人物。著有《儒家思想——以创造转化为自我认同》、《儒学第三期发展的前景问题》、《现代精神与儒家传统》、《东亚价值与儒家现代性》、《杜维明：文明的冲突与对话》等。

选文是《儒学第三期发展的前景问题》一文的节录，其中回顾了儒家传统的现代命运和历史遭遇，认为必须把"儒家传统"和"儒教"区别开来，二者"既不属于同一类型的历史现象，又不属于同一层次的价值系统"。"儒家中国"随着专制政体的解体已丧失其意义，但"儒家传统"作为一种"人学"所蕴涵的种种思想则能够成为推进现代化建设的精神资源，甚至可以为解决许多重大国际问题做出贡献。在新的世界局势中，提出儒学第三期发展前景问题是富有意义的，经过知识分子群体的、批判的自我意识，这一前景也应该是乐观的。

20世纪儒学研究大系

超越而内在

——儒家精神方向的特色

[美]杜维明

儒家传统是体现"终极关切"的精神文明

薛:杜维明先生,您曾从比较文化学的立场,特别是从由雅斯培所谓"轴心时代"发端的几大文明传统的发展,来讨论儒家的现代命运问题。我想我们是否还可以换一个角度,即把儒家和在现在大行其道的精神传统(特别是基督教传统)相比较,看看儒家在现代社会的曲折表现,和它本身的内在动力有什么联系。其中,一个比较突出的问题是,与基督教的"上帝"观念相比较,儒家的学说——不管是它要继承的"礼"也好,它所提出的"仁"也好,还是它由之而产生的"忧患意识"也好——是否能够构成一种"终极的"问题,即所谓"终极关切"? 这恐怕和它是否有资格做一个壮大、健康的精神传统的出发点,有内在的关系。

杜:我认为,儒家传统是一个体现"终极关切"的精神文明。最近我和西方学者常常讨论这一问题,要详细论述起来确实有不少目前无法深扣的难题。实际上,这是一个有关儒家的超越层次的问题,即所谓天道与人道相合的问题。

在孔子的思想中,"郁郁乎文哉,吾从周",这里的"周"既有很具体的历史内涵,但同时,它又有一种在哲学上能够普遍化、规律化的潜力。近年来我们常常把儒家的一些经典给讲死了,比如"克己复礼"的观念,一般都被理解为复周礼。其实,这个观念较深层的涵义,就我的理解,也表达了这样的感受:人所创造的文化是有价值的。表面上看,这样的感受在目前中国学术界基本上被普遍接受,似乎没有什么讨论的必要,然而,在人类文明的发展进程中,这是一个很值得反复考虑的问题。比如从道家的立场看,人类创造的文化究竟有没有深厚的价值便大有问题,一些坚持"为道日损"的求道者认为文化是人之所以变成目前这种悲剧形态的主要原因。在很多精神传统里,要想超越文化的意愿极强。在他们眼里,文化是对人有所局限的,比如传统、生活习惯、思考方式都是枷锁。要超越文化,才能够获得终极永恒的人生真理。实际上,轴心时代的几大宗教传统都有超越文化的倾向。印度的佛教,根本没有祖国的观念,它从印度出发,以后发展到南亚、中亚、东南亚、中国、日本等地,在各种不同的文化背景下体现它的佛法;基督教也是如此,它在中东出现,发展至今,有中东的基督教、美国的基督教、朝鲜的基督教,当然也有中国的基督教。儒家呢? 它确实和东亚文化,特别是中国文化有内在的、难以分割的关系,有点像犹太教和希伯来文化、神道和日本文化的关系。但是它和中国文化还不完全是一种截然不可分割的关系,因为儒家事实上已变成了日本文化、朝鲜文化、东南亚文化的组成部分,不像犹太教和神道那样,因和本土文化契合无间,而无法广为流传,所以它有普遍化的可能。回溯儒家传统的发展,它本来是在鲁国出现的一种具有地方特色的文化形态,先是环绕着孔子和他的弟子们,然后影响到齐国文化、晋国文化,变成了中国文化的重要组成部分。到了宋明时代,进一步成为东亚文明的体现。我们要理解这一文化传统,首先要对人类所创造的文化采取一种敬重其存在,欣赏其发展,不忍其沦亡的态度。这是一个大问题,它直接关系到"忧患意识"的出现。

　　相反地,一种比较极端的态度是,即使"斯文"坠于地,完全毁弃掉,文化的传承整个了结也无所谓。其实在其他轴心时代的传统中我们都可以找到这种态度的理论根据,比如在基督教、佛教、兴都教、道教,甚至早期希腊文明的传统中。儒家"存亡继绝"的观念,有其独特的价值取向,确是塑造中国文化特色的重要因素。它强烈地要求延续,要求继承,这种意愿可能是出自一种生物的原初感受,即对人之所自来含着无限的向往和关切。在儒家看来,人类不是全能而不可知的上帝突然间从无中生有而创造出来的,也不是为了一个特殊目的而被塑造出来,只要达到了目的也就必然烟消云散了。人的出现也不是单纯地为执行某种社会功能的结果。因为人类本身即象征着一个源远流长的生命流。有个观点我觉得很值得重视,就是儒家哲学的突出特性之一在把最高的哲理,和最平实、最简单、最容易为大家所理解的人们在日常生活中的本性、本能结合起来,这也是儒家的生命力能够延续很长的原因。

　　比如"孝"这个观念,其实在某方面讲起来,它是最原始的,是人类要求传宗接代,要求生命力能够延续,能够正常繁衍的观念的哲学体现。在儒家的伦理中,最基本的关系是父子(引申而为双亲与子女),这是从发生的角度、从传宗接代的连续性上,把它的价值提得很高。在这个基础上,要维系政治制度,于是有君臣,要拓展文化价值,于是有朋友……不过,儒家的五伦,每一伦都有其内在的逻辑性,不可能为另一伦所取代或归约。你不能把父子关系和君臣关系交换,因为"君臣以义合,不合则去",就是说,在某些情况下,比如君主成了独夫,那么君臣关系就可以取消;然而父子关系不能取消,手足之情也不能取消,在这上面你永远没有选择的余地,因为无君之臣是可以想见的,而且事实上也存在,但没有父母的子女是不可能的。这是一个非常原始性、非常直觉的感情,而它又正巧变成了儒家传统中最高深的哲学思考的基础。有人甚至用现代语言来表达,认为这是把生物性的密码和最高的哲学密码融会在一起的思维方法,也就是儒家所体现出来的一个很独特的思考模式。它一方面和现实人生所碰到的世界有千丝万缕的联系,一方面它又有非常深远的而且可以普遍化的理想境界,并且把这理想境界提升到天人合一、万物一体的高度。我觉得从这方面来考虑,它的缺点和优点,都和这"极高明而道中庸"的特殊形态有关系。它的优点反过来看又是它的缺点,而它的缺点在某些方面又与能否充分体现其优点有密切的关系。因此,在知识分子群体的自觉里,自我意识能不能提到较高的水平,是儒家能否进一步发展的必要条件。

在最坏的客观条件下表现出最好的人性光辉

薛:不错,儒家确实肯定了人类所创造的文化;但是,我们要肯定文化的价值也不一定非继承儒学不可。况且,当年孔子要复兴的周代文化和事实上的周代不可能相同,而今天儒学之于我们,和当年周礼之于孔子恐怕有很多类似之处……

杜:这一点我同意,即孔子要复兴的周代文化和既成事实的周代文化有相当大的距离,他把"仁"的问题提出来,以补礼之不足,使整个的周代礼仪制度建构在"仁"的基础上面,这不能不说是一个非常伟大的哲学创见。如果没有"仁"的基础,周代的礼仪、文化就变成了形式主义、道德说教,而孔子则把它的内在生命、它的源头活水引了进来,告诉一般的人:你不要以为现在似乎已整个垮掉的周代文化是完全没有道理的,它下面有很深厚的价值泉源,你可以从这种价值泉源来了解整个周代文化,这对于你现在(春秋时代)能够重新建立一个比较康壮的人文精神有很重要的启发意义。这是他的信心,他这个信心本身,在政治立场上看,当时并没有被接受,所以可以说他是一个失败者。但是,我们讲他是失败者,所依照的又是一个非常狭隘的成败标准。事实上,孔子不仅成功了,而且像他这样在人类文明史上影响之大、层次之高的人,是非常少见的。世界上很少能找到像孔子那样塑造人格、塑造文化的精神力量。

孔子的学说里有一个很重要的基点,我们经常都忽视了。孔子一向是把政治问题摆在文化感受、历史意识和道德关切这种广大的人文配景中来进行反思的。即使后来有政治化的儒家出现,他的意愿的某一方面,也得到了人们比较一致的肯定,比如现在很少有人否认他是一位伟大的教育家。从他以后,整个中国文化的发展趋势、素质、形式、方向,和他的思想都不可分割。中国人的价值标准,对人与人、人与天、人与自然、个人与群体的关系的理解,很多都是从他的思想中放射出来的。

特别值得注意的是,孔子认为最高的人格体现是颜回所代表的人文精神。在孔子的思想中,不仅有非常强烈的理想主义,而且可能还有非常强烈的宗教情操。这不是一般的肤浅的世俗功利之想,而是你刚才所讲的"终极关切"。这一点,在颜回的例子中得到了充分的体现。

颜回这个人,若按一般世俗的价值判断,是个彻底的失败者。所谓"福、禄、寿、禧"这些中国民间肯定的价值,他都没有沾到边。他有帝王之才,但政治上却一无所成,子贡、子路在政治上还有所表现,颜回则完全没有。他居陋巷,结过婚没有?有没有家庭生活?我们不太清楚,看来似乎没有;而且他是短命的,三十一二岁就在贫困、寂寞中死亡,生前不能照顾父亲,死后还得由他父亲来行葬礼。为了葬他,颜回的父亲向孔子借车,孔子不借,认为这不合礼。就一般的儒家伦理而言,他不仅不能治国齐家,也许连起码的孝道也不能尽。总之,他就是这样一个一无所成的人。可是,宋明儒时常喜欢问这样的问题："颜子所学何所乐?"也就是说颜回这样的人,他应该是没有任何条件、资格可以享受到人生乐趣的,然而他居然每天在智慧、思想、人格等方面都有飞跃,一生都没有停止过,所以孔子每次和他对话都能够感受到他的进境。有人问孔子:你的学生中是否有好学的? 孔子说,以前有个颜回,现在没有了。孔子认为,真正称得上"好学"的只有两个人,一个是他本人,一个是颜回。颜回是他最大的弟子。

　　那么现在有一个问题值得大家来讨论:颜回所体现的究竟是什么价值呢? 简单地说,颜回是在最坏的客观条件下表现出最充分的人性光辉。在儒学中常常有这样的例子,比如舜,他为什么是位伟大的圣王? 他的父亲人很坏,对他也很恶毒,他的继母对他极端不亲,而且想残害他,他的同父异母弟,对他更是不仁不友。在这样的环境中,他本应是不孝、不友、不恭、不悌的人,但他居然能体现最好的人格理想、人性光辉,所以他才达到圣王之尊的崇高地位。无论颜回也好,舜也好,都拥有强烈的内在生命、丰富的内在资源。这也就是为什么儒家所提倡的"为己之学"的理由所在。这里有深刻的内涵。这里的"己"既是"反躬修己"的"己",又是"以天下为己任"的"己",这一点梁漱溟先生一直强调。它既有强烈的内在主体生命,又有强烈的社会实践和高远的超越理想。所以,我认为它不仅有影响社会礼俗、进行伦理说教的层面,也有它的内在性和它的超越性。这两方面都值得进一步发挥,然后再配合起来,不然它的创发性的生命力就显得薄弱不堪。

可贵的抗议精神——超越性与现实性的结合

薛:我记得罗素说过一句话:"哲学家们的主要雄心之一,就是想把那些似乎已被科学扼杀了的希望重新复活起来。"孔子的"存亡继绝"，以及您目前对儒学的阐发，是否也是想把那些似乎已被现实历史发展所否定的价值重新建构起来？

杜：我想所有宗教传统都有这一面。在基督教的传统中，天国的福祉和凡世间的富贵正好相反，富人要进入天堂要比骆驼穿过针眼还难，但那些被人抛弃、无依无靠的小孩儿，反而在进天国的旅程中显得特别优越。佛教讲人的慧根，绝不是着眼于人的现实成功，而是看他原初的智慧。儒家肯定也有这一方面，比如颜回，他在现实中评价人物的一般标准（即比较凡俗的标准）以外，另外建立了一套标准。这套标准，有它的涵盖性，也有它的超越性，所以就为他个人、也为人类开辟了一条非世俗乃至非现实的精神领域和生命形态。

大家一般认为，儒家的问题是和现实联系过于紧密，而超越的表现比较薄弱，也就是你前面说的"终极关切"不够突出，但是用颜回的例子，还有许多其他的例子可以说明，儒家一直发展到宋明，都确确实实存在着超越性的一面。微妙之处在于，它的超越性和它的现实性是不可分割的两个侧面。儒家要通过现实世界来体现它最高最远的人文理想，因而任务特别艰巨。你若像基督教那样，离开这个现实的世界另外创造一个天国，那等于平地起高楼。而儒家则是内在于现实世界并企图转化它，这就会面临着更复杂的问题。儒家力求通过社会实践、政治参与乃至政治抗议来达到它很高的哲学理想，这充分体现了它的现实感和入世精神，也构成了它的一个人文色彩特别浓郁的性格。同时，这样的性格也是它现代命运如此曲折的重要原因。

儒家有它超越的一面，也有可以离开现实而建构的精神价值。但是，这个超越是内在于现实来体现的。"鸟兽不可与同群，吾非斯人之徒与而谁与？"是一个非常庄严的选择，一个存在的抉择。它就是要在这个世界中来转化，这是它的悲剧，也是它的成就。它之所以在社会功能方面、在教育方面取得了那么大的成功,原因也在于此。

薛:既然儒家的最高理想一定要在现实世界中体现,那么它就不可能回避现实中的曲折……

杜:对。可是我又要强调它不属于现实的那一部分,强调它的抗议精神。我最担忧的,就是儒家的政治化,就是它完全为政治服务。因此,1982年我第一次到新加坡时,在国立大学发表的第一次中文演说就是讲儒家的抗议精神。

中国传统知识界所代表的知识领域,和现实统治者所代表的政权势力,是两个不同中心的圆圈。这两个圆圈之间有交叉的地方,但绝对不是完全契合无间的,我们千万不能把它们等而同之。大体上说,儒家的抗议精神可以从三方面去理解:第一,在政权自身的官僚中,有一个内部反馈系统,这就是谏议制度。政府出钱养一批谏官,让他们批评政府、批评政策,甚至批评皇帝本人。如果没有儒家的批判精神,这样的制度绝对不可能出现。另外,政府还培养了一批太学生,这些人并没有参加实际政治,也不是西方今天所谓的"思想库",但有相当大的政治影响力,从东汉末年,三万太学生在京城搞政治运动,类似今天写大字报、上街宣传,动员市民向政府施加压力的抗议行为,一直到康有为的"公车上书",都充分体现了这批人对行使政治权力的人有相当的影响力。再有就是地方讲学,比如东林学子,特别是复社的知识精英,影响了整个明代政权。此外还有各地的隐逸之士、缙绅阶级。每个朝代开始都要招隐,以增加其政权的合法性,这在政治权势的运用上是一个相当重要的筹码,不可无所顾及。而缙绅阶级,也绝不是我们过去所说的"土豪劣绅"的形象,他们在社会的安定与发展,乃至向中央、地方政权行使压力方面,起着相当重要的作用。所以,中国传统社会的知识阶层,不管是在政权的内部、政权的边缘,还是远离政权,都发挥了抗议精神。他们在整个社会中扮演的角色是多元的,不能简单地把知识分子划入剥削阶级,当成执政者的帮凶。知识分子常常是社会良心的体现,是先知先觉,不然这个社会的动力就不能充分发挥作用。

两个圆圈的交叉与分殊

薛:我基本上能够接受中国传统社会中知识阶层和政权势力是两个不同心的圆圈的提法。但这似乎无法证明儒家有"不属于现实的那一部分"。在我看来,知识分子的这个圆圈基本是依附于政权势力的,设立谏官就和招隐一样,与其说代表了儒家的批判精神,还不如说是政府为了体现其宽宏大量的一种自我表白,是装装样子而已。至于太学生的抗议,也很难使人得出较高的评价。这些人在血气方刚、不掌握实权时,也许一肚子愤懑;以后一旦当了官、掌了权,很难说他们与过去的官吏有什么不同。所以,知识分子这个圈子,常常扮演被利用的角色。

杜:西方有这样一个提法,叫"时序倒置"。即由于 20 世纪出现的一些问题,使我们这些在 20 世纪从事历史反思的人,常常用理解现代文明的方式来理解传统社会,这必然会出现很大的偏差。举个简单的例子,政府有它独立的意愿,企图利用各种不同的象征符号(如爱国主义)来行使某种有利于安定团结的控制,比如用大众传播,塑造一些形象,给大家一些发言的机会,然后再收紧,进行变向控制……这种运作方式,在传统社会中就很难理解。这里有很多原因。首先,传统社会不能采取总动员的模式来达到其控制的目的,因为它并不具备现代社会那种高度的宣传工具和技术。另外,不仅在传统社会,就是现代社会也有这个问题,即利用自己不相信的意识形态来控制人民,这个可能性是非常小的。一定要出现一个非常突出的自我意识,才可能利用自己不相信的意识形态来作为控制人民的工具,比如我不信基督教,但要利用它来控制基督徒,以达到政治上的安定。这种情形,在传统社会几乎没有。传统社会官吏制度中的人和发扬儒家抗议精神的人,他们所具有的共同意识非常强,而且他们所接受的价值系统是一样的,大皇帝也不例外。在这种条件下,政府很难跳出意识形态对他们的影响,回过头利用政治意识形态作为控制人民的工具。传统社会是由多侧面而不碍有机整合的社群所组成的,其中有很多微妙的关系,需要进一步的分疏。很可能有一个皇帝因为受到宦官的包围、外戚的影响,再加上内庭的诱惑,因而大权旁落,不能直接参加塑造道德教育和意识形态的工作,引起知识界的强烈的不满,进而发生党争,但这也不能说他们属于不同的价值系统。当然,这个一元的价值系统内部又非常复杂,中间有很多斗争,然而我们若是对它整个价值系统所追求的理想理解不够,那么我们对它内部冲突的解释也可能会有片面性。

薛:既然同属一个价值系统,又如何理解那两个圆圈的交叉与分疏呢?

杜:儒家是入世的,圆圈的交叉是不可缺少的,而且类似于磁场中间的引力中心。但不能把所有文化精神所代表的理想价值和政权势力等而同之。我们应该分清政权势力和政治影响这两个不同的观念。一个是权力的运用,它可以杀你的头、剥夺你的生命,但是影响则必须通过其他渠道来完成。所以,影响的中心不一定是权力的中心,一个有无上权力的人,并不一定有很大的影响力,而一个有相当影响力和发言权的人,并不一定在政治权力中心里面。常常是一个在政权势力内部没有直接权力的思想家、文学家,可以在知识阶层扮演举足轻重的角色,比如朱熹,但他和南宋政治权力却有相当大的距离。所以我们不能把政治影响和政权势力混为一谈。

薛：然而，随着历史的发展，知识分子这个圆圈起码在今天已很难维持、或者说是大不如前了。儒家作为一种精神价值，它还能找到生存的土壤吗？

杜：到底儒家将来有无进一步的发展，它在什么地方活下去，这必须要以 20 世纪后期乃至 21 世纪知识分子群体批判的自我意识的涌现为前提。你要向前看，希望就非常大。

现代化的一个重要指标，就是服务阶层的扩大。服务阶层和生产阶层的关系在传统儒家中讨论得相当多，即所谓"劳心劳力"的问题。服务阶层的一个主要组成部分是知识分子。知识分子在 20 世纪怎样定义？我想，首先应当注意的即是站在自我意识较高的水平，关切家国天下大事，而在历史和文化智慧的导引之下，不丧失高瞻远瞩的批判精神。知识分子不是一种纯粹经院式的专家，仅仅在某一专业方面有较高的学术水平，甚至一个从事尖端科学研究的科学家，在西方也还不能被承认为有存在感受和参与精神的知识分子。知识分子不仅学有专精而且还一定要能跳出专门的职业，和更广大的社会取得存在的联系，成为社会的良心。

由于服务阶层的增加，特别是信息时代的来临，知识分子掌握了知识的资料、知识的信息、知识的系统，乃至智慧，也就是说，掌握了社会的神经系统，掌握了世界的意义系统。人不能只凭吃面包就可以完成自己的人格，这一工作也不能从职业的角度来把握。因此，知识分子群体批判的自我意识，不仅会在学术界出现，而且会在企业界、大众传播界、军队、政府等各个地方出现。他们有较高的知识水平、强烈的参与精神，而且重视独立人格的发展，不放弃批判的权利，所以他们的言论会和政权势力之间有相当的距离。政权势力总是有燃眉之急的问题要处理，而把问题放在历史文化的配景下进行长远考虑的可能性不大，意愿也不强，知识分子则可以在这些方面发挥作用,对民族文化的发展进行了一些比较全面、深入的反思。20世纪后期、21世纪服务阶层的壮大,信息社会的来临,更加强了这种可能性。

不是超越而外在,而是超越而内在

薛: 这是不是说,由于社会结构的变化,过去失败的东西,在今后有可能成功?

杜: 即使在过去,虽然主流是政治化的儒家,但原始儒家的声音、意愿一直未消失,它作为一种潜流,曾建构了真正中国知识分子的血脉。

所谓"忧患意识",可能跟现实世界所存在的特殊政治牵联有内在的联系。儒家一直希望能够在现实既有的社会政治结构中发挥转化的功能。从这个角度说,它可能比较现实,它超越的理想性、终极关切,和其他宗教相比可能比较薄弱。更确切地说,它不是超越而外在,而是超越而内在。它不是打破既有制度完全从不同的角度再建立一套新的制度,就像基督教那样,天国所代表的价值和世俗的价值截然不同,或是像佛教那样,把最原始的、人与人相遇而组成的社会结构打破,再以庙宇为中心,重新构造一个理想世界。儒家正如我们前面所讲的,它最高的道德理想是在人的基本情感和生物本能上建立起来的。因此,它对于社会原初的联系,比如家庭联系,采取了积极承认的态度,不仅不把它当作妨碍个人人格完成的禁锢,而且认为它是促使人格完成的真正现实基础,这是一个很值得我们理解、研究的课题。

儒家既然接受了凡俗世界的一些基本的社会结构,也就没有必要把既有的权威完全摧毁,而是希望通过以身"体之"的见证的方式把这些权威设置在一个比较健康的基础上。所以它强烈的现实感,导致了它的保守性。但是,如果从另外一个角度来批判它,它可能又是一个过分的理想主义者。人家的理想主义是要在一个完全不同的世界里建构,而它则要在最复杂、最凡俗的世界里建构,即所谓"百姓日用而不知"。无论是一般人伦日用之间的交通也好,生活起居以及食色男女各方面也好,它都认为有很深刻的人伦价值。所以后来它的思想就变为"极高明而道中庸",每个人都有这样的感受、这样的情操,但要让它在实际上转化到一个高峰。在这个过程中我们不能离开这个世界去另搞一套,我们一定要和现实世界的脉动契合无间,在这样的基础上转化它。这方面,儒家可以说是非常乐观的。它认为人是可以通过个人的、群体的功夫修养来转化世界,对于人的自我塑造性,对于创造文化、转变文化抱有很深的信念。颜元说要"转世"而不为"世转",就是这种人文精神的体现。

儒家具备强烈的宗教情操

薛:看来我们又得回到最开始的题目,进一步讨论一下儒家的超越性、以及终极关切的问题。如您所说,儒家"超越而内在"。就其"超越"而言,比较集中地体现在传统中经常浮现的"天"、"天命"这些观念上;然而,"天视自我民视,天听自我民听",天与人事还是紧紧相联的,"超越"之中,体现着"内在"。现在的问题是,在儒家的"内在"之中,是否能够体现它的超越感? 具体地讲,孔子曾说了不少这样的话,比如"未知生,焉知死?""未能事人,焉能事鬼?"等等。过去人们通常把这些话理解为孔子只注意现实的人生,不考虑死亡的问题,对人们长期以来信奉的鬼神,也抱有理性主义的怀疑态度。但是,孔子从未正面讲过在任何情况下都没有必要考虑死亡的问题,也没有正面否认过鬼神的存在。那么,上述那些话还有没有另外的意义？大而言之,在儒家现实的人伦关系中,究竟怎样体现它的"终极关切"？

杜:也许是受宗教哲学的影响,我现在对这个问题的看法,和一般同道有相当大的距离。我认为,不仅孔子,包括孟子、荀子,都有相当强烈的宗教情操。儒家基本上是一种哲学的人类学、是一种人文主义,但是,这种人文主义既不排斥超越的层面"天",也不排斥自然。所以,它是一种涵盖性比较大的人文主义。

以前有这样的提法,认为人类的发展是从宗教的神学时代,到哲学的形而上时代,再到科学的实证时代。五四以来中国的知识分子,多少受了孔德这种三分法思想的影响。说作为中国主流思想的儒家宗教性很淡,或是没有超越的宗教性,这在五四以来的知识分子心目中一直是褒词,是对儒家的现实主义较高的评价,因为它至少说明在我们的文明中理性思想、人文思想很早就出现了,它们把一些迷信思想、宗教思想给冲淡了。我想,现在很少有人能够接受这种用宗教、哲学、科学来划分人类心智发展几大阶段的提法。显而易见的是,20世纪宗教的影响还相当大,哲学也有很强的势力,就是在科学的世界里,人们也不认为科学就是最先进的,哲学是中世纪的,神学是古代的。

回过头来再讲孔子。《论语》中有这样一段:"子畏于匡,曰:'文王既没,文不在兹乎？天之将丧斯文也,后死者不得与于斯文也;天之未丧斯文也,匡人其如予何？'"这里讲的是,孔子被匡地之人拘禁,他说:周文王死了以后,整个文化遗产不都在我这里吗？天要消灭这种文化,我根本就不会得到它,天若不想消灭这种文化,那么匡人又会拿我怎么样呢？由此,我们可以看到孔子有一种强烈的文化使命感,他和天有一种默契。这个天到底是不是一种客观外在的上帝,虽然还可商量,但我相信不是。然而,天代表了一种超越的实体,这是必须肯定的。孔子对于天,用当时的话来说，是"默而识之"，即沉默地认识到，理解到，体悟到天命的实义。这和当时的宗教环境有密切的关系。

　　当时的宗教环境，基本上承认鬼神是存有界的一个环节，不仅承认鬼神的存在，而且认为它对人文世界有着很强的影响。"未知生，焉知死"，"未能事人，焉能事鬼"，很多人引用这些话来证明孔子既不愿意讨论死的问题，也不愿意讨论鬼的问题，他把全部精力都集中在生和人上，因此他是一个强烈的人文主义者，缺少宗教精神。正是这个缘故，他非常重视生命，而对死亡则存而不论。然而我觉得，在对人和宇宙的理解上，孔子也有两个进程。一个是最低的要求，一个是最高的体现；一个是最初步的实践，一个是最后的完成。从最低的要求和最初步的实践看，儒家所要求的出发点一定是活生生的人，是呈现在当下这个具体的"我"。这种精神就是朱子和吕祖谦合编《近思录》的依据。近思：《论语》中有"切问而近思"。切问：问的问题要很切实，不能乱谈。从一个活生生的、有血有肉的人来进行反思，以此作为运思的起点，这在儒家是要求非常严、抓得非常紧的课题。但这是很低的要求，我们不能躐等，我们如果不知道人、生，就没有资格谈论鬼、死。然而，如果从最高的体现和最全面的完成来看，甚至可以这样说：我们如果要对生有真正全面而深入的理解，非要知道死不可；如果要对人有全面深入的理解，非要知道鬼不可。也就是说，把"未知生，焉知死"，"未能事人，焉能事鬼"反过来讲，两者完全不冲突，而且都可以在《论语》中得到文献的证明。以前有人把儒家当成一种祖先崇拜，我认为不符合事实。但是，祖宗（特别是祖父、父亲这两辈），对于一个人进行活生生的道德实践有非常密切的关系。《论语》中说："慎终追远，民德归厚矣。"这句话常常被人们实用主义地引用，以为这是告诉政治领导对祭祀一类的事虽然不必信，但应该认真对待，做给人家看。老百姓看了以后，则"民德归厚"了。其实这种理解绝对不正确。因为"祭如在,祭神如神在",孔子对祭祀是非常重视的。当时所理解的人伦世界,和我们今天所想像的一个凡俗而现实的人伦世界有很大的不同,它和超现实的乃至超人伦的鬼神世界有着内在的联系。按中国的老传统,人有两个灵魂:一个是魂,一个是魄。魂和心灵有关,魄和身体有关。人死之后,魂上天,魄下地。……为什么中国传统的葬礼那样重要,以至于有死者托梦,告诉亲属他的棺木进水需要改葬的说法?因为死者的身体保存好了,魄可以不离开他,那么你在坟地中祭祀,他的魂还可以回来。如果死者是和活着的人们有血肉联系的祖先,那么真正虔诚地祈祷、祭祀,特别是在祭辰、生日的时候,祖宗的灵魂,确实还有回来的可能,这种"真实感"在《礼记》中描写得很精微。一般的祭祀,祭的是父亲、祖父和曾祖,高祖以上往往就不祭了,因为他离得太远,子孙没有记忆,也没有内在的联系,即使祭他也未必回来。只有天子有七庙,他的接触面广,根源深厚,要祭开国之君,还要祭好几代。但过了七代,也还是要迁的,并非祖先都要一视同仁地祭。所以在儒家传统里,我们生存的这个世界是个内容非常丰富的世界:不仅有生,也有死;不仅有人,也有鬼神。我曾写过一篇文章,叫《存有的连续》。在中国传统的宇宙里面,整个无机界、生物界、动物界、人和各种不同的灵魂乃至上天,即各种存有界,都有内在的联系,并且是一气贯穿。"气"的观念,从最物质性的东西到最高神灵的体现都包括在内,有所谓浩然之气、精气、灵气、气质等等,因此在中国的传统观念中,石头都可以分成具有不同等级灵性的存有,表现不同层次的精神实体。最能表现灵性和精神的石头当然是玉,《红楼梦》中的宝玉就是由玉变成的,这虽然是神话,但可以反映出玉石得天地之精英可以成人。孙悟空也是如此。在《白蛇传》中,白蛇可变成美女,也属于存有的连续。因此,人的世界和其他动物、植物、无机物的世界,神灵的世界,都有内在的联系。要维持一个社会和平、健康的发展,各种各样不同的世界就都应有一个合理的安排。从中国的老传统看,世界不是一个静态的结构,而是一个动态的发展进程。用现代的语言讲,人应该在这一大化流行的过程中使各种不同的生态系统达到高度的平衡。从这个角度看,从孔子开始,儒家就有强烈的宗教情感。

世界是在无穷发展中体现出来的

薛:以后有无减弱?

杜:正相反,越来越厉害。朱熹就是一个非常虔诚的人。陈荣捷老先生研究朱熹的宗教生活举出不少极有启发的事例。王阳明一直被人们批评为主观唯心主义,批评者最爱引用的一句话就是"良知无所不在",连草木瓦石都有良知。有人说外在的东西和我们无关,如山上的野花,没有看到它时,它是自生自灭的,不能说我们的良知和野花有什么关系。王阳明则说,我们没有看到野花时,野花和我们的良知"同归于寂",野花的良知和我们的良知无任何牵连,但看到野花后就不能说无牵连了。他的意思是:一个被看过的花,就不是没有被看过的花;一个看过花的人,就不是一个没有看过花的人。看了后就有内在的联系。不是说我看到了花,花就被我的意识创造出来,存在被思维所决定,这是很荒唐的唯心论,并非王阳明的本意。他的《大学问》你有空可以看看,真是太精彩了!他一开始说,一个"大人",与天地万物为一体,"非意之也",不是他想要这样,而是他的心量本来就是和天地万物为一体。其实"小人亦复如此",我们大家也一样。举个例子说,《孟子》中有"今人乍见孺子将入于井,皆有怵惕恻隐之心",即人们见到小孩落井,自然而然产生了惊惧的同情感,这时你的心和小孩的心有了内在的联系。这里说的是人与人的关系。人与动物呢?如果见到鸟兽受摧残,会有何感觉?齐宣王见牛"若无罪而赴死地",心里不安,于是"以羊易之",这时的同情感是因为他的心和牛的情境发生了内在的联系。如果你见树被砍伐,心里有所不安,这就是说你的感性和树发生了血肉联系。甚至你看到一些瓦石被打破,觉得十分遗憾,这种感情也使你和无机界发生了联系。固然,一个人与人之间、与动物之间、与生物之间、与无机物之间,感性的强度是不同的,即使人与人之间也各别不同,如对最亲近的人和对路人,感情强度就不同。但是,从整个人的心量能够受到各种不同的外界事物感染而有所反应来看,人的良知能和世界上任何地方任何东西都有内在的联系。

薛:看来这是明显的"超越"?

杜:当然。既内在又超越,这是儒家思想的重要观点。你越能深入自己内在的泉源,你就越能超越,这就是孟子所谓的"掘井及泉"。

超越要扣紧其内在,其伦理必须拓展到形而上的超越层面才能最后完成。伦理最高的完成是"天人合一",但它最高的"天",一定要落实到具体的人伦世界。既要超越出来,又要深入进去,有这样一个张力,中间的联系是不断的。因此可以出现理学家所谓的"太极"、"天"、"理"等观念。这些观念一方面可以说即使是圣人也不可知,另一方面它又很平实,没有西方的那种神秘主义。

神秘主义在西方体现为上帝的观念,是人的理性永远无法突破的。和孟子的"掘井及泉"相反,你愈能贬斥你的人性,你愈能强调你的罪恶感,你愈能否定你的存在价值,你就愈能体现上帝的光辉。因此,需要一个相当艰难的质的信仰飞跃,才能从理性世界进入神学世界。中国还没有类似于西方的那种创世观念,即一个外在超越的全知全能的上帝突然创造了世界。在中国人的心目中,这个世界是在一个无穷发展的过程中体现出来的。

“百姓日用而不知”——儒家
思想核心的体现

薛：您上面所谈的这一大套理论，的确相当精彩。但是，在某种意义上说，理论本身怎么样是一回事；它在现实中扮演什么角色又是另一回事。儒家的思想，高则高矣，但高不可攀。在儒家思想统治下千年的中国社会，确实有过那么几个能够体现“颜子之乐”的大儒，但更多的，是那些糊里糊涂地生活、自我满足、自我陶醉、自我欺骗的阿Q。可见，真正健康的、能够起一些积极作用的儒学，在中国社会的运作天地是非常狭小的。

杜：我想有一个历史事实我们应该接受，就是儒家文化在中国社会各个阶层都发生了长期的影响。它不是一个有强烈阶级性的伦理，特别是和希腊文明相比。柏拉图曾讲得很露骨：要用奴隶的劳力来维持哲学家的玄思。儒家没有这种思想，我们若承认儒家是中国文化的主流之一，就表示它在中国的影响不限于知识精英，而是渗透到了“百姓日用而不知”的层面。为什么在中国文化中，精英文化和民间文化、大传统和小传统之间，会有许多交互影响的痕迹，我想这和儒家文化有很深刻的关系。我认为，儒家最高的哲学陈述，即用哲学语言来表述的儒家哲学，在很多地方可以说是一般中国人普通常识凝聚而成的菁华，是对普通常识的提炼。西方哲学，则往往是和常识大相径庭的，只有等到20世纪普通语言哲学的出现，才肯定从一般的语言表述中能够找出深厚的哲学意味，这也是维根斯坦晚期哲学思想的动向。另外，中国民间所根据的一些“百姓日用而不知”的做人道理，又是儒家哲学思想最核心的部分在社会各个不同阶层的体现。所以，不能把儒家哲学看成精英主义。法国文化有精英主义色彩，有贵族特权。在中国贵族思想一直站不稳脚跟,唐以后贵族就没落了。在一套严格的考试制度之下,每个人多少都属于一般的群众。仕宦人家若想维持三代家风不落,都相当困难。

儒家所要求的圣贤人格(即它的理想人格)是非常难达到的。它既要你入世,又要你不属于这个世界;既要你牵扯到复杂的凡俗世界之中,又要你表现出很高的理想性,要你在最坏的环境中达到最高的自觉,比如颜回所体现的自觉。另外,确实有一种先知先觉,确实有一种知识分子自我反思以后群体意识的出现,它代表一种特殊的文化精英,靠这些知识分子来转化世界。按《中庸》的说法,就等于知识分子"食而知其味",自己履行一套大家都遵守的礼俗,同时能够真正体会到这些礼俗背后所根据的哲学思想和文化价值。至于一般的百姓,也要根据这些基本礼俗来维持一些基本的社会秩序,但他们没有真正地自觉到他们在做什么。这两者是层次之分,中间当然有交互的影响。

我想对这些问题,我们仍然可以从这样两个角度来看:一个是最低的要求,一个是最高的体现,从最高的体现来看,儒家对个人、对知识分子所提出的要求远比基督教或其他传统复杂、多样,但从最低的要求来看,儒家的一套做人的道理,又非常平实、非常简单、非常宽容。有这样一个问题,我觉得非常值得考虑:"仁",《论语》中说:"我欲仁,斯仁至矣。"我想为仁,仁就来了。"仁"既是人性的高度表现,但任何人都有人性,都有恻隐之心、羞恶之心、辞让之心、是非之心。其中表现最普遍、最基本的就是同情心,一个无同情心的人就不是人。所以,治理一个社会,最好不要用法律制裁,而要激发人们的同情心和羞恶感。对人最基本的要求是你不要做一个妨碍他人、侵犯他人基本权益的人。并且任何一个人,见到小孩坠井都会有同情之感或悲戚之感。但是,人性最高的体现也是"仁",所以孔子说,"若圣于仁者吾岂敢"。他不认为天下有什么人可以称之为"仁",可以完全体现人的价值高峰。像颜回,他有强烈的意愿要向上奋进,即使外界条件很坏。这充分体现了他面对最险恶的环境从事哲学的(特别是道德哲学的)自我反思、自我超生的强烈的主动精神。儒家的这个精神很重要,"不愤不启,不悱不发。举一隅不以三隅反,则不复也"。首先要有主动向上的意愿。《荀子》中讲得非常好,老师、儒者,应该像钟一样,小叩有小的回声,大叩有大的回声,不把自己的观念强加于人,而要等他的动机结构基本完成了,跃跃欲试了,你再去引导他。到后来《礼记》中甚至说"往教非礼也",跑出门去传道是不行的,应该人家来求。所以孔子说"学而时习之,不亦悦乎? 有朋自远方来,不亦乐乎? 人不知,而不愠,不亦君子乎?"从这个角度看,而阿 Q 精神的出现,是自觉与不自觉的问题。颜回是自觉的自我超越奋斗,体现了颜子之乐,代表了儒家的最高精神;阿 Q 精神基本上是一个情绪上的反映,没有提升到任何自觉的道德实践。所以,儒家最痛恨的,就是乡愿。"乡愿,德之贼也"。他要让大家都喜欢他,但没有任何内在精神、内在生命。这样讲来,儒家从最低的要求到最高的体现,这中间的过程是无限的,每一个人都有不同的体现。同时,它又不赞成躐等,你没有达到那一水平就是没有达到,人家棋高一著,你自己棋力不够,想跳过去不大可能,一定要经过一个长期的发展过程。

儒家还有一套经常被误解的思想,就是中庸。中庸不是折中主义而是比狂狷形态的英雄主义更难企及的理想人格。中庸的基本观念,实际上是在最复杂的时空交汇点上取得最好的解决问题的途径。"中"这个观点,不是指静态的中心,而是对动态过程的把握。比如射箭,要想中的,先得正己;射不中不能怪靶子,而要怪自己,要反身。因为射箭是一种艺术,我们要经过长期的磨练,才能够把握射箭的基本形式,即其运作的姿态、步骤、架式,不然即使偶然射中,以后也不会老有这种运气。整个形式把握住以后,还要把握发箭的时机,要在最关键的那刻把箭发出去。因为除了风向的问题以外,不管怎么站立,身体也在晃动;我们即使屏住呼吸,心脏还在跳动。这就是说,我们一定要在动的过程中选择最佳时机把箭发出去才可中的。这是一门很高的艺术。"礼之用,和为贵",但礼是以"时为大"。时间过去了再也不会回来,所以差之毫厘,失之千里。

再比如听音乐,音乐是时间的艺术,注重节拍,你漏掉一拍就再也赶不上了。所以《孟子》中讲孔子是"圣之时者也"。他不仅是"圣之清者",不仅是"圣之任者",也不仅是"圣之和者";所谓清者、任者、和者,都有很高的境界,但时者的境界最高。它所处的环境更纷乱,面临的挑战更多,选择更为复杂。"圣之清者"可以独行其道,不受环境的污染,不考虑其他的事情,比如伯夷;"圣之任者"只要有机会就去为人民服务,别的也可以不大考虑,比如伊尹;"圣之和者"就是协调各种不同的条件,使之达到一个有机的和谐,如柳下惠。而"圣之时者"比所有这些都要高明。因为"时"是在上述这些圣人形态中综合而成的一种最高的形态。这种形态若用音乐来比喻,就是各种不同的乐器都要通过一个有机统一的节拍来体现其最后的演奏水平。只有如此,才能最终综合成一个"金声而玉振"的完整的交响乐。

若站在这样一个最高的信念上看,儒家所提出的理想确实非常难达到,甚至可以说孔子也不是儒家理想的最高体现,这里面当然有很多不得已的原因,因为最高的体现应该是圣王,应该是尧舜禹汤那种人格形态。

但是同时,每一个人又都可以参加这一工作,只要肯学。儒家的理论,基本上是学习做人的理论。学做人对于人格的发展而言,一方面是一个逐渐扩展的方式,一方面又是个逐渐深入的过程。在儒家思想中,人就是仁,学则有"觉"的含意,即要提高自己的自我意识,要经过长期反省的磨练。所以,它有强烈的精英主义色彩,有一种从"先觉觉后觉"的意识,甚至可以说它的理想是高不可攀的,即使颜回也不过"三月不违仁"而已。这些都是事实。但是,若把这一理想摆在整个儒家教育中来看,似乎又别有天地。黑格尔就讲过,儒家没有什么高远的道理,没有深厚的内在生命和杰出的思辨,它讲的不过是人与人日常相处之间的礼俗及为人之道,是散离的道德主义。很多人说中国人完全是儒家塑造的,缺乏思辨性,缺乏逻辑,因而也就出不了大的思想家。这样的批判,能够和我们刚才对儒家的批判摆在一起吗? 能够摆在一起。这就是说儒家从它的最低要求到其最高体现之间,有各种不同的进程……

自觉与反省——继承和发扬文化之道

薛:我并非想否认儒家思想本身及其在运作过程中具有的这种弹性。我想指出的是,您所讲的那种健康的儒家文化,在中国的实际社会生活中,并未被大多数中国人所理解,也并没有在中国社会的各个层次都发挥了积极作用。文化,应该是有层次的……

杜:当然对文化可以有不同的理解。如果从层次上看,文化很可能是一个民族智慧结晶的显现。实际上,绝大多数的人对其文化最精彩的价值不仅不能进一步发挥,就连它所要求的最基本程度都不一定能够达到。我们应该了解,像这种类型的传统文化,要通过自觉奋斗还不一定能够继承,何况我们和它没有发生任何血肉关系,甚至主动抛弃。在很多情况下,正因为这种比较健康的文化价值没有在社会中落实成为大家共同的生活典范,所以在这个社会中生活的一些人,可能不仅不是这个文化的体现,也不是这个文化的产物,根本和这个文化的精神价值无关。

我过去曾经提出过这样一个观点,认为我们通常所谓的传承至少应有三个层次：

第一，生物性的层次。生物性是天然存在的，比如肤色。你想丢丢不掉，想变变不成，反省与否也都没关系。以前租界的一些东方人，主要是上海和香港，也包括东京，因为过分西化，于是要染发、隆乳、开大眼睛，改变肤色，想要改变不必改变的事实，譬如用各种美容手术改变自己的外形，结果，生物性并没有更动。

第二，社会习俗层次。社会习俗常常是经过长期的、不自觉的浸润和渗透才被接受的，要改变不容易，要继承也不必经过什么自觉的反省。比如口味，南方人喜欢吃米饭，北方人喜欢吃馒头。你在中国长大，就爱吃中国的东西，看中国的戏，散步时常常走得很慢；你生长在西方，则喜欢吃牛排，喜欢打橄榄球。

第三，文化层次。生物层次是无可奈何的事，也是无所谓的事，中华民族本来就没有强烈的种族主义倾向。习俗因为长期的浸润，丢掉不容易，保持也不费劲儿，但不管保持也好，丢掉也好，你的人格价值都不会因此而被贬低。然而文化这个层次，非要经过自觉的奋斗才可能继承，不是说你生长在这个文化区，就一定成为这一文化区文化的见证者、代表者、发扬者。举个简单的例子，要认识一个伟大的思想家并不容易，常常是那些和他朝夕相处的人，也许是他的妻子，也许是他的至亲好友，对他在最深刻的生命里所要体现的东西却一无所知。他们也许知道他这个人的背景，知道他的习俗，知道他日常各种不同的细节，但他内在生命里所要体现的东西他们并不一定清楚。文化也是如此。常常是生长在这个文化区的人，对这一文化的内在动源、内在逻辑性，以及它的精神生命所在，不仅没有深刻的洞察，而且是采取排斥、抛弃的态度。而对于精英文化，若不经过基本的语言训练，不经过反思，不经过奋斗，如何能继承下来？举个简单的例子，现在中国文化区（包括大陆和港台）的大学里的一些文科学生，本来对文化问题就很感厌烦,只因理工科考不上,不得不入此门。四年下来,什么也没念进去,把老师传授的东西又都交了回去。而一些美国人,他们中文还不太行,但要进行自觉的奋斗,去深入中国文化的一些课题,并且身体力行,搞三年不行搞五年,搞五年不行搞十年,乃至终身奉献……国内的人们也许听起来很惊讶,我则觉得很可以理解。所以,可能有这样一个看来很奇怪的结论:一个经过自觉奋斗来了解中国文化的美国人,他可以成为中国文化的承继者和发扬者,而一个在中国文化区土生土长的中国人,正因为他过分熟悉,把中国文化的一些很深刻的价值完全当作一个不需要反省,不需要奋斗,也不需要努力继承的习俗,因而他不能成为一个中国文化的继承者,更不可能是个发扬者。

现在国际上出现了很多有趣的现象。对于某些文化问题,内在于这个文化区的人不一定能够照察、理解,而一些外国人却从中挖掘出了很多菁华。像瑞典的诺贝尔奖金获得者孔纳·默道,他从1960年开始对美国黑白文化斗争的问题进行研究,写了《美国的两难》,成为一本典范性的著作;研究法国大革命成就比较突出而且感性相当强的,是英国那位保守主义者艾德门·柏克;研究美国民主政治史很有权威而且至今仍脍炙人口的,是19世纪法国贵族思想家托克维尔;研究中国宋代历史的国际权威,是日本的内藤湖南……这些例子相当多。了解苏联知识分子最杰出的学者,不一定是苏联人;在研究中国科技文化方面的头号权威,是英国的李约瑟。所以,在学术文化这个层面,不经过自觉的反省就不能继承和发扬。有可能中国文化区将会变成对中国文化精神最忽略乃至歧视的地区。也许这有些危言耸听,不过有些已变得很明显的现象不能不引起人们的注意。在东亚,特别是在中国,真正从事中国文化研究的年轻知识分子中,精英不多。可是研究中国文化的美国学者,都是美国文化界、学术界精英的精英。假如拿比较笨的中国人和比较聪明的美国人在中国文化研究的领域里竞争,而那些在文字训练、对习俗的了解等方面有着优厚条件的中国人又缺乏强烈的意愿,那么那些富于献身精神的美国人经过十年、二十年集体的反省、研究,难道不可能有所突破吗?

另外,中国社会对研究中国文化不仅不支援,反而嘲笑,而且学风比较坏,如独占资料、以资料为学术、闭门造车、恶性竞争等等,特别是有些中国自己的资料对中国人不公开,对外国人公开,这样我们怎样能和人家公平竞争呢?

在美国,研究中国文化的学者备受礼遇,条件优厚,在中国则大为不同。当初我在台湾要念中文系,很多人甚至是亲友都觉得很奇怪,他们对我说:"你英文本来搞得不错,如今怎么自甘堕落?难道中国人还不懂中文吗?"至今这还是相当普遍的现象。在美国,我们的宗教委员会最近收了一位学生,简直是个天才。他大学毕业以后,三个地方要他:一个是芝加哥大学化学系,让他去念博士,一个是美国最著名的茱利亚音乐学院,让他去学钢琴,另外一个就是我们哈佛的宗教委员会,让他来搞比较宗教学。对于他来说,最容易的是去学化学,成功最快,而且生活有保障,困难较小,但目标比较集中的是学钢琴,当时他钢琴的程度已经很高,即使成不了著名的演奏家,也能成为一位著名的教授。最困难、最无保障的是来搞宗教,搞上十年也不一定有饭吃,可是他居然来了……

过于理性,造成中国文化的动力不足

薛:这样的人在中国太难找了。中国人缺乏那种近乎狂热的理想性,缺乏那种宗教式的奉献精神……

杜:说起来这也是中国文化的一个侧面,一切从实际出发……

薛:这又涉及到了我们刚开始讨论的问题,即中国文化的超越感、终极关切，或者宗教情绪的问题。我觉得中国学术界对于宗教的理解一直比较肤浅。过去的注意力，一直在宗教与科学的斗争、宗教与人文思想、与启蒙主义、与民主人权的对立上，从而忽视了作为西方社会发展重要动力的宗教，与西方科学的发展、民主观念的发展的内在联系。特别是忽视了宗教与西方进入现代社会的关系。也许中国文化正是由于过于理性，缺乏一种非理性的、宗教式的超越力量，因而在由古典社会向现代社会转化的过程中，显得文化动力不足。

杜：对，这一点我完全赞成。特别是宋明以来，儒家文化也许由于其早期人文化的精神，可以说对一切都看透了，一切都服从于理智的分析。在信仰结构里，缺乏一种对超越世界的神秘感，所以不容易有西方宗教界那种奉献精神，那种不可知论。在西方的宗教传统中，上帝是通过人的理智永远不能理解的，是无上的权威，但人们不仅可以对它表示一种敬畏感，而且要通过一种信仰的飞跃，才能真正了解它。这种强烈的宗教情操，是西方科学发展、民主制度与人权思想发展的动力。在这方面，中国比较欠缺，中国的民间宗教，讲起来多少跟日常生活中柴米油盐等一系列最物质、最实际的需要联系在一起……

薛：看来层次比较低吧？

杜：比较低。有一位社会学家在台北附近从事社会调查，跑到一个私家小庙中。主持人是属于台湾的一种巫师，家里的墙上摆着很多神像，人家来朝拜他收些香火钱。有一次，他把那些神的位置进行重新的排列组合，有的神晋升上去，有的神则被贬下来。那位社会学家见了很惊讶，问他是怎么回事。他说是因为有的神灵，有的神不灵，有些地位本来很高的神，人们拜了半天就是不显灵，所以得降下来，有的小神突然一拜便灵，所以得升上去。他的标准就是对世俗名利的祈求灵与不灵这一庸俗的尺度！以前中国的土地庙,也有因为县官求雨时不显灵,最后被降级、被铲掉的事。那些中国人的心理是:我们对你不错,香火不断,从未亏待过,可是搞了半天,你怎么也不照应照应?有点儿太不够意思了。所以干脆铲掉。也有地方的贤达,成了神,而要求中央赐封的。中国的一切都非常实际,即使不说是"向钱看",也是非常考虑实效的。现在我要谈儒家哲学,马上就会有人出来问:你是在哪一个坐标系统里谈?是理想的坐标系统还是功能的坐标系统?如果在理想坐标系统,我们不感兴趣,我们要了解它的现实功能。你谈的是否有价值,首先得看你能不能直接促进"四化"。上次和一些同学聊天,有人批评董仲舒的"正其谊不谋其利,明其道不计其功",认为这是非常荒唐的理想主义,因为"利"和"功"都是很重要的,岂能不谈?其实,董仲舒的这个理想主义,要求的是动机的纯净。这种动机纯净的理想主义,在西方正是能够发展科学,能够塑造宗教人格,能够培养为真理而献身的精神的真正原因。它既不为利也不计功,但为了动机的纯正,为了奉献出生命,甚至仅仅为了内心的一种需求,也要奋斗到底。这些精神在中国也体现过,特别是在儒家的最高的理想之中。王阳明他们经常讲,一方面"哀莫大于心死",一方面一落功利俗套,就"不足观矣"。因为你的理想性根本抬不起头来。

没有强烈的法律传统,使中国人缺乏竞争意识

薛:据说在现代西方即使是企业家,也不会承认他们的行为是为了赚钱的。

杜:不仅不承认,你若说他们为了钱他们会认为是一种污辱。

薛:那么他们为什么仍具有那样强的竞争意识?

杜:有很多原因。一种是宗教,这就是所谓早期的新教伦理促

进了资本主义的发展,作为一个清教徒去经营企业,他常常感到上帝的召唤。当然现在很多企业家的动力并不一定是出于宗教,他们有可能是出于一种趣味、一种心理的自我满足,就像游戏一样,一定要赚得越多越好,一定要打垮劲敌。这些当然不一定有很深厚的道德基础,但也绝非为了牟利而已,百万富翁既可深陷利欲的巢臼里,也可彻底超脱利欲之想。

薛:看来,中国的现代化,还不仅仅是一个经济问题,它同时还是一个理想问题、道德问题、信念问题,乃至于"终极关切"的问题。

杜:这些正是值得重视的大问题。在上海,有位同学对我说,你讲的理想主义那一套,我心知其义,但最好五十年以后再来发扬。现在我们要开放,要打击封建遗毒,所有传统都要反。什么董仲舒,什么寡欲、节制,这些在现代社会统统要不得。现代人就是要充分表现个性,冲破一切束缚。

他的这种讲法我感到很奇怪,这是什么意思? 难道是提倡私欲横流吗? 难道要从这个角度来引进西方文化? 其实西方社会能够维持,是因为有着很深厚的道德自律和很高远的宗教情操。你要为你的利益,我要为我的利益,但是人们在为他们的私利而奋斗的过程中,有强烈的职业道德在限制。绝不能通过不公平的、违法的竞争来打倒对方。中国本来就没有强烈的法律传统,没有强烈的尊重他人隐私权等等这些西方社会习以为常的价值观念和商业道德。在这样的条件下,如果打破一切道德自律,搞什么私欲横流,那么真正能够私欲横流的,必然是社会的既得利益者和违法干部,在这种环境中,根本不可能出现一个公平竞争的社会。

传播文化,并不一定得依靠书面文字

薛:由此看来,中国缺乏一些在社会基层运作的健康的文化价值,这和儒家文化恐怕也有密切的关系。西方之所以能够进入现代社会,和马丁·路德的宗教改革有很密切的关系。路德提出"因信称义",认为人只凭对上帝的信仰就可以获救,就可以在上帝面前享受平等的地位和权利。这样一套"人人皆可为僧侣"的价值观念,可以直接规定社会各个阶层的人的行为准则,实际运作起来也相当方便。相反,要把握儒家的理想价值,却是非常困难的事,它不仅需要有从"最低"到"最高"的一个复杂的运作过程,还得有"君子"与"小人"等等复杂的区别,一般的人与最高的道德信念之间,隔着很多心灵的层次,远非"因信称义"所能解决的,所以有"中人以上,可以语上也;中人以下,不可以语上也"、"君子之德风,小人之德草"等等观念,所以儒家健康的理想,只能在像颜回这样受过很好的教育、又有很高的天资的精英人物身上,才能达到运作实效,而对于民间,儒家似乎有些无能为力。

杜:不一定。举一个例子:由于陆象山、王阳明思想的提出,明代思想有一个很大的变化,可以说是一种中国式的个性解放,这主要是指王学,特别是后来的左派王学,李卓吾也是这一大潮流当中的一分子。我认为,在某种意义上讲,王阳明在中国社会所引起的大变革也许超出了马丁·路德在西方思想中所引起的变革。这似乎很难证明,实际上现在的资料已经相当多了。

在中国社会,文化的传播渠道是相当丰富的,当然这需要大量的社会调查才能证明。我们发现,在儒家的传统里,是文盲而又是主要的文化传播者的人相当普遍,这到底是功是过当然不好一概而论。其中一个比较典型的情况,就是母亲在儒家传统中所扮演的身教的角色,从孟母开始,一直到欧阳修、岳飞的母亲……例子太多了。有人在这方面进行了初步的调查研究,分析了宋明时代的人物传记。这些人小时候接受母亲的影响往往超过父亲,因为父亲长期出门在外,很多基本的价值观念只有从母亲那里得到,而母亲常常是文盲。另外，在中国社会里，文化价值的传播和书写文字的传播关系究竟如何，有待于我们进一步研究。现在看来传播文化的形式有好几种，比如明代社会有所谓"乡约"，即一个乡村里，每十天大家聚会一次，共同讨论儒家伦理。另外还有社学，就是某一个声望比较高的家族，找一个课堂，请位老师来讲学，亲戚中很多人都可以参加。再有就是善书，像《太上感应篇》，当然也有浓厚的道家成分。日本有位学者叫酒井忠夫，他对善书进行过研究，现在日本著录的善书就有一千多种。过去来华的传教士，也做过很多报道。譬如，根据一位传教士的观察，19世纪在中国流行的《太上感应篇》的数量也许超出了《圣经》在欧洲流传的总和。此外，特别值得我们注意的是地方讲学，目前在国内这方面的研究还非常少。地方讲学本属佛教的传统，为弘法、讲经之用。宋明以后，逐渐普及，其文献多半叫语录。当时政府中有日讲官，专门教皇帝念书，民间的讲学，则从东林以后越来越盛。在此之前，王阳明的学生王艮、王龙溪都可算为儒家的职业传道者。他们多半是在长江下游一带讲学，平常十日一会，听者少则几百，多则几千，甚至上万。那时没有扩音器，人若太多，就由老师先讲给主要的大弟子们，然后再由这些人分头去传达。罗汝芳的讲演，据说常有数万听众。王龙溪每十天一讲，每讲都聚集成百上千的人，一直到他八九十岁。明代都市发达，人流动起来比较方便，这种讲学有很大的影响力。就是在宋代，朱熹开设白鹿洞书院，请陆象山来讲"君子喻于义，小人喻于利"，当时也有几百人来听。陆九渊在象山一带活动了五年，前后和他一起游学、请教者总也有千人之谱。根据一项资料，他每次开讲都按照一定的成规，也许是当时的惯例。前来听讲的都要在小牌上签到。牌上写着自己的名字和年龄。每次开讲前，由主事的资深学生按年纪唱名，学生们随之进来，年长者居前，依次排列坐好。那些民间的、乡下的人愿意旁听，可坐在后面或旁边,若有绅士来则可请他坐在前面。由于陆象山的口才很好,所以听者甚众。有时讲得高兴还主动要后座的年幼学童答话。

从上面讲的情况看,我们很难否认儒家在中国民间的影响。陆象山讲过,我即使一个大字不识,也须还我堂堂正正做人。马丁·路德教导人们不要通过教会和僧侣阶级,可以直接靠个人信仰得救。王阳明弘扬孟子"先立乎其大者"的精神,要求我们直接靠良知来完成自己的人格。这对于各个阶层的人来讲,都有兴发志趣的作用。最好的例证,就是中国很多农人有一种难能可贵的风骨。"士可杀不可辱",这讲的是知识分子,然而"三军可夺帅也,匹夫不可夺志也",这说的就是一般人了。这种道德信念在传统社会中影响面非常广,很值得我们作进一步的认识,为开发新的价值领域创造有利的条件。

顺便可以讲一个有趣的故事。王艮原来叫王银,是个盐商。此人没受过科班的正式教育,但很有哲学慧根。他在江浙一带讲学,有一大批学生。后来,听说有个叫王阳明的也在当地讲学,于是就穿着古服,到王阳明那里探访。王阳明见到来了一位穿着古服的陌生人,很是惊讶,立即请他坐上席,王银自然当仁不让。于是,两人便开始论学。然而,越往下谈,王银越觉得自己不行,情不自禁地把座席慢慢往下移,最后一直移到次席……谈完回家一想,还是有些不大服气,结果准备了一番之后,又去找王阳明谈,王阳明还是请他上座。这次谈完以后,王银觉得王阳明确实"段数"比自己高,于是立即拜之为师。王阳明觉得他名字太俗,便把"银"字去了"金",改成艮(取《易经》里象征山的意义)。王艮后来成为弘扬王学的健将。这段故事很可以体现那时民间讲学的风气和民间讲学者的风骨,同时它也说明,精英文化可以通过很多渠道渗透到民间,民间也能够出现一下子就接受这种文化的人物,不一定非得靠书面文字。

西方宗教传统给予我们的启示

薛:我想谁也不能否认儒家在中国社会中的普遍化,谁也不能无视儒家在中国社会各阶层的影响。问题是这种影响本身是积极的,还是病态的;是儒家精神的健康体现,还是儒家理想的庸俗化。

在西方的宗教传统中,上帝体现最高的、惟一的价值。它不给人们留有任何其他的退路,不给人们提供任何其他实现自我价值的途径;它要求人们的绝对信仰,要求人们无偿地拜倒在它那凌绝尘世的精神价值面前。因此,它的超越精神是绝对的、无条件的。也许正是这种绝对的超越,培养了西方人那种坚定不移的道德信念、对真善美的绝对追求,那种无所畏惧、永往直前的性格,以及为了真理和正义而献身的精神。儒家传统则不然,它处处留有余地:既有最高的体现,又有最低的要求,此外还有什么"达则兼善天下,穷则独善其身"啦,什么"太上有立德,其次有立功,其次有立言"啦,等等。它先为你提出一个最高的理想,马上又十分好心肠地来告诉你:不要慌,即使达不到最高的理想,也还有其次、其次……这样,在超越的层面上,儒家面临着两难:首先,任何人都不是上帝,任何人都有弱点,任何人都必须内在于现实之中生活,因此对于人的任何过于绝对的要求,似乎都有悖于人性;从这个角度看,儒家的宽容似乎是建立在对人性比较全面的照察之上——它似乎想告诉人们:在现实世界的沉浮中,不管穷也好,达也好,在什么位置,就有什么使命,就可以体现什么价值,所以无论在何时何地都不应放弃自己的责任,都没有理由自暴自弃。但是,反过来说,对于有弱点的人,往往非得置之死地而后生不可,非得让他不在其位也谋其政不可。如果你给他提出最高理想的同时,又提出最低的要求,那么他可能连最低的要求也达不到；如果在"太上"之外，还有一连串的"其次"，那么他也许会顺着"其次"的通道堕落到地狱之中。所以从这个角度看，过于善良的儒家，对于人性阴冷、脆弱的一面又可能照察不够——它为人们提供了一套过于周全的准则，过于复杂的信念，表面看起来好像左右逢源，实际的运作中则可能八面玲珑。因此，它在塑造颜回的同时，又塑造了一批寡廉鲜耻的伪君子、一批随遇而安的文弱书生、一批昏蒙不堪的阿Q；因此，它的宽容变成了油滑，它不仅要被政治化，而且命中注定地要被庸俗化。

杜：我基本的观点是这样：儒家是入世的，但又不属于这个世界，它有一个强烈的意愿，要内在于现实世界内部来转化这个世界，并且确实具有转化和塑造的功能。但是，在这种转化和塑造的过程中，又有很多曲折，包括你提到的寡廉鲜耻、妥协、丧失理想性等等。这是不是儒家提出的道德思想经过现实曲折以后发展的必然结果？我想得进一步考虑，起码我不这样看。

我以前曾经反复强调过，以儒家的道德理想来转化现实政治和以现实权威利用儒家来控制人民，这两条路线从古至今一直是互相排斥、抗衡的。你刚才讲的一点我以前倒没考虑很多，就是文化理想的庸俗化，这在中国也是一个大问题。它可能是儒家原来的价值取向不可避免的危机。

我同意你的看法，基督教的超越性很强，它可以完全独立于现实政治和现实世界之外，在另一个全然不同的领域里创造其精神文明，因而它总有办法保持它的纯净性。儒家没有这个选择，可以说儒家主动放弃了这个选择，它要进行内在的转化，因此在运作过程中，很可能庸俗化、肤浅化，变成现实世界里惟利是图者的一个理论上的借口。这还不是指政治化所带来的危险，而是说一个儒者，为了他自己的生存等等功利原因，把所有的理想都作了妥协，而儒家给了他一套自圆其说的理论借口，使他更没有积极性，更没有创发性。可以说这是儒家传统和现实世界结了不解之缘后难以逃脱的缺陷。因此我觉得要充分发挥儒家主观能动的积极价值，不能不全面而深入地掌握孟子"先立乎大者"的主体精神，这是建立儒家人学(立人极)不可忽视的严肃课题。我相信如果我们有志拓展儒家"超越而内在"的道德形上学，我们应该吸取基督教神学中的智慧结晶，从当代基督教神学家中得到启示。

(原载新加坡《亚洲文化》第 9 期,1987 年 4 月,
选自《儒家传统的现代转化:杜维明新儒学论著
辑要》,岳华编,中国广播电视出版社 1992 年版)

　　本文论述了儒家"超越而内在"的精神特征及其与此相关的其他问题,指出:儒家有自己的"终极关切",但这个超越的价值精神使内在于现实来体现的,使"超越而内在",不是"超越而外在"。儒家同样也不乏强烈的宗教情怀,但它不是表现在信仰一个人格化的上帝,而是表现在对处在"一个无穷发展的过程中"的世界所体现出来的精神价值的虔诚肯定和践履。儒家"超越而内在道德形上学"应该经过"自觉与反省"而得到"继承和发扬"。

儒家伦理思想与中国传统文化

余敦康

一

儒家作为一个学派区别于其他学派的基本特征,不在于哲学理论和政治主张,而在于伦理思想。就哲学理论而言,它可以采纳道家的思想,可以采纳阴阳家的思想,也可以采纳佛教的思想。就政治主张而言,它可以采纳法家的思想,可以采纳名家的思想,也可以采纳黄老学派的思想。事实上,在二千多年的历史发展中,儒家始终没有形成一套定型的哲学理论和政治主张,而是适应不同历史时期的需要和思想斗争的形势,不断地吸收其他各家的思想而改变自己的形态。虽然如此,儒家并没有成为杂家,它的学派特征还是十分鲜明的,原因就在于它有一套自己的一脉相承的定型的伦理思想。

这套伦理思想早在孔子创立儒家学派的时候就已经定型化了。孔子学说的基本概念是仁。关于仁,孔子曾经作了各种各样的解释。它的本质含义就是有若所概括的:"孝弟也者,其为仁之本与。"(《论语·学而》)这是一种由宗法血缘关系所派生的伦理规范。孔子认为,以这种宗法伦理为基础,可以进一步扩展为社会的伦理和政治的伦理,处理君臣、父子、兄弟、夫妇、朋友之间的关系,因而孝弟就成为仁之本。

孟子的伦理思想完全承袭孔子。他说:"尧舜之道,孝弟而已矣。"(《孟子·告子下》)"仁之实,事亲是也;义之实,从兄是也;智之实,知斯二者弗去是也;礼之实,节文斯二者是也;乐之实,乐斯二者。"(《离娄上》)"亲亲,仁也;敬长,义也;无他,达之天下也。"(《尽心上》)孟子认为,封建社会的五种伦理关系,"父子有亲,君臣有义,夫妇有别,长幼有序,朋友有信"(《滕文公上》),孝弟是根本。

荀子的哲学理论和孔、孟直接对立,政治主张差别很大,在伦理思想上比较偏重于社会的伦理和政治的伦理。他说:"入孝出弟,人之小行也。上顺下笃,人之中行也。从道不从君,从义不从父,人之大行也。"(《荀子·子道》)但是他和孔、孟一样,也把宗法伦理看作其他各种伦理的基础。他说:"《易》之《咸》,见夫妇。夫妇之道,不可不正也,君臣父子之本也。""礼也者,贵者敬焉,老者孝焉,长者弟焉,幼者慈焉,贱者惠焉。"(《大略》)

在先秦时期百家争鸣的历史舞台上,尽管儒家分裂为八派,彼此之间进行激烈的斗争,但由于他们都坚持宗法伦理思想而具有共同的立场,个性鲜明,独树一帜,与其他各家相区别。其他各家和儒家之间的斗争,也主要是围绕着宗法伦理思想而展开的。

比如儒墨之间的斗争就是如此。墨家伦理思想的核心是"兼爱",主张"兼以易别",以平等的无差别的兼爱去取代区分亲疏厚薄的亲亲之爱。这就是说,墨家只主张社会的伦理,而反对儒家所坚持的宗法伦理。孟子批评说:"墨氏兼爱,是无父也"(《孟子·滕文公下》),认为如果按照墨家的主张做去,势必从根本上否定父子关系。儒家并不是不要社会的伦理,只是强调社会的伦理应以宗法伦理为基础,"亲亲而仁民,仁民而爱物"(《尽心上》),不能抹煞亲疏厚薄的差别。荀子批评"墨子有见于齐,无见于畸"(《荀子·天论》),主要也是从维护宗法伦理的角度说的。

儒道之间的斗争,宗法伦理也是个焦点问题。《老子》第十八章:"大道废,有仁义;慧智出,有大伪;六亲不和,有孝慈;国家昏乱,有忠臣。"这是说,儒家所坚持的宗法伦理,是在人的自然状态丧失以后才产生的,只有彻底否定它们,才能返璞归真,使人重新回复到理想的自然状态。庄子针对着儒家亲亲为仁的说法提出了"至仁无亲"的反命题。他说:"夫孝悌仁义,忠信贞廉,此皆自勉以役其德者也,不足多也。"(《庄子·天运》)

法家商鞅把儒家所坚持的宗法伦理看作有害于君主集权的六种虱子而激烈反对。他说:"六虱:曰礼、乐;曰《诗》、《书》;曰修善、曰孝弟;曰诚信、曰贞廉;曰仁、义;曰非兵、曰羞战。国有十二者,上无使农战,必贫至削。十二者成群,此谓君之治不胜其臣,官之治不胜其民,此谓六虱胜其政也。"(《商君书·靳令》)韩非认为,儒家所鼓吹的"孝悌忠顺之道"容易被臣下利用来篡夺君权。他说:"天下皆以孝悌忠顺之道为是也,而莫知察孝悌忠顺之道而审行之,是以天下乱。""孔子本未知孝悌忠顺之道也。"(《韩非子·忠孝》)韩非把政治伦理和宗法伦理绝对对立起来,认为"夫君之直臣,父之暴子也","夫父之孝子,君之背臣也"(《五蠹》)。为了加强君主专制,必须彻底否定宗法伦理。

先秦时期各家围绕着宗法伦理所展开的斗争,实质上是一场政治斗争,反映了当时各个阶级和阶层对于刚刚诞生的封建体制的不同的向往和设计。儒家主张以三代之礼特别是周礼为模式,建立一套封建宗法等级制度。其他各家反对在封建体制中保留宗法制的成分。比如墨家主张"上同而不下比",建立一种能实行兼爱以满足"农与工肆之人"利益的中央集权体制。道家主张以原始的农村公社为模式,小国寡民,自给自足,无为而治,反对用孝弟仁义来束缚人的自然本性。法家主张"不别亲疏,不殊贵贱,一断于法",把全国臣民置于君主一人的统治之下,建立一种绝对专制主义的体制。因此,当时儒、墨、道、法之间的斗争集中于宗法伦理问题,哲学理论和政治主张之间的斗争也以宗法伦理问题为核心而展开,决不是一个偶然的现象,而是有着极为深刻的社会历史原因的。

　　随着秦汉封建统一帝国的建立,先秦百家争鸣的社会历史条件逐渐消失,在学术思想上出现了一种大融合的局面。值得注意的是,从秦始皇统一中国到汉武帝罢黜百家以前这一段时期,儒家所坚持的宗法伦理思想已为其他各家所接受,不同程度地渗透到他们的体系之中,并且顽强地迫使统治者改变自己的主观爱好,把提倡宗法伦理思想规定为国策。这是因为,思想的逻辑不能违抗现实生活的逻辑。在已经建立的现实的封建统一帝国中,历史所遗留的宗法制的成分不但没有被铲除,反而和封建社会的政治经济紧密结合,发展成为一种普遍存在的家族制度。无论统治阶级或被统治阶级,都生活在这种家族制度之中。只要有家族制度存在,就必然要求有一套宗法伦理思想为它服务。通过不同的形式反映到意识形态上来。问题只在于有的是自觉地反映,有的是被迫地反映,有的反映得顺理成章,自成体系,有的则是方枘圆凿,游离于自己的体系之外而格格不入。

　　在秦始皇所确立的封建统治思想中,法家思想占主导地位,但是儒家的宗法伦理思想也占有相当比重。比如秦始皇的《峄山刻石》说:"廿有六年,上荐高庙,孝道显明。"(《全秦文》卷一)其他刻石中也提到"贵贱分明,男女礼顺","以明人事,合同父子","圣智仁义,显白道理","六亲相保,终无寇贼","禁止淫泆,男女絜诚"(《史记·秦始皇本纪》)。《睡虎地秦墓竹简》中的《为吏之道》认为,官吏应当"宽俗(容)忠信,和平毋怨","兹(慈)下勿陵,敬上勿犯"。"君鬼(读为怀,和柔)臣忠,父兹(慈)子孝,政之本兵(也)"。这些涉及到君臣、父子、夫妇的伦常关系,以及仁、义、礼、智、信等项准则,显然是儒家的一套宗法伦理思想。但是,秦始皇无论在理论上或实践上都没有把这种宗法伦理思想和法家的主张有机地结合起来。他崇尚法令,迷信暴力,处处采用严刑峻法的高压手段迫使人民就范。比如刻石中所说的"禁止淫泆"是用杀头的办法来解决的。《睡虎地秦墓竹简》中的《封诊式》载有两个案例,政府用杀头和流放的办法来惩治亲子不孝。因此,虽然秦始皇为了维护现实生活中业已存在的家族制度而接受了儒家的宗法伦理思想,却在处理封建社会的各种关系上拿不出一套行之有效的办法,结果激化了本来不应该激化的矛盾,过早地促使自己的灭亡。

汉初的七十年间,封建统治阶级吸取秦王朝灭亡的教训,确立了以黄老思想为主导的统治思想形式。这种思想主张清静无为,与民休息,可以从消极的方面减少政府对人民的过分干涉,暂时地缓和阶级矛盾,起到安定社会秩序的作用。但是如何从积极的方面维护家族制度,巩固国家政权,做到长治久安,黄老思想则无能为力,而必须借助儒家的宗法伦理思想。因此,尽管当时的几个皇帝并不怎么信儒,在现实需要的驱使下,也都三令五申,把"孝弟力田"规定为国策,并且把孝道推崇为包括统治者和被统治者在内的普遍适用的道德规范。比如,惠帝四年,"举民孝弟力田者复其身"。高后元年,"初置孝弟力田二千石者一人"。文帝十二年,下诏说:"孝悌,天下之大顺也。力田,为生之本也。……以户口率置三老孝悌力田常员,令各率其意以道民焉。"景帝元年,为了"永思孝道",以周制为蓝本建立了一套宗庙制度(均见《汉书》本纪)。

在这个时期,虽然儒家的地位并未定于一尊,但是封建统治阶级已经通过社会实践认识到它的以孝弟为核心的宗法伦理思想具有强烈的政治功能,是维持封建社会长治久安的不可缺少的思想条件,正在逐渐改变态度而倾向儒家,考虑选择儒家学说作为指导思想。一大批儒家学者这时也作了大量的理论工作,从各个不同的角度来进一步阐发宗法伦理思想的政治功能,以便更好地为封建统一帝国服务。大小戴《礼记》这两部著作汇集了他们的理论成果,其中关于如何处理家族制度和国家政权之间的关系问题,比先秦儒家论述得更为系统完整,代表了在秦汉时期封建统一帝国已经建立的历史条件下儒学发展的新阶段。

本来在封建社会,家族利益和国家利益既有同一的一面,又有矛盾的一面。就矛盾的一面来说,孝父未必就能忠君,忠君也有可能和孝父相冲突,因而封建社会经常发生忠孝不能两全的悲剧。法家强调矛盾的一面,认为只有否定宗法伦理,才能加强君主专制。儒家恰恰相反,极力强调同一的一面,认为孝父可以忠君,忠君就是孝父,二者完全同一,不存在任何的矛盾。《大戴礼记》保存了一组谈孝道的文章,集中发挥了这个思想。例如:“忠者,其孝之本与。”(《曾子本孝》)“故居处不庄,非孝也;事君不忠,非孝也;莅官不敬,非孝也;朋友不信,非孝也;战陈无勇,非孝也。……夫孝者,天下之大经也”(《曾子大孝》)。照这个说法,宗法伦理的意义主要在于它的政治性,可以直接用来为中央集权的封建国家服务。

在家族制度中,人们受着层层义务的约束,对父来说,他是子,对子来说,他是父,对兄来说,他是弟,对弟来说,他是兄。这些各种各样复杂的亲属关系都有一套固定的行为准则。生活在这种家族制度之中,是谈不上有什么个性自由的。人们立身行事,以至言谈举止,都必须遵循固定的行为准则,他要谨小慎微,随时随地克制自己,把家族利益置于个人利益之上。因此,这种家族制度可以磨平人们的个性锋芒,培养一种顺从的品德。儒家认为,正是这种顺从的品德,最适合于国家政治的需要,忠臣应该在孝子中间去寻找。《大戴礼记·曾子立孝》说:“是故未有君而忠臣可知者,孝子之谓也;未有长而顺下可知者,弟弟之谓也;未有治而能仕可知者,先脩之谓也。故曰孝子善事君,弟弟善事长。君子一孝一弟,可谓知终矣。"

《小戴礼记》对儒家宗法伦理思想的基本原则作了理论上的概括。《丧服小记》说："亲亲、尊尊、长长、男女之有别,人道之大者也。"这几项原则,以亲亲、尊尊两项为最重要。亲亲体现了合同的精神,尊尊体现了别异的精神。为了辨别上下贵贱男女亲疏之分,确立封建宗法等级制度,不强调尊尊是不行的。另一方面,为了避免矛盾激化,使各种不同身份地位的人相亲相爱,和谐融洽,不强调亲亲也是不行的。儒家认为,在人们的家族生活、社会生活和政治生活中,都要把亲亲和尊尊有机地结合起来,既能合同,又能别异。如果片面地强调某一方面而忽视另一方面,出现"尊而不亲"或"亲而不尊"的偏差,都会造成混乱,破坏正常的封建秩序。实际上,亲亲、尊尊这两项原则是从宗法制度派生出来的。因为宗法制度建立在血缘关系的基础上,由此而产生的深厚的骨肉感情自然而然把各个成员牢固地团结在一起。同时,这种宗法制度又按照严格的规范区分嫡庶,辨别男女长幼,确定各个成员的身份地位。前者可以相爱,起到合同的作用。后者可以相敬,起到别异的作用。儒家认为,把这两项原则推广到国家政治和社会生活上去,就可以使封建统治秩序长治久安。《祭义》说:"立爱自亲始,教民睦也。立敬自长始,教民顺也。教以慈睦,而民贵有亲;教以敬长,而民贵用命。孝以事亲,顺以听命,错诸天下,无所不行。"

虽然亲亲、尊尊这两项原则相辅相成,不可偏废,但由于国家的利益高于家族的利益,在具体的运用上,应该严格区别二者的范围,使亲亲的原则服从于尊尊。《礼记·丧服四制》说:"门内之治,恩掩义。门外之治,义断恩。资于事父以事君,而敬同。贵贵尊尊,义之大者也。故为君亦斩衰三年,以义制者也。"所谓"门内之治",指的是父子之间的血缘亲属关系,在这个范围内,应该是亲亲的原则占支配地位。所谓"门外之治",指的是君臣之间的政治关系,在这个范围内,应该是尊尊的原则占支配地位。尽管一般臣民和国君没有血缘亲属关系,也要像对待自己的父亲一样,为国君服斩衰三年的丧服,这是因为君臣大义的名分高于一切。因此,儒家的宗法伦理思想既可以维护家族制度中的父权,又可以维护国家政治中的君权,和其他各家思想相比,具有更为广泛的调节功能,能够适应封建社会的多方面的需要。

汉武帝以后,儒家的宗法伦理思想上升为统治思想,支配中国的封建社会达二千多年之久。在这个相当长的历史阶段中,从基本内容来看,并没有什么发展变化,只是以更为明确的形式被概括为三纲五常。《白虎通·三纲六纪篇》说:"三纲者何谓也?谓君臣、父子、夫妇也。六纪者,谓诸父、兄弟、族人、诸舅、师长、朋友也。故《含文嘉》曰:君为臣纲,父为子纲,夫为妻纲。又曰:敬诸父兄,六纪道行,诸舅有义,族人有序,昆弟有亲,师长有尊,朋友有旧。"《情性篇》说:"五性者何?谓仁、义、礼、智、信也。仁者,不忍也,施生爱人也;义者,宜也,断决得中也;礼者,履也,履道成文也;智者,知也,独见前闻,不惑于事,见微知著也;信者,诚也,专一不移也。故人生而应八卦之体,得五气以为常,仁、义、礼、智、信是也。"

儒家认为,封建社会的各种人与人的关系,上下左右,纵横交错,好比一个大罗网,无论什么人都生活在这个罗网之中。这个罗网有纲绳,有网扣,三纲六纪就是它的纲绳和网扣。只要抓住了纲纪,就可以纲举目张,统领一切,治理天下。在这些错综复杂的关系之中,实际上只有两个主要关系,一个是君臣之间的政治关系,一个是父子、夫妇、诸父、兄弟、族人、诸舅之间的血缘关系。因此,用君权来统领政治关系,用父权来统领血缘关系,就成了稳定封建统治秩序的两个不可缺少的环节。墨家、道家、法家都只重视君权而不大重视父权。儒家与他们不同,认为天下之本在国,国之本在家,家族制度的稳定是整个封建秩序稳定的基础,为了有条不紊地掌握由各种关系交织而成的大罗网，以便从根本上巩固君权，应该充分利用父权这个强大的杠杆。三纲说的本质含义就在于此。

五常是处理各种人与人的关系的伦理规范，其中最重要的是礼。礼集中体现了君父统治的正常秩序，是辨明上下贵贱男女亲疏之分的封建宗法等级制度的总称，无论什么人都要严格履行礼的规定，所以说"礼者，履也"。仁是履行过程中所贯注的一种脉脉温情，义是判断等级名分的是非标准，智是对于这些规定的正确的认识理解，信是履行过程中的忠诚专一。因此，五常就和三纲紧密联系在一起，成了维护封建宗法等级制度的核心思想。

把儒家的宗法伦理思想明确地概括为三纲五常，这个工作是从西汉武帝时的董仲舒开始的，而完成于东汉章帝时的《白虎通》，前后经历了大约二百年的时间。整个工作都是在封建国家政权力量的大力支持下有领导地进行的。三纲五常虽然就思想内容而言并没有超出先秦和汉初儒家论述的范围，但是由于它这时被封建国家政权确立为统治思想，具有人人必须信奉而不得违反的法律效力，就性质和作用而言，已经发生了根本的变化，完全不同于百家争鸣时期的一家之言。三纲五常在国家政权力量的支持下变成了神圣不可侵犯的道德信条。作为最高统治者的天子不仅要在政治上体现国家的最高权力，还要把提倡宗法伦理当作自己应尽的职责，并且身体力行，作出表率，在道德上成为全国人民的楷模。《白虎通·乡射篇》说："王者父事三老、兄事五更者何？欲陈孝悌之德，以示天下也。故虽天子，必有尊也，言有父也；必有先也，言有兄也。天子临辟雍，亲袒割牲，尊三老，父象也。谒者奉几杖，授安车软轮，兄事五更，宠接礼交加客，谦敬顺貌也。"

魏晋南北朝以后，中国的思想领域兴起了佛教和道教两股势力，向儒学的统治地位挑战。但是不管佛、道二教的势力发展得多么壮大，也始终不能动摇儒学的统治地位。原因就在于它的三纲五常的宗法伦理思想不仅和封建政治相结合,形成为整个封建社会上层建筑的核心,而且和一家一户的封建经济相结合,广泛地渗透到人民群众的生活方式中来。佛教是一种外来的宗教,为了能在中国的土壤上生根,就必须适应中国的国情,因而也不得不屈服于儒家的宗法伦理思想。道教是中国土生土长的宗教,从它创立时起,就接受了儒家的宗法伦理思想,把忠君孝父当作自己的道德信条。因此,儒、释、道三教既互相斗争,又互相融合,而融合的一面终于压倒了斗争的一面,形成了一股三教合流的思潮。在这个过程中,虽然儒家从佛、道二教吸取了不少的哲学理论和宗教修养方法丰富了自己的体系,但是占主导地位的是,佛、道二教为了争取更好地为中国封建社会现实存在的宗法等级制度服务,被迫与儒家的三纲五常思想合流。

实际上,三纲五常思想与佛、道二教以追求彼岸世界为目的的宗教教义根本抵触,无论怎样摆弄安置,总是显得格格不入,不能自圆其说。这是佛、道二教的致命弱点,儒家正是抓住这个致命弱点向他们进行斗争的。比如宋代的程颐攻击佛教时指出:"佛逃父出家,便绝人伦,只为自家独处于山林,入乡里岂容有此物? 大率以所贱所轻施于人,此不惟非圣人之心,亦不可为君子之心。释氏自己不为君臣父子夫妇之道,而谓他人不能如是,容人为之而己不为,别做一等人,若以此率人,是绝类也。"(《河南程氏遗书》卷十五)这是说,佛教虽然为了随顺世俗而承认三纲五常,但还是把逃父出家、弃绝人伦的出世间法看得高于三纲五常。对于以追求成佛成仙为目的的佛、道二教来说,他们也确实无法解决世间和出世间的矛盾。

唐代的韩愈在反对佛老的斗争中,提出了"道统"说。所谓"道统",实质上就是三纲五常思想的传授系统。孟子曾说:"尧舜之道,孝弟而已矣。"韩愈认为:"尧以是传之舜,舜以是传之禹,禹以是传之汤,汤以是传之文武周公,文武周公传之孔子,孔子传之孟轲。轲之死不得其传焉。"(《韩昌黎集·原道》)韩愈以后,许多儒家学者都以继承道统自命,他们都共同认为,尽管历史上经常改朝换代,但是道统必须一脉相承,不能断绝。他们都把坚持和宣扬三纲五常思想当作自己神圣的天职,在他们的努力下,三纲五常思想更加深入人心,佛、道二教失去了抗衡的力量,封建统治阶级也更加自觉地认识到这种思想是立国的本根而大力提倡。

如果说在中国封建社会的前期,儒家是以宗法伦理思想作为区别于其他各家的主要标志,也是以宗法伦理思想作为战胜其他各家而取得统治地位的主要武器,那么在中国封建社会中后期与佛、道二教的斗争中,情形亦复如此。可以说,这种宗法伦理思想一直贯穿于中国封建社会的始终。在漫长的历史岁月里,儒家的理论形态经历了先秦儒学、两汉经学、魏晋玄学以及宋明的程朱理学、陆王心学种种变化,有的唯心,有的唯物,具体的政治主张也因时代的变迁而有种种不同,有的进步,有的保守,惟独他们的宗法伦理思想却是一脉相承,不仅在思想内容上没有什么发展变化,就是在语言的表述上也是千篇一律,缺乏创新。儒家的这种宗法伦理思想在中国封建社会何以具有如此强大的生命力,究竟应该怎样对它进行评价,的确是一个值得深入研究的问题。

二

按照儒家的传统说法,他们的宗法伦理思想并不是孔子个人的发明创造,而是起源于遥远的尧舜时代。今天看来,这种说法自有一定的根据,不完全是无稽之谈。如果我们追根究底去探索宗法伦理思想的起源,只有一步一步地追溯到原始社会的父系家长制时期,才能得出比较令人满意的解答。

马克思、恩格斯在创立历史唯物主义的初期就曾经指出:夫妻之间的关系,父母和子女之间的关系,也就是家庭,一开始就纳入了历史发展过程。"这个家庭起初是惟一的社会关系,后来,当需要的增长产生了新的社会关系,而人口的增多又产生了新的需要的时候,家庭便成为(德国除外)从属的关系了"(《德意志意识形态》,《马克思恩格斯选集》第一卷第33页)。后来,恩格斯根据摩尔根的研究成果,写了《家庭、私有制和国家的起源》,更加明确地指出:"亲属关系在一切蒙昧民族和野蛮民族的社会制度中起着决定作用。""父亲、子女、兄弟、姊妹等称谓,并不是简单的荣誉称号,而是一种负有完全确定的、异常郑重的相互义务的称呼,这些义务的总和便构成这些民族的社会制度的实质部分。"(《马克思恩格斯选集》第四卷第24页)

在原始社会的父系家长制时期,"社会制度的实质部分"就是父权。以男性为主而以女性为从的一夫一妻制的家庭是社会结构的细胞,由此而派生的各种亲属关系和相互义务,都是围绕着确立父系家长在家庭中的统治地位服务的。家庭中的每个成员的身份地位都由他们和父系家长所具有的不同的亲属关系来决定,而这种亲属关系也就是当时人们惟一的社会关系。在这种家庭中,父系家长拥有极大的权威,所有其他成员都隶属于家长权威的支配之下。因而这种家庭中的亲属关系,实质上是一种统治与服从的隶属关系,是在历史上出现的最初的阶级对立。但是另一方面,这种隶属关系同时也是血缘关系,尽管家庭成员的身份地位互不相同,也有一种天然的骨肉感情把他们团结在一起,使得统治与服从的隶属关系不致变得过分难以忍受。儒家宗法伦理思想的尊尊和亲亲两个基本原则,其实早在原始社会的父系家长制时期,就已经以萌芽的形态诞生了。

当然,当时人们的思维水平极为低下,不能把这种维护父权的尊尊和亲亲的原则表述为明确的概念和系统的理论，但是，从当时盛行的祖先崇拜的宗教和道德习俗来看，这两个原则的萌芽形态确实是存在的。

传说中的尧舜是父系家长制时期部落联盟的首领。部落联盟是后来阶级社会国家机关的前身，这是一个具有权威性的组织。为了把各个不同的血缘性的氏族部落相对巩固地团结在部落联盟之中，不仅需要建立统一指挥的军事和行政中心，还需要建立一种为各个血缘性的氏族部落所共同承认的统一的意识形态。在这个时期，尊尊和亲亲的原则由自发开始变为自觉，被人们有意识地运用来为巩固部落联盟服务。据《尚书·尧典》记载，帝尧"克明俊德，以亲九族；九族既睦，平章百姓；百姓昭明，协和万邦。黎民于变时雍"。舜由于"以孝烝烝"，"慎徽五典、五典克从"，受到四岳的推荐和尧的信任，继承了帝位。舜即位以后，命令契说："百姓不亲，五品不逊。汝作司徒，敬敷五教。"所谓五典、五教，包括父义、母慈、兄友、弟恭、子孝。《尚书·尧典》是晚出的文件，带有后人附加的理想化和系统化的成分。但是我们也可以从中窥探出一些当时的真实的历史进程的轨迹。

从世界史的角度来看，各个民族都经历了父系家长制的时期，因而维护父权的伦理思想，应该是普遍存在的。但是，这种伦理思想只有在中国得到充分的发展，从原始社会到奴隶社会一直延续到封建社会。而在其他的一些民族中，有的是被逐渐遗忘了，有的则发展得不充分，不占支配地位。这个原因不能简单地归结为儒家和统治阶级的提倡，而应该从中国由原始社会向奴隶社会过渡的特殊途径上去寻找。拿希腊的古典奴隶制来说，从梭伦变法起，逐渐冲破了氏族血缘关系的支配，建立了以地区团体为基层单位的国家机关，居民的身份地位是以实际所掌握的财产和权力来区分的，因而适应于血缘关系的伦理思想退居次要地位，逐渐失去作用,而发展了一种社会的伦理和政治的伦理。但是在中国,国家机关却是利用原始社会的氏族组织建立起来的,统治阶级按照血缘关系来分配财产和权力,被统治阶级也保留着聚族而居的形式。因此,血缘关系不但没有被冲破,反而作为一种特殊的社会组织形式,成为奴隶社会中人们的政治关系、经济关系和其他一些社会关系的基础,经过夏、殷、周三代,发展成一种带有中国特色的宗法奴隶制。正是由于这种宗法奴隶制的决定性的作用,才使得宗法伦理思想得到充分的发展,成为调整各种人与人的关系的基本原则。

夏、殷两代的思想资料短缺,无从了解其具体内容,道德观念在卜辞中没有痕迹。但这并不意味着在这两个朝代没有道德习俗,没有意识形态的生产。比如夏启讨伐有扈氏,向六军将领和战士发表誓辞说:"用命,赏于祖;弗用命,戮于社。"(《尚书·甘誓》)这就是假借祖宗神的威力,也就是王族的父权的威力来发号施令。可以看出,在奴隶社会初期,维护父权的伦理思想虽然和原始社会一样以粗糙的形态凝结在祖先崇拜的宗教中,但已失去了那时的平等的社会性质,被改造得和君权相配合,开始履行统治思想的职能。盘庚迁殷的几次讲话,也是假借祖宗神的威力对人们进行训诫。他说:"汝克黜乃心,施实德于民,至于婚友。""汝无侮老成人,无弱孤有幼。各长于厥居,勉出乃力,听予一人之作猷。无有远迩,用罪伐厥死,用德彰厥善。"(《尚书·盘庚》)盘庚在这里除了向官员强调必须服从自己所掌握的父权和君权以外,还训诫他们要对民众施予德惠,以至婚姻朋友,不要欺侮老成人,也不要欺侮幼弱人。这里实际上已经蕴含着后来儒家所概括的尊尊和亲亲的原则。

周人在夏、殷两代的基础上创建了一套相当完备的宗法奴隶制的体制。这是一套以奴隶制为内容而以宗法制为形式的体制。社会的各个成员无一例外地被编入这套体制之中,结成了层层依附的隶属关系。和夏、殷两代相比，周人的宗法制已经转变为国家大法。周人自觉地利用宗法制这种形式，把夏、殷两代的那些以血缘氏族为单位的结构松散的众多属国，凝聚为一个组织严密而秩序井然的奴隶制帝国。与这个过程相适应，宗法伦理思想在周代也有了很大的发展。

西周初年，周公教导康叔如何统治殷民七族，集中表述了这种宗法伦理思想。"王曰：封元恶大憝，矧惟不孝不友。子弗祗服厥父事，大伤厥考心；于父不能字厥子，乃疾厥子。于弟弗念天显，乃弗克恭厥兄；兄亦不念鞠子哀，大不友于弟。惟弟兹，不于我政人得罪，天惟与我民彝大泯乱。曰：乃其速由文王作罚，刑兹无赦。"（《尚书·康诰》）。

周公明确指出，宗法伦理思想的主要内容就是父慈、子孝、兄友、弟恭，这些虽然是调整血缘亲属关系的行为规范，却具有强烈的政治功能，直接关系到统治秩序的稳定，应该用政治强制手段强迫人们来遵守。可以看出，封建社会时期儒家的宗法伦理思想基本上没有超出这个范围。周公所表述的宗法伦理思想的内容、性质和作用，都为儒家所继承，这是儒家的最直接的思想渊源。

中国的哲学思想以伦理道德为核心内容，这个传统是从西周开始的。王国维最早从宗法制度的角度对这种现象进行了研究。他说："周人制度之大异于商者，一曰立子立嫡之制，由是而生宗法及丧服之制，并由是而有封建子弟之制，君天下臣诸侯之制。二曰庙数之制。三曰同姓不婚之制。此数者皆周之所以纲纪天下，其旨则在纳上下于道德，而合天子诸侯卿大夫士庶人以成一道德之团体。""故知周之制度典礼，实皆为道德而设。……周之制度典礼乃道德之器械，而尊尊、亲亲、贤贤、男女有别四者之结体也。"（《观堂集林·殷周制度论》）后来马克思主义学者又把研究向前推进了一步。侯外庐把周人的道德观和希腊作了比较，认为希腊哲人的道德观一开始便属于国民阶级的思想体系,而周代的敬德思想则属于先王体系,其内容是氏族曾孙的伦理观。德与孝是周代统治阶级的道德纲领,德在道德的规范上是与郊天之制的宗教相结合的,孝在道德上的规范是与禘祖之制的宗教相结合的。有孝有德的道德纲领之所以不能与宗教分离,是由于周人宗法政治的限制。为了维持宗法的统治,故道德观念亦不能纯粹,而必须与宗教相混合。就思想的出发点而言,道德和政治相结合,故道德只限于氏族贵族的君子人物,没有一般性的国民的道德观念(见《中国思想通史》第一卷第 93—95 页)。

由于周人自觉地利用宗法制度来"纲纪天下",把它转变为奴隶制国家的根本大法,所以周人所创设的各种制度典礼都贯注了强烈的宗法精神,而宗法伦理思想也与宗教、政治紧密结合,成为奴隶社会上层建筑的核心内容。这对后来中国哲学思想的发展起了极为深远的影响。我们研究儒家的宗法伦理思想,不能不充分地考虑到这个历史前提。

但是,儒家的宗法伦理思想毕竟是反映了封建社会的历史条件,属于封建社会的上层建筑,与西周的宗法伦理思想相比较,既有继承的一面,也有变革的一面。这种变革的工作实际上并不是由春秋晚期的孔子发起的,而是和奴隶制向封建制过渡的整个历史进程相适应,早在春秋前期就开始了。

中国的奴隶制从春秋前期就开始向封建制缓慢过渡,到春秋战国之际大致完成,总共经历了三百年之久。在这个过程里,社会经济基础逐渐起了根本性质上的变化,宗法制的社会政治结构也由宗族解体而成为家族,逐渐和封建制结合在一起。这种宗法制在历史上的延续性,决定了宗法伦理思想的继承性。同时,由于封建社会的宗法制和奴隶社会有一定区别,所以宗法伦理思想也不能不发生某些变革。

　　奴隶社会的宗法制以宗族为社会结构的基本单位。每一个宗族都有自己的共有土地,有宗族的集体奴隶,也有军队、刑法,实际上是一个小国家。宗子即族长是这个小国的国君,各种不同身份的人都受宗子权力的支配。宗族内部不具有贵族身份的为数众多的族人,是宗族的正式成员,他们属于奴隶制下的自由民阶层。在这种奴隶制的生产方式中孕育出来的封建经济,是伴随着宗族解体而成为家族一同出现的。奴隶主贵族纷纷把宗族共有的土地据为私有,把宗族的集体奴隶转化成拥有自己的独立经济的农民。同时广大的自由民阶层也挣脱了宗子的束缚而迅速地分化,少部分上升为地主,大部分变成了自耕农。于是一家一户的个体经济取代了宗族共有的集体经济,由宗子所统率的宗族组织也解体为由许许多多男性家长所统率的家族组织。

　　封建社会的家族组织代替了奴隶社会的宗族组织,是一次内容丰富深刻的社会解放。人们在经济关系、政治关系和社会关系各个方面,都变得和奴隶制时代不相同了。就政治关系来说,由于奴隶制时代的那种金字塔式的国家制度是按照大宗小宗的隶属关系建立的,实际上不过是宗族组织的扩大,天子、诸侯、卿大夫之间的统治与服从的政治关系也就是宗法血缘中的叔伯甥舅关系,因而宗族组织和国家政权结为一体。封建社会建立了按地域区分的郡县制和中央集权制的国家制度,个体家族虽然普遍存在,但不同于奴隶社会的宗族组织能拥有刑法、军队、臣属,所有这些政治权力都已分离出来,移交给国家政府机关来行使了。宗法伦理思想必须适应这种变化,处理好家族利益和国家利益之间的关系。

　　另一方面,封建制为社会的各个成员提供了比奴隶制广阔得多的活动场所,人们结成了新的关系,经营新的生活,从各种不同的阶级地位和利害考虑出发,探索新的道德价值和行为规范。如果说奴隶制的宗法伦理思想主要是依赖传统的习俗力量迫使人们服从,在封建制下,人们则要通过内在的反省来重新确认,把它建立在自觉的基础上。

关于春秋时期宗法伦理思想继承与变革错综交织的言论,在《左传》、《国语》中保存得相当丰富。比如:"君义臣行,父慈子孝,兄爱弟敬,所谓六顺也"(《左传》隐公三年);"忠,社稷之固也"(《左传》成公二年);"孝敬忠信为吉德"(《左传》成公十八年);"君令臣共,父慈子孝,兄爱弟敬,夫和妻柔,姑慈妇听,礼也"(《左传》昭公二十六年);"夫仁、礼、勇,皆民之为也。以义死用谓之勇,奉义顺则谓之礼,畜义丰功谓之仁"(《国语·周语中》);"人所以立,信、知、勇也。信不叛君,知不害民,勇不作乱"(《左传》成公十七年);"恤民为德,正直为正,正曲为直,参和为仁"(《左传》襄公七年)。

值得注意的是,这些言论除了继续讨论父子、兄弟、夫妇之间的由宗法血缘关系所派生的伦理以外,还提出了君臣之间和君民之间的社会政治伦理,并且试图以仁作为统率宗法伦理以及社会政治伦理的总原则。和孔子的那种宗法伦理思想体系相比,这些言论固然显得零碎、片断、不成系统,但却是孔子进行总结概括的基础。如果缺少春秋时期这个过渡环节,儒家的宗法伦理思想体系是不会突然产生的。

孔子所说的仁虽以孝弟为本,但已扩展成为社会政治伦理,统率着各种品德,可以用来处理封建社会的一切关系。这种思想基调和春秋时期的那些片断言论是完全一致的。《论语·阳货》:"子张问仁于孔子,孔子曰:能行五者于天下,为仁矣。请问之,曰:恭、宽、信、敏、惠。恭则不侮,宽则得众,信则人任焉,敏则有功,惠则足以使人。"由于仁如此重要,所以人们应该恪守奉行,并且通过一系列的修养,把它变为个人内在的自觉要求。孔子说:"君子无终食之间违仁,造次必于是,颠沛必于是。"(《里仁》)"志士仁人,无求生以害仁,有杀身以成二。"(《卫灵公》)这种道德修养,主要不是着

眼于个人,而是着眼于政治。孔子说:"苟正其身矣,于从政乎何有? 不能正其身,如正人何?"(《子路》)

后来儒家根据孔子的这种思想,制订了一套修身、齐家、治国、平天下的程序,把宗法伦理和宗法政治紧密结合起来,并且强调指出,"自天子以至于庶人,壹是皆以修身为本"(《大学》)。修身的内容,包括君臣、父子、夫妇、昆弟、朋友五种伦常关系,其中以维护父权的孝道最为重要。《中庸》说:"修道以仁。仁者人也,亲亲为大。"儒家认为,身修而后家齐,家齐而后国治,国治而后天下平,整个社会政治秩序的稳定有赖于家族制度的稳定,而家族制度的稳定则有赖于个人的道德修养,所以自天子以至于庶人,都要自觉地进行道德修养。就统治阶级方面来说,只有妥善地处理好他们家族成员中的各种关系,才能使财产和权力的继承有章可循,不致因相互争夺而陷入混乱。就被统治阶级方面来说,以一家一户为单位的小农生产是在家长的领导下进行的,也只有使他们的家族成员和睦相处,尊重家长的权威,封建社会的经济生活才能正常运转。

因此,儒家对历史上源远流长的宗法伦理思想既有继承,又有变革。如果说在原始社会,这种以父权为核心的宗法伦理思想是为维护父系家长制的氏族组织服务,在奴隶社会是为维护与奴隶主阶级专政结为一体的宗族组织服务,那么到了封建社会,儒家则使之适应于当时普遍存在的家族制度的需要,为维护封建宗法等级制度服务。从这个角度来看,韩愈在反佛老的斗争中所编造的道统说,不为无据。实际上,儒家的宗法伦理思想确实是渊源于原始社会的尧舜时代,中经禹、汤、文、武、周公,到了孔子集其大成。这种思想发展线索亦步亦趋地伴随着中国由野蛮进入文明时代的整个历史进程,深刻地反映了宗法制在各个不同时期的演变。孔子以后,宗法伦理思想仍然在代代相传,没有中断,根本原因当然不在于这种思想本身,不在于某些人物的宣传提倡,而在于这种思想所具有的多方面的社会功能,能够充分地满足封建社会以家族制度为基础的广泛的需要。正如马克思所指出的,"理论在一个国家的实现程度,决定于理论满足这个国家的需要的程度"(《黑格尔法哲学批判导言》,《马克思恩格斯全集》第一卷第 462 页)。

通过以上的历史回顾,关于儒家的宗法伦理思想何以具有强大生命力的问题,就不难理解了。只要封建社会的政治经济结构不解体,家族制度普遍存在,儒家的宗法伦理思想就是不可超越的,并且必然要发展为封建社会的精神支柱。百家争鸣时期的墨家、道家、法家不能战胜儒家,后来佛教、道教也无法动摇儒家的统治地位,原因就在于此。

三

我们说儒家的宗法伦理思想从孔子起就已经定型,在后来封建社会二千多年的历史中基本上没有什么发展变化,主要是就它的价值标准和行为规范而言,至于理论上的论证,则随着各个不同时期的思想斗争的形势和时代思潮的变化而有不同的表现形式。无论什么类型的伦理思想,在古代都不能独立存在,始终是作为一个从属的部分,依附于哲学或宗教这些更为高级的意识形态。因此,儒家对宗法伦理思想进行论证,有时表现为哲学的形式,有时表现为宗教的形式,有时又兼而有之,表现为神道设教的形式。为了进行论证,儒家对其他各家的思想,包括佛、道二教的思想,并不排斥拒绝,而是不断地吸收融合,为我所用,因而儒家的理论形态不是一个封闭的体系,而是一个开放的体系,能够跟随着时代的步伐,一同前进。但是对于宗法伦理思想本身来说,儒家则是牢牢地坚持,寸步不让,把一切背离这种思想的言行斥为异端,态度极为顽固保守。儒家的这种在理论形态上的可塑性以及在宗法伦理思想上的不变性，基本上规定了整个中国封建社会的文化思想的色调和格局。这种文化思想体现了强烈的封建宗法的精神，但又具有不同的时代风貌，斑斓多彩，是一种多样性的统一。如果把这种文化思想比作一棵大树，宗法伦理思想是深深扎在土壤中的主根，哲学和宗教思想则是盛长在树枝上的花叶，尽管主根不变，花叶却随四时的更替不断变换。从这个角度来看，要想具体地理解封建社会的哲学和宗教，必须时刻联系到宗法伦理思想这个主根才有可能。

在西周时期，宗法伦理思想是从属于当时的天命神学体系的。《尚书·康诰》把父慈、子孝、兄友、弟恭这几种行为规范说成是天神赐予的"民彝"。它们虽然是地上的民众应该普遍奉行的法则，却是来源于天神，违反了道德，等于违反了天意。由于天神的意旨是通过王族的祖宗神来传达的，所以宗法伦理思想更直接地和祖先崇拜的宗教联系在一起。《诗经·大雅·文王》说："上天之载，无声无臭。仪刑文王，万邦作孚。"周人在祭祀祖先时，总是翻来覆去地宣扬孝道，认为孝道是祖先的最高美德，子孙继承孝道可以得到祖先的福佑，可以世世代代保持统治的权力，《诗经·周颂·闵予小子》："於乎皇考！永世克孝。念兹皇祖，陟降庭止。维予小子，夙夜敬止。于乎皇王！继序思不忘。"《诗经·大雅·下武》："成王之孚，下土之式。永言孝思，孝思维则。""昭兹来许，绳其祖武。于万斯年，受天之祜。"

春秋战国时期，这种天命神学的统治地位已彻底动摇，儒家为了坚持宗法伦理思想，不得不对它进行新的理论论证。就孔子、孟子、荀子三人的哲学理论形态来看，表现了一种不断前进、螺旋上升的趋势。孔子介于哲学与宗教之间，孟子是一种比较纯粹的唯心主义哲学，荀子则建立了一种相当成熟的唯物主义的体系。但是,不管他们的哲学理论有多么大的差别,就宗法伦理思想来看,却是完全一致,没有任何矛盾。宗法伦理思想是他们体系中的一根主轴。他们围绕着这根主轴进行论证,由于受到总的思想斗争形势的制约,有时利用了神学的根据,有时利用了唯心主义的哲学根据,有时又利用了唯物主义的哲学根据,所有这些根据都是为他们的宗法伦理思想服务的。

在孔子的思想体系里,保存了不少的天命思想,同时他也强调人为,试图把道德建立在个人主观自觉的基础上。他说:"仁远乎哉? 我欲仁,斯仁至矣。"(《论语·述而》)"人能弘道,非道弘人。"(《卫灵公》)这是一种从宗教到哲学的过渡体系。墨子也属于这种过渡体系,他一方面承认天志,另一方面又提倡非命。从抽象的哲学意义来看,应该把孔墨归结为同一类型。但是孔子的思想体系始终没有离开宗法伦理思想这根主轴。这是儒家区别于墨家的根本所在。

孟、荀之间,天道观、人性论都是根本对立的。荀子的天是自然之天,孟子的天无非是宗法伦理思想的主观投影,前者唯物,后者唯心。在人性论上,孟子主性善,荀子主性恶,二者针锋相对。但是他们之间的斗争都是围绕着如何更好地为宗法伦理思想进行论证而展开的。孟子认为,宗法伦理思想为人性所固有,这种人性来源于天,与天相通,尽心可以知性,知性可以知天。顺着这条天人合一的思路,自然而然得出了唯心主义天道观的结论。荀子认为,宗法伦理思想不是人性所固有的,人性只有自然本能,礼义则出于人为,因而应该"化性起伪",用人为的礼义去改造自然的人性。顺着这条思路,荀子对天与人作了明确的区分,提出了"明于天人之分"的思想,认为人的任务在于改造自然,如果不是这样,"错人而思天,则失万物之情"(《荀子·天论》)。这种唯物主义的天道观对他的"化性起伪"的主张提供了有力的论证。

庄子也讲天人合一。但是庄子的天人合一的思想和孟子大不相同。孟子强调天与人在宗法伦理思想上合一,庄子则把天归结为自然,主张取消人的一切社会属性,包括宗法伦理的属性,在纯粹的自然本性上与天合一。庄子也同样对天与人作了明确的区分。他说:"牛马四足是谓天;落马首,穿牛鼻,是谓人。"(《庄子·秋水》)"性者,生之质也。性之动,谓之为,谓之伪,谓之失。"(《庚桑楚》)但是庄子的这种思想和荀子的"明于天人之分"的思想也大不相同。荀子区分天人,是为了强调人为,证明人的自然本性必须用礼义来改造。庄子恰恰相反,认为必须彻底否定一切人为,才能恢复人的自然本性。

先秦时期,儒家对他们的宗法伦理思想进行了各式各样的论证,看来他们是在极力使宗法伦理思想从属于某种哲学体系,实际上,他们所建立的各种哲学体系都是从属于宗法伦理思想的。建立哲学体系本身并不是他们的目的,论证宗法伦理思想才是他们的目的。他们无意于把自己局限在某种固定的哲学体系上,对于其他各家的思想,只要能为他们的论证提供新的根据,启迪新的思路,都可以毫无成见地吸收过来。因此,战国末年出现了荀子的那种既坚持儒家立场而又综合总结各家的完整的哲学体系,并不是偶然的。

荀子的天道观和孔、孟差别很大,显然是吸收了道家的思想。道家认为,"天道无亲","天地不仁",荀子则认为,"天行有常,不为尧存,不为桀亡"。荀子把道家的天道观吸收过来,固然能够论证自己的"化性起伪"的主张,却无法说明宗法伦理思想的起源。荀子认为,礼是圣人制定的。如果进一步追问,圣人是根据什么来制定礼的,礼的最高原理是什么,荀子就不得不把它归结为天、地、君、亲、师,认为这是礼之三本。荀子还认为:"君臣、父子、兄弟、夫妇,始则终,终则始,与天地同理,与万世同久,夫是之谓大本。"

（《荀子·王制》）如果搞好了这些封建伦常关系，可以使得"天地以合，日月以明，四时以序，星辰以行，江河以流，万物以昌"（《礼论》）。这种思想用自然的永恒来论证封建伦常关系的永恒，承认天人之间存在一种神秘的联系，恰好和他的唯物主义天道观的哲学前提相矛盾。

古代的唯物主义只能说明自然现象，而不能说明社会现象，一当涉及社会领域的问题，常常是捉襟见肘，破绽百出。荀子曾说，"唯圣人为不求知天"（《荀子·天论》）。这说明，荀子吸收道家的唯物主义天道观，主要目的不在于去说明自然，而在于去说明社会。事实证明，用唯物主义天道观来论证宗法伦理思想，会使人陷入理论上的困境，并不十分合适。为了逃脱困境，荀子提出了一种神道设教的思想。

所谓神道，指的是天神崇拜和祖先崇拜的传统宗教。荀子认为，从唯物主义天道观的角度来看，这种传统宗教并不可信，但是为了文饰政治，推行教化，不应该去否定它，而应该充分地利用它。因此，神道设教是一种哲学与宗教相妥协的思想，它一方面表现了哲学摆脱宗教的束缚而独立的趋势，另一方面又表现了这种独立的不彻底性，并且为重新倒退到宗教开了方便之门。历史上的儒家几乎个个都有这种神道设教的思想，只是有的哲学的成分大于宗教的成分，有的则是宗教的成分大于哲学的成分。由于儒家都把宗法伦理看作神圣的绝对的道德信条，为了从理论上把它神圣化、绝对化，他们始终不能割断和传统宗教的联系。秦汉以后，封建统治阶级自觉地提倡这种宗法伦理思想，运用政权的力量使它发展为巩固封建秩序的精神支柱，对它进行神圣化、绝对化的要求也更为迫切，于是儒家的理论形态也按照历史的和逻辑的必然规律发展为一种新型的宗教。

董仲舒认为："凡物必有合。……阴者阳之合，妻者夫之合，子者父之合,臣者君之合。物莫无合,而合各有阴阳。阳兼于阴,阴兼于阳;夫兼于妻,妻兼于夫;父兼于子,子兼于父;君兼于臣,臣兼于君。君臣父子夫妇之义,皆取诸阴阳之道。君为阳,臣为阴;父为阳,子为阴;夫为阳,妻为阴。……王道之三纲,可求于天。"(《春秋繁露·基义》)董仲舒所说的天为"百神之大君",是有意志有人格的至上神,和荀子所说的那种自然之天完全不同,虽然是从哲学倒退到宗教,但就论证宗法伦理思想而言,却比荀子更直接,避免了理论上的困境。

和西周时期的天命神学相比,董仲舒的这种神学目的论不是简单的复归,而是经历了一个否定之否定的过程,变得更精致,更完整,反映了汉代封建统一帝国的宏大的规模和雄伟的气魄。董仲舒广泛地吸取了战国以来的阴阳五行思想,建立了一个受天意支配的结构紧密、运行有序的宇宙图式。这个宇宙图式虽然是关于自然界的,但也为人类社会的三纲提供了最高根据。董仲舒认为,自然界一方面是阳尊阴卑,有主导,有从属,同时又是阴阳相合,彼此协调。人类社会的君臣、父子、夫妇关系,不能违背这个普遍规律。因此,"天不变,道亦不变",无论自然和社会,都受尊尊和亲亲的宗法伦理思想的支配,这也就是天意,三纲的神圣性和绝对性的最高根据也就在这里。

王充利用黄老道家的天道自然无为的观点对董仲舒的这种神学目的论进行了系统的批判,王符、仲长统又把这种批判推进到社会政治领域,但值得注意的是,他们都没有批判宗法伦理思想,相反,倒是想为宗法伦理思想寻找一个新的理论根据。这并不是由于这些思想家的批判勇气不够,而是由于在东汉末年的历史条件下,宗法伦理思想还是不可超越的。这些思想家只是针对着当时的危机进行批判,希望恢复正常的封建秩序。为了这个目的,他们除了依靠纲常名教以外,别无其他选择。魏晋玄学继承总结了汉末批判思潮的理论成果,促使儒家的哲学理论形态产生了一次大的蜕变。

魏晋玄学继承了天道自然无为的观点,否定了董仲舒的神学目的论,并不是为了建立唯物主义的天道观去说明自然,而是为了给纲常名教提供新的根据。纲常名教是玄学家思想体系中的主轴,无论是王弼的贵无论,裴頠的崇有论,还是郭象的独化论,都是围绕着论证纲常名教的合理性而展开的。魏晋玄学是一种儒道合流的思潮,它利用了道家的思想资料建立了一个唯心主义本体论的理论形态,但是它的立场却完全是儒家的。

魏晋玄学站在儒家的立场对先秦道家激烈反对纲常名教的思想进行了改造,使它反过来为论证纲常名教的合理性服务。比如《老子》十八章:"六亲不和,有孝慈;国家昏乱,有忠臣。"王弼注说:"甚美之名,生于大恶,所谓美恶同门。六亲,父子、兄弟、夫妇也。若六亲自和,国家自治,则孝慈、忠臣不知其所在矣。"王弼认为,"若六亲自和,国家自治",则不须有"孝慈忠臣"之名,至于"孝慈忠臣"之实,仍然是存在的。《庄子·天运》:"至仁无亲。"郭象注说:"无亲者,非薄德之谓也。夫人之一体,非有亲也;而首自在上,足自处下,府藏居内,皮毛在外,外内上下,尊卑贵贱,于其体中各任其极,而未有亲爱于其间也。然至仁足矣,故五亲六族,贤愚远近,不失分于天下者,理自然也,又奚取于有亲哉!"庄子的"至仁无亲"的命题本来是反对儒家根据血缘关系来区分上下贵贱男女亲疏的等级名分的,但是郭象却把它解释成恰好论证了儒家所主张的宗法等级制度。

魏晋玄学的中心主题是名教与自然的关系。这种讨论在哲学上抽象为有无、体用、本末的关系问题。王弼认为,有以无为本,所以名教本于自然。裴頠认为,提倡贵无,就必然会贱有。"贱有则必外形,外形则必遗制,遗制则必忽防,忽防则必忘礼。礼制弗存,则无以为政矣"(《晋书·裴頠传》)。因此,为了维护名教,应该直接把名教本身确立为本体,用不着节外生枝,再去找一个虚无作它的本体。郭象综合了贵无、崇有的说法,提出了"独化于玄冥之境"的命题。"独化"是有,"玄冥之境"是无,但是这种无不是与有相对的无,而是一种绝对的至无。因此,名教与自然不是分为两橛,而是本身结为一体,即体即用,名教就是自然,自然就是名教。

可以看出,魏晋玄学所讨论的一系列抽象的思辨的哲学问题,始终没有离开宗法伦理思想这根主轴。它虽然扬弃了董仲舒的那种粗糙的神学目的论,把儒家的理论形态推进到比较精致的唯心主义本体论的高度,但是从它的性质、目的和作用来看,都和董仲舒完全一致,是为了论证封建伦常关系,维持君父统治而服务的。

魏晋以后,从南北朝到隋唐时期,儒、释、道三教激烈斗争,互争雄长。和佛教的那种更为精致、思辨性更强的唯心主义本体论相比,玄学就未免相形见绌,因此,玄学的理论形态也必须扬弃,论证宗法伦理思想的工作也必须继续进行。

宋明理学吸收和改造了佛教的本体论哲学,提出了一种以天理为最高范畴的新的理论形态。所谓天理,基本内容就是三纲五常,但又不同于三纲五常。它是一种蕴含着三纲五常的绝对永恒的精神实体,是三纲五常的本体论的抽象概括。它和三纲五常的关系是一种"体用一源"、"理一分殊"的关系。现实生活中的三纲五常有盛衰,有消长,天理中的三纲五常却是无亏无欠,圆满具足。万事万物都逃不出天理的支配,所以人们必须严格履行三纲五常的规范而不得有丝毫违反。三纲五常神圣不可侵犯的根据,就在于天理本身所具有的这种绝对性和永恒性。

这是对三纲五常所作出的新的理论论证。它比董仲舒的神学目的论高明,也比魏晋玄学高明。在董仲舒那里,三纲五常的权威是建立在至上神的权威基础之上的,一当至上神的权威受到人们的怀疑,三纲五常的权威地位也会随之而动摇。魏晋玄学援引道家的虚无、自然这样一些范畴来论证三纲五常的合理性,这种论证的手法转弯抹角,夹缠不清,容易产生歧义,流弊很大。当时出现的一大批毁弃礼法的放荡名士以及"越名教而任自然"的激进口号,和玄学本身的流弊有着直接的关系。宋明理学直接在天理和三纲五常之间建立了"体用一源"、"理一分殊"的关系,克服了玄学的缺点。同时,天理这个范畴虽然没有至上神那样的外在的威慑力量,但能从内在的方面更为牢固地约束人们的思想,就其维护三纲五常所能发挥的作用而言,比至上神更为强大。因此,宋明以后,这种论证三纲五常的新的理论形态基本上没有什么变化,一直延续到封建社会的终结。

宋明理学在理论上战胜佛、道二教(主要是佛教),也完全是依赖这种"体用一源"、"理一分殊"的本体论的哲学思想。佛教在探讨真谛与俗谛、佛性与众生之间的关系时,发展了一种本体论的哲学思想。佛教认为,真谛、佛性是本体,俗谛、众生是现象,这二者存在着一种同一和差别的辩证关系。佛教对这种辩证关系作了各种不同的表述,从基本思想来看,和宋明理学所说的"体用一源"、"理一分殊"是一致的。理学和佛学的斗争主要不在于抽象的哲学思辨,而在于争论这种"体用一源"、"理一分珠"是否应以三纲五常为具体内容。理学家们认为,儒佛的根本区别只在于一个是"实",一个是"空"。佛教谈"空",道理是高妙的,不能说有什么不对,但是由于佛教抛弃封建伦常关系去谈"空",所谈的那些高妙的道理便全无着落,一齐差却。宋明理学站在儒家的立场,把佛教的本体论的哲学思想接受过来为论证三纲五常服务,这就既吸收佛教而又超出了佛教。

宋明理学内部,学派林立,居于主流地位的是程朱理学和陆王心学,这两派都属于唯心主义阵营,此外还有由张载、王廷相、王夫之等人所组成的唯物主义阵营。程朱理学和陆王心学都承认理是世界的本体，他们主要是争论心与理的位置如何摆法，是把理摆在心之外以增强客体的神圣性呢，还是把理摆在心之内来提高主体的自觉性。程朱理学主张前者，建立了一套客观唯心主义的哲学体系。陆王心学主张后者，建立了一套主观唯心主义的哲学体系。唯心唯物两大阵营则是争论理与气何者为第一性的问题。唯物主义不承认理是世界的本体，主张"理在气中"，气才是世界的本体，在解决哲学基本问题时与唯心主义直接对立。这种争论从宋初到清代，持续了八九百年之久。尽管这时中国的封建社会由上升转入停滞，逐渐地走着下坡路，但在哲学思维上都达到了最高峰，超过了以往任何时代的水平。

但是，所有这些学派，无论是唯心、唯物，还是主观唯心、客观唯心，都具有共同的特征，体现了强烈的封建宗法精神，打上了中国中世纪的特殊的历史烙印。他们的体系都以宗法伦理思想为主轴，虽然也广泛地涉及到宇宙构成、事物变化以及认识规律等等哲学问题，提出了许许多多的哲学范畴，但是所有这些都是为了更好地论证宗法伦理思想服务的。如果说他们在论证的方法和理论上相互分歧，彼此对立，那么在维护封建宗法等级制度的论证的目的上，却是完全同一的。

关于程朱陆王之间的同一性是众所共知的，我们只以张载为例，来说明唯心唯物之间如何在哲学理论上对立而在宗法伦理思想上同一。张载的"太虚即气"本是一个唯物主义的命题，曾受到二程的激烈反对，但是张载的《西铭》却为二程极力推崇，认为"明理一而分殊"，"仁孝之理备于此"。《西铭》说："乾称父，坤称母；予兹藐焉，乃混然中处。故天地之塞，吾其体；天地之帅，吾其性。民吾同胞，物吾与也。"这种思想和他的以气为本的唯物主义自然观并不矛盾。王夫之解释说："人之与天，理气一也；而继之以善，成之以性者,父母之生我,使我有形色以具天性者也。理在气之中,而气为父母之所自分,则即父母而溯之,其德通于天地也,无有间矣。"(《张子正蒙注》卷九)朱熹解释说:"天地之间,理一而已。然乾道成男,坤道成女,二气交感,化生万物,则其大小之分,亲疏之等,至于十百千万而不能齐也,不有圣贤者出,孰能合其异而反其同哉!《西铭》之作,意盖如此。"(见《张载集》附录)按照朱熹的解释,张载是从理在气之先的唯心主义哲学出发来论证仁孝之理。王夫之则认为是从理在气之中的唯物主义哲学来论证的。看来王夫之的解释符合张载的原意。但是,不管他们在哲学上如何对立,都一致认为《西铭》的主旨是仁孝之理。这个仁孝之理被张载论述得如此精辟,使得他们泯除了哲学上的对立而交口称誉,赞叹不已,一致认为"孟子以后未有人及此"。

由此可见,以宗法伦理思想为核心内容是宋明理学中的各个不同学派的共性,也是从孔子以来的整个封建社会的儒家哲学的共性。从世界哲学史的角度来看,这种共性也就转化成为中国哲学的个性。中国哲学不同于西方哲学,特别是不同于西方的近代哲学。孔子不同于苏格拉底,荀子不同于亚里士多德,程朱的理不同于黑格尔的绝对理念,陆九渊的心即理和王阳明的致良知也不同于贝克莱的"存在就是被感知"。中国哲学的个性反映了中国历史的特点。它适应于中国历史上宗法制的社会政治结构的需要,围绕着论证宗法伦理思想这个主题进行探索,从而逐渐锤炼出一种带有中国特色的思维模式,开拓了一条不同于西方的发展哲学的道路,有着自己的优点和缺点。为了具体地掌握这种个性,确定它在世界哲学史上的地位,在研究过程中,无论如何也不能低估宗法伦理思想对它的影响。

四

以上我们论述了儒家伦理思想的特征、渊源和理论,现在可以进一步来探讨如何对它评价的问题了。由于儒家伦理思想是一个极为复杂的有机体,各种各样相互矛盾的内容在其中错综交织,如果只强调某一方面而忽视另一方面,评价就不免失之于偏颇,不能反映其全貌。而且自汉武帝以后,这种伦理思想上升为统治思想,形成中国封建社会全部上层建筑的核心,广泛地渗透到中华民族精神生活的各个领域,因而如何对它进行评价,实际上应该是中华民族精神文明史(包括中国伦理思想史、中国哲学史、中国文化史)长期研究的课题,决不是一两个人在一两篇文章中所能解答的。这里我们只能管窥蠡测,挂一漏万,谈谈粗线条的想法。

首先,儒家伦理思想一方面集中体现了封建统治阶级的根本利益,是维护封建宗法等级制度的工具,另一方面又适合于封建社会普遍存在的家族制度的需要,在广大的被统治阶级中有着深厚的群众基础。这种阶级性和全民性错综交织在一起的情况十分复杂,应该结合具体的历史条件进行分析,既不能一味地肯定,也不能一味地骂倒。

本来儒家的伦理思想渊源于原始社会父系家长制时期的父权思想。这种父权思想蕴含着阶级性,具有发展为阶级性的可能,但是它的本质属性仍然是全民的。当时,子弟服从父兄,妇女服从男子,父系家长的权威为全体氏族成员所公认,这种道德规范是和原始社会的平等互助的经济基础联系在一起的。到了阶级社会,特别是封建社会,有了地主阶级和农民阶级,有了地主阶级专政的国家机器,父权和君权结合起来,带上了阶级压迫的性质,但是,对于处于被压迫地位的农民阶级来说,子弟服从父兄、妇女服从男子仍然是他们处理血缘亲属关系的准则,在他们的家族内部,仍然要树立家长的权威。在农民阶级中流行的一些良好的道德风尚,诸如敬老慈幼,恤孤济贫,诚实和睦,团结友爱,都带有原始社会的遗风。这些也为儒家所采纳,变为他们的伦理思想中的一个组成部分。尽管儒家是从政治的角度来考虑的,目的在于用全民性来掩盖或冲淡阶级性,更好地为巩固君父统治服务,但是不可否认,这两种成分确实在儒家的伦理思想中同时存在。

孔子提倡"仁者爱人","泛爱众","博施于民",孟子提倡"亲亲而仁民,仁民而爱物","老吾老以及人之老,幼吾幼以及人之幼",儒家的这种思想当然以承认阶级剥削和阶级压迫为前提,但同时也把整个社会看作一个休戚与共、血肉相连的宗法共同体。《礼记·礼运》所称引的大同社会,"使老有所终,壮有所用,幼有所长,矜寡孤独废疾者皆有所养"。后来进入小康之世,原始社会的平等互助的经济基础已经消失,这些做法仍然作为国家制度固定下来。《礼记·王制》说:"少而无父者谓之孤,老而无子者谓之独,老而无妻者谓之矜,老而无夫者谓之寡。此四者,天民之穷而无告者也,皆有常饩。喑、聋、跛、躃、断者、侏儒、百工,各以其器食之。"这种由宗法伦理思想发展而来的社会救济政策,实际上也是渊源于原始社会。这是儒家的传统思想,历代都有继承。张载在《西铭》中作了精辟的论述。他说:"民吾同胞,物吾与也。大君者,吾父母宗子;其大臣,宗子之家相也。尊高年,所以长其长;慈孤弱,所以幼其幼。圣其合德,贤其秀也。凡天下疲癃残疾惸独鳏寡,皆吾兄弟之颠连而无告者也。"

在原始社会父系家长制时期,情况也大致像张载所讲的这样。整个社会以血缘为纽带团结在一起,氏族成员都是同胞,以大家长作领袖,领袖手下有一批管事的家臣,相互之间充满着深厚的骨肉感情,敬老慈幼,有德才的人受到尊重,老弱病残得到同情。但是儒家却不像道家，他们从来都不主张回到原始社会。儒家只是主张把原始社会的同一性和阶级社会的差别性结合起来，既要建立一种区分上下贵贱的等级制度以维护统治阶级的特权，防止犯上作乱的事件发生，又要使各种不同身份地位的人，和谐融洽，保持社会生活的正常运行。

因此，儒家的伦理思想反映了阶级社会的条件，和原始社会的父权思想有着本质上的不同。儒家一贯强调这种伦理思想的阶级性，把它看作是一种统治工具，主张用政治法律的手段强迫人民遵循。《孝经·五刑章》说："五刑之属三千，而罪莫大于不孝。"《白虎通·五刑篇》说："圣人治天下必有刑罚何？所以佐德助治，顺天之废也。……五刑者，五常之鞭策也。"封建社会历代的法典，从秦律开始直至清律，都以维护封建伦常关系作为重要内容，儒家的伦理思想带有极大的强制性，这是显而易见的。但是另一方面，儒家的伦理思想贯注了一种血缘亲属的骨肉感情，这种感情不仅在原始社会就已产生，而且是人类延续的必要条件，和人类的自然本性有着深刻的联系，不管是统治阶级还是被统治阶级，都希望享受天伦之乐，在自己的家族内部创造一种和谐融洽的气氛，做到父慈子孝，兄友弟恭，夫和妻柔。因而儒家的伦理思想除了强制性的一面，同时也迎合了广大人民群众的心愿，能够为他们所接受。

当儒家的这种伦理思想渗透到国家政治生活中来，就使得封建社会的君主专制政体蒙上了一层脉脉温情的宗法色彩，不同于法家所主张的那种以严刑峻法为特征的绝对专制主义。《礼记·表记》说："《诗》云：凯弟君子，民之父母。凯以强教之，弟以说安之。乐而毋荒，有礼而亲，威严而安，孝慈而敬。使民有父之尊，有母之亲，如此而后可以为民父母矣。"儒家把包括天子和郡县长官在内的各级统治者都说成是"民之父母"，要求统治者对待被统治者既像严父，又像慈母。父亲般的家长尊严可以保证政府法令的贯彻执行,母亲般的慈爱关怀又可以缓和阶级对立,协调二者之间的对抗性的关系。我们可以把儒家的这种思想来和法家比较一下。韩非说:"今儒墨皆称先王兼爱天下,则视民如父母。……今先王之爱民,不过父母之爱子,子未必不乱也,则民奚遽治哉?……今有不才之子,父母怒之弗为改,乡人谯之弗为动,师长教之弗为变。夫以父母之爱,乡人之行,师长之智,三美加焉,而终不动,其胫毛不改。州部之吏,操官兵,推公法,而求索奸人,然后恐惧,变其节,易其行矣。故父母之爱不足以教子,必待州部之严刑者,民固骄于爱,听于威矣。"(《韩非子·五蠹》)按照马克思主义的观点,国家一方面是阶级斗争不可调和的产物,是阶级压迫的机关,另一方面,为了使相互冲突的阶级不致在无谓的斗争中把自己和社会消灭,又是一个驾乎社会之上的缓和冲突的调节机关。法家片面地强调阶级压迫的一面,儒家则企图把二者结合起来,而把重点放在消除对立的调节的一面上。儒家所理想的政治是德治、仁政,这种政治的出发点是"以天下为一家,以中国为一人"(《礼记·礼运》)。实际上,这是把整个社会、国家看作一个宗法共同体,其间虽然存在着上下尊卑贵贱的等级差别,但是这些差别同时也具有同一性,就像父母和子女的关系一样。

　　儒家的这种伦理思想也渗透到人民群众的生活方式中来。封建社会普遍奉行着"九族"、"五服"制度。"九族"是指以自己为中心,往上推四代,包括父亲、祖父、曾祖、高祖,再往下推四代,包括儿子、孙子、曾孙、玄孙,合为九代。"五服"是指五种不同的丧服等级,包括斩衰、齐衰、大功、小功、缌麻。凡在九族之内,如有人死,全族的人都有为死者服丧的义务,丧服则因亲属感情不同而有不同的等级。愈往上推或愈往下推,亲属感情都要逐次减轻,旁系也比直系要轻。九族以外,虽然同姓,亲属感情已经淡漠,不必服丧了,这叫做出五服。这种"九族"、"五服"制度用血缘亲属的网络结构把一些散漫的个体家族凝聚成为组织严密的共同体,不仅不受王朝更替、政治风云的影响,而且具有顽强的再生性的功能,可以凭借人类的自然增殖在任何地区建立起来。几千年来,人民群众长期坚持这种制度,变成了一种民族的(主要是汉族)特定的生活方式。为了维持这种特定的生活方式,自然离不开儒家的伦理思想。

儒家的伦理思想除了错综交织着阶级性和全民性以外,还把绝对性和相对性这两个相互矛盾的方面结合在一起。所谓绝对性是指臣服从君,子服从父,妻服从夫,其中一方居于绝对统治的地位,另一方居于绝对服从的地位。所谓相对性是指这种统治与服从的关系应受一定条件的制约,如果君不仁,臣就可以不忠,父不慈,子就可以不孝,夫不和,妻就可以不顺。就儒家的伦理思想体系的内在逻辑而言,这二者本来是对立的统一,君臣、父子、夫妇的封建伦常关系既是绝对的,又是相对的,惟其如此,三纲五常才能发挥调节作用。但是,由于人们的身份地位和利害考虑不同,各个时代的历史条件不同,无论是对这种理论的表述还是实际的履行过程,这二者常常发生冲突,产生种种复杂的情况。在封建社会的漫长的历史上,道德危机层出不穷,一般来说,这些道德危机多半是由居于统治地位的君父所引起的,他们自己不遵守任何道德义务,片面地要求臣子绝对服从。臣子反抗这种君父统治的理论武器,就是强调相对性的一面,对君父的专横行为进行某种限制。因此,儒家的伦理思想虽然从本质属性上看是统治阶级的工具,但是也在一定的程度上包含着某种民主性的因素,能够为居于被统治地位一方的人们所利用。封建社会各种进步的和保守的政治集团所进行的无数次的斗争,都从儒家的伦理思想体系中找根据,甚至农民反抗地主阶级的斗争也打起忠义的旗号。所有这些,我们在评价儒家的伦理思想时都必须充分考虑到。我们不能只是从理论到理论,单纯着眼于它的内部逻辑,认为儒家把绝对性和相对性结合得完美无缺。我们也不能只看到其绝对性的一面而断定完全是封建糟粕,或者相反,只看到其相对性的一面而断定完全是民主精华。

孔子说:"君君、臣臣、父父、子子。"(《论语·颜渊》)这种正名思想着重强调道德的绝对性。但是孔子同时也谈到了道德的相对性。他说:"君使臣以礼,臣事君以忠"(《八佾》),"为君难,为臣不易",极力反对"惟予言而莫予违也"的专制独裁思想,认为这是"一言而丧邦"(《子路》)。孟子比孔子谈得更激烈。他说:"君之视臣如手足,则臣视君如腹心;君之视臣如犬马,则臣视君如国人;君之视臣如土芥,则臣视君如寇雠。"(《孟子·离娄下》)但是孟子也绝对不能容忍臣弑君、子弑父的叛逆行为,认为"无父无君,是禽兽也"(《滕文公下》)。

《大学》把儒家的这种伦理思想概括为"絜矩之道"。它说:"所恶于上,毋以使下;所恶于下,毋以事上;所恶于前,毋以先后;所恶于后,毋以从前;所恶于右,毋以交于左;所恶于左,毋以交于右。此之谓絜矩之道。"《大戴礼记·曾子立孝》对这种"絜矩之道"作了具体的阐述。它说:"故为人子而不能孝其父者,不敢言人父不能畜其子者;为人弟而不能承其兄者,不敢言人兄不能顺其弟者;为人臣而不能事其君者,不敢言人君不能使其君者也。故与父言,言畜子;与子言,言孝父;与兄言,言顺弟;与弟言,言承兄;与君言,言使臣;与臣言,言事君。"所谓"絜矩"就是尺度的意思。儒家的伦理思想不以主观的好恶为尺度,不以利害的考虑为尺度,也不以片面性的要求为尺度,而主张以相互之间的道德义务关系为尺度。道德义务是绝对的,但是具体的践履和衡量却是相对的。

实际上,封建社会的各种伦常关系并不像儒家所设想的这样,从来都没有把绝对性和相对性完美无缺地结合起来。儒家企图用伦理思想来消除对立,缓和矛盾,维持封建秩序的长治久安。但是,支配历史运动的决定性的因素是现实的政治经济利益的斗争,而不是伦理思想。这种现实的斗争不可避免地要反映到儒家的伦理思想中来,破坏它的内部的逻辑结构,促使一方反对另一方。

比如君臣之间的伦理关系,韩愈强调绝对性而否认相对性。他的《羑里操》说:"臣罪当诛兮,天王圣明。"这是说,臣应绝对服从君,即使暴虐如殷纣,也要颂他圣明,贤明如西伯,也是罪有应得。黄宗羲则相反,强调相对性而否认绝对性。他说:"夫治天下犹曳大木然,前者唱邪,后者唱许。君与臣,共曳木之人也。……君臣之名,从天下而有之者也。吾无天下之责,则吾在君为路人。出而仕于君也,不以天下为事,则君之仆妾也;以天下为事,则君之师友也。"(《明夷待访录·原臣》)韩愈所表述的是一种绝对专制主义的思想,黄宗羲所表述的则是一种具有启蒙意义的民主思想,二者的思想倾向是根本对立的。但是他们都是儒家,都以儒家的理论为根据。

再比如父子之间的伦理关系。孔子曾以"无违"、"三年无改于父之道"确定为孝的准则,强调绝对性的一面。后来人们把这个思想表述为"天下无不是的父母","父叫子亡,子不得不亡"。但是也有许多人极力强调相对性的一面。仲长统就是一个典型的例子。他说:"父母怨咎人不以正,已审其不然,可违而不报也;父母欲与人以官位爵禄,而才实不可,可违而不从也;父母欲为奢泰侈靡,以适心快意,可违而不许也;父母不好学问,疾子孙之为之,可违而学也;父母不好善士,恶子孙交之,可违而友也;士友有患故,待己而济,父母不欲其行,可违而往也。故不可违而违,非孝也;可违而不违,亦非孝也;好不违,非孝也;好违,亦非孝也。其得义而已也。"(《全后汉文》卷八十九)

由此可见,儒家的伦理思想受封建社会不同时期的政治经济斗争的影响,表现形式复杂多样,有时突出这一方面,有时又突出另一方面,在历史上呈现为一种辩证的运动过程,它的内部的逻辑结构是动态的而不是静态的。

事实上,就这种伦理思想的内部的逻辑结构而言,本身就是一个对立统一体,包含着自我否定的因素。如果过分地突出其绝对性的一面,把君臣、父子、夫妇的关系变成一种单纯的统治与服从的关系,儒家就会完全否定了自己,和法家的那种绝对专制主义划不清界限。反之,如果过分地突出其相对性的一面,也会否定儒家所一贯坚持的封建宗法等级制度,发展为民主思想了。在整个封建社会的历史上,这两种发展趋势都受到了抑制,尽管一方反对另一方的冲突经常发生,有时相当激烈,儒家既没有发展为民主思想,也没有变成绝对专制主义,始终是既包含着这二者,又不完全等于这二者。这个原因并不在于这种伦理思想本身,它的内部逻辑结构其实并不紧密。其所以能长期延续下来而不解体,根本原因在于它为中国封建社会长期延续下来的宗法制度所需要。因此,我们评价儒家的伦理思想,必须和这种宗法制度联系起来,宗法制度在中国封建社会的历史上起了多大的作用,那么儒家的伦理思想也就相应地起了多大的作用。

一般来说,在中国封建社会的前期和中期,也就是它的上升期,宗法制度起了极大的凝聚和巩固的作用,促进了封建化的进程,推动了历史的进步。如果缺少宗法制度这根纽带,秦汉时期所缔造的那个封建统一帝国就只是一个暂时的不稳定的军事行政上的联合。从世界史的角度来看,宗法制度的积极作用是不可低估的。到了中国封建社会的后期,主要是宋明以后,这种宗法制度就由进步转化为保守、反动了。它的凝聚和巩固的作用依旧,但是它阻碍了资本主义因素的成长,压抑人们的个性解放。资本主义要求破坏各种宗法关系,把人们从家长制的束缚下解放出来,变为自由出卖劳动力的雇佣者。宗法制度恰恰作为一种阻力和这些要求相对立。

我们不能割断历史，中国的今天是由中国的昨天和前天发展而来。儒家的伦理思想既然适应于宗法制度的需要，在中国历史上一方面曾经起了积极的作用，结下了精神文明的硕果，另一方面又阻碍了历史的前进，为我们留下了沉重的精神负担，那么我们对它的评价就不能只知其一，不知其二。从宗法制度来研究儒家伦理思想，是解开中国传统文化之谜的一个关键。

（选自《文化：中国与世界》第 3 辑，生活·读书·新知三联书店，1987 年 12 月）

余敦康（1930——　），中国社会科学院宗教研究所研究员。主要论著有《何晏王弼玄学新探》、《内圣外王的贯通：北宋易学的现代阐释》等。

本文围绕着儒家伦理思想的特征、渊源、理论演变及历史作用四个问题展开论述。作者认为，儒家伦理思想与其他各家相区别的特征在于强调以孝弟为核心的宗法伦理规范，这种伦理规范是从父系家长制中派生出来的，儒家认为孝弟之道渊源于遥远的尧舜时代，是符合历史实际的。由于中国封建社会长期保存了宗法渊源关系，所以儒家的伦理纲常在两千多年中很少变化，并且在传统文化中一直居于正统地位，至于儒家对伦理纲常的哲学理论上的论证，则经历了一个复杂的演变过程，不断改变形态。评价儒家伦理思想的历史作用，应该和宗法制度联系起来，这是解开中国传统文化之谜的一个关键。（编者按：本提要采自《文化：中国与世界》第 3 辑）

20世纪儒学研究大系

"两行之理"与安身立命（节选）

刘述先

儒家两行之理的阐释

儒家亦有超越一面

中国思想史上一个有趣的现象是，"内圣外王"、"两行"一类的词语源出《庄子》，但却更能表达儒家思想的特色。儒家思想一样有超越、内在两行，但与佛、道二家所面对的问题刚好相反，佛、道思想每每被诟病为忽视内在的一面，儒家思想则每每被诟病为忽视超越的一面。有许多西方传教士就明言，儒家有很高的道德伦理（内在），却缺乏宗教信仰（超越），正需要基督教来填补这一空缺；也有许多中国人自认为我们的传统根本就不需要宗教信仰。这两种说法虽相反，却同样认为儒家思想缺少超越的方面。

如果宗教的意思是相信一个超自然的上帝，祈向一个永恒的天国，那么中国人的思想的确绝大多数是现世性和非宗教性的。但无神未必一定非宗教，佛教就是一个明显的例子。现代学者对于宗教采取了一种比较宽广的了解，譬如田立克就把宗教信仰当作"终极关怀"看待〔Cf. Paul Tillich, *Dynamics of Faith*（New York: Harper & Brothers, 1957）, p. 1.〕。由这一个角度看，儒家虽然不是一个组织宗教，但它既可以为人提供安心立命之所，就不能不说它有深远的宗教意涵〔Cf. Shu-hsien Liu, "The Religious

Import of Confucian Philosophy: Its Traditional Outlook and Contemporary Significance", *Philosophy East and West*, Vol. XXI, No. 2(April, 1971), 157—175. 又参拙作:《儒家宗教哲学的现代意义》,收入《生命情调的抉择》,台北,学生书局新版,1985,页55—72]。当代新儒家每喜欢由这一个角度立论,乃定儒家思想为"内在超越"之形态以对比于基督教"纯粹超越"之形态。事实上也只有通过正视儒家思想的宗教意涵,才能够解释何以基督教在中国传教得不到巨大成功的理由,正如田立克所指出的,只有信仰才能对信仰形成抗拒的作用〔Thomas S. Kuhn, *The Structure of Scientific Revolution* (Chicago: The University of Chicago Press, 1962), pp. 81—82]。中国传统一向以儒释道为三教。这个教字的意思当然不即我们现在所谓的宗教(Religion),但儒家思想与佛家、道家思想一样也有宗教的意涵,则是不容置疑的。儒家的思想既有内在的一面,也有超越的一面,以下我们就由两行的角度来阐发儒家思想所隐含的义理。

"天"是孔子的超越向往

首先我们由孔子讲起,根据《论语》留下的图像,孔子的关怀不离开我们日常的生活,随机加以指点,流露了深刻的智慧,似乎很明显地是偏向于内在的方面。他自己曾经宣称:"人能弘道,非道弘人。"(《卫灵公》第十五)根据子贡的证词:"夫子之文章可得而闻也,夫子之言性与天道,不可得而闻也。"(《公冶长》第五)孔子讲的都是很实际的东西,子夏所谓"切问而近思"(《子张》第十九),似乎完全缺乏玄想的兴趣。如果说孔子所表现的生命情调反映了中国文化的特质,十分不同于希伯来的守教信仰与希腊的哲学玄想,这是非常正确的。但我们是不是可以下断语说,孔子是一个彻底的人文主义者,完全缺乏超越的祈向呢? 这样说的话,是表露了对于

20世纪儒学研究大系

孔子精神生活的无知,不是可以支持的论断。如果我们仔细省察《论语》的材料的话,就会发现孔子决不是一个寡头的人文主义者,天始终是他所归向的精神泉源。所以虽然他还没有用"天人合一"这一类的词语,但这的确反映了他的基本的思想与体验的特征。

不错,孔子对于当时流俗的一些信仰采取了批判和否定的态度,譬如说,他主张敬鬼神而远之,又拒绝作无谓的祷告之类。但他对于天,却采取了与对鬼神完全不同的态度,不只敬畏,而且仰慕,这就大大值得我们注意了。虽然孔子在《论语》里面讲得最多的是仁,这不在话下,但孔子决不是完全不讲天,事实上由《论语》之中的资料,就可以明白孔子对于天的看法,并不必像子贡所说的"不可得而闻"!大概是因为学生的程度不够,所以孔子不大愿意多讲这一个题目,而并不是因为孔子对于这一方面没有一定的看法,故此《论语》之中依然留下了足够的材料,可以供我们作这一方面的探索。

《论语》之中涉及天的,大体可以归纳成为两类。一类是感叹词,像颜渊死,子曰"噫!天丧予!天丧予!"(《先进》第十一)又像他在匡受到围困,曰:"文王既没,文不在兹乎,天之将丧斯文也,后死者不得与于斯文也;天之未丧斯文也,匡人其如予何?"(《子罕》第九)这一类并无很深的理论上的含义,也和传统以上天为有意志的主宰的想法没有冲突。大概人穷即呼天,这是一般人在心理上的自然反应,在理论上起不到决定性的作用,对于我们理解孔子对于超越的态度并没有多少帮助。

另一类则有实质的涵义,有几条十分重要,我将它们抄在下面:

  (1)王孙贾问曰:与其媚于奥,宁媚于灶,何谓也?子曰,不然,获罪于天,无所祷也。(《八佾》第三)

(2)子曰,予欲无言。子贡曰,子如不言,则小子何述焉?子曰:天何言哉! 四时行焉,百物生焉,天何言哉!(《阳货》第十七)

(3)子曰:君子有三畏,畏天命,畏大人,畏圣人之言。小人不知天命,而不畏也。狎大人,侮圣人之言。(《季氏》第十六)

(4)子曰:吾十有五,而志于学,三十而立,四十而不惑,五十而知天命,六十而耳顺,七十而从心所欲,不逾矩。(《为政》第二)

(1)说明孔子对于流俗信仰的决裂的态度,我们不能把天当作讨价还价的对象看待,这已经是孔子在思想上的某种突破。

(2)显示孔子对于天的理解达到了前所未有的新境界。天的创造的力量默运于世间,形成季节的变换,物类的滋生,大自然有一定的秩序,而我们完全看不到天的意志,也听不到天的说话。天在这里所显示的是"非人格"的性相,而孔子却以之为模楷。

(3)指出天命的超越性,正因为一般人看不见天的意志与作为,于是失去了对于上天的敬畏,但有德行、有智慧的君子却知道有所敬畏,畏天命,畏大人,畏圣人之言。很明显地这三者之间是有着某种内在的联系的。

(4)回叙了孔子的学思过程,他要到五十岁成熟的年龄才能够深切地了解天命的内涵。以下即对于孔子这一路的思想和体验,尝试作进一层的探索。

人能弘道,非道弘人

首先我们可以看到,对于流俗信仰中的鬼神,孔子虽然没有直截了当地否定他们的存在,却取消了他们的重要性。这可以说是某种"解消神话"(demythologization)的努力①,在当时已经是很难能可贵的表现。然而孔子并没有尝试要解消天的神秘性,正好相反,除了保留对于天的信仰以外,还增添了许多重要的内容。对于孔子来说,天依然有超越性、主宰性,但孔子强调天的创造是采取一种默运的方式,有智慧的人处处看到天的作为,大自然的秩序有法有则,只不过从来看不到上天意志的强行干预。正如当代存在主义神学家庞豁夫(Dietrich Bonhoeffer)在其狱中手记之内所宣称的那样,人的时代来临,上帝(天)造人,上帝的意旨是,人可以不必依仗神力而肩挑起世界的责任。儒家思想在两千年前就已经开始了西方现代这样的"俗世化"(secularization)的历程,孔子所谓"人能弘道,非道弘人"一定要放在这样的视域之下来看,才能把握到它的深意。孔子决不是要否定道的真实性,他所宣称的是,要超越的道实现在人间,一定要依靠人自己的力量,不能去等待超自然的奇迹,此所以"子不语怪力乱神"(《述而》第七)。孔子所传布的是尼采所谓的"现世的福音",直下承当,不取高蹈避世的态度,所体现的正是一种"知其不可而为"(《宪问》第十四)的精神。孔子重视现生(内在),故训诫子路,"未知生,焉知死"(《先进》第十一)。但他并不要人贪生怕死,故曰:"志士仁人,无求生以害仁,有杀身以成仁。"(《卫灵公》第十五)而他之所以能够对生死取这样洒脱的态度,正因为他已经建立了自己的终极关怀,所谓"朝闻道,夕死可矣"(《里仁》第四),恰正是有一"超越"的背景。故他一生虽没法成就他的志业,却没有半点遗憾:"不怨天,不尤人,下学而上达"(《宪

---

① 当代欧洲神学家蒲尔脱曼(Rudolf Bultmann)企图解消传统基督信仰之神话性,而令基督的真正消息大白于世。儒家思想在先秦便已作出解消神话的努力,却令人误会其缺乏宗教意涵,由此可见对于一个思想产生相应的理解之不易。

问》第十四），他也不求世人的了解，他的安慰是别有所在的，故曰："知我者其天乎！"他所建立的恰正是一种"内在而超越"的思路。

　　近时有些学者看到了孔子思想的宗教意涵，但却又坚执孔子所崇信的是传统的人格神的观念。这种解释罔顾孔子把重心转移到天的非人格性的方面。或者有人怀疑"予欲无言"章的真实性，因为这一章出自《阳货》第十七，而《论语》的最后几章比较不可靠，有可能羼入了后起的材料。如果"予欲无言"章是这一路思想独一无二的孤证的话，那么这样的怀疑不能不说是合理的。最近我找到对于这种怀疑态度的有效的回应。如果我们不把眼光钉死在天上面，转回头来看人，就会有十分出人意表的发现。孔子最佩服的圣王是尧舜，孟子所谓"仲尼祖述尧舜，宪章文武"，我们试看《论语》里面的材料，看看孔子是如何赞誉尧舜的德行呢！下面的几条材料乃可以给与我们以意想不到的曙光。

　　（5）子曰：大哉尧之为君也，巍巍乎惟天为大，惟尧则之。荡荡乎民无能名焉，巍巍乎其有成功也，焕乎其有文章。（《泰伯》第八）

　　（6）子曰：无为而治者其舜也与！夫何为哉，恭己正南面而已矣！（《卫灵公》第十五）

　　（7）达巷党人曰：大哉孔子，博学而无所成名。（《子罕》第九）

　　（8）子曰：为政以德，譬如北辰，居其所而众星共之。（《为政》第二）

　　孔子称赞尧，说他是以天为则的，而尧也像天那样，他的德性的伟大根本没法一一枚举，用言词来加以赞颂，至于他表现在外面的功业、文章则是人所共见的。故此天的特色即是无为而治，而这恰正是舜所实现的理想。其实连对于孔子的称赞也还是同一条线索的引申：孔子是通才，不是专家，不能在哪一个特定范围以内找到他的名誉。最后孔子以天象喻人事！这是《论语》里一贯的做法,北极星所象征的正是同一样的理想,那还有什么可怀疑的呢!既无为而治,看不到天的意志对自然人事的干预,所彰显的不是"非人格性"的天又是什么呢!对于看不到听不见摸不着的天命还由中心加以敬畏,这乃是有智慧有修养的君子的作为,不是一般小人所可以做得到的。

最后再略解"五十而知天命"章的含义。徐复观先生有一个很敏锐的观察:《论语》之中,只言"命"处所指的常常是外在的命运,而"天命"却关连到内在,常常显示了很深的敬畏与强烈的担负感(参徐复观:《中国人性论史·先秦篇》,台中,东海大学,1963,页83—90)。这是不错的。但我每尝寻思,为什么孔子要到五十岁那样成熟的年龄才能够了解知天命的意思呢?这不能只是《中庸》"天命之谓性"之所谓天命,"三十而立"所立即在吾人所禀赋的性分之上,孔子虽未明言,而四十已不惑,总不至于要到五十才知道自己所禀赋的性分罢!再把五十知命与六十耳顺连在一起细玩,就知道人进到老年乃不止清楚了解自己的禀赋,也知道自己的限制。用宋儒的说法是,既了解自己的"理命",也了解自己的"气命"。人即使充分把握到自己的禀赋,也仍然要接受与生俱来的巨大的限制。"七十而从心所欲,不逾矩",所体现的正是一种限制中的自由,而不是一种无限制的自由。

总括来说,孔子所展示的确是一种既内在而又超越的形态。他多数关心是在内在的一面,但无论道德政事,到处都弥漫着超越的背景。虽然他没有用"天人合一"的词语,他无疑是属于这一思想的形态,深信天是超越的创造的力量,自然、人事秩序的来源,人则以天为模楷。但我们也要在同时强调天人的分殊性,孔子一生对于超越的天有着深刻的敬畏,半点也不敢加以亵渎!对于自己的限制更有充分的了解。由这个角度看,孔子无疑是一个宗教情怀极深的人物,虽然他所信的天与基督教的上帝呈现了十分不同的面相。

我用了不少篇幅讲孔子，这是有必要的，因为孔子是我们文化的精神泉源，却又充满了争议性，不把他讲清楚，就很难继续讲下去。但孔子的思想虽然奠定了基础。却并没有发展完成，他的确是没有一套心性论，而这有待孟子作进一步的工作。我无意在这里详细讲孟子，我只想略为指点他的心性论的理论效果，揭出它在两行之理这一方面的涵义就已经足够了。

良知良能的超越根源

孟子思想的纲领用牟宗三先生的话来说，是"仁义内在，性由心显"。孟子讲四端，所谓恻隐之心、羞恶之心、辞让之心、是非之心，我们千万不能用经验心理学的"同情心"一类的概念来加以比附，否则便会陷入泥淖之中。孟子用的不是归纳方法，四端是良知的呈现，一定要提高到自觉的层次，努力扩而充之，始可以保四海，否则竟无以保妻子。孟子一方面预设人有意志自由，另一方面又预设依照仁义行事有一定效果感应。他并没有割裂动机论与效果论、义务论与目的论，他十分着重心之主宰，故曰心之官则思，思则得之，不思则不得也，显然蕴涵我所谓的一套相应架构。这样的心是"本心"，而心的来源在天，故尽心，知性，知天。所知的乃是吾人的"本性"，这才可以道性善。纯粹由材质的观点看，实在很难说人一定性善或性恶，或者说人善恶混、无善无恶还更近乎事实些。孟子也从不否认人在现实上为恶，他只认定人为善是有心性的根据，而根本的超越根源则在天；我们能够知天，也正因为我们发挥了心性禀赋的良知和良能。

由此可见，孟子是以发展心性论的方式继承了孔子的睿识。一方面他也是个彻底的人文主义者，故他引《诗经》谓天视自我民视，天听自我民听，他的关注也和孔子一样，多半是倾向在"内在"

这一方面的。但他论道德、政事同样有一个不可磨灭的"超越"的背景。只不过儒家把握超越的方式与基督教完全不同：基督教一定要把宗教的活动与俗世的活动分开，儒家却认为俗世的活动就充满了神圣性；基督教要仰仗对于基督的信仰、通过他力才能够得到救赎，儒家的圣人则只是以身教来形成一种启发，令人通过自力就可以找到自我的实现。既然民之秉彝有法有则，自然不难理解万物皆备于我，反身而诚，乐莫大焉的境界；而君子所过者化，所存者神，上下与天地同流。《中庸》讲天地参，与孟子的精神也是完全一致的。

毫无疑问，孟子的思路更加明显是属于天人合一的形态的，虽然他也没有用过这一词语。有人认为孟子说的不似孔子，这是过分拘执之见，孟子思想是孔子思想应有之一发展。现代还有人怪责孟子过分倾侧到心的主观面上[①]，这种说法是我所不能够接受的。孟子并没有在主观、客观之间划一道鸿沟，他对实际事务之重视并不下于孔子，而反过来，孔子难道不要建立仁心的主宰吗？孟子有时似乎有一些神秘主义的思想，善解的话，这些也都只是光天化日下的神秘。最重要的是，无论这些神秘话头，孟子与孔子一样清楚地了解人的有限性。他明白的接受"命"的观念，只不过他不赞成把一切委弃给命运，而要人把握自己的"正命"。他在自己主观的愿望与客观的情势之间作出了分别：虽然从历史的轨迹看，五百年必有王者兴，但以孔子的德行，却不得其位，这是因为他得不到天的推荐，所以不得行道于天下。而伯夷、叔齐更饿死在首阳山，人所能成就的形态必定要受到自己的材质与外在的境遇的限

---

① 譬如 Herbert Pingarette，傅伟勋和我曾驳斥他的观点，参 Shuhsien Liu，"Sinological torque：An Observation"，*Philosophy East and West*，Vol. 28，No. 2（April，1978），pp. 202—204。

制。如此一方面我们尽心、知性、知天，对于天并不是完全缺乏了解；另一方面天意仍不可测，士君子虽有所担负，仍不能不心存谦卑，只有尽我们的努力，等候命运的降临。孟子的表现虽比孔子激越，但他同样是一位有深刻宗教感的人物，这是今日我们了解孟子所不容忽视的一个面相。

圆满的人生是两行兼顾

我们再由孟子转到荀子，又是截然不同的一个形态。暂时撇开其他问题不谈，只把焦点对准在天这一个问题的讨论之上。荀子《天论》完全取自然主义观，所谓"天行有常，不为尧存，不为桀亡"。他对天已完全失去了敬畏的感受，研究大自然的规律，只是为了制天命而用之，礼也变成了纯人为的东西，不再被视为有什么超越的根源。荀子能够提出崭新的思路，在当时是有重大的意义的。但他只保留了儒家思想内在的一方面，完全鄙弃了它超越的一方面。这样两行之理只剩下了一半，如果我们把孔子的思想当作儒家思想的标准的话，那么无论荀子的学问多么好，他的想法依然是非正统的，后世以孔孟为正统，决不是一个偶然的选择。荀子隆礼，背后的思想是一套寡头的人文主义。由这个前提推衍下去，光说礼义是不足够的，还不如讲法讲术，应用二柄（赏罚）作为手段，以达到富国强兵的目的。这样看来，韩非、李斯之出于荀子之门，更不是一件偶然的事了。孔孟表面上偏于内在，其实有超越来加以平衡，故可体现一种上下兼顾的中正和平之道。但荀子却蔽于人而不知天，两行的智慧丧失，只能截取半边，乃不免有所憾。

孤立的个人是渺小的，即使是社会群体，也仍然是有限的。但人一方面能够体现自己生命内部的价值，己立立人，己达达人，另一方面又能参与天地之化，自己的生命虽有限，却可以通于无限，在不完成之中完成自己。只有这样，才能够学孔子之以天为模楷，

20世纪儒学研究大系

永远自强不息,学不厌,教不倦,不知老之将至,虽有忧虑而无遗憾! 陶渊明的诗句"乐夫天命复奚疑",岂不是更适合于儒家对于两行之体证么!

两行之理与安身立命

什么才是终极托付的对象

人类文明必须发展到某一个程度,才能自觉到安身立命的问题,而安身立命又不能不与一个人的终极关怀关连在一起。田立克(Paul Tillich)有一个很有意思的说法,他认为每个人除了当下种种关怀之外还有他自己的终极关怀,这就是他的宗教〔Paul Tillich, *Dynamics of Faith*(New York:Harper & Brothers, 1957)又参其巨著 *Systematic Theology*(Chicago:University of Chicago Press, 3 vols, 1951, 1957, 1963)〕。这样说便是无神论者也有他的宗教信仰,举例说有人信奉拜金教,也有人为了国家、民族或者主义,可以牺牲自己的生命,这显然是他们的终极关怀之所在。当然也有人相信上帝,加入教会组织,这便是我们一般人所熟悉的宗教的意义。然而有了宗教信仰,人是否就能够安身立命呢? 那又未必尽然。有人一辈子辛辛苦苦就为了赚钱,到头来却感觉到一场空;有人一生信奉某种主义,却也有彻底幻灭的时候。甚至信教的人也可以改宗,虔信上帝的人忽然改信了无神论,而无神论者又重新发现了上帝,形形色色,不一而足。在这样的情况之下,田立克提出了怎样的对象才真正值得我们去终极关怀的重大问题。很明显,在这个层次上经验知识的积累是发生不了作用的。知识所问的是"信实"(belief)问题,这是属于相对概然性高低的范围;宗教所问的却是"信仰"(faith)问题,这是属于绝对无条件的终极托付(ultimate commitment)的范围。照田立克的说法,终极托付的对象既然是无条件的绝对,那么世间有限的东西都不应该作为我们终极托付的对象,像金钱、国家、民族、主义一类的东西都不足以成为我们信仰的对象。而把有限的东西当作上帝来崇拜,那就是偶像崇拜。崇拜而带着热狂,甚至会造成"魔化"(demonization)的结果,后果不堪设想。其实一般宗教信仰的上帝也可以有同样的弊病;自己的教会组织,乃至自己心目中上帝的影像明明只是相对的东西,却被转化成为了绝对,一样可以成为祸害的根源。由此可见,信仰的对象不可能在世间,绝对无限的超越者才是真正值得我们终极关怀、终极托付的对象。而耶稣基督对于田立克来说,正是一个最有力量的象征符号:指示着现实生命的终结,乃是另一个更丰富的精神生命的开始,人世间只能够提出问题,答案是在彼岸。而人的力量不足以自救,故此只有依赖对于耶稣基督的信仰,斩断自己的尘虑,净化自己的心灵,准备接受来自上帝的信息,这样才有机会得到救赎,找到安身立命之所。

以上,我用了相当篇幅介绍田立克的说法,很显然我对于他的思想是有相当深切的共鸣的。他认为一般人信的上帝,其实只是一个象征符号,指向一超越上帝的上帝(God above God)。我们所信奉的宗教乃是有限时空的产物,不可以将之绝对化。我认为他这样的想法在有些方面的确包含了深刻的睿识,然而他的思想仍不免由超越和内在两方面都受到强烈的批评。田立克相信世间(内在)只能提出问题,要在上帝(超越)那里才有答案,两方面有一种互相呼应(correlation)的关系。田立克这样是为传统基督教的信仰提出了崭新的现代的解释,然而传统主义者却认为他离经叛道,逾越了范围。照他们的说法,上帝怎可沦落成为了上帝的符号呢?而上帝与人世之间是一种非对称的关系:只有上帝才可以通过启示而关连于人世,人却不能关连于上帝,而田立克却把上帝拉了下来。虽然田立克也想维持上帝的纯粹超越性,然而当他把上帝等同于"存有本身"时,他已经把上帝存有论化了,内在化成为与世界相关连的一部分。这简直是亵渎神灵,故此,田立克甚至被谴责为无神论者,因为他的上帝已不再是传统基督教的上帝。然而由东方天人合一的传统来看,天道是流行于世间,田立克的上帝却超越在世界之外,也不能通过体证而冥合,二者之间的距离是不容逾越的。当然我在这里介绍田立克的观念,其目的并不在于专门讨论他的系统神学的理论效果,而只是借它们做引子,去阐发东方,特别是儒家思想的两行之理与安身立命问题的关连性罢了。

仁:既超越又内在的道

　　由儒家的角度来看,由孟子开始,便已明白说出,耳目之欲决不是吾人安身立命之所,仁心的扩充是无封限的;这一点与田立克之肯定人的生命有一不断自我超越的构造是若合符节的。儒家这一路的思想到了王阳明的《大学问》一文,尤其发挥得淋漓尽致,他说:

> 大人者,以天地万物为一体者也,其视天下犹一家,中国犹一人焉。若夫间形骸而分尔我者,小人矣。大人之能以天地万物为一体也,非意之也,其心之仁本若是。其与天地万物而为一也,岂惟大人,虽小人之心,亦莫不然,彼顾自小之耳。……是故苟无私欲之蔽,则虽小人之心,而其一体之仁犹大人也。一有私欲之蔽,则虽大人之心,而其分隔隘陋犹小人矣。故夫为大人之学者,亦惟去其私欲之蔽以自明其明德,复其天地万物一体之本然而已耳。非能于本体之外而有所增益之也。……致知云者,非若后儒所谓充广其知识之谓也,致吾心之良知焉耳。良知者,孟子所谓是非之心,人皆有之者也,是非之心,不待虑而知,不待学而能,是故谓之良知,是乃天命之性,吾心之本体自然灵昭明觉者也。

　　阳明很明显地,也和田立克一样,把知识和信仰当作两个不同的层次;同时只有小人才把自己的终极关怀错误地限制在个体的形骸之私上面,大人的终极关怀乃以天地万物为一体,也不能局限在自己的家、国等有限的东西上面。然而阳明的儒家思想也有和田立克的基督教思想十分不同的地方。基督教虽然也说人是依上帝的形象而创造的,但由于原罪的缘故,自力救赎是不可能的,故此必须通过耶稣基督的媒介才得以寻求救赎的机会,而追随耶稣基督就得放弃自己的家庭父母,两方面形成了互相对立的两极,他世的追求与现世的眷恋变得难以两全其美。但在儒家思想之中,我们却找不到这种二元对立的思想的痕迹。阳明指出,人对于无限的祈向实根植于吾人的本心本性,良知的发用与《中庸》所谓"天命之谓性"的本质性的关连是不可以互相割裂的。同时儒家思想反对接近基督教立场的墨家思想兼爱之旨而主张爱有差等。此所以程颐(伊川)答杨时问乃曰:"《西铭》明理一而分殊,墨氏则二本而无分。"儒家走的是一条合乎常识与人情的平正的道路,《大学》仍讲修、齐、治、平的理想。更重要的是儒家没有在现世与他世之间画下一道不可跨越的鸿沟,所体现的是一既内在而又超越之旨。由这一条线索追溯下去,乃可以通过既尊重内在又尊重超越的两行之理的体证,而找到安身立命之道。

　　让我们暂时不要掉书袋,而诉之于自己亲身的体验,看看情形怎么样。我的生命并不由我而起,生在这一个无常的世间,无论自己有多少成就,终不免于发出像沧海一粟、此生不永,乃至烦恼缠身、徒劳无功一类的感叹。然而我的确有生生而不容已的内在亲身体证。我的创造、我的仁心寻求具体的表现,并不只是为了成就外在的功业,而是为了满足我自己内心的需要。事实上如果内在不能得到满足,任何外在的成功也填补不了内在的空虚。而顺着自己的禀赋有所发挥,则无论成果是多么卑微,外在的成败是多么难以预料,也会有不负此生的感觉。这也就是说,我的生命所爆发的小小的火花,原是宇宙的创造的洪流结穴在我的生命的表现。毕竟我的卑微的一生在天壤间并不是那么孤独,我的小小的创造正是天地之化的具体呈现。在这一意义之下,有限乃通于无限,虽然并非等同于无限。这是一个现代人的实存的体验,然而奇怪的是,它与古典中所表述的情怀恰恰互相吻合,若合符节。《中庸》开宗明义就说:"天命之谓性,率性之谓道,修道之谓教。"(第一章)人生的目的正是要把来自天的禀赋充分地发挥出来,这就是依道而行。又说:"诚者,天之道也。诚之者,人之道也。"(第二十章)天道的本质乃是真实无妄,人则要通过努力才能趋近这样的境界。而诚于中则形于外,到了最高境界,乃能体现一种合内外之道,《中庸》描绘这样的理想境界曰:

> 唯天下至诚,为能尽其性,能尽其性,则能尽人之性;能尽人之性,则能尽物之性;能尽物之性,则可以赞天地之化育;可以赞天地之化育,则可以与天地参矣!(第二十二章)

我们一般人自做不到这样的理想境界,故士希贤,贤希圣,圣希天,只要尽到自己最大的努力,也就没有遗憾了。《中庸》所说的和孟子的思想是完全符合的。孟子道性善,修养工夫是把性分里有的东西充分体现出来。他教人养心,存夜气,特别是养气,发挥出所谓的浩然之气,显然他体证到,在天地人之间存在着一定的感应。但孟子的进路是由人到天,由内而外,故曰反身而诚,乐莫大焉。王阳明之《大学问》正是本着孟学的精神发挥出来的道理。然而一般的说法过分着重讲天人的感通,而不明白在中国传统之中天人也有差距,以下就顺着这一条线索略为解明此中牵涉的理论效果。

生生:个体与天地的融合

孟子既说形色天性,又说尽心、知性、知天,可见通过践形、知性一类的途径,就可以上达于天。这是典型的中国式的内在的超越的思想,无须离开日用常行去找宗教信仰的安慰。但有限之通于无限不可以滑转成为了取消有限无限之间的差距。儒家思想中命的观念正是凸出了生命的有限性,具体的生命之中常常有太多的无奈不是人力所可以转移的。《论语》之中就说:"死生有命,富贵在天"(《颜渊》第十二),可见这里的命是有命限的意思,而天意是有许多不可以测度的地方。孟子更把这一层意思说得明明白白:

> 莫之为而为者,天也;莫之致而致者,命也。匹夫而有天下者,德必若舜、禹,而又有天子荐之者,故仲尼不有天下。(《万章》上)

孟子是由命限的观念说明孔子之不有天下。但墨家一派因此攻击儒家思想为命定主义,这显然是会错了意。知识分子并不因为这样的命限而气馁,放弃了自己的担当,孔子固然是知其不可为而为,孟子乃曰:

> 天下之生此民也,使先知觉后知,使先觉觉后觉也。予,天民之先觉者也,予将以斯道觉斯民也,非予觉之而谁也!(《万章》上。又见《万章》下论伊尹处,辞句与此相若)

孟子并不把一切委之于命,故曰:

> 莫非命也,顺受其正。是故知命者不立乎岩墙之下。尽其道而死者,正命也;桎梏死者,非正命也。(《尽心》上)

这个正命的观念最可以玩味,而孟子还有立命的观念,他说:

> 存其心,养其性,所以事天也。夭寿不贰,修身以俟之,所以立命也。(《尽心》上)

这很明白地宣说了自己的终极关怀所在,故世事虽不可测,我却可以找到自己的安身立命之所,孟子总论性命之说曰:

> 口之于味也,目之于色也,耳之于声也,鼻之于臭也,四肢之于安佚也;性也,有命焉,君子不谓性也。仁之于父子也,义

之于君臣也,礼之于宾主也,智之于贤者也,圣人之于天道也;
命也,有性焉,君子不谓命也。(《尽心》下)

用后儒的观念来解析这一段话的意旨,前面的五者是所谓气
质之性的内容,一般人以之为性,其实人是不是能得到这样的官觉
享受,我们要靠命限来决定的,故此君子并不把它当作性的最重要
的内容。后面的五者是所谓义理之性的意涵,一般人以为德性的
拥有是靠外在的命运来决定的,其实这些是人人的性分所有的,故
此君子不能将之推委为外在的命运所决定的因素。

孟子的思想是透彻的。人的生命的终极来源是来自天,但既
生而为人就有了气质的限定而有了命限,然而人还是可以就自己
的禀赋发挥自己的创造性,而自觉地以天为模楷。《中庸》所发挥
的正是同一样的道理。它说:

天地之道,可一言而尽也;其为物不贰,则其生物不
测。……《诗》云:维天之命,于穆不已。盖曰天之所以为天
也。于乎不显,文王之德之纯。盖曰文王之所以为文也,纯亦
不已。(第二十六章)

由这样看,天道是一生道,这一生道之内在于人即为人道,圣
人是能把这一生道在他的生命之中充分发挥出来的人,所以可以
作为众人的模楷。孟子排拒告子的生之谓性的说法,是因为这是一
种自然主义的观点,把与生俱来的气质之性当作性的最重要的
内容。这样的说法不免落入命定主义的窠臼。但《易经》讲生生,
多这一个生字,就把整个死局点活了。单说一个生字,当自然的生
命力灭退,到了终点就只剩下死亡。但生生的托付却能使我们在
逆境之中还可以发挥出创造力,而自然生命的终结也不表示创造
过程的终结,因为我的生命本就是天地之化的一部分。《易传》所
谓:"一阴一阳之谓道,继之者善也,成之者性也。"我发挥出天命予
我的性分内的生命力,那也就没有遗憾了。这就是宋儒张载《西

铭》所谓的“存吾顺事，殁吾宁也”。生死对我不再成为挂虑的根源。

自中国的传统看，宇宙间的创造乃是一个辩证的历程。创造要落实则必具形，有形就有限制，故《易传》曰：“形而上者之谓道，形而下者之谓器。”然而道、器相即，只要不把具形者与创造的根源相割裂，那就有限而通于无限，但只有人得其秀而最灵，才能够自觉到这样的境界。故张载说：

> 形而后有气质之性。善反之，则天地之性存焉。故气质之性，君子有弗性者焉。（《正蒙·诚明篇》）

张载在这里所发挥的也仍正是孟子的精神。气质之性是创造过程落实的结果，但只有返回到创造的根源，才能够体现到天地之性的存在，此所以君子不把气质之性当作性的最重要的内容。同样，人的良知并不止于对象的知识，故张载曰：

> 世人之心，止于闻见之狭；圣人尽性，不以见闻梏其心。……见闻之知，乃物交而知，非德性所知，不萌于见闻。（《正蒙·大心篇》）

如果见闻是知识惟一的来源，那就只能把握到具现的对象的知识。而孟子所谓良知并不是对象的知识，只有体证到性分内的生生，这才能由有限而通于无限。乃是宋儒才把《易》、《庸》、《论》、《孟》中的哲理通贯起来，打成一片，并明白以生生的意涵来释仁，这是创造的诠释的一个最佳的典范。宋明儒者，无论周、张、程、朱、陆、王都能把握到生生为仁的睿识，当然他们各人体会的深浅、表达的方式是十分不一样。由我们的观点来看，他们都能够把握到内在与超越的两回环的道理。但因为他们要回应佛、道二氏来的冲击，乃不免有需要多讲有关道体的体悟，而比较偏向在超越的一方面。无论如何，宋明儒学发展了儒家思想应有的一个面向而有其不朽的贡献，它解明了儒家思想的宗教意涵而凸出了它的作为终极关怀的理论效果。

理一分殊,从超越到落实

宋明儒学既然是儒学,思想决然是现世性的。但宋明儒者并不以世间的成就能够给与我们终极的满足。故程子曰,尧舜事业如一点浮云过太空。这不是说尧舜事业不重要,而是说即使丰功伟业如尧舜依然是有限性的,我们不可把重点放在迹上,而要把我们的终极托付放在道的创造性本身上面。天道是无限的、生生不已的,但具体落实到人,人的创造是有限的,受外在条件约制,有没有巨大的成就不是我们自己可以决定的。我们只有尽量努力发挥自己的创造力,其余乃只能委之于命。孔子求行道于天下,不可得,乃退而从事教育工作,学不厌,教不倦,不怨天,不尤人,知其不可而为,当时看来似乎是失败的,到后世却成为众人敬仰的至圣先师。儒家讲义利之别,并不是真的要人完全不顾效果,而是要人不要把眼光拘限在眼前现实的利害上面,依道而行,中心才能安乐,最后才能收到长远的效果。这当然是一种主观的信念,但它却帮助我们解决了安身立命的问题。我接受与生俱来的种种现实上的限制,努力发挥自己的创造力,不计成败,支撑我的力量是来自我对于道的终极托付。由此而孟子说不动心,程明道的《定性书》更把这一层的体验发挥得淋漓尽致。他说:

> 所谓定者,动亦定,静亦定;无将迎,无内外。……夫天地之常,以其心普万物而无心;圣人之常,以其情顺万物而无情。故君子之学,莫若廓然而大公,物来而顺应。

世间的变化是不可以测度的,但有了道的终极关怀,不再顺躯壳起念,随顺当时的情况发挥自己的创造力,乃可以向往圣贤乃至天地的境界。这显然是一种既内在而又超越的思路。吾人既建立了终极关怀,却又不能轻忽内在,乃必须随感随应。落实下来自不能像明道之描绘圣人境界那样讲得自在轻松,故此朱熹从学于李延平时,延平就训他"理不患其不一,所难者分殊耳",使他受到巨大的震荡,而影响了他终生为学的方向(关于朱子从学延平以及苦参中和问题所历经的曲折,可参拙著:《朱子哲学思想的发展与完成》,台北,学生书局,1982,页29—138)。"理一而分殊"由程伊川首先提出,到朱熹发扬光大,成为宋明儒的共识。各家的解释容或不一,基本的睿识却是共通的,为了当前的目的,我在这里只须讲宋明儒共同的指向。事实上只有由生生才能了解理一的观念,具体落实的诸德性是同一生生之仁德的表现,西方哲学家每拘于迹,就很难了解这一条思路所包含的睿识。着重分殊也就是说我们不只要重视建立终极关怀,还要重视道的具体落实的问题。朱熹对道体的证悟或不如明道、陆、王之亲切而有一间之隔①,但他要我们注重具体落实、格物穷理的问题的用心是无可厚非的。事实上即阳明也并非真的忽视见闻之知的问题,他说:

> 良知不由见闻而有,而见闻莫非良知之用,故良知不滞于见闻,而亦不离于见闻。(《传习录》中,答欧阳崇一)

由儒家思想的立场来看,良知与见闻的分别是有必要的。用今语来说,也就是,依赖经验科学的知识并不能建立道德伦理,此所以由孟子起即谓:为学先立其大。但既立定于良知,要具体落实道德伦理,见闻却是一个十分相干的因素。此所以阳明必定要说,良知亦不离于见闻,而见闻莫非良知之用,二者之间有一种紧密的辩证的关系。

---

① 牟宗三先生即对朱子颇有微词,参其大著:《心体与性体》,台北,正中书局,三卷,页1968—1969。他提出朱子"别子为宗"的看法,引起了许多争论。我认为以孟学为基准,则牟先生的看法是正确的,但我对于朱子有比较同情的了解,参拙著:《朱子哲学思想的发展与完成》,页395—483。

两行兼顾才是安身立命之道

儒家这一路的思想到了现代,还有它的意义吗? 现代人的经验科学知识突飞猛进,但现代人并不能逃避终极关怀或宗教信仰的问题,则传统儒家思想仍有其巨大的相干性。当代美国经验神学(Empirical Theology)的创立者魏曼教授(Henry Nelson Wieman)作出了"创造的物品"(Created Good)与"创造的交流"(Creative Interchange)的重要分别,并指出人的终极托付只能在创造的交流,不能在创造的物品①。这与《易》的讲生生,宋儒之不滞于迹,若合符节。但在今日讲理一分殊、两行之理,显然也一定有与过去不同的新的涵义。

从现在的观点看,必须采取一种更松动、更有弹性的方式讲理一才能符合当前的情势。正像田立克之讲"上帝以上的上帝",东方也需要更进一步正视"道可道,非常道"的涵义。理在不同的时代要有不同的表征,而过去人却往往有一种倾向把一个时代的表征当作超越的道理本身,汉代所谓三纲五常正是一个典型的例证。超越的理一要具体落实,就必成为有限的分殊,而把有限的分殊无限上纲就会产生僵固的效果。《论语》中孔子讲礼,明明是合乎人情的自然流露,到了后世,徒具形式,失去精神,甚至堕落成为了违反人性的吃人礼教,这是何等的讽刺! 如果能够贯彻理一分殊的精神,就会明白一元与多元并不必然矛盾冲突。到了现代,我们有必要放弃传统一元化的架构。今天我们不可能像传统那样讲由天

---

① Cf. Henry Nelson Wieman, *The Source of Human Good*, Garbondale, Southern Illinois University Press, 1946, *Man's Ultimate Commitment*, Carbondale, Southern Illinois University Press, 1958。我是魏曼教授在南伊大指导的最后一个博士生,在受教期间师生之间有很好的创造交流。

地君亲师一贯而下的道统;终极的关怀变成了个人的宗教信仰的实存的选择。我们也无意要取消世界上不同的宗教,《中庸》早就说过:"道并行而不相背,万物并育而不相害。"而明代末年更流行过三教同源的说法。当然我更无意要和稀泥,轻忽各个不同传统在本质上不同的特性,乃至互相矛盾冲突的严重性。事实上每个人只能就自己的气质禀赋、文化传统以及时代环境发挥出自己的创造力,更好的是不切实际的梦想。我可以确信自己所选择的是最佳的可能性,但却不可以把自己的信仰加以绝对化。我要容许别人也选择他认为最佳的可能性,互相交流、辩论、扩大自己的视域,造成视域的交融。我们要培养近人如哈勃玛斯(J. Habermas)所谓的"交谈理性"(communicativ ereason),求同存异,这才能向往一个真正全球性的社团,不诉之于暴力,而诉之于理性,来解决彼此间的争端。无形的理一是指导我们行为的超越规约原则,而我们所要成就的也不是一种实质的统一性,而是卡西勒(E. Cassirer)所谓的"功能的统一性"(functional unity)。

由此可见,通过现代的诠译,对于超越的理一终极托付并无须造成抹煞分殊的不良的后果。但是对于分殊的肯定也并不会使我们必然堕入相对主义的陷阱。这是因为我们并不是为了分殊而分殊,人人都以自己的方式去追求理性的具体落实与表现,虽然这样的表现是有限的,不能不排斥了其他的可能性,然而彼此的精神是可以互相呼应的。宋儒月印万川之喻很可以充分表现出这样的理想境界的情致。

当然我在这里所说仍限于理想的层面,与现实中的分崩离析、矛盾冲突的局面,是有巨大的距离的。但过去的历史与眼前的现实正是人的理想与实际互动的复杂的过程所产生的结果。空有良好的理想固然不会产生实际的效果,但人拒绝有理想的向往,而听任偏见与成见支配自己的行为,却会产生立即而当下的恶果。哲学家的职责是提出正确的理想,而超越的理想常常要经过一段长时间的酝酿才能在现实中产生作用,此所以苏格拉底、耶稣基督与孔子在现世都不是成功的人物。而一旦基督王国(Christendom)与所谓儒教之国形成,却又不免在许多地方背离了原来的精神与理想,此所以我们又需要新教徒(Protestant)的不断抗议(Protest)的精神来恢复维持原来理想的纯洁性与超越性。也正因此,朱子要贬抑汉唐,颂扬三代,他的苦心也正是要在恶浊的现实层面之上,肯定理想的纯洁性与超越性。

康德说,人永远有形而上的欲望,同样,人永远有超越的祈向。儒家思想常常被误解成为一套俗世的伦理,事实上由孔子开始,所谓"朝闻道,夕死可矣!"(《里仁》第四)就已显示了强烈的超越的祈向。但一往而不返,光注重超越而忽视现世,会造成一定的偏失,世间的宗教文化常常表现出这样的偏向。然而伟大的宗教传统莫不在世间有强大的宗教组织,这是一个绝大的吊诡!而宗教在长时期发展的过程之中,由中世纪跨入现代,莫不显示了俗世化的倾向,像西方的新教,与佛教的禅宗等等。这表示"内在"的一环是不容忽视的。到了现代,俗世化的倾向加剧,造成"上帝的隐退"的现象,在今日要讲超越的理一,乃变成了一个困难的问题。

由此,我们可以看到超越与内在的两回环的作用。人困在眼前的现实之中,是难以安身立命的。即使在现代彻底俗世化的文化之中,仍然流行着各色各样的宗教信仰,甚至包括人民圣殿教一类的邪教,一样可以吸收到痴迷的信众。田立克为终极关怀找判准的努力是可以赞扬的,而他认为我们不可以把有限的东西绝对化,也包含了深刻的睿识。我们的终极托付只能在"道"的层面,不能在"器"的层面。只有找到值得我们追求的终极关怀,我们的精神才能安顿下来,找到自己的安身立命之所。

但只顾超越而不顾内在,则不免有体而无用,浮游的超越而罔顾世人的痛苦与烦恼,如杨朱之拔一毛而利天下不为,并不能带给人真正的满足。宗教的一个强烈的动机是度世,故大乘佛教要讲悲智双运,菩萨自愿留在世间,有一众生不得超度,就不肯出世,享受无边的妙乐。而超越的理想要具体落实,就不能不经历一个"坎陷"的历程,由无限的向往回归到当下的肯定。而良知的坎陷乃不能不与见闻发生本质性的关连。超越与内在的两行兼顾,使我有双重的认同:我既认同于超越的道,也认同于当下的我。我是有限的,道是无限的。道的创造结穴于我,而我的创造使我复归于道的无穷。是在超越到内在、内在到超越的回环之中,我找到了自己真正的安身立命之所。

(原分期刊发于《法言》,节选自《儒家思想开拓的尝试》,刘述先著,中国社会科学出版社,2001年7月版)

刘述先(1934—),当代中国学者,现代新儒家第三代重要代表。原籍江西吉安,1934年生于上海。台湾大学哲学系文学士、哲学研究所硕士,美国南伊利诺大学哲学博士。曾任台湾东海大学副教授、南伊利诺大学哲学教授、香港中文大学哲学系讲座教授、中央研究院中国文哲研究所特聘讲座教授。以"传统思想的疏释"、"传统与现代接合的构想"、"系统哲学的探索"为治学重点,立志建构"一套哲学,一方面继承中国哲学的大传统,另一方面又能面临现代的挑战"。著有《中国哲学与现代化》、《大陆与海外——传统的反省与转化》、《儒家思想与现代化》、《传统与现代的探索》、《儒家思想开拓的尝试》等。

《"两行之理"与安身立命》写于1991年,初刊于《法言》总第 25、26、27、28 期。全文共五节，选文仅录其四、五两节。本文继《"理一分殊"的现代解释》之后，对儒、释、道三教所隐含的"两行之理"又作出了"创造性的阐释，把'理一'与'分殊'当作两行，给予崭新的现代解释"，认为"两行兼顾才是安身立命之道"。作者希望以"两行之理"建构一种全新的有无限开放性和包容性的文化理念，以解决日益激烈的文化冲突问题，"希望每一个文化能够保持其特殊性，却又能凝聚一种共识，让大家得以在地球村内过一种和平共处的生活"（《儒家思想开拓的尝试·自序》）。同时也借此凸现中华文化在多元文化中的位置及其在酝成未来人类新文化中的价值。

中道、中和与时中

——论儒家的中庸哲学

［美］成中英

（一）导言：检讨对中庸思想的误解

儒家思想中居中枢地位的观念，可以说是中庸的思想。中庸思想对后世的影响之大，其他思想观念实难望其项背。但中庸思想可能也是受到误解最深的儒家思想。

儒家思想是一以贯之的体系。中庸之道既为儒家的重要思想，必然与儒家的其他思想贯通，如仁民爱物的思想、君子之道、圣贤之道等，都与中庸思想密切关连。换言之，对中庸思想的了解，可以透过对儒家的仁爱、信义诸德的解悟，以及君子之所以为君子的认识，而予以确立。

如果以西洋哲学的分科标准来看待儒家哲学，中庸思想涉及的范围显然隶属于形上学的本体论，而需以天道的本体与良知的本心来了解。但是，儒家的中庸之道不应脱离儒家的中心的道德思想与形上思想而单独地了解，只是后世学者探究儒家中庸思想时，每每脱离了形上学与伦理学的范畴与环境。对儒家中庸思想的最大误解，莫过于不谈这些基本的道德与形上思想，而对中庸之道进行望文生义的解释。于是，中庸之道沦为折衷之道、消除恣睢之道、妥协之道、苟安之道，以及为了消弭问题所衍生的依赖伎俩。

如是实行的中庸之道,变成了机械地折衷,对事物真相依然不明所以,对人的本心、心的是非善恶不能真正坚持与正确判断。如此的"中庸"根本就违逆了儒家中庸思想的真义。儒家思想强调:"道也者,不可须臾离也。可离,非道也。"如此的中庸思想也就是脱离了道的错误思想。我们今日谈儒家思想不可不特别留意。

究竟什么是中庸之道呢?我们应该如何配合儒家的道德思想与形上思想来了解中庸思想呢?我以为惟有借助儒家的典籍——"四书"、《易经》,才能体会中庸之道的真髓。"中庸"一词在《中庸》一书中首度得以反复铺陈。《中庸》记载孔子说:"君子中庸,小人反中庸。君子之中庸也,君子而时中;小人之反中庸也,小人而无忌惮也。"中庸本为君子之道,但小人却违反中庸,也就是违反君子之道。我们谈中庸,当然是以君子的中庸为标的。君子的中庸是时中的中庸,是依时、依事、依问题而采取中庸的态度。这里关键的思想是时中。什么是时中呢?下文将详述之。此处我们简释:时中就是中于时。小人既与君子的中庸背道而驰,自发展成"无忌惮也"——什么都不顾忌,什么都无所节制,既不考虑时间为何,也不思量空间之所在,即对整个环境忽视而不顾。中庸本身一定有其成立的先决条件,对时空的考虑当然也不能离开人心对世界的了解,所以在应用方面,还是需要明白什么是小人的反中庸,什么是君子的中庸。

中庸既然应为君子的中庸,也就是德行之一。然而在行为中使之不偏不倚,成为可资范式的德行,实在相当不易。《论语》记载孔子说:"中庸之为德也,其至矣乎!民鲜能久矣!"(《雍也》)中庸不是一蹴可及的,也不容易让人做到"习焉不察"的地步。中庸是德行,而不只是一种行为方式。我们可从《中庸》与《论语》中,认清中庸之为德,以及中庸之为一种行为方式的分野。一般人对中庸的看法,往往仅视为一种行为方式,甚至将其贬低为世俗的、妥协的、无是非的行为方式,而不把中庸做为道德的规范。

什么是中庸？我们检视论、孟、学、庸之后,可以发现对中庸的了解必须基于对中的了解。"中"的观念于四书中无所不在:《论语》有所谓"中道"、"中行";《孟子》也有所谓"中道"、"执中";《中庸》则有"中和";《大学》中虽不见"中道"、"中和",但也提及"诚于中,形于外",以及"止于至善"的道理,都与中庸的观念有关,而可视为中庸思想的延伸。至于《易经》中《彖传》与《系辞传》所谈到的时中观念,都可视为中庸思想的发挥。如果以上的观念都能了然于心,则中庸思想也就不难理解了。

现在我们不妨就中道、中和与时中的思想加以发挥。我打算先把中的观念划分成若干项目来了解。中的观念一旦可掌握,也就可了解什么是中道、中和与时中,最后也可进一步了解什么是中庸。

(二)"中"的动词性与名词性:行为与目标

首先,我们必须明白,"中"这个字,可以为名词、动词和形容词。做为名词之"中",应指本体之中。就孔子而言,本体是中,中就可为本体。但须先了解本体,才能明白本体之为中的意涵。

本体之中须透过"中"的动词意义来把握。于是,中就是中庸的中,中于事的中,亦即达到目标的中。其所指是一个活动,是人追求目标的价值的活动。中就是能达到目标,切合既定的价值。这是动词之"中"之所指,也应是"中"字最原始的意义。本体之中的意义是由其引申而得。

一件事情合乎中道,又为我们实行而成为一德行,如是的行为就是中的行为、合于中道的行为。故"中"也可用做形容词,而解释为合于中道。合于中之本体的行为,可视为达到本体之中的结果。这是"中"的第三层意涵。

我们要详究"中"的意涵,不妨先就动词之"中"予以解析。中就是动而中,就是达到价值目标与本体的把握与契合。《论语》记载孔子说:"夫人不言,言必有中。"(《先进》)言必有中,就是所言能达到目标,产生影响,而发挥其意涵;也可以说是透过言语的把握来点明真理。孔子显然主张人的行为应该有目标,有价值,且符合某种主旨——也就是所谓的行为的目标。

行为的目标可有多项,像有人以清高的志节为目标,有人以富贵的生活为目标,有人以掌握权力为目标。这些目标的实现,如伯夷、叔齐,"不降其志,不辱其身"的行为,是契合且中于其中——即其行为理想。而柳下惠"降志辱身,言中伦,行中虑",虞仲与夷逸则"隐居放言,身中清,废中权"。由此可知中是指切合的目标。但孔子自己则无一特定的目标,只是要符合大目标,实现大理想,即达到仁民爱物的理想;所以孔子不固著自己于某一事物之上,他的行为有经有权;他的经就是实行忠恕的仁道,他要在不同的情况下实行仁道,依人的关系以达到推己及人,己所不欲,勿施于人的理想。所以对父母要讲孝,对兄弟要讲悌,对君要讲敬与忠,对臣要讲信与礼,对人要讲义与恕。孔子自述其行是"无可无不可"。这个"无可无不可"不是中庸所说的"无忌惮",而是依照个别不同的对象来分别达到普遍的价值,亦即仁的价值。这个价值也就是中道,也就是道德理想。这个道德理想不论在任何环境下都要求其自身的实现,因此,"造次必于是,颠沛必于是",不会"穷斯滥",不会"见利忘义"。孔子的"无可无不可"是有原则、有理想的,既讲求普遍性,也保留特殊性的考虑;因时、因地、因人、因需要的不同而采取不同的行为,以实现理想的仁道。这也就是孔子所说的中行,中行是中于行,而能达到适当行为的目标;只要能达到适当行为的目标,就不必停留于某平面或拘泥于某个做法之上,而应该有所变通,但变通却不可丧失其原则与理想,如此才能达到孔子所谓"从心所欲,不逾矩"的最高理想。

不过,孔子也明白这个中行的理想很难实行。所以他说:"不得中行而与之,必也狂狷乎! 狂者进取,狷者有所不为也。"(《子路》)狂与狷固著于某种行为的表现,如当时的侠客隐者因不满于世,而做出进取之事或有所不为。但进取与有所不为有时会蔽于道德的普遍性,道德普遍性既不容易贯彻,因此孔子才有"必也狂狷"之叹。当然孔子本身并没有走向狂狷之路,他只是慨叹世人之过与不及。孔子还是志在追求中行,使自己的行为达到仁道和忠恕之道。

(三)中行、中道与执中

中行是指达到一个适当的目标。《论语》有所谓"中道而废",就是指半途而废。后世所谓的"中道",是指中行而言。当时所谓的"中道",是指走了一半的道路。我们现在要了解中道,必须先了解中行。要了解中行,必须明白中之为中,是指切合道德理想的行动。有关中道的说法,《论语》记载冉求问孔子:"非不说子之道,力不足也。"子曰:"力不足者,中道而废。今女画。"(《雍也》)孔子认为冉求不是仅仅因力不足而半途放弃,而是不肯立志,心中先有了阻碍。

今日我们对中道的认识,往往不是从中行的意涵来了解,而是就当时孔子所说半途而废的"中道"来了解,也就是遇事做到一半就妥协,终至放弃。因此我们要了解中道,必须把"中"当做动词来了解。我们可以说中道就是中行,中行就是中道,中道的意思,就是中于道,切合于此道;必须对道加以把握,才能中于道,不是对任何事情只求做到马马虎虎的中等程度。

孟子对"中道"一词的用法,显然是指切合于道而言。如:"中道而立,能者从之。"(《尽心上》)孟子已把中道看做中行。又"孔子不得中道而与之,必也狂狷乎!"(《尽心下》)孟子甚至对孔子的无可无不可做了一番最佳诠释。他把孔子所谓言中伦、行中虑、身中清、废中权的往哲当做圣人之一格,而分属圣之清者、圣之任者与圣之和者。孔子则谨守仁道的大原则,但在不同的环境和事物中,却能适应不同的思想的特殊德性,以求其实现。所以孟子称孔子为"圣之时者"(《万章下》),意即谓孔子是集大成者。故中道可视为集大成的道理,集清、任、和及其他德行的大成;中道就是能综合各种不同的道理的大成之道,而于不同的环境中表现不同的德行。孟子在此对中道做了深入的说明,中道显然就是切合普遍的道理。

孟子对"中道而废"的中道也认为不足取。他说:"智譬则巧也;圣譬则力也。由射于百步之外也,其至,尔力也;其中,非尔力也。"(《万章下》)人可用其力以达到目标,不尽力则必不能达。至于中不中,重在对目标是否明白,而不问是否尽力。一个人要达到中道,一方面要认识道,一方面要尽力去实践此道。因此,中道就是要尽力达到认知的道。

孟子对中道的目标与孔子并无二致,即在不同的特殊环境与不同的特殊关系中,要求实现一个普遍的、一贯的道理。这也就是孔子"随心所欲,不逾矩"的境界;孟子则用"无入而不自得"来说明。孟子认为君子就是真正追求切合仁道的人。君子的行为是"深造之以道,欲其自得之也。自得之,则居之安;居之安,则资之深;资之深,则取之左右逢其源,故君子欲其自得之也"(《离娄下》)。中道就是自得的状态——足以左右逢源的状态。欲达此境界须培养自己的德性,是以要深造之以道。假使不深造之以道,又怎能中道?又怎能自得之?中道就是深造自得之道。人若不了解道,只是讲中,必定会变质为折衷,而行之不远;即使行之甚力,也不易达到目标。所以孟子特别强调"君子深造之以道",以说明中道的目标性不容忽视。

孟子还提到另一个关于中道的问题:即"执中"的问题。执中是基于道而执中,即固执地使之切合仁道。既然是切合仁道,为什么还会发生问题呢？这是因为执中只顾全普遍性原理，而不讲求个别性。对个别的事态与处境如不予以把握，则此执中就像执一，执一是执事物之一端，只固守一个原则，而不能在具体情况下实现普遍的原则。所以孟子说："杨子取为我，拔一毛而利天下，不为也。墨子兼爱，摩顶放踵利天下，为之。子莫执中，执中而近之。执中无权，犹执一也。所恶执一者，为其贼道也，举一而废百也。"（《尽心上》）孟子在此发挥了"执中"的精神。执中不是执道之中，而是执于中道；墨子的兼爱不足取，是因为他认识的道理有问题；杨子的为我亦然。真正的正道是推己及人的仁道，而以实现世界大同为目的。

但执中若不知变通，不能配合特殊的环境以求实现，执中也就沦为执一；执一就是举一而废百，形成孟子所谓的"贼道"——有害于道。执一的人对道认识不清，如孔子所言"狂者进取，狷者有所不为"；两者不是一味进取，就是一味有所不为。如果能明白有时应进取，有时应有所不为，而不是在进取与有所不为之间找寻既不是进取，也不是有所不为的行动。亦即不是在墨子的兼爱与杨子的为我之间，找寻一个既不兼爱又不为我，或既兼爱又要为我的妥协之道。我们应该在两个极端之间，分辨出人性本身真正的要求，然后再择善而固执，同时要依具体的事实求实行，也就是要执中而有权。这是就切合道、实践道的"中"的意义来讲中道。

（四）"中"的本体论意涵——中和观念

再谈中道的另一层意涵，就是把道当做本体，也把中当做本体看待。因此，中道就有本体论的意涵。这层了解是对本体之中的了解；前文讨论的则是实践之中的了解。基于对本体的认识，我们当然可把切合本体、实践本体的行为称为中道，我们也可因而把此本体视为中，于是中就有本体论的意涵。中庸所言之"中和"，也就是此层意涵的发挥。

中和的思想也是紧扣着实践之中来说的。《中庸》记载："喜、怒、哀、乐之未发,谓之中;发而皆中节谓之和。中也者,天下之大本也;和也者,天下之达道也。"此言已把中本体化了。但本体化的中有其实在的意涵。什么是中呢? 中就是一个人的善性,亦即一个人在没有行为之前,没有任何经验感受之前的平衡和谐的境界。中是对人性本身为善的认识,也就是说对人性所包含的明德、良知的认识。中既是喜怒哀乐之未发,中也就是性,也就是可以变为情、变为思的人性。这种性可以说是充满创造性,但也要依时、依事、依地、依各种不同的情况而发挥;换言之,中具有机动的灵敏性,因不同的感,而产生不同的应。因此,中的状态可以说是人心的状态、人性的状态。

中和既为天下之达道与大本,我们就不应把中和限于心理的状态;中和还有本体论的意涵,也就是做为天下之达道与大本——宇宙之本体。做为宇宙之本体的中,也是一个具感应性、创造性与普遍性的实体。如是的实体,自然是一切创造、一切感应之源,也就是一切行动之源。

做为创造本源之中,可以说是宇宙之性或人之性。一旦发挥出来,就能自然而然地达到目标。这种状态就是和。换言之,不论在任何的情况下,都能达到恰如其分的实现。就人类而言,人的喜怒哀乐之发抒若能配合外在具体的情况,就是和。这是主观的心性与客观的世界相互配合的结果;主观的实现与客观价值的显现于此可合而为一。此足以为"人能弘道,非道弘人"之佐证,也就是对"天命之谓性"的性与"率性之谓道"的道予以弘扬和实现其内在的价值。

若把此观点扩而充之,观察宇宙的生机活动所创造的万象、万事、万物,则无物不可视为宇宙的中的本体的发动,而成就一美满的境界。但如欲达到美满的境界,则从中到和之间需具备一条件,即中节——达到价值目标。但既然可以发而皆中节,那么也有可能发而不中节,甚至发而皆不中节。这个宇宙是个创造的、富于机变的宇宙;而非一成不变的僵固宇宙。因此,发散的生机流行中,可以合于理想,也可以不合于理想。于是,人的行为就必须要求所展露的喜怒哀乐能相应具体的情况而自然表现,其间惟一的条件就是认清事实之真相。情感的发抒必须基于知识,从知识中确定情感发抒的对象,以及哪些情感在哪些情况下应该发挥,在哪些情况下不应该发挥。

喜怒哀乐应该有其对象与环境,这里必先假定心有理性的觉醒与认知。换言之,中节也就是中道,中于心灵所认知之道;心灵所认知之道,发而为行为,其原来的本体是中,达到的目标也是中。中与和是连续性的整体。所以,中就是静的和,和就是动的中。所谓中和,就是本体实现的过程,透过认知而实现的过程。亦即透过认知在具体的环境中去实现人的本性与宇宙的本性的过程。

在宇宙的发展过程中,若把中和当做宇宙发展的原理来看也是一样。中是创造力,然而究竟在什么情况下,中才算合于价值理想呢?宇宙本身要维持其内在发展的秩序,如果发展此秩序继续使创造力发挥无遗,则此状态即为和;如果发展出来的活动不能维持、扩大创造力的活动,就是不和。当然,宇宙不是命定的宇宙,而是趋向和谐的宇宙,以和谐为目的的宇宙,在实现宇宙的和谐之前,矛盾与问题仍然充塞,这足以说明自然界中何以有许多不合理的现象。在进化的过程中,弱肉强食的情形普遍存在,宇宙甚至可比拟为一大战场。但我们不可因其中的矛盾与冲突,而忘记宇宙有实现和谐的目标与理想,这点不但可于人身上得到证明,在宇宙发展过程中也可发现从"不和"到"和"的演变轨迹。所以,"致中和"是从中来达到和,从和里面得到中。这种理想不但是人的理想,也是宇宙的理想。

从以上的分析来看,所谓"中和"的问题,可以用来说明本体之中的意涵。本体之中是从宇宙或个人的善性逐渐实现具体的人的行为或宇宙的善。这里面并不包含妥协的意涵。其重点在于如何切实履行人性以达到崇高的目标,如何追求知识以实现善性,这是从本体的中和的观念来看中庸的观念,其认定人的行为与宇宙的活动都倾向和谐,但需要经过知识的反省以消除矛盾而后达成之。这点是中庸的积极意义,中庸不只是行为的原则,也是宇宙的原则,不论在动或在静,都必须切合的原则。

(五)"中庸"的正确理解——用"中"与中"用"

孔子对中庸的这层涵义具有深入的体会,是以他会感叹:"道之不行也,智者过之,愚者不及也。道之不明也,贤者过之,不肖者不及也。人莫不食食也,鲜能知味也。"(《中庸》)孔子感叹人不能了解一己之中,因而不能发挥本性,又不能透过知识与宇宙来了解自己,以致不能掌握宇宙与自己的真相。人的行为固然受自身欲望的驱使,但人很难真正明白自己究竟需要什么。因此,人应该经由自我的知识的反省,而不应只就表面来决定应为之事。孔子所谓的"智者过之",应指当时自以为智之人,往往不能深切反省道德之所在;懒惰而愚笨的人又不知道去反省;贤人自足以掌握之,却又不能彰显;不肖者也不能切实地去追寻与研讨,以致得不到启发。

以上是就本体来谈中庸,中庸一方面是实践仁道,一方面也是本体。

最后,做为本体的中若得以实现,其所实现、达到的状态,或甚至于在没有达到时,对中有所了解,对善的行为有所把握,如此对标准的认识,都可以说是中。所谓"用中之中",所指的是形容词的

"中"。我们可把一些好的行为以"中"来形容。这样,中道或中庸
也就具有形容词的意义,即中的行为不只是中于道的行为,也是中
于中和本体的行为。

我们以中来描述行为并无不当,但一定不得脱离本体之中与
形式之中(实践之中)的观念来讲。所以孔子说:"舜其大知也与!
舜好问而好察迩言;隐恶而扬善,执其两端,用其中于民,其斯以为
舜乎!"(《中庸》)"用其中于民"是掌握住什么是事物之中,辨明可
以称为中的行为;在这种解释之下,中就是基于本体之中的了解,
来达到本体的具体的实施与行为。这是中的第三层意涵。

总结前文所论,我们可以对什么是中庸下个结论。什么是中
庸呢?中庸就是基于本体之中及用中之中所发挥与实现出来的生
活行为。本体之中是由于我们实践中道而体验得来;用中之中是
由于我们了解中的本体而实践中,在实际的不同的具体情况下,发
掘不同的中道的具体行为方针或准则。因此,中庸的中就是使中
能应用在生活之中,庸可以说是平常、普通而普遍的日用生活。庸
是指用,普遍而具体的用。所以"中庸"就是"中用":"中"用在事物
上面、生活经验上面,且须基于本体的认识与实践的热忱而用之。
中庸绝不是在生活中求得表面的折衷与妥协的中间路线。

基于以上的了解,中庸的真精神可解释成为四个不同的步骤。
这四个不同的步骤相当于中庸所说的两句话:"致广大而尽精微,
极高明而道中庸。"第一、尽精微。即细致地考察事物的道理,分析
事物的理由,以知性的态度了解世界。第二、致广大,即把我们的
眼光放开阔,认识世界之整体,还要对自我做反省。第三、极高明,
即认识事物背后的道理,对天命之性要有高明的把握,亦即对道的
本体要有所把握;有了对道本体的把握,又有广博的知识与精微的
认知及分析的能力。最后的一个步骤,就是道中庸。道中庸是在
实现道的时候,使道能中于用,也就是使我们的思想行为能中于道

理,也能应用于日常生活中。所以讲中庸之道,需要扣紧精微、广大、高明的要求来讲;如果我们不顾这些要求而任意讲中庸,则必变成贫乏、庸俗、平庸、马虎与妥协。所以,基于我们对中和与中道思想的了解,我们对中庸之道才能有正确的认识。

(六)结论:中庸三原则时中、求正、絜矩

最后,我想探讨关于中庸之道在实际的运用中是否可寻绎出若干基本原则的问题。基于我们对普遍的道的认识,是否应该强调其中若干重点,使我们可把普遍的道应用于具体的生活之中,而促成道的实现。这里我们可以归结出三大原则:

第一个原则是时中原则。《中庸》说:"君子而时中。"前文已指出,时中就是中时,时就是"时而后言"、"乐然后笑"、"义然后取"中的适时举止,即依据对事物的了解,在适当的时候表现适当的行为,使其发挥最大的效果,同时使自己与真实世界取得最大的和谐。这就是"时"。时就是切合实际,使主观与客观为之协调。也就是在客观世界充分地实现自己,而在主观的实践中弘扬客观的道。这种认识就是时中的基本原则。时中的基本原则可就时间的基本问题来了解。因此,对时间的认识是对道的认识的起点。《易经》有谓"生生之谓易",生生变化之道是讲"穷则变,变则通"之道。但《易经》也讲不变的道理。在不变中求变,在变中求不变。所以,《易经》是讲创造性原理的哲学。《易经》中多处都谈到时的问题、易的问题。我撰有《〈论语〉与〈易传〉中的时中观念》一文已加以讨论,兹不重述。

第二个原则可就《大学》来了解中庸之道的运用。《大学》强调"物有本末,事有终始,知所先后,则近道矣";近道就是中道,中道就是"诚于中而形于外"的道,但须先知其本和知所先后,才能近道。所以,要认知道,必须先把握自我的知识,有了这层把握之后,

才能止于至善,才能定、静、安、得。这些心理状态都可与《论语》和《中庸》里的用中之中、本体之中与实践之中,相互发明。

从普遍性的中道的实现来讲,中就是正;所以在行为上,何者为正,正也就是中。我们可借对正的体验来界定中的存在。在一个人的自我反省中,"正"可以说为人心平衡安稳的状态。《大学》上说:"身有所愤,则不得其正;有所恐惧,则不得其正;有所好乐,则不得其正;有所忧患,则不得其正。""人之其所亲爱而辟焉,之其所贱恶而辟焉;之其所畏敬而辟焉;之其所哀矜而辟焉;之其所敖惰而辟焉。"这些陈述说明了正的重要性。人不可因情绪的引发而漫无目标,以致丧失了知识。《中庸》上说:"喜、怒、哀、乐……发而皆中节",表示感情的发动可以中节。只要中于理想,有知识的引导,就是中,也就是正。但如果没有中节,没有中于价值理想,那就是不得其正,也就是不中。我们应该凭借知识,依据价值理想来规范我们的行为与情绪,这样的行为才是中道的行为,也才是中庸之道。

"正"的行为,当然是要先"有诸己,而后求诸人;无诸己,而后非诸人"(《大学》)。以正来求中,必须从反省自我着手,而不是机械地从外表来求妥协。

第三个原则,是从具体的实践当中求得行为之中的原则,也就是《大学》提出的"絜矩之道"。絜矩之道的方法是"所恶于上,毋以使下;所恶于下,毋以事上;所恶于前,毋以先后;所恶于后,毋以从前;所恶于右,毋以交于左;所恶于左,毋以交于右"(《大学》)。也就是要反身而诚,推己及人,为他人设身处地,就自我的处境以求得普遍的原则。换言之,此与康德的无上命令相符,亦即要视个人的行为是否能成为所有人的行为准则。如是的自我的追求、普遍性的追求,才是符合中道的行为。絜矩之道也就可以说是普遍性落实成为具体之中的一个指针。

总而言之,我们标出中庸之道的了解,是基于三方面的认识:第一是就实践之中的实践来了解,第二是就本体之认识的中和思想来了解,第三是就认识中的本体与实践中的过程之中掌握若干特殊的中的行为标准来了解。我们也从儒家的典籍中找到实践中的三个法则:基于时中以求中,基于不偏不倚之正的反省以求中;基于絜矩之道的普遍性原理的追求以求中。由以上的了解,我们对中道的误解庶几可消弭于无形,同时对儒家的本来面目,以及中道思想的本体意涵,才有真正的把握。

（选自《合外内之道——儒家哲学论》,[美]成中英著,中国社会科学出版社2001年10月版）

成中英（1935—　　　）,美籍华裔哲学家。祖籍湖北阳新县,1935年生于南京。后迁居台湾,毕业于台湾大学外文系;留学美国,获哈佛大学哲学博士学位。历任夏威夷大学哲学系教授、耶鲁大学哲学系客座教授、台湾大学哲学系主任等。在哲学和中国哲学的研究方面有重要贡献,是《中国哲学季刊》的创立者和主编。主要论著有《中国哲学与中国文化》、《科学真理与人类价值》、《知识与价值:对和谐、真理与正义的探讨》、《中国哲学的现代化与世界化》、《合外内之道——儒家哲学论》等。

选文集中讨论了儒家的中庸哲学思想的内涵、特征和具体运用原则,澄清了长期流行的误解。作者指出,中庸不是机械的折衷,而是切合道的行为。它既是人类行为的原则,也是宇宙的原则。作为一种价值目标,它是指人类和宇宙和谐的发展;作为一种行为原则,它包含"时中"、"求正"、"矩"三大要求。对儒家中庸哲学的了解必须配合儒家道德思想和形上思想的了解,才能把握其真相。

忧 乐 圆 融

——中国的人文精神(节选)

庞 朴

中庸之为德也,其至矣乎? 民鲜能久矣!

——孔丘

一

"忧患意识"说是徐复观先生于 1962 年在《中国人性论史》中提出;翌年,牟宗三先生在《中国哲学的特质》讲演中曾予阐释。

他们认为,中国的人文精神躁动于殷周之际,其基本动力便是忧患意识。此前之"尚鬼"的殷人,沉浸在原始的恐怖与绝望气氛中,总是感到人类过分渺小,一凭外在的神鬼为自己作决定;因而人的行动脱离了自己意志主动或理智导引,没有道德可言。周人革掉殷人的命,成为胜利者,并未表现出趾高气扬的架势,相反,从商革夏命和周革殷命的历史嬗变中,发现了吉凶成败与当事者行为有密切关系,及当事者在行为上应负的责任,从而形成了所谓的"忧患意识"(取词于《易·系辞下》:"易之兴也,其当殷之末世、周之盛德耶?""作易者其有忧患乎?")这是某种欲以己力突破困难而尚未突破时的心理状态,或者说是一种坚强的意志和奋发的精神,是人对自己行为的谨慎与努力。因而这是一种道德意识，是人确立其主体性之始，它引起人自身的发现，人自身的把握以及人自身的升进；与形成耶、佛二教的恐怖意识和苦业意识绝然不同。忧患意识在周初表现为"敬"，此后则融入于"礼"，尔后更升进为"仁"。从表面看来，人是通过"敬"等功夫而肯定自己的；本质地说，实乃天命、天道通过"敬"等功夫而步步下贯，贯注到人的身上，作为人的本体，成为人的"真实的主体性"。他们相信，基于忧患意识为基础的心性之学，不仅是儒家思想的基本品格，也是中国文化的基础，是孔孟老庄以至宋明理学乃至中国化了以后的佛学的一条大纲维之所在(见《中国人性论史》第二章。《中国哲学的特质》第二、三讲及《徐复观文录(二)·中国文化复兴的若干观念问题》)。

"乐感文化"说是李泽厚先生于 1985 年春在一次题为《中国的智慧》讲演中提出的，收录在《中国古代思想史论》中，后来在《华夏美学》中又有所发挥；而这一说法的理论前提，早在他 1980 年的《孔子再评价》中便已形成了。

其说认为，由于氏族宗法血亲传统遗风的强固力量及长期延续，以及农业家庭小生产为基础的社会生活和社会结构的牢固保持，决定了中国文化具有一种"实践理性"或"实用理性"的倾向或特征。它曾被孔子概括在仁学的模式中。后来慢慢由思想理论积淀并转化为心理结构，内容积淀为形式，成为汉民族的一种无意识的集体原型现象。这种由文化转变来的心理结构，被称之为"文化——心理结构"，或人的心理本体；虽历经阶级的分野与时代的变迁，它却保有其某种形式结构的稳定性。实用理性引导人们对人生和世界持肯定和执着态度，为生命和生活而积极活动，并在这种活动中保持人际的和谐、人与自然的和谐；既不使情感越出人际界限而狂暴倾泄，在消灭欲望的痛苦折磨中追求灵魂的超升，也不使理智越出经验界限而自由翱翔，于抽象思辨的概念体系中探索无限的奥秘;而只求在现实的世俗生活中取得精神的平宁和幸福,即在人世快乐中求得超越,在此生有限中去得到无限。这种极端重视感性心理和自然生命的人生观念和生活信仰,是知与行统一、体与用不二、灵与肉融合的审美境界,表现出中国文化是一种不同于西方的乐感文化。据说这个所谓"乐",还不只是心理的情感原则,而且是伦理学、世界观、宇宙论的基石;它在中国哲学中,是天人合一的成果和表现,是以身心与宇宙自然合一为依归的最大快乐的人生极致,是巨大深厚无可抵挡的乐观力量,是人的心理本体,那个最后的实在(见《中国古代思想史论》的《孔子再评价》和《中国的智慧》,《华夏美学》)。

二

乍一看去,以"忧"、"乐"二义统领中国文化,其势当如水火,绝无相容余地。但稍加寻绎,却可看出,两说偏又颇多共同之处。

三

当然,"忧"、"乐"二说相互不同之处,比起它们的相同来,要更加明显而且重要。无此则它们将无以共存;无此则无以见中国文化之博大精深,所谓"横看成岭侧成峰"者是也。

首先,"忧患意识"说所欲寻求的,是中国文化的"基本动力"。正是这个动力的推动,在殷周之际有了人文精神之跃动,尔后得有各大思想流派之次第出现以及中华文明之悠久辉煌;今天,它则预示着中国人文精神之重建,并将焕发其普照世界之光。这个基本动力,不是别的,便是"忧患意识"。正如中国哲学的传统习惯那样,这个动力不仅是"能",更且被视为"质",所以"忧患意识"有时也被说成是人类精神,或者叫理想主义者才有的悲悯之情,一种宇宙的悲情。

"乐感文化"说所要探讨的是汉民族的文化心理结构,或曰民族性、国民性。它不是心理学所研究的一般心理结构,而是积淀有文化传统于其中的那个心理结构,更精确点说,是由文化传统积淀而成的心理结构,是人格化了的文化传统,或民族的文化性格。据说这个结构或性格以原始氏族传统为基础,成形于孔子与儒家的塑造,作用于悠久的历史,并在今天的现实中存在。研究它在适应现代生活中的不足和裕如,将有助于改进和发展我们民族的智慧,有助于主动去创造历史。

就这样,一个说动力,一个谈性格;一个指功能,一个是结构:二者之不同乃至对反,是一目了然的。而且,此动力(忧),又完全不是此性格(乐)之运用;此结构(乐),也完全不是此功能(忧)之所体。二者同属对于中国文化之运思,不意南辕北辙而如此!

其次,"忧患意识"的内涵不管怎样界定,总之它是一种"意识"。意识,按通常的非佛学的了解,是指所察觉的心理状态,尤其是指对心理状态的自觉。所谓忧患意识,又不只是对忧患的知觉或他觉;而是知其为忧患遂因应生起来一种意志。或当前虽无忧患存在亦能存有此种意志(居安思危)的那样一种觉识。它意味着力求克服种种困难,力求实现某种理想,并深知自己行为的关系与责任之所在。并且,按照他们的规定,此种"忧患并非如杞人忧天之无聊,更非如患得患失之庸俗","所忧的不是财货权势的未足,而是德之不修与学之未讲"。就是说,忧患意识其实乃是对于仁心或善性的某种自觉。因而,忧患意识只能是知识精英所具有的意识。苏东坡有诗云:"人生识字忧患始","开卷惝恍令人愁",便已道出其中三昧了。

与此相映成趣的是,"乐感文化"所表示的文化心理结构,据作者说,是全民族性的,它是汉民族的一种无意识的集体原则现象。这也就是说,足以用来标志中国文化之类型的,不是任何一种意识,而应该是无意识;当然也不是哪位个人的无意识,而是全民族的集体无意识。从而,它便不止于为民族的某些人例如知识精英所专有,而是普存于民族的每一成员心理之中。所谓"集体无意识",据发明者荣格(C. G. Jung)说,是指同一种族的人们在心理上先天具备的、由进化和遗传积淀而成的、利于个体适应其即将进入的那个社会的诸心灵意象(Virtual images);这些意象是一种无内容的形式,是一种倾向或可能性,可以分门别类为种种原型(archetypes)。有人将这一套噜嗦的说法简化为四个字,叫做"种族记忆"。这样说来,与"忧患意识"之作为一种具有明确内容的、自觉的意识相反,"乐感文化"不能被理解为"欢乐意识"或"快乐意识";它不是意识,而是无意识;它不具现实的内容,而只是可能的形式;它不是精英们的自觉,而不过是种种"百姓日用而不知"的心态罢了。

由此,第三,"忧患意识"说认为忧患意识本身已具"最高的道德价值",且能引申出种种道德信念来,而成为中国哲学与文化重道德性的总根源。而这种道德心灵,如一切道德心灵一样,乃是人生与世界之主。未经道德心灵照耀之生活与世界,只是一堆偶然的存在者;必待道德心灵肯定认可其为当存在,并自觉地求其应存在,然后其存在始为必然的存在,真实的存在。换句话说,美与真,如未通过善之自觉认可,仍不过是些浮游无根飘忽不定之灵气而已;惟善为大,是它赋予了生活和世界以和谐、秩序、真实。

"乐感文化"说则超越诸如此类的道德灵光,更以审美的态度观照人生和宇宙。它认为,道德境界固然是人生的一大境界,道德性固然是中国文化的一大特色;但中国人并不岸然地止步于"应该如何"的宗教追求。中国人更惯于快慰地把握现在,乐观地眺望未来,在感性生活中积淀着理性精神,于人生快乐中获得神志超越。因而,审美境界是中国人生的最高境界,审美主题是中国哲学与文化的最高标的;而"乐感",这一为审美所必备的心态,则是中国人的心理本体所在。

四

同是研究一个对象,而有"忧""乐"二说之如此不同,不能不使我们首先想到的是为说者之际遇的重大差异。栖身海外的徐复观,早就有"花果飘零"之叹,而成熟于大陆的李泽厚,却欣逢"开放改革"之春。一叹一欣,投射于观照对象,其所感所觉,自会仁智互见。何况,二人得以塑成自我的学养与个性,又复大不相同也难得相同哩!

本文在此不拟评论二说的曲直长短,也不打算就前两节所已罗列的同异作过多分析,而只想借助于所已提出的忧患与乐感二者,作为文化的心理因素,看看它们如何表现了并影响了中国文化的特性,从而指出二说的偏颇,希望得到一个更如实的看法,请同好者公鉴。

忧患意识说认为,正是由于对忧患的自觉,引出了中国哲学的道德性和中国文化的人文性;此事始于殷周之际,成于孔孟之手,波及至各家各派,漫延至历朝历代。被举来作证的主要有《易·系辞》的三段话和《周诰》、《论》、《孟》中的一些章节。

其实忧患意识作为一种心态,在中国文化中,未必始于殷周之际"周文王与殷纣间的微妙而困难的处境"(《中国人性论史》第21页)。早在此前的《盘庚中》,述盘庚决定迁都时对百姓的训戒中便有:"今予将试以汝迁,安定厥邦。汝不忧朕心之攸困,乃咸大不宜(和)乃心……汝不谋长(远虑),以思乃灾,汝诞(大)勤(助长)忧。"

这里在斥责百姓不为安邦定国而怀忧,以至大大助长了殷王的忧国忧民之忧。这当然是忧患意识;并且从语气看,这种意识不属盘庚所专有,也为百姓所应有。所以下文又曰:"呜呼!今予告汝不易(迁都计划不变)。永敬(警)大恤(忧),无胥(相)绝远。"这个时间,早于殷周之际,至少二百年。再往前三百年,在《汤誓》里可以读到:"今尔有众汝曰:'我后不恤我众,舍我穑事而割正(讨伐)夏。'"商民因将伐夏而埋怨成汤不忧民众,显然是以"我后"本应有忧民"穑事"的意识为预设前提。《汤誓》成篇的时间虽不可确指,不像《盘庚》那样已有公论,但也绝非空穴来风,恐无疑问。殷人固然尚鬼,宗教意识浓烈而普遍,但对吉凶祸福与人之深谋远虑的关系,岂能了无认识?上列引文足以证明,殷人也可以而且确已具有忧患意识了。限定中国文化的"基本动力"始于文武周公,见于《易传·系辞》,莫非囿于道德观念所使然?

忧患意识确实大成于孔孟。孔子忧"德之不修,学之不讲,闻义不能徙,不善不能改",孟子更说"君子有终身之忧"。无论从内容的深度上还是要求的强度上看,儒家都将忧患的情感和理智大大突出,作为学说的基本,悬为做人的鹄的,这是毫无疑问的。这一点,也可以从儒家的反对者方面反证出来。老子所说的"绝学无忧",庄子所说的"彼仁人何其多忧也",便都是当时人对愁容骑士——儒者的批评。老庄当然都知道儒家所忧的并非区区小事和私事,而是现实世界与他们那理想世界之差距及其如何缩短和消灭的头等大事;但在老庄眼里,儒家的价值追求和价值焦虑,实在毫无价值,无异于忧鹤胫之长,患凫胫之短,都是些违反自然之情的杞人之忧,"仲尼语之以为博"的那些"仁人之所忧",不过是不知海洋之阔的河伯式的自恋之辞而已(《庄子·秋水》);老庄自视,比孔孟豁达之多,直不可以道里计。

忧说作者当然也熟知老庄的这些言论,懂得反证的逻辑威力;

但他们轻轻放过了。其所以如此,盖因于他们欲以"忧患意识"织成一面恢恢之网,作为"一条大纲维之所在",将一切中国文化包括道家悉数网罗无余。这种一元论的办法,做起来当然会很费力的。所以当我们读到他们所谓的"先秦道家,也是想从深刻的忧患中,超脱出来,以求得人生的安顿"(《中国人性论史》第 327 页)时,便很难循着所指引的道家也在大纲维之中的思路前进,相反要超脱出来,承认道家为反忧患意识者。想来其他读者也会这样做的。因为既已明言道家在忧患之外安顿人生,还有何忧患意识可言呢!

还需指出的有,忧患意识在儒家思想体系中,最具特色的,恐怕不在于身居"困难的处境"时,"自己担当起问题的责任",如徐复观所强调的那样,而在于,一种居安思危的理性精神。据记载,当着真的陷入困难的处境时,如孔子畏于匡、颜回居陋巷那样,儒者倒会显出一副乐天知命的神情,达观起来,而找不到此时此地有任何自己应该担当的责任。相反在并不困难的处境,在相当顺利的时光,才是忧患意识大行其道的场合。所谓安而不忘危,存而不忘亡,治而不忘乱,得而不忘丧;这些所不忘的危亡乱丧,便是"忧患",而能不忘,便是"意识",对忧患的意识;而在安存治得的顺境中,具有忧患意识,便是一种理性精神,一种基于对人生和宇宙的透彻了解,并为理想之实现而动心忍性的智慧,或者说,是融合了工具理性和价值理性于一身的理性精神。诗云:"如临深渊,如履薄冰",要点全在一个"如"字上。未临深渊而如临,未履薄冰而如履,这才叫忧患意识;真的临深而履薄了,斯时需要的便不再是忧患意识,而恰恰是它的对立面——临危不惧、履险如夷、乐以忘忧之类的理智、情感和意志了。因为按照儒家的辩证法,忧患之作为真正的忧患,或忧患的本体,并不在忧患者之中,倒是在它的对立面,在安乐者之中;一旦安于所安,乐于所乐,真正的忧患便开始

了,临近了。所谓死于安乐,所谓阴不在阳之对而在阳之内者
是也。

　　忧患意识说者放过了儒家思想的这一精髓,放过了自律之忧
而强调他律之忧,买椟还珠,殊为可惜。联系到他们的花果飘零之
感,他们的蔽于危而不知安的处境,人们还是能够体谅的。

　　与此相连,为说者对于儒家明确宣布而且一再重复的"仁者不
忧"、"君子不忧不惧"之类乐感的言论,全然不予理会,也就没有什
么奇怪了。而对乐的把握和品味,分别物欲之乐和心情之乐、感性
之乐和理性之乐、独乐和共乐、先天下之乐和后天下之乐,以及探
讨乐对人身与人生的活力作用,及由之助成的生活的种种情趣、种
种方式,倒的的确确也是儒家思想和中国文化的重大特征,中国人
文主义的重要内涵;正是由于对这一个侧面的特别关注,有了李泽
厚的"乐感文化"说。

<h2 style="text-align:center">五</h2>

　　李泽厚从他的"人类学本体论哲学"、"儒学的实用理性"体系
中,提出一个"乐感文化"命题来,为的就是要同"忧患意识"说以及
流行的西方文化乃"罪感文化"之说相颉颃。作者说:"因为西方文
化被称为'罪感文化',于是有人以'耻感文化'或'忧患意识'来相
对照以概括中国文化。我以为这仍不免模拟'罪感'之意,不如用
'乐感文化'为更恰当。"(《中国古代思想史论》第 311 页)这里说到
"对照"和"模拟",其意以为,因"罪感"而生"耻感""忧患"之说,是
出于模拟,而不成对照,不如改用"乐感",方能恰当概括中国文化,
并标示其与西方文化的根本对立。

　　前提是中西文化的对立。此论由来久矣,眼下尚有势力。说
句公道话,"耻感"与"忧患",本意也有表示中西文化对立在内。据

他们说,耻感文化靠外部的约束力(社会的评判)来行善,而罪感文化靠内部的服罪心(良知的启发)来行善①。这便是对立的。他们还说,罪感文化是从人生的负面入手,引向对自己存在的彻底否定;而忧患意识则从人生的正面入手,在自己的真正主体中肯定自己(见《中国哲学的特质》第三讲)。这也是对立。

当然如果从更高一层俯视,我们确然也可以看到,耻辱、忧患、罪悔,尽管或有外部内部推动、正面负面入手之别,无论如何,它们都是负值的或消极的人类情感,用纯中国的术语来说,它们都属"阴",则是没有疑义的。与之相反,快乐或乐感,属于"阳"的一方。在这个意义上并以此为限,李泽厚认定他们在模拟而非对照,因而模糊了中西文化之根本对立,也有他的道理的。

但是这样就必须先推敲那个前提:用二分法来剖分东西或中西文化,视之为对立的两极,到底有多大真理性?

我们知道,近代以来,中国学人一直是这样做的;本文开篇曾约略举过一些。如果说彼时之二分中西,还由于观察之浮泛,难免隔靴之苦的话;那么,随着西学之更深东渐,西人固有之绝对二元的观点和二分东西文化的结论,慢慢也左右着我们学者的眼和手,并以之与中国的实践相结合,写出许多视中西文化如水火的著作来②。忧患意识说强调自己与罪感文化说的对立,乐感文化说又认为它们无别而自己别居于对立地位,也可以说是西人二元观点与二元方法的一种运用。

------

① 见本尼迪克特《菊与刀》第十章。这种西方优越感的说法,在中国虽偶有人信服(如《中国文化的"深层结构"》),在日本已大大地引起了他们的"耻感",斥之为皮相之见(参汤浅泰雄《东洋文化の深层》第80—88页所引各说))。

② 钱穆先生晚年论中国文化与中国学术的著作最为典型。

　　值得庆幸的是,近年来,随着人类认识的又一步深入,以及随着西方中心主义的式微,二分法颇呈春去也之势。多元法正在崛起。儒家的三分法,佛学的一心三观,慢慢被回忆起并被相信为更能提供给人以复杂世界的近似画面;波普尔的"世界3"理论的出现,应该并非偶然。

　　当然这需要解释。我所理解和主张的三分法,并非如二分法将世界及其各个领域统一分为二的绝对手法那样,将一切都分为三份,像黑格尔的得意之笔所陈(黑氏的体系,仍然是二元的);而是想要指出,二分法错在对世界作了静化的处理,将一切都固化为对立的两极,未看到彼此间双向的互动作用。所谓三分法,在承认两极是真实的同时,更指出由于两极的互动,在两极之间,必有一种或种种兼具两极性质和色调(也可以说是不具两极性质和色调)的中间实在;从静态的二分观点来看,它们常被看成是不稳定的乃至不真实的,有时叫做动摇的、暂存的、折衷的、妥协的,以及诸如此类的种种否定性规定;但是不管怎样贬低它,它仍然存在着,而且是真实的。在许多场合,最具生命力的,或代表统一体性质的,恰恰正是这些中间部分,因为它们兼有两极的长处,避免或补正了两极的短处;而且往往为数最多。从一个事物的全局来说,对立两极得以共存于一体,正由于两极都具有相成性,即互相吸引、互相容忍、互相依赖、互相过渡、互相包含其对立成分于自身之中的属性。在简单事物中,这些成分有似于两极间的第三者;在复杂事物中,这些成分便外化为实在的第三者,成为两极的黏合剂和缓冲剂,直至成为整个事物的统一代表。在中国学术中,从思辩上对这一切分析得最精的是佛学的种种中观说和三观说。从实践上对这一切强调得最力的是儒学的中庸之道。

　　用三分观点看世界文化,文化便未必如惯于以二分法看世界的西方人想象的或所见的幻象那样,壁垒分明或水火难容。纵然二分者自己爱好偏激常自居于一端,或时而从一个极端跃向另一极端;而具有三分传统和中庸之道的中国文化,却不愿使自己偏处一隅,放弃大本之中与达道之和而不由,除非它尚无从认识到两端的存在。因此,简单地认为中国文化必处于西方文化势若泾渭,西方是动的、中国必是静的,西方是物质的、中国必是精神的,西方是定量的、中国必是定性的,西方是开发的、中国必是封闭的,西方尚分析、中国必尚综合,西方尚理智、中国必尚直觉,西方尚现实、中国必尚空灵,西方尚变异、中国必尚转化,西方尚空间的权力与向外伸展、中国必尚时间的生长与自我绵延,以及如此等等,都只有形式上的对称趣味,充其量也只是局部的静观,而未必捉住了双方尤其是中国文化的特性。如果进而拿这种格局去处置中国文化,用不是人文必反人文,不是罪感必是乐感之类的二分法来裁割,由于中国文化素以时中圆融为鹄的,便更将捉襟见肘、险象丛生。

所以,当乐感文化说蓄意与忧患意识说相对待,实际是和对待者相一致即自居于一端时,它便不得不极力回避中国文化中许多明若观火的谈忧抒愤的思想和情采,一如忧患意识说之绕开谈乐养怡那样,使自己置身于宽广的中国文化大道之一侧,侧身前进。及至势不得已之时,又禁不住向对方招手,引忧患意识作为同路人,如谈礼乐传统之非酒神型时(见《华夏美学》第26页),谈华夏美学中的人道精神时(同上书第45—48页)。可见,蔽于乐而不知忧,也是难办的。

六

忧乐本是共存共荣的,共存共荣于人身和人生之中,按儒家的分类法,人身有欲、情、性之不同(参《孟子·尽心上》"广土众民"

章）。"欲"是逐物外驰的，"性"是循理内含的，"情"则介乎二者之间，是欲之据理收敛，性之感物而动。儒家在孔子时代，主要探讨的，便是情，所谓爱人知人，亲亲尊尊，立人达人，都是围绕或发端于一个情字，或其外在化成的人际关系。低于情的欲，子所罕言；高于情的性，弟子也不可得而闻。到了孟子方大谈其性，那是因为学术发展了，而且别的学派都在谈性，逼得他也不得不谈之故。不过孟子把性落实为"心"，而心统性情，所以他那些"恻隐之心"、"羞恶之心"、"辞让之心"、"是非之心"，虽说是善性，是人之异于禽兽之性，也可以说是情，是人之待人乃至待物的基本感情。

人有种种情，而有一情必有另一情与之相待，如喜与怒、爱与憎。忧与乐也是一对情；只是自佛典定七情为喜怒哀乐爱恶欲以后，乐与忧的对立，似鲜为人注意。其在先秦，乐与忧，本属一对；如孔子说自己能"乐以忘忧"，孟子说人们常"生于忧患而死于安乐"，《易·乾·文言》有"乐则行之，忧则违之"之类皆是。乐与忧既为一对感情，在人生中，就有它的合理性与必要性。因此，按儒家的哲学，在人生态度上便不应扬此抑彼，畸轻畸重，只乐不忧，或是忧非乐；也不会言不及义，不对忧乐进行他们的理性主义的说明与规定。

儒家将忧分为两类：一为外感的，因困难挫折而遭致的忧，亦即物欲或难满足之忧；一为内发的，欲实现理想而生起的忧，亦即善性力图扩充之忧。前者如在陈绝粮，如箪食瓢饮，这类外忧，是平常人心目中的忧，也是君子作平淡想时的忧。但当君子自觉其为君子时，或能达性命之情时，这一类的忧便不足为忧或不复为忧；所以有"仁者不忧"、"君子不忧不惧"、"乐以忘忧"等等否拒和排除忧的说法和办法。因为这类外忧都是"命"的安排，是"莫之致而至者"，自己无可奈其何，也无所负其责，因而也就无需动其情、用其忧；既来之，则安之，视同天理自然。不仅此也，既然这类外忧乃命的安排，"有性焉，君子不谓命也"，何不据性之善秉，视外忧为"天将降大任"的朕兆，化外忧为成贤希圣的动力？一念及此，乐之惟恐不及，更何忧之有！

君子所真正当忧的，是内忧，不妨叫自寻烦恼。如"德之不修，学之不讲，闻义不能徙，不善不能改"（《论语·述而》），如"舜人也，我亦人也；舜为法于天下，可传于后世，我犹未免为乡人也"（《孟子·离娄下》），以及先天下之忧而忧，思出民于水火而登衽席之忧；总之是种种内圣外王之忧。这类内忧，觉之则有，迷之则无，是良心善性之见于感情者，也是为学修身之结果，是君子之所以为君子的情感所在。

简而言之：前者是物质的忧，起于欲，后者是精神的忧，生于性；前者是外感的忧，非我所致，后者是内发的忧，乃我所求。物质上的不足谓之"贫"，精神所追求者谓之"道"，"君子忧道不忧贫"（《论语·卫灵公》）。外感的忧叫做"患"，应该不动乎心，内发的忧才是"忧"，必须念兹在兹，所谓"君子有终身之忧，无一朝之患"者是也。这就是儒家的忧论。

必须附带提及的是，除了物质的与精神的忧而外，儒家也谈到了制度的忧，即"不顺于父母"（《孟子·万章上》）和"人皆有兄弟，我独亡"（《论语·颜渊》）的宗法之忧。像一切关于制度的具体主张都缺乏普遍性意义一样，这些宗法之忧的言论也无大价值；暂且放过了。

儒家将乐也分为两类：一为感性的乐，近于欲；一为理性的乐，偏于性。儒家不是禁欲主义者，不排斥悦耳愉目佚体赏心之乐，但要求节制，因为它对人有损（"损者三乐"），不仁者久耽则乱（"不仁者不可长处乐"）；而且，这种乐不宜独享，应该与民同乐（《孟子·梁惠王上》），因为这样做了的结果，百姓既可得到实惠，君子也以此使原来的感性之乐上升到理性，这叫做"君子乐得其道，小人乐得其欲"(《礼记·乐记》)。

儒家所津津乐道的,是理性的快乐。谁都知道《论语》是以乐开篇的。学而时习之悦,有朋远来之乐,人不知而不愠,便都是理性之乐。《孟子》有所谓君子的三乐,其"父母俱在、兄弟无故"即后来称之为天伦之乐者,是宗法制度所规范的乐,没有多少普遍意义。最要紧的是"仰不愧于天,俯不怍于人"之乐,或这叫"反身而诚"之乐。所谓不愧、不怍,也就是诚,或者叫实实在在。为什么会有实实在在的感觉,那是因为"万物皆备于我",也就是体悟到自己已经与道合一、与天地同体了。这种超越之乐,自然无以复加;虽朝得而夕死,亦无憾恨。这便是他们的极乐世界。这种乐当然也不应独享,但又不是凡民可得与共,所以要"得天下英才而教育之",那也是一乐,为同登乐土而服务的乐。

进而言之,这种得道之乐,也正就是那念念不忘的修德之忧。因为道体至大,德无止境,修德的开始便已意味着在得道,得道再深也不保证修德可以暂停;修德与得道,都是功夫,也都是境界;向过去的自己看,现在已得道,向未来的自己看,现在正修德。忧国忧民之心也正就是反身而诚之情;泰州学派人物说得好:"君子终身忧之也;是其忧也,乃所以为其乐也。"(《明儒学案》卷三十二)此中忧乐合一之妙,非寻常之小忧小乐两相对峙可比,也非未亲身实践者可得玩味的。

理性的快乐还可以化解那些因物质匮乏或困难处境而引起的外感之忧,即化解那些应该称做"贫"和"患"的忧。"一箪食,一瓢饮,在陋巷",在常人看来,是一种忧,甚至是不堪之忧;但对颜回来说,它不过是"贫",安贫便是乐道,乐道始能安贫,既已万物皆备于我,何在乎一箪一瓢?孔子畏于匡,陷入困境,在常人看来,也是一种忧,是性命攸关之忧;但孔子看出这不过是外来的"患",能够由之悟到"天之未丧斯文也",立即便得乐天之乐,而且此乐便在此忧之中,甚至即是此忧本身。

这种即忧即乐、化忧为乐的体悟,这种高扬理性之乐的原则,便是宋儒所孜孜以求的"孔颜乐处"①。

七

不料儒家这种自寻其忧自得其乐的理性主义的忧乐观,却遭到了另一家更为超脱的道家学派的迎头痛击。

道家主张任自然②。他们相信,万物的大小久暂,人生的祸福寿夭,言论的是非美恶,原是自然如此的状态,"性"即如此,"天"使其然,"道"在其中。人类无须妄逞自己的聪明才智,去将它们分别彼此;也不必卖弄自己的廉价感情,倾泻无端的哀乐喜怒;当然也就不致为此而趋吉避凶、劝善惩恶,闹得天下嚣嚣了。他们主张,应有的人生态度,就是还自然以自然,听其自然,齐万物,一死生,泯是非,等美恶,寄世以容身,乘物而游心。这叫做乐天,叫做返性,叫做得道;到达这种境界的人,便叫做真人——真正的人,真实的人。

因此,在道家看来,儒家那种戒惧敬慎,"见善如不及,见不善如探汤"的修己功夫,那种栖栖遑遑,"思天下有饥者,犹己饥之也"的悯人态度,以及"知其不可而为之","死去犹能作鬼雄"的苦斗精神,固然是不知天道而自讨苦吃,不自量力而忧有应得,即使像孔

―――――――――

① 王通以"迹"说忧,以"心"说乐,尚未达一间(见《中说》卷五《问易篇》)。

② 道家所谓的"自然",不是我们今天通常所理解的 nature,即种种未着人力的,隐含着有待人力去认识之、利用之、征服之的客观实体,而是"自己如此"、"本来样子",不容干涉的意思。

子那种三月不知肉味的闻韶之乐,颜回那种安贫乐道的陋巷之乐,孟子那种"王天下不与存焉"的君子三乐,究其实也是一忧,因为他们都还有所待、有所求、有所用,都还不曾忘身、不能无己、不知事天,被外在之物和外驰之心牵着鼻子奔波! 因此,与儒家自我感觉良好的"仁者不忧"的断语正好相反,道家对儒家的批评便十分轻蔑:"彼仁人何其多忧也!"(《庄子·骈拇》)道家批评儒家多忧,并不证明它自己"少年不识愁滋味",恰恰相反,而是因为它已然"识尽愁滋味"了! 跟悬着理想抱着希望担着风险尝着挫折即所谓"长怀千岁忧"的儒家不同,道家对于变革世界的前景和世界变革的现实,早就绝望和失望了。它不再忧愁,因为它已"识尽"也就是看透了天地间的一切,包括看透了忧愁本身。在他们看来,天地万物、人事盛衰,本来都是自然的;忧愁之起,起于自以为是的人用其心智于自然,也就是说,起于有知识;因此对策是:"绝学无忧"(《老子·十九章》)。"人生识字忧患始"云云,也可看作是对道家忧愁说的发挥。

　　"绝学无忧"和孔子的"学而时习之不亦悦乎"形成鲜明对照。这当然并不证明老子和苏东坡之流不学无术,谁都知道他们都是饱学之士;也不能简单看做他们反对学习,须知他们反对的是"知"而不"识"、"智"而不"慧",是学习未曾学到底,学到家,或者说,他们反对的是"小知"状态。"小知间间"(《庄子·齐物论》),见木而不见林,知物而不知道。惟知道者,才了然于万物都是自己如此,都应是它本来的样子;才不致于以自己或人类作中心为标准,去追逐种种事功的与道德的目的,而酿成无穷无尽的患得患失的忧愁;这叫做"大知闲闲"(同上),如闲云野鹤,悠哉游哉。

　　根据同样的道理,大知或得道的人不止于无忧,也没有通常意义上的得之则喜的乐。这种"心不忧乐"的境界,据说便是道家心目中的"至乐"状态(《庄子·至乐》)。这是绝不同于声色犬马的世俗之乐和思辨谈说的世雅之乐的乐，它是自事其心的快乐，是物物而不物于物的快乐，是独与天地精神相往来的快乐，因而是最大的快乐。在这个意义上，道家不仅不反对乐，而且大谈其乐，大享其乐，是最大的乐观主义者。有名的濠梁之上的辩论，不是以乐为题的么！庄子见鯈鱼出游从容，而知鱼之乐。这是因为鯈鱼自得其得，心无忧乐，而庄子又能以物观物的结果。惠施以人观物，以己观人，既不能知鱼之乐，也不能懂庄子之乐，于是引发了一番大辩论，也给后人留下了玩味无穷的濠上之思。

　　人们往往批评道家式的乐观主义为阿Q精神，那多少有点误解和冤枉。阿Q有阿Q的主义，即追求精神上的胜利；而道家的乐观，并不为了胜利或由于胜利，而只是观其自然。因为在道家看来，胜利并没有什么快乐，它仍是某种逐物驰心，是心情失去平衡未得自然而受累于物的倒悬状态。而且，胜利意味着对手失败，以及自己过去曾经失败和将来可能失败，这种"誉尧而非桀"的是此非彼的无休止的纠缠，远不如"两忘而闭其所誉"（《庄子·外物》）来得干净和宁静。因此，道家的乐观是对胜利心的"胜利"，是藐视胜利、超越胜败和一切功利的"胜利"；与"老子当年比你阔多了"之类，完全不可同日而语。人们将二者等量齐观，毋宁说是把道家看高了，因为它连阿Q那点好胜心也都没有；当然更恰当地说，是把道家看低了，因为它已奔逸绝尘，抵达超越境界，批评者不免瞠若乎后矣。

　　道家的乐观与阿Q式胜利迥异，却同它的对立者儒家有着相通之处。因为儒家认为人是社会的存在，人的社会性便是"自然"；理性快乐来自对人的善性即社会性即"自然"的体悟，即是任自然的结果乃至任自然本身。道家认为人是生命的存在，人的自然性的实现，包括它在遭遇的、既定的社会条件（在道家眼里，这也是自然）下的尽其可能地实现，便是快乐，便是任自然的结果乃至任自然本身。虽然儒道两家对人的理解根本歧异，但在快乐在于任自然这一点上,他们相通了。

　　所以,人们常谈"颜氏之儒"与道家的渊源关系,这不仅因为颜回在《论语》中有安贫乐道的记录,因为《庄子》至少在十一篇里谈到了颜回,其"心斋""坐忘"两节已完全成了道家的"真人";最根本的,恐怕在于,箪食瓢饮的颜回,与隐几丧我的庄周之间,有一种异时皆然的必然关系。庄周就是战国时代的颜回,颜回正是春秋时代的庄周。孔颜的理性之乐的情趣,到庄周手里已发挥成了一套乐天主义的哲学。从此以后,人们在习惯上便以庄子的道家思想作为中国文化的乐观的代表;而儒家的乐感既流入道家去发扬光大,剩下的忧患意识,便特别引人注目了。

八

　　西汉以来,儒道两家思想轮番地、混合地、谐和地在中国文化中起着主导作用,后来更融化了外来的佛学于一炉,成就了中国文化的新的统一体;而其精神,或可即以忧乐的二字给以概括。

　　所谓"忧",展现为如临如履、奋发图强、致君尧舜、取义成仁等等之类的积极用世态度;而所谓"乐",则包含有啜菽饮水、白首松云、虚与委蛇、遂性率真等等之类的逍遥自得情怀。

　　这两种精神,由于各种条件的凑合,有时分别统领了两个不同时代的文化风貌,如西汉的雄浑与魏晋的清远。由于人物性格和身世的差异,有时又常常分别代表着不同人士的神韵情采,如杜甫之沉郁与李白的飘逸,范仲淹的"进亦忧"、"退亦忧"与金圣叹的"好快刀"①。甚至同一个人,在一个时期里会意气风发,受"忧"的

①　传说金圣叹含笑受刑,身首分离时,犹呼"好快刀"。

精神鼓舞,而"猛志固常在",志在四方;到另个时期里又超然物外,本"乐"的精神为怀,而"悠然见南山",采菊东篱。以至诗人常兴"懊恼人心不如石,少时东去复西来"之叹。也有人在政治领域里兢兢业业,在艺术天地中则云淡风轻;不同空间发挥不同风格。或者,在忧中作乐,高唱"人生不满百,何不秉烛游";或者,因乐而生忧,由兰亭盛会感一死生、齐彭殇之虚妄。如此种种,不一而足。由此想到,作为史学家的徐复观以"忧患意识"概括中国文化精髓,而作为美学家的李泽厚却从传统中抽绎出个"乐感文化"来,是否也有点受到了所事文化领域的反作用,抑"君子所性"各异,"虽大行不加,虽穷居不损"而有以致之欤?

以上种种忧乐杂陈的状况,不能归结为我们的文化传统不具完整的性格,或人们的个性常是双重的、分裂的;相反,它们恰好表明了中国文化同时兼备这两种精神,即由儒家思想流传下来的忧患精神和由道家思想流传下来的怡乐精神。

这两种精神的理想地结合,便构成了中国人的理想的人格。所谓"穷则独善其身,达则兼善天下",所谓"帝乡明日到,犹自梦渔樵",所谓"以出世的精神,干入世的事业"(朱光潜);两千多年来的人格设计方案,大都如此。而在这方面说得最为深入浅出的,大概要推孔子的自白:"发愤忘食,乐以忘忧,不知老之将至"(《论语·述而》)了。第一句"发愤忘食"是忧,第二句"乐以忘忧"是乐;至于这第三句,既可以说是由"忘食"而引发来忘年的伏枥之志,也可以说是由"忘忧"而不觉岁月匆匆之自得之情;或者,此志此情已浑成一心,可以从其所欲而无往不适。此志乃修德所养,亦得道表现,因而忧即是乐;而此情乃得道之貌,即修德结果,因而乐即是忧。如果再进一步推敲,"不知老之将至"中,还有从忘食忘忧而到达忘我的意思,那么在此境界中,便又无忧无乐可言,进入"高峰体验"(peak experiences,马斯洛)之中,自己与世界同一而无特定情感了。

　　当然完整地做到这一切,绝非易事,那将是"尽性"了,"惟天下至诚为能尽其性",通常都只是做到了某一方面,即所谓"致曲"(《中庸》)。不过若"曲能有诚",则虽非至诚,也就可以了。孔子说的"殷有三人焉",便是如此。其"比干谏而死",属于忘食的忧派;"微子去之",属于忘忧的乐派;"箕子为之奴",谏而不纳,装傻卖呆,不死不去,动机和效果都介乎两派之间,当然他们离高峰体验都还有很大一节路程。

　　孔子的自白和对三仁的称许,经过孟子的条理化,形成了规整的人格范型。孟子称伊尹为"圣之任者",因为他能以天下为己任,"思天下之民,匹夫匹妇有不与被尧舜之泽者,若己推而纳之沟中",那是标准的忧国忧民的情操。其称伯夷为"圣之清者",因为他洁身自好,"非其君不事,非其民不使","纣之时,居北海之滨,以待天下之清",是一位乐天知命的逍遥派。称柳下惠为"圣之和者",因为他"不羞污君,不辞小官",三次免职也不离父母之邦,高高兴兴地同别人混在一起,和光同尘,是一位亦忧亦乐派。这三位,随其性之所秉与境之所遇,各各具现了人生态度的一个方面,都足以为百世师。因而都是圣人。不过有所执必有所失,伊尹嫉恶如仇,甚至不怕担流放大甲(殷王)的骂名,弄不好将成为"篡"(《孟子·尽心上》)。伯夷不事王侯,高尚其事,但独善其身,不免流于"隘"(《孟子·公孙丑上》)。柳下惠随遇而安,固未丧失原则,但容易变成玩世不恭(同上)。所以三人虽都是圣人之行,却都不及孔子能集三人之大成,而成为"圣之时者"。所谓"时",是进退、出处、远近、迟速,都能因其所宜而为之,不拘于一曲,不名于一德,无所不备,无所不可,金声玉振,渊渊其渊,圣而不可知之之谓。这是统摄忧乐而又超越忧乐的境界。

　　孟子归纳的这一人格系列,充分显现了中国式的辩证法的神采。它不同于古希腊辩证法的两极对峙,也有别于黑格尔辩证法的正反加合;它不是来自对自然界以及对人和自然界的关系的静态直观,而是建基于对宇宙中最为复杂的现象——人文现象的透辟理解;因而,它能更全面、更深刻、更细腻地反映着客观法则,为人的智慧升华架设了天梯。

所以不是偶然的,在庄子谈到人格类型时,我们也看到了任、清、和、时的影子。不同的是,庄子将它们放在一个人身上,作为德的不同显现,更强调到达最高境界的人的"神"气而已。在《应帝王》篇中,有一位壶子,能显四种相,其一是"地文"或"杜德机",属寂而不动之相(参成玄英《疏》),相当于孟子的"圣之清";其次是"天壤"或"善者机",属动而不寂之相,相当于"圣之任";再次是"太冲莫胜(朕)"或"衡气机",属动寂平和之相,相当于"圣之和";最后也是最高的相叫"未始出吾宗"或"圆机"(据《盗跖》),是一种无相之相,无机之机,它动寂双遣,本迹两忘,相当于"圣之时"。读者想已注意到,庄子所列次序有一项与孟子不同,即第一和第二做了颠倒。这一点不同非同寻常,它恰好表明了儒道两家的兴趣所归和重点所在,儒家重入世即任即忧,道家重出世或游世即杜德即乐;各人将自己所重放在第一,这一似非偶然的颠倒,告白了一个后来已成公论的差别,是值得认真注意的。

在《庄子·齐物论》中,这个方法或对境界的看法,又运用以齐一物之彼此与论之是非,即整个客观世界与主观世界,而有所谓"物无非彼、物无非是(此)"的现象界("地文"),有所谓"方生方死、方死方生"之动态界,它意味着现象的否定("天壤"),以及"彼亦一是非,此亦一是非"的折衷平衡("太冲莫朕"),和最终的"果且有彼是乎哉"的客主双遣乃至"果且无彼是乎哉"的对双遣之遣,随说随扫,想入"非非",这最高的境界,称做"得其环中"("圆机")。

正由于中国文化中不乏此种精到的辩证传统,所以后来佛学传来的某些纯思辩东西,便不难被吸纳被融化了。佛学有所谓四门诀——无门、有门、亦有亦无门、非有非无门,与孟子的四圣、庄子的四相,完全是一个套子。天台宗的中观于"假"(实际)、"空"(真际)之外,将"中"分为"隔历之中"与"圆融之中",或"但中"与"不但中"。其隔历之中(但中)谓中在有无或假空之外,绝待而有;圆融之中(不但中)谓假空中本一法之异名,即假即空即中。这两种"中"的不同,也就是孟子的"和"与"时"的不同,庄子的"太冲莫朕"与"环中"的不同。而所谓假与空,则不过是"任"与"清"、"天壤"与"地文"的佛学说法而已。而这一切,又都可以化约为阴和阳或忧和乐,归之于阴阳的统一和忧乐的圆融。

圆融即被推为儒道各自学说的最后一言和人格的最高境界,于是两家虽仍存有偏忧偏乐的差异乃至对立,恰正好成了检验他们的学说能否贯彻到底和考验他们的人格能否臻于至上的试金之石。所以,他们走了"仇必和而解"的光明大道,互相圆融起来建成中国文化的独特传统,而将偏至旁行者及其彼此的坚决斗争到底,视为末流了。

圆融也成为一种优势,使得中国文化能顺利迎接外来的佛学,不因它的迷狂和辨析而盲从和自馁,相反却以圆融去容纳和包涵,论证和充实,并终于汇成了源远流长的、雄峙东方的忧乐圆融的中国人文精神。

这是一种"精神",不同于意识和集体无意识。精神是受到称道和景仰的集体意识,它代表着这个集体并培育着这个集体,凝聚着这个集体也传承着这个集体。它不是先验的,既不先于这个集体的经验而为人的本性或天道所固有,也不先于每个个人经验而由这个集体的族类所积淀。它源于生活并塑造着生活,来自历史也构成着历史,保存在传统文化之中并流衍而为文化传统。它既有内容也有形式,既有结构也发生功能,既受精英所仰止也为百姓所追求;并且达到圆融的状态。

这个人文精神作为文化传统,铸就了我们民族的基本性格;它在各个不同时代有其不同的变异,呈现为不同的时代精神。但在近代以前,变化是不大的。时至今日,它正迎接着新的挑战。我们相信,正是圆融本身,可以促使它不泥于一曲,不止于故步,不扬彼抑此,不厚古薄今;可以保证它取长补短而不崇洋媚外,革故鼎新而不妄自菲薄,适应时代而不数典忘祖,认同自己而不唯我独尊。

我们久已有了这种精神,我们应该敬重这种精神,我们正在发扬这种精神。

（原载《21 世纪》1991 年第 6 期,选自《庞朴学术文化随笔》,中国青年出版社 1996 年 6 月版）

庞朴（1928—　　　）,中国思想文化史专家。江苏淮阴人。1954 年毕业于中国人民大学哲学研究生班,曾任教于山东大学历史系,后转《历史研究》编辑部任编辑、副主编、主编,1981 年起任中国社会科学院研究员,联合国教科文组织《人类文化史》国际编委。对中国古代"火历"、儒家辩证法、《帛书五行篇》、文化学等方面的研究颇有创发性意义,在学术界有很大影响。主要著作有《公孙龙子研究》、《帛书五行篇研究》、《儒家辩证法研究》、《文化的民族性与时代性》、《一分为三论》等 。

选文比较和分析了徐复观的"忧患意识"说和李泽厚的"乐感文化"说,认为二者各有短长,而都不能真正体现中国文化的基本精神。中国文化的基本精神是"忧乐圆融",即儒家流传下来的忧患精神和道家流传下来的怡乐精神,这两种精神的理想结合,便构成了中国人的理想人格。"蔽于忧而不见乐"或"蔽于乐而不见忧"都是不对的。

宗周的礼乐文明

杨向奎

一、周公对于礼的加工与改造

《礼记·明堂位》有周公制礼作乐的记载。说礼乐出自某一位圣贤的制作，是不可能的；但谓周公对于传统的礼乐有过加工、改造，是没有疑问的。"礼"有广义、狭义之分。广义的礼，风俗信仰、礼仪制度无所不包；狭义的礼，包括有礼物、礼仪两部分。"乐"属于与"礼"结合在一起的"仪"，所以我们往往是礼乐合称。《曲礼》所谓"礼尚往来，往而不来非礼也，来而不往亦非礼也"，应当指礼物的交换说。其初，礼物是对等交换，所以到春秋时代，在礼物的交换过程中还有"贾"参加，贾是知物价者。后来逐渐变成不等价的交换，是一种强制的剥削行为，平民对于贵族的贡献，或者是弱小部族向强大政权的贡纳，如所谓"帛贿人"，都属于强制性的礼物交换。"礼仪"包括有"乐舞"，是在礼的往来中的仪式、行为，通过这种仪式、行为——往往是豪华的、浪费的或者是惨酷的行为——来表达主人的身份地位，所谓"人殉"也是葬礼中的仪，是贵族礼仪中最残酷的行为。

礼物既然是一种交易行为，通过这种交易来满足自己的物质要求并借以表现地位的行为，一直到周初，礼还没有完全从这种原始的形态中摆脱出来，还没有从这种原始的交换行为中抽象出

"礼"的概念，一种脱离实物交换而纳入道德伦理范畴的"礼"。自周公制礼作乐开始，是首次有意识的对于"礼"加工改造，他用"德"字概括了过去的"礼"。"德"字不仅包括着人们主观方面的修养，也有客观方面的规范。还有，周初的统治者对于传统的"天"也有不同于殷人的看法，对于绝对权威的"天"的信念动摇，用敬德的方法修补对于"天"的动摇，这在传统的世界观方面是一个跃进，从"天人之际"转到"人人之际"；逐渐抛弃了天而走向人。周公是一位大思想家，也是一位大政治家，从政治角度看，他是以德政为操持政策的机柄，因而减少了上天的权威，提高了人的地位和人的尊严。后来，到春秋末年的孔子，更提出"仁"来作为礼的理论依据。"仁"，据《说文》，"亲也，从人二"。段玉裁《说文解字注》云："《中庸》曰：'仁者人也。'注：'人者，读如相人偶之人，以人意相存问之意'……按：人偶犹言尔我亲密之词，独则无偶，偶则相亲，故其字从人二。孟子曰：'仁也者，人也。'谓能行仁恩者人也。又曰：'仁，人心也。'谓仁乃是人之所以为心也。与《中庸》语义皆不同。"上述段玉裁的引申，有是有非，以"相人偶"解"仁"始于东汉郑玄，这是正确的注解。段氏的引申"人偶犹言尔我亲密之词，独则无偶，偶则相亲"，也是正确的。这是"人人之际"，周公逐渐脱离了"天人之际"而倡德；孔子转向"人人之际"故倡仁，以为人人之际的亲密关系则天下治。至孟子则以"仁"为人心，倡性善及良知良能而认为人心本天，这是新的"天人之际"，以天为善良的天，天人不二，心性为一。孟子之说与《中庸》并无矛盾。孔子的"礼"本来是"仁"之目，"仁"为纲，而"礼"为目，至孟子则发挥"仁"，而荀子则发挥"礼"。但他们都重视"人人之际"，也就是人际的关系，宇宙属于人，自人类言，当然如此。先秦儒家的世界观遂为两千多年中国封建社会的礼乐文明奠定了基础。

因为先秦儒家重视"人人之际"，那么，什么是人，也就是什么是"仁"的探讨,遂构成中国哲学史中的主题。孟子道性善,以为仁即人心,而荀子道性恶,遂弃仁而重礼,强调后天的教育行为。于是重仁重礼在儒家遂如泾渭分流矣(赵光贤教授也曾如此分别孟荀,实是卓识)。法家的思想与荀子相通,以礼为法(刑),以仁为赏,于是刑赏,成为法家治国的"二柄"。

在西周春秋间实行的"礼"、"仪",许多还保存在现存"三礼"中。"三礼":《仪礼》、《周礼》和《礼记》,在传统的经学史中存在许多问题,尤其是《周礼》,今文经学家以为它是刘歆、王莽伪造,用以篡汉者。即使是《仪礼》,如果说它是宗周实行过的礼仪条文,近代的疑古派学者也不相信。《礼记》的性质与前两者比,不是一部体系完整的书,是丛书,或者论文集,内容不一,价值自然不一。其中的《礼运》、《大学》和《中庸》在长期的中国封建社会中发挥了无比作用。先说《仪礼》,因为它是保存中国古代礼仪最完备的书,它表现了宗周时代礼乐文明的面貌。我们可以找到许多证据说明它不是后人的编造,因为可以在中国古代文献及民族学与考古学的研究中找到证明的材料,一伪皆伪,中国将无信史可言。比如《左传》文公六年记鲁季文子将聘晋,使人向官守寻求遭丧之礼的故事,可见当时礼书藏于官府,鲁传周礼,所谓周礼在鲁,于此可见。而在民族研究中及考古发掘上,与"三礼"可以互证的不可胜数。

《周礼》属于古文经,因为千百年来的今古之争,而后息者胜,晚清属于今文经的天下,康有为、廖季平皆以今文经倡于天下,《左传》、《周礼》成为伪经伪传,似成定论,但晚近几十年的研究,始知《周礼》所记,实多实录,如井田制度,根据《周礼》记载,当时耕田的农民没有自己的土地,要由国家授给他们。这些农民不是自由农民,他们住在野外,又因他们多是殷商的遗民,殷商和宗周比,在文化上处于先进地位,所以说"先进于礼乐野人也"。"士"也是农民,但他们是自由农民,住于郊区的乡、遂。士与农的区别,在土地分配上也可以看出。乡遂的土地规划是以十夫所耕为一单位，没有公田，所有土地都属于士的份地而共耕。野外的土地分配则与乡遂不同，是以九夫为单位的井田制，中有公田。经过研究，这十夫、九夫之间是有严格区别的，区别的关键在于都鄙有公田而乡遂不存在公田。野外九夫耕千亩，乡遂十夫耕千亩。这种制度不是后人能够想象得来的。乡遂农民是"士"，属于自由农民，因阶级的分野上应当属于贵族，但属于贵族的最低层。周族的小宗成员及殷商的没落贵族都属于这一阶层。孔子、墨子应当是这一阶层的人。有此区别，我们可以深入地了解西周贵族封建性质及其所反映的礼乐文明，这种礼乐文明主要流行于士及士以上的阶层中，因此《仪礼》主要是士礼，它不能流行于"野人"中，所以说"礼不下庶人"！

《仪礼》、《周礼》及《礼记》中的部分篇章反映了宗周的典章制度、风俗人情；而其中重要的制度与礼乐是和周公分不开的。当然不是说周公是"三礼"的作者，但礼的具体内容及其实施，某些乐章的制定，肯定是周初统治者所为，而主要是周公。因为"非天子不议礼，不制度，不考文"（《中庸》）。周公曾摄周政，而且是伟大的思想家。

周公制礼作乐，礼的部分已如上述，而谈周乐，不能离开《诗经》。《诗三百》，除去较原始的民歌外，基本出于西周及春秋时。《周颂》最早，《左传》宣公十二年记载楚子论《武》乐："武王克商作《颂》曰：'载戢干戈，载櫜弓矢，我求懿德，肆于时夏，允王保之。'又作《武》，其卒章曰：'耆定尔功。'其三曰：'铺时绎思，我徂维求定。'其六曰：'绥万邦，屡丰年。'夫《武》禁暴、戢兵、保大、定功、安民、和众、丰财者也。故使子孙无忘其章。"在《国语·周语》上又有"是故周文公之《颂》曰：'载戢干戈……允王保之。'"两者记载，稍有分歧。后来《吕氏春秋·古乐篇》遂云："武王即位……乃命周公为作

《大武》。"调和两者,谓《大武》为周公承王命作。近代王国维先生曾有《周大武乐章考》(《观堂集林》二),奠定近代研究此乐章的基础,但因初作,未免粗放,后尚有多家考订。代表 80 年代初有水平的著作,有高亨教授《诗经今注》中的《大武》乐章次第,又有阴法鲁教授的《诗经中舞蹈形象》一文(1982 年 4 期《舞蹈论丛》)。为学譬如积薪,后来居上,他们的研究比起王先生进步多了,虽然仍有不可解释的问题。主要是一般研究者多是以《礼记·乐记》孔子曰定舞容,而这里面的"孔子曰"很难使人相信,内容可能来自汉人,根据他们的想象定乐舞,而以《大雅》解《周颂》。因此我认为《大武》乐章还有重订的必要,乐章的次第应当是:

第一章:《诗·周颂·武》;

第二章:《诗·周颂·时迈》;

第三章:《诗·周颂·赉》;

第四章:《诗·周颂·酌》;

第五章:《诗·周颂·般》;

第六章:《诗·周颂·桓》。

我们这样排列《大武》乐章的次第,符合《左传》楚子之所谓《武》有七德的理解,而且这种章次并不是我的独断。南宋朱子已有此说,清人亦有和者,其说合理,惜近人未加理睬耳。

诗与乐章之分,诗是舞曲也是史诗。原来历史掌握在神巫手中,他们于乐舞祭祀时,以史诗作舞曲。巫以后是史,所以太史公自叙上及重黎,而孟子说"诗亡然后春秋作"也正好说明了这种演变。如果我们比较一下神、巫、史的历史内容,我们会发现其中颇有不同,约略是:

(1)"神"述历史,天人不分;

(2)"巫"述历史,天人渐分;

(3)"史"述历史,天人已分。

以后稷的历史为例，《天问》说"稷维元子，帝何竺之"。以后稷为上帝的元子，所以得到鸟兽的保护，这还是天人未分的历史。而在《周颂》与《大雅》中只是说姜嫄履帝武而生后稷，虽被抛弃，只因各方面的维护而得救，后来后稷也只能"配天"而不是"天"，这减少了人中神的成分，是"巫"传历史，但因为没法解释那"戴天头"式的婚姻生子，于是"履帝武"的说法产生。无论神、巫都不是职业史家，只是以"史"作为舞曲，通过舞容对于祖德的形容，通过诗史对于祖德的歌颂。神、巫事业衰落后，职业的史家代兴，于是史诗亡而史书出，是谓"诗亡然后春秋作"。孔子可以说是第一代史学家，所谓"述而不作，信而好古"。史不必作，而"古"即历史，孔子是最喜欢历史的一个思想家。司马迁继《春秋》而著《史记》，遂使中国史学走上康庄大道。

　　虽然我们说《天问》是"神"的历史，《周颂》是"巫"的历史，也只是说这些文献中的原材料来自神、巫，现在《天问》之绚丽多彩，《雅·颂》之典雅雍容，是经过加工改造的，这加工改造者前者是屈原，后者部分是周公！

二、孔子对于礼乐的加工与改造

　　《史记·孔子世家》及《汉书·艺文志》都有关于孔子和《诗》、《书》、《易》等经书关系的记载，是为孔子"删《诗》、《书》定礼乐"之说的较早根据。但后来对此理解颇有不同，即以删《诗》而论，欧阳修、王应麟、郑樵、顾炎武等人都同意《史记》、《汉书》的说法；而孔颖达、朱熹、叶适、王士祯、崔述等人则反对此说。比如欧阳修说："司马迁谓古诗三千余篇，孔子删存三百。郑学之徒以迁为谬，予考之，迁说然也。今书传所载逸诗，何可数也，以《诗谱》推之，有更十君而取一篇者，有二十余君而取一篇者；由是言之，何啻三千。

又删《诗》云者，非止全篇删去，或篇删其章，或章删其句，句删其字……。"反对者则认为孔子原无删《诗》事，如朱彝尊说："诗者掌之王朝，颁之侯服，小学大学之所讽诵，冬夏之所教，故盟会聘问燕享，列国之大夫赋诗见志，不尽操其土风，使孔子以一人之见，取而删之，王朝列国之臣，其孰信而从之者。……由此论之，孔子原无删诗之事。《国语》云，正考父校商之名颂十二篇于周太师，以《那》为首。郑司农云，自考父至孔子又逸其七。是正考父以前，《颂》之逸者已多，至孔子又二百余年，而又逸其七，故世愈近则诗愈多，世愈远则诗愈少，孔子所得，止有此数。或此外虽有，而缺略不全，则遂取是而厘正次第之，以教门人，非删之也。"（参考《史记汇注考证·孔子世家》）我们以为两方面的理由都不充分，而他们的论点有共同处，就是都承认有逸诗存在，这就说明原诗不止三百，既然不止三百，一定有删定之者，但不必出于孔子，虽然孔子曾经整理过诗乐。

就《诗》之地理分布言，当今之黄河流域的陕西、山西、河南、山东、河北和长江流域的湖北北部。就《诗》之产生时代说，有时间可考者以《周颂》为最早，如《周颂·大武》，产自周初；《大雅》亦有周初诗，其次为《小雅》、《商颂》、《鲁颂》。至于《国风》，来自采风的民歌，殊难断定确切年代，有的来源可能很早，早于《雅》《颂》。《诗经》所录都是乐舞曲，吴季札于鲁观乐，先歌后舞。孔颖达疏云："乐之为乐，有歌有舞，歌则咏其辞而以声播之，舞则动其容而以曲随之。"孔疏此段是一篇精彩的考据，初唐去古已远，仍有古代乐舞孑遗，故能言而中节。所谓"季札请观周乐，鲁人以次而舞，每见一舞，各有所叹"，是知无歌不舞，而前歌后舞，故云"观舞"。鲁是周公世袭领地，保存周乐，季札观乐内容大致与今传《诗经》略同。孔子也几次谈到《诗三百》，可见孔子时，《诗》已定型，这是经过较长时期的流传、保存和整理的结果。

　　孔子整理过《诗》，他自己说过"吾自卫返鲁，然后乐正，《雅》《颂》各得其所"。可见此前古典诗歌《雅》《颂》曾经出现过混乱现象，经过孔子的加工整理，重上轨道。《论语》又曾记载孔子与鲁太师谈乐："乐其可知也，始作翕如也；从之纯如也，皦如也，绎如也。"清人宋翔凤曾经对此有所研讨，而为《论语正义》作者刘宝楠所肯定，但也有值得商榷处，如宋氏以"合乐"别于四节外，与《仪礼》不合。宋氏固以《仪礼》说《论语》者，而以"金奏"解"始作"，盖本于《论语》郑注："金奏"出于《周官》："钟师掌金奏，《礼仪》无金奏"，似有误。但于所谓"吾自卫返鲁，然后乐正，《雅》《颂》各得其所"，理解为正乐，究胜于谓孔子正诗者。而毛奇龄谓："正乐，正乐章也。正《雅》《颂》之入乐部者也。"部者所也，如《鹿鸣》一《雅》诗，奏于《乡饮酒》礼，则《乡饮酒》礼，其所也；又用之于《乡射》、《燕礼》，则《乡射》、《燕礼》亦其所也。然此三所，不止《鹿鸣》，又有《四牡》、《皇皇者华》两诗，则以一《雅》分数所，与联数《雅》合一所，总谓之各得其所。盖当时《诗》有定所，律有所宜，而郑卫新声起后，不依旧所，以致混乱。所以孔子屡斥郑声曰"郑声淫"，"恶郑声之乱雅乐也"。都是从音乐角度谈《诗》，而不是《诗》本身。这是正确的。

　　如果我们说孔子于《诗》止于正乐，仍未达一间，最终目的是以乐配礼。《论语》有"子所雅言，《诗》《书》执礼"，《诗》即《诗三百》，《书》即《尚书》，孔子是要使《诗》《书》与礼结合起来，作为礼乐文明的源泉。孔子经常以《诗》《礼》并列，他曾经说"兴于诗，立于礼，成于乐"。在先秦时代，《诗》是表现个人思想的工具，大概有四种用法：一是典礼，二是讽谏，三是赋诗，四是言语。典礼用诗即在祭祀和宴会上的诗，祭祀诗如《三颂》，宴会诗如《乡饮酒》、《燕礼》、《乡射礼》、《大射仪》，都有乐工歌诗。种种乐诗的应用主要是帮助礼节的进行，而歌诗有"所"，如歌《鹿鸣》，同时有《四牡》，有《皇皇者华》，是联三《雅》为一所，义乃备而乐正，一如后来的套曲。

孔子对诗乐的态度承袭了西周的传统而有提高,所谓提高,是使《诗》具有道德伦理的内容,因而和礼联系在一起,虽然不免曲解。孔子的礼乐不同于过去的礼乐,所以他说:"礼云,礼云,玉帛云乎哉!乐云,乐云,钟鼓云乎哉!"礼不限于玉帛,乐不限于钟鼓;礼乐有在礼乐形式之外者,此所以有"立于礼,成于乐";否则玉帛何以立,钟鼓何以成? 孔子是一位伟大的思想家,他的思想是多层次的,他重视礼,但他不以礼为最本质的东西,他虽然否定管仲知礼而许之以"仁",比如有人问:"管仲知礼乎?"他说:"邦君树塞门,管氏亦树塞门,邦君为两君之好,有反坫,管氏亦有反坫。管氏而知礼,孰不知礼。"(《论语·八佾》)这是孔子斥管仲僭妄不知礼。但在不同的场合,管仲却是彬彬有礼者,比如《左传》曾经记载管仲使于王(周天子),王以上卿礼飨之。管仲辞曰:"臣贱有司也,有天子之二守国高在,若节春秋,来承王命,何以礼焉? 陪臣敢辞。"于是得下卿之礼还,得到时人称赞(《左传·僖公十二年》)。这类故事孔子不会不知道,但在宅室规模上,还是责备他是不知礼。不过管仲是功在社稷的伟人,孔子又曾经称赞他说:

> 桓公九合诸侯,不以兵车,如其仁,如其仁!(《论语·宪问》)

斥管仲不知礼而许之以"仁","仁"是最高的道德标准,与圣同级,是弃其小而取其大。

孔子是一位善于接受文化遗产的人,他曾经说:"殷因于夏礼,所损益可知也;周因于殷礼,所损益可知也;其或继周者,虽百世可知也。"(《为政》)此所谓"损益",即取长补短,有取有舍,有批判有继承之意;这种继承方法,是人类文明之所以发展的原因之一。孔子不保守,社会在发展,文化在前进,夏、商、周三代相比,无论是社会形态或者是礼乐文明,都有不同,而以周代为最发达,所以他说"郁郁乎文哉,吾从周"。这"从周",对孔子来说不是复古而是重今。在当时来说,无法作横向联系,只能前后比较,因为那时的中国,是他所能知道的最发达国家,而"四夷"是无法比拟的。他只能在中国本身内部求到有用的知识,主要是历史方面。他曾经说,"述而不作,信而好古,窃比我于老彭",及"我非生而知之者,好古敏以求之者也"(《述而》)。"古"是历史,"好古"就是喜欢历史。"古"又作"故",所以也说,"温故而知新,可以为师矣"。新从故中来,学习历史(故)可以得到新知识,因而可以为师。

对于中国传统的文化有全面的了解,而以君子的标准行为要求自己,是孔子作为一个伟大人格的要求,因此说,"博学于文,约之以礼"(《颜渊》),时人也称赞他"夫子循循然善诱人,博我以文,约我以礼"(《子罕》)。以上所谓"文"包括"史"在内,而"礼"是孔子改造后的礼,是"人人之际"中应当有的规范行为。"博学于文"已经不是早期的巫术,而"约之以礼"也不是原始的礼,从此使传统的礼乐文明,达到一个新的境界,儒家本身也得到改造,去掉小人儒,走向君子儒。墨子所讽,荀子所讥,都已不在;孟子、荀子都是浩气长存的大丈夫,相礼不再是他们的职业,而儒、祝永远分开了。

周公曾以德代礼,因而丰富了礼的内容,提高了礼的境界。到春秋时代,社会酝酿新的变革,四裔迭起,文化非复一元,价值的观念在变,于是西周德刑两手的政策,因地区不同,学派有别,理解发挥都有不同。孔子遂提出"仁"来,作为最高道德准则。"仁"字内涵,乃"德"与"礼"的综合,"规规矩矩的作人,以有礼貌的态度待人",总之,是要搞好"人人之际"的关系。这是一个伟大的命题,是中国史上传统世界观的转折点,由"天人之际"正式转向"人人之际"。周公怀疑天,提出敬德,但世界仍然大部掌握在鬼神手中,它们是世界的主宰,人要为他们服务,所以人殉人牲自原始社会一直到春秋时代始终存在。黄展岳先生在他的《中国古代的人牲人殉问题》一文中,曾经指出:"中国使用人牲的鼎盛时期是在商代，……甲骨卜辞中有大量记载，据学者统计，有关人牲的甲骨共有1350片，卜辞1992条。从盘庚迁殷到帝辛亡国，共用人牲13052人，另外还有1145条，……如一条都以一人计算，全部杀人祭祀，至少当用14197人。"另外加上考古发掘发现的牲人，总数达一万六千五百多人。关于人殉，盘庚迁殷后也逐渐达到高峰，已发现的殷墟殉人508人。居住在泾水流域的周人祖先，早有人殉的习俗，考古工作者曾有发现。周灭殷后，人殉继续存在。以沣西发掘为例，四次发掘共发现中小型墓321座，其中殉人墓21座，共殉36人，一般殉一人，个别的殉二人到四人。殉人墓大多属西周早期，殉人大多数是少年儿童。就不完全的人牲人殉的统计数目来说，西周比殷商的数目少一些；周公思想及行政措施可能生效了。天不可信，鬼神也不能左右世界，于是人牲人殉减少。但到了春秋时期，人殉仍然存在，但就黄先生所引材料说，在秦、楚等非周族的系统中人殉较多，而根据《墨子·节葬》下的记载，杀殉仍较普遍，其中说："天子杀殉，众者数百，寡者数十；将军大夫杀殉，众者数十，寡者数人。"可能是春秋末实录。到春秋中叶以后，人殉遭到社会上的谴责，木俑开始取代人殉；孔子对于木俑也提出了异议，他说："始作俑者，其无后乎!"(《孟子·梁惠王》)但在不久前宋国却出现了奇怪观象，《左传》有："八月，宋文公卒，始厚葬，……始用殉。"(成公二年)其他地方渐不用人殉，而宋始用人殉。岂非怪事! 这也说明了孔子思想的先进。由"天人之际"转向"人人之际"，所以他提出"仁"，"仁"是为人的最高准则，是难以达到的高标准，但必须达到这种标准才能够说是"成人"。"成人"是"仁"，"仁"即成人而后的人，所以《释名》说："人，仁也"。成人是"仁"，而"成仁"有时是杀身，孔子说，"无求生以害仁，有杀身以成仁"(《卫灵公》)。虽然生物为"仁"，有时必须杀身以"成仁"，但也不是必须死才能"成仁"，比如管仲，子路说："桓公杀公子纠，召忽死之，管仲不死，曰，未仁乎?"(《宪问》)这是杀身以成仁的时候。但孔子答曰:"桓公九合诸侯,不以兵车,管仲之力也,如其仁,如其仁!""九合诸侯,不以兵车",维护了宗周一统局面,当时正是"南夷与北狄交,王室不绝如缕"的时候,桓公功在天下,乃管仲之力,所以说,"如其仁,如其仁"。

仁也是人的本质,而礼是本质上的彩绘,仁与礼的关系乃"绘事后素",所以孔子不许管仲知礼而许之以仁。后来儒家分成不同流派,思孟一派沿着"仁"的方向发展,多言仁以及仁政。荀子一派则发挥了礼的学说,而使礼的含义接近法家的法。但无论"仁"与"礼"都属于"人际"关系,谈到"人际"进一步则是关于"人本"的追求,人的本质是什么? 遂与孟荀两派的主题,孟子注重"仁","仁"本来是人的本质,所以孟子道性善,这性善是先天的,只要发挥这先天的本性,自然会达到仁的目标。但人们往往放失了本性,所以要求其"放心"。荀子因为讲礼,礼注重后天的教育,人性本恶,必须通过后天的教育,才能使之成材。有此分歧,遂使"人际"关系变成复杂莫测了。汉代董仲舒试图综合孟荀两派的思想而统一儒术,但他属于公羊学派,在许多方面还是接近荀卿。董仲舒的思想内有五行说,这是他讲"天人之际"的理论根据;这当然受思孟学派的影响。另一方面属于荀子学派,荀子重礼,而其礼的定义接近于法,他说:"礼者法之大分,人类之纲纪也。"(《荀子·劝学》)每一个人都有法的定分,各安其分,是为达礼。董仲舒也有关于礼的定义,他说:"礼者,继天地,体阴阳而慎主客,序尊卑贵贱大小之位而差内外远近新旧之极者也。"(《春秋繁露·奉本》)这一种礼的界说,也包含了两方面的内容:一方面是思孟学派的理论,即所谓"礼者,继天地,体阴阳而慎主客";一方面是荀子一派的学说,即所谓"序尊卑贵贱大小之位而差内外远近新旧之极"。礼是阶级社会区分阶级的准绳,所以对于不安本分的人要用刑罚制裁。而如何使人们各安其分？正面教育莫如正名，这又是荀子的主张。在旧的阶级秩序逐步为新的阶级秩序所代替的过程中，出现了新的正名主义。在政治上正名，在性命之学上也要正名；正名是类比逻辑的延伸。荀子说："不事而自然谓之性，性之好恶喜怒哀乐谓之情，情然而心为之择谓之虑，心虑而能为之动谓之伪。"（《正名》）他认为就名而论，性是生之所以然，而性之喜怒哀乐是情，对于情加以选择谓之虑，虑积而成为伪，于是而有礼义。礼义之所以生乃由于人们性恶；性善则不必有所谓圣王礼义了。董仲舒继承了这种思想而有所发挥，在他的《春秋繁露》内有《深察名号》及《实性》两篇，完全脱胎于《荀子》的《正名》和《性恶》。

董仲舒曾经从《名学》的观点出发论人性道：

> 今世暗于性，言之者不同，胡不试返性之名？性之名非生与？如其生之自然之资谓之性。性者质也，诘性之质于善之名，能中之与？即不能中矣，而尚谓之质善，何哉？（《春秋繁露·深察名号》）

人生的自然资质叫作性。这种界说，在当时来说是对于性的最佳名状。我们既然不能把"生之自然之资"谓之善，为什么说人性善？这种推理在名学上是无隙可击的。但在《深察名号》中他以民为暝，愚昧无知，如果民性善，为什么说他们无知，必待教导而后善？性恶说来自荀子，但荀子以为人性恶，并没有提出民性独恶，人是大共名，而民是劳动人民，可见他们同言性恶，还有区别，无疑董仲舒以善性予王者，而以恶性予万民；王是教者，民是被教者，所以他说，"善当与教，不当与性"（《深察名号》）。在政治思想上，董氏更强调了公羊及法家专制主义，专制的对象是下民，也就是性恶的下民。他也善于玩弄法家的"二柄"。此后儒家思想一尊，也是孟、荀并立，表面上是孟子堂皇富丽的理想，而内容是严酷的法制，这也就是"阳儒阴法"说的由来，实质还是孟、荀两派综合的实质。

后汉,儒家逐渐转为经师,经师即人师,他们不在思想体系、宗教信仰等方面与佛道争衡,因此在思想界、宗教界,经师们默默无闻,但他们扎根民间,凡有血气者莫不尊亲,他们维护了儒家传统,他们都是教育家,都是人师,两千年来,传统的礼乐文明不绝如线者,赖有此耳! 以汉末郑玄为例,他是一个贫苦农民出身的学者、经师,就他的著作来看,他的经学特色及其贡献是:

(一)朴实的学风。在古代经典中包含着许多中国古代的典章制度,这不能用今文经师"微言大义"的方法注解,必须实事求是。而实事求是的前提是必须了解这些史实,郑玄是能够作到这一点的,他善于运用历史对比的方法,弄清古史,并看出其中的演变与发展。

(二)丰富的科学知识。中国古代经典中保存了丰富而有用的科学知识,而郑玄因为通晓历算之学,他能够了解这些知识而传授下去。这在接受中国文化遗产方面,在传布科学知识方面,他都作出了贡献。当他的老师马融知道郑玄东归的时候说:"吾道东矣!"是知人之言。

(三)扩大了知识界的领域。他是贫困出身,曾为厮役小吏。学成后,仍然贫穷。《后汉书》本传说他"自游学十余年,乃归乡里,家贫客耕东莱,学徒相随,已数百千人"。可以看出他和马融已有很大不同。马融是贵族,绛帐后设女乐,郑玄虽然得列门下,而"三年不得见"。郑玄则始终是贫苦农民,学成客耕,有数百学徒追随,多数来自农民可知。这样也就扩大了传布知识的领域。

(四)他综合了今古文经学。在他的经学注解中,杂有今文图谶之学,但这不妨碍他是一位朴素的经师。今文、古文各有所长,今文思路开放,多新奇见解;古文朴素无华,保存古史其貌。这样使今文经学的前途未入绝境,而古文经学则朴实无华,建立下朴学基础。

在郑玄那么多的著作中,我们的归纳也许不全面,但必须指出,郑玄发挥了儒家六艺教育的传统,也传布了传统的礼乐文明。虽然南北朝时佛、道盛行,他们也只能发挥宗教作用,人世间仍然是儒家经学的天下,中国封建社会之所以有比较高度的科学成就及礼乐文明,要归功于他们。当时有名的科学家许多人是出于经学。宋朝以后,转入中国封建社会晚期,无复前此的蓬勃朝气,走向偏枯。

六朝经学有南北之分,原来的古文经学注重章句,反对今文经学汗漫无所归约,桓谭说:"今诸巧慧小才数术之人,增益图书,矫称谶记。"(参考蒙文通先生《经学抉原·内学》第七)而朴实的古文经学后来与玄学结合,成为南学。《隋书·经籍志》曾经叙述道:

> ……言五经者皆凭谶为说,惟孔安国、毛公、王璜、贾逵之徒独非之,相承以为妖妄,乱中庸之典,故因汉鲁恭王、河间献王所得古文,参而考之,以成其义,谓之古学。当世之儒又非毁之,竟不得行。魏代王肃推行古学,以难其义,王弼、杜预从而明之,自是古学稍立。

以上是说古文经始于孔安国、毛公、贾逵之徒,成于王肃,而王弼、杜预张大其说。王肃曾注《周易》,王弼的《易注》即祖述肃说,后来肃书不传而王弼书立于学官。郑玄经学是不分今古的,虽然他杂引图谶,也有实事求是的古朴精神;而南学是玄学与古学的杂糅。因此,可以说经学分南北后,无复今古之分了。因为南学谈玄,所以经学与老庄合流,何晏注《论语》,王弼注《易》与《老子》;而《易》、《老》、《庄》为"三玄"。北学则固守经学藩篱,未与杂学旁通。隋唐时南北合流,义疏学兴,则杂引《老》、《庄》以至《墨子》、《楚辞》;同时采用郑注诸疏则发挥谶纬。

陆德明是身经三代的学者,生于南朝,曾仕隋为秘书学士,唐初为秦王府文学馆学士,贞观初拜国子博士。他是一位渊博学者。

曾注有《经典释文》、《老子疏》、《易疏》等。《经典释文》内包括传统经书及《老》、《庄》等书。从儒家及经学的历史看，这是一个奇怪的目录，魏晋以前，儒家经典绝对容不下《老》、《庄》。陆是南朝的学风，是王弼一派的支与流裔，著有《易》、《老》疏，说明他在玄学上的力量。《唐书·儒学传》也说他"善言玄理"。尊重《老》、《庄》的学风，直到初唐仍然存在，在中唐以前的普遍意见以为《老子》与儒家经典可以合流，唐人诸经《正义》引用《老子》者几十条，引用《庄子》亦有多处，出于唐人之手的《隋书·经籍志》也充分表达出这种思想，比如说："至于道者，精微纯粹而莫知其体，处阴与阴为一，在阳与阳不二。……圣人体道成性，清虚自守，为而不恃，长而不宰，……其玄德深远，言象不测，先王惧人之惑，置于方外，六经之义，是所罕言。《周官》九两，其三曰师，盖近之矣。"他们极力使老庄之"道"和儒家之道混同起来，说是"圣人体道成性，清虚自守"，这圣人当然包括周、孔在内，周、孔而"清虚自守"亦"不虞之誉"也。在此，儒与道的关系紧密起来。一叶知秋，陆德明一派的学风在唐代的经学正义中遂充分地表现出来。

孔颖达则生于北朝，少时曾从隋朝大师刘焯问学，唐高祖武德间授国子博士，长于《左传》、《郑玄尚书》、《王氏易》、《毛诗》、《礼记》，兼善历算。曾与颜师古、司马才章、王恭、王琰等撰《五经义训》，名《五经正义》。五经：《易》、《诗》、《书》、《礼记》及《春秋左传》，这是几部折衷南北的著作，《隋书·儒林传》曾经指出："南北所治章句，好尚各有不同，……大抵南人约简，得其英华，北学深芜，穷其枝叶。"此所谓"英华"当指以玄学注经，而北学深芜，当指汉儒之繁琐考证。《五经正义》既然兼南北，而"疏不破注"，遂以南注南而以北注北。同是孔颖达的《正义》，他可以在《诗》、《礼》中发挥谶纬的学说，而在《易》、《书》中排斥谶纬，一似毫无主见，为人作嫁者。但《五经正义》究竟不全是依违旧说，仍然可以看出他的时代精神。在五经的注解中可以看到"道"和"气"的问题,这在汉以前儒家著作中是没有的,而是道家思想和儒家思想的结合。何晏、王弼谈"道"谈"无",而少说"气",汉儒谈"气"而少谈"无"。"道"和"气"的结合,正是孔颖达《正义》的新发挥,这一发挥给后来的理学开辟了广阔的天地。孔颖达认为"道"就是"无",这是王弼"天地万物皆以无为本"的进一步发挥。万有归于一本,而"一"是虚无,"二"则为有。在王弼的思想体系中不存在"有","二"根本不能和"一"对立起来。"寂然至无"是天地的根本,"富有万物,雷动风行",不过是暂时的现象,是在永恒中有暂时的"有"和"用"发生。在他看来,"用"是没用的,要恢复到无用的状态,所以汤用彤先生说:"玄学主体用一如,用者依真体而起,故体外无用。"(见《魏晋玄学论稿》)这是正确的理解。但孔颖达的《正义》究竟和王弼思想不同,他是把"体""用"分作两截的,他的"二"不得为"一",当《正义》解释《易系辞》时,是上下截得分明的,"形"是道和器的分界线;无形是道,有形是器,这些和王弼还没有根本分歧。王弼也主张有生于无,万物由无而有,但问题是在由无而有的过程,对于"有""无"的理解各有不同。王弼认为万物自生,各由自然,道本无为,万物自相治理。道对于物的作用,是加以感化而使各依其理,他在注《观卦象》说:"统说观之为道不以形制使物而以观感化物者也。神则无形者也,不见天之使四时而四时不忒。"这一种感化力量也叫作"神",是一种"不知所以然而然"的力量。而孔颖达则以为由无到有的过程是步骤分明的,首先他截得有无分明,他认为"几"是形上形下的畔际,他说,"几者去入有,有理而未形之时"(《乾文言正义》)。"几"处于去无入有的阶段,而所以由无到有则不能不借助一种物质力量,那就是"气"。《礼记·月令正义》中他详细地描述了由无生有的过程:

　　《老子》云,道生一。道与大易自然虚无之气无象,不可以形求，不可以类取，强名曰道，强谓之大易也。道生一者，一则混元之气与大初大始大素同，又与《易》之大极，礼之大一，其义不疏，皆为气形之始也。一生二者，谓混元之气分为二，二则天地也，与《易》之两仪，又与礼之大一分而为天地，同也。二生三者谓参之以人为三才也。三生万物者，谓天地人既定，物万备生，其间分为天地。

《礼》疏而引《老子》，是江左风气，又引《易纬》，却是河洛作风；这本来是不相容的，如今并在一起，等于以《易纬》讲《老子》，孔颖达认为两者是没有矛盾的。刘歆倡古文经，也不排斥谶纬，他曾经有"大极元气，函三为一"的理论，这是指混元未分的阶段，同于《老子》之"道"。"三"是元气开始的变化，依《易纬》说，是大初、大始、大素；依《老子》说，是"一生二，二生三"。"二生三"可以解作天地人。天地万物未生前是"无"的世界，天地万物已经生成之后是"有"的世界；而"有""无"并不互相排斥，因为"无"长育了"有"。人们的感觉只见其"有"，而不见其"无"，实则"无"是天地的根本，是天地的"心"。"有"应当以天地的"心"为心，但事实不然，万物生成后各有其心。《易复象》曰："复其见天地之心乎！"是说万物必须恢复到他们的根本处。孔颖达说："……凡以无为心，则物我齐致，亲疏一等，则不害异类彼此互宁。若其以有为心，则我之自我，不能普及于物，物之自物，不能普及于我，物则被害，故未获具存也。"（《易复正义》）本来是万物无心才能长育，今各有心，彼此相害，应当恢复到无心的境界，才能彼此互宁。

这又是恢复到人的本质探求以及万物的本质。复心的论调可能和孟子的"求其放心"有关，而"无"可以联系到性善，"有"联系到性恶；这两大学派的学说，后人始终作调和工作，在"有""无"说以前已经有性情二本说。汉儒说性，具有善恶二元的色彩，许慎郑玄诸经师都有类似观点。许慎《说文解字》有云"性，人之阳气，性善者也。情,人之阴气有欲者"。郑玄《毛诗烝民笺》也说:"天之生众民,其性有物象,谓仁义礼智信也;其情有所法,谓喜怒哀乐好恶也。"这是孟荀性善性恶说的调停而有所发挥,这种发挥为唐代疏家所接受,后来也为理学家所接受。许慎以为阳气是性,阴气是情。孔颖达于此曾经有过申述,他在《诗·大雅·烝民正义》内指出:"《援神契》曰:'性者生之质,命者人所禀受也;情者阴之数,精内附著生流通也。'又曰:'性生于阳以理执,情生于阴以系念。'是性阳而情阴。"总之孔颖达在《五经正义》中构成了自己的思想体系,以为无形是道,有形是器,而有出于无;这有、无的畔际是划得分明的。而"几"是无形、有形的过渡,它处于"有理而未形之时"。玄学以为从无到有的过程中,道只起"感化"作用,是无为的作用;经学则认为由无到有借助于气,万物依元气而生。孔颖达也以为由无到有离不开元气的安排,因之他以《易纬》解《老子》。玄学以《老子》解儒经,于是变成玄学家的经学;经学家以经纬解《老子》,变成经学家的玄学。"有""无"不是互相排斥的,而是"有"的自我排斥,具体表现为各自有心,彼此伤残,以致万物被害,应当恢复到无心的境界,才能得到安宁。

　　"有心""无心"在《正义》中表现为性情二元论,而汉儒说经本为性情善恶二元论,孔颖达也有类似见解。但孔一方面根据"有心""无心"的概念,要求复"无",同时又认为性情共禀于天都是爱善的,这已经是讲退失据了,他又有性阳情阴说,以致自相矛盾而不能自圆其说。这种矛盾也是时代造成的,在一个统一南北的局面下,南北两方的学术潮流也被他接受下来,他适当的消化了,也适当的加以发挥,虽然体系不完整,自相矛盾,但可以认为是一个过渡时期,后来的《正义》之学,大体上保持了这种学风,玄学影响,二元色彩,始终起作用。通过《正义》我们可以知道由经学到理学的发展过程,理学是心性之学的高度发挥,可以说没有《正义》,就找不到理学的根源,那理气发展,性情二元,不是都能在《正义》中找到萌芽吗?

　　贾公彦、杨士勋及徐彦等三人撰有《周礼》、《礼仪》、《谷梁》、《公羊》等《四经正义》,和孔颖达的《五经正义》并在一起,其称为《九经正义》。贾杨三人的学风虽然与孔相近,折衷于南北学之间,但没有自己的思想体系,依违两可,矛盾百出。《周礼》、《仪礼》富于典章制度,贾公彦尚有所长,但涉及“天人之学”未免捉襟见肘,不知所从。杨士勋《谷梁正义》较平实,间有排斥《公羊》处,亦理解不深,搔不到痒处,而认为三气合和可以滋生万物,更无法自圆其说。其后徐彦采纳此说,但无任何解释。在道德学上徐彦、贾公彦有类似意见,都说德有三品,而结合《老子》谶纬,牵强附会,又未免与《公羊》派家法相违背。这一种混合南北的经学已经山穷水尽,孔颖达是此中大将而后继无力!中唐以后,逐渐改观,儒家思想有了转机,不复拘泥于注疏之学,而宋朝的《正义》学,风气亦变,一方面结束以往,一方面开辟未来,遂为由经学到理学之过渡。

　　邢昺是宋初经学家,禺字叔明,宋太宗时人,太平兴国中,擢九经及第,官至礼部尚书。共撰有《论语正义》、《尔雅正义》及《孝经正义》等,后两者不及义理,今以前者为讨论主题,《四库总目》对此书的评论道:“今观其书大抵翦翦氏之枝蔓而稍傅以义理,汉学宋学,兹其转关。是疏出而皇疏散,迨伊洛之说出而是疏又微。故《中兴书目》曰,‘其书于章句训诂名物之际详矣’。盖微言其未造精微也。然先有是疏而后讲学诸儒,得沿溯以窥其奥。祭先河而后海,亦可以后来居上,遂尽废其功乎?”这评论是公正的。他处的朝代和孔、贾不同,这时经学思想适应了新的地主阶级的要求,它没有佛、道之出世色彩,有着积极入世精神,这为六朝士族所否定的精神,正是这些新地主阶级要求的对象,于是经学又成显学。《论语正义》用何晏集解,仍不免有玄学色彩,但这种玄学为后来的理学所接受。朱熹《论语集注》关于"夫子之文章可得而闻也;夫子之言性与天道,不可得而闻也"时说:"文章,德之见乎外者,礼仪文辞皆是也。性者,人所受之天理;天道者,天理自然之本体,其实一理也。言夫子之文章,日见乎外,固学者所共闻;至于性与天道,则夫子罕言之,而学者有不得闻者。"大体本于邢昺《正义》,那么后来理学之排斥"二氏",讳言玄学,亦"欲盖弥彰"者。在性善性恶问题上,理学说法也与邢昺《正义》说法不相远,《论语阳货正义》说:

> 性谓人所禀受以生而静者也。未为外物所感则人皆相似,是近也。既为外物所感则习以成性,若习于善则为君子,若习于恶则为小人,是相远也。故君子慎所习。

朱子注《论语》也有类似意见:"天地储精,得五行之秀者为人,其本也真而静。其未发也五性具焉,曰仁义礼智信。形既生矣,外物触其情而动于中矣,其中动而七情出焉。"这也是折衷南北经师的见解,"其本也真而静",是玄学观点;以下的性情二元论,又是汉儒的理论。以五行解五性是汉儒通论,《论语正义》也引用道:"木神则仁,金神则义,火神则礼,水神则信,土神则智。"这些被后来理学家所接受。

《论语正义》的理论究竟和程朱还有不同,它引用谶纬学说,它折衷南北经学,但邢昺的时代究竟不同于隋唐,这时理学萌芽,新的排斥百家运动在酝酿中,于是在《论语正义》中的《为政》章有"禁人杂学"的主张。几百年来没有听到的声音如今复起,魏晋以后到隋唐无所谓杂学,如果有的话,可能指儒家经学,如今又提出"正经善道",而治异端者将为害于世。学有正统,不容百家争鸣,这是理学排斥"二氏"的先声,是学风转变的号角,也是没有自信心的表现!前后四百年的经学思想,可以孔颖达与邢昺两人为代表。孔在总结前人的成果上,有了他自己的思想体系,他适当地消化了南北经学之不同见解。贾公彦杨士勋等人虽然在学风上和孔颖达相近,都是折衷南北经学,但只有混同而没有消化,结果南是南,北是北,并没有构成自己的体系。孔颖达后,在经学思想上发挥作用的则推宋人邢昺,理学家在邢的工作中吸取了他们认为有用的成果,这是由经学向理学的过渡,理学家不肯承认这一点,但旁观者清。自从理学兴起,经学思想得到很大发展,儒家的经学有汉宋之分,而唐与初宋经学实是汉宋之学的中间桥梁。

宋朝理学虽然表面一体,实际存在着不同流派,二程对张载有意见,二程之间也并不相同。在发展孔子以来的"仁学"思想,在由"人人之际"又转向新的"天人之际",也就是"天人一体"上发挥了无比作用者是程颢。程颢在思孟学派的思想体系中,进一步发挥了"仁"和"诚"的哲学思想。什么是"仁"? 他说:

> 天地之大德曰生,天地絪缊,万物化醇,生之谓性。万物之生意最可观,此"元者善之长也",斯所谓仁也。人与天地一体也,特自小之何也?(《河南程氏遗书》卷十一)

"天地之大德曰生"来自《易系辞》,意义是"天地以生为心",天地是充满生意的,因为它充满生意,所以称之为"仁";于是"仁"有了新的内涵,"仁"与宇宙结合在一起,变作宇宙的心;宇宙本无心,现在有心了。《中庸》曾经说,"不诚无物",根据大程的理论正好是"不仁无物",因为不生不长谓之不仁,不生不长还成什么宇宙? 他又指出:

> 医书言手足痿痹为不仁,此言最善名状。仁者以天地万物为一体,莫非己也。认得为己,何所不至。若不有诸己,自不与己相干,如手足不仁,气已不贯,皆不为己。故博施济众乃圣人之功用,仁者难言,故止曰:"己欲立而立人,己欲达而达人,能近取譬,可谓仁之方也已。"欲令如是观,可以得仁之体。(《遗书》卷二上,明道语)

手足麻木为不仁,也就是失去生意为不仁。仁者善体此意,必须使人、己各得其所,"己欲立而立人,己欲达而达人",这样也就是"仁者浑然与物同体"。此所谓"仁",实在近于《中庸》之所谓"诚"。《中庸》说:"诚者物之终始,不诚无物。""不诚无物"与"仁者浑然与物同体",都是与物结合起来,"仁"和"诚"是没法分开的。

　　谢良佐发挥了大程的学说,而认为"活者为仁,死者为不仁"(《上蔡语录》),这是进一步的说法。为什么"活者为仁"? 他说:"今人身体麻痹,不知痛痒,谓之不仁;桃杏之核可种而生者,谓之桃仁、杏仁,有生之意,推之而仁可见矣。"(同上)桃杏无仁则不能生,那么桃杏有仁也可以称之曰"诚",这是最善于名状的地方。天道是仁是诚,所以天地生生不已,天地抛开"生"还有什么? 大程进一步把世界本体概括为一个"生"字,他说:

　　　　生生之谓"易",是天之所以为道也。天只是以生为道,继此生理者即是善也。善便有一个元底意思。元者善之长,万物皆有春意,便是继之者善也。(《遗书》卷二上,《宋元学案》引作明道语)

万物皆有春意,是一个活泼泼的世界。"易"也只是生生之道,所以说,"生生之谓易,……乾坤毁则无以见易,易不可见,乾坤几乎息矣"(《遗书》卷十二)。乾坤毁则无以见易,易不可见则乾坤息,那么乾坤也只是生意而已。到此为止,我们认为大程一派的思想是可取的,本来孔子提出人本的思想,人是宇宙的主人,从原来的"天人之际"转向"人人之际",因"人际"而探讨人性,人的本质问题,都是合乎逻辑的发展,也是向上的发展,因此而形成儒家的伦理学、道德哲学与美学,也因此而建立了传统的礼乐文明,这种文明,移风易俗,形成中华民族的性格,因之这种文明,可以名之曰"义深文化",此名取自周一良先生。它根深蒂固,源远流长。在北宋,理学兴,或者说新儒兴,于是从"人人之际"又转向"天人之际",这天是义理的天,人是天之一体,"人与天地一体也",是说人是自然的一部分,而这自然是仁的是诚的,不仁不诚则乾坤息,人自然也不存在。哲学家有权利有义务分析自然,分析自然与人类的关系,分析结果,他们歌颂它,肯定它,说它"仁"、"诚",我认为他们没有错,他们的宇宙观还是以人为主,大不可以"特自小之"! 其实以宇宙为仁为诚从哲学、从科学各个角度看都是站得住的,我们的宇宙不仁不诚不生不长? 如果你反对,你从哲学角度形容宇宙,你说是什么? 人不是宇宙主人,谁是主人? 只有人类作主,这宇宙才是活泼泼的宇宙!

这种礼乐文明经过理学家的发挥,达到了一个新水平,但有此变质,它适应了中国封建社会后期的需要而和前期有所不同,如果我们对前期的周孔之道肯定偏多,而对后来的程朱之道未免有所减损。大程虽然使人类的宇宙活泼起来为宇宙立心,仁、诚是宇宙本体,是一个春意盎然的宇宙与人类的社会,虽然当时的实际情况并不如此,人们,主要是劳动人民生活日苦,国力日蹙,王安石的变法就可以说明这一点。但大程之歌颂宇宙还是应当肯定的。程颐、朱熹一派的哲学思想未能全面发展先秦的礼乐文明,而走向偏枯,他们没有注意到"人人之际",而格物致知,诚意正心的两截方面论也并不周延,于是给陆王派以可乘之机。明清之际南北诸大思想家,对传统理学多持批判态度,乾嘉时代朴学兴,遂使一代新学代替旧学而起,所谓汉宋之争由此而起。原来由儒家而经学而理学,递禅而兴,汉学亦经学之发展,又从理学转向汉学,自此而上溯为先秦之礼乐文明,殆所谓中国之"文艺复兴"乎?

(选自《宗周社会与礼乐文明》,杨向奎著,人民出版社 1997 年 11 月版)

杨向奎(1910—2000),著名历史学家。字拱辰,河北丰润人。1935 年毕业于北京大学历史系,曾赴日本留学,后执教于甘肃学院、西北大学、东北大学,1946 年起任山东大学教授,1957 年调任中国科学院历史研究所研究员,后又兼任中国社会科学院研究生院教授。在中国古代史、思想文化史、自然哲学和理论物理学等领域作出了重大贡献。主要著作有《西汉经学与政治》、《中国古代社会与古代思想研究》、《中国古代史论》、《清儒学案新编》、《大一统与儒家思想》、《宗周社会与礼乐文明》、《墨经数理研究》、《自然哲学与道德哲学》、《中国屯垦史》(合著)等,论文集有《绎史斋学术文集》、《缙经室学术文集》等。

《宗周的礼乐文明》是《宗周社会与礼乐文明》一书下卷第二、三两章的结语部分,选文题目及其分节标题即原书卷题、章题。文中指出,周代礼乐文明是对此前传统礼乐加工改造后的产物。这个周代礼乐文明经历了两次有重大意义的加工:一次是周公对礼的加工改造,一次是孔子对礼乐的加工改造。周公以德代礼,从"天人之际"转到"人人之际",提倡"敬德";孔子以仁释礼,走向"人人之际",提倡"成仁"。经过两次改造后的儒家世界观遂成为两千多年中国封建社会礼乐文明的基础。

"太和"观念对当今人类社会
可有之贡献

汤一介

在人类社会即将进入 21 世纪的时候,我们回头看看 20 世纪的历史,可以发现即将过去的这个世纪是人类社会飞速发展的世纪,取得辉煌成就的世纪,但同时又是一个充满矛盾悲惨的世纪。在这百年中间,发生了两次世界大战,死亡几千万人,大量破坏了人类多少世纪辛勤建造的文化遗产。而我们的国家,在百年中又经历了种种苦难,同时也取得了巨大的进步。今日的中国社会正在从传统走向现代,这是历史发展的要求,但在这个过程中也许不可避免地发生种种问题,例如我国社会目前存在的"信仰危机"、"道德真空"、"贪污腐化"、"环境污染"等等,已经到了相当严重的地步,是不得不引起注意的时候了。从全世界看,现今虽然走出了冷战时代,可是人类面临的问题更多、更复杂,我们可以看到,随着科学技术高度发展,虽然给人类社会带来巨大的进步,但是作为自然界一部分的人,在他们征服自然的过程中,不仅掌握了大量破坏自然的工具,而且也掌握了毁灭人类自身的武器。正如 1997 年世界 1575 名科学家发表的一份《世界科学家对人类的警告》在开头就提到,人类和自然正走上一条相互抵触的道路。我认为,这个观点是非常深刻的。对自然界的过量开发,资源的浪费,臭氧层变薄,海洋的毒化,环境的污染,人口的暴涨,生态平衡的破坏,不仅造成了"自然和谐"的破坏,而且严重地破坏了"人与自然的和谐",这些已严重威胁着人类自身生存的条件。由于片面的物质利益的追求,对自然资源的争夺、占有和权力欲望的膨胀,造成了国与国、民族与民族、地域与地域之间的对立和战争。过分注重金钱和物质享受,造成了人与人之间的关系的紧张,社会的冷漠,心灵的孤寂,使人们失落感日甚。在人类社会中,现在儿童有儿童的问题,青年有青年的问题,老年有老年的问题,人与人之间心灵上的隔膜,在日常生活中的互不了解甚至仇视,使人们失去了对"人与人的和谐"的追求,这样发展下去终将导致人类社会的瓦解。现代社会,由于人们无止境地追求感官之享受,致使身心失调,人格分裂,由于心理不平衡引起精神失常、酗酒、杀人、自杀等等,造成了自我身心的扭曲,已成为一种社会病,而严重影响了社会的安宁,其原因正在于忽视了"人自我身心内外的和谐"。在这由 20 世纪即将走向 21 世纪之际,人类社会如何走出人自身造成的困境,就必须解决当前所面临的"和平与发展"问题。这就是,我们必须调整好人与人之间的关系,扩而大之即是要调整好民族与民族、国家与国家、地域与地域之间的关系;必须调整好人与自然的关系,保护自然环境,合理利用自然资源,可使人类社会共同发展。因此,我认为,如果人们能更加重视儒家的"太和"观念,对它作出适应现代社会生活的诠释,并使其落实于操作层面,应该说对今日和将来人类社会的发展是非常重要的。

　　"太和"见于《周易·乾卦·彖辞》:"乾道变化,各正性命,保合太和,乃利贞。"意思是说,天道的大化流行,万物各得其正,保持完满的和谐,万物就能顺利发展。王夫之在《张子正蒙注》中说:"太和,和之至也……未有形器之先,本无不和,既有形器之后,其和不失,故曰太和。"在宇宙未分化出具体事物之前,宇宙本来就是和谐的,没有什么不和谐;在宇宙分化出天地万物(包括人)之后,如果不使和谐丧失,这才叫作"太和"。可见"太和"包涵着"普遍和谐"的意义。我认为,"普遍和谐"观念至少应包含几个层面才可以被称为"普遍和谐"的观念,而在儒家思想中"太和"观念恰恰包含着:自然的和谐,人与自然的和谐,人与人的和谐(即社会生活的和谐),以及人自我身心内外的和谐等四个方面,这样大体上构成了"普遍和谐"的观念。

首先,儒家把"自然"("天"或"天地")看成一和谐的整体。我们知道,孔子说:"天何言哉,四时行焉,百物生焉,天何言哉!"天的运行是自然而然的,百物的生长也是自然而然的,这说明孔子对"自然"的和谐的认识。被儒家奉为经典的《周易》认为,在阴阳变化中体现了宇宙运行的规律,"自然"的运行是"元"(自然万物的起始)、"亨"(万物的生长)、"利"(万物的成熟)、"贞"(万物的完成)中进行。在《周易》中把这种"自然"最完美的"和谐"叫作"太和"。以后儒家关于"自然和谐"的观念大体都是发挥这个思想,例如在《中庸》中认为,"和"(即和谐)是天下根本的道理。张载《正蒙·太和》开头说"太和所谓道"。"太和"就是万物之通理,故王夫之认为宇宙本来就是"合同而不相悖,浑沦无间"。这些都说明,儒家对"自然和谐"的重视。

其次,如果说儒家重视"自然的和谐",那么可以说儒家更为重视"人与自然的和谐"。儒家不仅仅认为"自然"为一"和谐"的整体,而此和谐整体之宇宙又是永远在生息变化之中,也就是说它是一刚健的大流行,因此人应该体现"自然"("天")的这一特点而自强不息,所以《周易》中说:"天行健,君子以自强不息。"这个思想的基础正是儒家的"天人合一"的思想。所谓"天"是指"天道",即宇宙的规律;"人"是指"人道",即人和人类社会的道理。孔子有一段话可以说是他追求"天人合一"境界的过程,他说:"吾十有五而志于学,三十而立,四十而不惑,五十而知天命,六十而耳顺,七十而从心所欲不逾矩。"这就是说,在五十岁前是孔子认识"天命"的准备阶段,由五十岁起他对"天命"有了认识,六十岁可以根据宇宙的规律来辨明是非、善恶、美丑等等,七十岁就可以做到什么都自然而然地符合宇宙规律的要求,也就是说达到了完全的"天人合一"的境界。要实现"天人合一"得靠人自身的努力。孔子说:"人能弘道,非道弘人。"人的努力可以使"天道"发扬光大,如果人不努力,那么"天道"并不能使人高尚完善。孟子更进一步发展了孔子"天人合一"的思想,他认为只要人充分发挥其本心的作用,就可以对其由"天"得到的善性有深切的体会,从而也就可以对"天"了解了,而能达到"与天地合其德"的境界。后来的儒家虽然对"天人合一"的思想有所发展,但大体都是沿着孔孟的思想发展下来的。例如朱熹说:"人道"不能离开"天道","天道"也不能不由人来体现,这是因为"人道"开始产生时是由"天道"决定的,但有了人及人类社会之后,"天道"就要在"人道"中表现了,圣人的贡献就是要使人类社会完完全全地体现"天道"的要求,以实现"天人合一"。儒家这种主张"天人合一"、追求"人与自然和谐"的观念,是基于不把人和自然看成对立的,而是把人看成是自然和谐整体的一部分,而且是其中最重要的一部分。

第三,由于儒家认为,自然是和谐的,并追求着人与自然的和谐,这样就必然引发出"人与人的和谐"的观念。这是因为,人和人之间以及人类社会也是应体现"天道"的要求的。所以孔子说:"礼之用,和为贵。"社会规范的作用,以和谐最重要。孔子又说:"朝闻道,夕死可矣。"又说:"道不行,乘桴浮于海。"这里的"道"就是"天道"(当然也包含体现"天道"的"人道"),人是应该把"天道"的要求实现于社会;如果人不能把"天道"推行于社会,不如乘木船到海上去。为什么人有可能把"天道"推行于社会呢? 因为儒家的主流思想认为人性本"善",而人之善性来源于"天"之"至善",如果人能充分发挥其善性,而使之实践于社会,那么就能把社会变成一理想的和谐社会。因此,儒家特别强调人的道德实践对于理想的和谐社会的意义。儒家的重要经典之一《大学》首章中说:"大学之道,在明明德,在新民,在止于至善。"朱熹注说:"新者,革其旧之谓也。言既自明其明德,又当推以及人,使之亦有以去其旧染之污也……言明明德、新民,皆当至于至善之地而不迁。"明明德、新民的目的是在至于至善。所以《大学》中认为,修身、齐家、治国、平天下等等一切都以修身为本,"壹是皆以修身为本"。这就是说,儒家认为每个人把道德修养好了,天下就可以太平了,所以孔子说:"为仁由己,其由人乎?"做到道德完美全靠自己,哪里能靠别人呢?对于这个建立在道德修养基础上的和谐社会,儒家称之为"大同社会"。在《礼记·礼运》中对这个"大同"社会有一描述:"大道之行也,天下为公。选贤与能,讲信修睦。故人不独亲其亲,不独子其子;使老有所终,壮有所用,幼有所长,矜、寡、孤、独、废疾者,皆有所养。男有分,女有归。货,恶其弃于地也,不必藏于己;力,恶其不出于身也,不必为己。是故谋闭而不兴,盗窃乱贼而不作,故外户而不闭。是谓大同。"这个和谐的"大同"社会的理想,当然包含着许多空想的成分,而且把和谐社会的理想完全建立在道德修养提高的基础上,也是片面的,甚至是做不到的;但是,从儒家追求建立人与人之间的和谐关系,不能说是没有意义的。

第四,儒家和谐社会的理想既然是建立在个人的道德修养提高的基础上,因此儒家特别重视人自我身心内外的和谐。儒家认为,生死和富贵不是人力可以追求到,也不应是人追求的目标,"死生有命,富贵在天";但是人的道德和学问则是要靠人的努力来取得,"涵养须用敬,进学在致知"(伊川语)。如果一个人能做到"民胞、物与",他就可以达到一种身心内外和谐的境界。孔子曾赞美他的弟子颜回说:"贤哉,回也!一箪食,一瓢饮,在陋巷,人不堪其

忧,回也不改其乐。贤哉,回也!"又说:"有颜回者好学,不迁怒,不
贰过。不幸短命死矣。"这就是说,颜回对富贵和生死无能为力,但
他却是一个有学问有道德的人,而且能在贫困中保持身心内外的
和谐。孟子认为要达到"天人合一"就应该"存其心,养其性,以事
天也。夭寿不贰,修身以俟之,所以立命也"。一个人如果能保存
他的本心,修养他的善性,以实现天道之要求,短命和长寿都应无
所谓,但一定要修养自己保持和天道一致,这就是安身立命了。晋
朝的潘尼作了一篇《安身论》,其中有两段阐发了儒家"安身立命"
的思想,他说:"盖崇德莫大乎安身,安身莫尚乎存正,存正莫重乎
无私,无私莫深乎寡欲,是以君子安其身而后动,易其心而后语,定
其交而后求,笃其志而后行";"故寝蓬室,隐陋巷,披短褐,茹藜藿,
环堵而居,易衣而出,苟存乎道,非不安也。""安身立命"主要是要
使自己的身心和谐,内外和谐,使自己言行符合天道的要求,至于
衣、食、住、行等并不能对自己的身心发生什么重要影响,这种对待
生活的态度也就是宋儒追求的"孔颜乐处"。周敦颐尝问程氏兄
弟:"寻孔颜乐处,所乐何事?"宋儒对此多有所论,归结起来就是寻
得一个"安身立命"处。朱熹在其《答张敬夫书》中与张敬夫讨论
"中和义"时说:"而今而后,乃知浩浩大化之中自家自有个安宅,正
是自家安身立命,主宰知觉处。"可见儒家所强调的正是由道德学
养的提升,以求身心内外之和谐。

由以上四个方面,我们可以看出,由"自然的和谐"、"人和自然
的和谐"、"人与人的和谐"、"人自我身心内外的和谐"所构成的"普
遍和谐"观念是儒家的重要思想。本文虽然是从"自然的和谐"开
始论述,但儒家关于"和谐"的观念是把"自我身心内外的和谐",作
为起点的。儒家是由通过道德学养达到自身的和谐而推广到"人
与人的和谐",人类社会和谐了,那么才能很好地处理人和自然的
关系;人与自然的关系处理好了,才能不破坏"自然的和谐"。正如

《中庸》第二十二章中所说:"唯天下之至诚,为能尽其性。能尽其性,则能尽人之性。能尽人之性,则能尽物之性。能尽物之性,则可以赞天地之化育。可以赞天地之化育,则可以与天地参矣。"故而儒家关于"和谐"的路向是:由自身之"安身立命",而至"推己及人",再至"民胞物与",而达到"保合太和"而与天地参。儒家这一关于"和谐"观念的路向,当然也并非十分完善,盖因过分强调了道德学养的意义,容易走入泛道德主义。但"普遍和谐"观念作为一种观念说,无疑它对现代社会有其正面的价值的。如果我们扬弃其中可能导致的缺点方面,并给以现代意义的解释和发挥,并通过各种可行之途径,使之落实于操作层面,我认为它将会对今日人类社会的发展提供一有积极意义的经验,以匡正今日社会所发生的种种弊病。

(原载《中国哲学史》1998 年第 1 期,选自《当代学者自选文库·汤一介卷》,安徽教育出版社,1999 年 4 月第 1 版)

汤一介(1927—　　　),中国哲学史家。祖籍湖北黄梅,1927 年生于天津。毕业于北京大学哲学系,任北京大学哲学系教授、中国哲学与文化研究所所长、中国文化书院院长等。对中国哲学范畴及其内在超越等问题有独到研究。主要著作有《郭象与魏晋玄学》、《魏晋南北朝时的道教》、《论中国传统文化中的儒道释》、《论传统与反传统》、《儒道释与内在超越问题》等。

选文针对现代社会发展过程中广泛存在的不和谐现象,阐述了儒家"太和"观念所包含的丰富内容,指出其对现代社会的重要价值。文中指出,儒家"太和"观念具有"普遍和谐"

的意义,它包含自然的和谐、人与自然的和谐、人与人的和谐以及人自我身心内外的和谐等四个层面。如果人们能更加重视儒家"太和"观念,对它作出适应现代社会生活的诠释,并通过各种途径,使之落实于操作层面,则它将对今日人类社会发展提供一种有积极意义的经验,以匡正今日社会发生的种种弊病。

儒学、传统文化与现代文明

刘蔚华

中国儒学经过了二千五百多年的发展,由盛而衰,并在经受了20世纪的重创剧痛之后,其未来的命运又将如何呢? 中国在建设现代化的、社会主义新文化中,应如何处理时代精神和传统精神之间的关系? 在民族文化虚无主义与民族文化保守主义的对立之间,我们的抉择,是不是注定要倒向一边?

这一连串的疑问,不能不是研究儒学和传统文化者必须郑重思考的问题。概言之,要弄清儒学、传统文化和建设现代文明之间的关系,对以往社会文化传统的研究与定位,都不能离开中国现代化这个根本问题。

一、传统性与现代性

从人类文明的发展进程来说,现代文明是被定义为工业文明的。这种工业文明不是单面的,就其实质而言则包括了经济领域的全面工业化与建立在高新科技基础上的新产业集群的涌现;政治领域的民主化、法制化;社会管理的自治化、合理化;社会群落的集中化、城市化;社会组织结构及其功能联系的社会化、网络化;精神文化领域的科学化、实证知识化与价值观念的理性化;以及社会成员(人)的全面发展与人格现代性的形成。现代文明就是上述这些社会因素与特征的有机综合体。

从发生机制看,可以把现代化划分为内部发生型现代化和外部引入型现代化两种基本类型。人类已有的现代化经验表明,工业文明是从农业文明,现代文明是从传统文明中转变而来的,但这个转变是通过冲破农业文明与传统文明的种种束缚实现的。这是社会与人的传统性向现代性转变的过程。内部发生型的现代化是如此,外部引入型的现代化更需如此。因此,一个国家的历史文化背景如何,对其现代化的道路、特点、进程与后果,都有极其深刻的影响。不顾及文化背景的现代化运动,是注定要失败的。特别是外部引入型现代化,如何对待来自外部的现代文明成果与本民族延续下来的文化传统,如何实现传统性的革新和现代性的成长,是影响其现代化能否成功,会不会出现现代化中断的重大问题。

工业文明不是农业文明的简单延续,现代文明也不是传统文明的自然生长,而是一个卓有成效地利用已有现代文明成果(主要指后发性、外部引入型现代化运动),进行本民族文化革新与社会价值重构的过程。

现代(modern),不是单纯的时间概念,而是同特定社会发展阶段相联系的历史性概念。就其本质属性而言,表现为具有特定历史内涵(如前所述)的现代性;从其实现的过程和普及的程度而言,就是通常说的现代化。通过现代化使社会赖以存在的生产力与生产关系,经济基础与上层建筑以及文化与人的精神观念都达到具备现代性的程度。因此,全面形成社会与人的现代性,是现代化的目标。

传统性与现代性不同,它是植根于农业文明中的、体现着传统性社会制度、观念与习俗的一种长期存在、相对稳定、影响深远的前现代社会—历史属性。世界现代化的历史表明,现代性与现代化的基本内容和本质属性,对各个国家与民族是有普遍性和统一性的;但就其实现过程和具体表现形式而言,则是多元的,具有特殊性、多样性。

传统性是一种历史的惰性力,从总体上说是落后的、过时的东西,在许多方面对现代化会起束缚作用,但其中也有积极因素,可以为社会与人的现代性的形成提供内在依据。传统性与现代性之间不存在绝对不可逾越的鸿沟。如果任何国家与民族的传统性全然不能派生或接受现代性的任何东西,那就意味着现代化只是一种例外,是偶发性的社会变迁,只属于少数国家与民族的奇遇,而不具有普遍性和世界性。实践证明,现代化是人类历史发展的必然,将人类社会作为一个整体而言,实际上无所谓内部与外部之分。因而人类社会发展过程中的传统性与现代性,既存在着差别性、对立性,又存在着相通性与可转化性。现代化过程,特别是外部引入型现代化,必须通过审慎的、科学的文化选择(包括本土文化与外来文化)过程,才能实现社会文化形态的全面更新。

这样看来,现代化是在不断扬弃(包括克服、吸收与更新)社会与人的传统性的过程中,逐步形成适应工业文明发展进程的社会与人的现代性的,使社会功能—结构完成全面转换。它不可能一帆风顺,不仅在内部会遇到重重障碍,而且在外部由于现代化所激发的国际竞争,使后发展国家未必能得到先行现代化国家的全力支持,甚至会遭遇这些发达国家的干扰、遏制和围困。如果后发展国家的主导力量缺乏科学而坚强的驾驭能力,现代化运动还会引发本国社会关系的全面失衡和社会流程的大紊乱。如果他们又不善于恰当地处置遇到的问题,应时世态势的变化而采取正确的对策,那就难免要陷入一种"现代化综合症"。第二次世界大战以后,相当多发展中国家走上了现代化之路,但陷入这种"综合症"的民族与国家不在少数,一般多表现为经济混乱,政局不稳,内乱频仍,民族冲突与宗教纷争尖锐化,直至发生内战与外战。这种"综合症"在不同国家表现的形式与程度不尽相同,严重的会招致现代化的中断,出现社会倒退,以至在一个时期中复归于旧传统。环顾当代世界,这样的例子并不少见。有些国家现正在这种"综合症"的困扰中苦苦挣扎。

在社会与人的现代性成长过程中,存留于社会与人的传统性(就总体而言)是必须克服和丢弃的,否则,现代化不会成功。但是,这是一个有分析、有鉴别、有选择的,仰赖于科学理性与民主精神,进行创造性扬弃的过程。内生型现代化国家,大多经历过产业革命、经济变革、政治革命、宗教改革、文艺复兴等一系列社会革新运动,大体对自己的传统文化都作过选择和改铸,通过自我批判与自我解构克服了其中成为现代化羁绊的因素,使传统文化中对形成现代文明无害、有益乃至优秀的成果,被吸收保留下来,成为现代文明的必要组成部分。

随着现代化运动的深入,经常会出现反传统主义和文化保守主义两种思潮的对立。虽然在内生型现代化运动中曾有过,但主要出现在外部引入型现代化国家的意识形态中。因为这些国家(如我国和其他发展中国家)的传统文化,从总体上说,非但没有从内部生成现代化,相反却自发拒斥这一历史潮流。必须依靠引进世界现代化的积极成果来推动本国的现代化进程,这样就特别容易把传统文化看成是现代化的障碍、包袱,必欲全面、彻底抛之而后快!对本国传统文化持虚无主义态度,如全盘西化论者所做的那样。他们的迷误在于,既不理解内部发生型现代化之所以能够成功,和他们恰当地处理了传统性与现代性的关系分不开;更不能理解外部引入型现代化运动能不能正确处理好这种关系,往往是这些国家现代化事业成败的关键。对于这些国家来说,现代化似乎是一种舶来品,是一种被动接受的、似乎强加给他们的、使他们蒙受过某种屈辱的东西。因而不甘心将自己神圣的、习以为常的传统文化置于解构与价值重组的地位。一种朴素的、古典式的民族主义情绪召唤他们牢牢维护自己固有的、曾使他们感到自豪的文化传统。这种文化保守主义同民族文化虚无主义往往是一对孪生姊妹。前者往往表现为不许触动、更不许改造传统文化,后者则表现为全面抛弃民族固有的文化。当今世界的现代化运动,在中东、南亚乃至东欧一些国家出现的历史性曲折,有一个重要原因与此有关。

二、儒学在中华文化中的地位

儒家学说是中华文化的主流,或曰中华主流文化。儒学的这种地位是历史形成的,不是人为的结果。在二千五百多年前,孔子创立儒家学说,不是凭空创造的,而是在社会的大动乱中通过对三代流传下来的文化遗产进行反思,认真清理和重新加以诠释而形成的思想学说体系。孔子提倡"信而好古"和"好古敏以求之",使儒学具有深厚的历史渊源,成为中国原典的保存者和当时传统文化的集大成者。孔子非常注重实地考察,坚持"察知征信"与"因革损益"的原则,使儒学又具备审慎的因时制变的品格。在古代中国处在第一次社会形态大转变的时代,儒学应运而生,实出于中华文化需要保存、延续和发展的历史必然。

文化之根源,说到底,不外是它得以产生的社会现实。但文化发展的历史表明,初始化文明一经诞生,它就成为这种文化继续发展的起点,具有了发生学意义。事物怎样发生,也将怎样发展。文化的原生性质规约着自身内因的特异性和继续发展的路向,各个历史时期社会存在的现实基础总是依据已有的文化积累来推进文化事业,使它不断丰富、发展和变易。

二千五百多年来,儒学自身发展的历史就说明了这一点。在先秦,处于私学地位的原典儒学,为它的长远发展奠了基。汉武帝"独尊儒术",儒学始成为官学,两汉时基本完成了对先秦以来道、墨、名、法、阴阳之学的综合吸收,扩大了学术包容的范围而成为文化的宗主。两千余年来其形态屡经变换,由神学而经学、理学、心学,但总的方向是强化封建统治意识。汉初一度成为统治之学的黄老道家,当其宗主地位被儒学取代之后,便通过转化为宗教(道教)取得了同儒学抗衡救失的地位,同时又堵塞了儒学宗教化的道路。儒学成了官学,道家成了国教,儒主道辅与儒道互补成为封建时代中华文化的基本格局。

中国是一个统一的多民族国家,现有 56 个民族,每个民族都有自己的历史和文化,对中华民族的形成和中华文化的发展都做出了贡献。从诸夏九黎、战国风云、十六国春秋、五代十国、汉藏和亲,一直到金元入关,满主国政,国内多元文化的撞击和融合从未间断过。儒学作为主流文化,只能是一种超越了单一民族观念的思想体系才能存在。它一方面提倡"夷夏之防",十分注重激励民族精神与爱国主义;同时又一贯以"近者悦,远者来"和"四海之内皆兄弟"的博大胸怀,倡导民族和睦,友好相处,对中华民族共同体的形成与巩固起了凝聚作用,因此儒学长期以来一直是中华民族共同的精神支柱之一。儒家提倡德化社会、德化人生的思想,对中国人产生了极其深远的影响,成为华人世界共同的文化心理基础。直到今日,儒家文化仍是一种积存深厚的民族文化认同的内聚力,起着维护中华民族团结和国家统一的重大作用。正是由于儒学避免了狭隘民族性的特点,为它走向世界、形成东亚儒家文化圈奠定了基础。

中国儒学不是完全封闭、绝对排他的思想文化体系。对于异质文化的传入,儒学在保持其学统传承的同时,总以"和而不同"的精神,以我为主地会通、吸收和融合外来文化的优秀成果。佛陀东来,景教入华,伊斯兰教传入和西学东渐,大体都经过"磨合"之后成了中国文化的组成部分。在民族文化、世界文明的交往中,儒家文化在跨文化的沟通和理解中表现了特有的"尊德性而道问学"的理性态度。因此,儒家文化对外来文化的强大吸收能力和它强大的同化能力是相辅相成的。

孔子原创的儒学是以礼仁双元统一结构为核心建立体系的,这是形成儒学中礼学传统与仁学传统的肇基。在先秦,孟子主要发展了孔子的仁学传统,荀子则主要发展了孔子的礼学传统。在长期封建社会中居于统治地位的儒学,实际上是以礼学与礼教体系为核心的官方儒学,它把社会秩序文明置于至高无上的位置,从而发展出一种封建性很强的权威主义思想体系。而儒家的仁学体系和传统,则主要被一部分正直的封建官员与在野的儒者所坚持。仁学精神集中代表了儒家人文主义和民本主义的价值理性,而礼教体系则主要代表了儒家维护封建宗法制度与等级秩序的工具理性,突出表现为"君为臣纲,父为子纲,夫为妻纲"的封建专制主义。儒学成为官学之后,使孔子思想中统一的价值理性与工具理性发生了裂变,出现了不同程度的道德异化。在这种条件下,伦理道德便由人性的家园蜕变为人性的桎梏。对此,儒学的倡说者不可不察。

20 世纪是中国历史剧烈变动的时代。辛亥革命推翻了帝制,使儒学失去了封建政权的支撑,从官学的位置上跌落下来,出现了儒学改造的契机。但由于根深蒂固的封建正统观念和礼教体系,在社会政治、伦理道德与民间习俗中仍具有潜在的支配作用。"五四"运动高举科学、民主和救亡、反帝、反封建的旗帜,以声势浩大的群众性批判运动扫除了封建儒学的影响,为社会进步扫除了障碍。儒学终于被剥去了道统兼法统的神圣外衣,成了纯文化资源的存在。

三、传统文化的价值选择

中国进入近代以来,出现了中学与西学、新学与旧学的碰撞,励新图强的中国人,无不为文化选择的方向而殚思竭虑。

张之洞提出"中体西用"之后,许多人变换着提法重复这个思想。胡适和陈序经以传统文化的体用皆朽为口实,力主"全盘西化"。"中国本位文化建设"派,反对西化,主张依据中国的现实需要,对传统文化"存其所当存,去其所当去",对于西方文化"吸收其所当吸收",不能"全盘承受"。但是,怎样才算做"当",仍比较抽象。当代新儒家主张将中西文化结合起来,以达到"返本开新"之目的,期望在中国实现现代化过程中复兴儒学。那时中国的文化将是一种"吸收了西学的中学"、"融合了现代的传统"。这一思潮,在呼唤中国的现代化上用力不足,而在维护中学的"体"与传统之"本"上却使劲有余。马克思主义者则主张对传统文化的体和用,都要采取"批判地继承"的方针,对文化遗产要区分精华与糟粕,"取其民主性的精华,弃其封建性的糟粕",立足于儒学的改铸和传统价值的重构。在宗旨和理论上这个方针无疑是正确的,但在实践中由于极左思潮的驱动,变成了只批判不继承,直至陷入民族文化虚无主义的境地。这一错误,在"文化大革命"中达到了登峰造极的地步。物极必反。今日重新探讨传统文化的价值选择问题,就是为了正确贯彻这个方针。当前出现于学术界的许多提法,诸如:综合创新、创造性地转化、揭示传统的现代意义、实现价值重构等,都是一些具体做法。这些方法只有纳入正确地贯彻"批判地继承"方针的轨道,才能真正发挥作用。

对传统文化进行价值选择,正确贯彻"批判地继承"方针,必须站在时代、理性、科学、战略的高度才能准确把握现代文明发展的方向。

文化发展的动力源泉，在现实，而不在历史。文化总是在现时代的"挑战—应战"中发展的。汤因比的这个观点是有真理性的。任何传统文化都不可能具有永恒的活力，它总要仰仗于现实给它注入新的生命力，才能反过来更好地为现实服务。产生于美洲的玛雅文化，从公元4世纪到10世纪，曾经辉煌了几个世纪，和同期任何文化相比，都毫不逊色。但是玛雅人在西班牙人入侵后，因失败而遁入林莽，这种文化也就随之灭绝了。并不在于这种文化客观上有没有保存价值。生活在高度现代化美国的印第安人长期封闭在"保护地"，照样只能过着原始简陋的生活。因此，正确对待传统的立足点是迎接时代的挑战，坚持在改革与创新中，形成更强的应战能力和取得更好的应战成果。人类总是在卓有成效地改造世界的过程中推动整个文化向前发展的。

关键在于认清现实和未来。21世纪即将来临，可以预计，这是一个人类社会发生伟大变革的时代。一是20世纪中叶兴起的高新科技革命，正在日趋深化，突飞猛进，极大地推动了社会生产力的发展，促使世界经济由多极化逐步走向一体化，或全球化。二是全球性的社会改革与调整的浪潮，正在曲折中艰难行进，社会的进步不会舒舒服服地取得，要付出并将继续付出巨大的代价。三是在上述两项变革的推动下，各个民族与国家都面临着文化上的优选与更新。未来的世纪，是人类进行文化选择的世纪。既有世界变化的广泛交流，取长补短，促进人类优秀文化的相互吸收；又有推动文化民族化和本土化的强劲势头，在一定程度上民族文化之间的冲突会有所加剧。但是，异质文化之间的交流、跨文化的对话和相互吸收仍然是国际间文化关系的主流。因此，妥善处理本国文化与外来文化、现代文化与传统文化的关系，是时代的要求。

适应于上述经济、社会、文化变动的三大趋势，经济热点、社会热点与文化热点将交替出现,而最终会把矛盾集结在民族文化热点上来。前途将属于那些善于把本民族的优秀文化同世界先进文化结合起来的伟大民族。这也是我们所以要关注中国传统文化与未来前途关系的基本出发点。

中国对传统文化的价值选择所要达到的目的,完全是为着现实和未来的,就是要建设社会主义现代化的物质文明和精神文明,实现中华民族的统一和富强。亿万人民"振兴中华"的百年宏愿,就要在下一个世纪的前半叶实现。

历史的发展往往是:只有在社会不断进步中,才能保存、发展和丰富传统;国家与民族只有立足于世界先进的行列,才能真正光复旧物。只要我们还处于分散、落后状态,我们就没有力量、也没有条件和资格去弘扬祖国优秀的传统文化。奋发图强与光复旧物是辩证统一的。

对于儒家伦理精神乃至整个传统文化进行价值选择,我认为需要注意这样几个要点:

一是要准确地把握传统文化的精华,而不为其局限性所拘囿;二是要给精华的东西注入新的时代内容,而不是煞费苦心地复原历史;三是要使接受下来的传统精神内涵体现出新的社会关系和人际关系,而不停留于历史的社会关系上;四是要在理论上做出新的价值诠释,经过创造性地扬弃,超越思想"原本",而不拘守历史赋予它的表征意义;五是要有利于现实社会的进步,而不是单纯为了缅怀古代;六是要增强中华民族的凝聚力,而不能助长民族离异。如能满足这几点要求,就可以作好价值选择。

总之,对于传统文化必须有马克思主义的科学态度。那种一味不加选择地尊崇和颂扬,或一味不加分析地排拒和否定,都不利于传统文化的创新,它必然会窒息文化发展的生机。只要我们把握住改革创新和迎接挑战这个立足点,传统文化就一定能够服务于社会主义现代化建设,一定能够建构起高于以往任何时代的现代文明,从而使中国儒学在新的历史时代焕发青春!

四、儒家文化的普遍理念

儒家文化在中国流行了二千五百多年,它的潜移默化的教化功能,已将其精神特性融入了民族性格之中,并于无形之中发挥着作用。在中国尚处于近代化与现代化初期,封建的腐朽势力继续利用尊孔读经、维护礼教,千方百计地对抗社会变革与社会进步,以致激起了众多的社会进步人士为在意识形态领域冲决作为封建统治思想儒学的禁锢,多次掀起反儒的高潮。在此过程中,屡次抬头的"全盘西化"论和民族文化虚无主义,也都遭到了惨败,为人们所唾弃。第二次世界大战以后,随着东亚现代化发展的强劲势头,传统的儒家文化圈中的各个国家和地区经济腾飞的显著事实,把世人的视线引向儒家文化的现代价值问题。如果说,20世纪初,人们喜欢把日本的近代化比中国进行得顺利归因于日本受儒学的影响小,那么到20世纪70年代后,学者们论证日本经济奇迹的成因时,恰恰又把理由反了过来。亚洲"四小龙"经济的迅速崛起,同样被肯定为得益于儒家文化的影响。人们不禁要问,儒家文化这笔丰厚的遗产,究竟在现代化中能发挥什么作用? 如何发挥了作用? 儒家文化的哪些因素可以在现代文明中继续成长? 这已成为文化人类学、社会学的一个尖端课题。在今日中国,它同样成了建设有中国特色社会主义的一个重大理论与实践的课题。

事实表明,儒家文化作为传统文化的主流,既然能使中华民族强大、发展,创造过持久的辉煌,它就不会简单地成为封建社会的殉葬品,伴随末代封建王朝的覆灭而死亡。它会作为一种经过改铸的文化形态、精神遗产汇入新的中华文化的巨流中去,滔滔向前。

事实还表明,任何一种文化,都存在着精华与糟粕、积极与消极、进步与落后的体现为二重性的东西。传统文化在社会发展中、究竟起什么作用,取决于文化的历史性选择,取决于什么人利用它,利用了它的什么因素,并达到什么目的? 腐朽势力利用它的封建糟粕,就会对社会的现代化产生阻碍作用;反之,进步势力利用它的优秀遗产,就会对社会的现代化产生推动作用。

这就需要对儒家文化中具有进步性的精华部分,作深入的发掘和正确的概括。开始时,我们大多停留在对文化遗产的寻章摘句上,集录一些类似"仁者爱人"、"政者正也"、"先天下之忧而忧"的箴言警句;继而感到仅如此,显然是不足以解决总体文化形态转变问题的。这就需要从领会文化固有内涵的精神实质着眼,提升到普遍理念上来,将传统文化同现代文明内在地衔接起来,升华为一种具有中国特色的社会主义现代文明。

运用前述价值选择的原则分析儒学,我初步认为,儒家文化适合于现代社会需要的普遍理念,主要有以下六个方面:

(一)儒家文化以伦理价值为中心

儒家文化是一个内容丰富、涵盖极广的全面的社会文化体系。其中心价值是以伦理道德价值为核心的。家庭是社会的细胞,也是社会凝聚力量的源泉。注重家庭建设(齐家)是治理好国家、使社会保持安定和谐的基础。现代家庭的脆弱性与松散化,不是家庭关系向更高形态发展的必然趋势。现代社会依然需要一种天然的力量来维系,淳朴而深厚的亲情依然是人类值得尊敬的、需要保护的、体现着人类本性的亲密关系。它是人们享受人生幸福所不能缺少的内容。亲情可以造就人与人的社会关系所企及的境界。一个成熟、完善的社会,也是一个以伦理道德价值为中心向全社会辐射的价值体系之最具吸引力的载体。维护健全的伦理关系是优化社会生态的必要措施。社会道德应是伦理道德社会化的成果，也是保持社会心理健康的一种内在生态。当代西方国家已饱尝了家庭松散化的苦恼，许多有识之士转而钦羡儒家道德与家庭文化的文明果实，这反映了现代社会优化自身内在生态与外在生态的迫切需要。

（二）儒家文化以社会国家为本位

儒家文化并没有把家庭这个细胞同国家、社会机体孤立与隔离出来，家与国、个人与社会、自我与集体的关系，是整体与局部、大局与小局的依存关系。与个人、家庭、局部的定位相比，集体、整体、国家、社会是本位，应当具有优先性。现代社会在维护以国家社会为本位的同时，应区别于封建社会压抑个性、束缚主体精神的弊端，高扬尊重个性、发扬主体精神的文明新风。

但是，在孰为本位这个问题上，不应倒错。个体无论多么值得尊重、多么需要维护，同人类和人民赖以生存的社会相比，都不应置于本位。同样，个体与群体（集体）相比，也不应把个体置于群体之上，个人自由无论怎么崇高，都不应无视代表群体利益的社会纪律的必要限制，当群体权益得不到保障时，个体的正当权益安在？

（三）儒家文化以义务至上为准则

在人类的道德发展史上，长期存在着权利中轴与义务中轴的分割。实际上，将任何一面绝对化，在客观上必然导致非道德的后果。传统道德大多重视以义务为中轴的道德体系，而忽视或排斥权利道德体系，甚至视维护权利的行为为不道德。文艺复兴运动，冲破了中世纪扼杀个性与人的正当权益的旧道德，高举"天赋人权"的旗帜，建构了旨在维护个人权利的价值观。但是，权利过度优先的结果，往往造成非道德行为丛生，以至发展出许多严重的社会问题。将儒家文化中义务至上的道德准则发展为充分尊重个人权利而又突出义务原则的价值观，便具有十分重要的意义。现代文明需要一种权利和义务和谐统一而又自觉履行义务的道德体系,儒家文化有助于这种新道德的形成。

在此问题上,中西文化的互补性是显而易见的。1997 年 9 月 1 日,由 24 位国际著名政治家共同发表《人类责任宣言》,提交联合国讨论,以补《世界人权宣言》之不足。与人权宣言并行发表责任宣言,意味着东西方文化与基本价值观均衡发展的曙光已经闪现,东方的道德观正式登上了世界舞台,成为人类行为共同遵守的道德标准。应当说,这是人类文明的进步。

(四)儒家文化以民本主义为依据

以民为本,是中国传统文化中占主导地位的政治观念。在儒家产生以前便有"民惟邦本,本固邦宁"(《尚书·五子之歌》)的豪语,周公的"保民",孔子的"仁民"、"富民"、"惠民"与"安百姓",至孟子的"民贵君轻",形成了儒家文化的民本主义传统。在儒家文化各时期的发展中,一以贯之。这是儒家人文主义精神最宝贵的财富。民本思想不仅被历代进步学者奉为圭臬,一些"明君"、"贤相"也曾通过自己的政治实践加以丰富,逐渐形成为比较系统的思想体系。尽管这种政治思想是在维护君权的前提下提出的,但在古代仍然起着一定的限制君权的作用。民意不可违,已成为千古遗训。民为水,君为舟,"载舟覆舟"之训,着实逼出了几个明君。历代君主由顺民意而登上宝座,逆民意而垮台,一次次农民起义击碎了一个个王朝永续的美梦,进一步用武器的批判巩固了这一传统。

传统儒家的民本主义同现代民主主义的本质有所不同,但它们在尊重民意和人民有选择权这一点上是相通的,由民为本向现代民主转变,固然需要从思想到制度进行艰巨的民主建设。但是,重民意、保民利的古代民主意识同现代民主意识之间,没有不可逾越的鸿沟。中国早期激进的民主主义者大多是从传统的民本主义起步的。认为在中国、在亚洲实行不了民主制度的说法,是毫无根据的。

(五)儒家文化以完美人格为理想

人之生,得自自然;人之成,得自社会。儒家文化把人格的形成看成是成为人的标志。人是需要通过塑造而形成完美的人格的。每个人都必须思索怎样做人。人与人的关系,实际上是人格与人格的交往。因此儒家文化十分注重德化人生,重视主体的自我超越,把人格的形成和完善,看成是一生努力的人生理想。儒家的人文精神在这里体现得非常充分。

现代文明依然需要塑造崇高、完美的人格。如果美国著名的人本主义心理学家马斯洛提出的需要层次论是一种真知灼见,他把个人的自我实现列为人的最高需要,那就意味着他把形成完美的人格也当作人生的理想了。高扬崇高完美的人格,是儒家人文主义崇尚德性主体的表现。

(六)儒家文化以世界大同为归宿

儒家经典《礼记·礼运篇》所阐述的"天下为公"与"世界大同"的思想,导源于儒家仁学思想的扩展与推演,是"仁者爱人"、"泛爱众"、"安百姓"、"四海之内皆兄弟"思想的逻辑发展,因此长久地成为儒家文化追求的社会理想。抛开其原有的历史局限性,充实其对现代社会与未来社会的科学认识和深刻内涵,仍然是现代人类需要奋力追求的一种崇高理想。当今世界的全球化浪潮,就是向世界大同迈进的必要步骤。

此外,由儒家文化中"天人合一"的思想引申出人与自然环境的和谐统一的观念,由"仁者爱人"的思想升华为人道主义、世界精神和人类精神,等等,都可以给传统儒家文化注入许多现代内容。我深信,儒家学说凭借其自身蕴涵于深层的智慧与理性,一定会对人类现代文明的建设做出贡献!

五、现代文明的普遍标志和中华文化的契合点

在信息化时代,探讨中华文化与现代文明的关系,要对构成现代文明的普遍标志有深刻的理解。这就需要我们从国内外的现代生活与现代观念中抽取共同的、本质的,具有人类性、时代性、进步性和方向性的,能够促进社会现代化所必需的精神文明诸要素。这里主要是讲精神文明,对于现代物质文明的标志,本文不拟多作涉及。

(一)人道意识

在人类的国际联系日益密切的当代世界,要有一种自觉地善待人类的价值观,即人道主义精神。这已经成为国际社会成员必须共同遵守的行为准则,是国际社会公德。反人道与非人道的思想行为,是国际社会之公恶,它同现代文明是对立的。中华文化所倡导的"仁者爱人"、"泛爱"思想、"己所不欲,勿施于人"、"己欲立而立人,己欲达而达人"的忠恕之道和"四海之内皆兄弟"的精神应当发扬光大。

(二)地球家园意识

随着现代交通与信息技术、航天技术的高度发达,极大地扩展了人们认识和活动的范围,加强了世界不同地域间的联系和对于外太空的探索,从而也相对地缩小了空间距离。偌大一个地球,越来越被人们看成是人类共同生息的家园了。球籍意识、地球公民意识,正随着各国开放程度的提高,逐步普遍化。现代文明正在给人以一个博大的胸怀,包容全球的意识。传统形成的非常深厚的爱家、爱国、爱本民族的民族主义与爱国主义神圣感情,也正在同爱人类、爱地球、民族平等与反对种族歧视的高尚情操趋于一致,它们的关系是相通的。一方有难,四海同情,八方支援,盛情超越国界。保

护好、管理好地球,是全人类的共同责任。这里,中华文化中"忧以天下、乐以天下","以天下为己任"的博大情怀将得到进一步升华。

(三)合理增长人口意识

地球因世界人口的急剧增长,已经变得不堪重负,特别是广大发展中国家由于人口与经济发展的双向因果、互动关系,人口的过度增长已成为阻滞经济发展重大因素,也成为人民生活质量难以普遍提高的瓶颈。世界性人口膨胀,是最严重的生态失调,这早已成为全球性问题。有控制地合理增长人口成了现代文明的重要内容,无计划、不加控制的生育,变为不文明了。中华文化一向有注重家庭中对子女"养"和"教"的关系、国家对民人的"庶、富、教"关系的优良传统,要求把繁衍人口数量同提高人口质量结合起来。近半个世纪以来既有过度生育人口的教训,又有计划生育、控制人口急剧增长的经验,对人口不良增长有深切的认识,理应在创造人口文明方面做出自己的贡献。

(四)世界和平与发展意识

维护世界和平、谋求社会发展,是人类的共同愿望,是现时代国际关系的主旋律,也应当成为联合国的基本宗旨。不许以强凌弱、强强争霸,也不许弱弱相残。和平必须用反对世界战争和化解局部战争来维护,从停止核武器试验直到全面销毁核武器和其他威胁人类生存的化学武器、生物武器等。维护和平,为各国的发展提供了适宜的国际环境;旨在促进共同发展,进行积极的国际合作,反过来又为维护世界和平创造了相互依存的条件。和平与发展是世界现代文明的重要标志。中华文化中一向崇尚的"非攻"思想、"和为贵"、"和而不同"、"仇必和而解"与"化干戈为玉帛"的精神,都是平息争端、化解冲突的思想财富。

(五)独立人格与自主意识

当代人在现代生活中逐渐形成了保持独立人格、维护自我尊严的强烈要求,以及在这种理念主导下体现着独立意志的合理的自主精神。但必须以不侵犯他人的自由与尊严为限,同时这又是自我独立人格得到保障的前提。现代社会所倡导的民主、自由、人权从不同方面体现着现代文明中人们对于人格独立与自主性的渴求和尊重。标准必须是对等的,不容许有双重标准。不能容忍在"人权"的幌子下肆意践踏人权。过去,在封建社会中形成的人身依附和人格依附关系,造成了独立人格与自主意识的丧失,因而在现实社会关系中必须彻底清除强权政治、独裁统治、人身依附与人格依附关系的流毒,方能有效地提高社会成员民主素质,保障独立人格与自主意识的正常发挥。中华文化中长期形成的以社会国家为本体、以伦理价值为中心的共同价值观,只有在"不夺匹夫之志"、人人发扬"大丈夫气概",充分尊重与强调个人价值的同时,才能发挥出重大的积极作用。

(六)道义原则与功利主义统一的意识

个人与社会要存在与发展,都有方方面面的需求和利益,完全排除功利主义的价值观是空洞的、虚伪的、不切实际的,也是不能为人们所接受的,对个人与社会的存在和发展无益的。合理的功利主义是将个人功利与社会功利、本国功利与他国功利妥善结合的泛功利主义。人与人、民族与民族、国家与国家,都不可奉行利己主义。重视道义原则,不是不讲功利,而是实行维护集体功利、社会功利和国际功利的主义。凡言功利,总不免既有矛盾的一面,又有依存的一面,而依存是主要的。将二者的矛盾绝对化,个人与社会的功利都将丧失。对于国际关系也是一样,功利原则要接受道义原则的节制和制导。为此,我国一向倡导的奉献精神,实质上是个人对社会的奉献优先于个人向社会索取的原则,不是只奉献不索取的原则。相反的,奉献优先于索取,又容许奉献者优先索取。这是辩证统一的关系。个人的价值是在奉献中实现的。现代文明提倡个人与社会统一的功利主义，是社会取得长足进步的关键之一。这是对中华文化中以义务至上为准则及处理"义与利"关系的现代应用。它对于克服现代社会中充斥的损人利己、拜金主义与诉诸暴力的坏风气有重要的抑制作用。

（七）重视社会参与和公共关系的意识

现代社会是人与人产生社会化联系与交往的社会。个人参与社会，不仅是一种权利，也是一种义务。置身于社会公众事务之外，是缺失现代性的表现。人与人的关系在现代社会中，越来越表现为一种公共关系与公众交往。能不能以平等、团结、友爱、互助、合作的精神对待社会事务、对待他人和公众，树立公平地相互服务的新风，已成为衡量个人、团体、社区和整个社会文明程序的重要尺度。中华文化中有深厚的民本主义传统和"民为贵"、"民意不可违"、"防民之口，甚于防川"的古训，虽然不能把它简单地纳入现代民主的范畴，但是这些原始民主的思想资源，对于现代民主建设仍具有重要的借鉴意义。

（八）保护生态与环境意识

随着工业文明的发展，人类所处的生存环境发生了巨大变化。早期现代化是以蒸汽机作为动力的，为有烟工业开辟了广阔的发展前景。于是便出现了一个黑色现代化时期，生态遭到严重破坏，环境遭到空前污染。随着科技进步，当现代化主要以电力电子为动力时，蓝光闪烁，到处可见。新兴的蓝色现代化的工业文明，仍然没有摆脱以牺牲良好环境为代价获得加速发展，环境问题非但没有根本好转，反而扩大了范围。人类经过这两个阶段现代化的发展，虽然在社会的各个领域取得了进步，惟独环境的质量大为下降了。人类已饱尝了生态破坏与环境污染之苦，进入蓝色现代化时期后，人类生存环境问题依然是全球性的严峻问题。当前，科技革命的飞速发展，正在把生物科学、生态科学、环境科学和新能源科学推上带头学科的宝座,随着知识经济的兴起,社会生活数字化水平的提高,将会引导人类现代化的进程向着绿色现代化的境界迈进。与此同时,保护生态、环境优先的意识,也正在成为当今人类的共识。这是爱祖国的大好河山和爱地球的统一。在现时代和未来,不管以什么理由破坏生态与污染环境,都成了名副其实的"现代野蛮",它理所当然地要受到现代文明的拒斥。任何民族只顾眼前的小利,破坏森林和植被,就等于民族的自杀行为。

中华文化中有贯穿始终的"天人合一"、"天地人相参"、"天地与我并生,万物与我为一"和"仁民爱物"的大化悟性,违背了大化的生生之德,人们就会遭到形形色色的"天谴"与"天罚",即自然界的报复。这种观念在现代科学知识指导下,将会发展为非常重要的自然观和环保意识。

(九)崇尚创业、进取、开拓、创新的意识

在科技革命席卷全球、现代化的浪潮汹涌澎湃的时代,不仅需要高度发挥人的创造性,而且为这种创造性的发挥提供了极其广阔的舞台。与此同时,也在人的精神文化领域形成了崇尚创造精神的意识。它既是建构现代文明所需要的,又构成了人的现代性的内在本质,同时也是构成现代文明深刻内涵的外在表征。从高度方面说,诺贝尔奖金的颁发标志着世界性科技与人文领域的创造性成果的尖端水平,不断冲击新高度与刷新纪录的奥运精神,都是这种意识的代表,广受尊重。从广度方面说,不断刷新的世界吉尼斯纪录又出奇地展现出人类任何单项的普通活动所能达到的非凡境界,激励着人们挖掘自身的潜能和精益求精的精神。从人们日常生活的改善到各个国家、各个民族社会的全面进步,断不可没有创业、进取、开拓、创新精神。这种精神在现代文明中,正高扬着人所特有的主体性,追求着做前人没有做过的事业。中华文化绵延数千年,经久而不绝,靠的不是一成不变,而是不断创新。每当

她遇到挑战、受到冲击时,都会依据国情,反复观照、不断反思,在不迷失本性、毁灭统绪的前提下,学习、融会外来文化的合理内容,使自己得到丰富、革新,对自身过时、落后的思想观念与文化施为进行更化。鸦片战争以来,中国人一面挨打,一面反抗,也一面真心实意地向朋友学习,向对手学习,向自己的失败学习,志在救国图强,忍辱负重,自强不息。中国共产党在接受了马克思主义以后,结合本国国情和实践,坚持实事求是的思想路线,摆脱教条主义的束缚,在理论上大胆创新、发展。毋庸讳言,现在实际上奉行的是一种颇具现代性的新马克思主义。它既是马克思主义基本原理和中国实际结合的成果,又是极富创造性的集体智慧的结晶。在对待中华文化的问题上,她对于各种学术派别采取了博采兼听、积极对话、吸收众长、外为中用的态度。这有利于中华文化在21世纪的发展。自从改革开放以来,全国百业奋进,充分发挥了全民的创业、进取、开拓、创新的精神,才奇迹般地取得了今天的现代化建设巨大成果。

(十)科技主义与人本主义统一的意识

哲学是一个国家、一个民族精神文明的灵魂。现代文明的指导性观念,也必须到普遍支配着人们头脑,特别是支配着社会精英头脑的哲学观念中去寻找世界观与认识论的根源。世界哲学,数百年来,尽管流派很多,但在对待人和世界关系的理念上,大都存在着科技主义(科学主义)和人本主义(人道主义)的分割。科技主义者指责人本主义为陈腐的非理性主义,而人本主义者又发难科技主义为狂热的非人道主义。这种指责在科技出现异化后果的今天,变得尤为激烈。这种哲学观念的割裂状态,造成了现代文明中的片面性与偏颇性。近数十年来,开始出现一种新的趋向,就是科学主义同人道主义统一的趋向。人道主义的科学主义与科学主义的人道主义可望成为未来哲学的一种新方向和新形态。因此,追求科学主义与人道主义的结合,正在逐渐成为现代文明的世界观标志。没有人道主义制衡的科技主义,会导致恐怖主义;没有科技主义支持的人道主义,会退回犬儒主义,都是极端有害的。中华文化中流行的哲学观念,无论是儒家的、道家的或佛家的,都不存在这种割裂。由于他们对人和自然的关系从来就执著地抱着有机统一、大化生生的观念,在进入现代科学阶段,它更倾向于科技主义与人文主义会通的思想。

(十一)理想主义与现实主义结合的意识

纯粹的理想主义和纯粹的现实主义,背离理想主义的现实主义和背离现实主义的理想主义,在实践中显示出了巨大危害,正在被越来越多的人所疏远、所鄙弃。从而迫使人们在现实生活中和现实社会中把二者结合起来。有理想的现实主义与重现实的理想主义,正在把现代文明带向一个新的境界。中华文化一向以形成完美人格为理想,也一向以世界大同为归宿,寻求理想人格与理想社会的完美统一。尽管在不同时代这种传统的理想会有不同的时代内容,但都同现实的历史使命联系在一起,踏实地付诸于行动。半个世纪以来,中国大陆在社会主义建设中吃了空想主义的很大苦头,尤其对理想主义与现实主义的统一看得至为重要,这对于中华文化在21世纪的发展是大有裨益的。

现代文明的上述诸特征、诸标志,只是考察世界性现代文明发展中显露出来的一些主要之点,很可能挂一漏万。我们把它标引出来,并非想做全面的归纳,仅仅是为了提供一些认识现代文明发展趋势的基本线索,从而为我们研究儒学、中华文化与现代文明的关系寻找必要的参照系。

（选自《儒学与未来》,刘蔚华著,齐鲁书社2002年版）

　　刘蔚华（1934—　　　），中国哲学史家。山西天镇人。1957年毕业于东北师范大学教育系，曾任曲阜师范大学教授、《齐鲁学刊》主编、山东社会科学院院长、山东社会科学界联合会主席、《孔子研究》主编。在中国辩证法史、儒学与儒学史、哲学基本理论研究方面有独到贡献。1981年在《中国哲学》第六辑发表《谈易数之谜——中国古代数理哲学》一文，引起学界重视。著有《中国哲学史稿》（合著）、《儒学与未来》，主编《方法学原理》等。

　　《儒学、传统与现代文明》是作者为姜林祥主编的七卷本《中国儒学史》（1997年广东教育出版社出版）所撰写的序言，后收入《儒学与未来》一书。文中对传统与现代文明的关系、儒家文化在中华文化中的地位、儒家文化的普遍理念及其现代价值、现代文明的普遍标志及其与中华文明的契合点等问题进行了广泛深入地探讨，指出：现代文明脱离本民族的传统便不可能得到顺利的发展，对占中华文化主流地位的儒学，必须运用价值选择的原则予以批判地继承、创新和发展，将其"普遍理念"与现代文明内在地衔接起来。儒家文化的普遍理念包括六个方面，即以伦理价值为中心、以社会国家为本位、以义务至上为准则、以民本主义为依据、以完美人格为理想、以世界大同为归宿。文章还提出现代文明的普遍标志和中华文化的十一个契合点。

80 年代文化讨论的几个问题

甘　阳

百年大课题

1985 年以来,所谓的"文化"问题已经明显地一跃而成为当代中国的"显学"。从目前的阵阵"中国文化热"和"中西比较风"来看,有理由推测:80 年代中后期,一场关于中国文化的大讨论很可能会蓬勃兴起。

这场"文化讨论"绝不是脱离中国现代化这一历史进程所发的抽象议论,而恰恰是中国现代化事业本身所提出来的一个巨大历史课题或任务。它实际上相当深刻地说明了:对中国传统文化的评价、对中国当代文化的分析以及对中国未来文化的筹划,实是中国现代化事业的题中应有之义,是中国现代化进程中不可或缺的关键一环。事实上,只要稍稍回顾一下就会承认,仅仅几年以前,文化或中国文化的性质这类问题还只是三两"好学深思之士,心自知之"的事,因此尽管有些论著也曾一时倾动学林,但并没有也不可能出现热烈的文化问题讨论。这是因为这个问题只是随着中国现代化的历史进展才逐渐明确或突出来的——"任务本身,只有当它所能借以得到解决的那些物质条件已经存在或至少是已在形成过程中的时候,才会发生"(马克思)——粗略说来,自十年动乱结束,现代化的任务被重新提出以来,中国人走了三步才走到文化这个问题上来:首先是实行对外开放、引进发达国家的先进技术;随后是加强民主与法制并进行大踏步的经济体制改革,因为没有相应的先进管理制度,先进技术有等于无;最后,文化问题才提到了整个社会面前,因为政治制度的完善、经济体制的改革,都直接触及到了整个社会的、今日"中国文化热"和"中西比较风"的真正背景和含义。也因此,着眼于中国文化与中国现代化的现实关系问题,当是我们今日讨论中国文化的基本出发点。

百余年来,关于中国文化的讨论始终或隐或显、或明或暗地进行着:中学西学之争、旧学新学之争、学校科举之争、文言白话之争、东方文化西方文化之争……,这实际上从一个侧面说明了中国现代化进程的曲折艰难。从一定的意义上讲,今日之种种情况在上世纪的中国已经颇为相似地走过一遭了。前面所说的今日走向文化问题的三步,实际上也恰是上世纪的中国人走了半世纪之久的路程。当年维新变法时期的顽固派曾廉的一句话,颇值得在此一引:"变夷之议,始于言技,继之以言政,益之以言教。"(曾廉:《上杜先生书》)这里所说的"技",就是今日所谓先进技术的"技"。曾廉所指的"言技",则是指当时的"船坚炮利"之议——从魏源的"师夷长技以制夷",到洋务运动的"查治国之道,在乎自强,自强以练兵为要,练兵又以制器为先"(李鸿章)——这是上世纪 40 年代至60 年代的事;这里所说的"政",就是政治的"政",曾廉指的是可以《盛世危言》作者郑观应等为代表的变法派当时已"知其治乱之源、富强之本,不尽在船坚炮利,而在议院上下同心,教养得法;……育才于学校,论政于议院,君民一体,上下同心……此其体也;轮船、火炮、洋枪、水雷、铁路、电线,此其用也"。(郑观应《盛世危言·自序》)——这是上世纪七八十年代的事;这里所说的"教",就是教化之"教",就是文化传统、文化心理、文化素质、文化机制,曾廉指的是康有为、梁启超、谭嗣同等公然冒天下之大不韪,全力摧毁、踏平几千年来的中国儒教文化传统的"叛逆"。初看起来,康有为一部《新学伪经考》,不过"辩数十篇之伪书,则何关轻重"? 梁启超答得明白:"殊不知此伪书者,千余来年,举国学子人人习之,七八岁便都上口,心目中恒视为神圣不可侵犯,……若对于经文之一字一句稍涉拟议,便自觉陷于非圣无法,蹷然不自安于其良心,非特畏法网惮清议而已。……而〔康有为〕研究之结果,乃知畴昔所共奉为神圣者,其中一部分实粪土也,则人心之受刺激起惊愕而生变化,宜何如者。"(梁启超:《清代学术概论》)——这是上世纪 90 年代的事。

从四五十年代起的"言技",到七八十年代的"言政",再到 90年代的"言教"——这就是上世纪的中国知识分子走过的路。值得庆幸的是,今日之情况虽然与上世纪"言技、言政、言教"的路程显示出某种重复之处,但毕竟已是完全不同的了。这是一种更高层次上的回复。上世纪只是少数人在强大的封建统治重重阻力下所发出的微弱的资产阶级改良要求,而今日则是举国上下同心同德向社会主义现代化进军的强大历史洪流。上世纪经半世纪之久才走到"言教",而今日不过五六年即走到了文化问题上来,就已雄辩地说明了这种时代的不同。不过尽管如此,我们还是应该看到,今日之事在某种程度上仍是在补旧日之课,中国现代化的曲折艰难也就在这里。尤可注意的是,"言技"甚至"言政",虽然也常常一时横遭非议并历经反复,但至少就"言"而论或就理论上来说,大致还是比较容易推开、比较能为人接受的。惟独言一及"教",在中国就非同小可了。正如张之洞当年所言,中国人之接受科学技术,只有在守住孔孟之道的基础上才可被允许("如其心圣人之心,行圣人之行,以孝弟忠信为德,以尊主庇民为政,虽朝运汽机,夕驰铁路,无害为圣人之徒也。"——张之洞:《劝学篇外篇·会通第十三》),然而一旦有人要反对中国传统的伦理教化，则真是"怵心骇耳，无过于斯"（张之洞：《劝学篇·内篇·明纲第三》）。正因为如此，进入 20世纪以后，陈独秀率先发表了《吾人最后之觉悟》一文，总结上世纪以来言技、言政、言教的过程说："自西洋文明输入吾国，最初促吾人之觉悟者为学术（按即指"科技"），相形见绌，举国所知矣，其次为政治，……继今以往，国人所怀疑莫决者，当为伦理问题。"在陈独秀看来，在伦理教化这个根本问题上，中国人如果"不能觉悟，则前之所谓觉悟者，非彻底之觉悟，盖犹在惝恍迷离之境"（《青年杂志》一卷六号）。陈独秀不愧为五四知识分子的一代领袖！因为中国传统的"教"亦即传统的文化心理、文化素质、文化机制、文化背景，实是具有几千年历史的中国传统势力的最后阵地，最后防线，中国走向现代世界的进程必然会在这个最后阵地和最后防线上遭到最顽强、最持久、最全面的抵抗，换言之，中国传统文化与中国现代化之间有着不可避免的历史冲突！而近代中国知识分子在这种历史冲突中必然处在首当其冲的位置上，因为中国知识分子一方面对中国现代化的历史要求最为敏感、最为向往，但另一方面他们恰又是中国传统文化的嫡系传人，历史的冲突在他们身上也就常常表现为自我冲突。因此，近代以来中国知识分子在东、西方文化大碰撞下的反应，可以看作是中国现代化进程的人格化表现，而百年来中国知识分子的成熟度，也就可以看作是中国现代化事业成熟度的精确指示器。我们这一代青年知识分子今日讨论中国文化，不应忘掉龚自珍"不似怀人不似禅，梦回清泪一潸然"的悲愤凄苦，不应忘掉魏源等"创榛辟莽，前驱先路"的艰难困顿，不应忘掉康有为等"不量绵薄，摧廓伪说"的慷慨激昂，更不应忘掉鲁迅在五四以后依然难以摆脱的巨大彷徨："我快步走着，仿佛要从一种沉重的东西中冲出，但是不能够。耳朵中有什么挣扎着，久之、久之，终于挣扎出来了，隐约像是长嗥，像一匹受伤的狼，当深夜在旷野中嗥叫,惨伤里夹杂着愤怒和悲哀。"……

80年代重开中国文化讨论,无疑是百年以来文化争论在更高层次上的继续和深入。这种历史的连续性就在于:百年以来中国历史走过的路程,在某种意义上都还只有中国现代化的准备阶段;只有今日,中国的现代化才算真正迈开了它的历史步伐,也因此,百年来中国现代化与中国传统文化的遭遇、冲突实际上都还只有前哨战的性质,因为那时的冲突主要是政治冲突,这种冲突最直接、对抗性最强,但相对来说也就是最简单、最容易解决的冲突。今日中国现代化与中国传统文化之间已不复具有直接的政治冲突的性质,但却具有另一种更为广阔、更为深刻、更为复杂的总体性全方位冲突,我把它称为"文化的冲突",亦即具有几千年历史的中国传统文化与正在形成中的中国现代文化之间的冲突。说得更具体点,也就是在千百年"尊尊亲亲"的家庭制社会结构基础上所形成的中国人的传统意识、传统心理、传统知识形态、传统行为方式,与现代化社会必然要求于中国人的现代意识、现代心理、现代知识形态、现代行为方式之间的全方位遭遇和总体性冲突。这样的历史冲突是不可避免的。事实上,任何一个民族要进入现代化的行列,都不可避免地会面临这种"文化的冲突",亦即都会面临一个从自己民族的传统文化系统走向现代文化系统的任务。我个人认为,现代化,归根结底是"文化的现代化",中国的现代化只有最终落脚在一种新的现代中国文化形态上,才算有了真正的根基和巩固的基础,否则其他方面的现代化或者将难以达成,或者甚至得而复失。尤其在中国这样一个传统文化极其深厚的国家,如果不明确地提出"文化现代化"的任务,那就势必会严重阻碍中国现代化的总体历史行程。因此,当代中国知识分子的历史使命,正是要富有想象力地去探索、开创中国的现代文化形态。而要完成这个任务,就不能不正视中国传统文化形态与中国现代文化形态的区别

与冲突。在这里,我们不能不首先弄清楚一个根本问题:百年来的
"文化之争"究竟是——

中西之争还是古今之争

　　近代以来中国知识分子对中国文化问题的大讨论,几乎总是
与对西方文化的讨论和评价密不可分地纠缠在一起,这是毫不奇
怪的,因为对中国文化的讨论本身就是"自西洋文明输入吾国"所
促成的。千百年来闭关锁国的中华大帝国,在近代以来突然受到
了另一种文化的挑战,并在这种外来文化面前几乎溃不成军,这就
不能不使中国知识分子在痛定思痛之余,猛回头而敲响了警世钟:
中国传统文化的价值究竟如何? 中西文化的差异究竟何在?

　　但是,正因为对中国文化的检查是在外来文化的刺激、冲击下
发生的,正因为对本民族文化的反思总是与对外来文化的态度纠
缠在一起,近代以来对文化问题的讨论也就变得异常的复杂、异常
的棘手,甚至常常模糊了事情的本质。这里的一个关键问题就在
于:中国文化与西方文化之间的地域文化差异常常被无限突出,从
而掩盖了中国文化本身必须从传统文化形态走向现代文化形态这
一更为实质、更为根本的古今文化差异的问题。正因为如此,在历
来的文化讨论中常常出现一种本末倒置的现象:我们的根本目的
照理来说本应是检查中国传统文化究竟有些什么样的问题,使得
中国人在近代大大落伍,从而寻求解决的办法,尽快把中国传统文
化形态改造成崭新的中国现代文化形态;而中西文化的比较本应
是服从于这个根本目的的,亦即看看西方文化能否在这方面有所
借鉴,特别是应考察西方文化是如何从其传统形态走向现代形态,
从而促进了它们近代的强盛。结果却是手段常常变成了目的:我
们总是不知不觉地用抽象的中国文化(实际上是中国传统文化,说

穿了多半是儒家文化)与抽象的西方文化(实际上是经过了"知识论转向"以后的近代西方文化)之间的泛泛比较与笼统区别,来回避、模糊、转移甚至取消中国传统文化形态与中国现代文化形态的区别这个更为实质的问题(与此同时也就忽视了西方文化本身也有一个其传统形态与现代形态的区别)。80 年代以来的文化讨论中,海内外的许多论者似乎都比以往更加突出地强调了"中国文化有中国文化的特殊性"、"中国文化有它自己的基本精神"、"中国文化与西方文化根本不同"……例如,中国文化是内倾的或内在超越的,西方文化是外倾的或外在超越的;中国文化是静的,西洋文化是动的;中国哲学是直觉性的,西洋哲学是逻辑实证的;中国重人文,西方重科技;中国人讲究伦常日用,西方人追求理论构造,等等、等等。这就给人以一种强烈的印象,似乎中国文化(或至少是其基本形态、标准模式、总体结构、核心范畴、价值取向等等)就只能是这个样子,过去是这样、今日也只能这样、将来也必定还这样;反过来也一样,西方文化一定是那个样子,它历来就是如此,以后也永远如此。而且中国之为中国,西方之为西方,其不同也就在这些个分别上。如若不然,不就抹杀了文化的特殊性、个性或民族性?

应该说,所有这些都不是没有道理,中西文化当然有区别而且有很大的区别,研究并指出这种区别本来是大有裨益的事,但是由于过分强调了中国文化(确切说并不是中国文化,而只是中国传统文化)的特殊性(优越性?),这样的比较实际上也就有意无意地渲染、助长甚至论证了一种通常很少明言,但却确确实实是根深蒂固的基本观念或基本态度:尽管中国社会要从传统形态(小农经济)跃入现代形态(大工业生产),但中国的传统文化形态却并不需要进行根本的改造和彻底的重建。我认为,正是由于这种相当普遍的态度或倾向,使得对中国现代文化形态的探讨始终未被提到文化讨论的中心位置上来。我们似乎宁愿把中国人当成爱斯基摩人那样来看待，而又把中国文化当成博物馆中的古董那样来摆弄，检查中国文化成了炫耀祖宗遗产，文化比较则成了证明中国文化独特性的手段，西方文化的存在在这里恰恰倒成了中国文化可以固步不前的根据和理由，因为"中学之外，别为西学"。由此，我们常常转了一大圈，又回到了老地方原地不动，问题并没有解决，但却已经被取消了：中国传统文化本身似乎并不存在要改造为现代文化形态的问题，那都是由于中西文化根本不同造成的错觉而已。正因为如此，文化讨论的真正问题和根本任务——中国文化的出路问题——却反而被束之高阁，以至消解于无。例如，几乎谁都明白，中国传统文化之所谓内倾的、静的、重直觉、重人文，只求伦常日用这种性质，正是中国人近代大大落伍在文化上的根本病症，也几乎谁都清楚，西方文化之所谓外倾的、动的、重逻辑、重科技、重理论，无非也就是所谓的"科学理性精神"（并不简单地等于"实证精神"），也就是西方人近代强盛在文化上的基础所在，那么显而易见的，真正的问题就应当是：如此这般的中国传统文化能否适应中国人的现代化要求？中国的现代化是否也需要培养起一种以"科学理性精神"为整体特征的现代文化系统？如果需要，又应如何着手？冯友兰先生当年倒曾追究过，中国人究竟是"为之而不能"还是"能之而不为"。但在我看来，问题可以用更为直截了当的方式来提出：第一，"有没有"（即中国传统文化是否具有作为总体特征的科学精神）？第二，"要不要"（即如果以前没有，今天怎么办）？第三，"怎么要"（即如果要，具体如何着手）？弄清"为之而不能"还是"能之而不为"固然也很重要，但如果根本"不要"，则"能"与"不能"也就可以划等号，而如果"要"，那么"不能"也得"能"，"不为"也得"为"！令人遗憾的是，我们在讨论文化问题时，似乎常常更多地只纠缠了第一个问题上，第二个问题多半是被回避的，而第三个问题则几乎从未提出过。之所以如此，我以为就是因为我们常常有一种先入为主的成见，即总以为那些东西是西方文化特有的，不是"中国文化的基本精神"，中国文化如果朝这种方向发展，且不说能不能成，首先不就是舍本逐末，"全盘西化"？许多人更常常振振有词地说，对中国人来说，要对世界文化作出贡献，莫过于发掘中国特有的土特产，这才有民族性、独特性，从而也就有世界性（这实际上是世纪初"国粹派"的流行说法，即所谓中国人对世界文化的最大贡献莫过于"整理国故"，要是"抄拾欧化"恰恰是"无世界眼光"等等）。所有这些实际上都无非是说：中国传统文化的基本形态是不能动、不必动，也动不了的。因为中国人之为中国人，中国文化之为中国文化，全赖乎这点文化传统，如若动了，中国人还能是中国人，中国文化还成其为中国文化吗？要说中西文化之差异，这里倒确实是一大差异：当西方人在从传统文化进展到近、现代文化时，尽管也困难重重，但无论是文艺复兴也好，宗教改革也好，启蒙运动也好，至少他们从未担心过在改革后是否会变成不是意大利人了，不是德意志人了，不是法兰西人了！惟独在中国，人们首先考虑的不是如何发展现代化文化形态，而是问：那是中国文化吗？！

　　巨大的文化财产变成了巨大的文化包袱（保住家业），巨大的文化优越感变成了巨大的文化负罪感（愧对祖宗），这不能不说是中国现代化进程中的一个巨大心理障碍，尤其是素有士大夫气质的中国知识分子在自我启蒙道路上的一块巨大暗礁。在笔者看来，张之洞当年提出的"中学为体、西学为用"这个著名的理论怪物，实际上远远不是中国近代史某一阶段独有的思潮，而是中国现代化整个历程中不断会遭遇到的一大障碍，更是中国知识分子在相当长时间内都很难完全摆脱的一个鬼影。如果我们不是把眼光仅仅停留在张之洞当年是为封建王朝服务这种简单的政治批判上，而是把眼光盯住他这种理论本身的话，那么就不难看出，所谓

"中学为内学，西学为外学；中学治身心，西学应世事(张之洞:《劝学篇·外篇·会通第十三》)这种说法，实际上具有着极为广阔的文化背景和极为深厚的心理基础。这文化背景就是"吾尧舜禹汤文武周孔之道"已有数千年历史矣！从而这心理基础也就是鲁迅所说的中国人特有的"爱国的自大"(鲁迅:《热风·三十八》)！从这种文化背景和心理基础中，不可避免地产生出(在今日仍然很有影响的)两种典型态度。一种是:所有外来文化归根结底都源于中国:"泰西之学，其源流皆生于墨子"(黄遵宪:《日本国志》卷三十二，《学术志序》);"究之泰西之学，实出于中国，百家之言藉其存，斑斑可考"(《翼教丛编》卷五，《湘学公约》)，只要那么一"考"，则一切近代自然科学也就无不是"中国所固有之，西人特踵而精之"而已(江衡:《崇尚西人之学辩》)。总而言之，中国人是"能之而不为"，因为"技艺微长，富强谋术，于修身齐家治国平天下之道又何所取"(黄仁济:《黄氏历事记》)。另一种也是更普遍的一种则是:"中国之杂艺不逮泰西，而道德、学问、制度、文章，则复然出于万国之上"(邵作舟:《邵氏危言·译书》)，"中国人数千年以来，受圣经之训，承宋学之俗，以仁让为贵，以孝弟为尚，以忠敬为美，……则谓中国胜于欧美人可也"(康有为:《物质救国论》)，所以"吾国固有之文明，正足以救西洋文明之弊、济西洋文明之穷者"(伧父:《静的文明与动的文明》，《东方杂志》十三卷十号)，西方人"因科学发达，生出工业革命，外部生活变迁急剧，内部生活随而动摇"，"不惟没有得到幸福，倒反带来许多灾难"，"正要等到中国的文化来救"，所以，"我们可爱的青年啊，立正，开步走！大海对岸那边有好几万万人，愁着物质文明破产，哀哀欲绝的喊救命，等着你来超拔他哩"(梁启超:《欧游心影录》)，归根结底，全人类、各民族最终都要踏上"中国的路、孔家的路"，"世界未来文化就是中国文化的复兴(梁漱溟:《东西文化及其哲学》)，因此要紧的不是"西方文化东渐"，而是加紧

"中国文化西被",(柳诒徵:《中国文化西被之商榷》,《学衡》第二十九期)。——这也就是甚为"流行的一种说法,认为东方的文明是'精神文明',西方的文明是'物质文明'。……东方的人说:东方虽然被压倒了,但是它的'精神文明'还是优于西方的,这是一种自我解嘲之辞"(冯友兰:《三松堂自序》)。虽然是自我解嘲,但毕竟多少能满足一下士大夫们心理基础的要求,也算对文化背景给出了一种说法,所以不但调子越唱越高,而且常常还能博得"持论平正通达,于学术人心大有裨益"(光绪皇帝赞张之洞《劝学篇》语)一类的喝彩。无怪乎鲁迅当年常有哭笑不得的感叹:"中国人的不敢正视各方面,用瞒和欺,造出奇妙的逃路来,而自以为正路。在这路上,就证明着国民性的怯弱、懒惰,而又巧滑。一天一天的满足着,即一天一天的堕落着,但又觉得日见其光荣。"(鲁迅:《坟·论睁了眼看》)

正是由于这种根深蒂固的"中国精神文明冠于全球"(鲁迅:《阿Q正传》)的文化阿Q主义,所以"中国太难改变了,……不是很大的鞭子打在背上,中国自己是不肯动弹的"(鲁迅:《坟·娜拉走后怎样》)。鲁迅的话没有半点夸张。如果把近代中国与近代日本比较一下就可看出一个根本的差别:文化浅薄的日本是积极、主动、争着、跑着,惟恐落后般地全力汲取西方文化,而文化太厚的中国则是首先百般抵制、全力拒斥,而后才被拖着、打着,无可奈何地一步一步被迫接受西方文化。这两种根本不同的态度,极其深刻地影响了中日两国各自的近代命运,用梁启超的话说就是:"日本变法,则先变其本,中国变法,则务其末,是以事虽同而效乃大异也"(梁启超:《变法通议·论译书》)。日本由于是积极主动的态度,所以力求首先引入、学习西方文化的本质、核心、根基。1868年明治维新,天皇诏书全国:"破旧有之陋习"、"求知识于世界",日本知识分子举国而动,慨然以"近代化为绝对命令",甘心付出"想要输入外国文明时必须付出的代价"，他们本来也曾幻想"东方的道德、西方的技术"、"日本的精神、西方的学识"这类模式，但随后立即明白，要"实行近代化"就不可能用这类模式应对，"因为所谓文明本来是一个整体，并不能单独采用它的科学技术文明"，于是极为明智地不是一味只着眼于西方的实用技术，而是首先大力输入西方文化的"本"亦即西方的哲学以及政治法律等社会科学，使日本国风气为之一新，从而全面改变了原先的文化结构，奠定了维新变法的根基，终于只用了短短三十年左右就奇迹般地完成了近代化过程，甲午首战中国，转而再战沙俄，竟然"一反世界的预料而在两次战争中都取得了胜利"（吉田茂：《激荡的百年史》），从此一跃而为列强，俨然称霸东方。与此同时，中国却恰恰相反，由于抱着极其不情愿的抗拒心理，所以西方文化中越是根本越是关键的东西也就越不肯学，越遭到抵制，惟恐一学中国人就不是中国人，中国文化就不是中国文化了；而且即使稍稍学一点，也要立即补上一句："虽然，此皆器也，而非道也，不得谓治国平天下之本也。"（王韬：《变法上》）正因为这样一种心理，几乎每次都要"很大的鞭子打在背上"才能动一动：鸦片战争一鞭打在背上痛不可当，才不得不开始学造洋枪洋炮，但只准学这点，其他不能要，所以中国翻译西方书籍最早"专以兵为主"；然而一要造枪炮，方知这枪炮后面还有一整套"格致学"即自然科学原理，无可奈何之下，又开始翻译"算学、电学、化学、水学诸门者"，但只能到此止。所以直到上世纪80年代，基本尚无社会科学译著，因为目的只限于"资以制造以为强兵之用"；然而甲午海战又是一鞭打了下来，已有洋枪洋炮的北洋水师全军覆没，举国震惊之余，方知"西人之强者兵，所以强者不在兵"，光有自然科学并不济事，更要紧的是社会科学，于是才急呼"今日之计，莫急于改宪法。必尽取其国律、民律、商律、刑律等书而译之"（梁启超：《变法通议·论译书》），由此法律政治社会科学方面的翻译才开始，而一走到这一步，则终于发现，社会科学背后原来还有一"绝大关键"的东西，这就是西方的哲学根基，这才有严复的《天演论》等开始问世（1898 年后开始），这才使"吾国四千余年大梦之唤醒"（梁启超：《戊戌政变记》卷一），逐渐明白中学这个"体"一贯津津乐道的"'心'字、'天'字、'道'字、'仁'字、'义'字，如此等等"，"与梦呓又何以异乎？"（严复：《名学浅说》）才醒悟这个"体""一言以蔽之，曰无用"、"曰无实"，"其为祸也，始于学术、终于国家"（严复：《救亡决论》）。然而，为时晚矣！初看起来，中国人之认识到西学的"本"与日本人只差三十年左右，然而恰恰是这短短的三十年，天下之攻守之势大异也！甲午之后，中国人已再无喘息之机，西方列强纷纷叩门而入，国家之独立已不复保，在这样的情况下再开始翻译西学经典，再开始戊戌变法，还何用之有！与此相反，日本在甲午之后则已以全新面貌翻然崛起于东亚，完全站稳了脚跟，足保本国之独立安全，大可放手加速其近代化进程了。东亚的基本政治、经济、文化格局以及中、日两国的各自地位，以此而成定局。如果我们能记得，中国是 1840 年被英国军舰打开门户，而日本则是 1853 年被美国炮队强行打开门户（"在这以前，日本是一个与世隔绝、过着太平生活的国家"——吉田茂：《激荡的百年史》）的话，难道我们能不感叹这三四十年是如何地瞬息万变而又命运攸关？！

　　一念之差，常贻误无穷。鸦片战争以后的中国人如果不是那样的抱残守缺、空谈夷夏，中国史和世界史或当有所不同。中华民族"实有可为大国之储能"，如能"尽去腐秽，惟强以求，真五洲无此国也"（严复：《社会通诠·按语》）。然而，令人长叹的是，百年以来偏偏有那么多的中国知识分子总是不愿或不敢正视中国传统文化形态已经根本不适应时代发展这一严峻事实，总是翻来覆去地强调中国传统的文化心理、文化结构、文化机制、文化背景是不必改变、不可改变,也改变不了的。说到底无非仍然"不承认这是古今、新旧的矛盾,而认为是东西、中外的矛盾。东西文化不同,因为其根本思想不同"。在这一点上,冯友兰先生几十年前的看法倒比今日许多论者的说法更为清醒、更为科学。冯先生最初也是"用地理区域来解释文化差别,就是说,文化差别是东方、西方的差别",但他"后来逐渐认识到这不是一个东、西的问题,而是一个古今的问题。一般人所说的东西之分,其实不过是古今之异。……现代的欧洲是封建欧洲的转化和发展,英国是欧洲的延长和发展。欧洲的封建时代,跟过去的中国有许多地方是相同的,或者大同小异。至于一般人所说的西洋文化,实际上是近代文化。所谓西化,应该说是近代化"(冯友兰:《三松堂自序》)。

这当然并不是说,中西文化之间就没有地理区域上的差别。但是本文认为,中国传统文化与中国现代文化之间的差别乃是文化讨论中主要的、第一位的问题,而中西文化的地域区别则是次要的、第二位的问题,我们只有把重点放在第一个问题上,才能更好地来进行中、西文化的比较。这里有几个问题需要特别指出:

第一,所谓的"西方文化"实际上是一个十分笼统的概念,真正说来,英、美、德、法、日、苏……等主要西方大国各自的文化传统和文化背景都有着极大的、不容忽视的区别,更不必说西班牙、葡萄牙、意大利、北欧、东欧等等了,而且各国走向近代化或现代化的路径也都各有千秋,例如在欧洲至少就可分为英国、法国、德国这三种极不相同的道路(这方面的比较研究大有实际意义),今日这些国家一般被人们认为是现代化国家,它们的文化一般也被看成是现代文化形态,但所有那些民族的文化传统的区别仍然鲜明地保持着(例如从大范围上讲,欧陆派与英美派几乎互不相容),不过问题是在于,所有这些国家的文化区别都是在现代文化形态之内的区别,这就是至关重要之点。我以为今日中国文化的根本问题就在于,它必须尽快使自己进入现代文化形态的行列,从而才可能在一种平等的基础上来与其他现代民族文化作比较,也就是说,我们今日必须使中国文化与西方文化的区别成为一种如同西方各国文化之间的区别一样,是在同一个现代文化形态范围之内的区别,只有这样的区别,才是一种平等的区别。也只有这样,我们才有可能展开与其他现代民族文化之间的真正的、平等的对话。如若不然,我们就势必只能处在不平等的文化区别、不平等的文化比较、不平等的文化对话这种不平等的地位上。

第二,我们必须清醒地认识到:中国传统文化并不是由于近代以来西学东渐才受到挑战并出现危机的。事实上,西学的刺激再怎么强烈,始终只是一种外部的挑战和外来的冲击而已,如果中国传统文化足够强大、足够有生命力,这种外部的挑战和冲击也就不致构成危机了。真正的挑战和冲击并非来自外部,而是来自内部,亦即来自这个事实:近代以来中国社会本身的发展,使中国传统的文化形态再也不能适应中国社会的现实了。因此,问题的实质就根本不在于中西文化的差异有多大,而是在于:中国文化必须挣脱其传统形态,大踏步地走向现代形态。正因为这样,我们必须特别注意不要用中西文化的地域差异来模糊、转移中国古今文化的差异这一严峻任务。因此,如果我们真正想要发扬光大中国文化,那么这并不表现为开口闭口"诸子百家儒道禅",而是要切切实实地去探索中国文化走向现代文化形态之路;如果我们真正对中国文化充满了关注,那么首先要担忧的并不是儒家道统能否延续,而是要时时反问:我们的文化形态是否处在世界现代文化形态之外?如果我们真正具有文化的自信、民族的自尊,那么与其不着边际地幻想"世界未来文化必是中国文化的复兴",不如脚踏实地地考虑一下:中国文化今日有无能力摆脱其传统形态而进入现代形态?

所有这些,自然使得一个老问题又一次突出地提了出来:我们究竟应该怎样看待文化传统？

说　"传　统"

　　传统问题实际上是文化讨论中的核心问题所在。百年来的中西古今文化之争，其理论上的争论焦点，差不多都落在这个问题上。80 年代重开文化大讨论，事实上也已经逐渐把这个问题推到了前台。从目前看来，海内外的许多论者似乎都持有一种相当普遍的所谓"反'反传统'"的态度或倾向。这种倾向认为，近代以来，尤其是五四一代的知识分子，由于把"现代化"与"西化"不恰当地等同了起来，以一种全盘否定的"反传统"态度来对待中国文化，因此在客观上"切断"了中华民族的"文化传统"，造成了所谓的文化传统的"断裂带"。因此，今日的任务显然是应努力去弥补这种断裂，以"接上"中国文化的"传统"。

　　所有这些，都是完全可以理解的。对此不应妄加指责，更不应以任何简单的政治标准和道德热情给予当头棒喝。尤其是文学中的寻根意识，自有作家们的一番辛酸苦辣在内，其原因的复杂与今后实际走向的必然多重分化，实非一时所能说得清楚；从 70 年代末的"伤痕文学"如此快地走到今日这种"文化文学"（我们姑且这么称之），在中国当代文学史甚至中国当代文化史上如何评说，恐怕目前也还为时过早。我们这里想要提醒的只是，在对"五四"进行再认识之时，必须对"传统"问题本身也进行一番再认识；80 年代的文化讨论，应该首先在理论上或方法论上对"传统"本身作出新的理解和认识，换句话说，当我们大谈"文化传统的断裂"时，当我们千方百计地企图"补接"文化传统时，不妨首先从理论上讨论一下这样一个基本问题：

　　究竟什么叫"传统"？究竟怎样才是或才能继承"传统"？

为了讨论的方便,我们在这里引入"时间性"(Zeitlichkeit/temporality)这个概念,其特点是带有过去、现在、未来这三个时间维度。我们现在可以问,从时间性上讲,所谓的"传统"究竟落在哪一个时间维度上?

以往的通常看法实际上多半是把"传统"与"过去"等同了起来。尤其是那些特别强调传统的重要性的论者,他们所说的"传统"无非就是"过去"或说过去的东西。这就是说,"传统"只不过是"过去已经存在的东西"——过去的人,过去的事,过去的思想,过去的精神,过去的心理,过去的意识,过去的文化,以至过去的一切。因此,所谓"继承发扬"传统也就只不过是使"过去已经存在"的那些东西在现在以至未来发挥积极的作用,而所谓"批判的继承"则也就成了只是在"过去已经存在"的那些个东西之中挑挑拣拣:"消极衰朽的"东西就扔掉它,"积极健康的"东西则留下来。

这种把"传统"看成是"过去"的观念,实质上隐含着一个通常不易觉察的假定,亦即把"传统"或"文化传统"当成了一种"已经定型的东西",当成了一种绝对的、固定化了的东西。也就是说,凡是"过去"没有的东西就不属于"传统",例如,"科学理性精神"是"过去"的中国文化中没有的,所以科学理性精神就不能成为中国文化的"传统",即使"现在"可以学习一点,那也不是以成为中国文化的正统、道统、核心、精髓,不足以表征中国文化的基本精神,所以也就不能成为中国文化"未来"发展的方向。本文上节所说的惟恐中国人变成不是中国人,中国文化不成其为中国文化的种种心理,实际上都是从这种把传统等同于过去的观念中生发而来。"传统"在这里成了像天上的月亮,地上的石头那样的万世不变的自然物体,而我们与传统的关系也就成了一种与固定不变的东西之间的关系,借用西人马丁·布伯(Martin Buber)的话说,就是一种"我与它"的关系,其特点是,不管我如何思考,如何动作,传统总是保持着它

的自身同一性而始终不变："它，总是它，它！"(参见马丁·布伯:《我与你》，爱丁堡 1937 年英译本)

在本文看来，把"传统"等同于"过去"，那就必然会以牺牲"现在"为代价，因为这种传统观总是以"过去已经存在"的东西(尤其是所谓文化的价值核心、文化的心理结构等等)为尺度来衡量现在的文化是不是标准地道的中国文化"传统"，从而也就把现在纳入于过去的范畴，拉进了过去的框架;而现在既然已经下水，则未来自然也就不能不跟着入笼，由此，现在也好，未来也罢，统统都被装进了过去这宝瓶之中，统统只不过是那同一个恒定不变而又能循环往复的"过去"。实际上，我们是把现在和未来统统都葬入了过去的坟底之下，这才是真正只落得"好一片白茫茫大地真干净"!诚然，许多人倒也都好谈"未来"，例如，"未来世界必定是中国文化的复兴"，"百千年后中国文化将会如何如何"之类，这种说法看上去似乎十分高瞻远瞩，能不拘泥于只从"现在"出发的功利实用考虑，而能从"未来"这深远的前景出发来筹划中国文化，实际上，这完全是一种"幻相"，因为这种种说法恰恰正是在从"过去"看"未来"，而不是从"未来"看"过去"，其根本原因就在于，他们所说的这个"未来"，所说的这个"百千年后"，实际上仍然只不过是那个"过去"，再过一万年，也永远还是那个"过去":所谓的"未来"早就已经被根据"过去"的标准量体裁衣、切削成型，它与"过去"了无区别，只不过是"过去"的翻版而已。而在许多人那里，他们所要的也恰恰就是这种翻版，因为在他们眼里，惟有那个"过去"才称得上是"传统"、"道统"，才是地道的中国文化。由此也就不难想见，我们的"过去"是多么卓有成效地在拖住我们的"现在"甚至我们的"未来"! 因此，我们的"现在"、我们的"未来"，常常都并不是一种"真的"(eigentlich/authentic)现在和未来，因为它们的存在并非自身具有意义，而只是为了让那个"过去"苟延残喘;也因此，我们的"过去"也常常并不是"真的"过去,因为它常常"忘记了"它已经过去了,仍然还要年复一年地"复制"自身,从而杜绝了其他任何新的可能性。而最悲惨的是,由于我们生活在这样一种"非真的时间性"(der uneigentlich Zeitlichkeit/inauthentic temporality)中,我们自己的存在也就成了一种"非真的存在",因为我们不是也不能立足于自己本身来处世在世,而只是为了让"过去"的那个"民族文化心理结构"能够有一载体而不致"断裂";在时间的流动中,在历史的行进中,我们只是偶尔地"在场"而已,却并没有真正地"参与"在时间与历史之中,因为我们在时间与历史之中根本占不到一个与我们自己的生存息息相关的"瞬间"(Augenblick/moment),也没有任何一个"此地"(Da/there)是我们自己的立足之所。于是乎我们像幽灵一般,忽而故国神游于"文武周孔"之福祉,忽而又梦魂追寻"后工业社会"之仙境,上下几千年,来去数万里,却就是从未曾知道"自己"当下此刻正处在何时何地! 从表面上看起来,"传统"似乎是如此鱼水不可分地与我们内在相联,实际上却恰恰相反,传统与我们完全是外在的关系,因为不管我们存在还是不存在,与"传统"都了无关系,在我们之前,"传统"就已是这样,在我们以后,"传统"也依然如故,所以我们"现在"的存在也就纯粹是一种偶然的存在,惟有那"传统"——过去的文化心理结构——才以其超时间超历史的必然性永恒不变地存在着,如月当空,普照万世。

以上种种,我们称之为"过去式的思维方式"或"过去式的生活态度",其根本特点就是严重地缺乏现实感,缺乏自我意识。阿Q的两句道白实可作为其最高的象征,一句是:"我们先前——比你阔得多啦! 你算是什么东西!"另一句则是临到杀头之际了,还要挣扎着交待一句场面话:老子"二十年后又是一个……"。而"二十年后"果然又来了一个,"他叫'小同',大起来,和阿Q一样"(鲁迅:《且介亭杂文·寄〈戏〉周刊编者信》)。于是我们就这样"二十年"一个轮回般地循环着,每个人都深信不疑:我儿子今后会阔得多啦!因为从前我祖宗那会儿比现在要阔得多啦!总之,或是夸耀过去的祖宗,或是吹嘘未来的子孙,偏偏自己现在无事可干。这确实正是法国人今日所说的地地道道的"自我欺瞒"(mauvaise foi/bad faith)。这种"过去式的思维方式"或"过去式的生活态度"大概与我们历来的时间观有关,我们将之称为"过去型的时间观",亦即人们总是习惯于把"过去"这一维当作"时间性"和"历史性"的根基、本质、核心,因此一谈到"传统"、"文化"这些在时间中和历史中存在的东西,首先就十分自然地到"过去"中去寻找,尽管"过去"实际上早已过去了,但人们总力图在"现在"中把这个"过去"挖掘出来,复制成型,并把这个"过去"再投影到"未来"上,因此,继承传统成了复制过去,光大传统也无非加大投影。久而久之,也就必然形成了一种以过去为中轴的内循环圈,现在和未来都被划地为牢绕着过去作向心运动,在过去这巨大的向心引力下,现在和未来的任何一点新的可能性均被吞噬、碾碎、消化、瓦解,"现在"与"未来"实际上根本就已不复存在,因为它们全都被"过去化了"。这种循环我们可称之为"过去式封闭型内向循环",其必然结果就是,随着与那个"过去"的时间距离日益加大,其循环旋转也就越来越吃重,越来越费力,越来越缓慢,直至最后终于凝滞固定而不动(不过还可以耐心等待"未来的某一天"再作旋转)。所谓中国封建社会长期停滞这些问题,我看很可以从"过去型时间观"、"过去式思维方式"、"过去式生活方式"以及"过去式封闭型内向循环"这类"文化心理结构"来作些分析考察。海外许多学者近年来常常爱用"忧患意识"这个概念,意思是说,儒家文化的起源在很大程度上是与对"郁郁乎文哉"的周代文化竟会衰败没落感到无比"忧患"有关,因此,"忧患意识"——担心过去的文化不复再保——也就构成了历来儒家文化的一个重要特点。这个说法我们非常赞成,因为所谓

20世纪儒学研究大系

的"忧患意识"恰也就是我们所说的"过去式"思维观和生活观。不过海外许多学者似乎对这种"忧患意识"评价很高,并且也像古人那样非常"忧患"中国在现代化之后,中国文化还能否成其为中国文化;我们却恰恰相反,不但没有这种"忧患意识",也不大理解这种"忧患意识",因为在我们的心目中,中国的过去要是没有这种杞人忧天式的"忧患意识",那么我们现在大概也不必为现代化而"忧患"了。

可以直截了当地说,在我们看来,如果"传统"只不过就等于"过去",那么我们确实只能认为:"传统在思想体系的所有领域内都是一种巨大的保守力量"(恩格斯:《费尔巴哈与德国古典哲学的终结》),而且其表现形式也就常常是这样:"一切死亡前辈的传统,好像噩梦一般,笼罩着活人的头脑。……"(马克思:《路易·波拿巴政变记》)

与上述这种传统观完全相反,我们认为,"传统"是流动于过去、现在、未来这整个时间性中的一种"过程",而不是在过去就已经凝结成型的一种"实体",因此,传统的真正落脚点恰是在"未来"而不是在"过去"。这就是说,传统乃是"尚未被规定的东西,它永远处在制作之中,创造之中,永远向"未来"敞开着无穷的可能性或说"可能世界",正因为如此,"传统"绝不可能只等于"过去已经存在的东西",恰恰相反,传统首先就意味着"未来可能出现的东西"——未来的人、未来的事、未来的思想、未来的精神、未来的心理、未来的意识、未来的文化、未来的一切。因此,"继承发扬"传统就绝不仅仅只是复制"过去已经存在的东西",而恰恰是要发前人所未发、想前人所未想,创造出"过去从未存在过的东西",从我们今日来说,就是要创造出过去的中国人不曾有过的新的现代的"民族文化心理结构";而所谓"批判的继承",也就并不只是在"过去已经存在"的东西中挑挑拣拣,而是要对它们的整体进行根本的改造，彻底的重建，以今日而言，也就是要彻底打破中国人几千年来的"文化心理结构"并予以全盘重建。这里顺便说一句，所谓的"民族文化心理结构"实际上并不是什么玄而又玄、一成不变的"形而上实体"，而完全是一种动态过程，随着时代的变迁、必有社会的变迁、文化的变迁，从而也就必有心理结构的变迁，而通常所说的"现代化"，从知识社会学的角度上讲，无非就是指社会变迁、文化变迁的一种特殊形式，因而也就是心理结构变迁的一种特殊过程。说它是"特殊形式"，就是指现代化所造成的"变迁"比之通常的变迁来说是最彻底、最根本、最全面、最深刻的一种变迁，因为它要求社会结构彻底变迁、文化形态根本变迁、心理结构全面变迁。所谓"搞"现代化，就是要求自觉地、有意识地去促进这种总体性的"变迁"。阻碍这种"变迁"也就是阻碍现代化的进程。就我们而言，我们根本就不"忧患"在经过现代化所造成的全面变迁之后中国人还是不是中国人，中国文化还是不是中国文化，因为在我们看来，不管这种变迁是多么剧烈，多么深刻，它都是中国人自己在变，中国文化自己在变，是中国人自己在改造自己，中国文化自己在发展自己，所以不管变迁之后的未来与变迁之前的过去会是如何地面貌全非、大不一样，它都是中国人自己的发展，中国文化自己的创造，因而内在地构成了中国人或中国文化自己的"传统"之一部分。要言之，所谓"中国人"并没有什么固定不变的样子，似乎非如此如此才叫中国人，我们为什么要把中国的"传统"限制得如此单调呆板，又何苦非要老是无病呻吟式地"忧患"来"忧患"去呢？

根据我们的传统观，传统既然是"尚未被规定的东西"，传统既然是永远在制作之中、创造之中，那么我们每一代人自己"现在"的存在就都不是一种可有可无的偶然存在，不是"过去已经存在的东西"之自然延续，不是仅仅作为"过去"的文化心理结构之载体、导体才有资格被"传统"所接纳，而是对"传统"负有着一种"过去"所承担不了的必然的使命,这使命就是:创造出"过去"所没有的东西,使"传统"带着我们的贡献、按照我们所规定的新的维度走向"未来",用当代解释学(Hermeneutics)大师伽达默尔(H-G.Gadamer)的话来说就是:"传统并不只是我们继承得来的一宗现成之物,而是我们自己把它生产出来的,因为我们理解着传统的进展并且参与在传统的进展之中,从而也就靠我们自己进一步地规定了传统。"(伽达默尔:《真理与方法》,纽约 1975 年英文版,第261 页)换言之,传统、文化、历史都不是什么超乎我们之外或之上的"非时间的"(atemporal)自然持存之物,而是与我们每一代人在每一特定时间中的所作所为内在相联的,并且就是由我们每一代人在每一具体时间内对它们的理解、改造、创造所构成的,用当代解释学的术语来说,它们都是"有效应的历史"(Wirkungs-geschichte/effective-history)(参见上引书第 267 页),也就是说,每一代人都对传统、文化、历史起着特定的作用,产生着特定的结果、效果、效应,从而在这一特定历史时间中有效地影响着、制约着、改变着传统、文化、历史。所谓的"传统"、"文化"等等,就是这样在每一代人所创造的新的结果、效果的影响下而不断地改变着、发展着,因此"不能得出这样的结论:文化传统应当被绝对化和固定化"(伽达默尔:《哲学解释学》,加利福尼亚大学出版社 1976 年英文版,第 31 页)。反过来说,我们的"心理意识结构"自然也就同样不可能是一种由"过去"已经一劳永逸地塑造好了的先验"主体性"或"主体结构",不可能存在着今日许多人所相信的那种抽象的、一成不变的所谓"中国人的文化心理结构",恰恰相反,心理、意识,同样地是所谓的"有历史效应的意识"或说"历史地活动着的意识"(wirkungsgeschichtliche Bewusstsein/effective-historical consciousness 或 historically operative consciousness)(《真理与方法》,第 305页),也就是说,心理结构、意识活动,都不是什么非时间、非历史的始终同一之物,而总是在具体的、特定的时间和历史中存在着、形成着、活动着,所以也就必然在每一具体的时间和历史中都被影响着、改变着,重新塑造着。诚然,心理结构等等是在"过去"就已在形成着的,但这决不等于说,"过去"的心理结构也就是我们"现在"的心理结构,恰恰相反,我们必须首先瓦解、清除"过去"的心理结构(亦即法国人今日所谓的"deconstruction"),以便塑造我们自己"现在"的心理结构,也就是说,我们不能只是被动地顺从于"过去"的心理结构,而必须首先主动地去改造它、重建它;不应使"现在"的心理结构"过去化",而必须使"过去"的心理结构"现在化"。这样,我们就把"过去"纳入了"现在"的范畴,使"过去"进入了"现在"的轨道。

　　这里的重要之点是在于:必须使"现在"去同化"过去",以"新的"同化"旧的",而不是反过来用"过去"来同化"现在","旧的"同化"新的",这就是我们的传统观与前一种传统观的主要区别所在。因此,我们不是以"过去"的文化和心理结构为尺度来衡量"现在"的文化与心理结构是不是标准地道的中国"传统,而是以"现在"的文化与心理是否与"过去的"有所不同来衡量一种"传统"是否具有新生力和创造力,对我们来说,继承发扬"传统"的最强劲手段并不在于死死地抱住"过去已经存在的东西"不放,而恰恰是要不断地与"过去"相抗争,尽力张大"现在"与"过去"之间的差异、区别、对立,甚至不惜与"过去"反其道而行之,只有这样才能使"现在"不致被"过去"所吞没,从而才能为"未来"敞开无限广阔的"可能性"。我们前面说,"传统"的真正落脚点是在"未来"这一维,也就是要强调"传统"具有着无限广阔的可能性与多样性,而不能被拘囿于一种僵死固定的"模式"或"结构"之中。确切地说,我们所理解的"传统",就是在"过去"与"现在"的不断遭遇、相撞、冲突、融合(新的同化旧的)之中所生发出来的种种"可能性"或说"可能世界"(possible worlds),而这些"可能性"也就是我们所理解的"未来"。由此我们也就可以看到,我们所说的"未来"与前一种传统观所说的"未来"有着根本的不同：一方面，我们并不是以"过去已经存在的东西"这种"事实性"来限制未来应是如何如何，而是以"可能性"亦即"过去不曾存在的东西"来规定未来，所以我们的未来就不是"封闭的"而是无限开放的；另一方面，这种"未来"或"可能性"又恰恰是立足于"现在"与"过去"的相抗争之中，所以这种"未来"，并不是什么虚无缥缈的东西，而是由我们"现在"的作为所敞开的。在我们看来，惟有这种既立足于当下此刻同时又敞开着无限可能性的运动过程才是"真的"未来。与此同时，所谓的"现在"也就有可能是一种"真的"现在了：一方面，"现在"具有了独立于"过去"的自身存在价值，它明白自己的任务就是要显现出与"过去"有所不同，并使"过去"服从于自己，用今日解释学的话说，就是要使"一切传统都与任何现在时刻相同步"；但另一方面，正如"过去"不应当被绝对化和固定化一样，"现在"也不把自己看成是什么终极的东西，因为它知道"现在"将会变为"过去"，"新的"终会成为"旧的"，因此把"现在"绝对化固定化也就只不过是把"过去"绝对化固定化的拙劣翻版而已。"真的现在"之本质就在于：它能使过去服从自己，又使自己服从"未来"，亦即不断把"现在"变成"过去"，以新的"现在"与旧的"现在"相对立、相抗争，从而使"过去"和"现在"都不断地走向"未来"，不断地敞开、扩大可能性的国度，而所谓的"传统"正是这样一种"过去与现在不断交融会合的过程"（《真理与方法》，第258页），亦即不断走向未来的过程。正因为这样，所谓的"过去"也就能够成为一种"真的"过去了："过去"不再把"现在"和"未来"死死地拖入自身之内，而是相反，它使自己本身不断地超出自身，主动地使自己不断地"现在化"和"未来化"；"过去"不再只是年复一年地简单"复制"自身，而是具有了一种"生产性态度"：不断生产出它自己以往所没有的东西。过去在这里已经不再是一种僵死固定的现成之物，而是成了不可穷尽的可能性之巨大源泉,这才是"真的过去"之本质所在,这也就是我们的"过去"与前一种传统观的"过去"之根本区别所在。

由此也就可以看到,我们强调传统的真正落脚点是在"未来"这一维,恰恰不是要扔掉"过去",相反,倒不如说正是要强调必须一次又一次地返回到"过去"之中,亦即不断地开发、开采"过去"这巨大的可能性源泉,因为真正说来,"现在"之所以能够为"未来"敞开无限广阔的可能性,正是意味着"过去"本身具有着极大的有待开发的潜力和潜能。也就是说,所有这些"可能性"可以说就蕴藏在"过去"本身之内,然而它们在过去仿佛是被"遗忘"了,被"遮蔽"了,因此一直处于一种"缺席"(absence)的位置上——"现在"之所以必须与过去"已经存在的东西"全力相抗,正是为了使这些过去"被遗忘"的东西苏醒过来,使"被遮蔽者"得以"去蔽",正是为了使"缺席者"在时间与历史中"现身出场"! 所以,"现在"与"过去"越是有所不同,恰恰也就越表明"过去"正在把它自己的本来面貌日益丰富、日益完整地向我们"呈现"出来,因为"过去"在每一"现在"不断"再度呈现"的过程,正就是它不断补足、恢复它自己的"缺席者"、"被遗忘者"的过程,因此,不断地走向"未来",恰恰正就是不断地返回于最本真的"过去"! 换言之,"过去"的本质正寓于"未来"之中,正存在于"过去不曾存在的东西"之中,而不像通常所以为的那样是存在于"过去已经存在的东西"之中。如果用一个简单的公式来表述,我们不妨说,真正的过去大于"过去已经存在的东西",而等于"过去已经存在的东西"加"过去不曾存在的东西"之总和;同样的,真正的现在大于"现在已经存在的东西",而等于"现在已经存在的东西"加"现在不曾存在的东西"之总和;换句话说,真的过去、真的现在,与真的未来实是同一不二的东西,它们都具有一种"超出自身"(Ausser-sich/outside-of-itself)的性质,都具有一种"向着可能性去存在"(Das sein zur Möglichkeit/Being towards pos-

20世纪儒学研究大系

sibility)的动态结构——正是在"可能世界"这伟大的国度中,过去、现在、未来的时间界限被完全打破了,它们不再各自固着于自己所处的地平线上,而是彼此交融、你我不分,形成为时间性之"地平线的交融会合"(Horizontverschmelzung/Fusion of horizons),亦即构成了一个巨大的共同的时间性地平线。在这种"时间性地平线"上,时间的自然次序似乎被颠倒了:在自然秩序中,时间总是呈现为"历时性"结构,亦即总是从过去流向现在流向未来;然而在我们所说的时间性地平线上,时间却呈现为"共时性"或说同时性的结构,亦即过去、现在、未来都"同时化"在未来这一维中,我们把时间的这样一种"同时化"结构称之为时间的真正"时间化"(zeitigen/temporalize),亦即所有的时间瞬点都被"未来化"了,因而也就可以说时间似乎是从未来走向现在走向过去的。我们把这种时间观称之为"未来型时间观",亦即把"未来"这一维作为"时间性"和"历史性"的根基、本质、核心,总是从"未来"这一维来理解"现在"与"过去"。因此,对于"传统"、"文化"这些在时间与历史中存在的东西,我们总是把它们看成为首先存在于"未来"之中的永远有待完成的无穷大有机整体或有机系统,在这种有机整体中,"过去已经存在的东西"只不过是其中的一个部分或一个要素而已①。显而易见,这种"过去已经存在的东西"不但不能规定整个系统亦即整个"传统"或"文化"的意义,不能规定"现在"与"未来"出现的其

---

① 顺便说一句,所谓的"系统方法"今日甚为流行,而且已被广泛地运用到社会科学和人文科学中来,但有必要指出,在"人文学"(Geisteswissenschaften)的领域,"系统方法"必须考虑"时间性"的因素,亦即应该把这类"系统"首先看成是永远有待完成的"系统",从而也就把"过去"的一切都仅仅看成是有待完成的大系统中的一个要素而已,而非本身就已是一个完成了的系统。所谓良性的"解释学的循环"(der hermeneutische zirkel)就是要把各种人文系统都看成是在时间性的平线上不断超越自身的开放循环系统。

他部分或要素的意义，而且甚至都不能决定它自身的意义，因为它的意义只能由它在整个系统中的地位所决定，只能由它与其他部分其他要素的关系所决定，这就是说，即使"过去已经存在的东西"本身也没有什么僵死固定、一成不变的"意义"或性质，相反，它的意义是由"现在"和"未来"所决定、所赋予的；随着在每一"现在"和每一"未来"中任何新的因素的出现和任何新的文化的创造，人类"文化"或民族"传统"这种永远有待完成的无穷大有机系统本身也就必然发生变化，从而也就使"过去已经存在的东西"在这种整体系统中的地位必然随之发生变化，亦即是这些东西的"意义"必然被改变。因此，今日许多论者津津乐道的所谓"还孔子的本来面貌"、"还儒学的本来面貌"，在本文看来也就只是毫无意义的语词，因为孔子也好，儒学也好，都没有什么自身不变的"本来面貌"，它们的面目都是在历史与时间中不断地塑造着又不断地改变着的，每一代人都必然地要按照自己的要求来重新塑造、修正改变孔子与儒学的面貌：汉代有董仲舒的孔子，宋明有朱熹的孔子，晚清有康有为的孔子，五四一代有鲁迅、胡适的孔子，今日又有李泽厚的孔子……，因此，真正的问题就根本不在于孔儒的"本来面貌"是什么，而是在于孔儒之学在 20 世纪的中国究竟还能起什么作用？更确切地说就是，孔儒之学能够成为中国现代文化系统的主干和核心吗？今日中国文化还能沿着"儒道互补"的路数走下去吗？20 世纪以后中国文化的"传统"还能以儒家文化为象征和代表吗？

　　我们的回答是断然否定的。在我们看来，如果还是那样的话，那就只能表明中国文化的系统仍然是"过去已经存在的"那个系统，在这个系统中，过去"被遗忘者"仍然未苏醒，过去"被遮蔽者"仍然未"去蔽"，过去"缺席者"仍然未"现身出场"。换言之，一个"现代"的中国文化系统仍然未能形成，因为它缺少足以标志其"现代"特征的新的要素来作为它的核心和主干。毫无疑问，儒道文化在今日以及今后都仍将作为中国文化的组成部分并起着作用,但是问题在于,在今日以及今后,它们在中国文化系统中的意义或地位当与"过去"截然不同:在过去,"儒道互补"大体构成了中国文化的"系统"本身,儒家文化尤可作为这个系统的主体和核心要素(所谓"价值核心"或"价值取向"),但是在今日以及今后,儒、道、释等"过去存在的东西"将不仅不足以构成中国文化的全部,而且它们都不能成为中国文化系统的价值主体和核心要素,只能成为次要的、从属性的要素,因为一个"现代的"中国文化系统必有其"现代的"价值核心与总体特征,这种新的"现代的"成分和核心要素不能也不应是儒学这种过去已有的"现成在手的"(vorhanden/present-at-hand)东西,而是某种现在"有待上手的"(zuhanden/ready-to-hand)东西,亦即是中国的过去一直"被遗忘"、"被遮蔽"的"缺席者"①。因此,我们现在所关心所注重的,就并不是"儒家文化的前景",而是今日中国文化必须开拓的新的出路和新的前景;而且在我们看来,中国文化的"传统"在今后将远远大于儒、道、释的总和,而有其更为广阔的天地和更为宏伟的气象,所以即使在"现代化以

---

① 我们以后或将有机会论述,中国现代文化系统的主干和核心,应是"科学理性精神"。这里所说的"科学理性精神",并非指自然科学研究中那种单纯的实证主义精神,而是从整个价值系统上讲的,因此在某种意义上也就是相对于中国文化历来的所谓"实践理性精神"这种整体特征而言的。关于中国儒家文化特有的"理性主义"的性质,暂可参见马克斯·韦伯(Max Weber)的《中国宗教》(The Religion of China,1951 年英文版)一书。近年来西方较有影响的有关论著可推芬格雷特(H·Fingaretle)的《孔夫子:以凡俗为神圣》(Confucius: the Secular as Sacred,纽约 1972 年)。国内李泽厚教授近年来在《孔子再评价》(1980 年)等文中也深刻揭示了"实践(用)理性"是中国文化的总体特征。但我以为,这种"实践理性精神"只是中国文化"过去"的基本精神,不能也不应成为"现在"及"未来"中国文化的本质。

后"或"后工业社会"的中国文化,也不会是什么"儒家文化的复兴"
(这种说法在我们看来未免太小家子气)。这里有必要强调的是,
我们与海内外许多论者的主要分歧,根本不在于是抛弃还是保存、
否定还是肯定儒家文化,也不在于是肯定得多与否定得多、注意积
极的多与注意消极的多之间的区别,而是在于"如何保存"这个问
题上:在我们看来,必须把儒道文化都带入一个新的更大的文化系
统中,而不能仍然把儒道文化本身就看成是中国文化的整体系统,
然后试图以此为本位来吸取、同代新的文化因素(例如许多人今日
幻想的再来一次当年儒学同化佛学的"壮举"),也就是说,我们不
能再把儒家文化继续当成"中国文化的基本精神",而必须重新塑
造中国文化新的"基本精神",全力创建中国文化的"现代"系统,并
使儒家文化下降为仅仅只是这个系统中的一个次要的、从属的成
分。在我们看来,惟有这样才能真正克服儒家文化曾经起过的消
极的甚至反动的作用,惟有这样才是真正光大中国文化的"传统"。
然而在许多论者那里却恰恰相反,在他们看来,似乎惟有使"中国
文化的基本精神"始终维持儒家文化的基本精神,才称得上是继承
发扬了中国文化的"传统",否则便是"切断"、"割断"了中国文化的
"传统",便是把"现代化与西化相混淆"——时下对"五四"的种种
流行评论正都由这种"传统观"而来。从这样一种传统观出发,论
者们自然也就十分合乎逻辑地试图仍然以儒家文化(或儒道并举)
作为中国现代文化系统的基础和核心,从而他们的工作重点自然
也就十分合乎逻辑地放在力图分清儒家文化中好的、积极的方面
与不好的、消极的方面上(其基本套路说到底无非是力图把"内圣
之学"与"外王之道"区别开),这种企图的用意不可谓不好,然而在
我们看来却未免太天真了一些,其结果也多半是徒劳的,因为文化
是一个有机联系的整体系统,一个脱离这整体系统的孤立因素,谈
不上什么绝对的好与不好,积极与消极,一切都以它在系统中的地

位和作用为转移；在我们看来，只要中国文化的整体系统没有发生根本的变化，只要儒家文化仍然是中国文化系统的主体和基础，那么儒家文化在历史上曾经起过的那些消极反动作用就不可避免地仍然会起作用（有什么样的"内圣之学"，也就有什么样的"外王之道"），在这方面，陈独秀当年的话在本文看来今日仍然是金玉良言：

> 吾人倘以为中国之法，孔子之道足以组织吾之国家，支配吾之社会，使适于今日竞争世界之生存，则不徒共和宪法为可废，凡十余年来之变法维新、流血革命，设国会，改法律，及一切新政治、新教育无一非多事，且无一非谬误，应悉废罢，仍守旧法，以免滥费吾人之财力。……对于与此新社会、新国家、新信仰不可相容之孔教，不可不有彻底之觉悟，猛勇之决心，否则不塞不流，不止不行！（陈独秀：《宪法与孔教》，《新青年》二卷三号）

鲁迅当年反复强调"改造国民性"的问题，也正是从此着眼的："此后最要紧的是改革国民性，否则无论是专制，是共和，是什么什么，照牌虽换，货色照旧，全不行的。"（鲁迅：《两地书·八》）——鲁迅的"改造国民性"，在我们看来也就是要改造中国文化的整体系统。

对"五四"，正应从这种角度来评说。20世纪是中国历史上翻天覆地的时代，几千年来的中国尽管并不是没有变化发展，但只不过是改朝换代式的发展而已，其基本的"社会系统"或"社会结构"并未发生过根本的变化；因此，它的"文化系统"或"文化结构"也不曾发生过根本的变化，尽管孔子、儒学的面貌也确在不断地被重新塑造修正，但确实并不需要彻底改造，而且还有同化异端的能量；同样，中国知识分子的"心理结构"或"人格系统"也不曾也无须作彻底的调整重塑，无非是"修身齐家治国平天下"而已。然而所有这些在 20 世纪全都变了,中国要走入"现代"的世界,这就不能不要求它彻底地、从根本上改变它的"社会系统"、"文化系统"、"人格系统",在这种巨大的历史转折年代,继承发扬"传统"的最强劲手段恰恰就是"反传统"! 因为要建立"现代"新文化系统的第一步必然是首先全力动摇、震荡、瓦解、消除旧的"系统",舍此别无它路可走,五四这一代人正是担当起了这一伟大的历史使命。在我们看来,五四不但没有"切断"、"割断"中国文化的"传统",恰恰相反,正是他们极大地宏扬、光大了中国文化的"传统"! 因为五四这一代知识分子不但"消解"(deconstruct)了"过去"的中国文化系统,而且正是他们开辟、创造了整整一代辉煌灿烂的中国新文化! 五四的文化正就是我们所说的中国"现代"文化形态的雏型! 五四这一代中国知识分子,正是中国文化在现代将有一伟大腾飞的第一代"历史见证者"! 我们今日摆出一副中国文化正统传人的面孔来对"五四"评头论足,难道不觉得有点滑稽可笑吗? 真正的问题根本不在于"五四"这一代人"否定得多、肯定的少"、"隔断了民族文化传统",而是在于,五四知识分子只是为中国新文化砌下了第一块基石,还来不及也不可能彻底完成建设中国"现代"文化系统的任务,这个使命历史地落在了 80 年代中国青年知识分子的肩上,因为中国的现代化今日已经真正迈开了它的步伐,有幸生活于这样一个能够亲手参与创建中国现代文化系统的历史年代,难道我们还要倒退回去乞灵于五四以前的儒家文化吗?!

天不负我辈,我辈安负天?!

(选自《文化:中国与世界》第 1 辑,生活·读书·新知三联书店 1987 年 6 月版)

传统与现代化

——以传统批判现代化
以现代化批判传统

张　灏

　　传统与现代化，这是一个百年来的老问题。百年来，中国知识分子，对这个问题的讨论，在内容上不知变了多少，但讨论的大方向，却很少改变。从本世纪初年的梁启超到十年前故世的殷海光，都主要是以现代化为标准、为尺度，来对传统作检讨、作批判。从今天看，这个方向并不错，但却是不够的。无论就中国而言，或者放眼世界，近代化的成就固是有目共睹的，近代化的弊病也在逐渐显露。因此我们不但要以现代化为基点去批判传统，同时也需要借助传统去检讨现代化。这篇文章就是希望从这两个不同的角度，就传统与近代化二者之间的关系，作一种"辩证的"、"双轨的"讨论。

一、"现代化"与"理性化"

　　二次大战后，"现代化"几乎变成中外学术界最流行的一个观念。但如何去了解现代化，则迄今议论纷纭。许多人将现代化视作工业化或经济发展的代名词。这一看法当然失之过于窄浅。比较深刻的一个了解是来自德国社会学家韦伯（Max Weber）的"理性化"这一观点。韦伯本人，一位19世纪晚期、20世纪初年的学者，当然没有用过"现代化"这一名词。但他对于西方近世文明的解释，则很有助于对现代化的了解。他认为贯串西方近世文明的是一种"理性化"的趋势。简言之，就是人类以其理性对自然和社会环境加以征服并控制所作的种种努力。西方近代空前未有的文化动力，就是以这种"理性精神"为其泉源。

韦伯这一定义，并非全备无缺，下面将会论及。但他所谓的"理性化"精神，确实很扼要地勾画出西方近代文明的一些基本特征。更重要的是，由他的定义，可以引导出一些很有意义的问题，作为本文"双轨讨论"的基础。

"理性化"是韦伯思想中很基本、同时也是很缠绕的一个观念。韦伯本人并未完全交待清楚。大致而言，这个观念包括两方面，一方面是指"价值理性"（Wert—rationalitöt），另一方面是指"目的理性"（Zweck—rationalitöt）。所谓"价值理性"大概是韦伯受德国唯心论的影响，而承袭了西方古典"理性主义"的一个基本观念：某些终极价值是人类理性所共许，对于这些价值我们只应该无条件接受，而不应该计较其效果之得失。所谓"目的理性"是指两种考虑都是着眼于功效或效果，我们不妨称之为"功效理性"。

这里必须特别指出的是，韦伯在讨论西方近代的理性精神时，主要是指这"功效理性"。他认为欧美近代的科技发展和资本主义经济制度最足以表现这种"功效理性"。但他同时强调这种理性精神也反映在西方近代文明的其他方面，例如行政组织、法律制度和宗教意识等等。

二、近代化与民主

韦伯理性化这一观念，是有其独到的见解。因为透过这一观念,我们看到西方近代文明中所特有的自我转化、自我调节的能力;我们也因此可以了解,近代的西方能够在征服自然环境和推动社会发展方面有着史无前例的成就。可是这一观念也有其美中不足的地方,它没有说清近代化与西方近代文明中另一重要环节——民主制度之间的关系。韦伯自己是肯定民主的价值的,他对许多政治现象如官僚组织、政治权威等均有极精辟的分析。可是他却对"理性化"是否以民主制度为其必要条件这一问题,似乎没有清楚的交代。

不仅韦伯在过去是如此,就是现代西方一般的社会科学家,对于现代化与民主之间的关系也还是议论不定。有不少学者,以现代极权国家如纳粹德国和苏俄为例,认为现代化不只为西方民主国家所专有。但也有学者认为民主制度应是近代化过程中所不可或缺的一个环节。我个人很同意这一点。姑且撇开民主制度所牵涉到的价值问题不谈,就纯粹从韦伯所谓的"功效理性"着眼,任何一个社会的近代化过程,如没有民主制度的支撑,很难有其稳定性和持久性。因为民主制度起码可以保证政治权力在转让时,能够有一固定而平稳的轨辙可循,不至于像专制国家,一旦遇到权力转让时,立刻危机四起,不但国家发展的方向可能因此而摇摆不定,就是政府的决策机构也可能陷于瘫痪。此外没有民主,权力过于集中,自我反省和自我批判的能力难免被扼杀,而权力腐化也难免随之而来。"只要有权力就会腐化,绝对的权力绝对会腐化",英国阿克顿爵士的名言,虽是19世纪晚期说的,到今天仍是意义深长,历久弥新。权力腐化的结果,人民的福利固然受到危害,一个社会在近代化过程中所需要的"自我调节"、"自我操纵"的能力也会受到损失。衡之今日集权国家里的种种畸形发展,民主对于近代化的重要性,应为不争之论。

三、以近代化批判传统

谈到批判传统,首先我们必须澄清一些对传统的误解。我们最需要正视的当然是五四时代所产生的全盘反传统思想。这种思想演发到极端,是视传统为一片非理性的黑暗,阻挠着中国的进步,必须把这片黑暗全部扫除,中国前途才能有光明。这种以黑暗的过去与光明的未来作简单的对照,原是中国知识分子在国难频仍的刺激下,心理失去平衡后的思想产物。因此而对传统所作的全面否定,也难免是情绪的反应多于冷静的反省,武断的曲解多于耐心的分析。然而,不幸的是,情绪的反应和武断的结论常常是一般人所欢迎的。这份"五四遗产"到今天仍然在中国知识分子中间有着极广泛的影响,就是这个原因。

另一种对传统的误解,与五四反传统主义的来源虽不同,而在思想上却可互相呼应,这种误解主要流行于西方的学术界。二次大战后,西方的社会科学家和史学家,主要受"现代化"这一观念的影响,开始注意非西方地区的传统文化。因为他们的着眼点是在解释现代化为何未能发源于或者顺利推展于非西方地区。一般的趋势是视传统为"现代化"的障碍。二者之间的不相容性也因此常常被特别强调。在此一趋势下,对传统的一些笼统而肤浅的解释相继出现,流风所被,影响今日学术界至为深巨。

西方学者在这方面的研究,许多地方是步韦伯的后尘。前面说过,韦伯是以"理性化"这一观念来解说西方近代文明的特色。同时他也从这一角度去探讨"理性化"的精神为何不能在一些非西方文化地区有同样的发展,因此写下了一系列的文化比较研究,其中包括他对儒家传统的分析。韦伯在本世纪初年能够有此识见,有此魄力,诚属惊人。但他在80年前研究非西方的文化传统,在资料上和观念上,难免受到很大的限制。因为这些限制,我们今天必须重估他对儒家传统的研究。韦伯著作中最大的缺陷是他几乎完全忽略了中国传统中所谓"天人性命之学"的一面,因此,他看不见儒家有关个人内在的道德自主观念,也看不见"天人性命之学"所含有的超越意识。其结果是儒家思想中对政治社会的批判意识全被抹杀。对韦伯而言,儒家只是一个礼俗制约的传统,有停滞和僵化的趋势,而缺少发展和转化的生机。遗憾的是,这一看法,出自韦伯,因此对许多中外学者,到今天仍有其权威性。

韦伯对中国传统的看法,与五四的反传统主义,可以说是殊途同归。一个是对传统轻率地否定,一个是简单地化约。二者都未能认清传统是一个多层多面的复杂建构。从近代化的角度看去,这传统的各种层面并不都只有负面作用,某些成分也可有其正面的和积极的功能。就以儒家的家庭伦理为例,五四以来的知识分子和研究现代化的学者常常认为这种家庭伦理是中国近代化的绊脚石。但是,我们只要稍稍了解近代华侨在南洋拓殖的历史和日本现代化的经过,便知道儒家的家庭伦理在某些环境下,也可以有助于经济发展。这个例子清楚地说明为何今天我们不能把传统与现代化的关系,视作一个简单的对立,接受现代化并非必须否定传统!

因此,我所谓的批判传统,是包含着双重的认识。一方面,必须正视传统的深度和复杂性;另一方面,也应承认从近代化的观点出发,传统有许多地方值得检讨和反省。现在就以民主与儒家传统的关系为例来说明这双重认识的意义。前面说过儒家传统不仅是礼俗规范,它也有企求至善和永恒的一套精神价值,环绕着心性的观念和天人合一的宇宙观而展开,由此而产生个人内在的道德自主感和超越意识。这些精神和道德意识,一方面造成了儒家思想中"天民"、"天爵"等"以德抗位"的观念,肯定了个人人格的尊严和独立;同时,也孕育了对现实政治和社会的批判意识和抗议精神。凡此种种,毫无疑问地与西方近代的自由主义在理论上有衔接的可能性。这里必须指出的是,我们不能因此轻易地把儒家的道德和社会观与民主思想等同起来。因为从自由主义的角度去看,儒家传统也有着一些不可忽视的缺陷。这是一个很复杂的问题,此处且提出两点来讨论。首先,儒家的所谓"超越意识",并不是很彻底的。产生超越意识的几个基本观念如天道、天理、性命等,在仔细检查下,往往并未脱离所谓"纲常名教"的夹缠,因此超越意识所产生的批判精神也必然有其局限性。它可以冲击现实政治和社会中一些不合理的现象,但它不能撼动皇权和家族制度的理论基础。相形之下,西方传统中的超越意识,不论源自古希腊思想或基督教思想,确是比较彻底的,基本上,它摆脱了现存政治社会制度的夹缠。因此它能造成一种完全独立于现存"社会次序"的"心灵次序",来作为民主制度的义理基础。在检讨民主与传统的关系时,这一点是很值得我们深思的。

　　换一个角度去看,民主与儒家的关系,我们也同样可以发觉后者的复杂性和它值得检讨的地方。但在进行讨论之前,我们必须先就民主与基督教思想的关系,略作说明。此处尤需强调的是基督教原罪的观念。这个观念,代表基督教对人性中的阴暗面的深刻认识和警觉。基督教一方面肯定人是可以得救的,但另一方面又强调,人只要是人,不可能变成完美无缺。完美无缺,只有在升天堂以后,才可能实现。换言之,在地上,在人间,"完人"和"超人"是没有的。人的堕落,人的罪恶,是永远潜在的。我们必须随时提高警觉,加以提防。因此,基督教对人性的看法,常常是低调而现实的。惟其如此,它才能就外在制度上,求防范、求约束。从这一点出发,基督教发挥了极高度的政治智慧。因为,人有其不可弥补的缺陷,有其永远潜在的罪恶性,任何人均不能授以绝对无限的权力。权力只要在人手里,就须加以防范、加以约制。前面提到英国阿克顿爵士对权力毒化所作的警语,这里必须补充的是,他是一位虔诚的天主徒。从他的基督教背景看来,他对权力腐化所表现的这份警觉和智慧,绝非偶然!

从这观点回过来看儒家传统,首先我们必须知道,儒家对人性的阴暗面,并非没有感受,没有警觉。荀子的性恶论,姑且不说,即以儒家正统而言,两千年来贯串前后的中心思想——修身,若非蕴含着这份感受和警觉,是不可能成立的。宋明理学在这方面的表现尤其显著:人心之内,善恶交战,间不容发。甚至以王阳明学派那种对人性的乐观和自信,却也对人欲随时淹没天理的警惕,从未松懈。此外,尽管儒家坚持"人皆可以为尧舜"的理想,憧憬着"群龙无首"的社会,这个传统却始终承认:芸芸大众的道德转化,只有通过现实社会制度和政治组织,加以由上而下的领导,由外而内的约束,才能慢慢实现。这种观点也很明显地反映着儒家对人生现实面的感受与认识。

但是,话说回来,儒家对人的世界基本上还是乐观的,它所强调的毕竟还是人性向上提升的可能性。与基督教的原罪观念以及印度宗教的"无明"思想相比较之下,儒家对人性幽暗面的感受和警觉都是不够的。尤其重要的是,它对人性的认识决定了它在政治意识上发展的方向。因为尽管儒家对于道德实践的艰难性有其认识,它最后还是认为,少数的人可以克服困难,成圣成贤;而圣贤一旦出现,权力便应交给他,让他做统治者。这就是圣王的观念,这就是儒家解决政治的基本途径。这个途径,原是带有很浓厚的道德理想主义,但却没有考虑到一个根本问题:即使有人能成圣成贤,谁能保证他在享有权力以后,不受权力的薰迷和腐化?未能考虑到这一层,便显示出儒家思想对人性的阴暗面的感受和反省还是不够深切。

以上仅是从民主这一角度去检讨传统。当然,我们也可以从近代化其他的角度去批判传统。这里所要强调的是,不论从哪个角度,这批判都应兼顾两点:正视传统的复杂性、反省传统的局限性。

四、以传统批判现代化

前面提过,韦伯的"理性化"这一观念,虽然很复杂,但他以这一观念来了解"现代化"的过程时,主要是指"功效理性"这一面。透过这一观念他点出了近代文明的一个基本趋向。但是,这并不代表韦伯在价值上完全肯定近代化这一趋向。实际上,韦伯的作品里时而流露出他对近代文明的趋向的一些怀疑和怅惘。他甚至曾经说过,当他瞩目未来,他所看到的不是夏日的绚烂,而是北极冬夜的荒寒! 韦伯毕竟是一位有远见的思想家,我们只要对欧美现代文化意识里的一些主要趋势和潮流,稍作检讨,便不难肯定韦伯在半个多世纪前的预感。

(1)几种现代文化意识中的主要趋势

功效理性的核心当然是科学对世界的了解方式——科学观。在现代世界,科学风靡,大家对科学的态度常常流为偶像崇拜,科学观乃演变成泛科学观(Scientism)。所谓泛科学观,就是认定人类可信的知识只有科学,而科学所赖以决定意义和真理的标准只有一种,那就是以感官经验为基础的验证。这当然是对人类经验的一种很偏狭的看法。因为人类的经验,原是很丰富的,有着许多层次、许多方面,可是泛科学观却坚持凡是感官经验所不能肯定的,就不应相信。这种极端的怀疑态度使人类经验的许多面,如宗教、道德、艺术等,都失去其应有的意义与价值,结果常常导致一种武断的取消主义或化约主义(reductionism)。不少文化上的偏枯和思想上的蔽障,由此而生。

泛科学观不仅会造成文化思想上的病态,而且在政治和社会上也会产生种种流弊。在一般人的思想中,泛科学观往往反映成一种科技万能意识。这种意识的一个特征就是不分"科技运用"与"价值实践",因此认为任何政治和社会问题,只要从"客观环境的需要"出发,顺着逻辑的推演,一切可以科学技术去解决。换言之,解决政治、社会问题,归根究底,不过是一种"社会工程"的运用而已。这种科技意识犯了一个很大的错误,因为任何基本政治和社会问题,都离不开价值的选择和实践。而在一个民主国家,正确的价值选择和实践,端赖一个健全的舆论,以便对各种问题预先作自觉的反省和讨论。诚然,这种反省和讨论,在许多方面是很需要科技知识的帮助,但却永远不能为科技知识所替代。换句话说,政治和社会问题不可能全靠"社会工程"去解决。现代西方社会,例如美国,科技不可不谓发达,但社会上各种问题仍然层出不穷,可为作证。而可虑的是,因为科技意识弥漫,人们对于许多问题,常常不能视其症结所在,而一味迷信科技可以解决一切。这实在是今日社会的一大隐患。

由这份知识上的狂妄自信,我们进而接触到西方近代文明的另一些基本症结。首先是与"现代化"俱来的一种"征服自然,宰治世界"的精神。这种精神,虽然在基督教传统里渊源甚早,但却是在现代科技文化中才有了空前的发挥。它和西方以基督教为背景所产生的"单向直线"型的发展史观接合,进而造成近代文明所特有的乐观和自信,以为人类的前途有着无限的可能性等待实现,因此人类的社会,可以永远在进步中、成长中。这种无限进步、无限成长的观念,几乎已变成现代人的一种精神信仰。

然而今天这个现代文明的基本信仰正在面临严重的考验,因为一般人所了解的进步就是科技发展和经济成长。至少从二次大战结束以来,科技发展已因"核子毁灭"的可能性,蒙上一层很深的阴影。同时,不可忽视的是,经济成长也为许多工业国家带来了一些前所未有的危机。首先,近年来一连串的能源危机,充分地说明了大自然并非"取之不尽,用之不竭"。大规模的工业发展可以使一些基本资源有很快用尽的可能。因此无限度的成长是否可能,已成一个大问号。

再者,成长和进步是否一个绝对的价值,在今天也很值得怀疑。因为工业发展可以造成各种生态环境的破坏。空气、用水、食物等污染都已变成现代工业和社会中很普遍的问题。这些问题,使我们警悟,自然环境需要一个"生态的平衡",工业无限度的发展可以打破这个平衡,造成所谓的"环境崩溃"(Environmental Collapse),给人类带来无可估量的灾害,总而言之,经济成长是有代价的。它的代价,也可能威胁人类的生存。

很清楚的,泛科学观在现代文化的知识层面造成一种狂妄的自信和乐观;同时在精神和道德层面,它们又培育一种极端的怀疑主义和武断的取消主义。而后者在文化上造成的病态的严重性,不下于前者。因为所谓的取消主义,就是对人类知识和经验采取一种很狭隘的标准,由此出发,难免认为道德判断不过是主观情绪的反应,没有共同客观的意义。也就是说,在道德价值层面,只有主观相对的标准。其结果难免促成一种道德的相对主义。当然我们知道,这种相对主义的形成,原因是很复杂的。从远处说,可以追溯于客观理性主义的解体;近而言之,它至少和近代的历史主义(Historicism)以及文化相对主义很有关系。但是,无可否认的,在今天这种科技挂帅的时代,泛科学观也是助长道德相对主义的一个很重要的因素。此处需要强调的是,这种相对观的散布,在今天这个世界,已经造成了种种政治和社会的危机。就个别社会的内部而言,它助长价值混乱,削弱道德意识,影响社会秩序。就国际政治和人类社会的整体而言，它使我们在道德上无法谴责暴力，在思想上容易姑息罪行。20世纪，各种极权政治的出现、黩武主义的横行，和道德相对主义不无密切关系。

在现代化的过程中，另一常常出现的文化意识就是功利主义。在一个现代化发展尚浅的社会，功利思想常常以集体主义的形式出现。由于时势环境所逼，这些社会所最迫切需要的是群体自利，以求民族独立或国家富强。但在一个高度现代化的社会，功利思想主要是以个人主义的面貌出现。实际上，如果以今天美国的社会为典型，我们可以说个人自利观念已经变成现代文化的一种垄断价值。无怪俄国文学家索忍尼辛（Aleksandr Solzhenitsyn）近年来流亡美国，对此感触极深。他于1978年在哈佛大学毕业典礼发表演说，对于美国文化颇多责难，个人功利主义就是他抨击的主要对象之一。

索氏的演说，震动一时，在美国社会里引起了许多反响。很多美国的学者都认为索氏以其宗教神秘主义的心灵，又来自一个很不同的文化背景，是不了解像美国这样一个现代的社会。索氏的批判，也许是有许多地方有欠恰当，但他对个人功利主义的抨击，却实是中肯之论。当然，个人自利观念的流行，并不限于美国，它见之于一般的现代社会。美国不过是表现得特别强烈，病征也因此而特别显著而已。

我们可以从几个方面去探讨这个病征。首先，个人自利的思想，长此泛滥下去，可以侵蚀民主社会的凝聚力，瘫痪民主政治的运行。我们知道，在一个健全的民主社会里，权力与义务需取得平衡，个人自利的观念与服务社会的精神应互相调和，西方一些先进民主国家在以往能够欣欣向荣，这种平衡与调和是一个很重要的因素。但在个人功利主义盛行之下，这种平衡与调和已有失去的趋势。反映在政治上的是，一方面人民对政治参与的兴趣日减，另一方面,种种特殊利益集团的势力日增,置整个社会的公利与共益于不顾,但求以各种手段,操纵政府,影响政策,图谋自利。在相当的范围之内,这种现象原是民主政治的常态,但是超过限度,它可以造成民主政治的瘫痪。我们只要留意观察民主政治近年来在欧美的发展,便不难发现这方面的隐忧。

功利主义的过度发展,也可以使西方传统的个人主义失去其原有的意义和价值。因为现代社会中的个人价值观念,往往是受社会的习俗和时代的风尚所支配,所牵引。这种个人主义,说穿了,不过是个人无形中为外在社会的各种压力所屈服,因而向周遭环境求顺应、求依附的一种心理表现。它已没有传统个人主义最宝贵的特征,那即是个人的思想和行为由内在独立的价值取向所决定。如今,它已不是发挥"个"性,应是"群"性发展下去,社会中只有"众"人,而无"个"人。而民主政治也剩下躯壳,自由主义的真意已经不存在了。

在功利主义笼罩之下,社会关系也会逐渐变质。人与人之间,主要以现实利益为彼此来往的基础,以功效价值为衡量彼此之标准。同时情感的联系和心灵的交往却在日趋淡薄,各种人际关系,也都渐渐被市场关系和业务关系所吞没、所取代。总而言之,人的社群变成"物化"的社会。置身于这样一个社会中,个人难免常常感到疏离、孤立和冷漠。这些功利主义在精神上所造成的苦闷,心理上的创伤,都已充分流露在西方现代的文学、哲学和艺术作品里,不容忽视。

这些苦闷和创伤,也同时反映出现代文化意识的另一趋势——虚无主义。这趋势的成因,极为复杂,与功利主义、道德相对主义,尤其是泛科学观,都很有关系。此处不必深论,所应强调的是,虚无主义是对于精神信念(faith)而言。所谓信念,就是相信生命和宇宙有一个终极的意义,而人生活在这世界上,就是为了体现这一终极意义,在这样的了解之下,信念可以说是世界各高等文化传统所共有,虽然它以不同的形态出现。可是在现代化的冲击下,尤其在高度的工业化国家里,精神信念已逐渐消失。所谓的虚无主义就是指这种精神信念丧失后所造成的虚无感。这种虚无感的散播,常常是潜滋暗长地,但是它给现代化文化带来的危机却是不容忽视的。因为,信念,不仅与精神和心理的健全发展息息相关,就是对人类的知识乃至整个文明的成长,都是很重要的。西方学者如怀德海(Alfred Whitehead)和普兰义(Michael Polanyi)甚至强调,在科学发展过程中,信念也直接或间接地扮演很重要的角色。例如开近代科学先河的那些大科学家,若不是对宇宙的终极秩序和对知识的终极价值有信念,如何会有那份勇气、毅力和热诚,投下几十年的生命,面对重重艰巨,去为科学荜路蓝缕,开拓园地? 这也就是说,信念只是不见容于泛科学观,而与真正的科学思想,不但不抵触,反而有助长和推进的功能。因此虚无主义的散播,不但在人类的精神和心理上抹上一层阴影,就是从人类文化的成长着眼,也有其难以估量的代价。

(2)以传统为借镜

前面所讨论的这些文化意识的趋势,互相影响,互相助长,处处显示着现代化过度的发展,好似江水奔流日急,已有破堤泛滥之势。因此,我们今天不能只一味地歌颂现代化,无条件地接受它的价值。是的,我们需要肯定它,但同时也需要检讨它,批判它,我们不但需要给它"定性",同时也需要给它"定位"。而批判和"定位"的工作,是很有借助于传统的必要。当然,这并不是说我们因此可以一成不变地搬用传统思想,但我们深信传统可以提供一些新的思考角度和方向。这些方向和角度并不一定能直接导向问题的解决,但至少可以间接地引导出一些不同的观点,开展出一些不同的视野,有助于我们研究如何防治现代化所造成的种种问题。

　　基于这样的了解,首先我们必须重提传统文化的深度和复杂性。前面我们已经就这两方面肯定过传统,但那只是从现代化的观点去着眼。现在所需要强调的是从现代化以外的角度去发掘传统的智慧。因为中国传统的发展方向毕竟和西方文化很是不同,只有超越现代化观点的局限,才能真正接触到传统文化特有的一些智慧;也只有借助这些智慧,才能真正发挥传统对现代化补偏救弊的功能。

　　详细讨论这方面的问题,当然不是本文篇幅所能允许的,此处只能约举数例来简略地说明由传统批判现代化的一些可循方向和途径。首先,在价值方面,儒家传统可资借镜的地方是它深厚的"和群意识"。人不能、也不应该离开社会而生活,这是儒家的一个基本假定。在这个假定上,社群意识强调两点,在一方面,社群生活应该以家庭为其基本模式,家庭所代表的是人与人之间的内心关切,而不是人与物之间的客观联系。易言之,家庭是一个情感交流的聚合。因此,由家庭扩大而成的社群也应该是一个情感的聚合。在另一方面,这个情感的聚合必须以家庭为出发点,不断地扩大下去,最后以包容全人类为对象。这种"天下一家"、"民胞物与"的社群意识,鉴于今日个人功利主义的泛滥、民族主义的高涨,岂可仍然视为传统的玄谈和幻想?

　　儒家传统里面,还有一种价值观念,也很值得在此一提,那就是和谐与平衡。和谐是儒家天人合一宇宙观的基调。因为这个基调,儒家不把人与世界完全视为一种对立和冲突的关系,也不把外界仅仅视为一个征服与宰治的对象。它所强调的是一种融通亲和的关系。这种思想,在今天工业成长过度、生态环境失调的社会,尤足发人猛省,令人深思。

　　从这个角度看去,《易传》的"时中"观念就很有意义。我们知道贯串《易传》的是一个变动发展的宇宙观,但"时中"观念所强调的是一种适时的、平衡的发展,也就是说当事物演化时,要求其整体各面的均衡,不让任何一面作孤立而极端的发展。基于这种平衡的观念,《易传》反对骄奢盈泰,强调谦卑之德。回视现代人类由科学知识而产生的种种狂妄自信,《易传》这种思想,尤其有深长的意义。

传统不但可以就一些个别价值的内容,而且可以就价值本身的性质,让我们换一个角度或方向去反省和检讨现代化。例如儒家的价值系统,前面说过,除了"礼俗规范"的成分外,还有"超越精神性的伦理"。这种伦理是环绕一系列的终极价值而展开,而它的主旨就是在彰显这些终极价值的超越性,与其实现的方法。再借用一下韦伯的概念:儒家这种伦理是以"价值理性"而非"功效理性"为其中心思想。如果我们可以用现代化里面的"功效理性"去批判传统,同样的,鉴于这"功效理性"在现代社会所造成种种堪虑的后果,我们也可以传统的"价值理性"去检讨现代化的"功效理性"。

从所谓的"价值理性"着眼,儒家和许多其他的高等文化传统有一相似之点,那就是强调它所持有的终极价值有其普遍而永恒的意义。现代文明在道德相对主义的浸淫下,当然是否定这一点的,道德相对主义的主要根据就是所谓的"文化相对论"——世界上各个文化都有其不同的道德价值,因此共同而永恒的价值是不可能存在的。这种观点,在逻辑上是否站得住,当然尚是一个问题,就是从事实上去推敲,也还大有商榷之余地。因为从行为规则去看,各个文化是很有不同之处。但若从行为规则背后所依据的基本道德原则去看,则至少高等文化之间,甚多精神相通之处。举一个很浅显的例子,儒家的五常:仁、义、礼、智、信,放在世界任何一个其他高等文化传统里,都是会受到认可的。由此看来,从儒家的超越伦理去着眼,所谓的"道德相对主义"也大有可议之处。

儒家的价值系统,还有另一面也可作为我们批判现代化的基础。那就是儒家的宗教性。由于宗教性,儒家的基本价值都是以精神信念为出发点。宋明儒学中所强调的诚和敬等观念,最足以表现这种宗教信念。如前所说,精神信念是高等宗教传统所共有,但是在不同的传统里,它是以不同形式出现的。这里必须强调的是西方和印度的宗教传统常常认为精神信念只存在于"有神信仰"中。但在中国传统里尤其是儒家思想却显示,二者之间并无必然关系。儒家这一特征,在今天的世界里,特别具有意义。因为在"世俗化"(Secularization)日益普遍的现代社会里,"有神信仰",不论多神的或一神的,是越来越困难了,儒家思想至少显示精神信念可以人文的传统出现,也就是说,在一个"无神信仰"的文化里,仍然有精神信念之可能。因此,我们今天如果要从精神信念方面去批判现代社会,儒家传统供给一个很好的跳板。

这篇文章所提出的问题是复杂的,观点是试探性的。许多重要论题,为篇幅所限,只能略引端绪,点到为算。主要的目的是希望藉此换一个方式去讨论传统与现代化二者之间的关系。在结束以前,让我重复此文开端时所强调的论旨:我们不仅需要以现代化批判传统,而且以传统批判现代化。

(选自《港台和海外学者论传统文化与现代化》,姜义华、吴根梁、马学新编,重庆出版社 1988 年版)

20世纪儒学研究大系

论著目录索引

著　作

章太炎　国故论衡　东京秀光社 1910 年

胡　适　中国哲学史大纲(上卷)　商务印书馆 1919 年

梁启超　欧游心影录　商务印书馆 1922 年

梁漱溟　东西文化及其哲学　商务印书馆 1922 年

杜亚泉　东西文化批评　东方杂志社 1922 年

杨明斋　评中西文化观　中华书局 1924 年

冯友兰　中国哲学史　神州国光社 1931 年

梁漱溟　中国民族自救运动之最后觉悟　北京《村治》月刊社
　　　　1932 年

吕学海编　全盘西化言论集　岭南大学青年会 1934 年

冯恩荣编　全盘西化言论续集　岭南大学 1935 年

麦发颖编　全盘西化言论三集　岭南大学学生自治会研究会出版
　　　　股 1936 年

马若芳编　中国文化建设讨论集　龙文书店 1935 年

陈序经　中国文化的出路　商务印书馆 1934 年

胡秋原　中国文化复兴论　建国印书馆 1939 年

李麦麦　中国文化问题导言　上海辛垦书店 1936 年

文化建设月刊社编　中国本位文化建设讨论集　文化建设月刊社（上海）1936 年

张君劢　明日之中国文化　商务印书馆 1936 年

马一浮　泰和会语　绍兴、桂林活字本 1939 年

马一浮　宜山会语　收入《泰和会语宜山会语合刻》1940 年

马一浮　复性书院讲录　复性书院刻书处 1940—1942 年

冯友兰　新事论　商务印书馆 1940 年

钱　穆　国史大纲　商务印书馆 1940 年

朱谦之　中国思想对于欧洲文化之影响　商务印书馆 1940 年

蔡尚思　中国思想史研究法　商务印书馆 1940 年

程兆熊　儒家学说与国际社会　文化丛刊社 1941 年

缪凤林　中国民族之文化　新中国文化出版社（西安）1942 年

朱谦之　中国文化之命运　广东国立中山大学训导处 1944 年

郭沫若　十批判书　重庆群益出版社初版本 1945 年;人民出版社重印本 1976 年

侯外庐　中国近世思想学说史（上）　重庆三友书店 1944 年

侯外庐　中国近世思想学说史（下）　重庆三友书店 1945 年

熊十力　读经示要　南方印书馆 1945 年

钱　穆　中国政治与中国文化　航空委员会政治部 1946 年

吴世昌　中国文化与现代化问题　商务印书馆 1946 年

侯外庐等　中国思想通史（第 1 卷）　上海新知书店 1947 年

熊十力　十力语要　湖北"十力丛书"版 1947 年

钱　穆　中国文化史导论　正中书局（重庆）1947 年

柳诒徵　中国文化史　正中书局（重庆）1947 年

费孝通　乡土中国　生活·读书·新知三联书店 1985 年

贺　麟　文化与人生　商务印书馆 1947 年

贺　麟　儒家思想新论　正中书局（重庆）1948 年

冯友兰　中国哲学简史　英文版：纽约麦克米伦公司 1948 年；中文版：北京大学出版社 1985 年

新中华杂志社编　中国传统思想之检讨　中华书局 1948 年

梁漱溟　中国文化要义　成都路明书店 1949 年

唐君毅　中国文化之精神价值　台北正中书局 1953 年

唐君毅　人文精神之重建　香港新亚研究所 1955 年

牟宗三　历史哲学　香港强生出版社 1955 年

熊十力　原儒　上海龙门联合书局 1956 年

罗　光　儒家形上学　台湾中华文化出版事业委员会 1956 年

侯外庐　中国早期启蒙思想史　人民出版社 1956 年

侯外庐等　中国思想通史(1—5 卷)　人民出版社 1957 年

唐君毅　中国人文精神之发展　香港人生出版社 1958 年

徐复观　中国思想史论集　台北中央书局 1959 年

牟宗三　政道与治道　台北广文书局 1961 年

杨向奎　中国古代社会与中国古代思想研究　上海人民出版社 1962 年

徐复观　中国人性论史(先秦篇)　台北中央书局 1963 年

殷海光　中国文化的展望　台湾文星书店 1965 年

徐复观　中国艺术精神　台北中央书局 1966 年

牟宗三　心体与性体(1、2、3 册)　台北正中书局 1968—1969 年

钱　穆　中华文化十二讲　台北三民书局 1968 年

钱　穆　中国文化传统的潜力　台北幼狮文化事业出版社 1968 年

韦政通　传统与现代化　台北水牛出版社 1968 年

牟宗三　生命的学问　台北三民书局 1970 年

牟宗三　智的直觉与中国哲学　台北商务印书馆 1971 年

钱　穆　中国文化精神　台北三民书局 1971 年

徐复观　两汉思想史(卷一)　香港新亚研究所 1972 年

徐复观　两汉思想史(卷二)　台北学生书局 1976 年

徐复观　两汉思想史(卷三)　台北学生书局 1979 年

杨荣国　中国古代思想史(修订版)　人民出版社 1973 年

唐君毅　中华人文与当今世界　台北学生书局 1975 年

韦政通　中国的智慧——中西伟大观念的比较　台北牧童出版社 1975 年

吕实强　儒家传统与维新　台北"教育部"社教司 1976 年

余英时　历史与思想　台北联经出版事业公司 1976 年

钱　穆　世界局势与中国文化　台北东大图书公司 1977 年

唐君毅　生命存在与心灵境界　台北学生书局 1977 年

钱　穆　从中国历史来看中国民族性及中国文化　香港中文大学 1979 年

牟宗三　从陆象山到刘蕺山　台北学生书局 1979 年

方东美　生生之德　台北黎明文化事业公司 1979 年

方东美　中国人的人生观(中译本)　台北幼狮文化事业公司 1980 年

刘述先　中国哲学与现代化　台北时报出版公司 1980 年

方东美　中国哲学之精神及其发展(英文)　台北联经出版事业公司 1981 年

韦政通　传统的更新　台北大林出版社 1981 年

徐复观　中国思想史论集续编　台北时报文化出版公司 1982 年

蔡仁厚　新儒家的精神方向　台北学生书局 1982 年

冯友兰　中国哲学史新编(修订本第 1—6 册)　人民出版社 1982—1989 年

钱　穆　中国文化特质　台北阳明山庄印行 1983 年

牟宗三　中国哲学十九讲　台北学生书局 1983 年

黄俊杰　儒学传统与文化创新　东大图书公司1983年

高　明等　儒家思想与中国文化研究论集　台北黎明文化事业公司1983年

孙隆基　中国文化的深层结构　香港壹山出版社1983年

李　萼　中国文化概论　中国文化大学出版部1983年

庞　朴　儒家辩证法研究　中华书局1984年

牟宗三　中国文化的省察　联合报社1985年

余英时　挑战与再生　台北幼狮文化事业公司1985年

[美]成中英　中国哲学的现代化与世界化　台北联经出版事业公司1985年

刘述先　儒家宗教哲学的现代意义　台北学生书局1986年

傅伟勋　批判的继承与创造的发展　台湾东大图书公司1986年

[美]成中英　中国现代文化的哲学省察　台湾东大图书公司1986年

余英时　史学与传统　台湾时报文化出版公司1986年

王邦雄　儒道之间　台北汉光文化事业有限公司1986年

梁漱溟　东方学术概观　巴蜀书社1986年

张君劢　新儒家思想史(程文熙译)　台北弘文馆出版社1986年

张岱年　中国文化与中国哲学论集　东方出版社1986年

萧功秦　儒家文化的困境——中国近代士大夫与西方挑战　四川人民出版社1986年

[英]李约瑟　四海之内——东方和西方的对话　三联书店1987年

钟叔河　走向世界　中华书局1987年

何　新　中国文化史新论　黑龙江人民出版社1987年

郑力为　儒学方向与人的尊严　文津出版社1987年

蔡仁厚　儒家思想的现代意义　文津出版社1987年

张立文等　传统文化与现代化　中国人民大学出版社 1987 年

余英时　中国思想传统的现代阐释　台北联经事业公司 1987 年

余英时　中国近世宗教伦理与商人精神　台北联经出版事业公司
1987 年

余英时　士与中国文化　上海人民出版社 1987 年

余英时　文化评论与中国情怀　台北允晨出版公司 1988 年

林毓生　中国传统的创造性转化　生活·读书·新知三联书店
1988 年

林毓生　中国意识的危机　贵州人民出版社 1988 年

张岱年　文化与哲学　教育科学出版社 1988 年

李宗桂　中国文化概论　中山大学出版社 1988 年

[美]成中英　中国文化的现代化与世界化　中国和平出版社
1988 年

黄国光　儒学思想与东亚现代化　台北巨流出版社 1988 年

傅伟勋　文化中国与中国文化——"哲学与宗教"三集　台北东大
图书公司 1988 年

程兆熊　儒家文化与国际社会　台北明文书局 1988 年

徐　雁等编　中国文化的历史命运　辽宁大学出版社 1988 年

姜义华等编　港台及海外学者论传统文化与现代化　重庆出版社
1988 年

中国文化书院讲演录编委会编　论中国传统文化　北京三联书店
1988 年

杨向奎　大一统与儒家思想　中国友谊出版公司 1989 年

谢松龄　天人象:阴阳五行学说史导论　山东文艺出版社 1989 年

[美]杜维明　儒学第三期发展的前景问题　台北联经出版事业公
司 1989 年

[美]杜维明　新加坡的挑战:儒家伦理与企业精神　三联书店

20世纪儒学研究大系

1989 年

韦政通　中国传统思想的现代反思　台北桂冠图书公司 1990 年

韦政通　儒家与现代中国　上海人民出版社 1990 年

蔡仁厚　儒学的常与变　台北东大图书公司 1990 年

蔡仁厚　儒家心性之学论要　文津出版社 1990 年

复旦大学历史系等合编　儒家思想与未来社会　上海人民出版社
1991 年

刘小枫编　中国文化的特质　三联书店 1990 年

杨念群　儒学地域化的近代形态、背景　三联书店 1991 年

[美]杜维明　儒家思想新论——创造性转换的自我　江苏人民出
版社 1991 年

韦政通　中国思想史　台湾水牛出版社 1991 年

[美]许倬云　中国文化与世界文化　贵州人民出版社 1991 年

李明辉　儒学与现代意识　台北文津出版社 1991 年

蔡尚思　中国礼教思想史　中华书局香港有限公司 1991 年

汤一介　儒道释与内在超越问题　江西人民出版社 1991 年

宋仲福等　儒学在现代中国　中州古籍出版社 1991 年

陈少明　儒学的现代转折　辽宁大学出版社 1992 年

李宗桂　文化批判与文化重构——中国文化出路的探讨　陕西人
民出版社 1992 年

劳思光　中国文化路向问题的新探讨　台北东大图书公司 1992
年

中华孔子学会编　儒学与现代化:儒学及其现代意义国际学术研
讨会论文集　人民出版社 1994 年

蔡仁厚　中国哲学的反省与新生　台北正中书局 1994 年

杨祖汉主编　儒学与当今世界　台北文津出版社 1994 年

杨国荣　善的历程——儒家价值体系的历史衍化及其现代转换

　　　　上海人民出版社 1994 年

李明辉　当代儒学之自我转化　台湾中央研究院中国文哲研究所
　　　　筹备处 1994 年

中国孔子基金会编　儒学与廿一世纪——纪念孔子诞辰 2545 周
　　　　年暨国际儒学讨论会会议论文集(上、下)　华夏出版社
　　　　1995 年

周昌龙　新思潮与传统　台湾时报文化出版事业有限公司 1995
　　　　年

李锦全　人文精神的承传与重建　广东人民出版社 1995 年

蒋　庆　公羊学引论　辽宁教育出版社 1995 年

李书有　儒学与社会文明　江苏教育出版社 1995 年

刘小枫编　道与言——华夏文化与基督文化相遇　上海三联书店
　　　　1995 年

葛荣晋　儒道智慧与当代社会——寻找传统文化与当代社会的结
　　　　合点　中国三峡出版社 1996 年

陈　来　古代宗教与伦理——儒家思想的根源　北京三联书店
　　　　1996 年

张岱年等编　文化的冲突与融合　北京大学出版社 1997 年

许继霖　现代化变迁与文化批判　上海三联书店 1997 年

李宗桂　传统文化与人文精神　广东人民出版社 1997 年

田　浩　功利主义儒家——陈亮对朱熹的挑战　江苏人民出版社
　　　　1997 年

[美]杜维明　现代精神与儒家传统　三联书店 1997 年

杨向奎　宗周社会与礼乐文明　人民出版社 1997 年

汪澍白　二十世纪中国文化史论　中国青年出版社 1999 年

葛兆光　中国思想史(第一卷)　复旦大学出版社 1998 年

姜林祥主编　中国儒学史(1—7 卷)　广东教育出版社 1998 年

蔡仁厚　孔子的生命境界　台北学生书局 1998 年

刘述先　儒家思意涵之现代阐释论集　台湾中央研究院中国文哲研究所筹备处 2000 年

邵汉明主编　中国文化精神　商务印书馆 2000 年

葛兆光　中国思想史(第二卷)　复旦大学出版社 2000 年

[美]列文森　儒教中国及其现代命运　中国社会科学出版社 2000 年

[美]杜维明　道·学·政:儒家知识分子　上海人民出版社 2000 年

[美]杜维明　文明的冲突与对话　湖南大学出版社 2001 年

郑家栋　断裂中的传统——理性与信念之间　中国社会科学出版社 2001 年

唐凯麟　曹　刚　重释传统:儒家思想的现代价值评估　华东师范大学出版社 2001 年

[美]成中英　合内外之道——儒家哲学论　中国社会科学出版社 2001 年

[美]杜维明　东亚价值与多元现代性　中国社会科学出版社 2001 年

刘述先　儒家思想开拓的尝试　中国社会科学出版社 2001 年

何信全　儒学与现代民主　中国社会科学出版社 2001 年

刘蔚华　儒学与未来　齐鲁书社 2002 年

姚新中　儒教与基督教——仁与爱的比较　中国社会科学出版社 2002 年

唐文明　与命与仁——原始儒家伦理精神与现代性问题　河北大学出版社 2002 年

韦政通　中国传统思想的创造性转化——韦政通自选集　云南人民出版社 2002 年

黄俊杰编　传统中华文化与现代价值的激荡　社会科学文献出版

社 2002 年

论　文

梁启超	保教非所以尊孔论 《新民丛报》第 2 期,1902 年 2 月 12 日
君　衍	法古 《童子世界》第 25 期,1903 年 5 月 4 日
无名氏	中国古代限抑君权之法 《国民日报汇编》第 2 辑,1903 年
刘光汉	论古学出于史官 《国粹学报》第 1 期,1905 年
黄　节	《国粹学报》叙 《国粹学报》第 1 期,1905 年
无名氏	道统辨 《国民日报汇编》第 3 辑,1903 年
邓　实	国学真论 《国粹学报》第 1 期,1905 年
邓　实	国学微论 《国粹学报》第 2 期,1905 年
邓　实	国学通论 《政艺通报》第 3 期,1905 年
邓　实	国学今论 《国粹学报》第 5 期,1905 年
许之衡	读《国粹学报》感言 《国粹学报》第 6 期,1905 年
许守微	论国粹无阻于欧化 《国粹学报》第 7 期,1905 年
邓　实	古学复兴论 《国粹学报》第 9 期,1905 年
刘师培	孔学真论 《国粹学报》第 5 期,1906 年
黄　节	孔学君学辩 《政艺通报》1907 年第 1、2、3 号
真	三纲革命 《新世纪》第 11 期,1907 年 8 月 31 日
凡　人	无圣篇 《河南》第 3 期,1908 年 3 月
绝　圣	排孔征言 《新世纪》第 52 期,1908 年 6 月 20 日
章　绛	原儒 《国粹学报》第 59 期,1909 年 10 月
辜鸿铭	中国人的精神 《中国评论》1914 年 6 月;见辜鸿铭文集,黄兴涛等译,海南出版社 1996 年
马叙伦	儒学论 《孔教会杂志》第 1 卷第 2 期,1914 年

陈独秀　东西民族根本思想之差异　《青年杂志》第 1 卷第 4 号，
　　　　1915 年

陈独秀　吾人之最后觉悟　《新青年》,《青年杂志》第 1 卷第 6 号，
　　　　1916 年 2 月

易白沙　孔子评议　《新青年》第 1 卷第 6 号、第 2 卷第 1 号,1916
　　　　年 2 月—9 月

陈独秀　宪法与孔教　《新青年》第 2 卷第 3 号,1916 年 11 月 1
　　　　日

陈独秀　孔子之道与现代生活　《新青年》第 2 卷第 4 号,1916 年
　　　　12 月 1 日

伧　父　静的文明与动的文明　《东方杂志》第 13 卷第 10 号，
　　　　1916 年 10 月

李大钊　孔子与宪法　《甲寅》,1917 年 1 月 30 日

李大钊　自然的伦理与孔子　《甲寅》,1917 年 2 月 4 日

伧　父　战后东西文明之调和　《东方杂志》第 4 卷第 4 号,1917
　　　　年 4 月

伧　父　迷乱之现代人心　《东方杂志》第 15 卷第 4 号,1918 年 4
　　　　月

李大钊　东西文明根本之异点　《言治》季刊第 3 册,1918 年 7 月

陈独秀　质问《东方杂志》记者——《东方杂志》与复辟问题　《新
　　　　青年》第 5 卷第 3 号,1918 年 9 月

伧　父　答《新青年》杂志记者之质问　《东方杂志》第 15 卷第 12
　　　　号,1918 年 12 月

胡汉民　儒教排他之态度及其手段　《建设》第 1 期,1919 年 1 月

毛子水　国故和科学精神　《新潮》第 1 卷第 5 号,1919 年 5 月

张　煊　驳《新潮和国故的精神》　《国故》第 3 期,1919 年 5 月

杜亚泉　新旧思想之折衷　《东方杂志》第 16 卷第 6 号,1919 年 9

月

李大钊　由经济上解释中国近代思想变动的原因　《新青年》第 7 卷第 2 号,1920 年 1 月

陈嘉异　东方文化与吾人之大任　《东方杂志》第 18 卷第 1、2 号,1921 年 1 月

张尔田　论六经为经世之学　《亚洲学术杂志》第 4 期,1922 年 8 月

张东荪　读《东西文化及其哲学》　《时事新报》副刊《学灯》,1922 年 3 月 19 日

胡　适　读梁漱溟先生《东西文化及其哲学》　《读书杂志》1923 年第 8 期

顾颉刚　与钱玄同先生论古史书　《读书杂志》1923 年第 10 期

顾颉刚　答刘胡两先生书　《读书杂志》1923 年第 11 期

柳诒徵　明伦　《学衡》1924 年 2 月第 26 期

太　虚　东洋文化与西洋文化　《学衡》1924 年 8 月第 32 期

张其昀　中国与中道　《学衡》1925 年 5 月第 41 期

常乃德　中国民族与中国新文化之创造　《东方杂志》第 24 卷第 24 号,1927 年 12 月

吴　宓　孔子之价值及孔教之精义　《大公报·文学副刊》,1927 年 9 月 22 日

冯友兰　孔子在中国历史中之地位　《燕京学报》,1927 年 12 月

傅斯年　论孔子学派何以适应于秦汉以来的社会的缘故　《语言历史学研究所周刊》第 1 集第 6 期,1927 年 12 月

陈寅恪　王观堂先生挽词并序　《学衡》1928 年 7 月第 64 期

郭沫若　《周易》时代的社会生活　《东方杂志》第 25 卷第 21、22 号,1928 年

陈寅恪　冯友兰《中国哲学史上册》审查报告　《学衡》第 74 期,

　　　　　1931 年 2 月

陈序经　东西文化观　《社会学刊》第 2 卷第 3 期,1931 年 4 月

林语堂　中国之文化精神　《申报月刊》第 1 卷第 1 期,1932 年

顾颉刚　《古史辨》第四册序　《古史辨》第四册,罗根泽编著,上海
　　　　　古籍出版社 1982 年影印

张岱年　世界文化与中国文化　天津《大公报·世界思潮》副刊第
　　　　　42 期,1933 年 6 月 15 日

吴　宓　论孔教之价值　《国闻周报》第 3 卷第 10 期,1933 年

陈序经　中国文化之出路　《民国日报》1934 年 1 月 29 日

胡　适　说儒　《中央研究院历史语言研究所集刊》,1934 年 12
　　　　　月

谢霄明　儒家哲学的中心思想　《东方杂志》第 31 卷第 41 期,
　　　　　1934 年 7 月

张申府　尊孔救得了中国吗?　《清华周刊》第 42 卷,1934 年 11
　　　　　月

陈序经　复古办法的观察　《中国文化的出路》第四章,商务印书
　　　　　馆 1934 年 1 月版

潘光旦　儒教与中国民族　《华年周刊》第 4 卷第 19、20 期,1935
　　　　　年 5 月

范守康　孔子思想的分析批评　《武汉大学文哲季刊》第 4 卷第 3
　　　　　期,1935 年 6 月

吕金录　儒家思想与现代中国　《东方杂志》第 32 卷第 19 期,
　　　　　1935 年 10 月

张君劢　中华民族文化之过去与今后之发展　《明日之中国文化》
　　　　　附录,商务印书馆 1936 年版

王新命等　中国本位的文化建设宣言　《文化建设月刊》第 1 卷第
　　　　　4 期,1935 年 1 月

胡　适　评所谓"中国本位的文化建设"　《独立评论》第 145 号，1935 年

王新命等　我们的总答复　《文化建设》第 1 卷第 8 期，1935 年 5 月

陈序经　东西文化观(上、中、下)　《岭南学报》第 5 卷第 1、2、3、4 期，1936 年 7—12 月

沈有鼎　中国哲学今后的开展　《哲学评论》第 7 卷第 3 期，1937 年

陈独秀　孔子与中国　《东方杂志》第 34 卷第 18、19 号，1937 年 10 月 1 日

贺　麟　五伦观念的新检讨　《战国策》第 3 期，1940 年

贺　麟　儒家思想之开展　《思想与时代》，1941 年 8 月

钱　穆　中国文化传统之演进　《中国文化史导论(修订本)》附录，钱穆著，商务印书馆 1994 年 6 月版

程兆熊　儒家的思想与国际社会　《理想与文化》第 1 期，1942 年 1 月

朱光潜　乐的精神与礼的精神——儒家思想系统的基础　《思想与时代》第 7 期，1942 年 9 月

代锡璋　儒家民族思想及其影响　《东方杂志》第 39 卷第 17 期，1943 年 11 月

冯友兰　儒家哲学之精神　《中央周刊》第 5 卷第 1 期，1943 年

罗　庸　儒家的根本精神　《国文月刊》第 21 期，1944 年 6 月

唐君毅　中国原始民族哲学思想之特征　《中国文化》第 1 期，1945 年 9 月

李源澄　儒学对新中国学术政治社会之影响　《东方杂志》第 42 卷第 7 期，1946 年 4 月

王辉明　儒家民本主义与近代民本思想　《社会科学论丛》第 1

期,1948 年 2 月

冯友兰　中国哲学的精神　《改造评论》第 2 卷第 4 期,1948 年 4月

稽文甫　儒家学说的贵族性　《新中华》第 6 卷第 9 期,1948 年 5月

周宪文　中国传统思想与现代化　《新中华》第 6 卷第 9 期,1948年 5 月

周予同　儒家和儒教　《青年界》第 5 卷第 4 期,1948 年 5 月

牟宗三　儒家学术的发展及其使命　《民主评论》第 1 卷第 6 期,1949 年 9 月

牟宗三　理性的理想主义　《民主评论》第 1 卷第 10 期,1949 年11 月

牟宗三　道德的理想主义与人性论　《民主评论》第 1 卷第 11 期,1949 年 11 月

钱　穆　孔子与世界文化新生　《民主评论》第 2 卷第 4 期,1950年 8 月

唐君毅　自由、人文与孔子精神(上、下)　《民主评论》第 3 卷第20、21 期,1952 年

徐复观　儒家精神的基本性格及其限定与新生　《民主评论》第 3卷第 10 期副刊,1952 年 5 月

牟宗三　理性的运用与架构的表现　《民主评论》第 6 卷第 9 期,1955 年 10 月

徐复观　儒家的修己与治人的区别及其意义　《民主评论》第 6 卷第 12 期,1955 年 6 月

牟宗三　儒教、耶教与中西文化　《人生杂志》第 14 卷第 3 期,1957 年

牟宗三等　为中国文化敬告世界人士宣言——我们对中国学术研

　　　　　究及中国文化与世界文化前途之共同认识　香港《民主评论》第 9 卷第 1 期,1958 年 1 月

钱　穆　中国传统思想中几项共通之特点　《新亚生活》第 2 卷第 9 期,1959 年 11 月

唐君毅　世界人文主义与中国人文主义　《新亚生活》第 2 卷第 9、10 期,1959 年

李　侃　驳新尊孔论　《光明日报》1963 年 8 月 7、18 日

冯友兰　关于孔子讨论的批判与自我批判　《哲学研究》1963 年第 6 期

蔡尚思　论孔子中庸及其变革思想的实质　《学术月刊》1963 年第 11 期

任继愈　孔子讲"仁"能不能是人类普遍的爱　《学术月刊》1963 年第 8 期

方东美　中国形上学中之宇宙与个人　《哲学与文化》第 18 期

赵纪彬　孔子"和而不同"的思想来源及矛盾调和论的逻辑归宿　《哲学研究》1965 年第 4 期

冯友兰　论中国哲学遗产的继承问题　《哲学研究》1965 年第 4 期

冯友兰　论中国哲学史研究中的几个问题　《新建设》1965 年第 7 期

唐君毅　东方人之礼乐的文化生活对世界人类之意义　《人生》第 34 卷第 3、4 期,1971 年

钱　穆　发扬东方文化自本自根开创道路　《海外文摘》第 203 期,1971 年 12 月

刘述先　儒家哲学的宗教涵义:它的传统观点与当代意义　《东西方哲学》第 21 卷第 2 期,1971 年 4 月

刘述先　儒家对超越和内在问题的态度　《东西方哲学》第 22 卷

第 1 期,1972 年 1 月

冯友兰　复古与反复古是两条路线的斗争　《北京大学学报》1973 年第 4 期

徐复观　中国文化中平等观念的出现　《华侨日报》1973 年 6 月 19 日

冯友兰　从孔子的文化观批判儒家思想的保守主义、复古主义和中庸之道　《北京大学学报》1974 年第 1 期

林天民　儒家"仁"的观念与基督教"爱"的观念　《清风》第 15 卷，1973 年

唐君毅　现代世界文化交流之意义及其根据　《明报月刊》1974 年第 108 期

徐复观　孔子的华夷之辨　《华侨日报》1974 年 4 月 5 日

陈弱水　儒学的当代命运　《仙人掌》1977 年第 7 期

庞　朴　孔子思想的再评价　《中国社会科学》1978 年第 8 期

李泽厚　孔子再评价　《中国社会科学》1980 年第 2 期

徐复观　孔子思想的性格问题　《华侨日报》1978 年 9 月 28、29、30 日

方东美　原始儒家思想之因袭与创造　《方东美先生演讲集》，台北黎明文化事业公司 1978 年版

方东美　中国哲学对未来世界的影响　《方东美先生演讲集》，台北黎明文化事业公司 1978 年版

牟宗三　从儒家当前的使命说中国文化的现代意义　《中国文化》1979 年第 1 期

任继愈　论儒教的形成　《中国社会科学》1980 年第 1 期

庞　朴　中庸平议　《中国社会科学》1980 年第 1 期

冯友兰　从中华民族的形成看儒家思想的历史作用　《哲学研究》1980 年第 2 期

徐复观　中国文化中的"性善说"与民主政治　《华侨日报》1981年12月9日

蔡仁厚　中国哲学的现代化与世界化　《鹅湖》第84期,1982年6月

王邦雄　从中国现代化过程中看当代新儒家的精神开展　《鹅湖》第100期,1983年10月

汤一介　论传统哲学中的真善美问题　《中国社会科学》1984年第4期

张岱年　论中国文化的基本精神　《中国文化研究集刊》第1辑,1985年

傅伟勋　儒家心性论的现代化课题　《鹅湖月刊》第10卷第8期,1985年1月

潘维明　改革与传统文化　《世界经济导报》1985年5月20日

刘纲纪　略论中国民族精神　《武汉大学学报》1985年第1期

黄万盛等　中国价值观念与文化传统　《社会科学》1985年第2期

黄万盛　论中国封建传统的特点渊源和影响　《社会科学》1985年第3期

庞　朴　中国文化的人文精神(论纲)　《光明日报》1986年1月16日

何　新　中国传统文化—心理结构的新探索　《人民日报》(海外版)1985年12月3日

李应龙　东西方文化差异探源　《争鸣》1986年第1期

冯达文　中国儒学传统的特质及其在当代改革的意义　《现代哲学》1986年第1期

李锦全　儒家文化与现代化关系的探讨　《现代哲学》1986年第1期

刘志琴　礼——中国传统文化模式的核心　《理论信息报》1986
年 2 月 10 日

李泽厚　试谈中国的智慧　《中国古代思想史论》附录，人民出版
社 1986 年 3 月版

黎　鸣　中国传统文化有"人文"主义精神吗？　《光明日报》1986
年 3 月 17 日

谭其骧　中国文化的时代差异和地区差异　《复旦大学学报》1986
年第 2 期

朱维铮　中国经学与中国文化　《复旦大学学报》1986 年第 2 期

庞　朴　文化的民族性与时代性　《北京社会科学》1986 年第 2
期

魏承思　中国传统的思维方式和文化观念　《文汇报》1986 年 4
月 8 日

曹锡仁　中国古代文化结构及其特征　《贵州社会》1986 年第 2
期

曹锡仁　中国传统文化与现代化要求的十大冲突　《文汇报》1986
年 4 月 29 日

黄克剑　传统文化的封闭性及其时代特质　《光明日报》1986 年 5
月 26 日

马自毅　传统文化的多重性　《文汇报》1986 年 6 月 10 日

李宗震　中国文化心态的四大优点——与魏承思同志商榷　《文
汇报》1986 年 6 月 24 日

王　和　关于中国文化的特质与价值的讨论　《人民日报》1986
年 7 月 11 日

金春峰　中国古代人文思想中的儒家与道家　《光明日报》1986
年 8 月 4 日

谢维扬　中国传统文化的历史个性片论——兼与萧功秦同志商榷

《文汇报》1986 年 8 月 12 日

冯天瑜　中国古文化的伦理性特征　《江海学刊》1986 年第 3 期

王　和　传统文化与现代化　《中国社会科学》1986 年第 3 期

冯天瑜　中国古文化的伦理型特征　《江海学刊》1986 年第 3 期

包遵信　现代化与西化——评新儒家"现代化不等于西化"　《文汇报》1986 年 9 月 23 日

李泽厚　论西体中用　《团结报》1986 年 9 月 27 日

刘泽华　中国传统的人文思想与王权主义　《南开大学学报》1986 年第 4 期

张光照　对传统文化批判的方法论思考　《广东社会科学》1986 年第 4 期

李存山　中国传统文化与中国现代化（上、下）　《人民日报》（海外版）1986 年 8 月 19—20 日

李晓明　中国传统思维模式及其现代化　《江汉论坛》1986 年第 5 期

郭齐勇　现代化与传统文化刍议　《武汉大学学报》1986 年第 5 期

庞　朴　文化结构与近代中国　《中国社会科学》1986 年第 5 期

许苏民　中国传统文化的根本精神　《福建论坛》1986 年第 5 期

李喜所　复古主义与中国传统文化　《天津日报》1986 年 11 月 11 日。

葛兆光　寻找传统文化与现代化的联结——读余英时先生《从价值系统看中国文化的现代意义》　《书林》1986 年第 6 期

郑永年　中国传统价值观与现代化问题　《社会科学》（上海）1986 年第 9 期

张岱年　文化传统与民族精神　《学术月刊》1986 年第 12 期

牛启寿　面对未来反思传统，寻"契合点"　《中国青年报》1986 年

12 月 23 日

时　光　"人文主义"、"人本主义"及"人道主义"辨证——兼谈
　　　　中国传统文化的基本精神　《求索》1986 年第 6 期

杨向奎　孔子"删诗书、定礼乐"与礼乐文明　《文史知识》1986 年
　　　　第 12 期

邓红蕾　论中国传统和谐理论的创造性转折　《哲学研究》1987
　　　　年第 1 期

甘　阳　80 年代文化讨论的几个问题　《文化:中国与世界》第 1
　　　　辑,北京三联书店 1987 年 6 月

余英时　从价值系统看中国文化的价值意义——中国文化与现代
　　　　生活总论　《文化:中国与世界》第 1 辑,北京三联书店
　　　　1987 年 6 月

[美]杜维明　儒学第三期发展前景　《文化:中国与世界》第 2 辑,
　　　　北京三联书店 1987 年 10 月

余敦康　儒家伦理思想与中国传统文化　《文化:中国与世界》第
　　　　3 辑,北京三联书店 1987 年 12 月

丁守和　中国传统文化试论　《求索》1987 年第 4 期

冯友兰　中国哲学与未来世界哲学　《哲学研究》1987 年第 6 期

杨向奎　先秦儒家之一统思想——兼论"炎黄"、"华夏"两实体之
　　　　形成　《山东大学学报》1988 年第 4 期

马振铎　儒学与现代化漫议　《东岳论丛》1988 年第 5 期

张岱年　儒学与现代化　《东岳论丛》1988 年第 6 期

[美]成中英　儒家的孝及现代化:责任、权力和道德、品格　《中国
　　　　哲学研究》1988—1989 冬季号

包遵信　儒家伦理与亚洲四小龙——驳儒学复兴论　《中国论坛》
　　　　1988 年 5 月号

张　灏　传统与现代化——以传统批判现代化　以现代化批判传

　　　统　《港台和海外学者论传统文化与现代化》,姜义华等编,重庆出版社 1988 年 11 月第 1 版

[美]杜维明　超越而内在——儒家精神方向的特色　《儒家传统的现代化:杜维明新儒家论著辑要》,岳华编,中国广播电视出版社 1992 年版

黄晓苹　孔子的民俗文化观与希尔斯的"奇里斯玛权威"　《北京师范大学学报》1989 年第 2 期

林毓生　新儒家在中国推展民主与科学的理论所面临的困境　南京《社会信息》1989 年第 1 期

刘兴邦　试论孔子的仁学价值思想体系——兼论中西价值观之比较　《中国哲学史研究》1989 年第 4 期

刘伏海　民主主义与民本主义的区别　《湖南师范大学学报》1989 年第 5 期

杨　适　中西文化的核心及其冲突与前景　《学术月刊》1990 年第 3 期

汤一介　再论中国传统哲学中的真善美问题　《中国社会科学》1990 年第 3 期

钱　穆　中国文化对人类未来可有之贡献　台北《联合报》1990 年 9 月 26 日

庞　朴　忧乐圆融——中国的人文精神　《二十一世纪》1991 年第 6 期

汤一介　论儒家哲学中的超越性与内在性　《季美林教授 80 华诞纪念文集》,江西人民出版社 1991 年版

陈卫平　评"天人合一"与"神人合一"　《哲学社会科学动态》1991 年第 2 期

冯达文　古代儒家的本体追求与当代儒者的形上学建构　《现代哲学》1991 年第 1 期

朱学勤　老内圣开不出新外王——从《政道与治道》评新儒家之政治哲学　《探索与争鸣》1991 年第 6 期

刘军宁　自由主义与儒教社会　《中国社会科学季刊》(香港)1993 年 8 月号

欧阳康　透视儒学命运的方法论问题　《天津社会科学》1993 年第 1 期

李慎之　辨同异、合东西——中国文化前景展望　《东方》1994 年第 3 期

余敦康　用现实眼光看儒学复兴问题　《北京日报》1994 年 2 月 3 日

覃遵群　礼制、道德、礼节——简论"礼"的历史意义和现代价值　《孔子研究》1994 年第 1 期

夏乃儒　用世纪之交的目光审视儒学　《上海师范大学学报》1994 年第 1 期

夏乃儒　21 世纪:儒学在重构中被超越　《社会科学战线》1994 年第 5 期

杨国荣　儒学在近代的历史命运　《孔子研究》1994 年第 3 期

楼宇烈　中国儒学的历史演变与未来展望　《新儒家评论》,中国广播电视出版社 1994 年 8 月

郭德茂　"中"——儒道释的智慧和误区　《孔子研究》1994 年第 4 期

[德]卜松山　儒家传统的历史命运与后现代意义　《传统与现代化》1994 年第 5 期

郑家栋　走出虚无主义的幽谷——中国传统哲学与后现代主义　《中国社会科学》1995 年第 1 期

[美]杜维明　儒家的超越性及其宗教向度　《中国文化》(北京)第 12 期,1995 年 12 月

葛荣晋　儒家"天人合一"观念与现代生态伦理学　《甘肃社会科学》1995 年第 5 期

郑家栋　儒家传统与现代生活　《哲学动态》1996 年第 6 期

李泽厚　为儒学的未来把脉　《南洋商报》1996 年 1 月 28—30 日

郑家栋　当代儒学的境遇与问题　见《21 世纪中国大预测》,改革出版社 1996 年版

赵吉惠　论儒学前景与 21 世纪人类文化走向　《中国文化研究》1996 年春之卷

童　鹰　论儒学与中国现代化的二律背反——兼论新世纪中国儒学的走向　《武汉大学学报》1997 年第 1 期

蒙培元　中国文化与人文精神　《孔子研究》1997 年第 1 期

胡金生等　儒家文化与社会主义市场经济　《许昌师专学报》1997 年第 1 期

邓联合　从原始信仰到理性精神:天人合一　《徐州师范大学学报》1997 年第 2 期

刘孔伏等　儒家文化与世界　《唐都学刊》1997 年第 3 期

肖　滨　儒家与两种自由观念　《社会科学》(上海)1997 年第 3 期

龚建平　从儒家的宇宙观看礼的内在根据　《孔子研究》1997 年第 2 期

任剑涛　儒家自由主义与西化自由主义——徐复观、殷海光政治哲学之比较　《原道》,学林出版社 1998 年

韩卫东等　中华传统和合文化的当代世界意义　《中共中央党校学报》1998 年第 1 期

汤一介　"太和"观念对当今人类社会可有之贡献　《中国哲学史》1998 年第 1 期

龚鹏程　现代社会的礼乐文化重建　《浙江社会科学》1998 年第 1

期

刘文勇等　礼乐与中和文化观探源　《四川师范大学学报》1998年第2期

刘蔚华　儒学：传统文化与现代文明　《孔子研究》1998年第3期

张立文　和合学与21世纪文化价值和科技　《社会科学》1998年第3期

吴予敏　巫教、酋邦与礼乐探源　《北京大学学报》1998年第4期

刘翠萍　"天人合一"观与可持续发展战略　《广西大学学报》1999年第1期

裘士京　试论中国文化的基本特征　《安徽师范大学学报》1999年第2期

黄朴民　何休《公羊》"大一统"思想析论　《孔子研究》1999年第2期

刘述先　中华文化在多元文化中的位置　《21世纪》第52期，1999年4月

黄念然等　和合：中国古代诗性智慧之根　《湛江师范学院学报》1999年第3期

杨国荣　人文之境与意义世界——儒学的一个向度　《孔子研究》1999年第3期

王祥俊等　儒家文化的功利性——透视儒家文化的新视界　《桂林市教育学院学报》1999年第3期

乔清举　天人关系：中国古代人学的本体基础　《文史哲》1999年第4期

赵继明　和合：《周易》的精神本质　《晋阳学刊》1999年第4期

李　刚　论传统和合思想及其现代意义　《陕西广播电视大学学报》2000年第2期

刘学智　"天人合一"即"天人和谐"？——解读儒家"天人合一"观

20世纪儒学研究大系